بگذار خودم باشم

رمان

مژگان صمدی

۱۳۹۲

مژگان صمدی
بگذار خودم باشم
رمان

چاپ اول: اچانداس مدیا، لندن، ۱۳۹۲
طراحی جلد: کورش بیگ‌پور
صفحه بندی: اچانداس مدیا

شابک ۹۷۸۱۷۸۰۸۳۳۸۱۱

تمامی حقوق برای نویسنده محفوظ است

فهرست

بخش اول ۱
بخش دوم ۲۳۷
بخش سوم ۳۴۳

بخش اول

۱

با صدای فریده از خواب بیدار شدم: «پا شو تنبل‌خانم! ساعت هشت و نیمه.» چشم‌هایم را باز کردم و به دیوار روبه‌روی تخت خیره شدم. قلبم شروع کرد به تاپ‌تاپ کردن؛ کم نبودند روزهایی که با همین احساس از خواب بیدار شده بودم: صبحِ کنکور، روزی که قرار بود نتیجه‌ی کنکور را اعلام کنند، روزهایِ امتحان....

درِ اتاق باز شد و این‌بار فریده با یک قوری آب جوش وارد شد. قوری را گذاشت روی شوفاژ.

پرده‌ی جلوی تخت را کنار زدم و گفتم: «صبح‌به‌خیر خانم‌بزرگ! نمی‌شد لطف کنی و منو به این زودی بیدار نکنی؟ مثلاً جمعه است.»

ــ پا شو ببینم، ظهره!

ــ از چایِ من بریز.

ــ هر وقت خودت چای درست کردی، از مال خودت بریز.

ـ چای فروشگاه کوی رو که نمی‌شه خورد.
ـ بچه‌سوسول! چای چایه دیگه. خوب و بد نداره.

فریده ده سال از من بزرگ‌تر بود. از ورودی‌های ۵۸ که با آمدن به دانشگاه سیاسی شده و مدتی هم آب خنک خورده بود و بعد از سال‌ها دوری از دانشگاه و درس، با تلاش مادرش که به قول خودش تا قم هم رفته بود، به دانشگاه برگشته بود. جنوبی بود و خون‌گرم و اجتماعی. در قالب شوخی و خنده هرچی دلش می‌خواست به آدم می‌گفت. دانشگاهِ قبل از انقلابِ فرهنگی را دیده بود و نمی‌توانست در برابر دانش‌جوهایی که نسبت به مسائل اطراف‌شان بی‌تفاوت بودند، سکوت کند. آن اوایل که با هم آشنا شده بودیم یک بار که حالش گرفته بود شروع کرد به غرزدن که: «شماها دانش‌جو نیستین؛ مثل گوسفند سرتونو می‌اندازین پایین و هر حرفی رو می‌پذیرین و اصلاً نمی‌دونین چی می‌خواهین. به جز گرفتن یک مدرک به چیز دیگه‌یی فکر نمی‌کنین.»

من هم حسابی جوش آوردم و گفتم: «آره، راس می‌گی! اگه اون روزهایی که دانش‌جوها واسه خودشون احترام و اعتباری داشتن و آدم به حساب می‌اومدن، شماها سنجیده‌تر عمل می‌کردین، حرمتِ آزادی رو نگه می‌داشتن، اون‌وقت بهانه نمی‌دادین دست یه عده فرصت‌طلب تا به اسم انقلاب فرهنگی هر کاری دلشون خواست با دانشگاه‌ها بکنن.»

با این که هر دو لجوج بودیم و اهل جروبحث، ولی این من بودم که به احترام گذشته‌اش کوتاه می‌آمدم. برادرش را سال ۶۰ اعدام کرده بودند. بین بچه‌های دانشکده و خوابگاه تنها من بودم که این را می‌دانستم و خب هر وقت فریده به یاد گذشته می‌افتاد باید یک‌جوری عقده‌اش را خالی می‌کرد. من نزدیک‌ترین دوستش بودم. می‌گفت: «با این که بچه‌سوسولی

ولی حرف حساب سرت می‌شه.»
درست به یاد دارم وقتی اولین بار به اتاق ۲۱۶ فاطمیه ۵ آمدم بهمن ۶۸ بود. در که زدم یک دختر قدکوتاه، تُپل و سبزه در را باز کرد. وقتی فریده گفت شیمی می‌خواند، خوش‌حال شدم. بچه‌های دانشکده‌ی علوم حتا اگر نمی‌خواستند، مجبور بودند درس بخوانند. درباره‌ی دو هم‌اتاقی دیگر سؤال کردم. یکی جغرافیا می‌خواند و آن یکی روان‌شناسی. پرسیدم: «پس یعنی توی اتاق نمی‌شه درس خوند؟»
فریده گفت: «بچه‌های خوبی هستن و تقریباً هیچ‌وقت توی اتاق پیداشون نمی‌شه. بیش‌تر می‌رن پیش دوستاشون.»
واقعاً هم آن ترم اتاقِ ما عملاً دونفره بود و همین باعث دوستی من و فریده شد که ۷ ترم ادامه داشت.
همین‌طور که روی تخت دراز شده بودم گفتم: «فریده دلم شور می‌زنه.»
ـ ساعت چند قرار گذاشتین؟
ـ شش
فریده با تمسخر گفت:
ـ پس دیدار خواستگار رو به مجلس پرفیض جناب سروش ترجیح دادی! امشب سخن‌رانی نمی‌ری؟
ـ هم‌اتاقی‌های عفت قراره سخن‌رانی امشب رو ضبط کنن. اگه کیفیتش خوب نشه، از آقای سمندر می‌خرم.
ـ حالا این پسره هم مثل خواهرش عفت سروشی‌یه؟
ـ فریده شروع نکن. سروشی کدومه؟! عفت الهیاتیه و سروش هم استادشه.
ـ پس تو چی؟ تو واسه‌ی چی از این دانشکده به اون دانشکده می‌ری سر کلاس‌هاش؟
فریده می‌خواست با من جروبحث کند. از سروش خوشش

نمی‌آمد نسبت به او بدبین بود. می‌گفت: «اون اوایل دستش با مرتجعین یکی بود حالا یادش رفته، می‌خواد ادای شریعتی رو دربیاره.»

من از کلاس‌های سروش خوشم می‌آمد بعد از کلاس نمی‌توانستم جلوی خودم را بگیرم و حرفی نزنم. تعریف‌های من همان و برچسب‌زدن‌های فریده همان. و جروبحث شروع می‌شد.

سروش روزهای دوشنبه بعدازظهر در دانشکده الهیات «بررسی متون عرفانی» درس می‌داد. هر دو ترم، تفسیر یک دفتر مثنوی را می‌گفت. بچه‌های کمی این واحد را با او می‌گرفتند ولی کلاسش توی آمفی‌تئاتر برگزار می‌شد چون دانشجویان زیادی از دانشکده‌های مختلف از این کلاس استقبال می‌کردند. اصلاً همان‌جا بود که من با عفت آشنا شدم.

دو سال پیش، یک روز دوشنبه با عجله خودم را به دانشکده الهیات رساندم تا بتوانم همان ردیف‌های جلو، جا پیدا کنم. دخترهای این دانشکده، طبیعتاً همه چادری بودند و اصلاً هیچ زنی بی‌چادر اجازه‌ی ورود نداشت. من آن روز چادر داشتم ولی کمی آرایش و بوی عطر باعث شد یکی از خواهرهای حراستی دانشکده به من اعتراض کند. مشغول جروبحث بودم که دختری آمد جلو و وساطت کرد و مرا با خودش به آمفی‌تئاتر برد. عفت آن ترم با سروش این واحد را گرفته بود و کلاً از علاقه‌مندان کلاس‌های او بود. اهل مشهد بود و ساکن خوابگاه. از طریق عفت بود که از سخن‌رانی‌های جمعه‌شب سروش خبردار شدم.

برای عفت جالب بود که دختری با ظاهر بدحجاب از دانشکده‌ی علوم، بیش‌تر وقتش را در دانشکده‌ی ادبیات و الهیات می‌گذراند و برای من هم جالب بود که یک الهیاتی این‌قدر نسبت به مسائل واقع‌بینانه برخورد کند.

هفته‌ی پیش بود که یک شب عفت آمد و برای اولین‌بار از

برادرش محسن حرف زد. قبلاً با خواهرش مرضیه که در دانشگاه بهشتی تاریخ می‌خواند آشنا شده بودم ولی نمی‌دانستم که برادرشان هم در تهران دانش‌جو است. عفت گفت که برادرش در دانشگاه شریف کارشناسی ارشد فیزیک می‌خواند. تا چند ماه دیگر درسش تمام می‌شود و قصد دارد برای ادامه‌ی تحصیل به روسیه برود.

اگرچه من و عفت با هم دوست بودیم ولی آن‌قدر تفاوت داشتیم که از پیشنهادش یکه بخوردم. گفتم: «عفت جون، من فکر می‌کنم ما از دو خونواده با فرهنگ کاملاً متفاوت هستیم. من می‌دونم خونواده‌های مذهبی برای ازدواج معیارهای خاصی دارن. از این که تو نظرت در مورد من تا این حد مثبته که چنین پیشنهادی کردی، خیلی خوش‌حالم. ولی فکر نمی‌کنم من و برادرت مورد مناسبی برای هم باشیم.»

عفت گفت: «یک جلسه‌ی کوتاه، اون هم در حضور من و مرضیه توقع زیادی که نیست، هست؟»

راستش برای خودم هم جالب بود برادرش را ببینم. به خود گفتم «منو که ببینه و مزخرفاتم رو که بشنوه خودش فرار می‌کنه.»

خوب بلد بودم خواستگارها را بپرانم. همین یک ماه پیش بود که خانم حیدری، مسئول آزمایشگاه بیوشیمی یک روز ظهر مرا توی سلف دانشکده کنار کشید و کلی از برادرش تعریف کرد که بعد از بیست سال از امریکا آمده یک هفته هم بیش‌تر به برگشتش نمانده و می‌خواهد با یک دختر خوب ایرانی ازدواج کند و برگردد!

حالا خانم حیدری از کجا فهمیده بود که من دختر خوبی هستم، بماند. چون تا آن موقع نه با او آزمایشگاه داشتم و نه حتا سلام‌وعلیک و آشنایی ساده. خیلی هم عجله داشت. شهرستانی

بودنـد و بـرادرش نمی‌خواسـت در تهـران مزاحـم فامیـل شـود و فعـلاً در هتـل اسـتقلال بـود. بعدازظهـر همـان روز بـه خوابـگاه زنـگ زد و قبـل از ایـن کـه مـن بپرسـیم: «ببخشـین، شـما آدرس منـو از کجـا پیـدا کردیـن؟» بـا عجلـه گفـت: «فکرهاتـو کـردی؟»

مـن بهانه‌یـی آوردم. ولـی وقتـی سـاعت هشـت شـب بـا آن لبخنـد مصنوعـی و احمقانـه جلـوی درِ اتـاق سـبز شـد فهمیـدم کـه واقعـاً کنـه اسـت و بـه ایـن زودی دست‌بـردار نیسـت.

فـردای آن شـب تـا پایـم را داخـل هتـل گذاشـتم جلـو آمـد و یواشـکی گفـت: «کلـی ازت تعریـف کـردم. مراقـب بـاش کارخرابـی نکنـی.»

بـا تعجـب بـه چشـمانش خیـره شـدم و پیـش خـودم فکـر کـردم: «بـرادره ۲۰ سـال پیـش از یکـی از ده‌هـای شـمال رفتـه آمریـکا حـالا شـده افتخـار فامیـل و ایـن بنـده خـدا لابـد حـالا فکـر می‌کنـه همای سـعادت نشسـته روی سـر مـن و بایـد مراقـب باشـم نپـره.»

ضمـن صـرف شـام بـا هـم آشـنا شـدیم. کامپیوتـر خوانـده بـود و فارسـی را بـا لهجـه حـرف مـی‌زد. متولـد ۳۷ بـود و ۱۳ سـال از مـن بزرگ‌تـر. صحبت‌هایـش نشـان مـی‌داد کـه از فضـای بعـد از انقـلاب کامـلاً دور بـوده. هرچـه سـعی کـردم، موضـوع مشـترکی بـرای صحبـت پیـدا نکـردم. از ایـن کـه بعـد از ۲۰ سـال زندگـی در محیطـی مثـل آمریـکا فقـط یـک لیسـانس کامپیوتـر داشـت تعجـب کـردم و بـا خنـده گفتـم: «تـو ایـن مـدت می‌شـد چندتـا دکتـرا گرفـت... آخـه می‌دونیـن غـرب از نظـر مـن یعنـی جایـی واسـه درس خونـدن و کارهـای علمـی و الا بقیـه‌ی چیزهـا رو کـه خودمـون داریـم.»

بـرای او جالـب بـود کـه مثـلاً مـن موقـع خـواب خُـرخُـر می‌کنـم یـا نـه، چـه ماهـی بـه دنیـا آمـده‌ام، گیاه‌خـوارم یـا نـه، چنـد کیلـو وزن دارم.

بـه خواهـرش گفـت: «شـما چه‌قـدر عقـب مونده‌ایـن. آخـه یعنـی چـی کـه مـن نمی‌تونـم بـا یـه خانـم بـه اتاقـم بـرم! بـرو یـه بـار دیگـه

بپرس. ما که نمی‌خوایم کار خاصی بکنیم. فقط خانم مانتو رو دربیارن و راحت باشن. من عادت ندارم با خانمی که خودشو زیر چنین لباس زشتی پنهان کرده صحبت کنم.»

وقتی به خوابگاه برگشتم مطمئن بودم که به‌اندازه‌ی کافی از مسائل اجتماعی و اعتقادی حرف زده‌ام که ثابت کنم لیاقت چنین پرنسی را ندارم! ولی وقتی ساعت ۷ صبح روز بعد صدای خانم حیدری را از آن طرف گوشی شنیدم که مرا برای صرف صبحانه با برادرش به هتل دعوت می‌کرد خشکم زد.

یک مانتوی بلند مشکی و یک مقنعه پوشیدم و رفتم. پیشنهاد کردم به جای صبحانه‌خوردن به پارک ملت برویم و کمی قدم بزنیم. بعد از سه چهار ساعت آقای خواستگار مطمئن شده بود که من دختر غیرنرمالی هستم که اگر پایم به آمریکا برسد وارد فعالیت‌های سیاسی اجتماعی خواهم شد.

چند روز بعد خانم حیدری را تصادفاً توی سلف دیدم تا چشمش به من افتاد پشتش را کرد و خودش را سرگرم صحبت با دوستانش نشان داد. وقتی برای فریده تعریف کردم اول خندید بعد گفت: «دختر تو که خیال ازدواج نداری چرا مردم رو سر کار می‌ذاری؟»

از حرفش عصبانی شدم؛ به چیزی اشاره کرده بود که خودم خوب می‌دانستم.

صدای فریده مرا به خودم آورد: «چای سرد شد بیا پایین دیگه.»

از بالای پله‌های آهنی تختم پریدم پایین و گفتم: «تو بخور، منتظر من نباش. می‌رم دوش بگیرم.»

صبح جمعه بود و خوابگاه شلوغ و تمام دوش‌ها اشغال. البته به جز سه چهارتایی که همیشه خراب بود.

مجتمع فاطمیه خوابگاهی بود متشکل از پنج ساختمان

چهارطبقه و هر طبقه شامل بیست‌وپنج اتاقِ چهارنفره. هر طبقه یك آشپزخانه داشت و حدود ۱۰ توالت و همین تعداد دوش که با دیوارهایی به ارتفاع حدود ۲ متر از هم جدا می‌شدند و همیشه چندتایی از آن‌ها خراب بود.

جمعه شب‌ها نمی‌شد وارد آشپزخانه شد؛ تا در ورودی، آشغال جمع می‌شد.

زندگی در خواب‌گاه‌های کوچک با چند اتاق و یك آشپزخانه و سرویس بهداشتی برای تعداد محدودی دانش‌جو خیلی بهتر بود و بسیار آرام‌تر و راحت‌تر. خود ساکنین به‌نوبت نظافت را بر عهده می‌گرفتند و احساس مسئولیت بیش‌تری هم می‌کردند. ولی در فاطمیه از این خبرها نبود. هر طبقه یك نظافت‌چی داشت که روزهای شنبه با دیدن کوهی از آشغال در آشپزخانه نمی‌توانست غر نزند. با این که از ساخت مجتمع ۴-۳ سال بیش‌تر نمی‌گذشت ولی هر روز جایی از آن خراب بود. آقای رضایی تأسیساتی خواب‌گاه همیشه از این طبقه به آن طبقه، از این فاطمیه به آن فاطمیه می‌رفت و مشغول تعمیر بود و حداقل یك نظر حلال به همه‌ی دخترها انداخته بود! صدای دادوبی‌داد و جیغ دخترها بعد از «یاالله» گفتن آقای رضایی دیگر جزء برنامه‌های روزانه‌ی خواب‌گاهی‌ها شده بود.

ــ یاالله!

ــ آقای رضایی این چه وضع یاالله گفتنه؟ بغل گوش آدم که یاالله نمی‌گن. چرا خانم دادرس اعلام نکرد که شما دارین می‌آیین توی ساختمون؟

ــ اعلام کرد تو نشنیدی. حالا کجایی؟

ــ توی دست‌شویی

ــ بیا برو من پشتمو می‌کنم.

ــ اِ آقای رضایی! خب یك کم صبر کنین الان حمام من تموم

می‌شه مـی‌آم بیـرون!

ـ چه‌کار به تو دارم؟ من شیر دوش بغلی رو باید تعمیر کنم!

و ایـن داسـتان هـر روز ادامـه داشـت. تعریـف حوادثی که بیـن بچه‌ها و آقـای رضایـی اتفـاق می‌افتـاد، از موضوعـات خنـده‌دار خـواب‌گاه بـود کـه مثـل جـوک بیـن بچه‌هـا ردوبـدل می‌شـد. مثـلاً ایـن کـه چه‌طـور یکـی از دخترهـای خیلـی مذهبـی وقتـی آقـای رضایـی را دو قدمـی خـودش می‌بینـد، آن‌قـدر هـول می‌شـود کـه دامنـش را روی سـرش می‌کشـد و تـا اتـاق مـی‌دود و تنهـا وقتـی هم‌اتاقی‌هایـش بـا چشـمان گردشـده از تعجـب بـه او خیـره می‌شـوند، متوجـه وضعیـت خـودش می‌شـود....

همـه‌ی دوش‌هـا پـر بـود، صـدای همهمـه و آواز خوانـدن دخترهـا و شُرشُـر آب، فضـای گوش‌خراشـی ایجـاد کـرده بـود. بـرای آن‌کـه صدایـم بـه گـوش کسـی برسـد داد زدم: «بچه‌هـا! کدومتـون داریـن درمی‌آییـن؟» یکـی گفـت: «مـن.» نوبـت گرفتـم و بیـرون آمـدم و تـوی راهـرو منتظـر مانـدم. از پنجـره‌ی بـاز چشـمم بـه سـاختمان ۷ کـوی دانشـگاه افتـاد کـه قبـلاً خوابـگاه دخترهـا بـود. وقتـی فاطمیـه سـاخته شـد کم‌کـم سـاختمان‌های کـوی را از دخترهـا گرفتنـد، سـاختمان ۷ را هـم بـه پسـرها دادنـد. پشـت پنجره‌هـای آن همیشـه تعـدادی پسـر دیـده می‌شـد بـا این‌کـه فاصلـه، آن‌قـدر نبـود کـه بتـوان کسـی را تشـخیص داد، ولـی دخترهـای متعصـب خـواب‌گاه هـر وقـت می‌دیدنـد پنجـره بـاز اسـت و کسـی جلـوی آن ایسـتاده تذکـر می‌دادنـد.

بالاخـره دوش خالـی شـد و در آن حمـام زنانـه که دخترهای شـنگول چنـد دقیقـه هـم بـه فك‌شـان اسـتراحت نمی‌دادنـد و یک‌ریـز حـوادث دانشـکده و غیـره را تندتنـد و بـا صـدای بلنـد، از ایـن دوش بـه آن دوش، بـرای هم‌دیگـر تعریـف می‌کردنـد و می‌خندیدنـد، خـودم را بـه آب گـرم سـپردم تـا تسـکینی باشـد بـر اضطـراب درونـم.

عفت پرسیده بود: «به خونواده‌ت خبر می‌دی که جمعه با هم می‌رویم بیرون؟ می‌ترسم یک وقت خدای نکرده کمیته‌یی چیزی.....»

گفتم: «مسلمه که خبر می‌دم!» ولی اطلاع نداده بودم. یعنی لزومی نداشت. بابا و مامان همین‌طوری هم نگران من بودند. نمی‌خواستم ذهن‌شان را بیش‌تر مشغول کنم. به‌هرحال می‌دانستم این موردی نیست که بشود رویش حساب کرد. معلوم بود که جلسه‌ی دومی نخواهد بود. با این نوع آشنایی‌های یك‌جلسه‌یی غریبه نبودم. هرچندوقت‌یك‌بار یکی از مسئولین خوابگاه، دانشکده یا دانش‌جویان از آدم خواستگاری می‌کرد. البته خیلی از اوقات گفتن یك جمله مثل «من نامزد دارم» یا «فعلاً قصد ازدواج ندارم» آدم را نجات می‌داد. ولی بعضی‌ها نزدیك‌تر بودند و نمی‌شد به‌راحتی دروغ گفت و مجبور می‌شدی قرار بگذاری. ولی من از این خواستگاری‌ها چیزی به بابا و مامان نمی‌گفتم.

انتخاب همسر به نظرم سخت‌ترین انتخاب زندگی بود. راحت‌ترین حالت این بود که خودت را بسپاری به دست پدر و عمو و دایی یا خاله‌خانم‌باجی‌های فامیل تا برایت شوهر پیدا کنند اما پیش‌شرطش این بود که روح و درون و خواسته‌هایت را با اطمینان و دودستی به آن‌ها بسپاری تا هر کاری که خواستند بکنند. ریش و قیچی دست خودشان. اما من از این امکان محروم بودم، پدرم اصفهانی بود. بیست‌وسه سال پیش از آن، یعنی وقتی چهل سالش بود با مادرم که ۱۵ سال بیش‌تر نداشت ازدواج کرده بود. خانواده‌ی مامان با عمه‌منیرم که آن‌موقع تهران زندگی می‌کرد، همسایه بودند. مادرم دخترِ بزرگ خانواده بود، قدبلند و زیبا که نسبت به سنش بزرگ‌تر به نظر می‌رسید. پدرم جوانی برازنده نبود ولی خوش‌تیپ بود و ثروت‌مند، اما به‌هرحال

بیست‌وپنج سال اختلاف سن، کم چیزی نبود؛ مامان هنوز هم بعد از این همه سال اگر می‌خواست در مورد یکی از مردهای فامیل، دوست و آشنا، حتا بقال و سبزی‌فروش محله حرفی بزند، دور و برش را نگاه می‌کرد بابا نشنود.

یک سال پس از ازدواج‌شان من به دنیا آمده بودم و بعد از من، دو دختر دیگر با فاصله‌ی ۲ و ۴ سال و حسرت داشتن پسر به دل پدرم مانده بود.

بابا پسر یکی از ملاکان بزرگ اصفهان بود و به قول خودش بعد از دیپلم کتاب را بوسید و گذاشت کنار و رفت کارمند شهرداری شد. بعد از بازنشستگی هم رفته بود توی کار ساخت‌وساز و به تبع کارش با انواع معمار و آهن‌فروش و دلال در ارتباط بود که همه از دم‌بخت‌بودن دخترهایش خبردار بودند. بابا به ازدواج مثل هر معامله دیگری نگاه می‌کرد: «ازدواج باید سنجیده و حساب‌شده باشه با ریسک پایین.» از نظر او دو عامل می‌توانست باعث خوش‌بختی من و خواهرانم شود: پول و اصل‌ونسب. نه بیش‌تر و نه کم‌تر.

از وقتی پای اولین خواستگار به خانه‌ی ما باز شد فهمیدم که نمی‌توانم سرنوشتم را با خیال راحت به بزرگ‌ترها بسپارم تا برایم شوهر انتخاب کنند.

در دانشگاه هم بچه‌ها معمولاً از روی ظاهر قضاوت می‌کردند؛ دخترهای مذهبی چارچوب سخت و محکمی داشتند و معمولاً پسرهای مذهبی از روی ظاهر و حجاب‌شان آن‌ها را انتخاب می‌کردند. آن‌هایی هم که دنبال چیز خاصی نبودند و از هیچ‌چیز تعریف خاصی نداشتند و ترجیح می‌دادند مد و شرایط به جای آن‌ها تصمیم بگیرد، راحت شریک زندگی‌شان را پیدا می‌کردند.

اما وقتی نه باحجابی نه بی‌حجاب، نه مذهبی هستی نه بی‌تفاوت نسبت به آن، آن وقت است که مشکلات شروع

می شـود.

فریده داده زد:

ـ مرجان! چیزی احتیاج نداری؟

ـ نه مرسی. الان می‌آم بیرون.

حمامـم کـه تمـام شـد، فریـده گفـت: «عافیـت باشـه چه‌قـدر طولـش دادی!»

ــ کلی منتظر مونـدم. تـا دوش خالـی شـد، تـا خواسـتم بـرم تـو، یـه دختـره، همـون درازه کـه بـا سوسـن لرسـتانی جـوره و موهاشـو شـرابی می‌کنـه، اسمشـو نمی‌دونـم، پریـد تـو. می‌گـم «خانـم نوبـت دارم!» می‌گـه: «اِ. ببخشـین، نمی‌دونسـتم» واقعـاً کـه بعضـی از ایـن دختـرا هیـچ فرقـی بـا زنـای کوچه‌بـازاری نـدارن!

ــ حـالا نمی‌خـواد حـرص بخـوری. واسـه ناهـار چیـزی درسـت نکـن بـا هـم می‌خوریـم.

ـ چی می‌خوای درست کنی؟

ـ بورانی بادمجون.

ـ باشه پس من هم یه املتی درست می‌کنم.

سـر ظهـر ماهی‌تابـه را از داخـل کمـد برداشـتم بـا دو تـا گوجـه و تخم‌مـرغ رفتـم آشـپزخانه. ظهـر جمعـه بـود و قابلمه‌هـا تـوی صـف گاز. چنـد دختـر مشـغول جروبحـث بودنـد. حوصلـه‌ی سـروکله‌زدن نداشـتم. برگشـتم و هیتـر برقـی را روشـن کـردم و املـت را تـوی اتـاق درسـت کـردم. فریـده هـم از نانوایـی داخـل محوطـه نـان تـازه گرفتـه بـود. املـت کـه درسـت شـد قـوری آب را روی هیتـر گذاشـتم. بـا اشـتهای فـراوان نشسـتیم بـه خـوردن ناهـار خوابگاهـی.

از شـنبه تـا چهارشـنبه مـن و فریـده ناهـار را تـوی دانشـکده می‌خوردیـم شـام هـم از سـلف کـوی می‌گرفتیـم بـا این‌کـه کیفیـت غـذای دانشـگاه پاییـن بـود و مـا بـه‌زور سـالاد، بیش‌تـر از نصـف آن را نمی‌توانسـتیم بخوریـم، ولـی روزهـای پنج‌شـنبه و جمعـه کـه سـلف

تعطیل بود عزا می‌گرفتیم؛ ۲ تا چراغ گاز سه‌شعله تو هر آشپزخانه برای روزهای تعطیل اصلاً کافی نبود. بچه‌ها قابلمه‌های دیگران را از روی شعله برمی‌داشتند تا مثلاً کتری‌شان را جوش بیاورند یا یک نیمرویی چیزی درست کنند. بعد یا فراموش می‌کردند قابلمه را دوباره روی شعله بگذارند یا شعله را تنظیم نمی‌کردند نتیجه آن که یا قابلمه تا وقتی می‌رفتی سر بزنی همان کنار افتاده یا محتویاتش جزغاله شده بود. البته اگر شانس آورده بودی و به مواد غذایی‌ات داخل یخچال‌های مشترک دست‌برد نزده بودند. به همین دلیل من و فریده غذاهای ساده را که سریع و بی‌دردسر درست می‌شد ترجیح می‌دادیم.

به ساعت که نگاه کردم پنج و نیم بود. من و فریده ساعت‌ها صحبت کرده بودیم بی آن که متوجه گذشت زمان شده باشیم. چای خوردن و گپ‌زدن از عادت‌های لاینفک زندگی خواب‌گاهی بود.

با عجله شروع کردم به آماده‌شدن. فریده که عادت داشت در همه‌ی کارهای من دخالت کند گفت: «خط چشم نکش»
ــ دوست دارم، می‌کشم. قرار نیست حالا که مذهبیه واسه‌اش فیلم بازی کنم.

۲

ده دقیقه به شش عفت و مرضیه با چادرمشکی‌های شیك و کفش‌های پاشنه‌بلند مجلسی دم درِ اتاق حاضر بودند. وقتی داشتم کتانی‌های سبزم را پام می‌کردم گفتم: «مرضیه چه‌طور می‌خوای با این کفش‌ها تو خیابون راه بری. به نظرم این‌جور کفشا واسه اینه که آدم پاش کنه و یه‌جا بشینه.»

به درِ خواب‌گاه که رسیدیم برادرِ عفت منتظر ما بود. جلو آمد، عفت ما را به هم معرفی کرد. فکر می‌کردم مثل بچه‌مسلمان‌ها چشمانش را به آسفالت سیاه خیابان بدوزد و من بتوانم خوب براندازش کنم ولی اشتباه کردم؛ مستقیم به چشمانم خیره شد و این من بودم که مسیر نگاهم را تغییر دادم و مثل همیشه از کم‌رویی‌ام در نگاه کردن عصبانی شدم. با این‌که به او نگاه نمی‌کردم ولی سنگینی نگاهش را احساس می‌کردم. لابد داشت جنس را سبك‌وسنگین می‌کرد. خب گفته‌اند یك نظر حلال است ولی این‌که یك نظر چه‌قدر می‌تواند ادامه داشته باشد حتماً بین علما اختلاف نظر است!

عفت گفت: «خب، کجا بریم؟» برادرش پیشنهاد کرد

قدم‌زنان به طرف پایین امیرآباد برویم. نمی‌خواستم کسی از هم‌کلاسی‌ها یا آشنایان مرا با یک مرد جوان در حال قدم‌زدن ببیند. توی خوابگاه شایعات مثل توپ صدا می‌کرد. گفتم: «چه‌طوره با تاکسی بریم تا سر میدون فاطمی، بعد از اون‌جا پیاده بریم؟»

به میدان فاطمی که رسیدیم، عفت کفش‌هایش را بهانه کرد تا من و برادرش از جلو برویم و راحت‌تر صحبت کنیم.

تا دو راهی یوسف آباد رفتیم. باز ماندیم که چه مسیری را انتخاب کنیم. من پیشنهاد کردم به پارک شفق برویم.

نمی‌دانستم چه‌طور باید شروع کنم و کلاً با یک پسر مذهبی از چه چیزی باید حرف زد که خودش پرسید:

ــ شنیدم شما دانشکده‌ی علوم درس می‌خونین، چه‌طور شد میکروبیولوژی رو انتخاب کردین؟

ــ اول چند تا پزشکی زدم بعد میکروبیولوژی دانشگاه تهران. نمره‌ام برای پزشکی کافی نبود و سر از دانشکده علوم درآوردم.

ــ پس شانسی انتخاب کردین.

ــ بعداً فهمیدم اشتباه کردم. راستش رو بخواین این که می‌خواستم پزشکی بخونم فقط واسه‌ی این بود که تو دوران دبیرستان شاگرد ممتازی بودم و همه توقع داشتن پزشکی قبول شوم.

ــ پس چه رشته‌یی باید می‌رفتین؟

ــ یکی از گرایش‌های علوم انسانی مثل ادبیات، تاریخ، علوم اجتماعی

ــ شنیدم از کلاس‌های دانشکده ادبیات استفاده می‌کنین.

ــ بله رفتن سر بعضی کلاس‌ها به من انرژی می‌ده که بتونم واحدهای خودمو پاس کنم.

ــ جالبه.

ـ شما چه‌طور فیزیك رو انتخاب كردین؟

ـ با علاقه. دوران دبیرستان فهمیدم كه فیزیك برای من یعنی همه‌چی. اصلاً نمی‌فهمم چه‌طور ممكن بود رشته‌یی غیر از فیزیك انتخاب كنم حتا اگر همه می‌گفتن مثلاً تو باید بری مهندسی الكترونیك.

از جوابش خوشم نیامد. «چه از خودراضی! اصلاً تقصیر خودمه كه صادقانه همه‌چی رو براش تعریف كردم باید جبران كنم. باید حالشو بگیرم»

گفتم: «راستش من اصلاً به تحصیلات و عنوان اهمیتی نمی‌دم.»

باتعجب به من نگاه كرد و با تمسخر پرسید: «یعنی فرقی نمی‌كنه كه همسرتون دكترا داشته باشه یا یه حجره در بازار؟!»

ـ اگه این دو تا آدم مثل هم فكر كنن واقعاً فرق نمی‌كنه چه كاره باشن. من كه قرار نیست با یك دكتر یا مهندس خلاصه یك تحصیل‌كرده زندگی كنم. تحصیلات مال بیرون خونه‌ست. همسر یعنی كسی كه بتونه آدمو بفهمه. حرفا، خواسته‌ها و دغدغه‌هات براش قابل‌فهم باشه. حالا این آدم ممكنه تحصیل‌كرده باشه یا نباشه یعنی چه‌طور بگم؟ تحصیل‌كرده‌بودن از نظر من شرط كافی نیست ولی در شرایط فعلی ما شرط لازمه هرچند كه بین تحصیل‌كرده‌ها كم نیستن كسانی كه به تحصیلاتشون مثل كالایی نگاه می‌كنن برای معامله. مگه ما پزشك بازاری كم داریم؟

ـ خب حالا منظور شما را گرفتم. اما یه سؤال اساسی: ببینین درك و تفاهم و این‌جور كلمات خیلی كلّیه. هر خانومی، چه تحصیل‌كرده و چه تحصیل‌نكرده، همین حرف رو می‌زنه كه: شوهرم باید منو درك كنه. این یعنی چی؟ چه چیزی رو باید درك كنه؟

ــ یعنی این که قبل از ازدواج منو بشناسه، لااقل تعریفی واقعی از من داشته باشه و اونو بپذیرفته نه این که بخواد بعداً، از من اون چیزی رو بسازه که توی ذهنشه.

ــ از نظر شما ازدواج یعنی چه؟ شما از همسر آینده‌تون چه توقعاتی دارین؟

ــ از نظر من ازدواج یعنی مزخرف‌ترین ارتباطی که می‌تونه بین دو انسان برقرار بشه.

برادر عفت با تعجب به من نگاه کرد. این نگاه یك مرد به یك دختر جوان نبود، نگاه یك انسان بود به یك انسان. موضوع برایش جالب شده بود. زمان و مکان را فراموش کرده بود. وسط پیاده‌رو ایستاده بود و با کنج کاوی به چشمان من خیره شده بود.

از نگاهش خوشم آمد. خجالت نکشیدم و از آن فرار نکردم. با سماجت پاسخ نگاهش را دادم تا ثابت کنم حرف خودم را قبول دارم در یك آن به خودم گفتم: «چه چشمای قشنگی!» حواسم پرت شد. لابد نگاهم زنانه شده بود چون جنبه‌ی مذهبی محسن بیدار شد و مثل یك شکار ترسیده عقب‌نشینی کرد. سرش را پایین انداخت و آرام گفت: «ظاهراً خیلی جلو افتادیم بهتره آروم‌تر بریم بچه‌ها برسن.»

عفت و مرضیه با آن کفش‌های پاشنه‌بلند هن‌وهن‌کنان و غرزنان به ما رسیدند. وقتی به پارك رسیدیم روی اولین نیمکت نشستند و نفس راحتی کشیدند.

محسن از عفت پرسید: «همه بستنی می‌خورن؟»

از این که نه تنها مرا مخاطب قرار نداد، بلکه لااقل به نشانه‌ی ادب نگاهی به من هم نکرد، رنجیدم. گفتم: «من نمی‌خورم. کمی سرماخورده گی دارم.»

محسن رفت و چند دقیقه بعد با سه تا بستنی و یك آب‌پرتقال

برگشت. آب‌پرتقال را به من داد و گفت: «بفرمائین آب‌میوه‌اش سرد نیست.» و آن طرف نیمکت کنار مرضیه نشست با خودم گفتم: «مرجان! باز مزخرف گفتی؟ تو چرا نمی‌تونی جلوی زبونتو بگیری؟ تا کی باید با این خواستگار و اون خواستگار حرف بزنی، سرشونو ببری و بدبخت‌ها رو سرگردون کنی؟ کم‌تر چرت‌وپرت بگو.»

صدای عفت مرا به خودم آورد: «داداش محسن ما همین‌جا می‌شینیم شما برین قدم بزنین.»

محسن گفت: «من حرفی ندارم.»

کیفش را به مرضیه داد و بدون آن‌که به من نگاه کند جلوی نیمکت ایستاد. به خودم گفتم: «چه تحقیرآمیز! من کجا و این پسره متعصب کجا؟» احساس کردم اصلاً دلم نمی‌خواهد با او قدم بزنم. بااین‌حال از جا بلند شدم. پاکت خالی آب‌میوه را داخل سطل آشغال انداختم و به خودم قول دادم که سنجیده‌تر حرف بزنم.

چند قدمی که جلو رفتیم محسن گفت: «پس از نظر شما زندگی مشترک یه رابطه مزخرفه؟»

ــ شما یک نگاه به دوروبر خودتون بکنین. ببینین جوونا چه‌طور ازدواج می‌کنن؟ مگه با چند هفته ارتباط و پنجاه شصت ساعت صحبت‌کردن می‌شه کسی رو شناخت؟ من اگه کسی رو مناسب ازدواج ببینم می‌تونم خودمو یک زن ایده‌آل جلوه بدم و اگه کمی خوش‌بینانه به قضیه نگاه کنیم، حتا اگر قصد چنین کاری هم نداشته باشیم، صحبت‌کردن و ارتباط دو جوان اون هم تو جامعه سنتی و بسته‌ی ما، به‌خودی‌خود اون‌قدر جذابیت داره که ناخودآگاه ممکنه خودتو با طرف مقابل هم‌آهنگ کنی و طوری رفتار کنی که خوش‌آیند و پسندیده باشه نه اون‌طور که واقعاً هستی...

ـــ نه ببینین، البته ببخشین که صحبت‌تونو قطع می‌کنم، اما بهتره از موضوع پرت نشیم. من خیلی مایلم بدونم چرا ازدواج یه رابطه‌ی مزخرفه؟

ـــ اجازه بدین الان می‌گم. ببینین اکثر دخترای جامعه‌ی ما شوهر رو شاه‌زاده‌ی سوار بر اسب سفیدی تصور می‌کنن که می‌آید تا اونا رو به شهر قصه‌ها ببره، به سرزمین عشق، جایی که از واقعیت‌های تلخ زندگی خبری نیست. اما چندماه بعد از ازدواج اون عشق تخیلی مثل یه حباب می‌ترکه، جاشو احساس مالکیت می‌گیره. انگار همسر تا قبل از ازدواج هیچ هویتی نداشته و همه‌چیز از زمان ازدواج معنا پیدا کرده. همه‌چی باید مشترک بشه. اگر کسی بگه من درصدی از وقت و وجودم رو می‌خوام صرف کارهای شخصی بکنم، شک‌برانگیزه. رفت‌وآمدها و گفت‌وگوها تحت کنترل قرار می‌گیره و چیزهای دیگه. چون بعد از ازدواج کار شخصی معنا نداره. هرچه هست باید مشترک باشه و مشترک یعنی این که من به عنوان همسر از همه‌ی افکار و احساسات و اعمال تو خبر داشته باشم. راستش من این نوع زندگی مشترک رو به هیچ‌وجه قبول ندارم.

ـــ درست متوجه نشدم زندگی شخصی در کنار زندگی مشترک یعنی چه؟

ـــ یعنی این که قرار نیست دو تا انسان در تمام جنبه‌های زندگی هم‌آهنگی داشته باشن. حتا من نمی‌دونم اگه به فرض محال چنین زوجی پیدا بشه خوش‌بخت هستن یا نه؛ ولی عملاً این امکان‌ناپذیره. البته من دارم در مورد پسر و دخترهایی صحبت می‌کنم که هر دو در شرایط مناسبی رشد کرده باشن؛ نه مثل خیلی از خونواده‌ها که دختر رو تربیت می‌کنن برای صبوربودن، برای تحمل‌کردن و برای این‌که خودش رو با خواسته‌های شوهرش هم‌آهنگ کنه. صحبت من در مورد دو

فرد تحصیل‌کرده‌ی منطقیه که در شرایط آزاد می‌خوان زندگی مشترکی رو شروع کنن. عملاً امکان نداره که این دو نفر در تمام جنبه‌ها هم‌آهنگ باشن.
ـ یعنی اگه هم‌آهنگ نیستن معنی‌اش اینه که رابطه‌شون مزخرفه؟
ـ معنی‌اش این نیست اما به اونجا ختم می‌شه؛ یا مرتب درگیر می‌شن و از خواسته‌هاشون با جنگ و دعوا دفاع می‌کنن یا همدیگه رو تحمل می‌کنن. که این دو روش به قول شما فیزیکی‌ها، زیادکردن حرارت در یک محیط بسته است که نتیجه‌یی جز بالابردن فشار و نهایتاً ازهم‌پاشیدگی نداره. منظورم ازهم‌پاشیدگی عاطفیه و الا ممکنه قشر و پوسته‌یی از اون زندگی مشترک باقی بمونه که همون درکنارهم‌بودن و خوردن و خوابیدنه. یعنی یه رابطه‌ی کاملاً ناسالم. که من اسمشو می‌ذارم مزخرف.
ـ و لابد همون بهتر که وارد این رابطه ناسالم نشد، درسته؟
ـ نه چرا، می‌شه تفاوت‌ها رو پذیرفت. در آن صورت هر کدوم، درصدی از وقت و انرژیش رو صرف کارهایی می‌کنه که دوست داره، سرگرمی‌هایی که ممکنه به‌هیچ‌وجه مورد علاقه‌ی همسرش هم نباشه.

برادر عفت با صدایی آرام گفت: «من با این صحبت‌ها موافقم ولی من بنا را بر این گذاشته بودم، یعنی با شناختی که عفت از شما داده بود تصورم این بود که شما با اون دخترایی که خودتون الان می‌گین، فرق دارین و دنبال یه شاه‌زاده‌ی سوار بر اسب سفید نیستین. خود من هم مردی نیستم که زن رو یه وسیله بدونم چه به معنی غربی و چه سنتی‌اش؛ پس بهتره به جای کلی حرف‌زدن، سعی کنیم صادقانه مسائلی رو مطرح کنیم که اعتقاد داریم. ببینین، من آدم واقع‌بینی هستم شاید خیلی چیزا رو قبول نداشته باشم، ولی ما در این جامعه زندگی می‌کنیم و بر اساس

معیارهای همین جامعه هم باید انتخاب کنیم. در همین زمان و با همین شرایط، سعی می‌کنم از حداکثر امکانات استفاده کنم تا ریسک انتخابم پایین بیاید. الان در همین پارک ممکنه کسانی منو با شما ببینن و تنگ‌نظرانه قضاوت کنن و برام دردسر درست بشه ولی من چنین خطرهایی را می‌پذیرم تا این‌که برم خواستگاری دختر‌خانمی که خاله‌خانم‌باجی‌ها برام پسندیده باشن.»

صحبت‌هایش که تمام شد چند قدمی در سکوت جلو رفتیم. هر دو به سنگ‌فرش پارک چشم دوخته بودیم. من از آرامش بعد از سوء‌تفاهمی که پیش آمده بود لذت می‌بردم. از این که در کنار او قدم می‌زدم ناخودآگاه خوش‌حال بودم. به خودم گفتم: «چرا به اون نیمی از وجودمون که تعریف درستی ازش نداریم اجازه نمی‌دیم خودشو نشون بده؟ خب لابد ازش می‌ترسیم، بهش اعتماد نداریم چون رک و راسه. خودِ خود ماست. ما که با خودمون هم رودربایستی داریم...» صدایش مرا به خود آورد:
ــ خب، نگفتین از ازدواج چی می‌خواین؟ از مرد زندگی‌تون چه تعریفی دارین؟

با خودم فکر کردم «چه سؤال مزخرفی. چه‌طوری می‌شه برای یک غریبه به‌راحتی حرف زد. من که نمی‌تونم خودمو مجبور کنم و همه‌چیزو اون‌طور که هست واسه‌ی این پسره بیرون بریزم. آماده نیستم.» سعی کردم متمرکز شوم و آهسته گفتم:
ــ ببینین من به دو دلیل می‌خوام ازدواج کنم. یکی این که مادر بشم. شاید اگه... راستش نمی‌دونم می‌تونین منظورمو بفهمین یا ممکنه دچار سوء‌تفاهم بشین. می‌خوام بگم شاید اگه شرایط اجازه می‌داد بدون ازدواج مادر بشم، من اون راه رو انتخاب می‌کردم. برای انتخاب همسر اون‌قدر باید انرژی گذاشت که فکر می‌کنم برای مادرشدن چیزی باقی نمی‌مونه.
ــ سخت می‌گیرین. چرا به انتخاب همسر مثل روبه‌روشدن با

یـک هیـولا نـگاه می‌کنیـن؟

ــ چون از پذیرش مسئولیت‌های تعریف‌نشده وحشت دارم.

ــ و دلیل دوم

ــ دلیـل دیگـه این‌کـه فکـر می‌کنـم همـه‌ی مـا بـه کسـی نیـاز داریم کـه تنهایی‌مونـو باهـاش تقسیـم کنیـم. کسـی کـه در کنـارش احسـاس آرامـش کنیـم و در کنـارش مجبـور نباشیـم نقـش بـازی کنـم... . ولـی راسـتش فکـر می‌کنـم ایـن فقـط یـك ایده‌آلـه.

ــ شـما خیلـی ناامیدیـن و دیدتـون نسبـت بـه زندگـی مشتـرك کمـی منفیـه. ببخشیـن کـه سـؤال می‌کنـم ولـی مگـه شـما تجربـه‌ی منفـی داشـته‌ین؟ مثـلاً کسـی بـه شـما قولـی داده بـوده؟ یـا مثـلاً کسـی رو بـه قلب‌تـون راه داده‌یـن و بعـد سـرخورده شـده‌ین؟

از این‌همـه گسـتاخی حالـم گرفـت. هنـوز یـك سـاعت از آشـنایی مـا نمی‌گذشـت، می‌خواسـت همـه‌ی مسـائل خصوصـی‌ام را برایـش تعریـف کنـم و حتمـاً در دلـش دعـا می‌کـرد جوابـم منفـی باشـد. یعنـی دسـت هیـچ مـرد غریبه‌یـی بـه دسـت مـن نخـورده باشـد، نـگاه هیـچ مـرد دیگـری قلبـم را نلرزانـده باشـد. گفتم: «نـه متأسـفانه!»

ــ چرا متأسفانه؟

ــ چـون بـه نظـر مـن یـه آدم اگـر نتونـه عاشـق بشـه دیگـه انسـان نیسـت.

ــ خـب البتـه تعریـف عشـق می‌تونـه خیلـی متفـاوت باشـه. از یـه نیـاز ابتدایـی تـا اون چـه کـه عرفـا می‌گفتـن.

ــ نمی‌دونـم منظورتـون از یـه نیـاز ابتدایـی چیـه... اولیـن تعریـف از عشـق رو عمـه‌ی بزرگـم در ذهنـم کاشـت وقتـی کلفـت جوونـش عاشـق قصـاب محلـه شـده بـود. از نظـر او فقـط دختـرای بی‌سـروپا عاشـق می‌شـدن، چـون شـعور درسـت حسـابی نـدارن. امـا حـالا وقتـی یکـی از دخترهـای خواب‌گاه از علاقـه‌اش نسـبت بـه دوسـتش صحبـت می‌کنـه و خودشـو عاشـق می‌دونـه. از درس و زندگـی‌اش

باز می‌مونه و حتا به خاطر عشقش دست به خودکشی می‌زنه، تصور می کنم که عشق زمینی بین زن ها و مردها خیلی باارزشه. لااقل آن‌قدر که همه‌چی رو می‌تونه بی‌رنگ جلوه بده.

مرد جوانی که از روبه‌رو می‌آمد از برادر عفت پرسید: «داداش آتیش داری؟» محسن گفت: «سیگاری نیستم». با خودم فکر کردم «واقعاً شاید سؤالات ساده با جواب‌های مشخص بیش‌تر به شناخت آدما کمک کنه. تا این بحث‌های کلی. شاید حق با برادر خانم حیدری بود که می‌خواست بدونه من شبا خرخر می کنم یا نه؟ رنگ مورد علاقه‌ام چیه، چه غذاهایی دوست دارم...»

صدای محسن مرا به خود آورد:

ـ انگار با سؤالام خسته‌تون کردم

ـ نه خواهش می کنم... خب شما از خودتون هیچی نگفتین. تعریف شما از همسر و زندگی مشترك چیه؟

محسن بلافاصله جواب نداد. انگار داشت حرفش را سبك‌وسنگین می کرد. بالاخره این‌طور شروع کرد.

ـ ما از لحظه‌ی به‌وجوداومدن، یعنی از همون وقتی که نطفه‌یی بیش نیستیم، «شدن» رو تجربه می کنیم. هر مرحله‌یی از زندگی ما یك شدن جدیده. آغاز زندگی مشترك هم پایان دوره‌یی و شروع شدنی دیگرست. من ازش استقبال می کنم. زندگی مشترك امکانِ تجربه‌یی جدید به من می‌ده؛ امکان همسرشدن، پدرشدن. این کیفیت‌های جدید از «شدن» فقط با گذشت از تنگنای انتخاب امکان‌پذیره. من از این تنگنا هم استقبال می کنم. عبور از این مرحله برام ترسناك نیست. من در همین جامعه به دنیا اومدم و بزرگ شدم و در همین محیط می‌خوام همسرم رو انتخاب کنم. در طول ۲۶ سال زندگی، من باید توانایی این انتخاب رو پیدا کرده باشم. من می‌خوام با انتخاب همسر، خودم رو محك بزنم

و خودم رو در آیینه‌ی انتخابم از نو ببینم؛ ولی برای شروع زندگی مشترک باید مطمئن شد که هم‌سفرت از مسیر تو آگاهه و مطمئن شد که هر دو در یك مسیر حرکت می کنید. حرکت کردن در یك مسیر دو ویژه‌گی باید داشته باشه. یکی زمینه‌ی درونی و دیگری انگیزه و تمایل به رشد اون زمینه. اگر کسی زمینه‌ی ژنتیکی و تربیتی مناسب برای رفتن در مسیری رو داشته باشه، ولی انگیزه نداشته باشه یا، برعکس، تمایل و انگیزه باشه، ولی زمینه‌ی لازم وجود نباشه، در میانه‌ی راه می‌مونه. گذشته‌ی ما، محیط خونواده‌گی و تربیتی، انتخاب‌هایی که در مراحل مختلف زندگی داشته‌یم، روشن می کنه که هر کدوم از ما آماده‌گی چه نوع زندگی مشترکی رو داریم.

ــ پس به‌این‌ترتیب اگر این خونواده، نوع تربیت و وراثته که زمینه‌ی اصلی رو به من می‌ده و طبق گفته‌های شما حتا اگر خودم بخوام ولی زمینه‌ی مناسب نباشه، نمی‌تونم مسیری رو انتخاب کنم، پس اختیار انسان و آزادی انتخاب چی می‌شه؟

ــ من نگفتم نمی‌تونین هر مسیری رو که خواستین انتخاب کنین. بلکه گفتم تا آخرش نمی‌تونین دووم بیارین چون المنت‌ها و فاکتورهای اولیه و زیربنایی رو ندارین.

ــ خب می گفتین.

ــ به وظایفی اشاره کردین که شما رو می‌ترسونه؛ وظایف و نقش‌هایی که ما تو زندگی مشترك می‌پذیریم ثابت نیست. هر هدفی که زندگی مشترك برای رسیدن به اون تشکیل می‌شه، نقش‌های خاص خودش رو می‌طلبه. به نظر من اگه تو زندگی مشترك با آگاهی، علاقه و انرژی قدم برداریم، نه تنها این نقش وظیفه نیست که از سر اجبار انجام می‌دیم، بلکه لذت‌بخش هم می‌شه. در مورد اولین دلیل‌تون برای ازدواج یعنی مادرشدن، من این رو تحسین می کنم. به نظر من هم اصلی‌ترین نقش یک

مرد در زندگی مشترك پدر بودنه. می گم نقش و نه وظیفه.

محسن لبخندی زد و ادامه داد: «راستش از کلمه‌ی وظیفه خوشم نمی‌آید به یاد نظام‌وظیفه می‌افتم. خب حالا اجازه بدین کمی هم از جزئیات که به نظر من خیلی هم بااهمیته صحبت کنیم. می‌تونم سؤال کنم خدا چه نقشی تو زندگی شما داره؟ شاید بهتره این‌طور بپرسم: رابطه تون با خدا چه‌طوره؟»

ــ خیلی خوب نیست! چه‌طور بگم... من از رابطه‌ی بنده گی و خدایی چیز زیادی نمی‌دونم. اما فکر می کنم انسان در این دنیا باید به زندگی فکر کنه و نه بنده گی. منطقی، انسانی و اخلاقی زندگی کردن، که به‌هیچ‌وجه هم ساده نیست، بهترین نوع بنده گیه.

ــ نماز که می‌خوونین؟

ــ می‌دونین تا کلاس دوم دبیرستان نماز رو یه نوع وظیفه‌ی مذهبی می‌دونستم که آدما از ترس جهنم می‌خونن. ترس که از یادم می‌رفت نماز رو هم فراموش می کردم ولی اون سال با «خودسازی انقلابی» شریعتی برداشت جدیدی از نماز پیدا کردم که خیلی دل‌نشین بود. اما در کل من توی یه محیط مذهبی بزرگ نشدم.

ــ خب شما می‌دونین که خونواده‌ی من مذهبیه و به‌هرحال ما مشهدی هستیم. مرحوم پدربزرگم روحانی بودن. زن‌ها تو خونواده‌ی ما چادر سر می کنن و طبیعتاً توقع دارن که همسر من را هم...

نگذاشتم حرفش را تمام کند و درواقع نمی‌خواستم این‌جور مسائل در جلسه‌ی اول مطرح شود، گفتم: «جدا از اعتقادات خونواده شما و بدون درنظرگرفتن این که بالاخره صحبت‌های ما به نتیجه‌ی می‌رسه یا نه، باید بگم که حجاب از نظر من یك مفهوم نسبیه؛ یه شکل خاص از لباس‌پوشیدن نیست. در

کشورهای غربی و غیرمسلمون هم به نظر من خانم‌هایی که برای خودشون ارزش قائلن و خودشونو فقط یه زن نمی‌دونن در محیط کار زیبایی‌شونو به نمایش نمی‌ذارن، پس به نوعی با حجاب هستن اگر چه اون فرم خاصی که مد نظر ما مسلموناست رو رعایت نمی‌کنن. شاید اون‌چه که اهمیت داره نحوه‌ی تفکر یك زنه و این‌که نوع لباسش رو با تعریفش از خودش مطابقت بده و الا با حجاب کامل اسلامی هم می‌شه به بهترین وجه جلب توجه کرد. درضمن اگر قرار باشه من مردی رو به عنوان همسر بپذیرم این به معنای احترام به افکار و اعتقادات و سنت‌هایی‌ست که او بهش معتقده.»

بار دیگر سکوت برقرار شد. به خودم گفتم: «ای مرجان بدجنس! ببین چه‌طوری حرف می‌زنی که نه سیخ بسوزه، نه کباب! از یه طرف می‌خوای بهش ثابت کنی که مستقلی و حرفی برای گفتن داری و از طرفی نمی‌خوای برنجه! حواست کجاست؟ اگر ازت خوشش اومد اون‌وقت چی؟ دختر! کاری نکن به تورت بیفته اون‌وقت چه‌طوری می‌خوای گریز بزنی؟»

گیج شده بودم. خسته بودم و ذهنم مغشوش بود. تصمیم گرفتم این موضوع را بگذارم برای بعد.

هوا کاملاً تاریك شده بود به نیمکتی رسیدیم که عفت و مرضیه نشسته بودند. با هم به طرف درِ پارك راه افتادیم. عفت آسمان‌وریسمان به هم می‌بافت که شاید از نتیجه‌ی صحبت‌ها چیزی دستگیرش شود. به میدان فاطمی که رسیدیم من و عفت از محسن و مرضیه جدا شدیم و تاکسی گرفتیم.

تاکسی که سرعت گرفت عفت چند ثانیه‌یی به من خیره شد و درحالی که لبخند می‌زد، گفت: «خب؟!»

آهی کشیدم و گفتم: «عفت! من واقعاً دلم نمی‌خواد تو رو به عنوان یه دوست خوب از دست بدم. بیا قول بده نتیجه‌ی

صحبت‌های امروز من و برادرت هرچه که هست روی دوستی ما تأثیر نمی‌ذاره.»
عفت خندید و گفت: «مسلمه که تأثیر نمی‌ذاره.»
عفت طبقه‌ی هم‌کف شرقی فاطمیه‌ی ۵ بود و من طبقه‌ی اول غربی. تعارف کرد تا با هم شام بخوریم. تشکر کردم و رفتم اتاقم. می‌دانستم که فریده منتظرم است تا همه‌چیز را برایش تعریف کنم.

۳

وارد اتاق که شدم فریده پشت میزش مشغول درس خواندن بود. دلهره گرفتم؛ پنج‌شنبه و جمعه گذشته بود بی آن‌که من لای هیچ کتابی را باز کرده باشم. سلام کردم. با لبخند جواب سلامم را داد. مانتو را درآوردم، جاصابونی و قوری را برداشتم و رفتم بیرون. سرویس‌های بهداشتی و آشپزخانه روبه‌روی هم بود و تا اتاق ما ۳۰ قدمی فاصله داشت. شعله‌یی خالی پیدا کردم و قوری را رویش گذاشتم و منتظر ماندم تا آب جوش بیاید.

آشپزخانه با آن‌همه آشغال خبر از پشت‌سرگذاشتن یک روز تعطیل می‌داد. چشمم به یک سوسک بزرگ افتاد. خنده‌ام گرفت. اگر یکی دیگر از دخترها توی آشپزخانه بود الان فریادش بلند می‌شد. با خودم فکر کردم واقعاً چرا زن‌ها از سوسک می‌ترسند؟ شاید ترسیدن، یک نوع جلب توجه یا احقاق حق به شکل ظریف زنانه است. مثلاً زنی تنها در خانه نشسته بوده و منتظر برگشتن مردش، نه کاری داشت برای انجام دادن و نه تلفنی بود برای صحبت کردن با خواهر و خاله و عمه و مامان جون. زن، جوان و پرانرژی و خانه کسالت‌بار و خسته کننده بود. ناگهان

سوسکی یا موشی رد می‌شود. خب لابد در آن محیط یك‌نواخت و کسل کننده این خودش حادثه‌یی بوده است، تغییری که زن از تجربه‌اش خوشحال می‌شود و جیغی می‌زد و این جیغ برایش عادت می‌شود تا این که یك روز...

صدای قل‌قل آب‌جوش مرا به خود آورد. قوری را برداشتم و به اتاق برگشتم. فریده پرسید: شام خوردی؟

ـ نه ولی گرسنه نیستم.

می‌دانستم با هیجانِ آن روز بعدازظهر، اشتهایم را برای چند روز از دست داده‌ام.

ـ حیف شد. فکر کردم الان با هم شام می‌خوریم. کمی از بورانی ظهر مونده بود، یه کم هم کته درست کردم.

روی شوفاژ و گوشه‌ی اتاق را نگاه کردم از قابلمه‌ی کته خبری نبود. ناگهان یاد قابلمه روی گاز افتادم. گفتم: «فکر کنم بورانی را باید بدون کته بخوری. توی آشپزخونه بوی برنج سوخته پیچیده بود من زیر قابلمه را خاموش کردم ولی...»

فریده دست‌گیره‌به‌دست سریع در را باز کرد. غر می‌زد که نمی‌داند از دست این دخترهای شلخته‌ی سربه‌هوا چه‌کار کند.

ما توی اتاق هیتر برقی داشتیم ولی دم‌کردن برنج روی آن خیلی مشکل بود، زود می‌سوخت. از آن گذشته من اصلاً خوشم نمی‌آمد بوی غذا توی اتاق بپیچد.

آن شب دلم نمی‌خواست فریده باز از اتاق بیرون برود. می‌خواستم کنارم بنشیند و به بهانه‌ی شام‌خوردن همه‌چیز را برایش تعریف کنم. بورانی را روی هیتر گذاشتم و سفره را پهن کردم. از آب‌خوری ته راهرو یك پارچ آب آوردم.

فریده که دیگر کته سوخته‌اش را فراموش کرده بود با شیطنت لبخند زد و گفت: «حالا کی شیرینی می‌دی؟»

چیزی نگفتم. باز گفت: «خب حرف بزن ببینم. چه خبر

بـود؟ چـی گفتیـن؟ چه‌جـور آدمـی بـود؟ مثـل عفـت شـبیه قورباغـه اسـت یـا نـه می‌شـه نـگاش کـرد؟»

از این‌کـه فریـده اسـم قورباغـه روی عفـت گذاشـته بـود خنـده‌ام می‌گرفـت. واقعـاً هـم حالـت صـورت و چشـم‌های سـبزش آدم را بـه یـاد قورباغـه می‌انداخـت. بـا دل‌خـوری گفتـم: «فریـده نگـو! عفـت دختـر خیلـی خوبیـه.»

ـ من که نگفتم بده. فقط گفتم...

ـ نـه اصلاً شـبیه عفـت نبود؛ چشـم و ابرو مشـکی، حداقل ۱۵سـانت بلندتـر از مـن، نـه چـاق و نـه لاغـر بـا صورتـی متیـن و چشـمای عمیـق و مثـل همـه‌ی پسـرهای درس‌خـون، بـا اعتمادبه‌نفـس. تاحـدودی از خودراضـی، بـه معنـی مثبتـش و خوش‌روحیـه.

ـ پس بگو ایده‌آل. ازش خوشت اومد؟

ـ راستش چیز زیادی از خودش نگفت مرتب سوال می‌کرد.

ـ مثلاً چی پرسید؟

ـ پرسید ازدواج از نظر شما یعنی چی؟

ـ خب؟

ـ گفتم مزخرف‌ترین رابطه‌ی بین دو انسان.

صـورت فریـده بی‌حرکـت مانـد. بـا عصبانیـت بـه مـن نـگاه کـرد، لـپ چپـش از لقمـه‌ی بزرگـی کـه در دهـان گذاشـته بـود قلمبـه شـده بـود. هیـچ وقـت سـعی نمی‌کـرد کمـی ظریـف باشـد. همیشـه خـودش بـود و همیـن جذابـش می‌کـرد. بـا عجلـه ادامـه دادم: «البتـه بعـدش درسـتش کـردم. یعنـی فکـر می‌کنـم درسـتش کـردم.»

فریده ضمن جویدن غذا با صدایی نامفهوم گفت:

ـ مرجان، تو خودتو مسخره کردی یا...

ـ فریـده تـو رو بـه خـدا شـروع نکـن. مـن نمی‌تـوم فیلـم بـازی کنـم. می‌دونـم ایـن ضعـف منـه ولـی مـن کـه نمی‌تونـم دیگـرون روگـول بزنـم.

فریده لیوان آب را بالا برد و گفت:
ـ چرا دروغ می‌گی؟! تو خودتو وحشت‌ناک نشون می‌دی، با زبونت هر چی مزخرفه می‌گی و با اون چشمات بی‌چاره‌ها را گرفتار می‌کنی. بعد هم که خودت و اون آدم بخت برگشته رو خوب سردرگم کردی، می‌ذاری می‌ری؛ به قول خودت «گریز می‌زنی». دروغ می‌گم؟ این نمایش تا حالا چندبار تکرار شده؟ خودت بگو؟

ـ فریده بی‌انصاف نباش. من سعی می‌کنم خودمو اون‌جوری که واقعاً هستم نشون بدم ولی راستش یه چیزی در درونم همیشه در جنگه؛ شاید بشه گفت جنبه‌ی زنانه و انسانی. زنِ درونم می‌خواد خودشو نشون بده، می‌خواد ارتباط برقرار کنه، بدون تعارفات و حرف‌های خسته‌کننده، بدون نقاب‌های ساختگی. فریده، من از فیلم‌بازی کردن متنفرم. وقتی دو تا آدم می‌تونن راحت صحبت کنن چرا باید حتماً وارد قالب و شخصیت دیگری بشن؟ چرا وقتی با مردها راحتی، فکر می‌کنن مشکل داری؟ فکر می‌کنن بی‌بندوباری؟ و فوراً به دنبال سهم خودشون از این فرصت بادآورده می‌افتن. خب اون‌وقته که من هم حالم به هم می‌خوره و ترجیح می‌دم فرار کنم و پشت سرم رو هم نگاه نکنم.

فریده با قاشق به ماهی تابه‌ی بورانی اشاره کرد و گفت: «چرا نمی‌خوری؟ باید تموم بشه.» تکه ای بادنجان توی بشقابم گذاشتم و گفتم: «بقیه‌اش مال تو» فریده بشقابش را کنار گذاشت، بورانی را جلو کشید. به قابلمه‌ی کته اشاره کرد و گفت: «پلو چی؟» گفتم: «نه، مرسی. خیلی بوی سوخته می‌ده». فریده ته پلو را روی بورانی ریخت و ضمن مخلوط کردن غذا گفت:
ـ یعنی می‌فرمایی همه‌ی خواسگارات مشکل داشتن؟
ـ خب، نه... خودت خوب می‌دونی منظورم این نیست.

بعضی‌ها از این‌که تو دختر راحتی هستی از همان جلسه‌ی اول شروع می‌کنن به خط‌ونشون کشیدن که زن من باید این‌طور باشه اون‌طور باشه، یعنی بدون این‌که بفهمن تو کی هستی و چه‌طور فکر می‌کنی، خودشون حکم رو صادر می‌کنن و بعدش هم شرط‌وشروط رو پیش می‌کشن.

ــ پس اون رضایی بی‌چاره چی؟ نه اهل سوءاستفاده بود و نه متعصب. واقعاً می‌خواست ازدواج کنه. هم تحصیل‌کرده بود و هم مذهبی روشن‌فکر، همونی که تو دنبالش هستی.

ــ می‌دونی اون یك استثناء بود. یك استثناء در میون تمام مردایی که من تابه‌حال دیده بودم. شاید اگه اونو، نه در بیست‌ویك‌سالگی بلکه مثلاً در سی‌سالگی می‌دیدم دودستی بهش می‌چسبیدم. یك مورد زودرس بود. شاید من آماده‌گی‌اش رو نداشتم. از این‌که من مورد توجهش بودم خیلی خوش‌حال بودم ولی فریده اون به عنوان یه معلم یه دوست و یه انسان برایم جالب بود...

فریده وسط حرفم زد زیر خنده:

ــ چیزای با مزه‌یی ازش تعریف می‌کردی!

ــ چی؟

ــ این‌که توی کیفش همیشه یه قران بود. پر از خطوط رنگی و علامت سؤال و توضیح.

فریده صورتش را کج کرد و گفت:

ــ تهش بیش‌تر بو میده. تلخ هم هست. نمی‌شه خوردش.

ماهی تابه را کنار زد. گفتم:

ــ بورانی رو بی‌خودی حروم کردی.

فریده گفت:

ــ باز اصفهونی‌بازی درآوردی؟

ــ نخیر خانم. عرض کردم اسراف شد... چی داشتم

می گفتم؟ آهـا، آره. افـکار خیلـی جالبـی داشـت. ولـی همه‌چـی کـه بـه حرف‌هـای صدتایه‌غاز ختـم نمی‌شـه. تـو اگـه یـه آدمـی رو می‌پذیـری یعنـی همـه‌ی وجـودت مـال اون می‌شـه. فکرشـو بکـن هـر روز از خـواب بیـدار می‌شـی، ایـن آدمـو کنـار خـودت می‌بینـی. یـه آدم هـی هـر روز بـرات تکـرار می‌شـه. می‌ترسـیدم ازش خسـته بشـم و مجبـور بشـم تحملـش کنـم. می‌ترسـیدم بـرام یك‌نواخـت بشـه. جذابیت‌شـو از دسـت بـده. اون‌وقـت بـه خاطـر چه‌چیـزی بایـد کنـارش باشـم، هـا؟ تـو بگـو.

فریـده کـه داشـت تکه‌هـای بورانـی را از برنـج جـدا می کـرد تـا بـا نـان بخـورد، به‌تنـدی گفـت:

ــ بـرو بابـا، تـوام! واقعـاً کـه چرت‌وپـرت می گـی. بنـده خـدا مگـه چـش بـود؟

ــ چـش بـود؟ وقتـی حافـظ می‌خونـد و مـن بـا لـذت بـه چشـماش خیـره می‌شـدم، دچـار سـوءتفاهم می‌شـد و می گفـت: «خانـم لطفـاً احساسـات‌تون رو کنتـرل کنیـن.» نمی‌دونسـت مـن نـه تنهـا در چشـای ریزشـده‌اش پشـت اون عینـك ذره‌بینـی، بلکـه در کل ظاهـرش، جذابیتـی نمی‌دیـدم. بنـده خـدا می‌ترسـید مـن عاشـقش شـده باشـم. می‌ترسـید رابطه‌مـون عاطفـی بشـه و نتونیـم منطقـی تصمیـم بگیریـم.

ــ خـب چـون مذهبـی بـود. چـه توقعـی داشـتی؟ تـو انـگار خودتـم نمی‌دونـی بالاخـره چـی می‌خـوای...

ــ اگـه ازم می‌خواسـت کـه باهـاش قـراردادی ببنـدم و طبـق اون، سال‌های‌سـال از حرف‌هـای تـازه‌اش و از فکـر خلاقـش اسـتفاده کنـم، بلافاصلـه می‌پذیرفتـم ولـی زندگـی مشـترك کـه در فکرکـردن و حـرف‌زدن خلاصـه نمی‌شـه. تـو می‌فهمـی چـی می گـم؟

ــ نـه نمی‌فهمـم چـون تـو عـادت داری فقـط جنبه‌هـای منفـی را ببینـی و بزرگـش کنـی و الا این‌همـه دختـر مثـل آدم شـوهر می کنـن و از همـه‌ی جنبه‌هـای زندگی‌شـون هـم لـذت می‌بـرن.

صحبت کردن با فریده بی‌فایده بود. وقتی دلش نمی‌خواست چیزی را قبول کند می‌توانست ساعت‌ها بنشیند و دلیل بیاورد. شامش که تمام شد. سفره را جمع کردم و گفتم:

ـ ظرفا مال من.

ـ نه اون قابلمه رو باید بسابم.

ـ خب قابلمه رو می‌ذارم واسه خودت.

فریده جوابم را نداد. تمام ظرف‌ها را جمع کرد و به آشپزخانه رفت. من هم رفتم روی تختم. به یاد درس‌های فردا که افتادم دچار دلهره شدم. واحدهایم زیاد بود و من با چند تا شاگرد خصوصی و رفتن از این دانشکده به آن دانشکده فرصت زیادی برای درس خواندن نداشتم. از همان سال اول که وارد دانشگاه شدم تصمیم گرفتم روی پاهای خودم بایستم. اوایل شاگردانم به خوابگاه می‌آمدند ولی کم کم ترس را کنار گذاشتم و به خانه‌هایشان می‌رفتم. اگر بابا می‌فهمید، بلافاصله مجبورم می‌کرد خودم را به دانشگاه اصفهان منتقل کنم یعنی تا مشکلی پیش می‌آمد می‌گفت «خودتو منتقل کن» خصوصاً بعد از قبولی مهشید خواهرم در دانشگاه اصفهان اصرار بابا بیش‌تر شد. اما من نمی‌خواستم امکاناتی که در تهران داشتم، و بیش‌تر از همه استقلالم، را از دست بدهم. اصلاً صدایش را درنمی‌آوردم که برای تدریس به خانه‌ی شاگردهایم می‌روم. سعی می‌کردم خودم را با حقوق تدریس وفق بدهم. می‌خواستم به خودم ثابت کنم که بزرگ شده‌ام.

تا زمانی که در خوابگاه بودم مشکلی نبود به محض این که برای تعطیلات به خانه می‌رفتم یا مامان به تهران می‌آمد نق‌زدن و نصیحت کردن و حرص خوردنش شروع می‌شد: «این چه وضع لباس پوشیدنه؟! این چه کفش‌های کهنه و بی‌ریختیه که پات می‌کنی؟ مگه تو بچه‌گدایی؟ خواهرات هر روز بهانه‌ی یه

چیزی رو می‌گیرن اون وقت تو این‌طور مثل گداها...
- مامان من این‌طور راحتم.
- بی‌خود راحتی! جوونی. اگه حالا به خودت نرسی کی می‌خوای برسی؟ اصلاً ما آبرو داریم... امروز با هم می‌ریم خرید.
- امروز بعدازظهر تدریس دارم.
- خب فردا می‌ریم. فردا که جمعه‌ست.
- فردا شب کلاس سروشه. نمی‌تونم ازش بگذرم.
- من همین الان به بابات زنگ می‌زنم تا تکلیفتو روشن کنه. معلوم نیست توی اون خوابگاه چی تو کله‌ات کرده‌ان که تو این‌قدر عوض شدی. بذار من اون فریده را ببینم!
- خب باشه، فردا صبح با هم می‌ریم خرید.

مامان هر ترم دو سه بار به بهانه‌ی سرزدن به من چند روز به تهران می‌آمد پیش مادربزرگ و پدربزرگم می‌ماند و بیش‌تر وقتش به خریدکردن می‌گذشت. مادربزرگم که ما او را عزیزجون صدا می‌کردیم، هنوز هم خوش‌سلیقگی و شیک‌پوشی از ظاهرش پیدا بود.

عزیز خیلی دلش می‌خواست که میان دوست و آشنا برایم شوهر مناسبی پیدا کند تا تهران بمانم.

وقتی که جروبحث من و مامان را می‌شنید وارد صحبت می‌شد: «بذار حالا من واسه‌ات تعریف کنم نسرین‌جون. دو جمعه پیش منزل خانوم بهرامی...»
- کدوم بهرامی؟
- خانوم دکتر بهرامی. همین همسایه روبه‌رویی‌مون دیگه. منزل‌شون سفره‌ی ابوالفضل دعوت داشتم، می‌دونی که دو تا پسراش آمریکان. خانوم دکتر واسه پسر بزرگش دنبال یک دختر خوب می‌گرده. صبح زود به این خانم زنگ زدم که بلند

شو بیا این‌جا دلم برات تنگ شده. می‌خوام امروز کلم‌پلو درست کنم که دوست داری. بلند شده اومده می‌بینم ابروهای نامرتب، موهای بی‌حالت، فرستادمش حموم بعد خودم به زری، این آرایشگره توی خیابون ولدی زنگ زدم، حالا بمونه که اونم چه‌طور ناز می‌کرد که وقت ندارم و سرم شلوغه، البته بنده خدا راست می‌گه باید از قبل ازش وقت بگیری. بهش گفتم: «قربونت مهمونی واجبی باید بریم این دختره می‌یاد پیشت، ابروهاشو مرتب کن به موهاشم برس.» خانوم برگشته خونه به جای تشکر غر می‌زنه که: «مگه من عروسکم که می‌خواین بزکم کنین»... حالا چه‌قدر هم لج کرده که این لباس را نمی‌پوشم اونو می‌پوشم...

مامان می‌خندید و عزیزجون را بغل می‌کرد و می‌بوسد و می‌گفت: «الهی من قربونت بروم. می‌شناسمش. دختر خودمه.»

من با اعتراض می‌گفتم: «عزیزجون! شما وقتی به خواب‌گاه زنگ زدی باید می‌گفتی که قراره بزکم کنین، ببرین مجلس خانم‌باجی‌های متجدد واسه‌م شوهر پیدا کنین. چرا با غذاهای خوش‌مزه بچه خواب‌گاهی‌های گشنه رو گول می‌زنین؟!»

پدربزرگ با شنیدن صدای معترض من به آشپزخانه می‌آمد و می‌گفت: «کی نوه‌ی گل منو رنجونده؟»

زندگی آقاجون و عزیزجون مثل قصه‌ها بود. بیش از چهل سال زندگی مشترك با عشق و علاقه! آقاجون یك عاشق واقعی بود. انگار همین دو سه ماه پیش با این زن آشنا شده است. عزیزجون هم این را می‌دانست و حسابی برایش ناز می‌کرد ولی هیچ زنی هم نمی‌توانست به‌خوبی او به آقاجون برسد.

من اولین نوه‌ی آن‌ها بودم با این که بعد از من یازده نوه‌ی دیگر آمده بودند ولی رابطه‌ی من با آقاجون و عزیزجون یك چیز دیگر بود.

آقاجون که به آشپزخانه می آمد من دور برمی‌داشتم

ــ آخه مگه من رو دست‌تون مونده‌م که خودتونو به آب و آتیش می‌زنین واسه‌م شوهر پیدا کنین. آقاجون! باز این مادر و دختر به هم رسیدن و افتادن به جون من بی‌چاره...

ضربه‌یی محکم به درِ اتاق خورد. دختری داد زد: «خانم محمدی، سوم غربی تلفن.»

هر ساختمان فاطمیه، چهار خط داخلی داشت ۲ تا در راه‌پله شرقی ۲ تا در راه‌پله غربی.

با عجله دم‌پایی پوشیدم و دویدم. مامان بود. تا صدایم را شنید غر زد که: «چرا روز تعطیل یه زنگی نزدی؟ دو سه ساعته دارم شماره می گیرم.»

ــ مامان الهی من فدات شم هرچی بگی حق داری. آخه نمی‌دونی روزهای تعطیل کنار هر کیوسك تلفن چه وضعیه!

ــ دیشب تا صبح خواب‌های ناجور دیدم. تمام روز نگران بودم.

ــ حتماً رژیمو کنار گذاشتی و شب‌ها دوباره شام می‌خوری. هم معده سنگین می‌شه همه عذاب وجدان به خاطر خوردن...

ــ خوبه، خودتو لوس نکن!

از ملاقات آن روز به مامان چیز نگفتم. اولاً گفتن نداشت؛ نه به دار بود نه به بار، ثانیاً مامان همه‌چیز را به خواب شب قبلش ربط می‌داد و نگرانی‌اش بیش‌تر می‌شد.

به اتاق که برگشتم رفتم روی تختم و صحبت‌های آن روز را با برادر عفت مرور کردم. با تعریف هایی که از خانواده‌اش کرده بود و تأکید خودش روی بعضی مسائل به نظرم می‌آمد که ما به‌هیچ‌وجه مناسب یك‌دیگر نیستیم. اگر در همان ساعت اول آشنایی مسئله‌ی چادر را مطرح کرده بود، معلوم می‌شد خیلی باید مذهبی باشد. «اگه این‌طوره پس چرا عفت ما رو با هم آشنا کرد؟ عفت که منو خوب می‌شناسه؟ خب حتماً با خودش

فکـر کـرده کـه بـرادره منـو می‌سـازه! چـه بی‌معنـی! و اگـه همونـی باشـه کـه تـو می‌خواهـی چـی؟ یعنـی بـه خاطـر یـك چادرپوشـیدن ردش می‌کنـی؟ همونـی کـه مـن می‌خـوام؟ مـن چـی می‌خـوام؟ واقعاً چـرا نمی‌دونـم از زندگـی چـی می‌خـوام؟ شـاید بایـد چندسـالی صبـر کنـم؟ شـاید ازدواج بـرای مـن زوده؟ دختـر! خیلـی سـخت می‌گیـری. خسـته‌ام... خـوش بـه حـال دخترایـی کـه بـا یـك سـینی چـای و دو سـه سـاعت صحبت‌کـردن ازدواج می‌کنـن... "بـا اجـازه‌ی بزرگ‌ترهـا بلـه" کـدوم بزرگ‌ترهـا؟ بابـا؟ مامـان؟ عموهـا؟ مرجـان! ولـش کـن ایـن مـورد هـم مثـل بقیـه تمـوم می‌شـه. مهـم اینـه کـه وقـت زیـادی بـراش تلـف نکنـی تـا چشـم بـه هـم بزنـی تـرم تمـوم می‌شـه، هـا! آره دیگـه بهـش فکـر نمی‌کنـم از فـردا می‌چسـبم بـه درس‌هـام. بعدازظهرهـا می‌شـینم تـوی کتاب‌خونـه‌ی مرکـزی حسـابی درس‌هـای عقـب مونـده رو می‌خونـم.»

پلك‌هایـم سـنگین شـده بـود. از اتـاق مـا تـا سـرویس‌های بهداشـتی ۳۰ قدمـی بـود «یعنـی تـا از روی تخـت بلنـد شـی و بـری مسـواك بزنـی و برگـردی خـواب از سـرت پریـده و حـالا کـو تـا برگـرده». چشـم‌بندم را بسـتم چـراغ تختـم را خامـوش کـردم، پتـو را کشـیدم رویـم و بـه تنبلـی کودکانـه‌ام خندیـدم.

۴

از اول هفته تصمیم گرفتم به درس‌هایم رسیدم؛ بعدازظهرها تا دیروقت در کتاب‌خانه‌ی مرکزی می‌نشستم. کتاب‌خانه‌ی علوم هم برای درس خواندن جای مناسبی بود ولی من مرکزی را ترجیح می‌دادم. اصلاً از نظر من تمام دانشگاه تهران یك طرف و این کتاب‌خانه یك طرف. یک‌جور خاصی دوستش داشتم. یك آرامش مخصوصی داشت. انگار هزاران دانش‌جو از دانشکده‌های مختلف، طی ده‌ها سال، هرکدام بخشی از وجودشان را آن‌جا گذاشته بودند. من که بیش‌تر از نیم ساعت نمی‌توانستم یک‌جا بنشینم، در این کتاب‌خانه گذشت زمان را احساس نمی‌کردم. سه‌شنبه شب که به خواب‌گاه برگشتم فریده گفت: «بعدازظهر خاله‌قورباغه چند بار اومد نبودی. پیغام گذاشت بری سری بهش بزنی.»

در این چند روز سعی کرده بودم اصلاً به این موضوع فکر نکنم. موقع رفت‌وآمد هم از طرف غربی ساختمان عبور می‌کردم که یک‌وقت عفت را توی راهرو نبینم.

شامی را که فریده از سلف گرفته بود گرم کردم. می‌خواستم

شام بخورم و بروم سالن مطالعه که اگر عفت آمد توی اتاق نباشم. به فریده هم گفتم: «اگه عفت اومد بهش بگو نمی‌دونی من کجام.»

فریده غر زد که: «به من چه! امروز این دختره سه چهار بار اومده و رفته. خب بمون ببین چی کارت داره. شما که دوست جون‌جونی بودین!»

هنوز حرف فریده تمام نشده بود که در زدند. فریده داد زد: «بفرمایین.»

عفت توی در ظاهر شد. ظرف شام را که دستم دید از مزاحمت بی‌موقع معذرت خواست. تعارف کردم بیاید داخل با هم شام بخوریم. تشکر کرد. دستش را جلو آورد و گفت: «نیومدی کاست سخن‌رانی جمعه‌شب رو بگیری. برات آوردم. کیفیتش خوب شده من گوش کردم.»

بعد با چشم و ابرو اشاره کرد که برویم بیرون. عفت با فریده راحت نبود. خب فریده از او خوشش نمی‌آمد، عفت هم لابد این را حس می‌کرد. بیرون اتاق گفت: «چند بار اومدم نبودی؟»

ـــ این روزا تا دیروقت می‌شینم کتاب‌خونه. توی خواب‌گاه که نمی‌شه درس خوند.

ـــ چرا از سالن مطالعه‌ی پایین استفاده نمی‌کنی؟

ـــ تو که منو می‌شناسی. درس‌خون نیستم. پایین که می‌شینم یک پام تو اتاقه و یک پام تو سالن. نمی‌تونم متمرکز بشم.

ـــ راستش اومدم بهت بگم اگه مخالفتی نداری محسن می‌خواد یک جلسه دیگه با هم صحبت کنین.

اسم محسن که به گوشم خورد، موجی توی سینه‌ام پیچید. تمام رشته‌هایی که در آن چند روز بافته بودم، پنبه شد. زن درونم خوش‌حال شد.

ـــ محسن می‌خواست واسه امروز قرار بذاره ولی من از ظهر

نتونستم تو رو پیدا کنم. فردا صبح تو کلاس داری؟

ـ فردا چهارشنبه است؟ نه، از ساعت ۲ به بعد کلاس دارم.

ـ خب می‌شه مثلاً برای ساعت ۹ قرار گذاشت.

ـ آره خوبه.

ـ ولی یك مسئله هست. من فردا صبح کلاس دارم. الان با محسن و مرضیه تماس می گیرم، اگه مرضیه هم نتونست بیاد چی؟ از نظر تو اشکالی نداره با برادرم تنها صحبت کنی؟

ـ نه. می‌شه مثلاً ورودی پاك شفق قرار گذاشت.

ـ پس من الان زنگ می‌زنم و خبرش را بهت می‌دم باشه؟

ـ باشه.

احساس خوبی داشتم. درست است که این جوان را هنوز نمی‌شناختم ولی از این که فردا دوباره می‌دیدمش خوش‌حال بودم. به اتاق که برگشتم فریده پشت میزش مشغول درس‌خواندن بود. چیزی نپرسید. من هم چیزی نگفتم. بعد از شام کتاب‌هایم را برداشتم و با یك ظرف میوه رفتم به سالن مطالعه تو زیرزمین خواب‌گاه. داشتم روی درس‌ها متمرکز می‌شدم که عفت دوباره آمد. عصبانی بود که برای ۴-۳ دقیقه صحبت‌کردن ۴۵ دقیقه توی صف تلفن معطل شده.

مجتمع فاطمیه تنها دو سه دستگاه تلفن شهری و به همین تعداد تلفن بین شهری داشت و طبیعی بود که تا ساعت ۱۰ شب که درِ ساختمان‌ها بسته می‌شد، کنار هر باجه‌ی تلفنِ همیشه صف باشد.

عفت گفت: «مرضیه فردا صبح کلاس داره نمی‌تونه با شما بیاد. محسن گفت اگه ممکنه ساعت ده باشه.»

عفت پیغام را که داد سریع از روی صندلی بلند شد که مزاحم من نباشد. میوه تعارف کردم. یك نارنگی برداشت و تشکر کرد و رفت گوشه دنجی پیدا کرد برای درس‌خواندن.

ساعت که زنگ زد سرحال از خواب بیدار شدم. کسی توی اتاق نبود. روزهایی که فریده صبح کلاس داشت، با صدای زنگ ساعتش از خواب می‌پریدم. صبر می‌کردم تا از اتاق برود و دوباره می‌خوابیدم.

ساعت ۹ بود و من برای صبحانه‌خوردن و آماده‌شدن فقط نیم ساعت وقت داشتم. از تخت پایین پریدم. هیجان‌زده بودم. احساس دختربچه‌یی را داشتم که صبح به امید بازی با عروسکی از خواب بیدار می‌شود که تازه برایش خریده‌اند، بی آن‌که فکر کند تا چه مدتی این عروسك برایش تازگی خواهد داشت. من هم نمی‌خواستم به پایان این بازی که با خواستگار جدیدم شروع کرده بودم، فکر کنم.

به پارك شفق که رسیدم ساعت ده و پنج دقیقه بود. از دور که دیدمش خوش‌حال شدم و از خودم بدم آمد. احساس سبك‌سری کردم «چه معنی داره از این پسره خوشت بیاد.!»

محسن که مرا دید جلو آمد. سرم را بلند کردم. ضمن احوال‌پرسی سعی کردم بفهمم از دیدن من چه احساسی دارد. ولی او نگاهش به زمین بود. از لحن جدی و خشکش هم توی ذوقم خورد. و از این که این‌قدر جدی و مغرور به نظر می‌رسید، خوشم آمد. همیشه پسرهای مغرور را تحسین می‌کردم. از این که نشان می‌داد در تورم نیفتاده، خوش‌حال شدم. از پسرهایی که قادر به مخفی کردن احساسات‌شان نبودند، بیزار بودم.

چند قدمی که جلو رفتیم محسن گفت: «از این که عفت و مرضیه نتونستن بیان جداً معذرت می‌خوام ولی خب، دانشجویم دیگه. در طول هفته پیداکردن ساعاتی که همه وقت آزاد داشته باشن راحت نیست.»

ـ از نظر من مسئله‌یی نیست.

من به صحبت‌های روز جمعه زیاد فکر کردم. به نظرم نمی‌شد یک جمع‌بندی کرد. این بود که از عفت خواستم باز به شما زحمت بده.»

ــ خواهش می کنم. اون روز من بیش‌تر حرف زدم. امروز اومدم به امید این‌که شما هم کمی از خودتون صحبت کنین.

ــ شما هر سؤالی که دارین راحت بپرسین.

ــ ببینین آقای فرخی! اگه برگردم به صحبت‌های روز جمعه، همسر ایده‌ال از نظر شما کسیه که زمینه‌ی وراثتی و تربیتی مناسبی داشته و خودش با انتخابش اون زمینه را رشد داده باشه. باید بگم که اولاً من در یک محیط مذهبی بزرگ نشدم؛ پدرم کاری به خدا و دین نداره. مادرم از چند سال پیش که رفت مکه و وارد جمع حاج‌خانم‌های محل و فامیل شد روسری سرش می کنه و پاش به مجلس روضه و قرائت قرآن و این‌جور برنامه‌ها باز شده. تا قبل از اون جلوی مردای غریبه بی‌حجاب بود. هرچند که فکر می کنم با معیارهای خونواده‌ی شما هنوز هم بی‌حجابه. من از هفت‌سالگی که انقلاب شد، آروم‌آروم توی بحث‌ها با دین و سیاست و مسائل اجتماعی آشنا شدم. انشاهای خوبی می‌نوشتم هرچند که هیچ‌وقت نه پدر و نه مادرم علاقه‌یی به خوندن اونا نداشتن. پدرم در میون خونوادهای سرشناس اصفهان واسه‌ی من دنبال همسر مناسبی می گرده. البته متناسب با معیارهای خودش. پول و شهرت از نظر او دو عامل خوش‌بختیه.

ــ یعنی شما با این‌که در محیط مساعدی رشد نکردین، منظورم از نظر مذهبیه، ولی نسبت به مسائل اعتقادی بی‌تفاوت نیستین. این که خیلی قابل تحسینه.

ــ ولی من چیزی رو انتخاب نکرده‌ام، واسه به‌دست‌آوردن چیزی تلاش نمی کنم. درواقع همون‌طور که دوست داشتم رفتار می کنم و هیچ‌وقت چیزی رو به خودم تحمیل نکردم. الان

هم که می‌بینین بیش‌تر توی دانشکده‌ی ادبیات و الهیات هستم، نه به این دلیله که آدم معتقدی‌ام یا می‌خوام باشم، نه. من همون‌طور که راحتم و برام خوش‌آینده عمل می‌کنم. هرکی به جای من بود کم‌کم خودشو واسه فوق‌لیسانس آماده می‌کرد ولی من حتا به این مسئله فکر هم نمی‌کنم.

ـ یعنی می‌خوانین بگین شما نمی‌دونین چی می‌خواین؟

ــ خب... آره، احتمالاً من نمی‌دونم از زندگی چی می‌خوام یا چی باید بخوام. وقتی می‌بینم که مثلاً دانش‌جویی تصادفاً چون مثلاً نمره قبولی در میکروبیولوژی دانشکده‌ی علوم دانشگاه تهران رو آورده، داره این رشته رو می‌خونه، بدون هیچ زمینه‌ی قبلی و بدون هیچ تصمیم قبلی و حالا آن‌چنان با شتاب جلو می‌ره که انگار همه‌ی عمرش در انتظار اومدن به این دانشکده بوده، برام قابل‌درک نیست. راستش خیلی از بچه‌ها، همین وضع رو دارن. فکر نکنین اینایی که خودشونو واسه فوق‌لیسانس می‌کُشن و حسابی درس می‌خونن، همه هدف دارن و می‌دونن از زندگی چی می‌خوان. نه، این انگار یه مسابقه‌س. باید جلو رفت. باید پیروز شد. چون اکثر مردم همین طوری زندگی می‌کنن. مهم نیست چرا.

ــ خب درواقع ما توی زندگی خیلی انتخاب نمی‌کنیم، بیش‌تر انتخاب می‌شیم. اصولاً اگه خوب به زندگی نگاه کنیم می‌بینیم ما واقعاً حق انتخاب چندانی نداریم. ولی به نظرم همون محدوده‌ی انتخاب‌ها هم جالبه و راستش کافیه، در این محدوده می‌شه مانور داد و از انتخاب‌ها لذت برد. فکر می‌کنم شما زیاد سخت می‌گیرین. حتماً می‌خواین بگین که از همسر آینده و زندگی مشترك هم نمی‌دونین چی می‌خواین؟

ــ آره، راستش من حتا می‌ترسم بعد از مدتی بفهمم اشتباه کردم، یعنی به جای یك زندگی پویا، پرتحرك و انرژی‌بخش، به

یک رابطه‌ی یک‌نواخت و خسته کننده تن بدم.
ــ صداقت شما واقعاً قابل تحسینه؛ ولی فکر نمی کنین با این حرف‌ها تصور نامطلوبی از خودتون به دیگرون می‌دین.
خندیدم و گفتم:
ــ «دیگرون»؟ منظورتون همونابیه که الان در موردشون صحبت کردیم؟ احتمالاً نه، خیلی نگران نیستم. یعنی وقتی خودم از خودم راضی‌ام، احساس خوش‌بختی و آرامش می کنم خصوصاً که این خود، خیلی هم پرتوقع و سخت گیره.
ــ متوجه نشدم.
ــ خودِ سخت گیر من می گه وقتی فقط چند ماه فرصت داری تا کسی رو بشناسی و احتمالاً برای تمام عمر انتخابش کنی، تا آن اون‌جا که می‌تونی جنبه‌های پنهان و احتمالاً منفی رو باز کن. من همین توقع رو از طرف مقابلم دارم.
ــ شما با خودتون درگیر هستین؟
ــ نه به‌هیچ‌وجه. من درعین‌حال که نسبت به خودم سخت گیر و پرتوقعم، فکر می کنم نزدیک‌ترین و بهترین دوست خودم هم هستم.
ــ جالبه.
آن ساعت از روز پارک خلوت بود. خانمی جوان روی نیمکتی نشسته بود کتابی در دست چپش بود و با دست راست کالسکه‌ی بچه‌اش را تکان می‌داد. دختر و پسری شانزده هفده ساله روی پله‌های سنگی جلوی کتاب‌خانه‌ی پارک نشسته بودند و بستنی لیس می‌زدند. دو نفر نیروی انتظامی از پشت به آن‌ها نزدیک شدند دختر با عجله مقنعه را توی صورتش کشید. لبخند و بستنی روی لبانش ماسید. با ترس گفتم: «بهتره بریم توی کتاب‌خونه». محسن گفت: «توی کتاب‌خونه که نمی‌شه صحبت کرد. بریم بیرون یه جایی پیدا کنیم بشینیم»

در ضلع غربی پارک کافی شاپ دنجی بود. معلوم بود تازه باز کرده بودند و در آن ساعت از روز هنوز آماده‌ی پذیرایی از مشتری نبودند. پسری افغانی داشت کف مغازه تی می‌کشید. بیرون منتظر ماندیم کارش تمام شود.

برای این‌که سوالی کرده باشم گفتم: «خب می‌شه لطف کنین کمی از خودتون بگین؟ درهرحال، شناخت باید دو طرفه باشه.»

ـ چه چیزی براتون مهمه؟

ـ این که مثلاً شما تا چه حد پای بند بکن‌نکن‌های مذهبی هستین.

ـ خب اعتقادات مذهبی چارچوب زندگی فکری و اخلاقی ما رو تشکیل می‌ده. حریمی که در محدوده‌ی اون مجازی و خارج از اون نه. آدم یا مذهبیه یا نیست. انسان مذهبی مقیده؛ مقید به خوف الهی و در مرتبه‌ی بالاتر عشق الهی که اون رو ظاهراً در چارچوبی به نام شرعیات محصور می‌کنه تا روحش رو از همه‌ی محدودیت‌ها رها کنه. این قیدوبندها، یا به قول شما بکن‌نکن‌ها، پوسته و قشریه که ظاهراً به دست و پای شما بند می‌زنه و درواقع شما رو از هزاران محدودیت و معبودیت رها می‌کنه چرا که شما تنها شایسته‌ی بندگی یک خالق هستین.

محسن همین‌طور می‌گفت و من به این فکر می‌کردم که: «خب پدربزرگه آخوند بوده و حتماً استعداد منبررفتن و روضه‌خونی رو از اون به ارث برده.»

آن روز ما بالاخره هم وارد آن کافی شاپ نشدیم. در کوچه‌های اطراف پارک راه می‌رفتیم و حرف می‌زدیم. از چیزهای زیادی صحبت کردیم بی آن‌که به نتیجه‌یی برسیم. به ساعتم که نگاه کردم یک و نیم بود باید برای ساعت دو خودم را به دانشکده می‌رساندم. آزمایشگاه داشتم، نمی‌شد غیبت کرد و الا حذف

می‌شد. از طرفی دلم برای ژتون ناهارم سوخت که باطل شده بود. به محسن گفتم:
ـ ببخشین اصلاً حواسم به ساعت نبود من باید برم، کلاس دارم.
محسن نفس عمیقی کشید و به‌آرامی گفت:
ـ پس اجازه بدین قرار بعدی رو همین الان بذاریم چون صحبت‌ها ناتمام موند.
برای بعدازظهر جمعه قرار گذاشتیم. باز هم باید از کلاس‌های جمعه‌شب می‌زدم.
سوار تاکسی شدم. خسته بودم. دلم می‌خواست چشم‌هایم را ببندم و تاکسی بدون توقف همین‌طور برود. دلم می‌خواست ذهنم از هر سؤالی، هر فکری و هر دغدغه‌یی خالی باشد. همه‌ی این صحبت‌ها پوچ بود. واقعاً نمی‌دانستم تمایلی به ادامه‌ی آن دارم یا نه. تصمیم گرفتم فعلاً به این موضوع فکر نکنم. آن‌چه در آن لحظه واقعیت داشت گرسنگی من بود و نه هیچ چیز دیگر.

۵

صبح جمعه بود. روی تخـتم نشسـته بـودم. دوروبـرم پـر از کتـاب و جـزوه بـود. امتحانـات میان‌تـرم از راه رسـیده بـود. بیش‌تـر استادها یک‌سوم تـا نصفِ نمـره‌ی آخر تـرم را بـه امتحان میان‌ترم اختصاص می‌دادند و بچه‌هـا حتا اگـر نمی‌خواستند مجبور بودنـد درس بخوانند.

جزوه‌ها و کتاب‌ها پر از مطالب ناآشنا بود. همه‌ی درس‌ها روی هـم تـل انبـار شده بـود. هر تـرم همین وضـع را داشتم؛ بـه خـودم قـول می‌دادم کـه از تـرم بعـد، بـه جز رفتـن بـه دانشکده، هیـچ برنامـه‌یـی نداشته باشم و فقـط بـه درس‌هایـم برسـم اما تـرم جدید کـه شـروع می‌شـد، قول‌وقرارهـا هـم فرامـوش می‌شـد. تدریـس خصوصـی و کلاس‌هـای آزاد ایـن دانشکده و سـخن‌رانی‌های آن دانشکده و...
ایـن تـرم آشـنایی بـا محسن ذهنم را حسـابی مشـغول کـرده بـود. یـک ماه از آشـنایی ما می‌گذشـت. در این مدت ۹ جلسه صحبـت کـرده بودیـم. نـه تنهـا به هیـچ نتیجه‌یـی نرسـیده بودیـم بلکـه هر بـار موضوعـات جدیـدی مطـرح می‌شـد کـه شـرایط را پیچیده‌تـر می‌کـرد.

صدای فریده از تخت پایین رشته‌ی افکارم را پاره کرد:
«می‌خوام یه سر برم فروشگاه چیزی احتیاج نداری؟»
ـ نه مرسی دیشب خرید کردم.
ـ ناهار چی می‌خوری؟
ـ روز جمعه‌یی حوصله آشپزی ندارم... نمی‌دونم... بیا ناهار بریم «سورنا» پیتزا بخوریم مهمون من.
ـ اگه شیرینی بله گفتنه، باید بگم خانم کور خوندی. با پیتزا نمی‌تونی سر ما رو شیره بمالی؟
ـ تو هم دلت خوشه ها! شیرینی کدومه... تو رو خدا شروع نکن فریده، نمی‌خوام بهش فکر کنم یک‌شنبه امتحان دارم.
کسی محکم در زد و قبل از این که فرصت کنیم حرفی بزنیم، در به‌سرعت باز شد. دختری داد زد: «خانم محمدی اول شرقی تلفن.»
و با همان سرعت رفت و در را پشت سرش کوبید.
فریده غر زد که: «مگه سر آوردی خانوم، یه کم یواش‌تر!»
از تخت پایین پریدم و با سرعت از پله‌ها پایین رفتم. از صدای تق‌تق دمپایی‌ها روی پله‌های سنگی خنده‌ام گرفت.
ـ الو
صدایی مردانه به گوشم رسید: «خانم محمدی؟»
صدا مطبوع و دل‌نشین بود اما ناآشنا. احساس خوش‌آیندی در من ایجاد کرد. می‌خواستم بدانم صاحب این صدای گرم کیست و با من چه کار دارد.
ـ بفرمایین، خودم هستم.
ـ سلام علیکم من محسن فرخی هستم. می‌بخشین مزاحم‌تون شدم.
خیلی تعجب کردم محسن در این یک ماه هیچ‌وقت به خواب‌گاه زنگ نزده بود. اصلاً اهل این حرف‌ها نبود. به نظرم

تلفنی صدایش گیراتر بود.
ـ سلام آقای فرخی، حال‌تون چه‌طوره؟
ـ به لطف شما، خانم محمدی! می‌خواستم امروز یک ساعت مزاحم‌تون بشم.
ـ امروز؟ ولی ما برای روز یک‌شنبه قرار گذاشتیم بعد از امتحان من.
ـ می‌دونم، ولی امروز حتماً باید شما را ببینم.
نمی‌دانستم چه بگویم. از یک طرف بدم نمی‌آمد که به جای نشستن در خوابگاه و درس‌خواندن، بروم بیرون، ولی از طرفی هم می‌دیدم اصلاً برای امتحان آماده نیستم و آن روز تنها فرصت مناسب برای درس‌خواندن بود. نباید قبول می‌کردم. با صدایی ضعیف گفتم: «خب... کی؟» و در دل به بی‌ارادگی خودم فحش دادم.
ـ شیش خوبه؟
ـ شیش؟ ولی امروز جمعه است... سخنرانی سروش....
ـ بچه‌ها سخنرانی رو ضبط می‌کنن درضمن شما تا اون موقع فرصت دارین درس بخونین. سعی می‌کنم صحبت‌مون کوتاه باشه. زیاد وقت‌تونو نگیرم. حدود یه ساعت.
ـ باشه پس مثل همیشه ورودی پارک شفق؟
ـ نه. لطف کنین تقاطع فاطمی و حجاب تشریف بیارین که وقت‌تون کم‌تر تلف بشه... درضمن خواهش می‌کنم به عفت در مورد قرار امروز چیزی نگین.
ـ باشه
ـ پس می‌بیمتون. خداحافظ.
راستش دیدن محسن با آن صورت جذاب و صدای گیرا و مطمئن، در آن یک ماه داشت برایم تبدیل به یک عادت می‌شد و این مرا به فکر فرو می‌برد. باید به نتیجه‌یی می‌رسیدیم. این

بازی نمی‌توانست تا بی‌نهایت ادامه پیدا کند. «ولی مگه با سی چهل ساعت حرف صدتایک‌غاز زدن می‌شه شوهر انتخاب کرد؟»

تا ساعت چهار و نیم بعدازظهر درس خواندم از این‌که زمان به سرعت گذشته بود تعجب کردم. هنوز نصف بیش‌تر مطالب باقی بود ولی هیجان دیدن محسن امتحانِ روز یک‌شنبه را کم‌ارزش نشان می‌داد؛ به خودم گفتم: «خب وقتی برگشتم می‌شینم و تا صبح می‌خونم...» «آره جون خودت! شبا خیلی هم اهل نشستن و درس‌خوندنی...»

احساس خوش‌آیندی داشتم. دوش گرفتم، شیک‌ترین مانتویم را پوشیدم، آرایش ملایمی کردم و به راه افتادم. به تقاطع امیرآباد ـ فاطمی که رسیدم ۵ دقیقه به شش بود آرام‌آرام تا سر حجاب رفتم. محسن طبق معمول زودتر آمده بود از دیدنش لذت بردم؛ کت‌وشلوار سرمه‌یی شیکی پوشیده بود با پیراهن آبی، موهای سشوار کشیده. نزدیک که شدم نگاهش را ندزدید و مستقیم به چشمانم خیره شد. قلبم شروع به تپیدن کرد. احساس کردم مدت‌هاست که می‌شناسمش و از دیدنش خوش‌حالم. گفتم: «فقط یک کراوات کم دارین.»

محسن لبخند زد و سرش را پایین انداخت و من فرصت کردم بدون حضور چشمان جذابش به صورتش خیره شوم. «یعنی من بهش علاقه‌مند شدم؟»

محسن به طرف ورودی هتل لاله رفت. با تعجب پرسیدم: «این‌جا کاری دارین؟»

ــ بفرمایین داخل.

داخل شدم و ایستادم. محسن با دست به سمت راست اشاره کرد. جلوی درِ رستوران سنتی هتل ایستاد و مرا به داخل دعوت کرد. جای دنج و آرامی به نظر می‌رسید.

پشت میز کوچک دو نفره‌یی نشستیم که پیش‌خدمت در گوشه‌یی به ما نشان داد. کس دیگری در رستوران نبود. اولین بار بود من و محسن روبه‌روی هم می‌نشستیم. در تمام این نُه جلسه کیلومترها راه رفته بودیم و با بازوبسته کردن دهان و حرکات دست سعی کرده بودیم هم‌دیگر را بهتر بشناسیم و حالا برای اولین‌بار در مقابل هم. محسن چندبار به من نگاه کرد و لبخند زد ولی نگران به نظر می‌رسید و کاملاً مضطرب. نمی‌فهمیدم چرا به آن جا دعوتم کرده است. منتظر بودم توضیح بدهد. بالاخره با صدایی لرزان گفت: «من از شما خواهشی دارم.»

کنجکاو شده بودم. اولین‌بار بود که او را چنین هیجان‌زده و مضطرب می‌دیدم. می‌خواستم زودتر حرف بزند تا بفهمم موضوع چیست. پرسیدم: «چه خواهشی؟»

محسن چشمانش را به میز دوخت و با صدایی آرام، شمرده گفت: «می‌خواستم ازتون خواهش کنم برای یه مدت کوتاه، منظورم فقط واسه‌ی این جلسه‌ست، صیغه محرمیت بخونیم تا من بتونم حرفامو راحت بگم.»

خواهش عجیبی بود. فکر کردم «آدمای خیلی متعصب و مذهبی هم بدون صیغه می‌تونن حرفاشونو بزنن، چه برسه به ما که تابه‌حال ساعت‌ها توی خیابان قدم زدیم... شاید منظور دیگه‌یی داره». با کنجکاوی و شک پرسیدم:

ـ آقای فرخی! متوجه نمی‌شم. برای این‌که صحبت کنین باید صیغه بخونیم؟..

کلمه‌ی صیغه را آن‌قدر آرام گفتم که خودم هم به‌زور شنیدم. محسن گفت:

ـ بله اعتقادات من اجازه نمی‌ده این حرفا رو به یه زن نامحرم بزنم.

آن روزها مسئله صیغه همه‌جا مطرح بود. آقای رفسنجانی هم

در یکی از خطبه‌های نماز جمعه جوانان، خصوصاً دانش‌جویان، را به ازدواج موقت تشویق کرده بود و از آن به عنوان راه‌حلی برای معضلات اخلاقی جامعه نام برده بود. درست به یاد دارم که از فردای آن روز واکنش‌ها بالا گرفت. حتا در میان بچه‌های مذهبی دانشکده‌ها صدای اعتراض بلند شد. به محسن گفتم:

ـ صیغه از نظر شما چه معنایی می‌ده؟ یعنی چند جمله‌ی عربی می‌تونه درون آدما را منقلب کنه؟ معنویت و تقدسی به روابط صددرصد مادی انسان‌ها بده؟ مگر صیغه راهی نیست واسه‌ی رفع نیاز جنسی؟ پس چه فرقی بین یك رابطه‌ی جنسی آزاد...

محسن نگذاشت صحبتم تمام شود به‌آرامی گفت:

ـ خانم محمدی، اجازه بدین. من امشب شما رو این‌جا دعوت نکردم که با هم بحث کنیم. صحبتای شما به لحاظی کاملاً متینه. می گم، به لحاظی، چون که شما فقط به برداشت یك قشر خاص از این اصطلاح توجه می کنین، آدمایی که در تمام جنبه‌های دینی به دنبال تبصره‌یی می گردن تا واسه‌ی نیازهای ابتدایی خودشون راه پیدا کنن. این یه برداشت سطحی و ابتدایی از دینه، مخصوص بنده هاست، اما نه بنده‌ی خدا، بلکه بنده‌ی نفسانیات خودشون. اگه کسانی با روح‌های کوچك برداشت‌شون از مفاهیم، ابتدایی و سطحیه، قرار نیست ما اینو به تموم مسلمونا تعمیم بدیم. آدما متفاوتن و از دین انتظارات متفاوتی دارن. من اگه می‌تونستم، به جای صیغه کلمه‌ی دیگه‌یی به کار می‌بردم، تا حساسیت شما برانگیخته نشه.

نمی‌دانستم چه بگویم. هیچ‌وقت فکر نمی کردم که موضوع صیغه برایم مطرح شود. محسن که سکوت مرا دید ادامه داد:

ـ می‌دونین... من برای خودم چارچوب‌هایی دارم که امیدوارم حتا اگه با اونا موافق نیستین لااقل احترام بذارین. اگه اشتباه نکنم این جمله‌یه که خودتون مرتب تکرار می کنین.

دوباره در سکوت منتظر ماند. نمی‌دانستم چه بگویم. چندبار سرش را بلند کرد و در چشمانم خیره شد.
ـ گفتین فقط واسه‌ی الان دیگه؟
ـ بله فقط برای صحبت‌های امشب‌مون.
ـ چه کار باید بکنم؟
ـ هیچی من جمله‌یی رو می‌خونم و شما می‌گین قبلتُ
محسن چشمانش را بست و آرام زیر لب کلماتی را به عربی گفت.

چشمانش را که باز کرد فهمیدم که نوبت من است با تردید گفتم: «قبلتُ» و منتظر شدم ببینم چه اتفاقی می‌افتد. محسن سرش را بالا آورد و با نگاهی گرم به من خیره شد. این نگاه برایم غریبه بود. او یا سرش را پایین می‌انداخت، یا سطحی و گذرا نگاه می‌کرد یا مثل یک بچه درس‌خوان که با مسئله سختی کلنجار می‌رود در عمق چشمانم به دنبال جواب می‌گشت. ولی این نگاه هیچ کدام از آن‌ها نبود. نگاه یک مرد بود به زن محبوبش. نگاهی عاشقانه و هوس‌آلود. التهاب و هیجان در چشمانش موج می‌زد و او را جذاب‌تر می‌کرد. من ناخودآگاه مجذوب این بازی شده بودم و ذهنم فرصت تحلیل نداشت. محسن به پیش‌خدمت اشاره‌یی کرد و دوباره به طرف من برگشت.

پیش‌خدمت با سبدی زیبا از رز قرمز به طرف ما آمد و آن را روی میز گذاشت و رفت. عطر گل‌ها در فضا پیچید. با لذت به آن‌ها نگاه کردم. سرم را خم کردم، چشمانم را بستم و نفس عمیقی کشیدم. می‌خواستم آن‌همه زیبایی را با یک نفس از آن خودم کنم. هنوز چشمانم بسته بود که صدای محسن به‌آرامی گوشم را نوازش داد.
ـ مرجان! حاضری با من ازدواج کنی؟

صدها زنگ در گوشم به صدا درآمد. قلبم شروع به تپیدن کرد. صورتم گُر گرفت. برای اولین‌بار بود که محسن مرا به اسم کوچك صدا می‌کرد. به چشمانش خیره شدم، به لبان لرزانش. دوباره به چشمان جذابش. نمی‌خواستم حرفی بزنم. نمی‌خواستم به چیزی فکر کنم فقط می‌خواستم که آن لحظات ادامه پیدا کند بدون کلام، بدون فکر...

من و محسن، با آن نگاه‌های عاشقانه، گوشه‌یی از پرده‌ی حجب و حیای معمول در روابط را کنار زده بودیم و با چشمانی مست از شور، زیبایی‌هایی در یک‌دیگر می‌یافتیم که برایمان خیره‌کننده بود و ما را مجذوب خود می‌کرد.

محسن دیوان حافظی از جیبش درآورد و کنار شمع روی میز گذاشت. به یاد حافظ جیبی خودم افتادم که همیشه همراهم بود و این وجه اشتراك را به فال نیك گرفتم. محسن گفت: «نیت کن.»

چشمانم را بستم ولی نتوانستم نیت کنم. راستش من هیچ‌وقت باور نداشتم که می‌شود نیت کرد و از حافظ جواب گرفت و در آن لحظه اصلاً فکرم کار نمی‌کرد. ولی خب، اگر واقعاً حافظ در فالش حضور داشت باید می‌دانست که چه غزلی مناسب آن گفت‌وگوی عاشقانه است.

محسن مشغول خواندن غزل شد که همان پیش‌خدمت دوباره آمد، یک قوری چای، دو استکان و ظرف قند و نبات و خرما را روی میز گذاشت و آماده‌ی نوشتن سفارش ما شد. محسن گفت: «غذا را دیرتر سفارش می‌دیم.» پیش‌خدمت رفت و محسن خواندن شعر را از سر گرفت. صدای آب که از فواره‌ی کوچك وسط حوضچه‌ی رستوران پایین می‌ریخت، در رستوران منعکس می‌شد و مرا می‌برد به کودکی‌ام، به حوض‌خانه‌ی بی‌بی با حوض بزرگ و کاشی‌های آبی‌اش و سکوی پهن و بلندش. جای

دنجی که بی‌بی به دور از سروصدای نوه‌ها که همیشه چندتایی در آن خانه بزرگ مهمان بودند، نمازش را با حوصله و سر صبر می‌خواند.

پنج شش ساله بودم، در بعدازظهر یک روز گرم تابستانی که خانه‌ی بی‌بی بودیم، مامان با اصرار من با پارچه‌یی که بی‌بی داده بود برایم چادرنمازی دوخت. چادر را سرم کردم و بدو رفتم تا به بی‌بی و آقابزرگ نشان بدهم. آقابزرگ مرا در بغل فشرد و گونه‌هایم را محکم بوسید و باز ته‌ریشش صورتم را درد آورد و اذیتم کرد. اما نشان ندادم. مامان گفته بود «نباید نشون بدی که دوست نداری». بی‌بی هم مرا بوسید از جا بلند شد و درِ صندوق جادویی‌اش را باز کرد و جانمازی قشنگ به من هدیه کرد. وقتی خانه‌ی بی‌بی بودیم، بعد از ناهار من با غرور به حوض‌خانه می‌رفتم. این که بی‌بی به من اجازه می‌داد در کنارش بایستم و حرکاتش را هنگام خواندن نماز تکرار کنم افتخاری نبود که بتوانم برای خودم نگه دارم و پزش را به مهشید ندهم. بعضی اوقات بی‌بی کنارم می‌نشست و من به نماز می‌ایستادم بی‌بی بلندبلند کلمات عربی را می‌گفت و من تکرار می‌کردم. بعد از نماز من سرم را روی پایش می‌گذاشتم و به فواره‌ی وسط حوض خیره می‌شدم و با صدای گرمش به شهر قصه‌ها می‌رفتم و کم‌کم پلک‌هایم سنگین می‌شد.

محسن ضمن ریخت چای خیلی خودمانی گفت:

ـ می‌خوای یه قصه برات بگم؟

استکان کمرباریک را بین دستانم گرفتم. گرمایش خوشایند بود. لبخند زدم و ضمن بالابردن استکان با سر جوابش را دادم.

ـ یکی بود، یکی نبود. غیر از خدا هیچ کس نبود. توی جامعه‌ی ما دخترها رو می‌شه به دو دسته تقسیم کرد: اونایی که در محیط‌های بسته بزرگ می‌شن و بیش‌تر تحت تأثیر خاله و

عمه و مادربزرگ‌شون هستن و از همون سن بلوغ برای رفتن به خونه‌ی بخت آماده می‌شن. دسته دوم، دخترایی که از آن محیط بسته رها شدن یا توی خونواده‌هایی با فرهنگ بازتر رشد کردن، خودشون رو می‌سپرن به اون چه که جامعه می‌پسنده و مُده. استثناهایی هم هست که نه جزء دسته اولن و نه دوم، نه می‌تونن گوشه‌ی خونه بنشینن و قرمه‌سبزی بپزن و نه می‌تونن تمام قیدها و پیوندها را کنار بذارن و یکسره مطیع سلیقه‌ی محیط اطراف بشن... من دختری رو می‌شناسم که نه تنها از جذبه‌های قوی زنانه برخورداره، بلکه خیلی هم باهوشه و می‌خواد خودش، خودش رو انتخاب کنه. زمانی که هم‌سن و سالاش رمان‌های عاشقونه می‌خوندن، با خوندن کتاب‌های شریعتی معنی جدیدی از دین می‌گیره و با خوندن مولانا در رؤیای عشق‌های متعالی فرو می‌ره؛ حساسه، هر صحنه‌ی رقت‌باری او را به فکر وامی‌داره. دوری از محیط آروم خونه و زندگی در خوابگاه، اون هم در شهر بی‌درو‌پیکری مثل تهران، تجربه‌ی یک زندگی آزاد، رفتن از این دانشکده به آن دانشکده و شنیدن حرف‌های تازه اون رو خسته کرده؛ اونچه که احتیاج داره یک دوسته، یک همراه، یک هم‌سفر که او رو درک کنه، کنارش باشه؛ ...یه آغوشِ گرم تا بهش احساس امنیت بده... به یک محیط کوچک و آروم احتیاج داره به نام خونواده؛ جایی که نقش همسر و مادر رو بازی کنه...

محسن مکثی کرد و بعد با لحنی جدی ادامه داد:

ــ مرجان! به من اطمینان کن. من می‌تونم خلاء تنهایی تو رو پر کنم... باورم کن، ما می‌تونیم زوج خوش‌بختی باشیم... مرجان... من... چه‌طوری بگم...من بهت احتیاج دارم.

صدای محسن لالایی شیرینی بود که به گوش جانم می‌نشست و مرا سوار بر بال‌های خیال به سرزمین قصه‌ها می‌برد. این تجربه‌ی جدیدی بود. دستش را جلو آورد و آرام روی دستم گذاشت

با نگاهی پریشان که نشان از غوغای درونش بود به چشمانم خیره شد. دستانش سرد بود. با تردید و به‌آرامی دستم را فشرد. منقلب بود. میز کوچك بود و فاصله من و محسن آن‌قدر کم بود که در آن رستوران خلوت، صدای نفس‌هایش را می‌شنیدم.

گیج شده بودم. محسن با ظرافت توانسته بود احساسات مرا تحریك کند. حالا دیگر از فکر و تحلیل هیچ خبری نبود. دستم را به آرامی عقب کشیدم. نگاهم از گُل‌ها به میز کوچکی افتاد که خانم و آقای جوانی مشغول غذاخوردن بودند. دست محسن هنوز همان‌جا روی میز بود. محسن با حالتی خاص به من نگاه می‌کرد برای این که حرکتم را توجیه کنم گفتم:

ــ محسن‌خان! من... من متأسفانه مثل شما آدم مذهبی نیستم، راستش خوندن صیغه برای من مفهومی نداشت. ولی... درعین‌حال هیچ دختری نمی‌تونه در برابر چنین کلمات شیرین و عاشقانه‌یی بی‌تفاوت بمونه. راستش حرکت امشب شما مثل یك صاعقه بود. من این جنبه از وجود شما را نمی‌شناختم و این صحبتها اون هم بدون هیچ زمینه‌ی قبلی کمی منو گیج کرده، قبول کنین...

محسن وسط صحبتم پرید و خیلی آرام گفت:

ــ یعنی توی این ۹ جلسه هیچ احساسی نسبت به من پیدا نکرده بودی؟ هیچ کشش و علاقه‌یی؟

سرم را پایین انداختم به گُل‌ها خیره شدم تا بتوانم به‌راحتی جواب محسن را بدهم.

ــ شما جوون برازنده‌یی هستین. فکر می کنم خیلی از دخترها آرزوی برخورد با چنین مردی را در زندگی دارن... ولی من سعی می کردم به این فکر نکنم تا بتونم در مورد شما عاقلانه تصمیم بگیرم. حالا بعد از صحبت‌های امشب نمی‌دونم... شما احساسات مرا بیدار کردین...

محسن با شیطنت لبخندی زد و گفت:

ــ پس چیزی بوده که بیدار بشه، خیلی هم ناامید نباشم!

آن شب محسن مثل یک نامزد واقعی حرف می‌زد. دیگر از بحث‌های اعتقادی و اجتماعی خبری نبود. محسن از خودش می‌گفت، از نقشه‌هایش در زندگی، از این‌که چرا روسیه را برای ادامه‌ی تحصیل انتخاب کرده ، از این‌که اگر عقد کنیم بعد از دفاع از تزش با خیال راحت تا قبل از شروع سال تحصیلی می‌تواند به مسکو برود.

با اشتها غذا می‌خورد و حرف می‌زد انگار که ما سال‌هاست هم‌دیگر را می‌شناسیم. آن شب محسن گوینده بود و من شنونده.

به ساعتم که نگاه کردم، نه و نیم بود درِ اصلی خواب‌گاه ساعت ۹ بسته می‌شد.

گفتم:

ــ به‌زودی ساعت دوازده ضربه می‌زنه، سیندرلا باید از پرنسش جدا بشه و خودش رو به خواب‌گاه برسونه و بشه همون دخترک تنها و غمگین.

خودم هم نفهمیدم چه‌طور توانستم چنین حرفی را به زبان بیاورم. محسن که ظاهراً از این تشبیه منقلب شده بود، دستم را گرفت و نوازش کرد. این‌بار من مخالفتی نکردم. با صدایی گرم گفت:

ــ اگه بخوای با یك خطبه این لحظه را جاودانه می کنیم... فقط بخواه!

کمی مکث کرد، دستم را فشرد و با صدایی لرزان جمله‌یی گفت که تمام آن شب انتظار شنیدنش را داشتم:

ــ مرجان!.. من... دوستت دارم.

قلبم شروع به تپیدن کرد. موجی گرم از سینه‌ام گذشت و صورتم را سوزاند. صدایی در درونم گفت: «من هم دوستت

دارم.» اما این صدا بالا نیامد. به خودم فشار آوردم تا خجالت را کنار بگذارم. لبخند زدم و با انگشتانی لرزان که هنوز در دستش بود و از عرق خیس، به‌آرامی دستش را نوازش کردم. هیجان‌زده بودم و از این‌که محسن متوجه حالاتم شود، بیش‌تر دست‌پاچه می‌شدم.
آرام گفتم:
ــ من دیرم شده. درِ خوابگاه خیلی وقته بسته شده.
محسن نگاهی به ساعتش کرد و با بی‌میلی از جایش بلند شد.
به خوابگاه که رسیدیم محسن گفت:
ــ یک‌شنبه منتظر جواب هستم. راستی در مورد امشب با عفت هیچ حرفی نزن.
بعد سبد گل را به طرفم گرفت. فکر کردم چه‌طور با این سبد گل به خوابگاه بروم. دخترها وقتی کسی را با دسته‌گل می‌دیدند، با شیطنت لبخند می‌زدند.
خداحافظی کردم و باسرعت وارد محوطه شدم که آقای باقری یکی از نگهبان‌ها جلویم را گرفت:
ــ خانوم کجا با این عجله؟! کارت.

«کارت» معنی‌اش این بود که من باید کارت خوابگاهم را به او بدهم تا گزارش کند و فردا به مسئولین خوابگاه مراجعه کنم و توضیح بدهم که کجا بوده‌ام و اگر توضیح من قانع‌کننده نباشد، آن تأخیر در پرونده من ثبت شود.
سر جا خشکم زد. در کیفم را باز کردم و دنبال کارتم می‌گشتم که صدای محسن را از پشت سر شنیدم:
ــ سلام علیکم آقا!
محسن درحالی‌که با باقری دست می‌داد با اعتمادبه‌نفس خیلی محکم ادامه داد:
ــ خسته نباشین! من همسرشون هستم. ببخشین، کار مهمی پیش

اومده بود واسه همین دیر رسیدن. لطفاً اجازه بدین برن.
آقای باقری نگاهی به سبد گل کرد و بعد به قیافه‌ی جدی و مطمئن محسن که اصلاً شبیه دوست‌پسرها نبود. رو به من کرد و مؤدبانه گفت:
ـ بفرمایین.
البته نگهبان‌ها را به این راحتی نمی‌شد گول زد. من هفت ترم بود که در آن خوابگاه زندگی می‌کردم. باقری و دیگر نگهبان‌ها مشتری‌های شبانه‌ی خودشان را خوب می‌شناختند و در مورد دخترهای دیگر که ممکن بود تصادفاً دیر به خوابگاه برسند خیلی سخت نمی‌گرفتند.
از این‌که محسن خودش را همسر من معرفی کرده بود خنده‌ام گرفت. تا فاطمیه ۵ دویدم. پله‌ها را چندتایکی بالا رفتم و پریدم توی اتاق و در را پشت سرم کوبیدم.
فریده که حسابی ترسیده بود باسرعت به طرف در برگشت و تا خواست حرفی بزند چشمش به سبد گل افتاد و دهانش که برای غرزدن باز شده بود از دو طرف کشیده شد. با شیطنت لبخند زد و با لهجه‌ی شیرین جنوبی گفت: «این دیگه چیه؟»
سبد را روی میز کنار در گذاشتم با تحسین نگاهی به گل‌ها کردم. چهره‌ی محسن جلوی چشمم مجسم شد. دوباره دلم لرزید. کفش‌هایم را درآوردم. فریده همین‌طور مات به من نگاه می‌کرد و منتظر جواب بود. نمی‌دانستم چه بگویم. فضای اتاق کم‌کم مرا از آن خلسه‌ی چند ساعته بیرون می‌آورد. آرام‌آرام همین که دگمه‌های مانتو را باز می‌کردم ناگهان دلهره‌ی عجیبی سراپای وجودم را گرفت. روی تخت فریده نشستم صدایی مثل کوبیدن دهل ا از دور می‌آمد. نزدیك و نزدیك‌تر شد. ناگهان وحشت‌زده صورتم را با دستانم پوشاندم. صدا بغضی شد که در گلویم شکست و صورتم را از اشک خیس کرد. نمی‌دانستم در

درونم چه اتفاقی افتاده است. گریه برای چه؟ ولی می‌دانستم که باید گریه کنم.
فریده کنارم روی تخت نشست و پرسید:
ـ دختر! چی شده؟. آخه تو بگو چی شده؟
ضربه‌ی محکمی به در خورد و قبل از این که کسی جوابی بدهد در باز شد و خانم خیرتاش مسئول حضوروغیاب خوابگاه وارد شد. اول نگاهی به سبد گل کرد بعد به صورت من خیره شد و لبخند معنی‌داری زد و رو به فریده گفت:
ـ مثل هر شب هردوتاتون حاضر. شب بخیر.
خیرتاش که رفت فریده گفت:
ـ حالا همه‌ی خوابگاه رو پر می‌کنه که تو نامزد کردی.
ورود خیرتاش و حرف فریده شوکی بود که جلوی گریه‌ی مرا گرفت. جاصابونی را برداشتم و از اتاق بیرون رفتم. وقتی برگشتم فریده در قوری آب‌جوش را باز کرده بود و می‌خواست چای خشک تویش بریزد. گفتم:
ـ صبر کن، از اون چای نریز.
فریده رعایت حالم را کرد و الا مثل همیشه می‌گفت:
ـ بچه سوسول!
چای را که دم کرد کنار من روی زمین نشست و گفت:
ـ بالاخره می‌گی چی شده یا نه؟ نصف جونم کردی؟
ـ هیچی نشده... فقط گفت دوستم داره و خیلی رومانتیك ازم خواسگاری کرد.
ـ اِاِ نه بابا... ما رو باش، فکر می‌کردیم آقا مذهبی تشریف داره!
ـ خب اول صیغه‌ی محرمیت خوندیم.
فریده با صدای بلند زد زیر خنده و پرسید:
ـ وسط پارك؟

ـ نه توی هتل لاله.
هول شدم و باعجله ادامه دادم:
ـ یعنی توی رستوران هتل.
خودم هم خنده‌ام گرفت. همه‌چیز را با آب و تاب فریده تعریف کردم.
فریده با تعجب و شیطنت به من نگاه می‌کرد. نمی‌دانست چه بگوید.

۶

هر کاری می‌کردم خوابم نمی‌برد. از این شانه به آن شانه می‌چرخیدم و صدای تخت فلزی بلند می‌شد. فریده از تخت پایین چندبار غر زد:

ـ چه خبرته؟ بخواب! فردا کلاس داریم.

چراغ تختم را روشن کردم. وسائل خوابم را جمع کردم و رفتم روی تخت آن طرف اتاق پهن کردم و پرده را کشیدم. تخت‌های خوابگاه فاطمیه دوطبقه بودند و طبیعتاً تخت‌های پایین بیش‌تر طرف‌دار داشت. هر کسی زودتر در اتاق ثبت‌نام می‌کرد صاحب تخت طبقه‌ی پایین می‌شد. یکی از زهراها و فریده پایین می‌خوابیدند. زهرا تقریباً هر شب توی اتاق دوستانش می‌خوابید ولی حاضر نبود تختش را به من بدهد. هر وقت که من صحبت تخت را مطرح می‌کردم یکی دو روز توی اتاق پیدایش می‌شد بعد دوباره گم می‌شد.

حالا مشکل دو تا شده بود. هم ذهنم مشغول بود و هم جایم عوض شده بود. نزدیکی‌های صبح خوابم برد. با صدای ناهنجار ساعت فریده از خواب پریدم. یک ربع به هفت بود. غر زدم

و بالش را روی سرم گذاشتم تا دوباره خوابم ببرد. فریده پرده جلوی تخت را کنار زد و گفت:

ـ خانوم‌خانوما! پاشو کلاست دیر می‌شه.

ـ دانشکده نمی‌روم

ـ پاشو ببینم تنبل!

ـ فریده ولم کن. فردا امتحان دارم هیچی هم بلد نیستم.

فریده دیگه حرفی نزد. آماده شد و رفت اما خواب از سر من پریده بود. نه می‌توانستم بخوابم و نه حوصله بلندشدن داشتم. قیافه‌ی محسن یك لحظه از جلوی چشمم دور نمی‌شد. از این که نمی‌توانستم به خودم مسلط شوم و به صحبت‌های شب پیش فکر نکنم، عصبانی بودم. باید کاری می‌کردم.

می‌دانستم که آن هفته بابا نوبت دکتر دارد و با مامان به تهران می‌آید. هروقت مامان یا بابا به تهران می‌آمدند من هم برای دیدن آن‌ها از خوابگاه می‌رفتم. بابا معمولاً به خانه عمومهدی می‌رفت و وقتی با مامان بود و البته اگر سرحال بود به خانه‌ی عزیزجون می‌رفتند.

از جا بلند شدم حوصله‌ی لباس عوض‌کردن نداشتم چادری سرم انداختم و هرچه سکه داشتم برداشتم و به محوطه رفتم. اول صبح بود و کیوسك‌ها خلوت. مامان وقتی صبح به آن زودی صدای خسته مرا شنید نگران شد. گفتم کمی سرما خورده‌ام. شروع کرد که:

ـ به غذات نمی‌رسی، حتماً میوه نمی‌خوری...

ـ مامان‌جون سکه ندارم. با بابا صحبت کردی؟ کجا قراره برین؟

ـ عمومهدی تا آخر هفته شماله. قراره بریم خونه‌ی آقاجون.

خوش‌حال شدم. صحبتم که با مامان تمام شد به عزیزجون زنگ زدم. عزیز تا گوشی را برداشت شروع کرد به گله‌کردن.

گفتـم:

ـ عزیزجون گله نکن. دارم می‌آم. تا آخر هفته هم می‌مونم.

بـه اتـاق کـه برگشـتم سـریع وسـائلم را جمـع کـردم. می‌خواسـتم از خـواب‌گاه دور باشـم و در کنـار خانـواده‌ام در آرامـش بـه ایـن موضـوع فکـر کنـم. بـرای فریـده نوشـتم کـه بـه خانـه پدربزرگـم مـی‌روم و بـا این‌کـه می‌دانسـتم شـماره‌ی تلفـن را دارد ولـی بـرای احتیـاط پاییـن یادداشـت شـماره را نوشـتم. می‌دانسـتم کـه فریـده از رفتنـم ناراحـت می‌شـود. همیشـه همین‌طـور بـود. هـر کـدام از مـا کـه یکـی دو شـب خـواب‌گاه نبـود دیگـری دل‌تنـگ می‌شـد. ولـی نمی‌توانسـتم بمانـم بـه خـودم گفتـم: «مرجـان خانـم! ایـن از قـدم اول گریـز.»

زنـگ کـه زدم، عزیزجـون در را بـاز کـرد. بغلـم کـرد و حسـابی بوسـیدم انـگار سال‌هاسـت مـرا ندیـده. مثـل همیشـه آرایـش کـرده و آراسـته و سـرحال بـود. بلافاصلـه پرسـیدم:

ـ آقاجون خونه است؟

ـ نه رفته مغازه. تو چته، چرا رنگت پریده؟

ـ عزیزجون دارم می‌میرم از دل‌درد.

سـاك وسـائلم را گوشـه‌ی اتـاق پـرت کـردم و بـا لبـاس روی تخـت دراز شـدم.

عزیز پشت سرم به اتاق آمد. گفتم:

ـ قربـون دسـتت یـه مسـکن بـده ایـن پرده‌هـا را هـم بکـش کـه نـور اذیتـم می‌کنـه.

عزیـز بـا یـک لیـوان آب و یـك بسـته مسـکن برگشـت. قرصـی بیرون آورد و بقیـه را کنـارم روی میـز گذاشـت. لیـوان را کـه بـه دسـتم می‌داد بـا محبـت لبخنـدی زد و گفـت:

ـ الان خوب می‌شه عزیزجون.

پرده‌هـا را کشـید، از اتـاق بیـرون رفـت و در را پشـت سـرش بسـت. عزیزجـون از دل‌دردهـای ماهانـه‌ی مـن خبـر داشـت. می‌دانسـت کـه

دلم نمی‌خواهد وقتی درد می‌کشم کسی کنارم باشد. روی شکم خوابیدم. پاهایم را جمع کردم و به خودم پیچیدم. درد همین‌طور شدت می‌گرفت. از این‌که آقاجون خانه نبود خوش‌حال بودم. با صدای بلند گریه می‌کردم به بهانه‌ی دل‌درد و درواقع از بی‌چارگی. از مردی خوشم آمده بود. آیا این عشق بود؟ یعنی به این سادگی عاشق شده بودم؟ پس چرا خوش‌حال نبودم؟ چرا دلهره داشتم؟ چرا می‌ترسیدم؟ چرا شک داشتم؟ چرا تا او نگفته بود نمی‌دانستم دوستش دارم؟ این یعنی عشق نیست؟ «زن برای معشوق‌بودن آفریده شده نه عاشق‌شدن» «یعنی چون او منو دوست داره، دوستش دارم؟ یعنی تا زمانی که ابراز علاقه نکرده بود، هیچ احساسی نسبت بهش نداشتم؟» «پس چی؟ بالاخره دوستش دارم یا دوست‌داشتنِ او رو دوست دارم؟»

درد کم و زیاد می‌شد وقتی کم بود ذهنم شروع به فعالیت می‌کرد. وقتی درد اوج می‌گرفت تمرکزم را از دست می‌دادم. ولی باید تصمیمی می‌گرفتم: «خدایا چه‌کار کنم؟ مُردم از درد.»

چشم‌هایم را که باز کردم درد رفته بود. و من احساس خوبی داشتم. نه از صدای گوش‌خراش خانم دادرس مسئول ساختمان خبری بود و نه یاالله‌گفتن‌های آقای رضایی. من توی خانه بودم.

وقتی دانشگاه تهران قبول شدم عزیز و آقاجون خیلی خوش‌حال شدند. عزیز این اتاق را برایم آماده کرد. تمام وسائلش را با سلیقه‌ی خودم عوض کرد و من یک ترم با آرامش در این اتاق به درس‌هایم می‌رسیدم. شاید اگر اصرار بابا نبود و من مجبور نبودم به خواب‌گاه بروم، کم‌کم به رشته‌ام علاقه‌مند می‌شدم و حالا خودم را برای فوق‌لیسانس آماده می‌کردم.

بلند شدم مانتو را از تنم درآوردم. درِ اتاق را که باز کردم بوی خورش قیمه در هال پیچیده بود. صدای آقاجون و عزیز

از آشپزخانه شنیده می‌شد. دلم می‌خواست دوش بگیرم اما می‌دانستم آقاجون بدون من ناهار نمی‌خورد. دلم از گرسنگی ضعف می‌رفت. دست و صورتم را شستم و به آشپزخانه رفتم. عزیزجون مثل همیشه با سلیقه میز را چیده بود. آقاجون پشتش به من بود، لبخند عزیز را که دید برگشت. دستم را دور گردنش حلقه کردم و چندبار بوسیدمش و قربان‌صدقه‌اش رفتم. عزیز با ناز گفت:

ــ اگه آقاجونو این‌قدر دوست داری چرا نشستی خواب‌گاه و ماه‌به‌ماه سری...»

حرفش را قطع کرد و بادقت به من نگاه کرد و گفت:

ــ مرجان! خدا مرگم بده! چته؟ چرا این‌قدر لاغر شدی؟

ــ نمی‌تونم غذا بخورم.

آقاجون خنده‌ی ریزی کرد و گفت:

ــ نکنه عاشق شدی، باباجون؟

و دوباره خندید و به سرفه افتاد

عزیز درحالی‌که می‌خندید لیوان آبی به دست آقاجون داد و گفت:

ــ دختر مردان‌خان از این جرأت‌ها نداره.

چند تکه گوشت از ظرف خورش برداشت و توی بشقاب من گذاشت و گفت:

ــ بخور که رنگ توی صورتت نیست.

آقاجون گفت:

ــ حالا بزرگش نکن. خب، حتماً درس‌هاش سخته.

گفتم:

ــ امروز صبح به مامان زنگ زدم. می‌گفت یک راست می‌آن این‌جا. آره؟

عزیزجون که دل خوشی از بابام نداشت پشت چشمش را نازک

کرد و گفت:
ـ آقا لطف می‌کنه. حتماً چون عموت اینا خونشونو عوض کردن رفتن سعادت‌آباد، بابات گفته بهجت‌آباد به همه‌جا نزدیکه و الا فکر نکن به ما اعتنا می‌کنه.

دلم برای عزیز سوخت. حق داشت. بابا از فرهنگ تهرانی‌ها خوشش نمی‌آمد. دوست نداشت ما تحت تأثیر خانواده‌ی مامان باشیم. حتا اگر می‌فهمید من زیاد به خاله‌ها و دایی‌هام سر می‌زنم دعوایش را با مامان می‌کرد ولی درعوض عزیز و آقاجون و دایی‌ها و خاله‌ها به خاطر مامان کلی به بابا احترام می‌گذاشتند.

گفتم:
ـ عزیزجون بعد از بیست‌وسه ـ چهار سال هنوز بابامو نشناختی؟ وای عزیز دستت درد نکنه. چه‌قد این قیمه خوش‌مزه‌س!

عزیز خندید و گفت:
ـ نوش جونت. گوشت بذار

آقاجون مثل بچه‌ها خودش را لوس کرد و گفت:
ـ حالا بگو جون آقاجون تا آخر هفته می‌مونی؟

گفتم:
ـ آره از خواب‌گاه فرار کردم.
ـ فرار کردی؟
ـ آره. بذارین غذامو بخورم براتون تعریف می‌کنم.

۷

حدوداً ساعت نه شب بود که عزیز درِ اتاق را زد و گفت:
- هم‌اتاقی‌ات پای تلفنه.
با خودم فکر کردم حتماً فریده دلش تنگ شده و زنگ زده احوالم را بپرسد.
- الو
- سلام مرجان خانوم، خوش می‌گذره؟
- سلام فریده جون. ببخش تو رو خدا! می‌دونم تنهایی حوصله‌ات سر می‌ره درعوض می‌تونی به درس‌هات برسی.
- ببین مرجان! صف تلفن خیلی شلوغه. زیاد نمی‌تونم صحبت کنم. این خانم قورباغه اصرار داشت شماره‌ی تلفن مادربزرگتو بهش بدم. گفتم باید ازت اجازه بگیرم. چه کار کنم؟ بهش بدم یا نه؟
- چه کار داشت؟
- نمی‌دونم. ولی گفت کار مهمی باهات داره.
- خب پس بهش بده.
- پس فعلاً خداحافظ.

گوشی را گذاشتم و به فکر فرو رفتم. یعنی عفت چه کار می‌توانست داشته باشد. چند دقیقه بعد تلفن زنگ زد. خودم گوشی را برداشتم. صدای عفت را شناختم. بعد از سلام و احوال‌پرسی گفت:
ــ مرجان. این‌جا خیلی شلوغه نمی‌تونم زیاد صحبت کنم. فریده می‌گفت پدر و مادرت اومدن تهرون. می‌دونی مامان من هم از مشهد اومده و محسن فکر می‌کنه بد نیست اگه یه قراری بذاریم تا...
ــ عفت‌جون بابام می‌آد و خیلی زود برمی‌گرده. فکر نمی‌کنم فرصت مناسبی برای این‌جور صحبت‌ها باشه.
ــ یعنی هنوز نیومدن؟
فردا قراره بیان.
ــ پس من به محسن می‌گم.
ــ سلام برسون.
ــ خداحافظ
صدای عفت و اسم محسن مرا دچار دلهره کرد و تمرکزم را از بین برد ولی باید خودم را برای امتحان فردا آماده می‌کردم. درِ اتاق را که می‌بستم گفتم:
ــ عزیزجون تا فردا شب هر کی به من زنگ زد بگو نیستم.
امتحانم را که دادم باعجله از دانشکده بیرون آمدم. می‌دانستم تا آن‌موقع مامان و بابا باید رسیده باشند. زنگ که زدم مامان در را باز کرد. پریدم بغلش کردم و حسابی بوسیدمش. چه‌قدر از دیدنش خوش‌حال شدم. بابا روی مبل پذیرایی دراز کشیده بود. فشارش دوباره بالا رفته بود. جلو رفتم. بابا سرم را بوسید و احوالم را پرسید.
داشتم با مامان حرف می‌زدم و احوال مریم و مهشید را می‌پرسیدم که عزیزجون با یک سینی چای از آشپزخانه بیرون

آمد. زود بلند شدم و سینی را ازش گرفتم و گفتم:
ــ عزیزجون به من می‌گفتین می‌آوردم. چرا خودتون زحمت کشیدین.
همیشه سعی می‌کردم جلوی بابا بیش‌تر از معمول به عزیز و آقاجون احترام بگذارم.
لباس‌هایم را عوض کردم و برای کمک به عزیز به آشپزخانه رفتم. می‌دانستم برای بابا سنگ تمام گذاشته است.
عزیز با صدای زیر گفت:
ــ دوستت عفت چندبار زنگ زد، گفتم نیستی. شماره‌شو گذاشت که وقتی اومدی حتماً بهش زنگ بزنی.
شماره را که گرفتم دختربچه‌یی با صدای بلند گفت:
ــ الو.
وقتی گفتم با عفت کار دارم. توی گوشی داد زد:
ــ خاله عفت تلفن!
عفت تا گوشی را برداشت گفت:
ــ وای مرجان، تو رو خدا ببخشین! نمی‌دونی چندبار مزاحم مادربزرگت شدم. باور کن هی محسن اصرار می‌کرد که زنگ بزنم. حالا هم خودش این‌جاست. می‌خوای گوشی رو بهش بدم؟
هنوز جواب نداده بودم که صدای محسن را شنیدم:
ــ الو خانوم محمدی سلام علیکم.
ــ سلام. حالتون چه‌طوره؟
ــ متشکرم امروز افتخار ندادین؟
ــ راستش پدر و مادرم اومدن تهرون، به‌هرحال ببخشین.
ــ بله عفت گفت. می‌دونین این فرصت خوبیه که تا مادر من هم هستن یک‌ساعتی خدمت برسیم برای آشنایی اولیه.
ــ خواهش می‌کنم. ولی راستش من باید با پدرم صحبت

کنم. مادرتون تا کی می‌مونن؟

ــ تا پنج‌شنبه، جمعه.

ــ پس اجازه بدین من امشب باهاشون صحبت کنم، بعد بهتون اطلاع می‌دم.

ــ پس من منتظر تماس‌تون باشم؟

ــ بهتون زنگ می‌زنم.

شنیدن صدای گرم محسن برایم خیلی خوش‌آیند بود. عفت چی گفت؟ «هی محسن اصرار می کرد». برای اولین بار از کلمه‌ی اصرار خوشم آمد «اصرار می کرده یعنی دوستم داره.» ولی به بابا چه می‌توانستم بگویم. راستش در این ده جلسه، چیزی درباره‌ی خانواده‌ها نپرسیده بودیم به جز این که محسن چندبار بر مذهبی‌بودن خانواده‌اش تکیه کرده بود. من حتا نمی‌دانستم پدر محسن چه‌کاره است. به قول بابا اصل‌ونسب‌دار است یا نه؟

مامان درِ اتاق را باز کرد. گوشی را که توی دستم دید با تردید پرسید:

ــ با کسی صحبت می کردی؟

ــ مامان باید باهات صحبت کنم.

ــ همین الان؟

با این که اختلاف سن من و مامان هیجده سال بیش‌تر نبود ولی به او نزدیک نبودم. من به‌راحتی برای عزیز و آقاجون همه‌چیز را تعریف کرده بودم. البته به جز مسئله‌ی صیغه که در خانواده‌ی ما به‌هیچ‌وجه قابل‌درك نبود. ولی اصلاً نمی‌توانستم حرف دلم را به مامان بزنم. سعی کردم کل جریان را در چند جمله خلاصه کنم:

ــ یکی از بچه‌های خواب‌گاه از من واسه‌ی برادرش خواستگاری کرده. البته خیلی مذهبی ان. اصلاً فکر نمی کنم مورد مناسبی

باشه ولی چون مادرشون الان تهرونه و شنیده که شما هم این‌جاین، اصرار دارن بیان واسه آشنایی اولیه.

ماما پرسید:

ـ چه‌جور خونواده‌ین؟ وضع‌شون چه‌طوره؟

ـ نمی‌دونم.

ماما چشم‌هایش را گرد کرد و باتعجب گفت:

ـ یعنی نپرسیدی؟

ـ نه، چون برام مهم نبود... منظورم اینه که فرصت نشد.

ـ با هم صحبت هم کردین؟

می‌دانستم ماما دارد بازجویی می‌کند. گفتم:

ـ آره یکی دو ساعت.

ـ کجا؟

ـ توی پارك. البته دو تا خواهرهاش باهامون بودن.

ـ نمی‌دونم. باید با بابات صحبت کنم.

ـ ماما امشب من باید جواب‌شونو بدم.

بعد از شام بابا رفت که استراحت کند. ماما هم پشت سرش. چند دقیقه بعد به آشپزخانه آمد و گفت:

ـ بابات می‌خواد باهات صحبت کنه. یك چای کم‌رنگ هم براش ببر.

دلم هری ریخت پایین. از بابا نمی‌ترسیدم ولی باهاش راحت نبودم. یك چایی کم‌رنگ با عرق نعناع در یك سینی گذاشتم و در زدم و رفتم داخل.

ـ بیا تو دخترم. بنشین و برام تعریف کن. دانشکده چه خبر؟

ـ هیچی باباجون، مثل همیشه. فقط دلم می‌خواد زودتر درسمو تموم کنم. راستش خسته شدم.

ـ آره. منم دلم می‌خواد زودتر برگردی اصفهان.

هر دو سکوت کردیم. برای این که حرفی زده باشم گفتم:

ـ چای‌تون سرد نشه. عرق نعناع توش ریختم.
ـ دستت درد نکنه. خوب بگو این جریانی که مامانت می‌گه چیه؟ این پسره کیه؟ می‌شناسیش؟
ـ نه. فقط با خواهرش توی یک خواب‌گاه یم.
ـ هم‌دانشکده‌یی هستین؟
ـ نه الهیات می‌خونه.
ـ چی می‌خونه؟ الهیات؟!.. قرآن‌خوندن هم مگه دانشگاه می‌خواد؟ هه... الهیات!
بابا چایش را خورد ولی فکرش رفته بود دنبال کلمه‌ی الهیات. پرسید:
ـ حالا این‌ها بعد از تموم‌شدن درس‌شون به چه دردی می‌خورن؟ مگه مدرسه‌ها چه‌قدر معلم قرآن می‌خوان؟
من چیزی نگفتم. می‌خواستم بابا به مسئله‌ی اصلی برگردد ولی درعین‌حال نمی‌خواستم فکر کند موضوع برایم مهم است.
ـ حالا کجایی هست؟
ـ مشهدی
ـ پس لابد باباش دو سه تا زن داره و هفت و هشت تا صیغه‌یی.
از شنیدن کلمه‌ی صیغه هول برم داشت.
ـ بابا راستش من اصلاً نمی‌شناسمش، فکر هم نمی‌کنم مورد مناسبی باشه. ظاهراً که خیلی مذهبی ان. خب میان یه‌ساعتی می‌شینن و می‌رن دیگه. نمی‌تونم همین‌جوری بهش بگم نه.
بابا که دید ظاهراً موضوع خیلی جدی نیست قبول کرد و گفت:
ـ باشه.
ـ برای کی قرار بگذارم؟
ـ فردا شب. چون ممکنه سه‌شنبه مهدی از شمال بیاد. برنامه‌ام معلوم نیست.

به بابا شب‌بخیر گفتم و رفتم پیش عزیزجون ببینم فردا شب می‌توانم محسن و خانواده‌اش را دعوت کنم یا نه؟

عفت گفته بود این شماره‌ی خانه‌ی دایی‌اش است. بعد از سه بوق، آقایی گوشی را برداشت و با صدایی بم و کشیده به جای الو گفت:

ـ سلام علیکم و رحمته‌الله!

مکث کردم. جرأت نداشتم حرف بزنم. همیشه در مقابل مردان مذهبی از زن‌بودن خودم خجالت می‌کشیدم. مثل آن روز که در ایام فاطمیه به اصرار مامان به مجلس روضه‌ی خانم محسنی، همسایه‌مان، رفته بودم. مامان گفته بود: «خانم محسنی هر بار منو می‌بینه کلی احوالتو می‌پرسه. حالا خوب نیست می‌شنوه اومدی. پاشو با هم بریم یه ساعتی می‌نشینیم و برمی‌گردیم.»

سال‌ها بود که روضه نرفته بودم. لزومی هم نداشت. ما که در داشتن روزهای عزاداری رکورددار هستیم. همه‌جا هم که رادیو و تلویزیون روشن بود و خواه ناخواه در مجلس روضه‌خوانی و عزاداری به بزرگی یك جامعه زندگی می‌کردم. به اصرار مامان یک چادرمشکی سرم کردم و رفتم. سالن پر از خانم‌های مشکی‌پوش بود. دوستان مامانم تنه‌های سنگین و گوشتالودشان را هر کدام ۱۰ سانتی جابه‌جا کردند و مامان را بین خودشان جا دادند. من جلوی مامان و درواقع روبه‌روی منبر نشستم. وقتی روضه‌خوان آمد و نشست هنوز یک دقیقه نگذشته بود که تذکری داد. من متوجه نشدم چون هم لکنت داشت هم کلمات را در حلق نگه می‌داشت و از بینی بیرون می‌داد ـــ شاید این‌طوری خودش را در مقابل آن ضعیفه‌ها بیش‌تر مرد احساس می‌کرد. وقتی متوجه شدم که زن‌های روبرو از لای چادرهای مشکی به من خیره شده‌اند، فهمیدم قضیه مربوط به من است. سرم را چرخاندم. به نگاه مامان پناه بردم که با ایما و اشاره به من

فهماند باید صورتم را بهتر در چادر بپیچم. یک لحظه از زن‌بودن خودم خجالت کشیدم، گویی گناه بزرگی مرتکب شده بودم؛ گناه زن‌بودن! نسبت به آن آخوند و تمام آن زن‌ها احساس تنفر کردم. چند دقیقه بعد آرام بلند شدم و به خانه برگشتم. شب جریان را برای بابا تعریف کردم. عصبانی شد و به مامان گفت: «تو خودت توی سن مرجان که بودی نه بلد بودی نماز بخونی و نه می‌دونستی عزاداری و روضه یعنی چی. برای رفتن به هر مهمونی هفت قلم آرایش می کردی. هر بار کلی باید باهات بحث می کردم که لباس مناسب‌تر بپوشی. حالا دخترای جوون منو بلند می کنی می‌بری مجلس این آخوندای...»

ـ الو... الو

به خودم آمدم و با عجله گفتم:

ـ ببخشین با خانم عفت کار داشتم.

تازه یادم آمد که جواب سلامش را نداده بودم.

عفت که گوشی را برداشت گفت فقط به خاطر تماس من در منزل دایی‌اش مانده و الا باید می‌رفته خواب‌گاه چون کلی کار دارد. حالتی از گله در صدایش احساس کردم اما به روی خودم نیاوردم. پرسیدم:

ـ فردا شب ساعت ۸ براتون مناسبه؟

گفت:

ـ گوشی رو داشته باش.

وقتی که عفت گفت فردا شب ساعت ۸ مناسب است، نشانی منزل آقاجون را دادم و گوشی را گذاشتم و نفس راحتی کشیدم. نگران نبودم. به این مجالس خواستگاری عادت داشتم. از طرفی هنوز در مورد محسن تصمیم قطعی نگرفته بودم. یعنی باورم نمی‌شد آدم در ظرف چند هفته برای یک عمرش تصمیم بگیرد و مرد زندگی‌اش را انتخاب کند. مگر من او را چه‌قدر می‌شناختم؟

فکر کردم «خب محسن خودش از یک خونواده‌ی سنتیه، اگه بگم بابا مخالفه، درک می‌کنه.»

۸

دوشنبه صبح وقتی می‌خواستم به دانشکده بروم از عزیز پرسیدم: «واسه‌ی امشب خیلی کار داری؟ می‌خوای کلاس بعدازظهرم رو نرم زودتر بیام خونه؟»
ـــ نه دیشب زنگ زدم به خدیجه، امروز می‌یاد. آقاجون هم از همین بغل میوه و شیرینی می‌گیره. تو نمی‌خواد نگران باشی. برو به درس‌هات برس.
ـ الهی من قربونت برم عزیزجون!
ـ خدا نکنه
بعدازظهر که برگشتم بابا خواب بود. مامان داشت غر می‌زد که «توی بیمارستان‌های خصوصی هم همه‌جا صفه، واسه‌ی هر آزمایش کلی معطل می‌شی. پول می‌دی، خواهش هم می‌کنی. هی از این طبقه به اون طبقه...»
عزیز پرید وسط حرف مامان که: «پاشو دخترم! یه دوش بگیر خستگی‌ات درمی‌یاد این‌جا تهرونه دیگه.»
بعد رو به من کرد و ادامه داد «برو تا زری وقت داره، موهاتو واسه‌شب درست کنه.»

ـــ عزیزجون! زیر روسری که معلوم نیست موهام آرایش داره یا نه.

ـ وا! یعنی می‌خوای روسری سرت کنی؟

ـ یا روسری یا چادر.

مامان با چشم‌های گرد شده گفت:

ـــ نه تو رو خدا، اصلاً چه‌طوره روبنده هم بندازی. پاشو ببینم! جرأت داری جلوی بابا چادر سرت کن!

تا شب جروبحث ما بر سر لباس‌پوشیدن ادامه داشت. هرچه من انتخاب می‌کردم، مامان و عزیز نمی‌پسندیدند و هرچه آن‌ها پیش‌نهاد می‌دادند به نظر من مناسب چنان مجلسی نبود. بالاخره یك دامن مشکی بلند با یك کت سفید آستین‌دار پوشیدم. عزیز انگار خودش را برای عروسی آماده کرده بود؛ کت‌ودامن مشکی تنگ با جوراب‌های شیشه‌یی و آرایش کامل. آقاجون قربون‌صدقه‌اش می‌رفت. مامان هم دست کمی از عزیز نداشت ولی از وقتی حاج‌خانم شده بود دیگر دامن کوتاه نمی‌پوشید. جلوی نامحرم هم روسری سرش می‌کرد. جورابش کمی کلفت‌تر بود.

گفتم:

ـــ عزیزجون! تو رو به خدا یك روسری سرت کن این بنده خداها مذهبین. این‌جوری پوشیدی توهین به خودشون می‌دونن.

با خواهش و التماس من، یك دستمال کوچك به سرش بست.

بابا را در لباس رسمی خیلی دوست داشتم. تمیز و ادکلن‌زده. داشت با مامان مشورت می‌کرد کدام کراوات بیش‌تر به کتش می‌آید. وقتی عزیز دید بابا شیك کرده، آقاجون را برد توی اتاق جلوی آینه موهایش را مرتب کرد و اصرار کرد کراوات بزنند. آقاجون با خنده گفت:

ـــ آخه قربونت برم قرار نیست که منو بپسندن که. یه‌بار تو

پسندیدی و ما رو به غلومی قبول کردی بسه.
عزیز با ناز خندید و گفت:
ـ خبه، حالا داد نزن! اون برج زهرمار می‌شنوه می‌گه سر پیری و معرکه‌گیری.
ـ خودش پیره.

زنگ که زدند، خدیجه در را باز کرد. آقاجون به استقبال‌شان رفت. بابا همان‌جا در پذیرایی منتظر ماند. صدای یالله‌گفتن مردی چندبار شنیده شد. مامان چادرنمازی برداشت و روی شانه‌اش انداخت. عزیز به مامان چشم‌غره رفت ولی چیزی نگفت. من روسری را بیش‌تر جلو آوردم. وارد شدند. دو تا خانم که صورت‌شان را محکم گرفته بودند. پشت سر آن‌ها عفت، بعد آقایی قدبلند و چهارشانه وارد شد با صدایی کلفت که آدم را یاد خادمان امام‌حسین می‌انداخت با تهریش در کت‌شلواری طوسی‌رنگ با پیراهنی سفید که بت معرفی محسن فهمیدیم آقای رضایی دایی اوست. یکی از آن خانم‌ها هم خانم‌دایی و دیگری مادر محسن بود. مهمان‌ها به دو گروه مردانه و زنانه تقسیم شدند. دایی محسن سمت راست بابا نشست و محسن کنار دایی‌اش و آقاجون کنار محسن. خانم‌ها هم با فاصله طرف دیگر سالن نشستند. عزیز کنار مادر محسن و مامان کنار خانم رضایی نشست. وقتی با زن‌دایی احوال پرسی می‌کردم چادرش کمی کنار رفت. متوجه لباس مجلسی و جواهراتش شدم. معلوم بود خودشان را برای یک جمع زنانه آماده کرده بودند و توقع نداشتند با آقایون در یک سالن بنشینند. از همان لحظات اول، برخورد مادر محسن ذهنم را مشغول کرد؛ بدون کوچک‌ترین توجهی، به سردی جواب سلام و احوال پرسی‌ام را داد انگار موضوع آن مهمانی هیچ ارتباطی به من نداشت. خدیجه دسته گلی را در گلدان بزرگی روی میز گذاشت. بالذت به گل‌ها نگاه کردم. چشمم به محسن

افتاد که به من نگاه می‌کرد. قلبم لرزید. سرم را پایین انداختم. این نگاه را می‌شناختم. چند دقیقه بعد وقتی خدیجه با یك سینی چای از آشپزخانه بیرون آمد. مامان با چشم و ابرو به من اشاره کرد. منظورش این بود که من پذیرایی کنم. با دل‌خوری بلند شدم، سینی را از خدیجه گرفتم. چشمم به زانوهای عزیز افتاد که از زیر دامنش بیرون زده بود. به خدیجه گفتم: «یك چادرنماز واسه‌ی عزیزجونم بیار.»

چای را که جلوی زن‌دایی و مادر محسن گرفتم فکر کردم «این بی‌چاره‌ها حالا چه‌طور چای‌شونو می‌خورن».

مشغول تعارف شیرینی بودم که یك لحظه توجهم به حرف‌های بابا و آقای رضایی جلب شد. صحبت‌شان حسابی گُل انداخته بود؛ انگار سال‌هاست هم‌دیگر را می‌شناسند. دایی محسن از تجارت فرش و صنایع دستی که ظاهراً کار اصلی‌اش بود صحبت می‌کرد و بابا از ساخت‌وساز. محسن هم با آقاجون صحبت می‌کرد. هرچند که صدای آقای رضایی اجازه نمی‌داد چیزی شنیده شود. عزیزجون با این‌که اصلاً حوصله‌ی حاج‌خانم‌ها را نداشت ولی با روحیه‌ی اجتماعی‌اش توانسته بود موضوعی برای صحبت پیدا کند.

چندبار چشمم به چشم خانم فرخی افتاد و لبخند زدم ولی او، بدون این‌که حالت صورتش تغییر کند، آرام مسیر نگاهش را تغییر داد. چشمانش غمگین بود. مطمئن بودم از من خوشش نیامده. دایی محسن وقتی چایش را خورد صدایش را بلندتر کرد و همان‌طور که سرش پایین بود و با تسبیحش بازی می‌کرد توضیح داد «برای چه منظوری خدمت رسیده‌اند» محسن را تنها پسر یکی از سرشناسان مشهدی معرفی کرد که صاحب چند هتل و مغازه است و درضمن در کار صادرات و واردات به جمهوری‌های سابق شوروی هم هست. درحال‌حاضر خارج

تشریف دارد و انشاءالله اگر قسمت شود بعداً در اصفهان خدمت حاج‌آقا (یعنی بابام) می‌رسد. بابا بادقت گوش می‌داد. معلوم بود توجهش حسابی جلب شده. من نمی‌دانستم عفت با آن‌همه ساده گی، دختر یك آدم پول‌دار است. آقای رضایی وقتی پدر محسن را حسابی معرفی کرد، ظاهراً یادش آمد برای محسن به خواستگاری آمده‌اند نه برای پدرش. کمی از محسنات او هم گفت و سایر توضیحات را به خودش سپرد. محسن هم با اعتماد به نفس کامل طوری از تحصیلات و اهمیت رشته و آینده‌اش گفت که انگار پروفسور فیزیک است!

در تمام مدتی که آقای رضایی و محسن صحبت می کردند مادرش ساکت با چهره ای گرفته به گل‌های فرش خیره شده بود. بابا و آقای رضایی ضمن خوردن میوه باز هم صحبت‌شان گُل انداخت و احتمالاً اگر اشاره‌های مادر محسن نبود تا ساعت‌ها ادامه پیدا می کرد. بالاخره با ردوبدل کردن آدرس‌ها در اصفهان و تهران و مشهد و روبوسی گرم دوستانه از هم جدا شدند.

وقتی رفتند به بابا نگاه کردم. از چهره‌اش می‌شد فهمید که ناراضی نیست. گفت:

ــ باید یك تحقیق درست‌وحسابی بکنم. اگه همان‌طور که می گفت باشه مورد مناسبیه.

بعد رو کرد به مامان و گفت:

ــ تو چی فکر می کنی، نسرین؟

مامان گفت:

ــ خونواده‌ی مذهبی هستن ولی پسره ظاهراً تحصیل کرده و باکلاسه.

عزیز پشت چشم نازك کرد و هیچ نگفت. توی آشپزخانه طوری که بابا نشنود گفت:

ــ واه، واه! با اون مادرش! لابد هر شب قبل از خواب حاج‌آقا رو هفت مرتبه توی حوض آب می‌کشه بعد توی رخت‌خواب راهش می‌ده.

آقاجون که نگرانی را در چهره من دید گفت: «پسر خوبی به نظر می‌رسه. انشاالله هر چه خیره پیش بیاد، دخترم» و پیشانی‌ام را بوسید.

گیج شده بودم. من اصلاً انتظار نداشتم محسن از یك خانواده‌ی ثروت‌مند باشد. اصلاً نشان نمی‌داد. «اینا که وضع‌شون خوبه واسه چی هر کدوم گوشه‌ی یه خوابگاه زندگی می‌کنن؟»

من برای این‌که به محسن فکر نکنم از خواب‌گاه آمده بودم بیرون. حالا این‌جا همه از او و خوانواده‌اش حرف می‌زدند. احساس بدی داشتم. دلم می‌خواست مامان مرا می‌فهمید و می‌توانستم به‌راحتی با او مشورت کنم. باید با کسی صحبت می‌کردم. باید از کسی کمك می‌گرفتم. به یاد خانمی افتادم که در مرکز مشاوره‌ی دانش‌جویی یکی دوبار دیده بودم. «صبر کن ببینم، کی بود؟ خانم... خانم افشار؟ آره. باید فردا بعد از کلاس یه سر برم مرکز مشاوره، شاید پیداش کنم»

سه‌شنبه اولِ وقت کلاس داشتم. بعد از کلاس یک‌راست رفتم مرکز مشاوره. از خوش‌شانسی من آن روز خانم افشار بود و بین ساعت یازده تا دوازده قراری نداشت.

از این‌که مرا شناخت و حتا اسمم را به یاد آورد تعجب کردم و البته خوش‌حال شدم. وقتی تمام جریان آشنایی‌ام را با محسن برایش تعریف کردم، انگار که منتظر بقیه قصه باشد پرسید:

ــ خب؟

ــ خب همین. حالا راستش نمی‌دونم چی‌کار کنم، اومدم از شما کمك بگیرم.

ــ دو دستی بهش بچسب و ولش نکن!

با تعجب گفتم:

ــ ولی ما خیلی با هم متفاوتیم.

ــ من قبلاً هم بهت گفتم؛ تو دختر منطقی‌یی هستی. با تعریف‌هایی هم که از خواستگارت می کنی، پسر خودساخته‌یی به نظر می‌رسه. هم‌دیگر رو هم که دوست دارین. بنابراین مشکلات رو ــ که قطعاً خواهد بود ــ با هم‌دیگه حل می کنین. خیلی سخت‌نگیر و مطمئن باش آدم ایده‌آل پیدا نمی‌شه. هر زندگی مشترکی مشکلاتی داره. مهم اینه که بلد باشیم با مشکلات چه‌جوری روبه‌رو بشیم.

آخر جلسه وقتی داشتم خداحافظی می کردم خانم افشار با چشمان مهربان و پرانرژی‌اش به من خیره شد و آهسته گفت:

ــ مرجان! به درونت برگرد. به حرف دلت گوش کن. خودتو از خونواده و اعتقادت و همه‌ی قیدوبندها رها کن. به صدایی که درونت می‌شنوی گوش کن و همون‌طور که می گه عمل کن.

از مرکز مشاوره که بیرون آمدم احساس خوبی داشتم، آرام بودم حالا از این که خودم را ضعیف نشان داده بودم و به این زودی تسلیم اضطراب و نگرانی و دودلی شده بودم، خجالت می کشیدم. دلم می‌خواست به خواب‌گاه برگردم. می‌خواستم محسن را ببینم. توی چشمانش خیره شوم و بگویم دوستش دارم.

بعد از کلاس وقتی به خانه رسیدم مامان و بابا می‌خواستند برای شام بروند منزل عمو. وسائل‌شان را جمع‌وجور می کردند که با خودشان ببرند. قرار بود فردا از همان‌جا به اصفهان برگردند. من که اصلاً حوصله‌ی زن‌عمو فخری را نداشتم، گفتم جزوه‌های درس فردام تو خواب‌گاه است و تا بروم خواب‌گاه و برگردم شب می‌شود. بابا زیرلب غر زد که:

ــ مهدی گله می کرد که اصلاً بهشون سر نمی‌زنی.

ــ بابا خونه‌شون خیلی دور شده، رفت‌وآمد واسه‌م مشکله.

بابا بلافاصله گفت:

ـ خونه‌ی دایی‌ها و خاله‌ها بغل خواب‌گاس؟

مامان با نگرانی به بابا نگاهی کرد و بعد به من چشم‌غره رفت که یعنی حرف‌نزن. زیرچشمی به عزیز نگاه کردم، داشت حرص می‌خورد ولی جلوی زبانش را گرفته بود.

بابا و مامان که رفتند من هم ساکم را برداشتم و از عزیز خداحافظی کردم. اگر آقاجون بود می‌گفت: «دیدی بدقولی کردی و تا آخر هفته نموندی، آقاجون!»

به خواب‌گاه که رسیدم با خوش‌حالی از پله‌ها بالا رفتم. می‌خواستم خودم را زود به اتاق برسانم. گونه‌های تپل فریده را ببوسم و بگویم دلم براش تنگ شده. می‌دانستم که غر می‌زد:

ـ دختر این کارها چیه؟ خودتو لوس نکن!

ولی درِ اتاق قفل بود. کلید انداختم و وارد شدم. اتاق سوت‌وکور بود. دلم گرفت. تصمیم گرفتم اول دوش بگیرم و تا شام یک چای درست کنم. داشتم چای می‌خوردم که در زدند. عفت بود. از دیدنش خوش‌حال شدم و گفتم:

ـ عفت بیا تو چای درست کردم.

عفت به دوروبر اتاق نگاهی کرد و پرسید:

ـ تنهایی؟

ـ آره. خیلی هم حوصلم سر رفته. بیا تو دیگه.

ضمن چای ریختن به صورتش خیره شدم. غمگین به نظر می‌رسید. پرسیدم:

ـ مامان چه‌طورن؟

لبخند تلخی زد و گفت:

ـ خوبه.

راحت نبودم احوال محسن را بپرسم. نمی‌دانستم محسن چه‌قدر به عفت نزدیک است و چه‌قدر از احساسش نسبت به

من برایش حرفی زده است. در ذهنم دنبال موضوعی می گشتم برای صحبت که عفت گفت:

ـ می‌دونی... راستش محسن خیلی ناراحته.

ـ چیزی شده؟

ـ با مامان جروبحث‌ش شده.

ـ بعد از اون شب؟ به خاطر من؟

بغض گلوی عفت را فشرد. لب ورچید. سرش را پایین انداخت. دو قطره اشك روی گونه‌اش سُر خورد. سریع دست کشید به صورتش و گفت:

ـ ببخشید، آدم بعضی وقتا کم می‌آره.

دستش را گرفتم و سعی کردم آرامش کنم.

ـ عفت خودتو ناراحت نکن.

ـ مرجان خواهش می کنم نرنج ولی این روزها به خودم می گم شاید اصلاً نباید شما با هم آشنا می‌شدین. محسن خودش نمی گه به تو علاقه‌مند شده. بهانه می‌آره که باید تا شهریور بره مسکو. وقت نداره این‌طرف و آن‌طرف بره خواستگاری. ولی من احساس می کنم که موضوع جدی‌تر از این حرفاست. از اون طرف هم نمی‌خواد دل مامانو بشکنه. مامان به خاطر ما خیلی چیزا رو تحمل کرده. مردم فکر می کنن پول خوش‌بختی می‌آره. از درون آدم که خبر ندارن.

نمی‌دانستم چه بگویم. اولین‌بار بود که عفت از خانواده‌اش حرف می‌زد، حتماً خیلی تحت فشار بود که ماسك دختر آرام و کم‌گو را کنار زده بود و احساسش را با من در میان می گذاشت.

ـ راستش عفت نمی‌دونم چی بگم. ای کاش می‌تونستم یه‌جوری کمک کنم.

ـ به محسن زنگ بزن باهاش صحبت کن.

ـ یعنی زنگ بزنم که برادرت رو آرو...

عفت با چشمان سرخ به من زل زد، نگاه عفت نبود؛ نگاه زنی بود غریبه که من حریم امنش را بر هم زده بودم.
جمله‌ام را ادامه ندادم فقط گفتم:
ـ فکر می‌کنم متوجه شدم.
منظورش را با نگاه گفته بود. دلم می‌خواست زودتر بلند شود و برود.
چیزی نگفت. شماره‌ی محسن را روی کاغذی که روی میز افتاده بود نوشت. نگاهی به شیرینی دست‌پخت عزیز کرد. لبخندی زد و گفت: «باید خوش‌مزه باشه.» انشاالله واسه یه روز دیگه.
عفت که رفت تا مدت‌ها به همان حال روی صندلی به فکر فرو رفتم. وارد بازی‌یی شده بودم که از نیت و نقش دیگران اطلاعی نداشتم. بازی را نمی‌فهمیدم و گیج می‌شدم.
شماره‌ی تلفن را با چند سکه ۲ و ۵ ریالی برداشتم و از اتاق بیرون رفتم. توی محوطه‌ی فاطمیه کنار هر باجه‌ی تلفن چند نفر ایستاده بود. حوصله نداشتم توی صف بایستم. از خواب‌گاه بیرون رفتم. سر خیابان هجدهم یک باجه بود. شماره مشغول بود. آن‌قدر گرفتم تا بالاخره آزاد شد. پیرمردی که حدس زدم نگهبان خواب‌گاه باشد گوشی را برداشت و رفت محسن را صدا کند. یکی دو دقیقه بعد صدای گرم محسن به گوشم رسید:
ـ الو!
ـ سلام محسن‌خان
ـ سلام علیکم
ـ مرجان هستم.
ـ حالتون چه‌طوره؟ خونواده چه‌طورن؟
معلوم بود محسن توقع شنیدن صدای مرا نداشته است.
ـ متشکرم، همه خوبن. راستش... می‌خواستم ببینمتون.

مکثی کرد و بعد با لحنی غمگین، گویی به یاد چیزی افتاده باشد، گفت:
- ببخشین نمی‌تونم. می‌دونین که مادرم تهرونه.
- کی برمی‌گردن؟
- فردا بعدازظهر
فکری به خاطرم رسید ولی شک داشتم به زبان بیاورم. بالاخره دل به دریا زدم.
- چه‌طوره پنج‌شنبه بریم کوه؟
محسن دوباره سکوت کرد. انگار جواب‌دادن خیلی برایش سخت بود. بالاخره گفت:
- فردا شب خبرشو می‌دم.
گوشی را که گذاشتم دیگر سرحال نبودم. محسن خیلی سرد و بی‌علاقه جواب مرا داده بود. شاید از پیش‌نهادش پشیمان شده بود. «همون بهتر که بره با یه دختر مشهدی چهارده ـ پانزده‌ساله ازدواج کنه». عصبانی بودم. از دست کی؟ نمی‌دانستم. «مگه همین دیروز نبود که شک داشتی جواب مثبت بهش بدی یا نه؟ حالا از این که پیش‌نهادشو پس بگیره، عصبانی هستی؟» شاید چون می‌خواستم تصمیم گیرنده‌ی نهایی من باشم. شاید چون رقابتی بود بین من و زن دیگری یعنی مادرش.
به اتاق که برگشتم فریده هم آمده بود. اما من دیگر حوصله نداشتم که بپرم و لپ‌های تپلش را ببوسم. معلوم بود تازه رسیده. با مانتو و مقنعه نشسته بود پشت میز و دهنش پر بود از شیرینی‌های دست پخت عزیز. برای این‌که حرفی زده باشم گفتم:
- بچه‌ی خوب با دست کثیف چیزی نمی‌خوره.
خندید و با دهان پر گفت:
- خوب بگو از پسر مشهدی چه خبر؟

خوردن فریده را که دیدم احساس گرسنگی کردم. یاد غذاهایی افتادم که عزیز داده بود. گفتم:
ـــ فریده نخور سیر می‌شی. الان غذا گرم می‌کنم. تو هم بپر ژتونای شامو بفروش تا باطل نشده.

۹

چهارشنبه سعی کردم سرحال باشم و به محسن فکر نکنم. به خودم قول دادم «حتا اگر زنگ نزنه. حتا اگه زنگ بزنه و بگه نمی‌آد کوه، خودم تنهایی می‌رم.» شب با فریده مشغول چای خوردن بودیم که کسی محکم در زد و گفت: «خانم محمدی سوم شرقی تلفن.» از اتاق که بیرون پریدم، در پشت سرم محکم به هم خورد و صدای غرزدن فریده بلند شد. گوشی را که برداشتم هنوز نفس‌نفس می‌زدم:
ـ الو!
ـ سلام، خانم محمدی.
ـ سلام... حالتون چه‌طوره؟
صدای محسن که بیش‌تر به ناله شبیه بود از آن طرف گوشی شنیده شد:
ـ به لطف شما، بد نیستم.
و بعد سکوت. خواستم بگویم:
ـ خب؟ گوش می‌دم. امرتون؟
ولی نگفتم. این حرفِ دلم نبود، زن درونم می‌خواست که در

آن لحظه نقش یک مادر را بازی کند؛ یک موجود مهربان، یک پناه‌گاه عاطفی.

آرام و با احساس گفتم:

ـ منتظر زنگ‌تون بودم.

ـ ممنون... خوش‌آینده.

ـ مادرتون رفتن؟

ـ آره.

ـ چرا نمی‌خواین منو ببینین؟ می‌تونیم صحبت کنیم. شاید کمکی بکنه.

ـ عفت چیزی گفته؟

ـ حتا اگه نمی‌گفت از برخوردتون می‌شد تشخیص داد که اتفاقی افتاده... ببینین آقای فرخی من موقعیت شما رو درک می‌کنم و به عنوان یک دوست دلم می‌خواد کمکی بکنم. لااقل صحبت‌هاتونو بشنوم. فکر می‌کنم شنونده‌ی بدی نباشم.

سکوت کردم تا تأثیر حرف‌هایم را در جواب محسن ببینم ولی محسن حرفی نزد.

با تردید پرسیدم:

ـ فردا بریم کوه؟

باز حرفی نزد. دیگر حسابی عصبانی شده بودم. بااین‌حال به آرامی گفتم:

ـ فردا شش صبح می‌آم زیر پل گیشا، همون‌جا که یه پارک کوچولو هست و با این‌که از انتظار متنفرم اون‌قدر می‌مونم تا بیایین. خداحافظ.

گوشی را گذاشتم.

با صدای زنگ ساعت بیدار شدم. هوا هنوز تاریک بود با چشم‌های بسته از تخت آمدم پایین و راهروی طولانی را طی کردم. بعد از دوش و خوردن چای دیگه خواب از سرم پریده بود.

سه تا تخم‌مرغ آب‌پز و مقداری نان و خرما و میوه توی کوله گذاشتم. قوری و چای و کبریت و یک بطری آب هم برداشتم. یک لحظه فکر کردم «حالا چی بپوشم؟ توی کوه که نمی‌شه مانتوی بلند مشکی پوشید؟» جین با مانتوی کوتاه آبی پوشیدم. شال نخی سفیدی سرم کردم، کرم ضدآفتاب و آفتاب‌گیری برداشتم و بدون آرایش از اتاق زدم بیرون.

هوای تمیز صبح بهاری، آن‌هم بعد از باران شبانه، واقعاً نشاط‌آور بود. «حیف که فقط ده دقیقه مونده تا شش و الا می‌شد تا پل گیشا پیاده رفت.» سوار اتوبوسی شدم که در ایستگاه بود. چند تا مسافر بیش‌تر نداشت. آن موقع از صبح ته امیرآباد مینی‌بوس مسیری هم نبود چه رسد به تاکسی و سواری. بعد از ۵ دقیقه اتوبوس بالاخره راه افتاد. مرتب از خودم می‌پرسیدم «یعنی می‌آد یا نه؟ نکنه نیاد، اگه نیاد دیگه امکان نداره بهش زنگ بزنم یا جواب تلفن‌شو بدم.» بعد به خودم خندیدم. «دیدی عاشق نیستی!» «چرا دوستش دارم ولی غرورمو بیش‌تر.» «عشق و غرور جمع‌پذیر نیست، مرجان خانم!» «خب ولش کن. بعداً بهش فکر می‌کنم.»

از اتوبوس که پیاده شدم خیلی مضطرب بودم.. چند دقیقه‌یی از شش گذشته بود. باعجله نگاه کردم، آن‌قدر باعجله که هیچی ندیدم. داخل پیاده‌رو آرام‌آرام جلو رفتم، نمی‌خواستم باور کنم که نیامده، اما آمده بود. اول نشناختمش. یک جین مشکی پوشیده بود با تی‌شرت سفید یقه گرد که توی جین بود و روی آن پیراهن کتان سدری‌رنگ که جلویش باز بود، آستین‌هایش را کمی بالا زده بود. کفش‌های کوه پوشیده بود، معلوم می‌شد اهل کوه‌نوری است. سرش پایین بود و دست‌هاش توی جیبش و یک مسیر ۲ متری را می‌رفت و برمی‌گشت. تا آن موقع محسن را فقط در کت‌شلوار دیده بودم. در این لباس بیش‌تر به او احساس

نزدیکی می‌کردم یك‌جوری خودمانی شده بـود.
از دیدنش خوش‌حال شدم. آرام جلو می‌رفتم تا بهتر نگاهش كنم. احساس كردم خیلی وقت است او را می‌شناسم. سلام كه كردم. محسن یكه خورد. لبخند زد و گفت:
ـ سلام، ببخشین متوجه اومدن‌تون نشدم.
راه افتادیم. پرسید:
ـ كجا بریم؟
ـ نمی‌دونم؟
ـ پس بی‌هدف راه افتادیم؟... چه‌طوره بریم دركه.
سوار تاكسی شدیم. هـر دو سـاكت بودیـم. مـن نمی‌دانستـم از چه شروع كنم. نمی‌دانستم محسن در چه وضعیتی است. فكر كـردم «شـاید مجبور شـده بیاد، شـاید اومـده مؤدبانـه پیش‌نهادشـو پس بگیـره. و حـالا لابـد نمی‌دونـه چه‌طـوری شـروع كنـه» اگر یك هفته پیـش بـود یعنی اگر درست پنج‌شنبه‌ی هفتـه‌ی پیش بود مـن اصلاً از رفتنش ناراحت نمی‌شدم ولی حـالا چیزی در درونـم نسبت بـه او احسـاس می‌كـردم. اگر می‌رفت قطعـاً خاطره‌اش تـا مدت‌ها می‌ماند. ایـن را نمی‌خواستـم ولـی بـه قـول بی‌بی جنـگ اول بهتـر از صلـح آخـر، «اگـر قـرار باشـه بـه خاطـر یـه سـری مسـائل اعتقـادی مرتـب بـا خونـواده‌اش مشكـل داشتـه باشـم، دیگـه تفاهـم و درك حتـا عشـق جایـی نخواهـد داشـت. پـس همـون بهتـر كـه الان بره. بایـد منطقی باشـم»
بعـد از چنـد دقیقـه بالارفتـن در آن صبـح قشنـگ بهـاری، محسن بالاخـره گفت:
ـ خوب شد امروز اومدیم كوه، از پیش‌نهادتون متشكرم.
واقعـاً مسخـره بـود. بعـد از آن‌همـه حرف‌هـای عاشقانه دوباره شده بودیم دو تا غریبه. فعل جمع، ضمیر جمع. «آره پس واقعـاً اومـده حرفشـو پس بگیـره» محسن حتا سرش را بلند نمی كرد بـه

من نگاه کند. گفتم:

ــ آره امروز هوا خیلی خوبه.

ــ شما زیاد کوه می‌آین؟

ــ امسال زیاد فرصت نمی‌کنم اما قبلاً آره. تقریباً هر هفته، البته اگه هوا خوب باشه.

ــ معمولاً با کی می‌آیین؟

ــ با بچه‌های خوابگاه یا دانشکده. بعضی‌وقتا هم با بچه‌های فنی و پزشکی. بستگی داره آخر هفته بچه‌های کدوم گروه رو ببینی و باهاشون هم‌آهنگ کنی.

ــ گروه‌ها مختلطه، حدسم درسته؟

ــ خب آره. بعضی‌ها با هم نامزدن. بعضی هم‌کلاسی، یا همین‌طور آشنا. ولی همه بچه‌های خوبین؛ نه از جوك‌های آن‌چنانی خبری هست نه از شوخی‌های سبك.

محسن جوابی نداد. اگر در شرایط دیگری بودیم می گفتم: «خب به نظر شما اشکالی داره؟» اما آن روز نمی‌خواستم جروبحث کنم.

مدتی در سکوت جلو رفتیم. بعد محسن آرام شروع کرد به صحبت‌کردن: «هفته بدی بود. تقریباً هیچ کاری نکردم. به‌زودی باید از تزم دفاع کنم اما نمی‌تونم متمرکز بشم. ذهنم مشغوله.» حرفی نزدم ادامه داد.

ــ می‌دونین من مادرمو خیلی دوست دارم. هیچ‌کس نمی‌تونه جای اونو توی قلبم بگیره. شما نمی‌دونین چه‌قدر به خاطر ما ازخودگذشتگی کرده. اصلاً دلم نمی‌خواد احساس کنه ما بچه‌های ناخلفی هستیم و حالا که بزرگ شدیم دیگه اونو به حساب نمی‌آریم... از این که رنجوندمش خودمو نمی‌بخشم.

محسن کمی مکث کرد بعد به طرف من برگشت و ادامه داد:

ــ این که نمی‌خواستم شما رو ببینم به این معنی نبود که دوست

نداشتم. راستش نمی‌خواستم خستگی و ناراحتی‌مو ببینین... من وقتی مشکلی دارم با خودم خلوت می‌کنم، متمرکز می‌شم تا بتونم تصمیم بگیرم. توی این شرایط کسی نمی‌تونه به من کمک کنه.

ــ ببخشین اگر مزاحم‌تون شدم. فقط خواستم کمکی کرده باشم.

محسن لبخند زد و گفت:

ـ می‌فهمم و متشکرم.

از مسیر اصلی خارج شدیم. تا آن‌جا شانس آورده بودیم منکراتی‌ها مزاحم‌مان نشده بودند. از آن به بعد هم خیالمان راحت بود چون خواهر و برادرها معمولاً تو مسیرهای اصلی پیدای‌شان می‌شد.

بعد از حدوداً ۲ ساعت پیاده‌روی و بالارفتن از صخره و پایین‌آمدن به جای زیبایی رسیدیم که پر از شقایق بود. گفتم:

ــ من این‌جا رو خیلی دوست دارم. چه‌طوره بشینیم و چای درست کنیم.

چوب‌ها خیس بود. محسن توی کوله‌اش الکل داشت روی چوب‌ها ریخت و آتش را روشن کرد. قوری را روی آتش گذاشتم. محسن یك پتو کنار آتش پهن کرد من هم روی آن روزنامه‌یی باز کردم و هرچه توی کوله داشتم بیرون آوردم. محسن روی پتو ننشست. کنده‌یی پیدا کرد و آن را طوری گذاشت که آتش بین ما قرار گرفت. می‌خواستم بگویم: «من گاز نمی‌گیرم می‌تونین روی پتو بشینین.» ولی جلوی زبانم را گرفتم. درعوض با نان و کره و تخم‌مرغ دو تا ساندویچ درست کردم. کتری که جوش آمد یك تکه چوب زیر دسته‌اش انداختم و از روی آتش برش داشتم و چای دم کردم و شروع کردم به خوردن ساندویچ. بعد دو تا چای ریختم و یکی از لیوان‌ها را با کیسه‌ی خرما کنارش

گذاشتم.

در تمام این مدت محسن به آتش خیره شده بود. بالاخره پرسیدم:

ــ صبحونه خوردین؟

ــ نه. ولی میل ندارم. چه‌طوره چای درست کنیم؟

از حرفش حسابی به هم ریختم. اما به روی خودم نیاوردم. «یعنی واقعاً این‌جا نیست؟». چای را هم خوردم. ولی محسن همین‌طور نشسته بود و به آتش زل زده بود. حوصله‌ام سر رفت. برای این که حرفی زده باشم گفتم:

ــ چه‌طوره من تنهایی برگردم؟

ــ تنهایی؟ چرا؟

ــ جدی می گم. خب این‌جا آرومه، هوا هم که خوبه. بشینین، واسه‌ی خودتون فکر کنین...

نمی‌دانم چرا محسن حرف مرا کنایه تلقی کرد و رنجید. درحالی که سعی می کرد خودش را آرام نشان دهد گفت:

ــ یعنی پسرایی که باهاشون می‌آین کوه از این عادت‌ها دارن؟

لبخند تلخی زدم. توی چشمانش خیره شدم و گفتم: «نه اون‌ها اجتماعین و سعی می کنن دخترها بهشون خوش بگذره.

ــ پس خانوم، بار بعد یکی از همونا رو دعوت کنین. چون من اعتقادات خودم رو دارم و نمی‌تونم مثل اونا زندگی آزادی داشته باشم. نمی‌خوام خودمو گول بزنم.

ــ شما از کجا می‌دونین پسرایی که ما باهاشون کوه می‌آیم بی‌بندوبارن. مطمئن باشین من و دوستام عقب‌مونده نیستیم که فرق بی‌بندوباری و اجتماعی‌بودن رو تشخیص ندیم.

وقتی که حرفم تمام شد محسن همان‌طور که سرش پایین بود، بابی‌اعتنایی گفت:

ــ نگفتم اونا بی‌بندوبارن، گفتم زندگی آزادی دارن.

از بی‌دقتی خودم عصبانی شدم. از این که کلمه‌ی مناسبی پیدا نکرده بودم حرصم گرفت. از این که در آن روز قشنگ حالم گرفته شده، عصبانی شدم و احساس کردم باید به نحوی حال محسن را بگیرم. این بود که گفتم:
ـ می‌دونین این همیشه واسه‌ام سؤاله که چرا مردهای مذهبی با تحقیرکردن زن‌ها احساس بزرگی می‌کنن؟
محسن سرش را بلند کرد به من خیره شد و با تعجب پرسید:
ـ تحقیر؟ کدوم تحقیر؟
ـ وقتی کنار یک زن هستن، سرشونو پایین می‌اندازن و به آدم نگاه نمی‌کنن. تمام مدتی که باهاشون حرف می‌زنی یک لحظه نمی‌تونی فراموش کنی که تو یه زنی، یه ضعیفه‌ای. چرا نمی‌خوان بپذیرن که زن‌ها هم آدمن، قبل از این که زن باشن؟
حرفم که تمام شد با شک از خودم پرسیدم: «یعنی این مزخرفاتو من گفتم؟ واسه چی؟ از کجای ذهنم این چرت‌وپرت‌ها بیرون ریخت؟» «خب لابد واسه این که حالشو بگیری. هیچی هم به اندازه‌ی حرف بی‌ربط نمی‌تونه حال‌گیر باشه.»
محسن همان‌طور با اخم به من نگاه می‌کرد در حالی که صدایش می‌لرزید گفت:
ـ بهتون نگاه نمی‌کنم چون شما زن مورد علاقه‌ام هستین، چون دوستتون دارم، نگاه نمی‌کنم چون نمی‌تونم بهتون به عنوان یک زن فکر نکنم. نمی‌تونم نگاه کنم و لذت نبرم و من نمی‌خوام از دیدن دختری که به من دل نبسته، منو به عنوان مرد زندگی انتخاب نکرده و، علاوه بر این، منو با پسرهای دیگه مقایسه می‌کنه لذت ببرم. خودمو گول بزنم. فکرشو بکن احمقانه نیست که من به خاطر دختری که به من علاقه‌یی نداره با مادرم درگیر شدم؟
چند لحظه در سکوت گذشت. من خودم را برای یک جروبحث

و احتمالاً جدایی آماده کرده بودم. ولی محسن با لحن جدی به عشقش اعتراف کرده بود. «پس امروز نیومده پیشنهادشو پس بگیره، یعنی واقعاً منو دوست داره. اون هم برخلاف خواست مادرش. پس در این مبارزه من پیروز شدم. مرجان، تو چهقد احمقی دختر، مردها رو اصلاً نمی‌شناسی.»
از حرف‌هایم پشیمان شدم. از این که قضاوتم آن‌قدر غیرمنصفانه بود، خجالت کشیدم. در آن لحظه خودِ خودم بودم. می‌خواستم بی‌انصافی‌ام را جبران کنم. از خشونتی که در کلامم بود بیزار بودم. می‌خواستم درستش کنم:
ــ من هیچ‌وقت با احساسات کسی بازی نکرده‌ام و هروقت متوجه شده‌ام که به عنوان زن مطرحم، خودمو عقب کشیده‌ام اما در مورد شما...
فکرم کار نمی‌کرد. نمی‌توانستم برای آن لحظه طرحی بریزم. کلمات بدون کنترل و سبک‌سنگین‌شدن از دهانم خارج می‌شد. نمی‌دانستم چه می‌خواهم بگویم و جمله‌ام چه‌طور تمام خواهد شد. انگار کسی به جای من فکر می‌کرد و تنها دهان من باز و بسته می‌شد تا او حرف‌هایش را بزند.
مکث کردم. محسن سرش را بلند کرد و با کنجکاوی به چشمانم خیره شد. باید ادامه می‌دادم.
ــ یه کسی به من گفت همه‌چی رو نادیده بگیر و به صدای درونت گوش کن. تو زنی و قلبت بهت دروغ نمی‌گه
دوباره مکث کردم. ادامه‌دادن برایم دشوار بود. قلبم به‌شدت می‌تپید. لرزشی شدید سراسر وجودم را فرا گرفت. سردم بود. صدایم را به سختی می‌شنیدم. احساس می‌کردم از آن‌جا دور می‌شوم، دورتر و دورتر. لحظه‌ی بسیار سختی بود. عادت نداشتم زن باشم. همیشه او را کنار زده بودم. هروقت علاقه‌یی هم‌چون جوانه‌یی در قلبم شروع به رویش کرده بود عقلم بلافاصله آن

را کنده بود. اما در این مورد حریف خیلی قوی بود. دلم راه خودش را می‌رفت و به‌هیچ‌وجه نمی‌توانستم مهارش کنم. احساس می‌کردم تمام وجودم شده بود قلبی که این پسر چشم‌وابرومشکی، جدی، مغرور و مذهبی ربوده بود. و من دیگر وجود نداشتم. می‌دانستم محسن مرا دوست دارد. می‌دانستم مرا به ازدواج می‌خواند و می‌دانستم که گفتن یك جمله مسیر زندگی‌ام را تعیین خواهد کرد. انتخاب یك راه از میان هزاران راه. انتخاب یك مرد از میان هزاران مرد. یکی شدن.

همیشه تصور می‌کردم انتخاب همسر با تحولی بزرگ همراه است. حالا در یك قدمی این انتخاب بودم. به همین سادگی. ولی مگر به صدای درونم گوش نداده بودم. یعنی قلبم به من دروغ گفته بود؟

با صدای لرزانی ادامه دادم:

ـ در مورد شما احساسی رو تجربه کردم که ناآشناست. شما برام به عنوان یك مرد مطرحین؛ از نگاه کردن به شما لذت می‌برم و از این لذت احساس گناه نمی‌کنم بلکه انرژی می‌گیرم... وقتی نیستی دلم تنگ می‌شه،... وقتی صداتو می‌شنوم قلبم می‌تپه،.... وقتی هستی می‌خوام بمونی... بمونی تا ابد...

قلبم گفت:

ـ این یعنی دوست‌داشتن و شاید یعنی عشق...

محسن و کوه دور سرم چرخید و دیگه چیزی نفهمیدم...

کسی از دور صدایم می‌زد، می‌شنیدم اما قادر به جواب‌دادن نبودم. سعی کردم چشمانم را باز کنم. چیز سفتی زیر سرم بود اما نمی‌توانستم سرم را بلند کنم. کم‌کم متوجه اطراف شدم. محسن کنارم نشسته بود و مرا صدا می‌زد. از این که در مقابل محسن روی زمین افتاده بودم خجالت کشیدم. سعی کردم بلند شوم اما نتوانستم، سردم بود پرسیدم:

- چی شده؟
- من باید بپرسم چی شده؟

چند لحظه بعد همه‌چیز را به یاد آوردم. چشمایم را بستم و به خودم گفتم: «دیگه تموم شد مرجان! تصمیمت رو گرفتی و بدتر از اون، به زبان آوردی. انتخاب کردی به همین سادگی!».

می‌دانستم دیگر هیچ‌چیز و هیچ‌کس نمی‌تواند نظرم را تغییر دهد. از آن لحظه خودم را زنی شوهردار احساس می‌کردم. رضایت خانواده، خواستگاری رسمی، حتا خطبه‌ی عقد برایم تشریفاتی بیش نبود.

می‌لرزیدم. محسن پیراهنش را درآورد و روی من انداخت، کمی چوب روی آتش ریخت. شعله‌ها که زبانه کشید حالم بهتر شد. محسن راه نمی‌رفت، پرواز می‌کرد. معلوم نبود آن پسر افسرده‌ی متفکر چند دقیقه‌ی پیش کجا بود؟ توی دلم به او گفتم: «نکنه همش فیلم بود که از من بله بگیری، پسر مشهدی کلک!»

یک لیوان چای ریخت و حسابی شیرینش کرد. اعتقادات محسن اجازه نمی‌داد مرا بلند کند تا بتوانم چای را بخورم. سرم را کج کردم و چند قلپ از آن را خوردم. محسن گفت:

- یه دفعه افتادی. قبلاً هم این‌طوری شدی؟
- نه هیچ‌وقت. وقتی حرف می‌زدم خودمو تحت فشار شدیدی احساس می‌کردم.

خودم را بالا کشیدم و به تخته سنگی تکیه دادم و بقیه چای را خوردم. محسن گفت:

- همین امروز صیغه‌ی محرمیت می‌خونیم. سند هم می‌گیریم. باید هرکجا می‌ریم سند همراه‌مون باشه که مشکلی نداشته باشیم. با پدرم صحبت می‌کنم که زودتر برگرده.
- صیغه واسه چی؟
- واسه این که بتونیم راحت با هم باشیم.

ــ با هم باشیم. یعنی چی؟

ــ یعنی این که من اگه موهای تو رو دیدم، دستتو گرفتم، احساس گناه نکنم. همین امروز می‌ریم مسجد امیر پیش حاجی‌آقا علوی. قبلش باید به یکی از استادام که با حاج‌آقا خیلی صمیمیه بگم که بهش زنگ بزنه ما رو معرفی کنه و الا ممکنه علوی حرفامونو باور نکنه.

می‌خواستم بگویم حاج‌آقا علوی کیه و تو این آدرس‌ها را از کجا بلدی ولی هنوز با او زیاد راحت نبودم.

- کدوم حرفارو؟

- خب واسه‌ی صیغه محرمیت اجازه‌ی پدرت لازمه.

- وای خدا مرگم بده!

محسن خندید و گفت: نه، اون در صورتیه که... چه‌طور بگم اون واسه یه رابطه‌ی کامله. این ارتباط ساده اجازه‌ی پدر نمی‌خواد.

محسن یك لقمه نان و خرما درست کرد و مجبورم کرد که بخورم. به شوخی گفت:

ــ نمی‌تونم که تا اون پایین کولت کنم. باید خودت بیایی.

در مسیر برگشت محسن دیگر ناراحت نبود و مرتب حرف می‌زد. می گفت:

ــ فکر نمی‌کردم به این زودی بله رو بگیرم. فکرشو بکن. من از اون طرف با مادرم بحث می‌کردم درحالی‌که به علاقه‌ی تو نسبت به خودم مطمئن نبودم. می‌دونی چه‌قدر واسه‌ام سخت بود؟

ــ مادرت مخالف این وصلته، می‌تونه پدرت رو هم متقاعد کنه.

ــ پدرم مثل مادرم فکر نمی‌کنه. هرچند که مخالفت مادرم هم درنهایت نمی‌تونست روی من تأثیر بذاره. می‌دونستم اگه

خیالم از طرف تو راحت باشه بالاخره متقاعدش می‌کنم. فقط نمی‌خوام برنجونمش. اون چند روز هم که این جا بود سعی کردم واسه‌اش توضیح بدم تو همونی هستی که من می‌خوام. بهش گفتم: «وقتی دختر مورد علاقه‌مو پیدا کرده‌ام چه‌طور می‌تونم برم خواستگاری یه دختر دیگه؟» اما پدرم به ازدواج مثل یک معامله نگاه می‌کنه. دختر اگه از یک خونواده‌ی اصل‌ونسب‌دار باشه واسه‌اش کافیه. حالا تحصیل کرده است یا بی‌سواد، باشعور یا خنگ برای او فرقی نمی‌کنه. می‌گه علف باید به دهن بزی شیرین باشه.

من توجه زیادی به صحبت‌های محسن نداشتم و تمام حواسم به صیغه بود و این‌که کارم درست است یا نه؟ «اگه بابا بفهمه چی؟» محسن هنوز از من به‌طوررسمی خواستگاری نکرده بود، آن‌وقت ما می‌خواستیم صیغه محرمیت بخوانیم. به یاد دخترها و پسرهایی افتادم که سال‌ها با هم دوست هستند بدون آن که خانواده‌های‌شان کوچک‌ترین اطلاعی داشته باشند. مگر خواندن صیغه چه مشکلی برای من می‌توانست ایجاد کند. از طرفی می‌دانستم وقتی بابا خیالش از بابت خانواده‌ی محسن راحت شود تصمیم نهایی را به خودم خواهد سپرد. پس چرا باید نگران باشم. برای من مهم نبود که محسن دستم را بگیرد و یا موهایم را ببیند. من انتخاب خودم را کرده بودم. صیغه برای من هیچ معنایی نداشت. به خودم گفتم: «اگه واسه‌اش تااین‌حد مهمه، چه اشکالی داره؟»

۱۰

به خوابگاه که رسیدم درِ اتاق قفل بود. روی میزم یادداشتی از فریده دیدم. نوشته بود به منزل خاله‌اش می‌رود و جمعه بعدازظهر برمی‌گردد و آخر یادداشت اضافه کرده بود: «حوصله‌ات سر نره، چیزی که عوض داره، گله نداره.»

برای اولین‌بار از نبودن فریده خوش‌حال شدم. مانتوم را درآوردم و به دوش گرم پناه بردم تا کمی آرام شوم.

ساعت ۷ محسن دمِ درِ خوابگاه منتظرم بود. وقتی سلام کردم چند ثانیه عاشقانه به من نگاه کرد. گونه‌هایم داغ شد. می‌دانستم سرخ شده‌ام و این مرا بیش‌تر خجالت‌زده می‌کرد. محسن گفت:

ـ بهتر نبود چادر می‌پوشیدی؟

ـ فکر اینو هم کردم منتها حجابم توی کیفمه.

ـ حجاب توی کیف که دیگه حجاب نیست، حاج خانوم!

به درِ مسجد که رسیدیم همان‌جا توی تاکسی چادر را سرم کردم. محسن با لذت نگاه کرد و گفت:

ـ ماه شدی!

می‌دانستم خیلی دلش می‌خواهد من چادر سر کنم.
حاجی‌آقا علوی ظاهر جذابی داشت. قدبلند و خوش‌تیپ با صورتی موقر و چشمانی باهوش. از این‌که قرار بود بین ما صیغه بخواند خیلی خجالت می‌کشیدم. ولی اعتمادبه‌نفس محسن به دادم رسید. خیلی حق‌به‌جانب و با صدایی مطمئن توضیح داد که «همون طور که حاج‌آقا اسماعیلی تلفنی خدمتتون گفتن هر دوی ما دانش‌جو هستیم و قصد ازدواج داریم. چون پدرم خارج از کشورن و تا برگشتن ایشون و عقد، ما باید صبر کنیم برای شرعی کردن رابطه، بهتر دیدیم صیغه محرمیت بخونیم.»
حاجی‌آقا از وضعیت تحصیلی‌مان پرسید و محسن که هنوز از تز فوق لیسانس دفاع نکرده بود خودش را دانش‌جوی دکترا معرفی کرد. حاجی‌آقا که معلوم بود تحت تأثیر قرار گرفته گفت:
ــ ماشاالله خیلی جوونین. خدا رو شکر که جامعه‌ی ما چنین جوونای پاک و معتقد و باایمانی داره. خداوند شما رو توفیق دهد...
نیم ساعت مثل یک ضعیفه‌ی خوب و حرف‌گوش‌کن سرم را پایین انداختم تا بالاخره مراسم تمام شد و من از آن تنگنا رها شدم. بیرون از مسجد می‌خواستم چادرم را بردارم که محسن گفت:
ــ می‌شه خواهش کنم امشب چادرت رو برنداری؟
ــ حرفی نیست ولی باهاش راحت نیستم.
پیاده در امیرآباد به راه افتادیم تا به سر فاطمی رسیدیم. محسن گفت :
ــ من خیلی گشنمه، بریم یک جای خوب شام بخوریم.
من هم گشنمه. چه‌طوره همین اطراف جایی رو پیدا کنیم.
محسن با خوش‌حالی گفت:
ــ پس بریم پاتوق خودمون.
ــ پاتوق خودمون؟

ـ هتل لاله.
ـ رستوران هتل لاله!
چند زوج و خانواده در رستوران شام می‌خوردند. پیش‌خدمتی با اشاره‌ی دست، ما را به طرف میزی راهنمایی کرد ولی ما میز همان شب را ترجیح دادیم. صدای شهرام ناظری در رستوران پیچیده بود. نشستم اما با یک احساس جدید. محسن برای من یک غریبه نبود از همان صبح که جوابش را داده بودم، خودم را همسرش احساس می‌کردم. محسن سرحال بود و چشمانش از خوشحالی برق می‌زد. گفت:
ـ می‌دونستی چادر خیلی بهت می‌آد؟
با ناز جواب دادم:
ـ آره. واسه همین چادر نمی‌پوشم که جلب توجه نکنم.
محسن خندید. آرام دستم را گرفت عاشقانه نگاهم کرد. پیش‌خدمت با دو استکان چای آمد و سفارش غذا گرفت و رفت. محسن دوباره دستم را گرفت. از این‌که دیگران مرا با آن چادر و سرووضع ببینند احساس خوبی نداشتم. انگار در قالب کسی رفته بودم که برایم غریبه بود. محسن اما راحت‌تر از این حرف‌ها بود. چند لحظه‌یی که دستم را نوازش کرد گفت:
ـ حدس بزن اولین‌بار کجا دیدمت؟
ـ الان می‌گم... روز جمعه، ۲۹ فروردین ساعت ۶ بعدازظهر، در خوابگاه فاطمیه.
ـ نه.
ـ نه؟.. پس کجا؟
ـ اوایل زمستون گذشته. توی یه شب سرد.
ـ جدی می‌گی؟
محسن لبخند پیروزمندانه‌یی زد و با غرور جواب داد:
ـ آره. درست یادمه. جمعه‌شب بود. توی پاسداران سخنرانی

سروش تازه تموم شده بود. بیرون مسجد داشتیم سوار ماشین می‌شدیم که دیدیم مینی‌بوس بچه‌های کوی دانشگاه تهران خراب شده. راننده‌ی ما رفته بود کمك. اون شب مرضیه و عفت هم بودن. من منتظر بودم اگه مینی‌بوس کوی درست نشه اونا رو برسونم. یک‌دفعه چشمم افتاد به دختری که داشت با عفت صحبت می کرد، با شور و هیجان داشتی یه چیزی رو تعریف می کردی. قلبم بدجوری لرزید... یادمه سروش با چند نفر از مسجد اومد بیرون. بچه‌ها رو که زیر برف دید پرسید؟ چی شده؟ یکی از پسرها با خنده گفت: «استاد می‌بینین توی این سرما چه‌طور ماشین‌مون خراب شده و گیر کردیم. یك چیزی بگین گرم شیم.» سروش لبخندی زد و گفت: «اگه سردتون بود که توی ماشین می‌نشستین. معلومه که دلاتون گرمه.» بعد هم دو بیت از یکی از غزل‌های شمس رو براش خوند:

«ای خداوند یکی یار جفاکارش ده
دلبر عشوه گر و سرکش خون‌خوارش ده
تا بداند که شب ما به چه حالی گذرد
غم عشقش ده و عشقش ده و بسیارش ده»

بچه‌ها خندیدن. همون پسره گفت: «استاد نگفتیم نفرینمون کنین!» من تمام حواسم به تو بود. دونه‌های برف روی گونه‌های سرخت می‌نشست و آب می‌شد. به خودم گفتم «محسن خودشه.» فردای همون شب در مورد تو با عفت صحبت کردم. نشونی‌هاتو که دادم عفت گفت: «آره از دوستامه. دختر خوبیه ولی برای تو مورد مناسبی نیست.» اسم و دانشکده‌ات رو ازش پرسیدم و از طرف بچه‌های انجمن اسلامی دانشکده‌مون به انجمن دانشکده علوم معرفی شدم.

محسن مثل قصه‌گوها که بلدند چه‌طور جای هیجان‌انگیز قصه شنونده‌ها را منتظر بگذارند، یه قند برداشت و استکان چای

را آرام به لبش نزدیک کرد و گفت:

ــ چاییت سرد نشه.

ــ سرد شده. نمی‌خورمش.

ــ بگم یکی دیگه بیاره؟

ــ نه مرسی.

موضوع برایم جالب شده بود می‌خواستم هرچه زودتر بقیه‌اش را بشنوم. محسن با آرامش چایی‌اش را می‌خورد و من به استکانش نگاه می‌کردم که کی خالی می‌شود.

محسن استکان را توی نعلبکی گذاشت. گفتم:

ــ خب، بعدش؟

ــ بعدش؟ هیچی، اطلاعات کاملی در مورد خودت، خونواده‌ات و حتا دوستات گرفتم. از طریق یکی از دوستام در مورد خونواده‌ات تحقیق کردم. می‌دونستم این ترم چه واحدهایی برداشتی. تو با خانم دکتر الهی ژنتیك داری مگه نه؟ اون هم برای بار دوم...

وسط حرفش پریدم و گفتم:

ــ اون ترم نیافتادم، حذفش کردم.

ــ و با حاج‌آقا حسینی اخلاق. من سر چند تا از کلاس‌هات اومدم. توی بوفه و کتاب‌خونه زیر نظر گرفتمت. دوستاتو می‌شناسم. حتا چندتا از پسرهای دانشکده رو که با هم کوه می‌رین می‌شناسم. برای همین به خودم اجازه دادم و در موردشون قضاوت کردم.

ــ پس چرا در تمام این مدت من تو رو ندیدم؟ حتا یك بار متوجه نشدم؟

ــ چون خانم سربه‌زیری تشریف دارین.

ــ بهتره بگی، سربه‌هوا، بی‌دقت.

ــ تو فکر می‌کردی من با چند جلسه صحبت تصمیم به ازدواج گرفتم؟ بدون شناخت قبلی؟

ـ من خیلی ساده‌ام.
ـ وقتی در موردت مطمئن شدم، از عفت خواستم ما را با هم آشنا کنه. اما اون راضی نمی‌شد. تعطیلات نوروز که خونه بودیم حسابی براش حرف زدم. وقتی شنید که ماه‌ها زیر نظر داشتمت، باورش شد که موضوع برام جدیه.
تصور می‌کردم حداکثر سه جلسه صحبت کافی باشه اما تو هر بار موضوع جدیدی رو باز می‌کردی که باعث می‌شد وضعیت پیچیده‌تر بشه. می‌دونستم هر چه‌قدر این جلسات بیش‌تر ادامه پیدا کنه، بیش‌تر سردرگم می‌شیم. این بود که تصمیم گرفتم احساسم رو بهت بگم. راستی سر کلاس اخلاق خوب بلبل‌زبونی می‌کنی. شنیدم استادتون ازت پیش مدیر گروه شکایت کرده که تو نظم کلاس رو به هم می‌زنی. تهدید کرده که این ترم تو رو می‌اندازه.
ـ هه‌هه! خیلی خندیدیم. بره واسه بچه‌های ادبیات و الهیات خط‌ونشون بکشه. بچه‌های علوم درس‌های عمومی رو زیر نوزده پاس نمی‌کنن!
محسن که از واکنش تند من خنده‌اش گرفته بود صدایش را پایین آورد و گفت:
ـ خب حالا خودتو ناراحت نکن، همه شنیدن.
ـ این چیزا رو از کجا می‌دونی؟
ـ خبرها می‌رسه.
آمدن پیش‌خدمت صحبت‌های ما را قطع کرد. من به فکر فرو رفتم. از این‌که ماه‌ها تحت تعقیب بودم بدون آن‌که خودم بفهمم احساس بدی داشتم. یک جور احساس ناامنی. گرچه ذهنیتم نسبت به محسن پیچیده‌تر شده و از اراده‌اش خوشم آمده بود.
محسن به شوخی گفت:

ـ تو فکری؟ نگران واحد اخلاقی؟
خندیدم و گفتم:
ـ می‌دونی این اولین آخوندیه که از من بدش می‌آد.
محسن ابروهایش را در هم کشید و با اخمی مصنوعی گفت:
ـ منظور؟
ـ باور کن آخوندهای دیگه که باهاشون درس داشتم خیلی خوب بودن. معارف (۱) رو با یك حاج‌آقایی داشتم که خیلی به حضوروغیاب اهمیت می‌داد. سر جلسه‌ی امتحان اومد بالای سر بچه‌ها، هر کی بیش‌تر از سه جلسه غیبت داشت بلند کرد. می‌دونی من فقط ۴ جلسه سر کلاسش رفته بودم البته کلی فعال بودم و این توی ذهنش مونده بود. آخر کلاس می‌نشستم و همیشه سؤال داشتم. می‌گفت: «لطفاً بلندتر صحبت کنین صداتون ماشالله خیلی ظریفه به گوش زمخت بنده نمی‌رسه، وسط کلاس گم می‌شه!» سر جلسه امتحان به من که رسید لبخند زد و سرش را به طور ساختگی به علامت تأسف تکون داد. من هم با لبخند بهش گفتم: «استاد انشاالله معارف (۲) جبران می‌کنم.» رد شد و هیچی نگفت. معارف ۱ بیست شدم.
بعد از صبحانه در کوه، دیگه چیزی نخورده بودم. با اشتها مشغول خوردن بودم که محسن یك‌دفعه یاد چیزی افتاد و گفت:
ـ داشت یادم می‌رفت.
از جیبش یك بسته کوچك کادوشده درآورد و جلویم گذاشت و گفت:
ـ اولین هدیه. ناقابله.
بازش کردم. یك انگشتر از طلای سفید با یك مروارید نسبتاً درشت. ساده و قشنگ. خواستم امتحانش کنم که محسن گفت:
ـ نه، لطفاً دست چپ.
خندیدم و دستم کردم. کمی گشاد بود. محسن معذرت

خواست و گفت:

ــ فردا بریم اندازشو درست کنیم.... می گم شبیه حلقه هست؟

ــ آره. می‌شه به عنوان حلقه استفاده کرد.

ــ خوش‌حالم

ــ چرا؟

ــ که رقیبان بدونن و آگاه باشن که قلبت در تسخیر بنده‌س.

به ساعتم که نگاه کردم، یك ربع به نه بود. به محسن گفتم:

ــ الان درِ خوابگاه بسته می‌شه. من دیگه باید برم.

محسن لبخند زد و گفت:

ــ دیگه نمی‌خواد نگران باشی. می‌تونی دیر بری یا اصلاً نری.

ــ محسن می‌تونی یك قولی به من بدی؟

ــ چه قولی؟

ــ قول بده از جریان صیغه هیچ‌کس خبردار نشه، حتا عفت.

ــ اگه تو این‌طور می‌خوای قول می‌دم.

از جا بلند شدیم توی راه برایش تعریف کردم که چه‌طور شد به خوابگاه آمدم و این‌که پدرم مرتب با مسئولین خوابگاه در ارتباط بود و می‌دانستم هر بار که به تهران می‌آمد سری به خوابگاه می‌زد و در مورد وضعیتم سؤال می‌کرد. توضیح دادم که:

ــ می‌دونی ازش نمی‌ترسم. به حساسیت‌ها و نگرانی‌هاش احترام می‌ذارم، می‌فهممش و این باعث می‌شه که خودمو مقید کنم قبل از ساعت ۹ خوابگاه باشم.

بعد خندیدم و ادامه دادم:

ــ درواقع دو دسته از دخترها به‌موقع میان خوابگاه: یك گروه، دخترهای چشم‌وگوش‌بسته و بسیار سنتی و گروه دوم دخترهای خلاف! اما زرنگ و باهوش.

محسن با اخمی ساختگی پرسید:
ـ و تو جزء کدوم گروهی؟
ـ هیچ کدوم. منو غرورم محدود می‌کنه. دوست ندارم تذکر بشنوم، ازم سؤال کنن کجا؟ چرا؟ با کی؟ و دوست ندارم تهدیدم کنن: اگر.... آن‌گاه

وقتی به خوابگاه رسیدیم با صدای زیر، طوری که راننده نشنود گفتم:
ـ پیاده نشو. بهتره کسی تو رو نبینه.

وقتی از جلوی نگهبانی رد شدم راننده‌ی تاکسی پایش را روی گاز گذاشت.

کلید برق را که زدم اتاق به نظرم غریبه آمد، یا بهتر است بگویم موقتی و بی‌اهمیت. همه‌چیز رنگ دیگری داشت. انگار عینک رنگی زده بودم. انگار حبابی مرا احاطه کرده بود که همه‌چیز را از طریق آن و به واسطه‌ی آن می‌دیدم. احساس می‌کردم عوض شده‌ام. گویی هرچیز و هرکس را دوباره باید برای خودم تعریف می‌کردم. انگار دنیای اطرافم تعریفش عوض شده بود و این مرا معذب می‌کرد درعین‌حال خوش‌حال بودم. احساس زن‌بودن می‌کردم. با این‌که نزدیکی من و محسن در حد لمس دست بود، اما از درون خودم را زن احساس می‌کردم؛ آماده برای مسئولیت‌پذیری، آماده برای دوست‌داشتن و عشق‌ورزیدن، آماده برای دفاع از عهدی که با هم بسته بودیم.

۱۱

کسی داد زد: «خانم محمدی تلفن.»
در اتاق پشت سرش محکم به هم خورد. از خواب پریدم و باعجله فریاد زدم: «کجا؟» صدای دختر که چند متر دور شده بود در سالن پیچید: «همین بغل.»
باعجله از تخت آمدم پایین و با چشمان نیمه‌باز تا کنار گوشی دویدم. صدای نگران مامان را از آن‌طرف گوشی که شنیدم، خواب از سرم پرید:
ــ معلوم هست تو کجایی؟ دیروز از صبح تا شب با چه بدبختی ده بار خواب‌گاه را گرفتم. هر بار می‌گفتن در قفله. دلم صدجا رفت!
همین‌طورکه مامان غر می‌زد من دنبال جواب قانع‌کننده‌یی می‌گشتم. نمی‌توانستم بگویم کلاس بودم چون مامان می‌دانست هیچ ترمی پنج‌شنبه کلاس نمی‌گیرم. نمی‌توانستم بگویم پیش عزیزجون بودم چون حتماً به او هم زنگ زده بود. تصمیم گرفتم بی‌خطرترین دروغ را سرهم کنم.
ــ مامان الهی من بمیرم که شما نگران شدی. یک تحقیق دارم

دیروز که کلاس نداشتم نشستم توی کتاب‌خونه، منابع پیدا کنم زیراکس بگیرم.

ـ پس این فریده کجاس، اون‌هم نبود؟

ـ فریده رفته خونه‌ی خاله‌اش. دیشب من توی اتاق تنها بودم رفتم پیش یکی از بچه‌ها.

ـ نمی‌شد خونه یه زنگی بزنی؟

ـ مامان حق داری. باور کن این کیوسک‌های تلفن اون‌قدر شلوغ...

مامان با صدای زیر طوری که بابا نشنود گفت:

ـ بابات می‌خواست باهات حرف بزنه. حسابی از دستت عصبانی شد که نبودی، فردا اول وقت خودت یه زنگی بهش بزن از دلش دربیار

چند دقیقه‌یی که من با مامان صحبت می‌کردم از اتاق روبه‌روی راه‌پله دختری دو بار رد شد و با اخم به من نگاه کرد. ظاهرش شبیه دخترهایی بود که از دهی دورافتاده با استفاده از سهمیه قبول می‌شدند. این‌جور دخترها در خوابگاه معمولاً پیراهن بلند و پیژامه‌یی از جنس چیت گل‌دار رنگ روشن می‌پوشیدند، هیچ‌وقت این‌ها را بدون روسری نمی‌دیدی، معمولاً اولین عضو خانواده بودند که به دانشگاه راه پیدا می‌کردند. حتا ممکن بود خواهر و برادرهایشان چند کلاس بیش‌تر درس نخوانده باشند. از راه نرسیده بین بچه‌های مذهبی دانشکده‌های‌شان جا پیدا می‌کردند. با اعتمادبه‌نفسِ بالایی که داشتند در هر زمینه‌یی به خود حق دخالت می‌دادند. اگر مجرد بودند، تقریباً هیچ وقت تلفن نداشتند اما همیشه نگران بودند که دخترهای دیگر تلفن‌ها را اشغال کنند. مرتب تذکر می‌دهند که: «خانم، قطع کن دیگه. دیگران هم منتظرن خونواده‌شون زنگ بزنن.» یا اگر دخترها با صدای بلند می‌خندیدند، سرشان را از اتاق بیرون می‌آوردند که:

«خانم چه خبره؟!» یا اگر کسی را با دامن کوتاه یا شلوارک کوتاه می‌دیدند تذکر می‌دادند که: «این‌جا خوابگاه است باید رعایت لباس پوشیدن رو بکنین.»

معمولاً کسی با آن‌ها درگیر نمی‌شد چرا که اگر کار به مسئولین خوابگاه می‌کشد، همه از آن‌ها دفاع می‌کردند. یادم می‌آید اولین ترمی که به خوابگاه آمدم با دو دانش‌جوی ترم آخر الهیات هم‌اتاق شدم. یکی از آن‌ها روزهایی که در خوابگاه بود وقت اذان ظهر یا غروب صدای رادیو را تا آخر بلند می‌کرد و در راهرو می‌گذاشت بعدها فهمیدم که این کار در بین بچه‌های مذهبی خوابگاه عادی است ولی آن‌موقع برای من قابل‌پذیرش نبود. این را یک نوع مزاحمت تلقی می‌کردم و همین را به او گفتم: «تو مطمئنی با این کارت مزاحم دیگران نمی‌شی؟ به نظرم هر کسی که اهل نمازه خودش می‌دونه کی باید بخونه، اونی هم که نیست، این‌طوری فقط می‌تونه عصبانی بشه.»

چند روز بعد از آن پرسید:

ـ ببین، می گم... تو خدا را قبول داری؟

با تعجب پرسیدم:

ـ منظورت چیه؟

ـ خب آخه بهت نمی‌یاد اعتقاد درست‌وحسابی داشته باشی... به‌هرحال ما توی یه اتاق زندگی می کنیم... و دست تو به همه‌چیز می‌خوره... اگه کسی خدا را قبول نداشته باشه... خب می‌دونی نجس به حساب مـی‌آد... متوجه که هستی؟»

بغض گلویم را گرفت. همان لحظه از اتاق بیرون زدم و به سرپرستی خوابگاه رفتم، اتاقم را عوض کردم و از آن به بعد با فریده هم‌اتاق شدم.

۱۲

عصر شنبه وقتی به خوابگاه برگشتم اول زنگی به خانه زدم. بابا آرام بود. با خودم گفتم: «اگر مهربونی مادرها نبودن که پدرها رو آروم کنن، ما دخترها چه‌کار می‌کردیم؟» احوالم را حسابی پرسید بعد گفت:

ــ در مورد اون پسره هم تحقیق کردم.

ــ به این زودی؟

ــ آره، دایی‌اش توی بازار تهران حسابی معروفه. درباره‌ی خودش و پدرش هم از طریق سرهنگ شاکری که از دوستای قدیمی منه و الان توی نیروی انتظامی مشهده، تحقیق کردم. می‌گفت از خونواده‌های خوش‌نام و اصل‌ونسب‌دار مشهدن، البته پدرش اصالتاً سبزواریه ولی خیلی وقته ساکن مشهده. وقتی سرهنگ فهمید که طرف خواستگار توئه، خیلی تعجب کرد چون این‌طور خونواده‌ها معمولاً می‌گردن و مثل خودشون پیدا می‌کنن. به‌هرحال اینو بدون که سرهنگ می‌گفت: خیلی از زناشون بدون روبنده بیرون نمی‌آن چه برسه به چادر. حالا ببین می‌تونی اینو قبول کنی؟ من تو رو آزاد بار آوردم، توی اون شهر

بی‌درو‌پیکر داری مثل یه مرد تنهایی زندگی می‌کنی اما اینا به زن جور دیگه‌یی نگاه می‌کنن. من شك دارم تو بتونی تحمل کنی.
ـ بابا! خواهراش هم مثل من توی خواب گاه زندگی می‌کنن.
بابا مکثی کرد و بعد گفت:
ـ ظاهراً نظر خودت مثبته.
نگران شدم بابا به چیزی شك کند.
ـ نمی‌دونم... خب درس‌خونه، اهل برنامه‌یی هم نیست. خودتون می‌دونین که پیداکردن یه آدم تحصیل‌کرده و خودساخته در عین‌حال خونواده‌دار و اصیل کار راحتی نیست.
بابا بلافاصله پرسید:
ـ چه‌طور فهمیدی اهل هیچ برنامه‌یی نیست؟
دلم هری پایین ریخت گفتم:
ـ خب... می‌دونین انجمن اسلامی دانشکده‌ها برای شناخت دانش‌جویان از هم‌دیگه امکاناتی دارن، از طریق اونا فهمیدم.
بابا داشت از آن طرف گوشی غر می‌زد که:
ـ پس بگو به جای درس‌خوندن جاسوسی هم‌دیگه رو می‌کنن...
وقتی به اتاقم می‌رفتم خوش‌حال بودم می‌دانستم نیاز به هیچ مبارزه‌یی نیست. بابا ناراضی نبود.
چهارشنبه بعدازظهر درس اخلاق اسلامی داشتم. از یك طرف حضور در کلاس اجباری بود و باید استادش را دو ساعت تحمل می‌کردیم و این برای من واقعاً کار سختی بود. اما از طرف دیگر تعطیلات آخر هفته می‌آمد و دو روز آزاد بودم. آن روز محسن در کتاب‌خانه مرکزی منتظرم بود. خودم ازش خواسته بودم به دانشکده نیاید. با هم به پارك لاله رفتیم. دو سه ساعتی قدم زدیم و صحبت کردیم. بعد محسن مرا رساند. بدون آن‌که از

تاکسی پیاده شود برگشت.

کمی خریده کرده بودم و دو دستم پر بود. وارد اتاق که شدم فریده روی تختش دراز شده بود و مطالعه می‌کرد. بدون آن‌که سرش را بلند کند جواب سلامم را داد. احوالش را پرسیدم خیلی سرد تشکر کرد و بلافاصله گفت:

ــ سرکار خانم، شما که اصلاً توی خواب‌گاه تشریف نداری، یك منشی استخدام کن جواب تلفن و ارباب رجوع رو بده.

ــ فریده جون کسی مگه زنگ زده؟

ــ مادربزرگت زنگ زد عفت هم یك‌بار آمد.

کنارش روی تخت نشستم و با لبخند و شیطنت گفتم:

ــ خب من به جاشون معذرت می‌خوام که مزاحمت شدن... نمی‌خوای بگی چی شده؟

ــ من باید از تو بپرسم چی شده؟

ــ «چی شده؟» هیچی.

فریده درحالی‌که به انگشتر هدیه‌ی محسن اشاره می‌کرد گفت:

ــ پس این چیه؟

بعد از آمدن به خواب‌گاه فراموش کرده بودم انگشتر را دربیاورم. با شرمنده‌گی گفتم:

ــ فریده‌جون راستش از ترس و خجالت چیزی بهت نگفتم.

ــ ازدواج کردن ترس و خجالت داره؟

ــ آخه تو که نمی‌دونی چه دسته‌گلی به آب دادم.

فریده با کنج‌کاوی به من نگاه کرد. ادامه دادم:

ــ من و محسن صیغه کردیم.

فریده محکم به گونه‌اش زد و گفت:

ــ خاااااک عالم! صیغه؟ دروووووغ می‌گی...

ــ باورکن. ولی تو رو به خدا به هیچ کس نگو. اگه خونوادەم

بفهمن آبروم می‌ره. هیچ‌کس نمی‌دونه حتا عفت.
بعد همه‌چیز را برای فریده تعریف کردم.
صحبت‌های من که تمام شد فریده مدتی همان‌طور با تعجب و لبخندزنان به من نگاه می‌کرد بالاخره گفت:
ـ می‌دونی مرجان، من راستش باورم نمی‌شه که تو بالاخره به کسی جواب دادی. همیشه نگران بودم نکنه تنها بمونی، نکنه همسر دل‌خواهت رو پیدا نکنی راستش هنوز هم باورم نمی‌شه.
فریده این دختر خوش‌قلب که همیشه از نشان‌دادن احساسش ابا داشت این‌بار نتوانست جلوی خودش را بگیرد. لبانش لرزید. اشک‌اش جاری شد.
ـ راستش فریده اگه محسن نمی‌گفت دوستم داره. اگه با زرنگی خاص خودش برای گرفتن جواب، منو تحت فشار نمی‌ذاشت. فکر می‌کنم با این یکی هم، به نتیجه نمی‌رسیدم. ولی می‌دونی خوش‌حالم که این‌طور شد. احساس خوش‌بختی می‌کنم.
فریده مرا بغل کرد و بوسید و تبریک گفت. در همین لحظه دختری در راهرو اسم مرا صدا می‌زد. باعجله در را باز کردم و گفتم:
ـ بله؟
ـ سوم شرقی تلفن.
گوشی را که برداشتم صدای گرم عزیزجون گوشم را نوازش داد.
ـ تو کجایی؟ وای که گرفتن خواب‌گاه چه‌قدر مشکله. خوبی؟
ـ قربونت برم عزیز به خدا همین الان رسیدم فریده گفت زنگ زدی می‌خواستم بیام تلفن کنم.
ـ داریم می‌ریم باغچه. آقاجون می‌خواد تو رو قبل از رفتن ببینه. فردا که کلاس نداری، پاشو بیا این‌جا. دایی‌ها و خاله‌هات

هم هستن.
ـ عزیز فردا صبح می‌رم کوه. ولی بعدازظهر خودم رو می‌رسونم.
گوشی را که گذاشتم رفتم آشپزخانه. یک شعله خالی گیر آوردم و روی آن هویج و سیب‌زمینی و تخم‌مرغ گذاشتم تا آب‌پز شود. مرغ را روی هیتر اتاق گذاشتم. فریده که رفت‌وآمد مرا زیر نظر داشت با لبخند معنی‌داری گفت:
ـ به آشپزی علاقه‌مند شدی!
خندیدم و گفتم:
ـ فردا با محسن می‌ریم کوه. می‌خوام سالاد الویه درست کنم.
راه نمی‌رفتم، پرواز می‌کردم! خوش‌حالی در حرکاتم پیدا بود با هر کدام از دخترهای آشنا کلی احوال‌پرسی و شوخی می‌کردم. وقتی خیالم از بابت سالاد فردا راحت شد رفتم سری به عفت بزنم. توی اتاقش نبود. هم‌اتاقی‌اش گفت توی آشپزخانه است. عفت مشغول سرخ کردن کوکو بود. مرا که دید طوری که کسی نشنود باکنایه گفت:
ـ تو که اصلاً نیستی هروقت هم به محسن زنگ می‌زنم نیست. جالبه. مگه نه؟
لبخند زدم و چیزی نگفتم. عفت ادامه داد:
ـ خب چه خبر؟ انگار باید احوال داداشمو از تو بپرسم. تعریف کن. محسن که چیزی نمی‌گه. هر وقت ازش می‌پرسم موضوع رو عوض می‌کنه. شاید تو چیزی بگی.
ـ چی بگم عفت‌جون. برادرت ظاهراً منتظر برگشتنِ آقای فرخیه.
ـ پس تو خودت بله رو به محسن گفتی دیگه؟
ـ راستش دلیلی برای مخالفت نمی‌بینم.

عفت با نگرانی به من خیره شد. بعد لبخندی زد و گفت:
ـ مرجان! من نمی‌دونم محسن چه‌قدر از خونواده‌مون برات گفته. می‌دونی، مرحوم پدربزرگم روحانی بود یکی از عموهام هم توی حوزه علمیه مشهد مدرّسه، دو تا از دایی‌هام هم تو حوزه‌ی علمیه‌ی نجف هستن. می‌بینی ما از یک خونواده‌ی کاملاً مذهبی ـ سنتی هستیم. باور کن من این حرف‌ها رو نمی‌گم که تو رو منصرف کنم، اصلاً این‌طور نیست. فقط می‌گم برای این که با چشم باز انتخاب کنی. توی خونواده‌ی ما زن‌ها کاملاً مطیع مردهاشون هستن. یعنی مثلاً اگه دایی‌ام موافق نباشه خانمش از خونه بیرون نمی‌آد. هرجا که می‌خواد بره اول زنگ می‌زنه از دایی اجازه می‌گیره. حتا برای رفتن به خونه‌ی پدرش. اکثر زن‌ها چه در خونواده‌ی مامانم و چه بابام خونه‌دار هستن. البته زندگی کاملاً مرفهی هم دارن ولی اصل براشون شوهر و بچه‌ست. مردها از زن‌ها آرامش می‌خوان درعین‌حال تمام وسائل آسایش رو در اختیارشون می‌ذارن. البته محسن با خیلی چیزها موافق نیست. مثلاً وقتی من و یک سال بعد مرضیه دانشگاه قبول شدیم، بابا اول اصرار داشت که برای دانشگاه مشهد انتقالی بدهیم. بعد گفت باید بریم خونه‌ی یکی از فامیل‌ها زندگی کنیم ولی ما راحت نبودیم. محسن پدرمو متقاعد کرد که برای هر سه تای ما بهتره توی خواب‌گاه زندگی کنیم. می‌گفت: «ارتباط‌داشتن با ساکنان خواب‌گاه از فرهنگ‌های مختلف با تربیت‌های متفاوت، دید ما رو نسبت به زندگی عوض می‌کنه. و حالا بعد از هشت ترم می‌فهمم که حق با محسن بود. زندگی خواب‌گاه ما رو ساخت. ولی بااین‌حال خودت قضاوت کن. تو در یک محیط آزاد بزرگ شدی. حجاب توی خونواده‌ی تو به اون صورت مطرح نبوده. تو به‌راحتی با پسرعمو و پسرعمه‌هات مثل خواهر و برادر صحبت می‌کنی. تو می‌تونی تو چشم هر غریبه‌یی نگاه کنی و

حرف‌هاتو بزنی. اما توی خونواده‌ی ما از این خبرها نیست. هیچ مجلس مختلطی وجود نداره. پسرها و دخترها از سن بلوغ با هم در ارتباط نیستن... تو فکر کن باید بچه‌ات رو در چنین محیطی بزرگ کنی.

عفت می‌گفت و من هر لحظه بیش‌تر وحشت می‌کردم ولی آن محسنی که من می‌شناختم این‌طور نبود، نمی‌توانست باشد. گفتم:

ــ عفت بچه‌ی ما با بچه‌های تو و مرضیه و جوون‌های دیگه بزرگ می‌شن. شماها که مثل دایی و عمو و خاله‌هاتون فکر نمی‌کنین.

ــ مرجان باورکن من تو رو خیلی دوست دارم و این حرف‌ها رو نمی‌زنم که تو از تصمیمت منصرف بشی. ولی یادت باشه محسن هم بالاخره توی همین محیط بزرگ شده، خمیرمایه‌ی شخصیتش در همین فرهنگ شکل گرفته.

کسی در آشپزخانه نبود. صدای شر شر آب ظرفشویی در فضا می‌پیچید. عفت سرش را برگرداند و بعد رفت که شیر آب را محکم کند. از عفت خداحافظی کردم و به اتاق برگشتم. دیگر خوش‌حال نبودم. به یاد قابلمه روی گاز افتادم. دویدم به آشپزخانه. قابلمه سیاه شده بود. «خوبه لااقل مرغ رو گذاشته بودم روی هیتر و الا فردا از سالاد الویه خبری نبود.»

۱۳

هوای کوه عالی بود. من و محسن می‌خواستیم به همان‌جایی برویم که درست یك هفته پیش من جوابش را داده بودم.

دشت زیبایی بود. در زمینه‌ی سبز علف‌ها، جابه‌جا گل‌های وحشی خودنمایی می‌کرد. کنار جوی باریکی، آتش روشن کردیم. محسن پتویش را پهن کرد پرسید:

ـ قوری آوردی؟ من فراموش کردم.

ـ هم قوری و هم آب.

محسن قوری را روی آتش گذاشت و از توی کوله‌اش مقداری نان و خرما و میوه بیرون آورد. من هم خوراکی‌های خودم را بیرون آوردم. درِ ظرف سالاد را که باز کردم محسن گفت:

ـ به‌به! سالاد الویه، فکر نمی‌کردم بلد باشی آشپزی کنی.

ـ نه آشپزی رو اصلاً دوست ندارم

ـ درعوض من خیلی خوش‌اشتهام و از غذای بیرون و چه می‌دونم حاضری، اصلاً خوشم نمی‌آید.

با قاشق مقداری سالاد برداشت.

احساس کردم محسن این جمله را تعمداً گفته که مثلاً من

حساب کار خودم را بکنم. رنجیدم و گفتم:
ـ پس باید یک کلاس آشپزی بری که از این به بعد خودتو سیر کنی.
محسن لبخند زد لقمه را قورت داد و به‌آرامی گفت:
ـ شاید. ولی نمی‌دونم چرا احساس می‌کنم دختری که انتخاب کردم نه تنها خوشگل، باهوش و اجتماعیه، بلکه کدبانوی فوق‌العاده‌یی هم هست. تابه‌حال سالاد الویه به این خوش‌مزه‌گی نخورده بودم.
از بزرگ‌منشی محسن خجالت‌زده شدم. آرام گفتم:
ـ محسن!
ـ جونم
ـ دوستت دارم.
در طول آن هفته محسن ده‌ها بار این جمله را در گوشم زمزمه کرده بود و دلم را لرزانده بود. در آن لحظه آن‌قدر دوستش داشتم و قلبم آن‌چنان از عشقش لبریز بود که احساسم به صورت مقدس‌ترین جمله به زبانم جاری شد. چشمان محسن برق زد. ظرف الویه را زمین گذاشت و آرام به من نزدیک شد. دست‌هایم را گرفت. سرش را جلو آورد و آرام گونه‌ام را بوسید. به چشمانم خیره شد. دوبار صورتش را جلو آورد. گویا تردید داشت. چشمانم را بستم. لب‌های گرم و لرزان محسن را روی لبانم احساس کردم. هنوز طعم شیرین اولین بوسه را درست حس نکرده بودم که از تصور موقعیت‌مان وحشت کردم. با عجله نگاهی به اطراف کردم. محسن با چشمانی نیمه‌باز لبخند زد و گفت:
ـ نگران نباش کسی نیست. می‌خوام بدون مقنعه ببینمت. موهات بلنده یا کوتاه؟ یک لحظه برش‌دار.
ـ نه موهام الان نامرتبه. اصلاً کچلم.
ـ می‌دونی بعضی شب‌ها خوابتو می‌بینم. جالبه، با این‌که

من تو رو هیچ‌وقت بدون مانتو ندیدم ولی... تو خواب‌هام... همیشه بدون حجابی.
برای این که موضوع را عوض کنم گفتم:
ـ دیشب پیش عفت بودم.
ـ آخر شب بهش زنگ زدم گفت که بهش سر زدی.
ـ از خونواده‌تون می‌گفت... از این‌که زن‌ها بدون اجازه‌ی شوهراشون آب هم نمی‌خورن.
ـ اغراق کرده
ـ البته این رو هم گفت که تو مثل اونا نیستی. فقط می‌خواست که من با چشم باز انتخاب کنم.
محسن با حالتی عصبی گفت:
ـ انتخاب کنی؟ بهش گفتی که انتخابتو کردی؟ که ما صیغه کردیم؟
ـ نه نگفتم. ولی بهش گفتم که به نظر من محسن یک مسلمان روشن‌فکره و می‌فهمه که زن هم آدمه و علاوه بر مسئولیت همسری و مادری می‌تونه در جنبه‌های دیگه هم موفق باشه... محسن، تو که با فعالیت اجتماعی زن‌ها مخالف نیستی؟
ـ معلومه که نه. تو چی می‌گی؟ عفت بی‌خود تو رو ترسونده. مثلاً اون زندایی من که تو دیدیش، به قول عفت بدون اجازه‌ی شوهرش آب نمی‌خوره، فکر می‌کنی توی چه محیطی بزرگ شده؟ از زندگی چی می‌خواد؟ تمام خواسته‌هاش در جواهرات و خونه‌ی شیک و وسائل لوکس خلاصه می‌شه و تمام دغدغه‌اش اینه که زیبا باشه. اون هم از ترس این که دایی زن دیگه‌یی نگیره یا چه می‌دونم صیغه نکنه. ببین مرجان! من خیلی چیزا رو تو خونواده‌ام قبول ندارم. اگه یه عروسک زیبا می‌خواستم که از صبح تا شب توی خونه بشینه و خودش رو بزك کنه و منتظر برگشتن من باشه که می‌رفتم با یکی از همونایی که مادرم

پیش‌نهـاد مـی‌ده ازدواج می کـردم.

می‌خواسـتم حرف‌هایـش را بـاور کنـم. می‌خواسـتم چشـم‌هایم را بـه روی واقعیت‌هـای ترس‌نـاك ببنـدم، خـودم را بـه محسـن بسـپارم و بگـذارم هرکجـا کـه می‌خواهـد مـرا بـه دنبـال خـودش بکشـاند. سـرم را روی شـانه‌اش گذاشـتم و گرمـای اشـك را روی گونه‌هایـم احسـاس کـردم.

وقتـی بـه خـواب‌گاه برگشـتم سـاعت از چهـار گذشـته بـود. می‌خواسـتم عزیـز و آقاجـون را قبـل از رفتـن بـه شـمال، ببینـم. وسـائل شـخصی و چنـد کتـاب و جـزوه برداشـتم و بـه راه افتـادم.

آقاجـون در را بـاز کـرد و آن‌چنـان مـرا بغـل کـرد و بوسـید گویـی سال‌هاسـت هم‌دیگـر را ندیده‌ایـم. اشـك تـوی چشـمانش جمـع شـده بـود. بـا خـودم گفتـم: «یعنـی ممکنـه آقاجـون تـوی ایـن دنیـا از کسـی یـا چیـزی بـدش بیـاد. ایـن آدم واسـه عشـق‌ورزیدن آفریـده شـده» گِلـه می کـرد کـه:

ـــ چـرا زودتـر نیومـدی. دایـی حسین‌ات خیلـی دلـش می‌خواسـت ببینـت. یـه زنـگ بهـش بـزن، دختـرم.

ـــ آقاجـون فامیل‌هـا یادشـون مـی‌ره کـه مـن دانش‌جـوم، اونـم تـرم آخـر. بایـد شـب و روز درس بخونـم تـا واحدهـام پـاس بشـه بـره پـی کارش. از دسـت ایـن دانشـکده خـلاص بشـم.

عزیزجـون خوشـکل و تروتمیـز از حمـام بیـرون آمـد. پریـدم جلـو گونه‌هـای سـرخش را بوسـیدم. خندیـد و بـا نـاز و عشـوه گفـت:

ـــ بایـد بهـت زنـگ بزنـن و رسـماً ازت دعـوت کنـن و الا خـودت کـه یـه سـری نمی‌زنـی.

خندیدم و گفتم:

ـ گرفتارم دیگه، عزیز جون!

آقاجون با اداواصول خاص خودش گفت:

ـ انشاءالله که خیره.

گفتم:
- خیره. این‌بار دیگه جدی‌یه.
عزیز دستش را جلوی دهان گرفت و هل‌هله کشید و شروع کرد به رقصیدن. وقتی حسابی به نفس‌نفس افتاد خودش را روی مبل انداخت و گفت:
- بیا بشین تعریف کن ببینم.
گفتم:
- نه خیلی گردوخاکی‌ام. بذار اول یک دوش بگیرم. خیلی هم گشنمه.»
از حمام که بیرون آمدم صدای عزیز را شنیدم که می‌گفت:
- زانوم ورم کرده. درد می‌کنه. باید قبل از رفتن به باغچه یه دکتری می‌رفتم.
آقاجون گفت:
- درد اون پات بخوره تخم چشم غلومت.
عزیز با خنده جواب داد:
- خدا نکنه حسن‌خان!
«یک عاشق و معشوق واقعی! خدایا می‌شه من و محسن هم بعد از چهل سال زندگی مشترک این‌طور هم‌دیگرو دوست داشته باشیم!؟»
- عافیت باشه دخترم.
- مرسی آقاجون
عزیز گفت:
- تو چرا هر روز آب می‌شی. صورتت شده دو انگشت. چسبیدی به اون خواب‌گاه. نه به غذات می‌رسی و نه به تفریح. کاش یه چندروزی با ما می‌اومدی بریم شمال.
- خودم هم خیلی دلم می‌خواد ولی عزیز این ترم وضعم خیلی خرابه. هر ترم خراب بود اما حالا با این جریان بدتر شده.

عزیز گفت:

ــ با مامانت صحبت می‌کردم. می‌گفت خونواده‌ی پسره از اون خرپول‌های مشهدن.

ــ آره ظاهراً وضع پدرش خوبه.

ــ خب حالا قراره بیان اصفهان؟

ــ بابا انگار حرفی نداره ولی پدر محسن مسافرته. منتظرن برگرده ولی مادره راضی نیست.

ــ واه واه! بره بگرده از تو بهتر پیدا کنه. خیلی هم دلش بخواد!

ــ عزیزجون کسی به ماست خودش نمی‌گه ترشه. خب مذهبین. اون شب که اومدن از سرووضع شما شوکه شدن بیچاره‌ها. می‌خواد یکی مثل خودشون برای تنها پسرش پیدا کنه.

آقاجون که تا آن‌موقع ساکت بود، آرام گفت:

ــ یعنی دخترم اگه تو با این پسر ازدواج کنی باید مثل اونا خودتو توی چادر بپیچی؟

ــ آقا جون! اگه تمام مشکلات با یك چادر حل بشه مسلمه که حاضرم.

عزیز و آقاجون نگاه معنی‌داری به هم کردند.

پرسیدم:

ــ از باغچه چه خبر؟

ــ فعلاً برای یه هفته از پسر برادرم خواستم بیاد درِ مغازه، بریم یه سری بزنیم ببینم چه خبره. اگه خونه تموم بشه انشاءالله مغازه رو اجاره می‌دم و می‌ریم شمال.

ــ یعنی برای همیشه؟

عزیز گفت:

ــ نمی‌دونی چه هوایی داره؟

ــ تابستون که خیلی شرجیه.

آقاجون گفت:

ــ نه خیلی. تا دریا ۷۰ کیلومتر فاصله داریم. درعوض می‌شه نفس کشید. دیدی محله‌ی ما چی شده؟ جز دود و سروصدا چی هست؟

هنوز هوا تاریك بود که عزیزجون آرام مرا از خواب بیدار کرد و گفت:

ــ مرجان! دخترم ما داریم می‌ریم.

از جا بلند شدم. عزیز گفت:

ــ این مدت که نیستیم همین‌جا بمون. می‌ری خواب‌گاه چه‌کار کنی. توی فریزر همه‌چی هست. واسه‌ی خودت گرم کن و به درس‌هات برس. ولی اگر خواستی بری، به خانم قربانی همسایه‌ی طبقه‌ی بالا سفارش خونه رو بکن.

وقتی آقاجون و عزیز رفتند، برگشتم توی رخت‌خواب اما خواب از سرم پریده بود. رفتم توی آشپزخانه که صبحانه بخورم، در یخچال را که باز کردم چندجور غذا از مهمانی روز قبل عزیز مانده بود. با خودم فکر کردم «صبحونه می‌خورم و می‌شینم به ترجمه. شاید تا شب تموم بشه. فردا تحویلش بدم و خلاص بشم.» بعد از صبحانه شروع کردم به ترجمه. نه سروصدای بلندگو بود و نه یاالله گفتن. هیچ‌چیز مزاحم درس‌خواندن نبود. به ساعت که نگاه کردم ده بود. خیلی تعجب کردم. سه ساعت بدون وقفه سرم روی جزوه‌ها بود و اصلاً متوجه گذشت زمان نشده بودم. به خودم کمی استراحت دادم. کمی میوه خوردم و به خانه زنگ زدم. به مامان گفتم کجا هستم که اگر به خواب‌گاه زنگ زد نگران نشود. گوشی را که گذاشتم یاد محسن افتادم. از این که بدون ایستادن تو صف می‌شود با خیال راحت زنگ زد خنده‌ام گرفت و شماره‌اش را گرفتم.

محسن از شنیدن صدایم خوش‌حال شد و گفت:

ــ خیلی دوست داشتم صداتو بشنوم ولی راحت نبودم به خونه‌ی پدربزرگت زنگ بزنم.

ــ می‌تونی باهاشون راحت باشی. تقریباً همه‌چی رو براشون تعریف کردم. در ضمن اصلاً نیستن؟

ــ نیستن؟

ــ امروز صبح رفتن شمال. آقاجون نرسیده به آمل یك قطعه زمین داره. حالا هم دارن خونه می‌سازن. می‌خوان واسه همیشه برن اون‌جا.

ــ ما هم یه ویلا توی نوشهر داریم. قبل از رفتن به مسکو، اگه دوست داشتی، یه سر با هم می‌ریم.

ــ آره من عاشق شمالم!

ــ یعنی حالا تو تنهایی؟

یك‌دفعه فکری به خاطرم رسید پرسیدم:

ــ محسن می‌خوای واسه ناهار بیای این‌جا؟

ــ اون‌جا؟

ــ آره. عزیز کلی غذا توی یخچال گذاشته با هم می‌خوریم.

محسن کمی فکر کرد و گفت:

ــ باشه سعی می‌کنم تا دوازده خودمو برسونم.

با خوش‌حالی گوشی را گذاشتم. چشمم به برگه‌های ترجمه افتاد. حیف! چه خوب شروع کرده بودم. یك‌دفعه وحشت‌زده شدم. محسن می‌آمد آن‌جا توی خانه. باید لباس مناسبی می‌پوشیدم. باید دوش می‌گرفتم. به ساعت نگاه کردم. نزدیك یازده بود. سریع دوش گرفتم. موهایم را در حوله پیچیدم و رفتم سراغ کمد لباس‌هایم. تمام وسائلی که در خواب‌گاه جایی برای‌شان نبود و نیازی به آن‌ها نداشتم، از جمله بیش‌تر لباس‌هایم، را آورده بودم آن‌جا. از لباس‌های رسمی شروع کردم. کت‌ودامن، کت‌وشلوار، پیراهن بلند... ناگهان یك پیراهن

بی‌آستین مشکی توجهم را جلب کرد. از تصور این‌که محسن مرا در آن لباس ببیند گوش‌هایم داغ شد. پیراهن را پوشیدم تنگ و چسبان بود و به سر زانوهایم هم نمی‌رسید. موهایم را خشک کردم اما نبستم تا کمی از بازی جلو و پشت لباس را بپوشاند. یک جفت صندل بلند مشکی هم انتخاب کردم. می‌خواستم زیبا باشم. خط چشم را بیش‌تر کشیدم و رژ قرمز خوش‌رنگی زدم. از دیدن خودم در آینه لذت بردم. تمام شیشه‌های عطر عزیز را بو کردم. می‌خواستم آن روز چیز جدیدی بزنم: آرام و خوش‌بو. بیست دقیقه به دوازده منتظر محسن بودم. برای آن‌که خودم را سرگرم کنم به آشپزخانه رفتم و یک ظرف میوه آماده کردم و کمی سالاد درست کردم. داشتم میز را می‌چیدم که صدای زنگ بلند شد. قلبم شروع کرد به تپیدن. به یاد حرف عزیز افتادم که می‌گفت هر روز لاغرتر می‌شی. به خودم گفتم: «خب از بس که قلبم تاپ‌تاپ می‌کنه» خودم را در آینه نگاه کردم. نمی‌دانستم واکنش محسن چه خواهد بود. یک لحظه از این‌که مهمانش کرده بودم پشیمان شدم. ولی باید در را باز می‌کردم. گوشی آیفون را برداشتم و پرسیدم: «کیه؟» محسن بود. دگمه را فشار دادم. بعد در آپارتمان را باز کردم و همان‌جا منتظر ماندم. محسن خیلی سریع از بیست پله بالا آمد. یک دسته‌گل در دستش بود. روی پله آخر سرش را بلند کرد و مرا دید. همان‌جا ایستاد. بعد نگاهی به راه‌پله‌ی بالا کرد. فهمیدم از این‌که کسی مرا در آن وضع ببیند نگران است. خودم را کنار کشیدم. محسن داخل شد و بدون آن که حالت چهره‌اش تغییر کند، همان‌طور به من زل زده بود. معنی نگاهش را نمی‌فهمیدم. من خوب بودم یا نه؟ خوشش آمده بود یا نه؟ در را پشتش بستم. دست‌هایم را روی دستانش گذاشتم و آرام دسته‌گل را گرفتم و گفتم: مرسی.

محسن جواب نداد و این باعث شد که من بیش‌تر خودم را

بـازم. از جلویـش رد شـدم. بـرای آن‌کـه اضطرابـم را پنهـان کنـم، شـروع کـردم بلندبلنـد صحبت‌کـردن:

ــ اگـر بـرات زحمتـی نیسـت، کفشـاتو دربیـار. عزیـز بـه تمیـزی خیلـی اهمیـت مـی‌ده. اون‌جـا چنـد جفـت دمپایـی هسـت اگـه خواسـتی بپـوش.

و خـودم را در آشـپزخانه سـرگرم کـردم. دنبـال گلـدان مناسـبی می‌گشـتم بـا ایـن تصـور کـه محسـن در هـال نشسـته، داد زدم:

ــ چایی می‌خوری یا شربت بریزم؟

صدای محسن را از پشت سرم شنیدم:

ــ چایی.

به پشتم نـگاه کـردم. محسـن جلوی درِ آشپزخانه بـه دیـوار تکیـه داده بـود و مـرا برانـداز می‌کـرد. گلـدان گل را برداشـتم جلویـش کـه رسـیدم، گفتـم «خیلـی قشـنگه. مرسـی». محسـن دسـت‌هایش را دور کمـرم حلقـه کـرد و مـرا بـه خـود فشـرد. آن‌قـدر محکـم کـه احسـاس خفگـی کـردم. صورتـش را جلـو آورد. گلـدان کریسـتال عزیـز سـنگین بـود. مـن بـه عقـب خـم شـده بـود. می‌ترسیدم گلـدان از دسـتم بیفتـد. محسـن را عقـب زدم از جلویـش رد شـدم و گفتـم:

ــ بنشین الان چایی می‌آرم.

گلدان را روی میز پذیرایی گذاشتم.

وقتی سینی چای را روی میز گذاشتم گفتم:

ــ تا چایی رو بخوری غذا هم گرم می‌شه.

محسـن دسـتم را گرفـت و آرام بـه طـرف خـودش کشـید. روی مبـل کنـارش نشسـتم. عاشـقانه بـه مـن خیره شـده بـود، دسـتش را بـالا آورد و موهایـم را نـوازش کـرد. بـا احتیـاط نزدیـك شـد، گردنـم را بوسـید و بـا صدایـی لـرزان در گوشـم زمزمـه می‌کـرد: «فوق‌العـاده‌ای... دوسـتت دارم.» جمـلات محسـن بـا بوسـه‌های شـیرین قطـع می‌شـد... «زیباتـر از اون چیـزی کـه تصـور می‌کـردم... مرجـان!..

عزیزم... دوستت دارم...»

احساس نیازی ناشناخته اما لذت‌بخش وجودم را فرا گرفت. به جای جواب، لبانم را جلو بردم و بوسه‌یی شیرین و طولانی از لبانش گرفتم. اولین بار بود که من او را می‌بوسیدم. محسن بیش‌تر به هیجان آمد. حرکات شتاب‌زده‌اش التهاب مرا بیش‌تر می‌کرد. بی هیچ ترس و اضطرابی از بودن با او، از معاشقه با او لذت می‌بردم. مگر نه این‌که من انتخاب خودم را کرده بودم؟.. زمان و مکان را از یاد برده بودم. بوسه‌ها و زمزمه‌های عاشقانه مرا به خلسه می‌برد. ناگهان پای محسن به میز خورد و سینی از روی میز پرت شد. صدای شکستن استکان‌ها محسن را متوجه خود کرد. عقب کشید. آرام سرش را به مبل تکیه داد و چشمانش را بست. من مدتی در همان وضع ماندم. بعد بلند شدم و به اتاق رفتم و در را بستم.

معاشقه برای من چیز غریبی بود. کم‌ترین تجربه‌یی در این مورد نداشتم. از قدرت تحریک کننده‌گی خودم به عنوان یک زن بی‌خبر بودم. نمی‌دانستم چه کار باید بکنم؟ محسن در مورد من چه فکری خواهد کرد؟ آیا احساسات مرا می‌توانست بفهمد؟ آیا باید در برابر ابراز عشقش مقاومت می‌کردم؟

جلوی آینه ایستادم و به خودم خیره شدم. آیا من از آن وضع، از نبودن عزیز و آقاجون سوءاستفاده کرده بودم؟ «آره نباید دعوتش می‌کردم.» از خودم بدم آمد. آرایشم را پاک کردم. لباسم را عوض کردم و از اتاق بیرون آمدم. محسن هنوز با چشمان بسته به مبل تکیه داده بود. جارو و خاک‌انداز را از آشپزخانه آوردم. محسن از جایش تکان نخورد. فضای سنگینی بود. باید حرف می‌زدم. کسی باید حرف می‌زد. بغضم ترکید. لبه‌ی مبل نشستم و صورتم را با دستانم پوشاندم و گفتم:

ــ محسن! منو ببخش... می‌دونی مردی توی زندگی من

نبوده. نمی‌تونم احساسات تو رو پیش‌بینی بکنم. باور کن من فکر می‌کردم تو امروز می‌آیی با هم غذا می‌خوریم و کنار هم هستیم. چون تابه‌حال منو بدون مانتو ندیده بودی. می‌خواستم قشنگ باشم. همین. نمی‌دونستم این‌جوری می‌شه. منو ببخش. ساده‌گی منو و بی‌تجربگی منو ببخش.

محسن خندید. چشمانش را باز کرد. روی مبل خودش را به طرفم کشید. موهایم را بوسید و لبخندزنان گفت:

ـ چی داری می‌گی واسه خودت مثل این دختر کوچولوها؟!

با پشیمانی به چشمانش خیره شدم. گفتم:

ـ محسن نمی‌خواستم این طور بشه.

محسن کف دستش را روی گونه‌ام کشید و گفت:

ـ چه‌طوری؟

من سکوت کردم و سرم را پایین انداختم. محسن مرا به خود فشرد. سرم را بوسید و ضمن نوازش کردن موهایم آرام شروع کرد به صحبت کردن:

ـ بیا دیگه در موردش حرف نزنیم. باشه؟ ما هم‌دیگر رو دوست داریم و طبیعیه که همچین برخوردهایی پیش بیاد. منتها باید مهارش کرد. فقط چند ماه. باید به درس‌هامون برسیم. هر دومون. من نمی‌خوام تو ترم بعد هم واحد داشته باشی. نمی‌خوام از هم دور باشیم. متوجهی؟ بنابراین حسابی درس بخون. در طول هفته هیچ برنامه‌یی نمی‌ذاریم، باشه؟ فقط تلفنی با هم صحبت می‌کنیم و روزهای پنج‌شنبه هم‌دیگر رو می‌بینیم. من امیدوارم حداکثر تا دو ماه دیگه عقد کنیم. این مدت را نباید تلف کرد باید به هم‌دیگه انرژی بدیم... خب تو چی فکر می‌کنی؟

ـ موافقم.

ـ پس حالا مثل دخترای خوب جاروبرقی رو بیار تا من جارو

کنم. تو هم غذا رو گرم کن که خیلی گشنمه.
حرف‌های محسن مرا آرام کرد. دیگر از خودم خجالت نمی‌کشیدم. پس او مرا فهمیده بود.
سر ناهار محسن از من پرسید:
ـ تو این‌جا زیاد تنها می‌مونی؟
ـ یعنی چی؟
ـ مثل الان که کسی نیست و تو تنهایی؟
ـ نه. فقط یه بار. پاییز پارسال بود البته من زیاد می‌آم این‌جا. خصوصاً زمان امتحان‌ها که خوابگاه خیلی شلوغه و پر از استرسه، چه‌طور مگه؟
ـ هیچی همین‌طوری پرسیدم. ولی کاش برمی‌گشتی خوابگاه. از این که تو رو توی این آپارتمان تنها بذارم دچار دلهره می‌شم.
عصر محسن نگران بود تا به خوابگاه برسد نمازش قضا شود. این بود که خواهش کرد لباس پاکی به او بدهم تا دوش بگیرد و نمازش را همان‌جا بخواند.
یک لحظه به فکر فرو رفتم. «مگه عشق به یک زن، بوسیدن و نوازش کردنش ناپاکه که باید خود رو برای نماز طاهر کرد؟!»
محسن مشغول نماز خواندن بود. به حرکاتش چشم دوخته بودم و احساس آرامش می‌کردم. او نماز می‌خواند و من با خدا رازونیاز می‌کردم: «خدایا! ای همه عشق و نور و زیبایی! ازت متشکرم. متشکرم که این بنده‌ی خوب خودت رو در مسیر من قرار دادی. خدایا! کمک کن که خوش‌بختش کنم و در کنارش خوش‌بخت بشم. خدایا! کمک کن که عشق و محبت بین ما جاودانه بشه. همون‌طور که به عزیز و آقاجون این نعمت رو دادی...»
غروب وسائلم را جمع کردم و آماده رفتن شدم. محسن از جلو رفته بود و سر کوچه منتظر من بود. نمی‌خواستم کسی

از همسایه‌ها ما را با هم ببینند. رفتم پیش خانم قربانی و پیغام عزیز را رساندم و بعد با محسن به طرف خوابگاه به راه افتادیم. می‌دانستم یک هفته او را نخواهم دید. گفتم:

ــ بذار خوب نگات کنم که یک هفته باید دوری‌ات رو تحمل کنم.

محسن دستم را گرفت و نوازش کرد. بعد طبق قرارمان تو تاکسی ماند تا من وارد خوابگاه شوم. از همان لحظه دلم برایش تنگ شده بود. به خودم خندیدم؛ هنوز دو ماه از آشنایی من و محسن نمی‌گذشت ولی بیش‌تر از هر کسی او را دوست داشتم.

در طول آن هفته سعی کردم حسابی به درس‌های عقب‌افتاده برسم. می‌خواستم به محسن نشان دهم که دختر بااراده‌یی هستم. درضمن درس‌خواندن باعث می‌شد به او فکر نکنم. بعد از کلاس به کتاب‌خانه مرکزی می‌رفتم و غروب با سرویس به خوابگاه بر می‌گشتم. قبل از رفتن به اتاق، به محسن زنگ می‌زدم و در مورد آن روز و کارهایی که کرده بودیم صحبت می‌کردیم و تا فردا شب خداحافظی می‌کردم.

من راحت‌تر می‌توانستم شماره‌ی خوابگاه او را بگیرم. می‌گفت: «گاهی اوقات یه ساعت شماره‌ی خوابگاهت رو می‌گیرم ولی موفق نمی‌شم باهات صحبت کنم.»

این بود که قرار گذاشته بودیم فقط من به او زنگ بزنم.

۱۴

چنـد روزی بـود کـه آمـده بـودم خانـه‌ی عزیـز تـا دور از شـلوغی خوابـگاه روی درس‌هـا متمرکـز شـوم. مثـل یـک دانش‌جوی خـوب، سـرم تـوی جـزوه (!) بـود کـه آقاجـون آرام در زد و گفـت: «محسـن پـای تلفنـه.»

خنـده‌ام گرفـت: «ایـن پسـره هنـوز رسـماً از مـن خواسـگاری نکـرده امـا از نظـر عزیـز و آقاجـون، نامزدمـه و حـق داره زنـگ بزنـه. جـای بابـا واقعـاً خالیـه!»

ـ الو

ـ سلام خانوم‌خانوما!

ـ سلام. چه‌طوری؟

ـ خوبم و مستم از عشق.

ـ از خوابگاه زنگ می‌زنی؟

ـ نـه بابـا. تـوی خوابـگاه کـه نمی‌شـه این‌طـوری راحـت حـرف زد. می‌خواسـتم دعوتـت کنـم.

ـ کجا؟

ـ خونه‌تون

ـ کجا؟!

ـ آره، درست شنیدی خونه‌تون. همین چهارشنبه.

ـ شوخی می کنی. امکان نداره! آخه کسی به من هنوز چیزی نگفته...

ـ خبر خیلی داغه، گذاشتن کمی سرد بشه بعد بدن دست‌تون. الان که گوشی رو بذاری از خونه بهت زنگ می‌زنن. کمی هم غر چاشنیش می کنن که: «با کی حرف می‌زدی تلفن این قدر اشغال بود...»

از محسن که خداحافظی کردم شماره‌ی خانه را گرفتم، مامان گوشی را برداشت و بعد از احوال‌پرسی و کمی غرزدن که عادتش بود و کاری هم نمی‌شد کرد، گفت:

ـ خوب شد زنگ زدی. همین الان می‌خواستم بهت تلفن کنم.

ـ مگه چی شده؟

ـ امروز بعد از ظهر خود آقای فرخی زنگ زد و با بابات صحبت کرد. فکرش رو بکن ریش و قیچی دست خودشون؛ واسه همین هفته قرار خواستگاری گذاشتن. هرچی به این بابات اشاره کردم که نمی‌رسم. بذار واسه هفته‌ی آینده. نشد که نشد. حالا فردا باید به این زهرا بگم...

ـ واسه‌ی چندشنبه بالاخره قرار گذاشتن؟

ـ چهارشنبه. نکنه بذاری همون روز بیای، ها! فردا بلیط بگیر و خودت رو برسون...

باز دوباره خبری شده بود و مامان حسابی هول برش داشته بود. نمی‌دانستم آن موقع از ترم چه‌طور از آزمایشگاه‌ها که نمی‌شد غیبت کرد، بزنم.

ـ چشم!

طوری که کسی نشنود پرسیدم:

ـ عزیز و آقا جون چی؟ دعوتشون بکنم؟
ـ نه. بابات گفته نه. بمونه تا عقدت.

دلم گرفت اما نمی‌توانستم برخلاف نظر بابا کاری بکنم. وقتی گوشی را گذاشتم و همه‌چیز را برای عزیز و آقاجون که سراپا گوش بودند، تعریف کردم، گفتم: «چه‌طوره با هم بریم؟» عزیز سعی کرد رنجشش را از این‌که مامان دعوتش نکرده پشت لبخند کم‌رنگی پنهان کند. گفت: «نه قربونت. انشاءالله واسه عقدت.»

از دور بابا را دیدم که با دسته‌گل کوچکی به مسافرها چشم دوخته بود. وقتی بغلش کردم و با اشتیاق بوسیدمش، خودم را همان دختر کوچولوی کلاس اولی احساس کردم که ظهر در مدرسه منتظر می‌ایستاد تا دنبالش بیایند و وقتی بابا دیر می‌کرد، نگران می‌شد و با دیدن او می‌پرید بغلش، او را می‌بوسید و می‌گفت: «دیگه هیچ‌وقت دیر نکنین. باشه؟»

بابا با این‌که دیر ازدواج کرده بود و قاعدتاً باید حوصله‌ی بچه‌ها را داشته باشد، اما هیچ‌وقت اهل لوس کردن ما دخترها نبود.

توی راه منتظر بودم که بابا سر حرف را باز کند اما او از همه‌چیز گفت الا از محسن و خانواده‌اش. یک لحظه ترس برم داشت. «نکنه اتفاقی افتاده یا بابا پشیمان شده» اما جرأت نمی‌کردم چیزی بپرسم.

به خانه که رسیدیم احساس خوبی داشتم. موجی از هیجان زیر پوستم دوید و تمام وجودم را گرم کرد. بوی قورمه‌سبزی در خانه پیچیده بود. وسائلم را به اتاقم که حالا در اشغال خواهرم مهشید بود بردم. من و مهشید، که دو سال اختلاف سن داریم، از همان موقع که به این خانه آمدیم بر سر این اتاق اختلاف داشتیم و با وساطت مامان که از من به عنوان دختر بزرگ‌تر

دفاع کرد، صاحب اتاق شدم. ولی چشم مهشید همیشه دنبالش بود و وقتی دانشگاه تهران قبول شدم و از اصفهان رفتم، بلافاصله اتاقم را صاحب شد و هر وقت که برای تعطیلات برمی‌گشتم، لطف می‌کرد و تختش ــ در واقع تختم ــ را برای چند روز در اختیارم می‌گذاشت. ولی حاضر به ترک آنجا نبود، تشکی پهن می‌کرد و همان‌جا روی زمین می‌خوابید. دانش‌جوی سال دوم مهندسی کامپیوتر دانشگاه اصفهان بود. می‌شد در چند چیز او را تعریف کرد: درس، مهمانی و تفریح، لباس و جواهرات. به مسائل و معضلات اجتماعی و سیاسی توجه چندانی نداشت. از نظر مذهبی هم به مامان نزدیک‌تر بود، با نگاهی سنتی همراه با احترام به دین.

مریم خواهر دومم بر خلاف مهشیدِ خودرأی و منطقی، خیلی ساده، بی‌غل‌وغش و مهربان بود و با این که در رشته‌ی ریاضی ـ فیزیک شاگردی ممتاز بود، به ادبیات خیلی علاقه داشت و آن سال خودش را برای کنکور انسانی آماده می‌کرد.

حالا هر دو کنارم نشسته و به من چشم دوخته بودند. احساس می‌کردند که این بار قضیه فرق می‌کند و کاملاً جدی است. اما من قصد نداشتم از احساسم نسبت به محسن با آن‌ها چیزی بگویم. از نظر من آن‌ها هنوز خواهر کوچولوهایی بودند که باید در مقابلشان قیافه گرفت و ادای بزرگ‌ترها را درآورد و امرونهی کرد. هرچند حدس می‌زدم لابد کلی راز داشتند که با دوستانشان در میان می‌گذارند. مگر خود من برای فریده‌ی بی‌چاره کم پر حرفی می‌کردم؟!

بعد از شام مامان دو تا چای تازه‌دم و خوش‌رنگ، که هیچ شباهتی به چای خوابگاه نداشت، توی سینی گذاشت و گفت: «بیا اینو ببر، بابات می‌خواد باهات حرف بزنه.»

به اتاق کار بابا رفتم. این اتاق را که درضمن کتاب‌خانه هم

بود، خیلی دوست داشتم. بابا خیلی اهل مطالعه نبود ولی خب، لابد با کتاب هم می‌شد اتاق را خوب تزئین کرد! به‌هرحال جای دنج و آرامی بود. بابا روی مبل چرمی روبه‌روی میز کارش نشسته بود و داشت پیپش را روشن می‌کرد. بابا دودی نبود و بعضی اوقات از سر هوس سیگار می‌کشید. چند سال پیش مامان گفته بود: «وقتی دکتر داوودیان پیپ می‌کشه آدم حظ می‌کنه. من عاشق بوی توتون پیپم.»
بعد از آن بابا هر وقت هوس سیگار می‌کرد، پیپش را چاق می‌کرد و مامان با لذت کنارش می‌نشست، اما خودش نمی‌کشید.
چای را روی میز گذاشتم و روبه‌رویش نشستم. احساس خوبی داشتم و همین را به او گفتم و اضافه کردم:
ـ می‌دونین، همیشه دلم می‌خواست رابطه‌ی من و شما دوستانه باشه...
ـ خوب مگه این‌طور نبوده؟
ـ منظورم اینه اون‌قدر دوستانه که بتونم حرفای دلم رو راحت باهاتون در میون بذارم.
بابا از جا بلند شد، به طرف کمد رفت و یک بطری ویسکی و گیلاس کریستال بیرون آورد. از دمِ در زهرا را صدا زد تا یک ظرف یخ بیاورد. زهرا زن رجب، آبدارچی بابا، بود که از وقتی به یاد دارم در کارهای خانه به مامان کمک می‌کرد. بابا یک ظرف پسته روی میز گذاشت و نشست و وقتی زهرا با ظرف یخ به اتاق آمد، برای خودش مشروب ریخت و یک تکه یخ در آن انداخت و آرام جرعه‌یی نوشید.
معمولاً بابا جلوی ما بچه‌ها مشروب نمی‌خورد؛ شاید آن شب باورش شده بود که من دیگر بزرگ شده‌ام. شاید می‌دانست فردا مردی برای اولین بار به خانه‌اش پا می‌گذارد تا دخترش

را برای همیشه با خود ببرد و این دلهره‌آور بود. شاید... . بابا سکوت را شکست:
ـ این تأثیر تهرونی‌هاست روی تو، ما طور دیگه‌یی فکر می‌کنیم. اما سوای این حرفا، از نظر من تو با خواهرات خیلی فرق داری. از بچگی هم مثل اونا نبودی. اگه مهشید تهرون قبول می‌شد نمی‌ذاشتم بره. به خودش هم گفته بودم. این بود که همه‌ی رشته‌هاشو همین‌جا زد. خودت که بهتر می‌دونی.
ـ شاید چون من بچه‌ی اول بودم با مهشید و مریم فرق داشتم. همیشه دوست داشتم جلوشون ادای بزرگ‌ترها رو دربیارم. همین امشب خودتون که دیدین سر شام دلم نمی‌خواست از این خواسگاره حرف بزنین. احساس می‌کنم اونا هنوز بچه‌ان با این‌که مامان می‌گه مهشید تا حالا چند تا خواسگار داشته.
ـ خب حالا بگو ببینم در مورد این پسره نظر خودت چیه؟ می‌دونی که اینا واسه نامزدی میان. من تا اون‌جا که تونستم در موردشون پرس‌جو کردم و جز خوبی چیزی نشنیدم. اون‌طور که مامانت می‌گفت خودت هم با پسره چند جلسه‌یی صحبت کردی. انشاءالله طوری باهاشون معامله می‌کنم که آب توی دلت تکون نخوره و باهاش هیچ مشکلی نداشته باشی، ولی میگن خیلی مذهبین. عموش آخونده! من تلفنی هم بهت گفتم، او هم توی همین خونواده و زیر دست همین پدر و مادر بزرگ شده. تصمیم با خودته. ببین می‌تونی چادر چاقچور بکنی و از گربه‌های خونه هم رو بگیری؟ من تو رو آزاد بار آوردم. هیچ‌وقت هم دلم نخواسته مثل پیرزنا از مردا رو بگیری. حالا ببین می‌تونی بشینی ته خونه و دل خوش کنی به روضه و سفره ابولفضل و این‌جور چیزا؟
دلم می‌خواست از محسن دفاع کنم و بگویم بابا شما در اشتباهین. محسن این‌طور نیست. ولی می‌ترسیدم بابا شک کند.

این بود که آرام گفتم:
ـ راستش من بیش از سه چهار جلسه با این آقا صحبت نکردم. البته نگفتم ده‌ها بار هم‌دیگر را در آغوش گرفته‌ایم. ادامه دادم:
ـ اما به نظرم خیلی واقع‌بینه، هرچند که با چند ساعت صحبت نمی‌شه کسی رو شناخت. اونجور که می‌گه خیلی چیزها رو تو خونواده‌اش قبول نداره و دخترهایی که مادرش پیشنهاد می‌کرده، نمی‌پسندیده.

ساکت شدم. نمی‌دانستم چه باید بگویم. چشمم به چای روی میز افتاد و گفتم: «چای سرد شد. می‌خواین عوضش کنم؟ یا یه نوشیدنی خنک براتون درست کنم؟» بابا نوشیدنی را ترجیح داد. وقتی داشتم به آشپزخانه می‌رفتم چشمم به مامان افتاد که مشغول خواندن قرآن بود. نگاهم کرد و لبخند زد. توی آن چادر نماز سفیدش شبیه فرشته‌ها شده بود. دلم برای خدا تنگ شد و همین را به خودش گفتم.

آن شب تا دیروقت با بابا صحبت کردیم که تحت تأثیر ویسکی چانه‌اش گرم شده بود. از آشنایی و ازدواجش با مامان گفت. قدری نصیحتم کرد که زن چه‌طور باید باشد و از مرد چه بخواهد. البته فراموش نکرد آهی بکشد و بگوید: «جوانی کجایی که یادت بخیر.» بعد هم سرم را بوسید و رفت که بخوابد. اما من خوابم نمی‌برد. رفتم روی بالکن. هوا خنک بود. بوی یاس در حیاط پیچیده بود. چشمانم را بستم و نفس عمیقی کشیدم. صدای قورباغه‌ها از کنار حوض به گوش می‌رسید. بعد از تهران دودزده، خودم را در بهشت احساس می‌کردم

۱۵

مامان از این طرف به آن طرف می‌دوید و به زهرا دستور می‌داد. غر می‌زد که چرا دقیقاً نمی‌داند چند نفرخواهند بود و میز را برای چند نفر باید بچیند. گفتم: «مامان جون! الهی که من قربونت برم، آخه چرا این قدر سخت می‌گیری؟ سه چهار نفر که بیش‌تر نیستن.» بابا دنبال حرف مرا گرفت که: «نمی‌دونم این رسم کجاس که به خواسگاری که اولین باره داره می‌آد، شام بدن؟» مامان از آن طرف گفت: «اولاً بار دومه و نه اول، ثانیاً خب از شهر دیگه اومدن، مهمون به حساب می‌آن با خواسگاری معمولی فرق داره.»

مامان همین‌طور داشت حرف می‌زد. من که نمی‌خواستم وارد این جروبحث شوم آن‌ها را به حال خود گذاشتم و رفتم تا دوش بگیرم و خودم را برای مهمانی آماده کنم.

از مامان خواسته بودم برای آن شب کسی را دعوت نکند اما بابا گفته بود محمد و بی‌بی حتماً باید باشند.

عمو محمد دومین پسر خانواده و دو سه سالی از بابا کوچک‌تر بود اما چون زودتر ازدواج کرده بود حالا برای خودش نوه هم

داشت. بابا و عمو محمد خیلی با هم صمیمی بودند خصوصاً که در کار ساخت‌وساز هم شریک به حساب می‌آمدند.

مامان بی‌بی را برای ناهار دعوت کرده بود اما او بهانه آورده بود که سر سال مرحوم حشمت‌الله خان است و حتماً به احترام جد زنش نیره‌سادات هم که شده، باید به مراسم برود.

درست یادم است کلاس اول دبستان را تمام کرده بودم. آن روز کارنامه می‌دادند. آن‌قدر سواد داشتم تا جمله‌یی را که با خط خوانا روی کارنامه نوشته شده بود بخوانم: «شاگرد اول». مامان مرا از مدرسه به خانه‌ی آقابزرگ برد. مرحوم آقابزرگ مرا خیلی دوست داشت. می‌دانستم از دیدن کارنامه‌ام خیلی خوش‌حال خواهد شد. توی ایوان آجرفرش، کنار اُرسی روبه‌روی حیاط یک صندلی راحتی گذاشته بودند که با ملافه‌ی سفید پوشیده شده بود. آقابزرگ نشسته بود و بالذت غذاخوردن بچه‌گربه‌ها را نگاه می‌کرد. از دور به طرفش دویدم. آقابزرگ با دستانی لرزان مرا بغل کرد و صورتم را بوسید. مثل همیشه زبری صورتش اذیتم کرد اما به روی خودم نیاوردم. مامان گفته بود «خب تحمل کن. دوستت داره که می‌بوستت» و من تحمل کرده بودم. مثل همیشه با اشتیاق به شیرین‌زبانی‌های من گوش داد و اشک در چشمانش جمع شد. مامان می‌گفت این اشک خوش‌حالی است اما من نمی‌فهمیدم چه‌طور می‌شود آدم هم خوش‌حال باشد و هم گریه کند. وقتی آقابزرگ با صدایی لرزان می‌گفت «پیر شی دخترم»، من اخم می‌کردم و می‌گفتم «اِ آقابزرگ! خدا نکنه. نمی‌خوام پیر بشم». در این‌جور مواقع مامان به احترام پدربزرگم که خیلی هم دوستش داشت می‌گفت «مرجان! بسه دخترم، آقابزرگ رو خسته کردی برو بازی کن.» و آقابزرگ که هیچ‌وقت از دست من خسته نمی‌شد به مامان می‌گفت «نسرین‌خانم! بذارین بچه راحت باشه.»

آن روز من و بی‌بی آن‌قدر اصرار کردیم تا بالاخره مامان راضی شد که من برای ناهار بمانم اما خودش رفت. با این‌که به زهرا اطمینان داشت اما دلش برای مهشید و مریم شور می‌زد. درست به یاد دارم. بعد از ناهار بود. یکی از بچه‌گربه‌ها تو بغلم بود و داشتم نازش می‌کردم و به حرکات آرام آقابزرگ خیره شده بودم که کنار ایوان نشسته بود و با کمک بی‌بی وضو می‌گرفت. یک‌دفعه به پشت افتاد و بی‌هوش شد. بی‌بی فریاد زد «یا قمر بنی هاشم!» بعد به طرف تلفن دوید و به چند جا زنگ زد. من مثل صاعقه‌زده‌ها خشکم زده بود و تمام مدتی که اورژانس و بابا و عمو محمد رسیدند، همان‌جا کنار سفره‌ی پهن‌شده روی ایوان نشسته بودم. تا بالاخره عمه منیژه، که بعد از بردن آقا بزرگ به بیمارستان رسیده بود، متوجه من شد و بغلم کرد. تازه آن‌موقع به خودم آمدم و زدم زیر گریه. این آخرین باری بود که آقابزرگ را دیدم. چند روز بعد در بیمارستان فوت شد. مرگ آقابزرگ برای بی‌بی خیلی سخت بود. هر کدام از بچه‌ها اصرار داشتند که او را پیش خود ببرند؛ بابا چند آپارتمان بزرگ و آفتاب‌گیر به او نشان داده بود اما بی‌بی زیر بار نمی‌رفت. می‌گفت «این خونه بوی پدر خدابیامرزتونو می‌ده. تا زنده‌ام از این‌جا تکون نمی‌خورم.» بعد هم رفت و دخترعمه‌اش را که روزی هم‌بازی‌اش بود و حالا او هم سر پیری تنها شده بود پیش خودش آورد. بابا بالاخره تسلیم شد و به فکر افتاد تا آن خانه‌ی قدیمی را طوری تعمیر کند که دو پیرزن بتوانند بدون دردسر در آن زندگی کنند.

همه آن خانه را دوست داشتند، خصوصاً ما نوه‌ها که روزهای جمعه دور بی‌بی جمع می‌شدیم و آتش می‌سوزاندیم و بی‌بی با آرامش خاص خودش، به جای غرزدن و دعواکردن، قربان‌صدقه می‌رفت و اسفند دور سر ما می‌گرداند و دود می‌کرد.

مامان محکم در زد وگفت: «چی شد این دوش گرفتن؟ چه‌قدر

طولـش مـی‌دی! زود بـاش الان مهمونـا می‌رسن.»
خاطرات وحشت زده پا به فرار گذاشتند!

بی‌بی صورتـم را بوسـید و قربان‌صدقـه رفت. عمـو محمـد هـم پیشانی‌ام را بوسید و یواشکی گفت: «عموجـون، انـگار دیگـه راس‌راسـی می‌خوایـم شـیرینی‌ات رو بخوریـم هـا!» بی‌بـی کـه داشت چادر مشکی‌اش را به مامـان می‌داد و چادرنمـاز می‌پوشـید بـا حسـرت گفـت: «خـوش بـه سـعادتت دختـرم! هـر وقت دلـت بخـواد می‌ری پابـوس امـام...»

صـدای بی‌بـی لرزیـد. لـب ورچیـد. بـه خـودم گفتـم: «واقعـاً این‌همـه اعتقـاد و خلـوص از کجـا می‌آد؟» دسـتای لرزانـش را گرفتـم و بوسـیدم. تـوی چشـمان مهربانـش اشـک جمع شـده بـود. گفتـم: «بی‌بـی جـون، اگـه مـن رفتـم مشـهد قدمتـون روی تخـم چشـام... بیـان هـر چه‌قـد دوسـت داریـن بمونیـن.»

بی‌بی پرسید:
ـ مگه می‌خواین جای دیگه‌یی زندگی کنین؟
ـ نمی‌دونـم. بی‌بی‌جـون. اول می‌ریـم روسـیه، درسـش کـه تمـوم شـد تصمیـم می‌گیریـم کجـا زندگـی کنیـم؛ هرجـا کـه بهتـر باشـه.
ـ وا تـوی اون بی‌دین‌هـا؟ بـه خـدا همشـون نجس‌ان. یه‌وقـت باهاشون قاطی نشی ها!

عمو که داشت چای می‌خورد گفت:
ـ بی‌بـی شـما رو بـه خـدا! کـدوم بی‌دیـن، بنده‌خداهـا از مـا هـم ساده‌ترن. بعـد از انقـلاب این روس‌هـای بی‌چـاره رو تـوی ایـن نیروگاه چه‌قدر اذیـت کردن با همین برچسـبای بی‌دینی و نجسـی. می‌دیـدی حاج‌آقـا داره دستشـو هفـت دفعـه آب می‌کشـه کـه چی؟ دست روسه بهش خورده. یکـی رفته بود قم مسئله بپرسـه کـه «آقـا! ایـن نیروگاه‌هایـی کـه بـه دسـت کافرهـا سـاخته می‌شـه حکمـش چیـه؟ آیـا برقـی کـه تولیـد می‌شـه نجـس نیسـت؟...»

یاد حرف آن دانش‌جوی الهیاتی افتادم که اوایل ورودم به خوابگاه، چند هفته‌یی هم اتاق بودیم. یک روز از من پرسید:

ـ تو به خدا اعتقاد داری؟

ـ چه‌طور مگه؟

ـ خوب می‌دونی اگه معتقد نباشی...به‌هرحال دستت... می‌دونی که به همه‌چی می‌خوره و....

ساعت هشت و ربع صدای زنگ بلند شد. بابا دگمه‌ی آیفون را زد و زهرا رفت که مهمان‌ها را راهنمایی کند. خود بابا هم تا وسط حیاط به استقبالشان رفت. مهشید و مریم چراغ اتاق را خاموش کرده بودند و از لای کرکره چشم به حیاط دوخته بودند. ناگهان مهشید با وحشت گفت:

ـ خدا مرگم بده، قیافه‌ی پدره که عین این حزب‌الهی‌هاس!

از حرفش عصبانی شدم و گفتم:

ـ به جای این‌که مثل پیرزنای بی‌کار فضولی کنی، بیا کمک کن آماده بشم.

مهشید که انتظار چنین برخورد تندی را نداشت. رنجیده لبخند زد و گفت:

ـ ببخش نمی‌خواستم ناراحتت کنم.

و از پنجره دور شد. از این‌که نتوانسته بودم جلوی احساسم را بگیرم از خودم خجالت کشیدم. بلند شدم، مهشید را بغل کردم و گفتم:

ـ ببخش، مهشیدجون. این روزها خیلی عصبی‌ام. تموم مدت دلهره دارم. آره خیلی مذهبی‌ان و از همه بدتر این‌که مادره با این وصلت موافق نیست. اما من به بابا و مامان چیزی نگفتم. این باید بین خودمون بمونه. خب حالا یه چیزی بده سرم کنم.

مهشید با احتیاط پرسید:

ـ مثلاً چی؟ چادر نماز؟

ــ نه بابا یه روسری یا شال سفیدی چیزی. نمی‌خوام که جلوشون فیلم بازی کنم.

مامان باعجله درِ اتاق را باز کرد و درحالی که حرص می‌خورد گفت:

ــ زهرا چای ریخته. الان سرد می‌شه. بیا ببر دیگه.

ــ مامان بگو خودش ببره، امکان نداره با چای بیام تو، همین که گفتم.

نمی‌دانم مامان در چشم‌هام چه دید اما چند ثانیه‌یی در سکوت درحالی که حرص می‌خورد به من خیره شد و زیر لب غر زد:

ــ غرور سگی بابات به تو هم رسیده. هر کاری دلت می‌خواد بکن. به جهنم!

و از اتاق بیرون رفت.

لبه‌ی تخت نشستم و چشمانم را بستم. اول مهشید را رنجانده بودم حالا هم مامان را. چرا؟ سعی کردم بفهمم چه چیزی تا این حد مرا عصبی می‌کرد. مادر محسن؟ آره، نمی‌توانستم قبول کنم که مرا نپسندیده. می‌خواستم با لذت به من نگاه کند و بگوید «عروس خوشگلم». می‌خواستم مقبول باشم، مگر نه این که ازدواجم سنتی بود. همه‌چیز بر اساس سنت‌ها پیش می‌رفت. «یعنی دلم می‌خواد ازش انتقام بگیرم؟ یعنی می‌خوام زهرا پذیرایی کنه که خودنمایی کرده باشم؟ اعلان جنگ؟ آره همین مسئله‌ست که منو عصبی می‌کنه. من یه عروس تحمیلی‌ام برای حاج‌خانم.» «مرجان! هنوز هیچی نشده به دعوای مادرشوهر و عروس فکر می‌کنی؟ دختر شرم کن. تو که اهل این حرفا نبودی.» «آره من می‌تونم موقعیتش رو درک کنم....»

به سالن که رفتم زهرا داشت شیرینی می‌گرداند. سلام کردم.

محسن و پدرش به علامت احترام از جا بلند شدند. من مؤدبانه احوال‌پرسی کردم. به مادر محسن نگاه کردم که تعارف زهرا را رد کرد و شیرینی برنداشت. احساس کردم تعمداً این کار را کرد. احوالش را پرسیدم که به‌سردی جواب داد و سردتر از آن احوالم را پرسید. تعجب و نگرانی در چشمان بابا و مامان دیده می‌شد. از مامان و بابا که گذشتم نگاه گرم و آرام‌بخش محسن منتظرم بود که سردی نگاه مادرش را جبران می‌کرد و اعتماد و عشق می‌آفرید. «اعتماد و عشق؟» نمی‌دانم چه بود. هرچه که بود خوش‌آیند بود. خواستنی بود. «نه، همه‌چیز بود». ناخودآگاه به طرف خانم فرخی برگشتم. انگار احساس کردم به من نگاه می‌کند. حدسم درست بود. لبخند زدم ولی او باعجله به فرش خیره شد و لبخند من بی‌جواب، آرام‌آرام، محو شد. برای این‌که خودم را در برابرش نبازم به زهرا گفتم: «اگه زحمتی نیست یه چای هم به من بده.» زهرا چای را که آورد پرسید: «شیرینی میل داری؟» گفتم: «نه مرسی.» در نگاه زهرا تعجب خوانده می‌شد. حتماً تا آن زمان عروس به این پررویی ندیده بود. زهرا که رفت آقای فرخی بی‌مهری حاج‌خانم را جبران کرد و خیلی گرم احوالم را پرسید و از دانشکده و خوابگاه پرسید و البته فراموش نکرد به ذکرخیرهای همیشگی عفت اشاره کند. آقای فرخی حدوداً پنجاه‌ساله به نظر می‌رسید. خوش‌تیپ و خوش‌لباس با نگاهی گیرا که ضمن صحبت در وجود شنونده تأثیر عمیقی بر جا می‌گذاشت. به جزء ته‌ریش و انگشترهای عقیق، کوچک‌ترین شباهتی به بازاری‌ها نداشت، بیش‌تر شبیه یک روشنفکر مذهبی بود تا بازاری. اعتراف می‌کنم در همان چند دقیقه‌ی اول مرا به خود جذب کرد. وقتی صحبتشان با بابا و عمو گل انداخت خوب به او خیره شدم و زیرچشمی با خانم فرخی مقایسه‌اش کردم. چه چیزی این دو را به هم پیوند می‌داد؟

مردی جذاب، اجتماعی، پر از انرژی در کنار زنی که هرچند روزگاری از زیبایی برخوردار بوده اما بیش‌تر به یک مادر فداکار و حتا مادربزرگ شبیه است تا یک زن. زیر پلک‌های افتاده، چشمان درشت و غمگینش، که به نقطه‌یی نامعلوم خیره شده بود، جذابیتی خاص به چهره‌اش می‌داد. گذشت زمان و احتمالاً بی‌توجهی به خود ـــ که در خیلی از زنان ما بعد از چهل‌سالگی دیده می‌شود ـــ آن صورت سفید و زیبا را خط‌خطی کرده بود. به یاد عزیز افتادم که چه‌قدر از رسیدن به خودش لذت می‌برد. باید سر فرصت نظر مامان را در مورد آقا و خانم فرخی بپرسم. البته طوری که بابا نشنود.

با لبخند از خانم فرخی پرسیدم:

ـ اولین باره اصفهان تشریف آوردین؟

آهی کشید و درحالی که سعی می کرد نگاهش به من نیفتد گفت:

ـــ آخرین باری که اصفهان اومدم همون سالی بود که محسن فوق‌لیسانس قبول شد. دو تایی چند روزی اومدیم.

سرش را بلند کرد و به محسن نگاه کرد. به طرف محسن برگشتم. به مادرش لبخند می‌زد. عاشقانه به او خیره شده بود و به علامت تأئید سرش را تکان می‌داد. نگاه من و مامان گره خورد انگار می‌خواست بداند این جا چه خبر است. این خانم در مجلس خواستگاری نشسته یا عزا. از نگاه نگران مامان گریختم و به محسن پناه بردم اما او تمام حواسش به مادرش بود و متوجه من نشد.

بابا و عمو و آقای فرخی تا شام سرگرم صحبت‌های خودشان بودند. بابا و عمو از پروژه‌های ساخت‌وساز در اصفهان و شهرهای اطراف می گفتند و از مشکلات و کم‌بودها و گرانی مصالح و سنگ‌هایی که شهرداری سر راه آن‌ها می‌اندازد و... آقای فرخی

هم از صادراتش به جمهوری‌های تازه مستقل‌شده‌ی آسیای میانه و این که بابا بهتر است حواسش به این کشورها و امکان صدور صنایع‌دستی اصفهان به آن مناطق باشد و خلاصه مثل دوستانی که سال‌هاست هم‌دیگر را می‌شناسند گُل می‌گفتند و گُل می‌شنیدند و لابد روحشان از آتش زیر خاکستر قسمت خانم‌ها هم خبر نداشت. عمو محمد و محسن چند سؤال و جواب ردوبدل کردند اما ظاهراً موضوعاتی که بین بابا و آقای فرخی ردوبدل می‌شد برای عمو محمد جالب‌تر بود تا هم صحبتی با محسن. این بود که ترجیح داد وانمود کند همه‌ی آقایون در یک گروه هستند. مامان چند بار سر صحبت را با خانم فرخی باز کرد و جواب‌های کوتاهی گرفت. بی‌بی آرام‌آرام از خاطراتش در شهر مشهد برای خانم فرخی تعریف می‌کرد. مامان متوجه‌ی محسن شد که از بی‌حوصلگی با انگشت‌های خود بازی می‌کرد اما نتوانست موضوع مشترکی پیدا کند که برای مدتی طولانی آن‌ها را مشغول کند و ناچار چشم به دهان بی‌بی دوخت. گه‌گاهی آقای فرخی به طرف محسن برمی‌گشت و می‌گفت «آقا محسن در جریانه، مگه نه.» یا «می‌تونین از آقامحسن بپرسین، پسرم! تعریف کن» و محسن چند کلمه‌یی در تأئید پدرش می‌گفت و باز سکوت می‌کرد. بالاخره مامان از جا بلند شد و سری به آشپزخانه زد و برگشت و با صدای بلند پرید وسط حرف‌های بابا که: «شام آماده است بفرمایین سر میز.»

مامان که در خانواده به خوش‌سلیقگی و مهمان‌نوازی معروف بود، با احترام از خانم فرخی پذیرایی می‌کرد و از غذاهای سنتی اصفهان و تهران می‌گفت و از غذاهای مشهدی می‌پرسید و امیدوار بود با موضوع خوش‌آیند و زنانه‌ی آشپزی این خانم ازخودراضی به حرف بیاید و شام در محیطی صمیمی و گرم خورده شود. بی‌بی که آن طرف خانم فرخی نشسته بود در پذیرایی سنگ

تمام گذاشت اما خانم فرخی رژیم و بالابودن قند و کلسترول و فشار خون و هزار جور مریضی داشته و نداشته را بهانه کرد و تا آن‌جا که می‌توانست ــ به قول مامان ــ مثل کوفتی‌ها با غذایش بازی کرد تا بقیه شامشان را بخورند و بتوانند از سر میز بلند شود. هرچند که اجتماعی‌بودن و خوش‌مشربی آقای فرخی تاحدودی بی‌مهری زنش را جبران کرد، اما در فرهنگ ما مادرشوهر آینده جایگاه خودش را دارد و خوش‌سروزبانی و تلاش پدر محسن نمی‌توانست این مسئله را بپوشاند که خانم فرخی مرا نپسندیده است. کلافه شده بودم. انتظار این‌همه تحقیر را نداشتم. اگر چه حرف نامربوطی نمی‌زد ولی این چشم و ابرو بالادادن و سکوتش از هزار گوشه و کنایه بدتر بود. می‌دانستم که مثل همیشه قادر به کتمان احساسم نیستم و ناراحتی در چهره‌ام پیداست. نمی‌توانستم غذا بخورم. از این که خودم را در چنان شرایط مسخره‌یی قرار داده بودم حالم به هم می‌خورد. با آداب و رسوم و برخوردها در چنین خانواده‌های مذهبی غریبه بودم. دست‌وپای خودم را گم می‌کردم. مرتب نگران بودم که حرف‌ها، حرکات یا نگاه‌هایی که میان من و محسن ردوبدل می‌شد از نظر پدر و مادرش، سبک و غیراخلاقی جلوه کند و این مرا معذب می‌کرد. یک لحظه به خودم گفتم «مرجان، دیوونه این چه چاهیه که داری می‌افتی توش؟ دختر تو عاشق شدی و عشق چشاتو کور کرده. ببین این نقش بازی کردن تا آخر عمرت باید ادامه پیدا کنه. مگه عشق در زندگی چه‌قد می‌تونه انرژی‌بخش باشه و تو رو هی شارژ کنه تا بتونی خودت را اون‌طور که نیستی نشون بدی؟» نگاهی به بابا و عمو محمد انداختم. از کراوات و لباس شیک خبری نبود. مامان به احترامشان چادرنماز سرش کرده بود. خواهرهای بیچاره‌ام از آن‌جا که با فرهنگ این خانواده آشنایی کافی نداشتیم خودشان را در اتاق حبس کرده بودند چون ممکن بود از نظر

آن‌ها در چنین مراسمی دخترهای دیگر خانواده حق نداشته باشند خودشان را نشان دهند.
تصمیم گرفتم تا رفتنشان حتا یک کلمه هم با خانم فرخی حرف نزنم. «اصلاً مگه کیه؟ فکر کرده این پسر تحفه‌اش کی هست؟ آسمون سوراخ شده و واسه‌ی من افتاده پایین. بره همون خواهرزاده‌ی شانزده‌ساله‌ی خودشو واسه‌اش بگیره، عروسکی زیبا برای بازی و سرگرمی. هنوز که خبری نیست. تازه اومدن خواسگاری. نه به داره نه به باره. باید سر فرصت حسابی فکر کنم. خدایا چی‌کار کنم؟!»
بعد از شام، زهرا که چای آورد آقای فرخی رفت سر اصل مطلب و من تازه فهمیدم تمام آن مدت که آسمان‌وریسمان به هم می‌بافتند و از کسب‌وکار خود حرف می‌زدند، درواقع برای پیداکردن شناخت بهتر حریف بوده که ظاهراً هم نتایج مثبتی داشت چرا که در موارد مختلف خیلی زود با هم کنار می‌آمدند. اقای فرخی گفت:
ـــ حاج‌آقا! محسن تنها پسره منه، نمی‌خوام ازش تعریف کنم اما یه پارچه آقاست، به معنای واقعی کلمه. من دربست قبولش دارم. اگه مرجان خانم رو انتخاب کرده، پس من مطمئنم این بهترین انتخابه. به خانم والده‌اش هم گفتم چشم‌بسته شرایط شما را روی چشم می‌پذیرم.
آقای فرخی دستش را گذاشت روی چشمش و با لبخند ادامه داد: ـــ درعین‌حال از آداب و رسوم اصفهانی‌ها هم در ازدواج به‌خوبی مطلع هستم.
همه سراپا به حرف‌های آقای فرخی گوش می‌دادند که خانم فرخی سرش را به طرف مامان گرفت و درگوشی گفت:
ـــ اگه اجازه بدین من نمازم رو بخونم، ممکنه تا برگشت به هتل قضا بشه.

مامان رو به زهرا کرد که حرفی بزند ولی پشیمان شد و برای آن‌که مزاحم صحبت آقای فرخی نشود با صدای زیر گفت:
ـ دخترم! خانم فرخی رو راهنمایی کن وضو بگیرن...
خانم فرخی بدون آن‌که به من نگاه کند. گفت:
ـ وضو دارم فقط یه جانماز.
مامان گفت:
ـ بفرمایین اون اتاق بغلی که آرومه. مرجان! راهنماییشون کن.
من با لبخند مؤدبانه گفتم: «بفرمایین.» و از جلو رفتم جانماز را روی میز گذاشتم. وقتی از اتاق بیرون می‌رفتم گفتم:
ـ درو می‌بندم که صدا مزاحمتون نشه. التماس دعا.
وقتی به سالن برگشتم بابا از مهریه حرف می‌زد و این‌که چندصد سکه طلا از نظر ما فقط بخشی از مهریه است و اصلش ملک و املاکه.... دلم می‌خواست بلند شوم و به اتاق خودم بروم اما می‌دانستم بی‌احترامی به حساب می‌آید. می‌خواستم خودم باشم آن‌طور که راحتم.
آقای فرخی گفت:
ـ بله. راستش سال گذشته یک آپارتمان حدوداً ۱۲۰ متری واسه محسن خریدم که توی خیابون ملکه. انشاالله بعد از این‌که از خارج برگشتن نزدیک خودمون باشن و مرجان خانم احساس غربت نکنن. هرچند که در جوار امام غریبان هیچ بنده‌یی غریب نیست. انشاالله به میمنت و مبارکی سند آن‌جا را به نامشان می‌زنم.
باتعجب به محسن نگاه کردم. هیچ‌وقت در این مورد که بعد از مسکو کجا زندگی خواهیم کرد صحبتی نکرده بودیم ولی من فکرش را هم نمی‌کردم بخواهد به مشهد برگردد و من مجبور باشم در کنار مادرش زندگی کنم که تااین‌حد از من بیزار بود.
بابا از موقعیت آپارتمان سؤال می‌کرد و وقتی متوجه شد

ساختمان سه طبقه است و طبقه‌ی هم کف آن واحد تجاری است با زرنگی خاص خودش شروع کرد که... آپارتمان طبقه‌ی دوم که ارزشی آن‌چنانی نداره و تا بوده زمین ارزش داشته... واقعاً حالم بد شده بود. انگار در بنگاه معاملات ملکی نشسته باشی... آقای فرخی گفت: «هر چه شما بفرمایین، روی چشم.»
خیال بابا راحت شده بود. خانم فرخی که از اتاق بیرون آمد بابا بالبخند گفت: «حاج‌خانم قبول باشه.»
تعجب کردم. آخر بابا از کلمه حاج‌خانم و حاج‌آقا همیشه متنفر بود. بعد رو کرد به من و گفت: «دخترم! مرجان خانم! نمی‌خوای امشب یه چای خوش‌رنگ به ما بدی؟»
در مقابل دستور بابا که به مؤدبانه‌ترین شکل ممکن صادر شده بود، مقاومتی نکردم. رفتم که چای بیاورم. شنیدم که بابا می‌گفت: «در اصفهان خانم والده‌ها در امور خواستگاری خیلی فعالن. ما امشب نظر حاج‌خانم رو نشنیدیم.»
خانم فرخی به‌آرامی گفت: «نظر من نظر حاجی‌آقاست.»
و سکوت برقرار شد.
آن شب آقای فرخی پیشنهاد کرد مراسم عقد بلافاصله بعد از دفاع محسن برگزار شود که امتحانات من هم تمام شده باشد. ولی اصرار داشت که فردای همان‌روز یک نامزدی کوچک برگزار کنیم و صیغه‌ی محرمیت خوانده شود. کلمه‌ی صیغه مثل زنگ در گوشم صدا کرد. بابا بلافاصله جواب داد که در خانواده‌ی ما چنین سنتی نیست و بعد از نامزدی داماد آینده حق دارد با قرار قبلی برای دیدن نامزد خود به خانه بیاید یا با اجازه‌ی پدر و مادر او را به جایی دعوت کند و نه چیزی بیش‌تر.
از حرف‌های بابا خنده‌ام گرفت. فکر می‌کرد از بیست‌وسه ـ چهار سال پیش که خودش ازدواج کرده تمام سنت‌ها همان‌طور بدون تغییر باقی مانده. و لابد خبر نداشت که مذهبی‌ها با جواز

صیغه چه لذتی از دوران نامزدی می‌برند. آقای فرخی سعی کرد برای بابا توضیح دهد که از نظر او و خانواده‌اش، صیغه مرد را صاحب هیچ حقی نسبت به همسر آینده‌اش نمی‌کند و تنها برای راحتی بیش‌تر در صحبت‌کردن است و نه چیز دیگری.
بابا که مخالف سرسخت صیغه بود گفت:
ـــ اختیار دارین آقای فرخی! هم آقازاده‌ی شما و هم دختر بنده، تحصیل کرده و اجتماعی‌ان و مسلماً می‌دونن چه‌طور باید صحبت کنن و چه‌طور باید رفتار کنن که خلاف شرع و عرف نباشه...
مامان که نگران بود نتواند تا فردا از مهمان‌ها پذیرایی کند گفت:
ـــ ببخشین اما واسه فردا شب امکانش نیست. بالاخره نامزدی هر چه‌قد هم ساده باشه باز چهار تا عمو و عمه که باید باشن.
محسن رو به پدرش گفت:
ـــ آقاجون، دایی تازه فردا صبح می‌رسن تهران. اگه تأخیر داشته باشن چی؟ چه‌طوره مراسم رو بذاریم واسه پس‌فردا شب....
من واقعاً خسته شده بودم و امیدوار بودم این صحبت‌ها که به من مربوط می‌شد ولی نظرم نه پرسیده می‌شد و نه اهمیتی داشت، هرچه زودترتمام شود. گیج بودم. احساس می‌کردم جریانی مرا ناخواسته به سویی می‌برد که نمی‌دانم چه نتیجه‌یی دارد. آیا باید به صدای قلبم گوش می‌دادم؟ آیا این صدا در طول سال‌های زندگی مشترک هم به این بلندی و وضوح به گوشم خواهد رسید؟ نگاه کردن به محسن کافی بود تا همه‌ی سختی‌های دنیا برایم سهل و آسان جلوه کند. آیا این احساس همیشگی خواهد بود؟ آیا آینده‌نگری و زرنگی بابا می‌توانست خوش‌بختی مرا تضمین کند؟ «من و محسن هم‌دیگر رو دوست داریم. بابا با تموم سخت‌گیری‌ها و حساسیتش این خونواده رو

پسندیده، پس چرا من می‌ترسم؟»
محسن وقتی خداحافظی می‌کرد به آرامی پرسید:
ـ می‌شه بهت زنگ زد؟
برای یک لحظه به فکر فرو رفتم. چند سال بود که از آن خانه رفته بودم هر وقت برای تعطیلات برمی‌گشتم، تلفن خصوصی نداشتم. قبل از آن هم با هیچ پسر غریبه‌یی در ارتباط نبودم. سؤال سختی بود! گفتم:
ـ نمی‌دونم!
محسن گفت:
ـ فردا ساعت ده صبح زنگ می‌زنم. خودت گوشی رو بردار.
داشتم فکر می‌کردم زندگی مستقل در شهر دیگر و دور از خانواده به‌رغم سختی‌هایش، چه‌طور ما را از قید این مخفی کاری‌های ریاکارانه نجات می‌دهد، که یاد یکی از دوستان خوابگاهی‌ام افتادم که اگرچه سی‌وچندساله بود اما برای هر کار کوچکی به خانه زنگ می‌زد و از پدر و مادرش اجازه می‌گرفت و با افتخار برای ما تعریف می‌کرد.
هنوز مهمان‌ها پایشان را از خانه بیرون نگذاشته بودند که مامان ضمن برداشتن چادرنماز از سرش با تعجب از بابا پرسید:
ـ مردان! مادره چش بود؟ انگار به‌زور آورده بودنش.
بابا سکوت کرد و به روبه‌رو خیره شد. بعد در چشمان من دنبال جواب گشت.
گفتم:
ـ ظاهراً خانم فرخی...
نمی‌دانستم باید بگویم یا نه. اما از برخورد آن شب او آن‌قدر کینه به دل گرفته بودم که دلم می‌خواست آن‌چه را که در دل دارم به زبان بیاورم. مامان با عجله پرسید:
ـ خب؟

ــ خب با این وصلت موافق نیست چون خواهرزاده‌ی خودشو در نظر داشته.

چهره‌ی بابا در هم رفت. دیگر از معامله‌یی که کرده بود راضی به نظر نمی‌رسید.

۱۶

پنج‌شنبه صبح اول‌وقت، مامان درِ اتاق را باز کرد و یک‌راست آمد و نشست لبه‌ی تخت و گفت:

ـ پاشو ظهر شد! هزار تا کار داریم.

سرم را کردم زیر پتو. نمی‌خواستم آن روز که جز دویدن از این‌طرف به آن‌طرف و شاهد اضطراب و نگرانی مامان بودن، چیز دیگری در انتظارم نبود، شروع شود. وقتی به ساعت نگاه کردم، حرصم گرفت:

ـ مامان همچی میگی ظهره که فکر کردم... تو رو خدا بذار بخوابم لااقل تا هشت.

مامان پتو را از روی من کنار زد و گفت:

ـ پاشو لباس‌های خودت و مهشید رو نگاه کنیم ببینیم برای فردا شب چیزی داری بپوشی یا نه.

این حرف خواب را از سرم پراند. اگه چیز مناسبی پیدا نمی‌شد معنی‌اش آن بود که مامان تمام روز مرا از این مغازه به آن مغازه می‌کشاند تا لباس دل‌خواهش را پیدا کند و این برای من که اصلاً حوصله‌ی خرید و وسواس‌های او را نداشتم یعنی فاجعه. با

عجله روی تخت نشستم. خودم را که توی آینه دیدم به آن موهای ژولیده و چشمای خواب‌آلود خنده‌ام گرفت. هیچ شباهتی به شاهزاده خانمی نداشتم که قرار بود با پرنس محبوبش نامزد شود و در چنان صبح بهاری همه‌چیز به نظرش زیبا و دوست‌داشتنی جلوه می‌کند. با نوازش نسیم و رقص نور خورشید چشمانش را باز می‌کند و از ته دل به زندگی و صبح سلام می‌کند. اگر ته دلم احساسی هم بود نگرانی‌های مامان امکان درکش را می‌گرفت «راستی که بعد از بیست‌سالگی آب هیچ دختری با مادرش توی یه جو نمی‌ره.»

هر لباسی که می‌شد برای نامزدی پوشید یا بی‌آستین بود یا کوتاه. مهشید یک پیراهن کرپ سفید راسته داشت. مامان گفت:

ـ اینو بپوش ببینم.

ـ ولی این که آستین نداره!

ـ حالا بپوش.

مهشید یک سایز از من بزرگ‌تر بود و این پیراهن حسابی روی تنش می‌خوابید به همین دلیل برای من کمی آزاد بود. مامان خوب براندازم کرد و گفت:

ـ اگه ناتاشا جهود بتونه یه‌جوری اینو درست کنه خیلی خوبه.

ناتاشا زنی بود حدوداً شصت‌ساله که نمی‌دانم صفت جهود را چه کسی برایش انتخاب کرده بود. با این‌که خیلی بداخلاق و غرغرو بود اما به خاطر مهارتش در کار خیاطی مشتری‌های زیادی داشت. خیاط مامان بود. درواقع اول خیاط بی‌بی، که حسابی از زندگی‌اش هم خبر داشت و می‌گفت «پدر و مادرش بعد از انقلاب روسیه، از ترس کمونیست‌های بی‌دین فرار می‌کنن میان ایران. ناتاشا همین‌جا به دنیا می‌آد. توی جوونی به یه مرد اصفهانی دل می‌بازه و به خاطر اون از دینش دست

می‌کشه و زنش می‌شه. اما چند سال بعد که شوهرش به بهانه‌ی بچه‌دارنشدن ناتاشا، می‌ره زن دوم می‌گیره، ناتاشا هم ازش طلاق می‌گیره و دیگه هم شوهر نمی‌کنه. می‌گن هنوز هم عاشق شوهرشه. واسه همینه که این‌طوری از اون زهرمار می‌خوره.»

ساعت نُه صبح بود که مامان زنگ خانه‌ی ناتاشا را زد. ساختمان دوطبقه‌ی نسبتاً قدیمی بود، طبقه‌ی اول خیاط‌خانه‌اش بود. در طبقه‌ی بالا هم خودش زندگی می‌کرد. بعد از زنگ سوم خود ناتاشا در لباس خواب و با موهای ژولیده در را باز کرد و بی آن‌که جواب سلام ما را بدهد با لهجه‌ی روسی‌اش شروع کرد به غرزدن که:

ـ بابا چه خابا‌ره صبخ به این زودی؟

خودش از جلو راه افتاد و ما هم پشت سرش وارد کارگاه شدیم. شاگردهایش هنوز نیامده بودند تا مامان قربان‌صدقه‌اش برود و با آب‌وتاب جریان نامزدی فردا و مذهبی‌بودن خانواده‌ی داماد و بی‌آستینی لباس مرا توضیح بدهد. ناتاشا برای خودش قهوه درست کرد و بی‌تعارف بالا کشید و خواب از سرش پرید و سگرمه‌هاش کمی از هم باز شد. نگاهی به پیراهن مهشید انداخت و گفت:

ـ این که دوخت خودامه؟

مامان گفت:

ـ آره واسه اون یکی دخترم دوختی. حالا قربونت، آوردم واسش آستین درست کنی...

ناتاشا از کوره در رفت که:

ـ نه بابا مگه آلاکیه؟ خاراب می‌شه. من کار خودامو خاراب نمی‌کنم.

مامان با التماس گفت:

ـ الهی فدات شم مادام! می‌گی چه خاکی به سرم بریزم؟

ناتاشا که انگار دلش برای بیچارگی مامان سوخته بود کمی

فکر کرد و گفت:
ـ صبر کن. یه دوپیس باراى دوختر خانم مخمدى چاقه دوختم ببین.
بعد رفت و از داخل کارها یک پیراهن بلند رکابى شیرى‌رنگ با نیم‌تنه‌ى آستین بلند آورد و به طرف من گرفت و گفت:
ـ بگیر بپوش ببینم.
مامان پرسید:
ـ واسه مینو؟
ـ آره گامان کنم اسمش اینه.
پوشیدم. براى من گشاد بود ولى مامان چشمانش برق زد و گفت:
ـ مادام! من خودم با مینو حرف مى‌زنم. این تا غروب آماده مى‌شه؟
همه مى‌دانستند کارى که به ناتاشا بدهى تا دو سه ماه نباید انتظار آماده‌شدنش را داشته باشى. اما دوختش حرف نداشت. از شنیدن این حرف، ناتاشا آن‌چنان عصبانى شد که من فکر کردم الان سکته مى‌کند. اما مامان که سال‌ها مشترى او بود، ظاهراً به اخلاقش حسابى آشنا بود و بى آن‌که هول شود دوباره شروع کرد به قربان‌صدقه‌رفتن و سر آخر گفت:
ـ در ضمن شیرینى‌ات هم سر جاى خودش محفوظ. یک بطر ودکاى روسى با یه قوطى خاویار.
ناتاشا تا اسم ودکا را شنید چشمانش برق زد و ناشیانه مثل بچه‌یى که با مادرش چانه میزند گفت:
ـ دو بطر.
مامان قسم خورد که یکى بیش‌تر ندارد. من در لباس کوک گرفته، با دهان باز شاهد این معامله بودم که ناتاشا با خوش‌حالى کمى با لباس ور رفت و گفت:

ـ درش بیار.
و رو به مامان کرد که:
ـ فردا تا ساعت سه بعدازظهر آماده می‌شه.
هرچه‌قدر مامان اصرار کرد تا شب لباس را از ناتاشا بگیرد فایده نداشت.
از خیاطی که بیرون می‌آمدیم من حسابی سرحال بودم که به‌راحتی مشکل حل شد و مجبور نبودم دور شهر را برای یک دست لباس بگردم. اما مامان که راضی به نظر نمی‌رسید گفت:
ـ حالا تا فردا باید ده بار به بهانه‌های مختلف به این جهود زنگ بزنم و الا یادش می‌ره.
مامان زهرا را با خود آورده بود که از همان‌جا برویم خرید. خواهش کردم مرا به خانه برساند. گفتم سرم خیلی درد می‌کند. بابا خانه نبود. به مهشید گفتم اگه تلفن زنگ زد خودم برمی‌دارم و رفتم آشپزخانه برای خودم چای درست کنم.
صدای زنگ تلفن که بلند شد باعجله گوشی را برداشتم. صدای گرم محسن برایم از سمفونی‌های شوپن هم آرامش‌بخش‌تر بود. گفت خیلی دلش برایم تنگ شده. برایش تعریف کردم که از مراسم شب قبل و کلاً، چنین مراسمی که باید به‌رغم میلم، نقش بازی کنم و سعی کنم رفتاری داشته باشم که مورد پسند دیگران واقع بشه، بیزارم. ازش خواستم کمی با هم در شهر بگردیم. دلم می‌خواست جاهای مورد علاقه‌ام را به او نشان بدهم. مدرسه‌ی شکیبا، دبیرستان شریعتی، محله‌ی قدیمی‌یی که خانه‌ی بی‌بی آن‌جا بود و... . اما محسن گفت که حوصله‌ی مادرش در هتل سر رفته و خیلی خسته و افسرده به نظر می‌رسد. باید او را برای هواخوری بیرون ببرد. بعد هم اضافه کرد: «به خانم محمدی بگو برای مراسم فردا تعداد ما از ده نفر بیش‌تر نیست.»
خداحافظی کرد و گوشی را گذاشت. من ماندم و احساس دلتنگی. «انگار زنگ زده بود که همین جمله‌ی آخری رو بگه.»

۱۷

از همان اول صبح، زندگی در خانه‌ی ما می‌جوشید. مامان از این‌طرف به آن‌طرف می‌دوید و به رجب و زهرا دستور می‌داد. خودش هم پابه‌پای آن‌ها مشغول بود. بابا واقعاً در چنین روزهایی سعی می‌کرد تا آن‌جا که ممکن است نقش همسر حرف‌گوش‌کن را بازی کند. با خودم فکر کردم «اگه یه نامزدی این‌قد برو بیا داره پس عقد دیگه چی می‌شه؟»

هنوز ناهار از گلویم پایین نرفته بود که مامان گفت:

ـ بیا این زهرمار رو بگیر و خوب بپیچ توی یه نایلکس سیاه که دیده نشه ببر واسه ناتاشا.

گفتم:

ـ هنوز که زوده.

مامان با بی‌حوصلگی گفت:

ـ اگه نری و مث آینه‌ی دق جلوش نشینی که آماده‌اش نمی‌کنه ولی حواست باشه تا لباسو ازش نگرفتی، بطری رو دستش ندی ها!

بعد انگار با خودش حرف بزند زیر لب غر زد که:

ــ خدا نصیب نکنه. می گن همین‌طوری مث آب مشروب می‌خوره.

بعدازظهر جمعه بود و خیابان‌ها خلوت. چند ماهی بود که پشت ماشین ننشسته بودم. توی خیابان‌های خلوت ویراژ می‌دادم. حدود ساعت سه به خیاطی رسیدم. ناتاشا تا مرا دید اخم کرد و گفت: «باید بشینی.» من که ترجیح می‌دادم آن‌جا بنشینم و ژورنال ورق بزنم تا شاهد نگرانی‌ها و غرغرهای مامان باشم، گفتم: «اشکالی نداره منتظر می‌مونم.»

بعد هم نایلکس سیاه را جلویش گرفتم و گفتم: «بفرمایین مامان داده.» ناتاشا بطری را بیرون آورد و آن را عقب گرفت تا بتواند برچسب‌اش را بخواند. چشمانش برق زد به روسی چیزی گفت. بعد به شاگردش تشر زد: «خاواست کجاس! می‌بینی که منتاظره. بجنب.»

تا لباس من آماده شود، مامان سه بار به بهانه‌های مختلف زنگ زد. وقتی خیالش از بابت لباس راحت شد گفت:

ــ بدو خودت رو برسون آرایشگاه خانم پارسایی که هم موهاتو مرتب کنه هم ابروهاتو. آدرسشو داری که؟ می‌دونی از پیش ناتاشا چه‌طوری بری که زودتر برسی...

ــ مامان من که روسری سرم می کنم...

ــ روبنده که نداری باید مرتب باشی یا نه؟ اصلاً چرا هی بحث می کنی می گم برو بگو چشم. واست وقت گرفتم. باهاش صحبت هم کردم که چی کار کنه.

گفتم چشم و مثل دخترهای حرف گوش کن راه افتادم طرف آرایشگاه خانم پارساییِ ازخودراضی.

به خانه که رسیدم بوی غذاهای جورواجور همه‌جا پخش بود و گرسنگی‌ام را به یادم می‌آورد. بابا و عمو محمد داشتند به رجب کمک می کردند تا میز بزرگی را که فقط برای مهمانی‌ها

از زیرزمین بیرون می‌آمد توی سالن بگذارد. شوهرِ عمه منیر و بی‌بی نشسته بودند و چای می‌خوردند. بعد از سلام و احوال‌پرسی با آن‌ها، رفتم حیاط خلوت که صدای زن‌ها از آن جا شنیده می‌شد. مامان سر دیگ برنج بود. مرا که دید گفت:
ـ بگو رجب بیاد این دیگ رو از سر گاز بلند کنه. برنجم الان خراب می‌شه.

با این که آشپزی خانه بر عهده‌ی زهرا بود اما برای مهمانی‌های مهم مامان به او اطمینان نمی‌کرد و خودش غذا می‌پخت. رجب را صدا زدم و رفتم با عمه منیر احوال‌پرسی کنم. عمه زنی جاافتاده و خیلی سنتی بود. چند سالی از بابا و عمو محمد بزرگ‌تر بود و حرفش خیلی برو داشت. مامان خیلی به او احترام می‌گذاشت. می‌گفت «اوایل که با بابات عروسی کرده بودم و سنی نداشتم و خیلی کارها را اصلاً بلد نبودم، یه روز شنیدم که عمه منیر به بابات می‌گفت: «داداش ناراحت نشو ولی این زن تو فقط به درد عروسک‌بازی می‌خوره.» اون‌قدر بهم برخورد که تصمیم گرفتم به همه، خصوصاً به عمه‌ات، نشون بدم که با کی طرفه. اما منیژه یه چیز دیگه‌اس، یه پارچه خانمه.»

پرسیدم: «عمه منیژه کجاست؟ چرا نیومده؟»

عمه منیر گفت: «انگار حالش خوب نیس.»

داشتم لباس می‌پوشیدم که زنگ زدند. هری دلم ریخت. مامان مهشید و مریم را از صبح فرستاده بود منزل عمه منیر. به آن‌ها گفته بود: «این که نامزدی نیست. نه رقصی، نه بگو‌بخندی. چند تا آدم مسن دور هم جمع می‌شن، همین! حوصله‌تون سر می‌ره.»

خودم را تنها احساس می‌کردم. دلم برای خودم سوخت. دلم برای مهشید و مریم تنگ شد. از همان لحظه به تمام‌شدن مراسم فکر می‌کردم مامان درِ اتاق را باز کرد. تا خواست اعتراض کند

که چرا هنوز آماده نیستی، چشمان زیبایش مهربان شد. لبخندی زد و با صدای لرزان گفت: «چه‌قدر ناز شدی! حیف نیست این‌همه زیبایی رو بکنی زیر روسری.»

لباسم رو خوب برانداز کرد و گفت: «دستش درد نکنه. واقعاً که کار این جهود حرف نداره.»

بعد به اتاق خواب رفت و با سرویس الماسش برگشت وگفت:
ــ اینا رو آویزون کن. مذهبی‌ها خیلی به جواهرات اهمیت می‌دن. زود باش بیا. خوب نیست منتظرشون بذاری.

از اتاق که بیرون آمدم، رفتم به آشپزخانه. زهرا شربت آماده کرده بود. از سالن سروصدای مبهمی به گوش می‌رسید. یک سینی شربت برداشتم و راه افتادم. خداخدا می‌کردم سینی از دستم نیفتد. مهمان‌ها به دو گروه تقسیم شده بودند. خانم‌ها بالای سالن را اشغال کرده بودند و آقایون با کمی فاصله پایین سالن نشسته بودند. احساس می‌کردم باید از بالای سالن شروع کنم که خانم‌ها نشسته‌اند ولی یادم آمد که در مراسم مذهبی مثل روضه یا ختم اول از آقایون پذیرایی می‌کنند. با خودم فکر کردم «ولی این که نامزدی...» «اصلاً چه فرقی می‌کنه؟ لابد در این جور خونواده‌ها هر چه‌قد به مردها بیش‌تر احترام بذاری، بهتره.» از عمو محمد شروع کردم. می‌خواست مرا بالاتر بفرستد که مثلاً از آقای فرخی شروع کنم که نمی‌دانم توی چشمایم چه بودکه زود شربت را برداشت. همین‌طور که جلوی تک‌تک مهمان‌ها شربت می‌گرفتم، احوال‌پرسی مختصری می‌کردم. به مرد جوانی رسیدم که حدوداً سی‌ساله به نظر می‌رسید. از آن تیپ‌هایی که فوراً از ذهن آدم بیرون می‌روند بدون آن‌که اثری بگذارند. به نظر بازاری می‌آمد. وقتی احوالش را می‌پرسیدم سرش را پایین انداخت. محسن که کنارش نشسته بود او را معرفی کرد: «آقا جواد دامادمون هستن.» خوش‌آمد گفتم. کار پذیرایی

که تمام شد مردد بودم کجا بنشینم که عمه منیر بین خودش و ملیحه ــ خواهرِ بزرگ محسن ــ برایم جا باز کرد. ملیحه و مرضیه خیلی شبیه به هم بودند و هر دو به خانم فرخی رفته بودند: پوست سفید و چشمان روشن. با این تفاوت که ملیحه ساده‌تر به نظر می‌رسید. داشتم با خودم فکر می‌کردم «لابد از شونزده ـ هفده سالگی به خانه‌ی شوهر رفته و در رقابت احمقانه برای زن‌بودن و زیبا بودن و ترس ازدست‌دادن شوهر...» تا نشستم چشمانش را به سرویس الماس مامان دوخت. من به خانم فرخی که آن طرف ملیحه نشسته بود لبخند زدم و بعد از احوال‌پرسی گفتم:

ــ این دو روز انشاءالله که بهتون خوش گذشته. توی هتل که حوصله‌تون سر نرفته؟ جایی تشریف نبردین؟

خانم فرخی بدون آن‌که حالت گرفته‌ی صورتش تغییر کند، آرام دهانش را باز کرد و ابروهایش را بالا برد و گفت: «توی شهر گشتیم.»

منتظر بودم ادامه دهد که به طرف مرضیه برگشت که آن طرفش نشسته بود و با او مشغول صحبت شد. چشمم از خانم فرخی به عفت افتاد که بامهربانی به من نگاه می‌کرد و پرسید: «پس خواهرات کجان؟»

ــ درس داشتن رفتن خونه‌ی عمه‌ام.

ــ وا، یعنی واسه نامزدی‌ات نیستن؟

ــ خب امشب فقط بزرگ‌ترها جمعن، حوصله شون سر می‌رفت.

بی‌بی و زنِ دایی محسن آن‌طرف عفت نشسته بودند و حسابی مشغول صحبت بودند. عمه زیر لب طوری که ملیحه نشنود پرسید:

ــ مادر داماد چشه؟

نمی‌دانستم چه باید بگویم. مکث کردم تا دروغی سر هم کنم:

ـ بنده خدا... می‌دونین... همین اواخر سکته داشته. اینه که هنوز درس‌حسابی حالش خوب نشده. افسرده‌اس!

عمه باورش شد و با دل‌سوزی نگاهی به خانم فرخی کرد و گفت:

ـ خدا نصیب نکنه! چه دوره زمونه‌یی شده! سنی هم نداره، بنده خدا!

بابا و آقای فرخی و آقای رضایی بلندبلند گرم صحبت بودند. محسن که کنار عمو محمد نشسته بود سرش پایین بود و گوشش را به عمو نزدیک کرده بود و با تکان‌دادن سر حرف‌هایش را تأئید می‌کرد. با اشاره‌ی مامان، بابا مهمان‌ها را به شام دعوت کرد. وقتی چشمم به میز افتاد از آن‌همه زحمتی که مامان کشیده بود خجالت کشیدم. به تمام معنا سلیقه به خرج داده بود.

آن شب مادر محسن یک انگشتر و گردن‌بند الماس به من هدیه کرد با چند قواره پارچه و مقداری زعفران و نبات و یک سرویس ترمه. به‌این‌ترتیب مرا برای محسن فرخی نشان کردند و رفتند.

شنبه صبح خیلی زود من و بابا و مامان راه افتادیم به سمت تهران. خانواده‌ی آقای رضایی تعارف کرده بودند که با آن‌ها بروم. بابا گفت نه خودم هم تهران کار دارم. قرار بود بقیه با پرواز بعدازظهر به مشهد بروند.

من با همان ساک وسائلم رفتم دانشکده تا به جبران آزمایشگاه صبح که غیبت کرده بودم به کلاس ساعت یک برسم. احساس عجیبی داشتم. از یک طرف خوش‌حال بودم که بالاخره من و محسن نامزدی را پشت سر گذاشتیم. از طرف دیگر دلم می‌گرفت از این‌که وارد خانواده‌یی می‌شدم که در میانشان

مثل گاو پیشانی‌سفید و انگشت‌نما بودم و غریب. من از نگاه‌شان به همه‌چیز، از چارچوب‌هایشان، حتا از کلماتی که در گفت‌وگو به کار می‌بردند، فاصله داشتم. از خودم پرسیدم: «یعنی اشتباه نکردم؟» از تصور این که این خانواده با فرهنگ خاص خودش بخواهد در زندگی مشترکمان یا تربیت بچه‌ها نقشی داشته باشد، مو بر تنم سیخ می‌شد.

یک لحظه دلم گرفت. هوس گریه کردم. چرا محسن این‌قدر بی‌محبت شده بود. شب پیش ناسلامتی شب نامزدی ما بود اما به جز چند جمله کوتاه و رسمی چیزی به من نگفته بود. به او احتیاج داشتم. خودم را بین نزدیکانش غریب و تنها احساس می‌کردم. باید می‌دیدمش.

آن شب تا دیروقت با عزیز نشستیم به صحبت کردن. من ازسیرتاپیاز مراسم را برایش تعریف کردم؛ کم‌محلی‌های خانم فرخی را با آب‌وتاب گفتم و احساس آرامش کردم. عزیزپرسید:

ــ چی پوشیدی؟ لباس نامزدی‌ات قشنگ بود؟ راستی عکس‌ها کی ظاهر می‌شه بگو حتماً واسمون بفرستند ها.

گفتم:

ــ عزیز کدوم عکس. من و محسن چهار پنج متر با هم فاصله داشتیم. تازه سر شام که خانم‌ها بالای میز و آقایون پایین نشسته بودن، زن دایه چادر رو روی صورتش کشیده بود که غذاخوردنش رو کسی نبینه. حالا توقع داری عکس گرفته باشیم.

عزیز با چشمان گرد به حرفای من گوش می‌داد و بعد گفت:

ــ دخترم! به من مربوط نیست ولی زندگی فقط عشق و عاشقی نیست که. تو می‌تونی با این خونواده بسازی؟

ــ عزیز مگه قراره من باهاشون زندگی کنم؟

ــ تو که برای همیشه خارج نمی‌مونی، چند سالی می‌رین و برمی‌گردین. فکر می‌کنی این مادره از تنها پسرش دست بکشه

و اونو دو دستی بده به تو؟
ــ عزیز! محسن خودش این‌جوری نیست. یادته چه‌طور جلو مادرش وایساد؟
آقاجون حرف مرا تأئید کرد و گفت: «محسن واقعاً پسر خوبیه.»
برای این‌که موضوع را عوض کنم گفتم: «باید بریم پارچه برای لباس عقد بخریم.»
عزیز که عاشق این کارها بود چشمانش برق زد و گفت: «کی وقت داری؟»
ــ باید زودتر تا مامان این‌جاست همه‌ی وسائل رو بخرم که با خودش ببره اصفهان. می‌دونین که این خیاط مامان چه‌قدر فس‌فس می‌کنه. اگه تا آخر تیر آماده‌اش کنه باید خدا رو شکر کنم.
روز بعد رفتم درِ سلف دانشکده منتظر ماندم تا فریده را ببینم. دلم برایش تنگ شده بود. وقتی از دور با اون صورت گرد و تپلش پیداش شد، پریدم جلو و بوسیدمش. خندید و گفت:
ــ فکر می‌کردم دیگه ما رو فراموش کردی خانوم‌خانوما! خیرتاش هر شب سراغتو می‌گیره. اگه اتاق رو نمی‌خوای باید تحویلش بدی.
با رنجش گفتم:
ــ فریده چه‌قدر غریبه شدی. هنوز احوالم رو نپرسیدی از خوابگاه و خیرتاش میگی؟ بدجنس دلم برات یه ذره شده بود. یه ساعته این‌جا وایسادم. معلوم هست توی گروه چی‌کار می‌کردی؟
ــ خوب تعریف کن ببینم؟
ــ اول بریم غذا بخوریم که خیلی گشنمه. بعد هم می‌ریم توی محوطه و تا... بعدازظهر کلاس داری؟

ـ آره
ـ خب همه‌چی رو سریع برات می‌گم. توضیحاتو می‌ذارم برای خوابگاه.

۱۸

تا آخر هفته از محسن خبری نبود. راستش حتا بعضی اوقات یادم می‌رفت که نامزد دارم. به درس‌خوان‌بودن محسن و اراده‌اش حسادت می‌کردم. روزها بعد از کلاس می‌رفتم کتاب‌خانه‌ی مرکزی و ادای بچه‌های درس‌خوان را درمی‌آوردم! ظهر پنج‌شنبه با عزیز تازه از خرید برگشته بودیم که محسن زنگ زد.
گفتم: «چه عجب یادت اومد که من هم هستم.»
ـ از صبح چند بار زنگ زدم کسی نبود.
ـ با عزیز رفته بودیم خرید.
ـ باید ببینمت. دلم برات خیلی تنگ شده.
برای ساعت شش قرار گذاشتم. بوی خورش قیمه مرا به طرف آشپزخانه کشاند. با اشتها ناهار خوردم و رفتم که چرتی بزنم.
با محسن تقاطع کریم‌خان ـ حافظ قرار گذاشته بودیم. راه افتادیم به طرف ولی عصر. محسن آرام دستم را گرفت و نفس عمیقی کشید و گفت:
ـ دلم برات خیلی تنگ شده بود.
ـ همین بود که هر روز بهم زنگ می‌زدی؟

ــ خیلی کارام عقبه. اگه بگم در بیست‌وچهار ساعت فقط دو سه ساعت استراحت می کردم باور می کنی؟

ــ باور می کنم. بچه درس‌خونی دیگه.

ــ خودت چرا یه زنگی نمی‌زدی؟

ــ زنگ بزنم که گزارش درس خوندنت رو بشنوم؟

محسن آرام دستم را رها کرد و گفت: «از دیدنم خوش‌حال نیستی؟»

ــ می‌دونی که خوش‌حالم. می‌دونی که دوستت دارم و می‌دونی اگه این‌طور نبود برخورد تحقیرآمیز ــ خواستم بگویم مادرت ولی نظرم عوض شد ــ خانم فرخی رو تحمل نمی کردم.

محسن لبخندی زد و گفت:

ــ آها یادم نبود. گله‌های عروس‌خانوم از مادرشوهر! گوشم با شماست. بفرمایین.

ــ محسن من دارم جدی می گم. خودت قضاوت کن...

ــ عزیزم! چه توقعی از مادر من داری؟ راستش من باورم نمی‌شد بتونه خودش را تا همین حد هم کنترل کنه. مرجان! منصف باشن! ما که نمی‌تونیم از همه‌ی آدم‌ها توقع داشته باشیم روشن‌فکر باشن و چارچوب‌هایی که یه عمر داشتن و بدون اونا احساس ناامنی می کنن رو کنار بگذارن.

محسن سکوت کرد. چند قدمی که جلو رفتیم گفتم: «محسن؟»

ــ چیه؟

ــ محسن وقتی از مسکو برگردیم می‌ریم مشهد زندگی کنیم؟

محسن با علاقه به چشمان من خیره شد و گفت:

ــ کوچولوی نازنین! کاش می‌دونستی چه‌قد دوستت دارم.

دستم را گرفت و نوازش کرد و ادامه داد:

ــ نگران نباش. می‌دونم خونواده‌ام تو رو ترسونده. من که

بی‌مسئولیت نیستم. من که می‌دونم چی‌کار دارم می‌کنم. چرا فکر کردی تو رو می‌برم مشهد؟ ببین دوباره به من شک کردی؟

حرف‌های محسن آب گوارایی بود که وجود تشنه‌ام را سیراب می‌کرد. از حرف‌هایش احساس آرامش می‌کردم. احساس امنیت.

محسن بارنجش گفت: «چرا انگشترت دستت نیست؟»

نگاهی به دستم کردم و با لحنی کودکانه گفتم: «اجازه آقا! یادمون رفته دستمون بکنیم.»

محسن خندید و گفت: «خوب چرا از دستت درمی‌آری که یادت بره؟»

ـ تو خونه راحت نیستم.

ـ مرجان! من خیلی خوبم ولی...

ـ اِ خودت از خودت تعریف نکنی کی باید...

ـ ولی یه ضعف بزرگ دارم. می‌دونی چیه؟

ـ بستگی داره کدوم یکی رو می‌گی؟ضعف‌های شما آقایون که...

ـ حسودم. می‌فهمی؟

ـ نه.

ـ یعنی اگه مردی به تو نگاه کنه یا چه می‌دونم تو از کسی تعریف کنی من از حسودی می‌میرم. واسه همین دلم می‌خواد که همیشه حلقه دستت کنی.

اصلاً حوصله چنین حرف‌هایی را نداشتم. این حرف‌های بابا بود به شکل دیگه‌یی. با خنده گفتم:

ـ حلقه‌ی بنده گی! نه خوشم نیومد خیلی این اصطلاح به کار می‌ره. جالب نیست. بیا اسمشو یه چیز دیگه بذاریم چون شما آقایون احساس خدایی ندارین. دارین؟ لااقل شما بچه‌مذهبی‌های

تحصیل‌کرده‌ی متمدن‌شده این‌طور فکر نمی‌کنین. ولی خب احساس مالکیت چی؟ گمان کنم نه فرهنگ می‌شناسه و نه دین. آخه پسر خوب! بذار اول زنت بشم بعد از این بچه‌بازی‌ها دربیار.درضمن من از این شوخی‌های بی‌مزه اصلاً خوشم نمی‌آد. اگه می‌خوای کلامون تو هم نره، تعصب و غیرت را کنار بذار. من یه عمر شاهد حساسیت‌های بابام نسبت به مامانم بودم، می‌دونم خیلی عذاب‌آوره؛ برای هر دو طرف. بنابراین از حالا بهت می‌گم این خصوصیت رو به‌هیچ‌وجه نمی‌تونم تحمل کنم.

محسن دست‌هایش را به علامت تسلیم بالا برد و گفت:
ـ تسلیم! تا قورتم نداری، تسلیم!

آخر شب محسن مرا تا در خانه رساند. دلم نمی‌خواست از او جدا شوم. می‌دانستم که تا چند روز حتا صدایش را نخواهم شنید. همین را به خودش گفتم. محسن خندید و گفت:
ـ آره ولی یادت باشه این هفته‌ها واسم خیلی با اهمیته. فقط چند هفته تحمل کن باشه؟ آفرین دختر خوب!

هر روز عصر که به خانه می‌آمدم عزیز موضوع جشن عروسی را پیش می‌کشید و این‌که هنوز هیچ کاری نکردیم و فرصت چندانی هم نداریم. معلوم بود هر روز مامان تلفنی با عزیز صحبت می‌کند. من دختر اولش بودم که به خانه‌ی شوهر می‌رفتم؛ خیلی نگران بود. می‌خواست همه‌چیز ایده‌آل باشد. توقع داشت من هم مثل خودش فکر کنم. بی‌تفاوتی من او را عصبانی می‌کرد. با عزیز درددل می‌کرد و از او می‌خواست که مرا نصیحت کند. عزیز هم هر شب برایم سخن‌رانی می‌گذاشت!

وسط هفته سری به خوابگاه زدم. دم غروب بود. فریده تو اتاق تنها بود و مشغول درس خواندن. از دیدن من خوش‌حال

شد. سریع قوری را برداشت و از روی بالکن کمی میوه در ظرفی ریخت و گفت: «تا تو دستاتو بشوری من برمی‌گردم.»
گفتم: «فریده خودتو لوس نکن، بیا بشین. من که مهمون نیستم.»
فریده خندید و گفت: «نگران نباش از چای خودت دم می‌کنم.»
بعد از ساعت‌ها حرف‌زدن برای فریده که شنونده‌ی خوبی بود، احساس سبکی کردم. نگاهی به دوروبرم انداختم و گفتم: «فریده! چه‌طوره برگردم خوابگاه؟»
ـــ آره بابا پا شو بیا. لوس بودی رفتی پیش مادربزرگت لوس‌تر شدی. فکر منو هم بکن. هر شب باید جواب این خیرتاش بی‌ریخت رو بدم.
فردای آن روز، بعد از کلاس، رفتم خانه و ساک وسائلم را بستم و راه افتادم طرف خوابگاه. به عزیز گفتم:
ـــ می‌رم با بچه‌ها اشکالاتم را رفع کنم. چند روز دیگه برمی‌گردم.

۱۹

اوایـل تیـر مامـان و بابـا رفتنـد مشـهد. مامـان تلفنـی کلـی از سـلیقه و خانـه‌داری خانـم فرخـی و ملیحـه برایـم تعریـف کـرد و گفـت: «همه‌چـی تمومـن. خصوصاً کـه ایـن دختـره بی‌مهـری مـادره رو جبـران می‌کنـه. نمی‌دونـی چـه‌قـد کدبانـو و...»

مـن کـه حوصلـه‌ی تعریف‌هـای مامـان را نداشـتم و لابـد بـه یـاد خـودم افتـاده بـودم، وسـط حرفـش دویـدم کـه: «خـب از شونزده‌سـالگی رفتـه خونـه‌ی شـوهر. انگار دیپلمشـو هـم همون‌جـا گرفتـه. ده ـ پونزده سال هـی شسـته و پختـه؛ بایـد هـم کدبانـو باشـه. حـالا هنـر دیگـه‌یـی هـم داره؟»

ـــ مرجان! تـو کـه آدم رو قـورت می‌دی. خدا کنـه این زبون‌درازی رو تـوی زندگی کنـار بـذاری. خلاصه زنـگ زدم بگـم تاریـخ عقـد واسـه بیسـت‌ونهم تیـر تعییـن شـد. امتحانـت تـو کـی تمـوم می‌شـه؟

هـر تـرم یکـی دو هفتـه قبـل از امتحانـات بـه اصفهان می‌رفتـم تـا خودم را آمـاده کنـم. اما این تـرم می‌دانسـتم که مشـغله‌های مامـان اجـازه نخواهـد داد در خانه درس بخوانـم. بنابراین تصمیـم گرفتـم در خوابـگاه بمانـم. فریـده کـه رفت شهرسـتان، حسـابی تنهـا شـدم. ترم

آن‌قدر سریع گذشته بود که باورم نمی‌شد امتحانات از راه رسیده است.
محسن آن‌قدر برایم مهم شده بود که همه‌ی برنامه‌هایم را کنار گذاشته بودم. حتا تدریس که همیشه به من انرژی می‌داد. جلسه‌ی دفاع محسن پانزده تیر بود. از بیست خرداد من و محسن تقریباً هیچ تماسی نداشتیم. من که نمی‌خواستم مزاحمش شوم زنگ نمی‌زدم. خودش وقتی فرصت می‌کرد، و البته اگر موفق می‌شد شماره‌ی خوابگاه را بگیرد، احوالی می‌پرسید.
امتحانات من از هفتم تیر شروع شد. از این‌که روز دفاع محسن امتحان داشتم و نمی‌توانستم بروم خودم را نمی‌بخشیدم. عفت هم امتحان داشت. مرضیه قول داده بود با دایی‌اش برود. درست یادم است آن روز سر امتحان تمام حواسم به محسن بود. هرچه دعا بلد بودم خواندم که همه‌چیز با موفقیت تمام شود. بعد از امتحان باعجله خودم را به خوابگاه رساندم و یک‌راست رفتم به اتاق عفت. نبود. به خوابگاه محسن زنگ زدم اما او هم خوابگاه نبود. نزدیک غروب خانم دادرس با صدای گوش‌خراشش در بلندگو اعلام کرد: «اتاق ۲۱۶، خانم محمدی، دمِ نگهبانی ملاقاتی دارین.» به فریده گفتم:
ـ به نظرت کی می‌تونه باشه؟
ـ لابد عزیزت باز غذا آورده.
عزیز در طول امتحانات هرچی درست می‌کرد که می‌دانست دوست دارم برایم می‌آورد.
یک چادرنماز روی سرم انداختم و با همان لباس که تنم بود راه افتادم. فریده گفت:
ـ کارتت رو بردار شاید مادربزرگت بخواد بیاد تو بشینه. یه جوراب هم پات می‌کردی گناه نداشت با اون دامن کوتاه!
ـ فریده! خدا رو شکر که خواهرشوهرم نیستی. چه‌قد به جونم

غر می‌زنی! دو دقیقه می‌رم و برمی گردم دیگه!

از پشت میله‌های خوابگاه بیرون را نگاه کردم. از عزیز و آقاجون خبری نبود. از نگهبانی پرسیدم: «ملاقاتی محمدی کی بود؟»

آقای مرادی گفت: «حاج آقاتون.»

چند ثانیه طول کشید تا مغزم معنی کلمه‌ی حاج آقا را گرفت. دو پا داشتم و چهار تای دیگر قرض کردم و خودم را به اتاق رساندم که محسن مرا با آن وضع نبیند. سریع مانتو و شلوار پوشیدم و روسری به دست از پله‌ها سرازیر شدم. محسن هیچ‌وقت برای دیدن من مستقیم به نگهبانی خوابگاه مراجعه نمی‌کرد. این بود که اصلاً انتظار دیدنش را نداشتم

قیافه‌ی محسن بعد از دفاع موفقیت‌آمیزش دیدنی بود. تا دیدمش با عجله پرسیدم:

ــ خب؟

ــ الف.

آن‌قدر خوش‌حال شدم که می‌خواستم بغلش کنم. حیف که ما زن‌ها همیشه باید در اجتماع مراقب رفتارمان باشیم. حتا اگر هم خودمان خیلی مقید نباشیم همیشه مردی هست که به ما تذکر بدهد که چه‌طور باید رفتار کنیم. محسن گفت: «خب، حالا خواهش می کنم ذوق‌زده نشو، دارن نگامون می کنن.»

ــ وای محسن، خیلی برات خوش‌حالم یه دنیا. واقعاً که حقت بود.

کمی در امیرآباد قدم زدیم. محسن تعریف می کرد و من بااشتیاق گوش می کردم.

امتحانات من تا بیست‌ویکم ادامه داشت. محسن هر روز به خوابگاه زنگ می‌زد و می گفت: «این هفته چه‌قدر دیر می گذره. کی دیگه تموم می‌شه؟ قبل از دفاع به خودم قول داده بودم حداقل یک هفته فقط روی تخت دراز بکشم. اما

تنها دو روز برام جذاب بود. دلم برات تنگ می‌شه. می‌خوام ببینمت.»

می‌دانستم اگر محسن را ببینم همان یک ذره تمرکز را هم از دست می‌دهم و به جای درس‌خواندن در عالم هپروت سیر خواهم کرد. از فریده خواهش کرده بودم هروقت دید من در خیالاتم غرق شده‌ام، از خفگی نجاتم دهد! کور از خدا چی می‌خواد؟ فریده هم اصلاً کوتاهی نمی‌کرد.

۲۰

همیشه آخرین روز امتحانات خوش‌آیند بود. خستگی بعد از یک دوره تلاش، قول‌های سفت‌وسخت که به خودت می‌دهی: «از ترم دیگه خوب درس می‌خونم و چیزی رو برای شب امتحان نمی‌ذارم، باید برنامه‌ریزی درستی داشت و...»

از درِ غربی دانشگاه بیرون آمدم و وارد خیابان فرعی ادوارد براون شدم و سلانه‌سلانه تا میدان انقلاب رفتم. از میوه‌فروشی سر نبش میدان کمی میوه گرفتم. تو محوطه‌ی فاطمیه یک فروشگاه بود و ما معمولاً از همان‌جا خرید می کردیم. هم ارزان بود و هم دوقدمیِ اتاق؛ لازم نبود بارکشی کنیم. اما چون قیمت‌ها دانش‌جویی بود کیفیت میوه و سبزی اصلاً تعریفی نداشت.

یک پیرمرد آذری تو مغازه کار می کرد که کارکردنش تماشایی بود؛ برای یک خرید مختصر حداقل یک ربع معطل می‌شدی آن‌قدر که باحوصله و آرام کار می کرد. دمِ درِ فروشگاه همیشه یک صف درست می‌شد. وقتی با فریده می‌رفتم خرید، نگاهی به کاهوهای خراب و خیارهای گندیده و بادنجان‌های وارفته می کرد و بی آن‌که متوجه باشد که بعضی کلمات در

فرهنگ عامه معنای مجازی دارد، می‌گفت: «آقای غلامی! چرا بادنجونتون پلاسیده ؟»

چشم‌های پیرمرد گرد می‌شد و درحالی‌که شکم بزرگش از خنده بالا و پایین می‌رفت با لحجه‌ی شیرین آذری می‌گفت:

ـ خب چه کار کنم که پلاسیده است؟ هه هه هه...

فریده که اصلاً حواسش نبود با تعجب به من نگاه می‌کرد که یعنی «این پیرمرد چشه؟ چرا بی‌خود می‌خنده؟»

درِ اتاق را که باز کردم تازه متوجه شدم کاروانسرای شاه‌عباسی که می‌گویند یعنی چه؛ چند هفته‌یی می‌شد اتاق جارو نشده بود، بالکن پر بود از ظرف‌های نشسته، روی هر میز کلی کاغذ و جزوه و آت‌وآشغال جمع شده بود.

بعد از تمیزکردن اتاق و شستن ظرف‌ها، دوش گرفتم و با لذت املتم را خوردم و به شکمم که بعد از آن‌همه کار فیزیکی هنوز گله داشت، قول دادم که عزیز شام خوش‌مزه‌یی درست خواهد کرد. یک لیوان چای غلیظ هم روی غذایم خوردم و مثل همیشه این فکر که هرچه آهن بود از بین رفت، نگذاشت از خوردن چای لب‌سوزم خیلی لذت ببرم. رفتم روی تختم دراز شدم که ملافه‌هایش را همان روز عوض کرده بودم و بوی تمیزی می‌داد. احساس خوبی داشتم. می‌خواستم از نبودن فریده و سکوت نسبی خوابگاه استفاده کنم و بالاخره بعد از چند هفته اضطراب و دلهره، با خیال راحت بعد از ناهار بخوابم.

هنوز چشمانم گرم نشده بود که دختری محکم در زد و سرش را آورد داخل و داد زد: «خانم محمدی، سوم غربی، تلفن.»

دردی شدید در سرم پیچید. باعجله از تخت پریدم پایین و از ترس این که مباد کسی تلفن را قطع کند، راهروی طولانی را دویدم و بعد از چهل تا پله بالا رفتم و درحالی‌که نفس‌نفس می‌زدم گفتم:

ـ الو!

مامان با حالتی طلب‌کارانه گفت:

ـ معلوم هست تو کجایی؟ ما ناهار نخوردیم منتظر سرکار خانم نشستیم اون‌وقت تو...؟

شاید اگه به جای غرغر مامان، محسن از آن طرف گوشی با کلمات شیرین احوالم را می‌پرسید، از این که چنین از خواب پریده بودم ناراحت نمی‌شدم. با عصبانیت گفتم:

ـ خانم محمدی عزیز! من که نگفته بودم منتظرم بمونین، گفته بودم؟

ـ اصلاً معلوم هست توی خوابگاه چی کار می کنی؟ یک هفته بیش‌تر به عقدت نمونده هنوز هیچ غلطی نکردیم...

عزیز گوشی را از مامان گرفت و گفت:

ـ الو مرجان!

ـ سلام عزیزجون

ـ سلام دختر گلم! امتحانتو خوب دادی؟

ـ بد نشد پاس می‌شه.

ـ قربرنت، خب از دانشکده یه‌راست می‌اومدی این‌جا. منتظرت بودیم.

ـ عزیز می‌خواستم کمی استراحت کنم. شما که می‌دونی مامان نه خودش آروم و قرار داره، نه می‌ذاره من خستگی امتحان‌ها از تنم بره...

ـ خب حق داره. نگرانه.

به عزیز قول دادم که با محسن تماس بگیرم و قرار خرید بگذارم و غروب هم وسائلم را جمع کنم و به خانه‌ی آن‌ها بروم. گوشی را گذاشتم و رفتم تا شاید احساس خوب بعد از ناهار برگردد و بتوانم بخوابم.

روی تخت دراز شده بودم و مشغول خواندن رُمانی بودم که

همان روز از کتاب‌خانه گرفته بودم که دوباره کسی در زد و گفت: «خانم محمدی، تلفن.» و در را به هم کوبید. با عجله برای این‌که صدایم به او برسد، داد زدم:
ـ کجا؟
دختر از وسط کریدور جواب داد: «همین بغل.»
ـ الو!
ـ سلام خانمی!
ـ سلام محسن‌جون!
ـ تونستی استراحت کنی؟ دیر زنگ زدم که مزاحم خوابت نشم.
سؤال محسن همان چیزی بود که دلم می‌خواست بشنوم. داشتم برایش تعریف می‌کردم که چه‌طور مامان مرا از خواب بیدار کرده که تلفنچی خوابگاه گفت: «خلاصه کنین، پشت خط منتظرن.»
با محسن قرار گذاشتیم ساعت هفت سر فاطمی هم‌دیگر را ببینیم و گوشی را گذاشتم. داشتم از پله‌ها بالا می‌رفتم که تلفن زنگ زد. من معمولاً حوصله نداشتم جواب تلفن‌ها را بدهم و بروم بچه‌ها را صدا کنم. اما از آن‌جا که بعد از حرف‌زدن با محسن سرحال بودم، گوشی را برداشتم:
ـ الو!
ـ سلام جیگر!
یک لحظه فکر کردم شاید اشتباه شنیدم. گفتم:
ـ بفرمایین. با کی کار دارین؟
ـ با خودت. فدات شم.
ـ خجالت هم خوب چیزیه. خونواده‌ها نمی‌تونن شماره‌ی خوابگاه رو بگیرن از بس اشغاله، بعد آدم‌های بی‌کاری مثل...
ـ حالا چرا جوش آوردی جیگرتو...

با عصبانیت گوشی رو گذاشتم. به خودم گفتم «واقعاً که به تو نیومده جواب تلفن بدهی.»
مامان که مهشید و مریم را با خود به تهران آورده بود، برای این‌که- به قول خودش ــ توی دست و پاش نباشن! بدون اجازه‌ی بابا آن‌ها را با خاله پروین و بچه‌هایش برای چند روز به شمال فرستاد. اگر بابا می‌فهمید دعوایی راه می‌انداخت که آن سرش ناپیدا. اصلاً حوصله‌ی شوهرِ خاله پروین را نداشت و در شأن خودش نمی‌دید که با او رفت‌وآمد داشته باشد.
به محسن گفتم:
ـ خیلی حسودیم شد. من هم می‌خوام برم.
ـ با هم می‌ریم.
ذوق زده پرسیدم:
ـ کی؟
ـ قبل از رفتنم به مسکو.
ـ قول می‌دی؟
ـ قول می‌دم.
ملیحه بچه‌هایش را با خیال راحت داده بود دست خانم فرخی و برای خرید آمده بود تهران.
سه روز تمام از صبح تا شب کار ما شده بود از این مغازه به آن مغازه رفتن. دیگر از هر چه جواهرفروشی و لباس‌فروشی بود حالم به هم می‌خورد. وقتی هیجان ملیحه را در انتخاب جواهر و پارچه و عطر و لوازم آرایش می‌دیدم نمی‌توانستم حسادت نورزم. بی‌تفاوتی مرا به‌هیچ‌وجه درک نمی‌کرد. اول فکر می‌کرد من لج می‌کنم چون چیزهای بهتر و گران‌تری را در نظر دارم اما وقتی به او گفتم به چیزی احتیاج ندارم و کمدم تو منزل مادربزرگ پُر است از لباس‌هایی که مامان با سلیقه‌ی خودش برایم خریده و بی‌مصرف مانده با تعجب نگاهی به مامان کرد که یعنی «این

چی می‌گه؟» و مامان که حسابی با ملیحه دوست جان‌جانی شده بود، پشت چشم نازک کرد و سرش را تکان داد که یعنی«از دستش دق‌مرگ شده‌ام!»

سه روز خرید از دو هفته امتحانات سخت‌تر گذشت. من و مامان ده‌ها بار جروبحث کردیم. دیگر از محسن و ملیحه هم خجالت نمی‌کشیدیم. من وقتی می‌دیدم که همه، حتا عزیز، از مامان دفاع می‌کنند و می‌گویند «خب راست می‌گه... خب رسمه...» بیش‌تر لج می‌کردم.

آن‌چه مرا کلافه می‌کرد این بود که مامان حتا نه برای خوش‌آیند من و خودش بلکه به خاطر دیگران، که من نمی‌فهمیدم چه کسانی هستند و چرا این‌قدر اهمیت دارند، حاضر بود همه‌چیز را به من تحمیل کند.

مطمئنم اگر من و محسن دوتایی به خرید می‌رفتیم من با لذت هم جواهر انتخاب می‌کردم هم لباس. اما از این‌که «دیگران» برایم تعیین‌تکلیف کنند، دیوانه می‌شدم.

۲۱

چهارشنبه، ۲۸ تیر خانواده‌ی محسن رسیدند؛ پدر و مادر و مادربزرگ‌ها، خواهرها و دو تا عمو، سه تا عمه، دو تا خاله با خانواده‌هایشان از مشهد و دو تا دایی و یک خاله از تهران. البته آقای فرخی خیلی اصرار داشت که همه را به هتل ببرد اما مامان گفته بود «قدم همه روی چشم.» به‌این‌ترتیب در ظرف چند ساعت چهل‌وپنج نفر سلام، سلام تشریف آوردند! همان روز آقاجون و عزیز با خاله پروین و خاله پریوش و دو تا دایی‌هایم با زن و بچه از تهران رسیدند. عمو مهدی نیامد. مامان طوری که بابا نشنود گفت: «اون زن افاده‌یی‌اش اجازه نداده. می‌خوام صد سال نیاد!»

خانه‌ی ما خیلی زود به تصرف زنان درآمد و ورود آقایون، حتا بابا، بدون اجازه ممنوع اعلام شد! رجب بساط آشپزی‌اش را کنار حیاط عمو محمد، چند کوچه بالاتر از خانه‌ی ما، پهن کرده بود و چند نفری را هم برای کمک آورده بود. خاله پروین از راه نرسیده به مامان غر زد که: «خواهر جمع کن این بساطو، مگه دوره‌ی قدیمه که این‌طوری خودت رو اذیت می‌کنی. ماشاالله

مردان‌خان این‌همه پول داره، چرا از بیرون غذا نمی‌آری؟»

مامان گفت: «پروین دو روز اومدی خونه‌م، قدمت روی چشم. اما بی‌خودی تو کارم دخالت نکن. اولین دخترمه می‌خوام همه‌چی عالی باشه.»

خانم فرخی از وقتی که رسید، مثل صاحب‌عزا، گوشه‌ی سالن نشست که حالا با برداشتن مبل‌ها شبیه حسینیه شده بود. مادر و دو تا خواهرش هم کنارش و هی تسبیح می‌گرداند.

ملیحه، که در همان چند روز خرید حسابی با مامان و عزیز جور شده بود، حالا با آمدن خاله‌ها، که هنوز از راه نرسیده شروع کرده بودند به بشکن‌زدن و رقصیدن، صدای خنده‌اش در خانه می‌پیچید و بی‌مهری و سردی مادرش را جبران می‌کرد.

مامان گفته بود: «عمه منیژه قهر کرده، واسه‌ی عقدت هم نمی‌آد.»

فرصت خوبی بود تا به بهانه‌ی رفتن به خانه‌ی عمه، از دلهره‌ها و نگرانی‌های مامان برای خمیرنشدن برنج و جانیفتادن خورش و اداواصول‌های خانم فرخی فرار کنم.

عمه منیژه، آخرین بچه‌ی بی‌بی معلم بود اما یادم نمی‌آید او را در حال نصیحت‌کردن یا ایرادگرفتن دیده باشم. خیلی شاد و سرحال و شوخ بود. با مامان مثل دو تا خواهر بودند. وقتی بچه بودیم دوست داشتیم خانه‌ی بی‌بی جمع شویم و، به قول بزرگ‌ترها، آتش بسوراندیم و خانه را روی سرمان بگذاریم این عمه منیژه بود که همیشه از ما بچه‌ها دفاع می‌کرد و می‌گفت: «بچه‌ان دیگه. خب، دارن بازی می‌کنن. حالا بچگی نکنن، کی بکنن؟»

عمه منیر از آن طرف می‌گفت:

«آره دیگه خواهر. باید هم ازشون دفاع کنی. ماشاءالله همه یه طرف، نادر خودت یه طرف.»

واقعاً هم نادر از شیطنت دست همه را از پشت بسته بود. یک لحظه آرام و قرار نداشت. صدای همه‌ی بچه‌ها را درمی‌آورد. بچه‌ها چپ می‌رفتند، راست می‌رفتند به عمه منیژه شکایت می‌کردند که: «عمه! ببینین نادر شلنگ رو روی سرم گرفت و خیسم کرد... خاله منیژه! به این نادر یه چیزی بگین. یه موش مرده رو به طرفم پرت کرد. نزدیک بود از ترس بمیرم. بیاین موشه رو نشونتون بدم....» عمه منیژه با آرامش و شوخی سعی می‌کرد به حرف همه گوش کند.

وقتی نادر پزشکی دانشگاه تهران قبول شد همه با تعجب از عمه می‌پرسیدند: «مگه این پسرت درس هم می‌خونه؟»

به یاد دارم وقتی نادر برای خداحافظی به خانه‌ی ما آمده بود من که کلاس دوم راهنمایی بودم با شیطنت به او گفتم: « خوب شد تهران قبول شدی و از پیش ما می‌ری، دیگه کسی نیست موهامو بکشه.»

وقتی من دانشگاه قبول شدم، نادر طرحش را در اطراف اصفهان شروع کرد. بعد هم دانشگاه شیراز تخصص قبول شد. عید سال پیش مامان گفته بود «عمه ازت واسه نادر خواستگاری کرده.»

کلی خندیدم و گفتم:

ــ بهتره عمه بذاره اول پسرش بزرگ شه، بعد به فکر زن‌دادنش باشه.

نمی‌دانم مامان به عمه چه جوابی داده بود تا این که تابستان سال پیش، یک روز که توی باغ دور هم جمع شده بودیم و از خاطرات بچگی می گفتیم و هر کسی از شیطنت‌های نادر حرفی می‌زد، عمه مرا کنار کشید و شروع کرد به صحبت‌کردن. گفت که فکر می‌کند من و نادر خیلی برای هم مناسب هستیم. من خندیدم و گفتم:

ــ عمه من و نادر مث خواهر برادر می‌مونیم. من نمی‌تونم به

او به چشم دیگه‌یی نگاه کنم.

عمه کلی از نادر و خصوصیاتش گفت و این‌که برخلاف آن‌چه که نشان می‌دهد خیلی جدی و عمیق است و به من هم علاقه دارد. من که فکر می‌کردم این خواست خود عمه است و نادر کوچک‌ترین اطلاعی از نقشه‌ی مادرش ندارد و از طرفی نمی‌خواستم او را برنجانم برای این‌که موضوع را عوض کنم گفتم:

ـ عمه‌جون! نادر که مشغول درس‌هاشه، من هم که فعلاً آماده‌ی ازدواج نیستم. بذارین واسه یه سال دیگه تا درس ما تموم بشه بعد ببینیم چی می‌شه.

عمه دیگر ادامه نداد. من هم موضوع را به کلی فراموش کردم ولی ظاهراً حرف مرا قول تلقی کرده بود.

زنگ که زدم عمه شلنگ‌به‌دست در را باز کرد. داشت باغچه‌ها را آب می‌داد. از دیدنم تعجب کرد. نگاهی به پشت سرم انداخت و پرسید:

ـ تنهایی؟

ـ آره.

ـ بیا تو. خوش اومدی.

دم غروب بود و بوی خاک نمدار حیاط را پر کرده بود. همان‌جا روی تخت نشستم و چشم‌هایم را بستم و نفس عمیقی کشیدم. احساس خوبی داشتم. چه‌قدر من در این حیاط بازی کرده بودم. خاطراتم پر بود از سروصدا و جیغ و خنده‌ی بچه‌ها و بوی خیار و طعم انگور و گیلاس، بوی زعفران و قورمه‌سبزی، بوی برنج آبکش‌شده...

عمه با دو تا لیوان شربت آلبالو آمد و کنارم نشست و با محبت به من خیره شد. شربتم را برداشتم و شروع کردم به هم زدن و گفتم:

ـ وقتی بچه بودم همه‌چیز به نظرم خیلی بزرگ می‌رسید؛ مثلاً این خونه، این حیاط چه‌قد بزرگ و پُرجذبه بود. وقتی چیزی بزرگه، هیجان‌آوره، امیدوار کننده است. حتا قابل احترامه. عمه! کاش هنوز بچه بودم و در برابر زندگی دهنم از هیجان و لذت باز می‌موند. کاش هنوز بچه بودم.

عمه لبخندی زد و شربتش را برداشت و آرام آرام خورد.

هوا کم‌کم تاریک می‌شد. صدای اذان که بلند شد غمی خوش‌آیند سراسر وجودم را گرفت. عمه هم که ظاهراً از آن لحظات لذت می‌برد رغبتی به روشن کردن چراغ نداشت. آرام و بی‌مقدمه پرسید:

ـ عاشقشی؟

ـ ها؟ خب، دوستش دارم.

ـ یعنی انتخابت دلیل داشته، روی حساب کتاب بوده.

ـ انتخاب کردم عمه‌جون! هرچند که علاقه‌ام کفه‌ی محسناتش رو سنگین‌تر نشون داد و اختلافات فرهنگی و شرایط خونواده‌گی رو سبک. می‌دونم اگه دوستش نداشتم امکان نداشت زنش بشم.

ـ برات نگران بودم. خصوصاً که شنیدم خیلی مذهبیه.

ـ نمی‌دونم خیلی یعنی چه‌قد. ولی آره مذهبیه

ـ خب؟

به عمه نگاه کردم. نمی‌دانستم منتظر چیست. چه باید به او بگویم.

ـ چی خب؟

ـ تو که... نمی‌شه گفت مذهبی هستی. می‌شه؟

ـ نه. با تعریفی که محسن از مذهب داره واقعاً نمی‌شه گفت. اما من خودم رو همون‌طور که هستم نشونش دادم. نقش بازی نکردم. قولی هم ندادم. عمه‌جون! یادتون نره این پسره تحصیل

کرده است، تعریفش از دین با اونچه که مادرش...
ـ تو مردها رو نمی‌شناسی. ساده‌ای. به همه‌چیز همون‌طور که می‌خوای نگاه می‌کنی و توقع داری دیگران تو رو بفهمن و احترام هم بذارن. دخترم! این جا ایرونه. می‌فهمی؟
با حرف‌های عمه به فکر فرو رفتم. درست منظورش را نمی‌فهمیدم. عمه مثل کسی که به خودش آمده باشد از جا بلند شد و چراغ حیاط را روشن کرد و با خنده گفت:
ـ ول کن این مزخرفاتو. می‌تونی به خودت بگی که عمه این حرفارو از حسودی می‌زنه. چون عروسش نشدم، داره انتقام می‌گیره.
ـ شما اهل انتقام گرفتن از بچه‌ها نیستین خانم‌معلم!
ـ واقعاً بچه‌ای؛ یه بچه‌ی خوب و دوست‌داشتنی. آره من همیشه بچه‌ها رو دوست داشتم، خصوصاً اونایی که با بقیه فرق دارن. اعتراف می‌کنم از این‌که زن نادر نشدی خیلی دلم سوخت. اما اون‌قد منصف هستم که بگم اشتباه از طرف نادر بوده. به خودش هم گفتم. تو نشناختیش. در بهترین دورانی که می‌تونستین هم‌دیگه رو بشناسین و احتمالاً علاقمند بشین از هم دور بودین. می‌دونم الان وقت این حرفا نیست. می‌دونم آب رفته رو نمی‌شه به جوی برگردوند. تو رو مثل دخترم دوست دارم و به‌خوبی نادر می‌شناسمت. به همین دلیل خودم رو نمی‌بخشم که کوتاهی کردم اما امیدوارم که انتخابت درست بوده باشه و همونی رو که شایسته‌ات هست پیدا کرده باشی.
ـ عمه فردا صبح منتظرتون هستم. ساعت ده و نیم می‌ریم محضر.
ـ واسه صبح قول نمی‌دم. اما می‌آم.
عمه رو بوسیدم و بلند شدم که برم. یک لحظه از تصور وضع خانه تنم لرزید گفتم:

- عمه‌جون! می‌شه یه زنگ بزنم؟
- آره قربونت.

به منزل عمو محمد زنگ زدم. پسربچه‌یی که نفهمیدم کی بود گوشی را برداشت. گفتم با محسن کار دارم.

چند لحظه بعد محسن که تعجب در صدایش آشکار بود گفت:
- الو!
- محسن سلام منم!
- سلام علیکم و رحمت...
- محسن! می‌تونی تا ده دقیقه‌ی دیگه سر کوچه باشی؟
- آره ولی چی شده؟
- چیزی نیست من الان خونه‌ی عمه‌ام هستم. دلم می‌خواست کمی قدم بزنیم. یه زنگ بزن خونه‌ی ما که مامان نگران نشه. اگه من زنگ بزنم کلی غر می‌زنه. درضمن از کتاب‌خونه‌ی عمو یه حافظ بردار یا دیوان شمس. دم کیوسک سر کوچه منتظرم باش. کاری نداری؟
- نه.

محسن که سوار شد با عجله پرسیدم:
- به خونه‌ی ما زنگ زدی؟
- آره گفتم نگران نباشن با هم هستیم. معلوم هست عروس‌خانم این وقت شب توی خیابون‌ها چی‌کار می‌کنن؟
- با مامانم صحبت کردی؟
- نه با ملیحه. که البته خوب می‌دونه چه‌طور مادرت رو آروم کنه، برخلاف بعضی‌ها که خیلی مغرور و ازخودراضی تشریف دارن!
- مامان نمی‌خواد منو بفهمه. نمی‌خواد قبول کنه من دیگه بزرگ شدم و اتفاقاً شبیه اون هم نیستم.

ـ مادرت خیلی شایسته‌ی احترامه. بابا خیلی ازش تعریف می‌کنه.
ـ نکنه یه‌وقت جلوی بابام این حرف رو بزنی ها؟
محسن خندید و من ادامه دادم:
ـ راستی می‌دونی بابای خیلی جذابی داری؟
محسن قیافه‌اش در هم رفت. سکوت کرد. پرسیدم:
ـ ناراحت شدی از پدر شوهرم تعریف کردم؟ نباید می‌گفتم؟
ـ نه بابا.
ـ پس چی؟
ـ خودش هم می‌دونه که مرد جذابیه. زن‌های دوروبرش هم... اصلاً ولش کن.
از حرف‌های محسن سر درنیاوردم ولی قیافه‌ی گرفته‌اش نشان می‌داد علاقه‌یی به ادامه‌ی این صحبت ندارد. هر دو سکوت کرده بودیم که محسن آرام پرسید:
ـ عمه منیژه حالش خوب بود؟
ـ آره چه‌طور مگه؟
ـ فکر کردم خدای نکرده مریضه که تو چنین شرایطی بلند شدی رفتی پیشش. واسه نامزدی هم نبود.
جوابی ندادم. خود محسن ادامه داد:
ـ نادر پسر همین عمه‌ته. آره؟
با تعجب پرسیدم:
ـ تو نادر رو از کجا می‌شناسی؟
محسن به جلو نگاه می‌کرد. دوباره پرسیدم:
ـ جدی، تو نادر رو از کجا می‌شناسی؟
ـ عکسش رو دیدم توی آلبوم‌هایی که از بی‌کاری با پسرعموت ورق می‌زدیم. البته حدس‌زدن بعضی چیزها اصلاً سخت نیست.
ـ مثلاً چه چیزهایی؟

ــ خب، تو اولین نوه‌ی خونواده‌ی مادریت هستی. پس بین بچه‌های دایی و خاله نمی‌تونستی خواستگاری داشته باشی. ولی بین پسرهای عمه و عمو، چرا. نادر از نظر سنی و تحصیلات و چیزهای دیگه مورد مناسبی به نظر می‌آد.

ــ عکس‌ها رو حامد نشونت داد؟

ــ آره

ــ آها. معلوم می‌شه هم باهوشی هم زرنگ، پسر مشهدی! می‌دونی از کی اسرار خونواده‌گی دیگرون رو بیرون بکشی

ــ خونواده‌ی تو دیگه‌ی خونواده‌ی منه.

ــ خب آره. عمه از من خواستگاری کرده بود

ــ می‌تونم بپرسم چرا قبول نکردی؟

ــ چون نادر واسه من مثل برادره. مطمئنم که خودش هم همین احساس رو داره و این فقط خواست عمه بوده. همون‌طور که مادرت به خاطر علاقه به خواهر زاده‌اش فکر می کرد شما مورد مناسبی واسه هم هستین.

قیافه‌ی محسن نشان می‌داد هنوز از چیزی دلخور است. نمی‌دانستم چه چیزی او را ناراحت کرده بود. بعضی‌وقت‌ها برایم غریبه‌یی می‌شد که فهمیدنش دشوار بود. آیا من حرف بدی زده بودم؟ آیا عمه حق نداشت زمانی که او هنوز نبوده از من خواستگاری کند؟

کنار خیابان پارک کردم و با اشاره به جلو گفتم:

ــ این جا رو که می‌شناسی؟

محسن پرسید:

ــ شمس رو هم بیارم؟ قراره مستفیضم کنی؟

ــ اگه سرور و تاج سرم اجازه بدن و به خواجه‌ی بزرگ حسودی نکنن!

نسیم خنکی می‌وزید و صدای ناظری را که آن دورها پخش

می‌شد با خود می‌آورد: «یک شب آتش در نیستانی فتاد...» کمی قدم زدیم و در جایی خلوت و دور از سروصدای مسافرها که در اطراف زاینده‌رود پراکنده بودند، نشستیم. من شمس را باز کردم:

ای با من و پنهان چو دل از دل سلامت می‌کنم
تو کعبه‌یی هر جا روم قصد مقامت می‌کنم
هر جا که هستی حاضری از دور در ما ناظری
شب خانه روشن می‌شود چون یاد نامت می‌کنم
....
باز آمدم باز آمدم از پیش آن یار آمدم
در من نگر در من نگر بهر تو غم‌خوار آمدم
شاد آمدم شاد آمدم از جمله آزاد آمدم
چندین هزاران سال شد تا من به گفتار امدم
....
مرده بودم زنده شدم گریه بودم خنده شدم
دولت عشق آمد و من دولت پاینده شدم
دیده‌ی سیر است مرا جان دلیر است مرا
زَهره‌ی شیر است مرا زهره‌ی تابنده شدم
...
آمده‌ام که سر نهم عشق تو را به سر برم
ور تو بگوییم که نی، نی شکنم، شکر برم
آمده‌ام چو عقل و جان از همه دیده‌ها نهان
تا سوی جان و دیده‌گان مشعله‌ی نظر برم
....
از غزل‌های شمس به هیجان آمدم و گفتم:

ــ واسه من هیچ‌چیز انرژی شعرهای مولانا رو نداره. کافیه شمس رو باز کنی و بخونی، همین‌طور انرژی از پس قرن‌ها

می‌آد. زمان و مکان مفهومش رو از دست می‌ده. فکرش رو بکن. عشق یعنی متصل‌شدن به یک منبع لایزال انرژی.

محسن گفت:

ـ اینو قبلاً هم گفته بودی.

ـ می‌دونی به نظر من در وجود هر انسان، دو تا کشش هست؛ یا می‌شه گفت توانایی و زمینه: یکی لذت‌بردن از دانستن و کشف‌کردن دنیای درون و بیرونه، یعنی علم به معنی عامش و دیگری توانایی و استعداد عاشقی. این دو تا بال‌های عقاب وجود ما هستن. اگه نه اهل علمی و نه عشق، یعنی پر پرواز نداری که خب اصلاً پرنده نیستی. اگه علم هست و عشق نیست تو می‌شی مرغ خونگی، مرغی که چاقش می‌کنن برای گوشتش یا به طمع تخمش. مرغ خونگی چه می‌دونه عقاب در اوج آسمان چه حسی رو تجربه می‌کنه؟ و اگه عشق هست و علم نیست... خب به نظرم این امکان‌پذیر نمی‌آد. فکر می‌کنم علم شرط لازم عشقه ولی شرط کافی نیست. حالا اگه امکان‌پذیر شد این دیگه یک استثناء است؛ نعمتی به بنده‌گان خاص. مثل وقتی که همه نسبتاً باهوشن ولی یکی نابغه‌ست، همه کماکان زیبان ولی یکی به‌طوراستثنائی زیباست. راستش من هیچ‌وقت فلسفه‌ی این رو نفهمیدم که چرا خدا هر چند وقت یک‌بار این‌طوری تنوع‌طلبی‌شو به نمایش می‌ذاره. می‌دونی محسن! وقتی دانشکده رو تموم کنم می‌شینم تاریخ و فلسفه‌ی ادیان می‌خونم. خیلی سؤال بی‌جواب دارم.

محسن جوابی نداد. پرسیدم:

ـ خوابت برد؟

محسن آرام گفت:

ـ گوش می‌دم.

ـ منو ببخش پرحرفی کردم.

محسن دستم را بین دستانش گرفت و گفت:

ـ دوستت دارم.

ـ چرا؟

محسن با تعجب و کمی اخم در چشم‌هایم خیره شد و پرسید:

ـ چرا دوستت دارم؟

ـ آره.

ـ دیوونه! این که پرسیدن نداره؟ تو... تو مثل فیزیک می‌مونی. نمی‌تونم تصور کنم که رشته‌ی دیگه‌یی رو انتخاب می کردم. تو نیمه‌ی دیگه‌ی منی که وجودم باهات کامل می‌شه. تو الان چی گفتی؟ «آدم با علم و عشق کامله؟» خب من هم با فیزیک و تو همین احساس رو دارم تو... ببین، اصلاً تو رو به جون هر چی عقاب بی‌پَروبال و هر چی مرغ گوشتی و تخمی قسم، دیگه از این سؤال‌های بی‌جواب نپرس.

ـ تو منو مسخره می کنی؟من به هر کسی افتخار نمی‌دم اندیشه...

محسن درحالی که می‌خندید گفت:

ـ خب باشه. حالا حرص نخور. شوخی کردم.

هر دو ساکت شدیم و به رودخانه چشم دوختیم. دلم نمی‌خواست از آن‌جا بروم. دلم نمی‌خواست به خانه برگردم، به دنیای دلهره‌ها و نگرانی‌های مامان به خاطر «دیگران». صدای گیرای محسن در گوشم پیچید:

ـ از خدا متشکرم که در اون شب برفی و سرد تو رو بهم نشون داد. دل خودم هم به سردی همون شب زمستانی بود. فکرت اومد و درونم را گرم کرد. با تو من عاشق شدم. هر بار که توی دانشکده‌تون از دور می‌دیدمت، دلم می‌لرزید. به خودم می‌گفتم کی متوجه من می‌شی؟ کی با آن چشای قشنگت نگام می کنی؟ کی اسمم رو برای اولین بار به زبون می‌آری؟

اولین «دوستت دارم»؟ اولین بوسه؟ فکرش رو بکن اگه اون شب مینی‌بوس کوی خراب نمی‌شد، ممکن بود اصلاً با تو آشنا نشم. می‌دونی یه‌جورایی دارم به سرنوشت و قسمت اعتقاد پیدا می کنم.

من با شیطنت گفتم:

ــ آره می‌فهمم. به این می گن پیشرفت، ترقی. حالا بعد از دکترای فیزیک کم کم به چشم‌زخم و جادو و جنبل و این‌جور چیزا هم اعتقاد پیدا می کنی.

محسن با اخمی ساختگی گفت:

ــ ببین، کاری نکن جلوی این همه آدم ببوسمت.

در چشمان و لحن محسن چنان انرژی و جذبه‌یی بود که تمام وجودم در آرزوی آن بوسه سوخت. در عمق چشمان جذابش غرق شدم و با ناز گفتم:

ــ چه‌قدر ترسیدم! راست میگی امتحان کن.

چشمان محسن کشیده شد. خماری آن قلبم را بیش‌تر لرزاند. تمایلی غریب اما شیرین در وجودم حس کردم. محسن به لبانم خیره شده بود با صدایی لرزان گفت:

ــ کی مال من می‌شی؟

ــ از لحظه‌یی که بله رو تو کوه ازم گرفتی مال تو بودم؛ روحم، قلبم و جسمم. محسن! منو بفهم ولی واقعاً خطبه و مراسم عقد از نظر من چیزی جز یک سنت و قرارداد اجتماعی نیست.

محسن سرش را برگرداند و گفت:

ــ این حرف‌های یک زن مسلمون ایرونی نیست، ما به سنت‌ها پای‌بندیم چون بخشی از هویت ما رو تشکیل می‌دن. بنابراین باید حفظ‌شون کنیم. ببخش اما نمی‌خوام از این حرفا بشنوم.

محسن منظورم را نگرفته بود اما نمی‌خواستم ادامه بدم؛ بنابراین درحالی که از جایم بلند می‌شدم، گفتم:

ــ فقط یه عمامه کم داری پسرحاجی! پاشو بریم که مامان امشب منو با دست‌های خودش خفه می‌کنه.

در را که باز کردم مامان که توی حیاط با رجب و زهرا مشغول صحبت بود با عصبانیت پرسید:

ـ معلوم هست کجایی؟

دهنم را برای جواب دادن باز کرده بودم که محسن از پشت سر به دادم رسید و شروع کرد به احوال‌پرسی. من از فرصت استفاده کردم و از جلوی چشم‌های مامان جیم شدم. خانه دیدنی شده بود. کف سالن و اتاق‌ها به ردیف تشک پهن کرده بودند. به اتاقم رفتم. دو تا بچه روی تختم خوابیده بودند. خانمی هم پایین تخت خروپف می‌کرد. از گوشه‌ی سالن یک تشک و بالش و پتو برداشتم و رفتم روی بالکن پهن کردم.

آسمان پر بود از ستاره، قورباغه‌ها در باغچه‌ی کنار حوض آواز می‌خواندند. جیرجیرکی در پشت درخت یاس آن‌ها را همراهی می‌کرد. نسیمی خنک وزید و مرا برد به دوران شیرین بچگی. وقتی شب‌های تابستان توی حیاط کنار بی‌بی روی تخت دراز می‌کشیدم و چشم به ستاره‌ها می‌دوختم و به قصه‌های شیرین او گوش می‌دادم.

صبح آفتاب نزده، رجب یاالله‌گویان با کلی نان سنگک و لواش دمِ درِ حیاط ایستاده بود و تکلیف خودش را نمی‌دانست. سرم را بلند کردم و گفتم: «آقا رجب بذارشون روی تخت و یه چیزی روشون بکش بعد مـی‌آن می‌برن.» رجب کمی این‌پا و آن‌پا کرد و چون خبری از مامان نشد، نان‌ها را روی تخت کنار حوض گذاشت و رفت بیرون. من هم چشم‌هایم را بستم

خاله پریوش که به شوخ‌طبعی در فامیل معروف بود، دم گرفته بود که: «عروسمون رو دزدیدن.»

بچه‌ها هم بشکن‌زنان و رقص‌کنان پشت سرش از این اتاق به

آن اتاق می‌رفتند تا پیداش کنند. خاله وقتی مرا روی بالکن دید که هنوز از خواب بیدار نشدم خندید و گفت:

ـ واقعاً که دختر اصفهونی هستی! ما بی‌چاره‌ها تا صبح خروپف پیرزن‌ها رو تحمل کردیم. از کله‌ی سحر هم که یکی‌یکی می‌رفتن دست‌شویی و وضو می‌گرفتن. اون‌وقت تو واسه‌ی خودت گرفتی تخت خوابیدی!

ـ خاله‌جون! این‌همه جا. تو هم می‌خواستی بیای این‌جا بخوابی.

ـ ای کلک! نکنه شب مهمون داشتی. واسه‌ی خودتون خلوت کرده بودین، ها؟

ـ شب که نه، اما صبح زود چرا. رجب یک ساعت یاالله گفت کسی محلش نذاشت.

خاله غش‌غش خندید و رفت.

۲۲

توی سالن محضر صندلی به‌اندازه‌ی کافی نبود. از اتاق‌های دیگر صندلی آوردند و بغل هم چیدند. عاقد، آقای حسینی، که از آشنایان بابا بود، خیلی زود با آقای فرخی گرم گرفت و با لهجه‌ی غلیظش کلی از داماد که تا پنج دقیقه‌ی پیش نمی‌شناختش تعریف کرد. من سرم را پایین انداختم و سعی کردم به اعماق وجودم، آن ته‌ته بروم و به صدایش گوش کنم. آرام بودم. همان لحظه که توی کوه بله گفته بودم، همه‌چیز برایم تمام شده بود. می‌دانستم بعد از آن هیچ‌کس و هیچ‌چیز مانع بودن من با محسن نیست، می‌دانستم که زنش خواهم شد. حتا اگر نه عقدی باشد و نه قراردادی. حالا درمحضرنشستن و شاهد مراسم عقد خود بودن فقط احترام به این سنت و قرارداد اجتماعی بود.
حسینی که چانه‌اش گرم شده بود با تکه‌پرانی همه را به خنده انداخته بود. آقای فرخی با آن چشمان جذاب و باهوشش لبخندی بر لب داشت که جذابیتش را بیش‌تر می‌کرد. خانم فرخی صورتش را محکم گرفته بود اما غم و افسرده‌گی از سوراخی که او را با دنیای بیرون پیوند می‌داد، به‌خوبی احساس

می‌شد. محسن کنار عمو محمد نشسته بود اما جایی دیگر بود، خیلی دور. می‌دانستم با آن دختر سیاه‌چشم که در آن شب برفی دلش را برده بود دوتایی از آن‌جا رفته بودند. هیچ کدامشان آن‌جا نبودند. مامان، با رنگِ پریده و درحالی که چشمانش از نگرانی دودو می‌زد، کنارم نشسته بود و صدای نفس‌هایش آشکارا به گوشم می‌رسید. دستم را روی دستان یخ‌کرده‌اش گذاشتم و به آرامی گفتم:

ـ مامان جون! دوستت دارم.

مامان با محبت به من نگاه کرد. ادامه دادم:

ـ نگران نباش. من خوش‌بخت می‌شم.

اشک از چشمان زیبایش سرازیر شد. دستمالی از کیفش بیرون آورد و اشک‌هایش را سریع پاک کرد.

عزیز تروتمیز و سرحال غش‌غش می‌خندید. آقاجان با چشمان مهربان و لبخند سخاوتمندانه‌اش، از آقای فرخی به خانمش و از آن‌ها به من و محسن نگاه می‌کرد و بذر دوستی می‌پراکند. بابا آشکارا مضطرب بود. مثل شیر نری که حریمش را در خطر احساس می‌کند. به جز عزیز و آقاجون حال‌وهوای بقیه غیرعادی بود. همه یک‌جوری نگران بودند. نگران چه؟ برد و باخت در معامله؟

ـ دوشیزه مرجان محمدی!...

کلمه‌ی دوشیزه توجهم را جلب کرد. از بیرون به خودم و هزاران‌هزار دوشیزه در دوران‌های مختلف و در خانواده‌های متفاوت، فقیر و ثروتمند، نگاه کردم: دختری با لپ‌های گلی از هیجان و خجالت درحالی‌که قلبش می‌تپد از عمق تغییراتی که بزرگ‌ترها در سرنوشتش رقم می‌زنند، در چادرنمازی سفید قوز کرده است که سهمش در تمامی این انتخاب بله‌یی است که به حکم شرع به او حق به‌زبان‌آوردنش داده شده، هرچند که به‌زور

کتک باشد. حالا فهمیدم چرا اصرار دارم از این قرارداد حظی نبرم. نمی‌خواستم در مقامی بنشینم که مادر و مادربزرگم و مادران آن‌ها نشسته‌اند و با اجازه‌ی بزرگ‌ترها بله گفته‌اند. از این که حسینی مرتب بر کلمه‌ی دوشیزه تأکید داشت عصبی می‌شدم. تأکید بر دست‌نخورده‌بودن، بر باکره‌بودن. من خودم را برای تو ای مرد من! حفظ کرده‌ام. هزاران بار مرا ترسانده‌اند و تهدیدم کرده‌اند و تذکر داده‌اند که مبادا! من خودم را برای مردی که وقتی خواهد آمد حفظ کرده‌ام، بی آن که حق داشته باشم بپرسم و خوش‌بینانه باور می‌کنم که او هم باکره است و خود را برای من از هر لذتی محروم کرده است هر چند که بر بکارت او شاهدی نیست و کسی آن را طلب نمی‌کند.

مامان آهسته با آرنجش به من زد و مرا متوجه کرد که حسینی منتظر جواب است. خوب لابد عروس رفته بود گل بچیند اما در بیابان تفتانی که در آن لحظه از ذهن این دوشیزه گذشته بود جز بوته‌های خار چیزی نمی‌روییـد. چه می‌توان کرد وقتی استعداد خودگول‌زدن و گریم کردن واقعیات را نداری. دسته‌یی خار چیدم و با چشمانی غمگین به محضر برگشتم. صدایی از گلویم بیرون آمد:

ــ بله.

بله ای راهی که در ابتدایت قرار گرفتم. بله ای هزاران سنگی که در این راه پایم را کوفته خواهید کرد، ای هزاران مسئولیت تعریف‌نشده. بله ای نسلی که برای زادنت قدم به پیش می‌گذارم....

مامان بغلم کرد و بوسید. بعد با وحشت مرا از خود دور کرد و پرسید:

ــ چرا می‌لرزی؟ چرا این‌جوری رنگت پریده؟
ــ خوبه که لپ گلی نشدم، مثل اون‌همه دوشیزه.

توی ماشین که نشستم از خاله پروین پرسیدم:

ــ خاله! الان دوازده است. من چه‌طور تا پنج عصر روی صندلی آرایشگاه بشینم؟

ــ هم‌چین حرف می‌زنی انگار قراره شکنجه‌ات کنن!

از وقتی به یاد داشتم خانم پارسایی آرایشگر مامان بود. کلی ادعا داشت و مشتری پروپاقرص. با کلی خواهش و تمنا به ما وقت داده بود.

تا نشستم برای محکم کاری قیافه‌ی دختر خوب و حرف‌شنویی به خودم گرفتم و با احتیاط گفتم:

ــ آرایش تند و گریم و این چیزها نمی‌خوام.

خانم پارسایی یک آلبوم جلویم گذاشت و رو به خاله کرد و گفت:

ــ جلوی چشم خودم بزرگ‌شده. به خدا اگه دختر نسرین نبود صد سال قبولش نمی کردم.

خاله به من چشم‌غره رفت و من سرم را پایین انداختم و خودم را سپردم به دست این خانم غرغرو.

به خاله گفتم:

ــ شماره‌ی خونه رو بگیرو مهشید رو صدا کن.

مهشید با صدای خسته‌یی گفت:

ــ الو!

ــ سلام مهشید جون کی می‌آی؟

ــ فعلاً که کلی کار داریم ولی عزیز قول داده تا ساعت سه بیایم.

ــ ببین مهشید جون این شماره‌یی که بهت می‌دم یادداشت کن، زنگ بزن ببین فریده اومده اصفهان یا نه؟ نگرانشم قول داده بود دیروز بیاد.

بعد صدایم را پایین آوردم و ادامه دادم:

ـ مهشید ناهار خوردین؟ خیلی گشنمه.

مهشید خندید و گفت:

ـ الان به مامان می‌گم.

خانم پارسایی کمی عقب و جلو رفت و مرا از زاویه‌های مختلف برانداز کرد و لبخندی ظریف صورتش را مهربان کرد:

ـ انشاالله خوش‌بخت بشی عروس خوشگلم.

وقتی در آینه‌ی قدی نگاه کردم خودم را نشناختم اما راضی بودم. یادم آمد که برای خرید تک‌تک اجزاء آن لباس چه‌قدر از این مغازه به آن مغازه رفتیم و فقط برای یک تاج ناقابل و یک دسته‌گل فسقلی چند ساعت وقت گذاشتیم و با مامان جروبحث کردیم. خوب لابد می‌ارزید.

به محسن که با احتیاط دستم را گرفته بود تا از پله‌های آرایشگاه پایین بروم گفتم:

ـ پس کو اون اسب سفیدی که قراره منو باهاش به سرزمین رویاهام ببری؟ پسر مشهدی!

محسن خندید و با اشاره به هوندای عمو محمد با یک دسته‌گل کوچک روی کاپوت گفت:

ـ خیلی ساده است نه؟

ـ زیبایی در ساده گی است.

خانمی که برای فیلم برداری آمده بود مرتب اعتراض می کرد که باید این‌طور راه بروم، باید صورتم را این‌وری بگیرم، بهتر است یک‌بار دیگر از پله‌ها پایین بیایم، صورتم اصلاً پیدا نیست، باید بیش‌تر بخندم و...

توی ماشین محسن پرسید:

ـ تو فکری عروس خانم؟

ـ محسن چه احساسی داری؟

ــ احساس؟ می‌دونی یه استادی داشتیم هر وقت سر کلاس صدای بوق ماشین عروس می‌شنید می‌گفت: «باز یکی خر شده.»

ــ پس یعنی در ازدواج فقط یکی خر می‌شه و لابد اون یکی خر می‌کنه.

ــ ظرافتش در همینه دیگه. هر کدوم تصور می‌کنه خر کرده ولی درواقع خر شده.

با تعجب به محسن خیره شدم. قاه قاه خندید و گفت:

ــ اون‌جوری نیگام نکن و الا میخورمت. من که بوق نمی‌زنم پس این حرف شامل حال ما نمی‌شه. اصلاً نکنه دلت می‌خواد بوق بزنم، ها؟

زهرا تندتند روی آتش منقل اسپند می‌ریخت و دورم می‌گرداند. یک لحظه به چشمانش نگاه کردم. شادی واقعی و ساده‌یی آن‌ها را روشن کرده بود. گفتم:

ــ زهرا! مامان این روزها خیلی به تو و آقا رجب زحمت می‌ده، انشاالله عروسی دخترت جبران کنم...

محسن که مراقب چادر روی سرم بود دستم را می‌کشید، می‌خواست زودتر وارد ساختمان شویم. دختر کوچولوها در لباس‌های سفید شبیه فرشتگان معصومی در جنب‌وجوش بودند و از ته دل می‌خندیدند. دلم می‌خواست از آن‌همه زیبایی و انرژی کودکانه بهره‌یی ببرم و با صدای بلند گفتم:

ــ یعنی چی؟ این که نشد. اصلاً من بازی نمی‌کنم. شماها که از عروس خوشگل‌ترین. من برمی‌گردم تا خانم آرایشگر دوباره منو درست کنه.

و نشان دادم که می‌خوام برگردم. فرشته‌های کوچک با تمام وجود جیغ می‌زدند:

ـ نه! نه! نه!...

مامان که فکر کرده بود اتفاقی افتاده با عجله آمد بیرون و با حرکات دست و سر از محسن می‌پرسید: «چی شده؟» محسن که صدایش به گوش او نمی‌رسید داد می‌زد:

ـ قراره مرجان مربی مهد کودک بشه داره تمرین می‌کنه.

نفس عمیقی کشیدم و خودم را برای روبه‌روشدن با دنیای پیچیده اما خالی بزرگ‌ترها ـ دیگران ـ آماده کردم که حالا لابد در اطراف سفره‌ی عقد فال‌گوش ایستاده بودند تا همه‌چیز را خوب به ذهن بسپارند و تا مدت‌ها موضوعی برای نشخوارکردن در مجالس کسل‌کننده داشته باشند: «مهریه‌ی دختره خیلی کم بود. از هولشون دودستی تقدیمش کردن...» یا «چه خبره! به حق چیزای نشنیده مگه دختر اشتروم‌خان بوده که این‌همه مهرش سنگینه؟ واه! واه! چه خبره واسه مردم مد می‌تراشن....»

حسینی با قیافه‌ی احمقانه‌اش باز همان جملات صبح را تکرار کرد و قسمت مالی قرارداد را شمرده و آهسته اعلام کرد تا همه بشنوند و سوءتفاهمی ایجاد نشود!

از هدیه‌ها آن‌چه به یادم مانده است، یک طبقه از سه طبقه‌یی بود که بابا برای من و مهشید و مریم ساخته بود. آقای فرخی پنجاه سکه. عموها هر کدام بیست تا. آقای رضایی سی تا. خاله‌ها ده تا خانم فرخی و دخترها هر کدام ده تا. مامان یک سرویس الماس...

همین‌طور که دخترِ عمه منیر با صدای رسا هدیه‌ها را یکی‌یکی اعلام می‌کرد، زیر لب به محسن گفتم:

ـ اَ چه پول دار شدیم! حالا با این‌همه سکه چی‌کار کنیم؟

محسن با قیافه‌یی جدی درحالی‌که به روبه‌رو نگاه می‌کرد لبانش را آهسته تکان داد و گفت:

ـ همه رو به یه زنجیر آویزون می‌کنی. فکر کنم طولش به

چند متر برسه و تو مهمونی‌های مامانم دور خودت می‌پیچی تا چشم همه از حسودی بترکه.
از تصور آنچه محسن گفته بود با صدای بلند خندیدم. محسن لبخند زد و آرام گفت:
ــ ذوق‌زده نشو. هدیه‌ی بابا رو به میمنت زندگی مشترکمون صرف امور خیر می‌کنیم. موافقی؟
ــ بله سرورم. گویا دست‌ودل‌بازی ما اصفهونی‌ها رو شما هم تأثیر گذاشته!
ــ دوستت دارم.
ــ من بیش‌تر.

۲۳

دو روز بعد از عقد، خانه از مهمان خالی شد. محسن هم به تهران برگشت تا کارهای مربوط به رفتنش را ردیف کند. اصرار داشت با هم برگردیم اما من تا ثبت نام ترم تابستانی یک هفته فرصت داشتم می‌خواستم استراحت کنم.

آقاجون هم با دایی و خاله‌ها برگشت ولی عزیزجون را نگه داشتیم. قرار شد با هم برگردیم. مامان کار تمیزی خانه و جمع‌وجورکردن وسائل را به زهرا سپرده بود که خواهرش را هم برای کمک آورده بود و خودش از صبح روی مبل لم می‌داد و گوشی در دستش بود و جواب تلفن‌ها را می‌داد یا خودش زنگ می‌زد و البته تمام صحبت‌ها حول یک موضوع بیش‌تر نبود. برایش جالب بود بداند خانم شوکت‌الملوک به عمه منیر چی گفته و نظرش در مورد پذیرایی چه بوده یا عزیزالسلطنه چرا وقتی خداحافظی می‌کرد گرفته و ناراحت به نظر می‌آمد؛ نکند رنجیده باشد؟ تاج‌الملوک ــ مادر شوهر عمه منیژه ــ نظرش در مورد خانواده‌ی داماد چه بوده است و ...

عزیز هم بغل دستش می‌نشست و بعد از هر تلفن، گفته‌ها و

شنیده‌های مامان را تحلیل می‌کرد و قاه‌قاه می‌خندید یا پشت چشم نازک می‌کرد و می‌گفت: «واه واه چه افاده‌ها...»
تازه صبحانه خورده بودم که تلفن زنگ زد به امید آن‌که صدای محسن را بشنوم گوشی را برداشتم. عمه منیژه بود که از ان طرف قربان‌صدقه‌ام می‌رفت.
حرف‌های عمه دخترک درونم را بیدار کرد. شروع کردم به نق‌زدن که:
ـ توی خونه حوصله‌ام سر رفته، عمه‌جون. حالم از حرف‌های خاله‌زنک‌های فامیل به هم می‌خوره. همون بهتر که با محسن می‌رفتم تهران.
عمه گفت:
ـ پاشو بیا این‌جا. نادر و نوشین هم هستن، دلت باز میشه.
گوشی را نزدیک دهانم گرفتم و آرام گفتم:
ـ نه عمه‌جون، عزیزم این‌جاست حالا خوب نیست تنهاش بذارم...
ـ گوشی رو بده به مامانت. زنگ زدم که واسه شام دعوتشون کنم، خودت زود بیا. نذاری مثل مهمون‌ها سر ظهر بیای ها.

زنگ که زدم، نوشین در را باز کرد. من و نوشین هم‌سن بودیم. به‌همان‌اندازه که نادر شلوغ و پُرانرژی بود، نوشین آرام بود و خجالتی. عمه منیر به‌شوخی می‌گفت: «نادر حقش رو خورده. از این دیوار صدا درمی‌آد، از نوشین درنمی‌آد.»
نوشین دانشگاه تبریز معماری می‌خواند. هم‌دیگر را بغل کردیم و بوسیدیم. با دستپاچگی به من تبریک گفت. گله کردم که:
ـ ای بدجنس! چرا واسه عقدم نیومدی؟
ـ به خدا تا دیروز صبح امتحاناتم طول کشید.
نادر به طرفم آمد. با هم دست دادیم. گفتم:

ـ با تو که دیگه قهرم.

نادر در جوابم لبخند زد و با اشاره به بساط صبحانه که روی تخت توی حیاط پهن بود گفت:

ـ صبحانه می‌خوری؟

ـ نه مرسی، خوردم.

نوشین گفت:

ـ می‌رم برات چای بیارم.

ـ نه نوشین جون، مرسی چای میل ندارم، بشین صبحونتو بخور.

نوشین سفره را جمع کرد و به آشپزخانه برد. درحالی‌که مانتو و روسری را درمی‌آوردم از نادر پرسیدم:

ـ عمه خونه نیست؟

ـ رفته خرید، الان دیگه می‌آد.

چشمم به گیلاس‌های رسیده‌ی درخت کنار تخت افتاد دو تا چیدم و درحالی‌که دستم را روی پوست خوش‌رنگ و خنک آن‌ها می‌کشیدم گفتم:

ـ آقای دکتر! می‌شه نشسته خورد؟

ـ نه! اسهال می‌گیری، می‌میری بعد توی اعلامیه‌ات می‌نویسن . . .

گیلاس به دهنم مزه کرد. شروع کردم به چیدن.

ـ خب، می‌نویسن درگذشت صبیه‌ی مردان محمدی و ضعیفه...

ـ ضعیفه نه، متعلقه

ـ اِ به خدا خودم توی یه اعلامیه دیدم نوشته بود ضعیفه؛ خب باشه، متعلقه‌ی محسن فرخی در اثر اسهال شدید...

نادر که از جایش بلند شده بود و از شاخه‌های بالاتر که دست من نمی‌رسید گیلاس‌های رسیده را می‌چید وسط حرفم دوید که

— شاید مشهدی‌ها می‌نویسن ضعیفه؟
— مشهدی و اصفهونی نداره. همه‌تون سروته یه کرباسین. یکی صادقانه حرف دلشو می‌زنه و می‌گه ضعیفه. یکی مؤدبه می‌گه همسر، یکی خل و چله می‌گه یار، اون که به زنش نگاه می‌کنه و به یاد مادرش می‌افته می‌گه غم‌خوار....

نوشین با دو لیوان شربت برگشت. سینی را روی تخت گذاشت و رفت. چشمم به درخت آلبالو افتاد گفتم:
— اَ... ببین چه‌قدر آلبالو داده!

یکی چیدم و به دهانم گذاشتم. تلخ بود:
— حیف که هنوز نرسیده.

بوی آلبالوی نارس مرا به بچگی برد. چه‌قدر در آن حیاط قدیمی و پُردرخت دویده بودیم و از درخت‌ها میوه چیده بودیم. صدای خنده‌ی بی‌خیال خودم را روی پوست درخت‌ها، روی آجرهای کف حیاط، لابه‌لای کاشی‌های آبی‌رنگ پنجره زیرزمین‌های دورتادور حیاط حس می‌کردم. آهی کشیدم و گفتم:
— کاش بچگی تا آخر عمر ادامه داشت. دنیای آدم‌بزرگ‌ها رو اصلاً دوست ندارم.
— می‌گم مرجان!
— هوم؟
— چه‌طوره مثل اون‌موقع که بچه بودیم...

با شک به دست‌های نادر نگاه کردم و گفتم:
— لابد دوباره یه سوسک بزرگ پیدا کردی یا یک موش مرده این دوروبر افتاده ها؟

با احتیاط دوروبرم را نگاه کردم. نادر خندید و گفت:
— نه منظورم اینه که مث اون‌وقت‌ها که صادقانه و بی‌پرده می‌تونستیم با هم حرف بزنیم...

ـ و تو هم خیلی اهل حرف‌زدن بودی؟ آتیش‌پاره!
لبه‌ی تخت نشستم و یکی از شربت‌ها را هم زدم. چشمم به چند تا کتاب افتاد که روی تخت افتاده بود. با تعجب پرسیدم:
ـ «قبض و بسط سروش» رو می‌خونی؟
نادر که داشت زیر شیر آب کنار حوض دست‌هایش را می‌شست گفت:
ـ اشکالی داره؟
ـ نه فقط نمی‌دونستم برات جالبه. آخه هیچ‌وقت نگفته بودی؟
کنارم نشست و با صدایی گله‌مند گفت:
ـ شاید خودت نخواستی بدونی؟
ـ نادر تو از من دلخوری؟
نادر به من خیره شد. ادامه دادم:
ـ باشه. واقعاً بیا رک‌وراست با هم صحبت کنیم.
ـ خب. راستش همیشه، از همون دوران بچگی، از شخصیتت لذت می‌بردم. از مستقل بودنت، حاضر جوابی‌هات، سؤال‌هایی که می‌پرسیدی، کتاب‌هایی که ازم می‌گرفتی، چه می‌دونم... خودرأی‌بودن. به نظرم می‌اومد همه‌چی در تو خوش‌آینده...
نادر سرش را برگرداند و به روبه‌رو خیره شد بعد و باپوزخند ادامه داد:
ـ هرچند دیگه چه فرقی می‌کنه بدونی در موردتت چی فکر می‌کردم؟
نادر سکوت کرد. نمی‌دانستم چه بگویم. مدتی گذشت. ادامه داد:
ـ خبر ازدواجت مث یه شوک بود. خشکم زد. باورم نمی‌شد... راستش هنوز هم باور نمی‌کنم.
نادر از جا بلند شد به طرف باغچه‌ی کنار پله‌های زیرزمین

رفت. خودش را با بوته‌های لاله‌عباسی سرگرم کرد. من در سکوت به او نگاه می‌کردم. نمی‌دانستم چه بگویم.
همان‌طور که دانه‌های سیاه را از گل‌ها جدا می‌کرد به طرفم برگشت، پوزخندی زد و زیر لب گفت:
ـ یه احساس احمقانه‌یی دارم، انگار آدم به خودش شک کنه... انگار اعتمادبه‌نفست رو از دست بدی؛ چه‌طوری بگم؟ به خودت، به توانایی‌هات شک کنی. مرتب از خودم می‌پرسم: «چرا؟»
اضطراب در چشمانش موج می‌زد. لب تخت، کنارم، نشست و ادامه داد:
ـ واقعاً چرا، مرجان؟ چه‌چیزی در من بود که تو نمی‌پسندیدی؟
منتظر جواب بود. فکر کردم پس برای همین عمه از من خواست که به آن‌جا بیایم. خودش به بهانه‌ی خرید رفته. لابد به نوشین هم سفارش کرده ما را تنها بگذارد. سرم را پایین انداخته بودم و با لبه‌ی لیوان شربت بازی می‌کردم.
ـ می‌دونی چند شب پیش محسن همین سؤال رو ازم پرسید؟
ـ چه‌طور فهمیده بود؟
ـ مهم نیست. به‌هرحال این‌جور حرف‌ها توی خونواده زود می‌پیچه. خصوصاً که عمه واسه‌ی نامزدی نیومده بود. می‌دونی چی بهش گفتم؟ گفتم تو برام مث برادر می‌مونی. نادر! تو واسه‌ی من خیلی عزیزی، خیلی به من نزدیکی. به خاطر گذشته‌یی که با هم داشتیم، به خاطر تموم مشترکاتی که بین ما هست. شاید من تو بعضی موارد تو رو به خودم نزدیک‌تر احساس کنم تا محسن. چیزهایی رو بتونم به تو بگم که با اون نتونم در میون بذارم؛ اما زندگی مشترک... چه‌طور بگم آدم که نمی‌تونه با برادرش... می‌فهمی؟
ـ نه نمی‌فهمم. تو دختر دایی منی، هیچ‌وقت هم احساس

نکردم خواهرمی. خب البته تو چیزهایی به اون گفتی که درواقع دوست داشته بشنوه. ولی قرار شد با هم صادقانه صحبت کنیم.
نمی‌دانستم چه بگویم. با تردید گفتم:
ـ من... من هیچ‌وقت... چه‌طور بگم؟... راستش صحبت‌هات برام خیلی تازگی داره. آخه من و تو هیچ‌وقت در این مورد صحبت نکرده بودیم. من اصلاً نمی‌دونستم تو... توی دیوونه منو دوست داری. فکر می‌کردم این خواست عمه است که چون به من علاقه داره فکر کرده ما مورد مناسبی واسه‌ی هم هستیم... نادر! من از کجا باید می‌فهمیدم که این خواست خودته؟
ـ اگه می‌دونستی فرق می‌کرد؟
ـ نادر، خواهش می‌کنم، بیا ادامه ندیم.
نادر با لحنی محکم پرسید:
ـ یعنی اگه می‌دونستی فرق می‌کرد؟
از نگاهش هول برم داشت. قلبم شروع کرد به تپیدن. تابه‌حال نادر را این چنین عصبی و مضطرب ندیده بودم. پس کجا بود آن پسرک شوخ و سربه‌هوا؟ این نادر را نمی‌شناختم.
نادر متوجه شد. سرش را پایین انداخت و چشمانش را بست. آرام و شمرده گفت:
ـ مرجان! منو ببخش. می‌دونم دارم اذیتت می‌کنم. اما برام مهمه، خیلی مهمه بدونم اگه می‌دونستی دوستت دارم چه جوابی می‌دادی؟
کلافه بودم. خودم را در حال بازجویی احساس می‌کردم. اما می‌خواستم تحملش کنم. انگار دلم برایش می‌سوخت و خودم را تا حدودی مقصر احساس می‌کردم «شاید عمه بعد از صحبت تابستون گذشته بهش گفته که من موافقم»
ـ مطمئن نیستم چه جوابی می‌دادم. اگه از علاقه‌ات حرف

می‌زدی قطعاً در من اثر می‌کرد اما این که به کجا ختم می‌شد، اینو نمی‌دونم.
نادر نفس عمیقی کشید و گفت:
ـ ببخش اگه اذیتت کردم. خیلی واسم مهم بود. حالا دیگه از یه چیز مطمئنم. این‌که تا آخر عمر خودم را به خاطر این اشتباه نمی‌بخشم. اما مرجان! خدا کنه حدس من اشتباه باشه. خدا کنه قضاوت من از روی حسادت باشه. اما احساس می‌کنم این پسر مذهبی هم از همون مذهبی‌هاست.
نگذاشتم حرف نادر تمام شود، دست‌هایم را روی گوشم گذاشتم و گفتم:
ـ نمی‌خوام بشنوم. من احساستو درک می‌کنم. اما نمی‌خوام در این مورد چیزی بشنوم. درعین‌حال نمی‌خوام تو رو به عنوان یک دوست خوب از دست بدم.

۲۴

عزیز از لابه‌لای صحبت‌های من و محسن شنیده بود که می‌خواهیم، طوری که بابا و خانواده او بویی نبرند، چند روزی بریم شمال. پیشنهاد کرد: «من و آقاجونت داریم می‌ریم شمال، شما هم تا اون‌جا با ما بیاین، بعدش ماشینو بردارین و هر جا خواستین برین.»

خیلی خوش‌حال بودم. اولین بار بود که من و محسن می‌توانستیم چند روز، بدون دلهره، کار و درس و دیگران را رها کنیم و دوتایی استراحت کنیم.

رفتن به شمال از بچگی جزء بهترین خاطراتم بود و حالا که قرار بود محسن در کنارم باشد لذتی بالاتر از آن برایم قابل‌تصور نبود.

آقاجون گوشه‌گوشه‌ی زمین‌اش را به محسن نشان می‌داد و با لذت تاریخچه‌ی درخت‌ها و گل‌ها را برای او تعریف می‌کرد. البته از ساده‌گی خانه‌اش کمی معذب بود و مرتب از نقشه‌هایش می‌گفت که این‌جا قراره... بسازیم. نمای ساختمان را سنگ...

عزیزجون که خوب می‌دانست آقاجون تا چه حد عاشق

آن‌جاست و می‌توانند ساعت‌ها بدون وقفه حرف بزنند، از ساختمان بیرون آمد و با مهربانی گفت:

ـ حسن‌خان! اگه گفتی واسه ناهار چی آوردم؟

ـ دردت به جون حسن! اگه زهر هم بدی از وجودت پادزهر می‌شه.

عزیزجون قاه‌قاه خندید و گفت: «غذایی که دوست داری، کوفته تبریزی. حالا تا سرد نشده و از دهن نیفتاده بریم تو.»

بعدازظهر من و محسن راه افتادیم به طرف نوشهر. هوا داغ و شرجی بود. محسن که می‌دید من حسابی سرخ شده‌ام و هی آب می‌خورم با شیطنت گفت:

ـ فکرشو بکن. الان ماشاءاله همه‌جا رو تمیز کرده، کولر داره کار می‌کنه، خونه خنک خنکه. توی یخچال یه پارچ شربت خنک گذاشته و یه ظرف هندوونه...

ـ نگو! گرما رو بیش‌تر احساس می‌کنم. خوبه همین امروز خانم فرخی هوس شمال کرده باشه.

ـ نه. اگه قرار باشه بیان، از چند روز قبل به ماشاالله خبر می‌دن.

با دیدن ویلای دوطبقه و شیکی که محسن واردش شد گفتم:

ـ نمی‌دونستم مشهدی‌ها هم بله.

ـ این جارو بابا چند سال پیش، وقتی دکتر گفت مامان به استراحت و آرامش احتیاج داره، براش خرید اما عملاً خودش ازش استفاده می‌کنه.

ـ تو هم‌چین حرف می‌زنی انگار خرج پدر مادرت از هم جداست.

محسن با قیافه‌یی گرفته و ناراحت نفس عمیقی کشید و گفت:

ـ مگه برات فرقی هم می‌کنه؟

ـ نه اصلاً. تا این‌جا هستیم نمی‌خوام به هیچی فکر کنم. حالا اخماتو وا کن.

ماشاالله وقتی با محسن دست می‌داد با تعجب به من نگاه کرد و پرسید:

ـ حاج‌خانم هستن؟

محسن که داشت ساک‌ها را از پشت ماشین درمی‌آورد با بی‌اعتنایی گفت:

ـ آره. بیا این‌ها رو ببر بالا. کسی که این روزها زنگ نزده؟

ـ نه آقا.

ماشاالله که رفت به محسن گفتم:

ـ این بی‌چاره چرا با وحشت به من نگاه می‌کرد؟

محسن سرش را بلند کرد و یک نگاهی به سرووضع من با مانتوی سفید و کلاه و عینک کرد گفت:

ـ خب از این حجاب تو تعجب کرده.

ـ حجاب؟ ولی یه تار موهام هم پیدا نیست، شدم عین این هنرپیشه‌های سریال‌های ایرونی که از ترس، در اعتقاداتشون به شکل مسخره‌یی اغراق می‌کنن؟!

محسن لبخند کم‌رنگی زد و با پشت دست عرق پیشانی‌اش را پاک کرد و گفت:

لابد با معیارهای خونواده‌ی من این یعنی بی‌حجابی. حالا چرا بحث می‌کنی من که حرفی نزدم.

درحالی که سعی می‌کردم رنجشم را در پس لبخندی ساختگی پنهان کنم گفتم:

ـ بحث نمی‌کنم ولی امیدوارم هر وقت حرفی داشتیم رک‌وراست به هم بزنیم.

اولین چیزی که لازم داشتم حمام بود. دوش ولرم آرامم کرد. آب‌میوه‌یی که محسن دستتم داد خوش‌مزه‌ترین نوشیدنی دنیا جلوه کرد. داشتم لباس‌هایم را توی کمد آویزان می‌کردم که محسن از آشپزخانه دادزد:

ـ توی یخچال غذا هست. خونه شام بخوریم یا بریم بیرون؟
ـ خونه.
ـ گرم کنم؟
ـ الان موهامو خشک می‌کنم خودم می‌آم.
ـ پس من هم می‌رم حموم کنم.

احساس خوبی داشتم. غروب بود و نسیم ملایمی می‌وزید. با این که هوا هنوز گرم بود پنجره را باز کردم تا صدای دریا را بهتر بشنوم. آرایش ملایمی کردم و پیراهن نخی سفیدی پوشیدم و به آشپزخانه رفتم. می‌خواستم میز را تا آن جا که ممکن است رومانتیک بچینم.

برای چیدن گل، محوطه‌ی ویلا سخاوتمندانه به دادم رسید. وقتی محسن تروتمیز و خوشبو وارد آشپزخانه شد، روشنایی نور شمع هم کافی بود تا گیرایی و جذابیت چشمانش مرا شیفته کند. در آن تکه زمین خدا من بودم و محسن، عزیزترین و نزدیک‌ترین کسی که می‌توانستم تصور کنم.

به طرفش رفتم و دوستت دارم، را در بوسه‌یی طولانی پیچیدم و روی لبان گرمش کاشتم.

آن شب من و محسن از شام‌خوردن در آن محیط آرام و گوش‌دادن به صدای دریا بسیار لذت بردیم. هر دوی ما به آن احتیاج داشتیم. فضا آنقدر زیبا و دلپذیر بود که سعی می‌کردیم صدای کارد و چنگالمان هم شنیده نشود.

نگاه‌های عاشقانه بود و رقص نور شمع و صدای امواج.

محسن چراغ‌خواب را روشن کرده و در نور قرمز آن مشغول مطالعه بود. چند جلد کتاب قطور روی زمین کنار تخت افتاده بود. تا مرا دید قیافه‌ی گناه‌کارانه‌یی به خود گرفت و با اشاره به کتابی که در دست داشت گفت:

ـ ببخش این از عادت‌های ترک‌نشدنی منه. فکر کنم باید

باهاش کنار بیای.
کتابی که با خودم آورده بودم روی تخت انداختم لبخندزنان کنارش دراز شدم و گفتم:
ــ در این مورد تفاهم داریم، عزیزم.
محسن همان‌طور که به من نگاه می‌کرد کتاب را کنار گذاشت، به طرفم چرخید و گفت:
ــ پس بهتره حالا ببینیم در زمینه‌های دیگه چه‌قدر تفاهم داریم.
وقتی لبان گرمش لبانم را می‌فشرد با تمام وجود می‌خواستمش. گردن و گوشم را غرق بوسه می‌کرد و بر هیجانش می‌افزود. می‌خواستم بی‌واسطه لمسش کنم. می‌خواستم گرمای تنش پیراهنم باشد. می‌خواستم خودم را با او یکی احساس کنم و دگمه‌ها تمام نشدنی بود.
ــ به هیچی فکر نکن. هیچی رو به خودت تحمیل نکن هروقت که ناخوش‌آیند بود بگو من دست می‌کشم.
سراپا لذت بودم. صدای لرزان محسن که قطع و وصل می‌شد از دور، آن دورها دوباره به گوشم رسید:
ــ تو... مخالف نیستی؟ می‌شه...
چرا باید مخالف بودم. من که همه‌ی وجودم از خواستن می‌سوخت. نمی‌خواستم چیزی بشنوم فقط می‌خواستم حس کنم. محسن می‌خواست چیزی بگوید که در گوشش زمزمه کردم: «هیس.»
و لبانش را با ولع فشردم.
دردی جانکاه در وجودم پیچید و تمام میل و خواهشم را از بین برد. محسن عقب کشید و سعی کرد آرامم کند.
چند دقیقه بعد فراموش کردیم که دردی هم بوده و وقتی کاملاً به هیجان آمده بودم، محسن یک‌بار دیگر سعی کرد.

این بار آن‌قدر ناخوش‌آیند بود که به گریه افتادم و خودم را کنار کشیدم. محسن محکم بغلم کرد و در سکوت نوازشم کرد. وقتی آرام شدم گفت:

ـ قول می‌دم، منو نگاه کن! قول می‌دم تا خودت نخوای، دیگه بهت نزدیک نشم. باشه؟

سرم را تکان دادم.

ـ حالا اگه دیگه به اون درد فکر نکنی، من کاری می‌کنم که حسابی لذت ببری! اما یه شرط داره دختر نارنج‌وترنج!

ـ چه شرطی؟

ـ که خجالت رو کنار بذاری.

ـ آخ که چه‌قد هم من از تو خجالت می‌کشم!

نوازش‌های محسن و بوسه‌های شیرینش بار دیگر مرا از خود بی‌خود کرد، لبانش از صورت و گردنم پایین رفت و پایین‌تر... روی ابرها بودم. امواج دریا با موج‌های درونم هم صدا شده بود.

دقایقی بعد آرام و راضی به صدای دریا گوش می‌دادم و احساس خوش‌بختی می‌کردم. تنم بوی محسن را گرفته بود، صدای نفس‌های آرامش در خواب لذت‌بخش بود. دانه‌های عرق روی پیشانی‌اش نشسته بود. اولین بار بود که او را در خواب می‌دیدم. چند تار مو به پیشانی بلندش چسبیده بود. دلم می‌خواست ببوسمش. دلم می‌خواست نوازشش کنم. اما نمی‌خواستم از خواب بیدارشود. آرام ملافه را رویش کشیدم و رفتم که دوش بگیرم.

.....

دستی گرم روی تنم کشیده می‌شد و نوازشم می‌کرد. غلتی زدم و به ساعت کنار تخت نگاه کردم. ساعت پنج و چهل دقیقه بود.

ـ عزیزم! بذار بخوابم.
محسن درحالی‌که با بوسه‌های گرمش خواب از سرم می‌ربود گفت:
ـ تو بخواب کاری نداشته باش. اومدم احوال‌پرسی ...
پرده را کنار زد و گفت:
ـ دختر نارنج و ترنج! خوابی یا بیدار؟
از لای پلک‌های نیمه‌باز به او چشم دوختم. احساس خوبی داشتم؛ احساس یکی‌بودن؛ خودی‌بودن. انگار تمام عمر می‌شناختمش. اصلاً خود من بود که از تنم جدا شده بود.
ـ محسن!
ـ جونم!
ـ دوستت دارم.
محسن آرام‌آرام جلو آمد و گفت:
ـ خب پس می‌خوای منو قبل از صبحانه حالی‌به‌حالی کنی، آره؟
چهار روزی که شمال بودیم از زیباترین و به‌یادماندنی‌ترین لحظات زندگی من و محسن شد. بی‌رغبت سوار ماشین شدیم.
ـ محسن! قول بده زمستون که برگشتی دوباره بیایم این‌جا
ـ خوش‌حالم که با این احساس این‌جا را ترک می‌کنیم. معلومه که می‌آیم.

۲۵

درست یک هفته بعد از این که از شمال برگشتیم، محسن به مسکو رفت و آرامش و قرارم را با خود برد. دوری‌اش برایم غیرقابل‌تحمل بود. ترم تابستانی داشتم و پنج روز در هفته وقتم پر بود اما هر روز برایم به اندازه‌ی یک هفته طول می‌کشید. قرار بود محسن بعد از تمام‌شدن اولین ترم به ایران بیاید و بعد از مراسم عروسی با هم برگردیم. خانم فرخی گفته بود: «من یک پسر بیش‌تر ندارم، آرزو دارم همه‌ی فامیل برای عروسی محسن باشن.»

یک روز بین دو کلاس تو بوفه‌ی دانشکده نشسته بودم که فریده وارد شد و یک‌راست به طرفم آمد. بی آن‌که از جایم بلند شوم با اخم سلام کردم و سرم را پایین انداختم. تلفنی به او گفته بودم اگر برای عقدم نیاید دیگر با او حرف هم نمی‌زنم. با این‌که دلم براش یه ذره شده بود ولی نشان دادم که سر قولم هستم. فریده نشست. وقتی به خودمان آمدیم که سه ربع از کلاس هر دوی ما گذشته بود. خیلی خوش‌حال شدم که دوباره فریده را می‌دیدم. نمی‌دانم او که جزء غر و نق زدن کار دیگری

نمی‌کرد چرا تا این حد برایم عزیز بود. وقتی ازم قول گرفت که آن پنجشنبه و جمعه به خوابگاه بروم، از جایش بلند شد و رفت به آزمایشگاهش برسد.

پنج‌شنبه صبح عزیز دو سه جور خورش از فریزر درآورد و گفت:

ـ واسه این دو روزتون ببر با فریده بخورین.

ـ عزیز منو بدعادت می‌کنی. خب خودمون یه چیزی درست می‌کردیم.

ناگهان زیر گریه زد:

ـ همین یکی دو ماه این‌جایی. دیگه از پیشم می‌ری. دیگه شدی مال مردم.

خیلی کم پیش می‌آمد عزیز احساساتی شود و گریه کند. بغلش کردم و به شوخی گفتم:

ـ عزیزجون! نکنه به محسن حسودی می‌کنی؟

ـ تمام خوشی دختر تا قبل از ازدواجه. دیگه بعد از اون شوهرداری و بچه‌داری.. تو هم که اهل خوش‌گذرونی نبودی تا بود و بود سرت توی درس و کتاب بود. الهی بمیرم اصلاً جوونی نکردی.

عزیز که دوباره زد زیر گریه من واقعاً نتوانستم جلوی خنده‌ی خودم را بگیرم

ـ عزیز مگه قراره من بمیرم که می‌گی جوونی نکردم. تازه اول خوش‌گذرونی منه. خداحافظ درس و دانشکده. سلام بر زندگی.

اشک‌های عزیز را پاک کردم صورتش را بوسیدم و گفتم:

ـ اولاً فقط واسه چند سال قراره بریم. ثانیاً وقتی برگردیم مطمئنم توی همین تهران دودزده‌ی خودتون می‌مونیم. درضمن عزیز مگه خود شما نبودی که توی فامیل و دروهمسایه واسه من

دنبال شوهر می گشتی؟ خب همینه دیگه. خدا رو شکر که به میل خودم ازدواج کردم و شوهرم را تا این حد دوست دارم.

عزیز که آرام شده بود نفس عمیقی کشید و مرا بوسید.

فریده تا مرا دید غش‌غش خندید که:

ـ دختر واسه دو روز چه‌قد باروبندیل آوردی؟

ـ بگیر این نایلکسو که دستم افتاد. چه می‌دونم، عزیز کلی غذا داده. انگار بچه‌خوابگاهی‌ها گشنگی می کشن؟

اتاق مثل همیشه بود. با این که فقط چند ماه از آن‌جا دور بودم ولی دلم برای خوابگاه تنگ شده بود.

ـ تا تو دستاتو بشوری من هم چای می‌ذارم.

ـ زود باش که کلی عکس آوردم ببینی.

ـ زود برمی گردم.

فریده عکس‌ها را یکی‌یکی می‌دید و نظر می‌داد:

ـ نه بابا، شوهرت یه چیز دیگه‌اس. اصلاً شبیه خاله‌قورباغه نیس.

ـ فریده! بگو کی فوق قبول شده؟

ـ می‌خوای بگی عفت؟

ـ فکرش رو بکن. واقعاً که حقش بود.

ـ خوب این حزب‌اللهی‌ها قبول نشن کی...

ـ فریده بی‌انصاف نباش. خودت خوب می‌دونی که عفت نه سهمیه بود نه چیزی.

ـ خب الهیات هم شد رشته؟ چهار تا کتاب حفظ کرده رفته امتحان داده قبول شده دیگه.

ـ اووووه! خدا رو شکر که شیمی خوندی اگه مهندسی چیزی بودی که لابد دیگه کسی رو تحویل نمی گرفتی.

ـ ببخشین! نمی‌دونستم به خانم برمی‌خوره. خب، باید هم از

خواهرشوهرت دفاع کنی.
ـ کسی که حریف زبون تو نیست. حالا نگاه کن این مادر محسنه این هم خواهر بزرگشه
ـ مادره چرا این‌جوری قیافه گرفته؟ چه افاده‌یی!
شب که بعد از مدت‌ها دوباره روی تختم دراز شدم احساس خوبی داشتم. چراغ اتاق را خاموش کرده بودیم و طبق عادت من از تخت بالا حرف می‌زد و فریده از پایین.
ـ فریده خوش‌حالم که دوباره خوابگاهم. فکرش رو بکن فقط چند هفته مونده. دیگه دوران باهم‌بودن، دوران بی‌خیالی، دوران ایده‌آل‌گرایی تموم شد. خدا می‌دونه چه سرنوشتی منتظر هر کدوم از ماست. چه‌قد می‌نشستیم واحدهای گذرونده رو جمع می‌زدیم ببینیم کی خلاص می‌شیم. حالا از تموم‌شدنش احساس خلاء می‌کنم.
ـ همه‌ی واحدها رو تابستون گرفتی؟
ـ سه واحد تحقیق مونده که می‌خوام کار کتاب‌خونه‌یی بگیرم.
ـ یعنی امتحانات تموم شه دیگه برمی‌گردی؟
ـ آره می‌رم اصفهون. ولی می‌دونم اون‌جا هم آروم‌وقرار ندارم.
ـ دلت واسش تنگ شده؟
نمی‌دانستم چه جوابی بدهم. خجالت می‌کشیدم برای دختری که می‌دانستم به‌رغم سنش هیچ مردی او را لمس نکرده و جمله‌ی دوستت دارم را در گوشش زمزمه نکرده، از علاقه‌ام به محسن حرف بزنم یا از وابستگی و احساس نزدیکی و یکی‌شدن که بعد از هم‌خوابیگی به وجود می‌آید.
ـ خیلی. خیلی فریده.
ـ می‌دونی مرجان! تو خیلی عوض شدی.
ـ یعنی چی؟

ــ آخرین بار کی روزنامه خوندی؟ کی کلاس سروش بودی؟ دیگه یک کلمه از مسائل اجتماعی و سیاسی حرف نمی‌زنی. حتا نگاه و حالت چشمت هم عوض شده، شدی مثل یه زن.
ــ این موقته.
ــ فکر می‌کنی. همه‌ی این حرف‌ها و نگرانی‌ها و دغدغه‌های اجتماعی تا قبل از ازدواجه. بعد همه‌چی فراموش می‌شه و زندگی زن‌ها خلاصه می‌شه در شوهرداری و بچه‌داری و رقابت و چشم و هم‌چشمی احمقانه.
ــ ولی تو خوب می‌دونی که من این‌طور نیستم.
ــ همه همین‌طورن.
ــ و تو البته علامه‌ی دهری و از همه‌چیز و همه‌کس خبر داری. اصلاً همون بهتر که برم و از دست توی لجوج راحت بشم.
ــ بی‌چاره به محسن. با زبونت قورتش می‌دی.
ــ تو نگران محسن نباش. به‌اندازه‌ی کافی حاضر جواب هست.

۲۶

اواسط شهریور بود. امتحانات داشت تمام می‌شد و من کم‌کم برای رفتن به اصفهان آماده می‌شدم. یک روز وقتی از دانشکده برگشتم عزیز گفت:

ــ امروز پدر محسن زنگ زد. شماره‌ی هتلش رو گذاشت گفت یه زنگ بهش بزنی.

ــ هتل؟

ــ آره. خودش این طور گفت. من هم خیلی تعجب کردم.

همان شب به هتل زنگ زدم. آقای فرخی بعد از احوال‌پرسی گرم برای فردای آن روز مرا به ناهار دعوت کرد. مؤدبانه از او دعوت کردم که به خانه‌ی آقاجون بیاید اما گفت که دوست ندارد مزاحم کسی باشد و با داشتن کلی فامیل و دوست و آشنا هتل را ترجیح می‌دهد. با این که حرف‌هایش عجیب بود اما خوشم آمد. تازه گی داشت.

طبق قرار ساعت یک دمِ در هتل لاله منتظرش بودم. آقایی خوش‌تیپ با عینک آفتابی از تاکسی پیاده شد و بالبخند به طرفم آمد.

در رستوران سنتی هتل نشستیم. آقای فرخی نگاهی به درودیوار کرد و گفت:

ـ می‌تونستیم جای بهتری ناهار بخوریم.

ـ بله ولی راستش من از این‌جا خاطرات خوبی دارم، پشت یکی از همین میزها محسن از من خواستگاری کرد.

خندید و با کمی مکث درحالی‌که انرژی از چشمانش می‌تراوید به من خیره شد و شمرده گفت:

ـ پس از این به بعد من هم از این‌جا خوشم می‌آد.

در مدتی که با پدر محسن نشسته بودم آن‌قدر احساس راحتی می‌کردم که شاید اگر بابا بود تا آن حد به من خوش نمی‌گذشت. وقتی فنجان قهوه را بالا آوردم به چشمان فرخی خیره شدم و بی آن‌که حرفم را بسنجم گفتم:

ـ می‌دونین آقای فرخی! از لحظه‌یی که شما را برای اولین بار دیدم به نظرم اومد که خیلی شبیه مذهبی‌ها نیستین، خصوصاً مذهبی‌های بازاری. نگاه شما اون‌قدر زنده و ج... جذابه که...

تازه به ذهنم رسید فکرم را سبک‌وسنگین کنم ببینم آیا می‌شود با پدرشوهر این‌طور حرف زد یا نه؟ ولی دیر شده بود ادامه دادم:

ـ امیدوارم منظورم رو درک کنین.

ـ شاید تصور می‌کنی بازاریِ مذهبی باید شبیه مش‌رجب بقال سر کوچه باشه؟

ـ ببخشین اگه رنجیدین.

ـ به‌هیچ‌وجه. لابد نمی‌دونی که خیلی از تصمیمات مهم مملکت در حجره‌ی همین حضرات بازاری گرفته می‌شه.

ـ شما... شما که سیاسی نیستین.

ـ در کشور ما سیاسی‌بودن همیشه جرم بوده. به هر سیاستی غیر از آن‌چه که حاکمه اگه تمایل داشته باشی جرم مرتکب

شـدی. آدم عاقـل سیاسـی نمی‌شـه. مـن اینـو همیشـه بـه محسـن می گـم.

ــ محسن بیش‌تر اهل علمه تا هر چیز دیگه.

ــ درسـتش هـم همینـه. کشـور مـا بـه انسـان‌های باهـوش، تحصیل‌کـرده و مسـئول احتیـاج داره تـا گنده‌گـو.

من لبخند زدم و با کمی احتیاط گفتم:

ــ خـب، درضمـن شـما خیلـی هـم جـوون بـه نظـر می‌رسـین. اصـلاً بهتـون نمـی‌آد پدربزرگ باشـین.

فرخی با صدای بلند خندید و گفت:

ــ بی‌خـود نیـس کـه می‌گـن رابطـه‌ی عـروس و پدرشـوهر خیلـی دوسـتانه و صمیمیـه. خـب، از ایـن هندونه‌هـا زیـر بغـل آدم می‌ذاریـن و خودتـون رو تـوی دل آدم جـا می‌کنیـن دیگـه!.

ــ راستش من اصلاً اهل مبالغه نیستم. فقط احساسمو گفتم.

ــ می‌دونی یکی دو هفته‌ی دیگه می‌رم مسکو؟

ــ نمی‌دونستم. اما خوش به حالتون.

ــ دلت تنگ شده. آره؟

سرم را پایین انداختم و لبخند زدم.

ــ برای دیدن محسن می‌رین یا...

ــ نـه بـه خاطـر مسـائل کاری. اگـه بشـه می‌خـوام اون‌جـا یـه نماینده‌گـی بزنـم.

بعد با حالتی صمیمی لبخند زد و ادامه داد:

ــ شاید اصلاً خودت بعدها اداره‌اش کنی.

یـک لحظـه گویـا متوجـه‌ی چیـزی شـده باشـد مکـث کـرد بعـد گفـت:

ــ ببینـم راسـتی می‌خـوای تـو هـم بیـای؟ می‌ریـم و بعـد از دو هفتـه برمی‌گردیـم. خـرج سـفرت بـا مـن.

شـک داشـتم شـوخی می‌کنـد یـا جـدی می‌گویـد. چنـد ثانیه‌یـی

باتردید به او خیره شدم و وقتی با قیافه‌ی جدی گفت:
ــ واقعاً می‌گم
باتردید پرسیدم:
ــ خب از نظر خونواده‌ی فرخی اشکالی نداره؟
و بلافاصله اضافه کردم:
ــ البته به شرطی که بابا مخالفتی نداشته باشه.
فرخی لبخندزنان با شیطنت پرسید:
ــ شمال‌رفتن اشکالی نداشت؟
یک لحظه خشکم زد. صورتم گُر گرفت. می‌دانستم که حسابی سرخ شده‌ام و این مرا بیش‌تر معذب می‌کرد. او که متوجه‌ی حال من شده بود گفت:
ــ با من راحت باش. من که به عنوان پدر باید بدونم بچه‌هام چی‌کار می‌کنن. به اون سرایه‌دار که بی‌خودی پول نمی‌دم. شما هم که عقد کرده رفتین، از نظر شرعی محرم بودین. البته من به مادرمحسن چیزی نگفتم. خودتو ناراحت نکن.
هنوز گیج بودم. خودم را با قهوه سرگرم کردم تا کمی متمرکز شوم. دلم می‌خواست بگویم «اگر مهم نیس پس اصلاً چرا مطرحش کردین؟ که بگین از همه‌چی خبر دارین؟»
ــ خب بالاخره نگفتی میای یا نه؟
ــ از پیشنهادتون خیلی متشکرم. باید از بابا اجازه بگیرم. درضمن باید با محسن هم صحبت کنم.
ــ پس هرچه زودتر خبرشو بده. تا برات ویزا بگیرم، بلیطت رو به‌هرحال همین فردا رزرو می‌کنم.

بخش دوم

۲۷

دهم مهر وقتی تو هواپیمای شرکت ایروفلوت نشسته بودم، باورم نمی‌شد که در کم‌تر از چند ساعت محسن را خواهم دید. هیچ‌وقت تا آن حد مشتاق دیدنش نبودم. آن‌قدر هیجان‌زده بودم که تمام طول پرواز هر ده دقیقه ـ یک ربع به ساعتم نگاه می‌کردم.

آن‌روزها که هنوز موضوع «مبارزه با تروریسم» مد نشده بود، تشریفات گمرگی روسیه با این‌که بیش‌تر از یکی دو سال از فروپاشی شوروی نمی‌گذشت، از امروز راحت‌تر بود و با زنان محجب محترمانه‌تر برخورد می‌شد. از بازرسی پاسپورت که گذشتیم منتظر آمدن چمدانم نشدم باعجله خودم را به محسن رساندم که از دور دست تکان می‌داد. در کشور غریبی بودم که نظر «دیگران» برایم اهمیتی نداشت. طول کریدور را دویدم، خودم را در بغلش انداختم و چشمانم را بستم. می‌خواستم دو ماه دوری «فقط دو ماه گذشته بود؟»، نه یک قرن دوری را فراموش

کنم. همان‌طورکه سرم را در سینه‌ی محسن قایم کرده بودم با صدایی لرزان گفتم:
- خیلی سخت بود. خیلی.

محسن مرا تنگ در آغوش گرفته بود. سرم را می‌بوسید و نوازشم می‌کرد و سعی می‌کرد آرامم کند.

آپارتمانی که محسن تنها چند روز پیش از آمدن ما اجاره کرده بود به نظرم بسیار ساده و دانش‌جویی آمد — خودش تا آن‌موقع در خوابگاه زندگی می‌کرد — بعدها فهمیدم که چنین آپارتمانی با معیارهای آن زمان روسیه خیلی هم شیک محسوب می‌شد. حدوداً هشتاد متر بود با سه اتاق نسبتاً بزرگ جدا و یک آشپزخانه‌ی حدوداً ده متری. مبلمانی ساده و نسبتاً قدیمی داشت که چنگی به دل نمی‌زد. از سالن و هال خبری نبود

محسن یکی از اتاق‌ها را که تختی یک‌نفره و میز تحریر داشت برای خودش انتخاب کرده بود. وقتی رسیدیم با اشاره به دو اتاق دیگر پرسید:
- وسائلت رو کجا ببرم؟ این اتاق یا اون‌جا؟

اول متوجه نشدم ولی زود به یاد آوردم که ما هنوز ازدواج نکرده بودیم. با لبخند گفتم:
- فرقی نمی‌کنه.

روابط محسن و پدرش خیلی رسمی بود. برایم جالب بود که برخورد آقای فرخی با من صمیمانه‌تر است تا با پسرش. وقتی سه‌تایی با هم بودیم و محسن می‌دید من به حرف‌ها، حرکات و لحن جدی و رسمی‌اش در صحبت با پدرش توجه می‌کنم و با شیطنت لبخند می‌زنم، سعی می‌کرد به من نگاه نکند.

غذاهایی که محسن در تعطیلات آخر هفته درست کرده بود تمام شد. به خودم گفتم «لابد باید نقش خانم خونه رو بازی کنم» وقتی اولین دست‌پختم را روی میز گذاشتم احساس بچه

مدرسه‌یی را داشتم که در برابر معلمـش ایستاده تـا درس جواب بدهد.
ـــ مرجان! غذا رو تو پختی؟
ـــ بله. متأسفانه تا این‌جاییم مجبوریـن دست‌پختم رو تحمل کنین!
ـــ فکر نمی‌کردم به این خوبی آشپزی کنی.
ـــ نـوش جونتـون آ...آقای فرخی. راستش خیلـی دلـم می‌خواد پـدر صداتـون کنـم. می‌دونـم اونقـد بزرگواریـن کـه منـو مثـل دخترتـون دوسـت داریـن.
ـــ پـس صـدام کـن. دوست‌داشتـن دختـری بـا ویژه‌گی‌هـای تـو کار مشکلی نیست.
ـــ بـا تمـام وجـود دلـم می‌خـواد امـا می‌دونـم خانومتـون... احساس شما را ندارن و اگه ایشون رو مادر صدا کنم، ریا کردم. نمی‌شه شما را پدر و ایشوم رو خانم فرخی صدا کنم. ولی خیلی خوش‌حالم که خدا یک پدر دیگه به من داده.
آقای فرخی به محسن رو کرد و گفت:
ـــ مـن هـم واقعاً خوش‌حالـم کـه محسـن چنیـن انتخـاب به‌جایـی داشته.
محسـن کـه بـا تعجبـی ساختگـی درحالی‌کـه چشمایـش را گـرد کرده بـود و سـر تـکان می‌داد، شـاهد صحبت‌هـای مـن و پـدرش بود با لهجه مشهدی گفت:
ـــ خانم! مهره‌ی مار دونه‌یی چنده؟

۲۸

اواسط مهر بود اما هوای مسکو سوز سردی داشت. بعدازظهر بود و محسن که آن روز زودتر به خانه اومده بود مرا به گردش برد. ما دور از مرکز زندگی می‌کردیم ولی با مترو فقط بیست‌وپنج دقیقه در راه بودیم. وقتی برای اولین بار بر سنگ‌فرش‌های میدان سرخ پا گذاشتم نمی‌دانم چرا احساس کردم در جایی مقدس یا در حضور شخصی مهم هستم که وجودش باعث می‌شود هول کنی. عظمت آن‌جا مرا گرفت بعدها که با تاریخ روسیه آشنا شدم، فهمیدم علت آن احساس این بوده که سنگ‌فرش‌ها، تک تک آجرهای آن بیش از چهار قرن شاهد تحولات گوناگون این کشور بوده است.

محسن پرسید:

ـ توی یک شهر خارجی چه احساسی داری؟

ـ احساس؟ راستش هنوز فرصت نکردم متوجه‌ی مسکو بشم. من اومدم با تو باشم. بعداً سر فرصت به مسکو فکر می‌کنم.

ـ می‌دونی حوادثی در جریانه. ممکنه اوضاع بدتر بشه. روس‌ها الان در ابتدای دوران انتقالی هستن. همه‌چی به‌هم‌ریخته است،

همه چشمشون به غربه. ببین در اِین فَست فوودهای مک دونالد چه صفی می‌کشن! ملتی با اون‌همه ادعا به کجا کشیده شده! می‌خوام هرچه زودتر درسم را تموم کنم. هیچی رو نمی‌شه پیش‌بینی کرد. امروز دلار می‌دی و تو رو قبول می‌کنن، چون همه گشنه‌ان. حتا استادای دانشگاه. اما ممکنه حتا سال آینده دیگه به دانش‌جوهای خارجی اجازه ندن در این رشته‌ی حساس درس بخونن. باید از فرصت حداکثر استفاده رو بکنم، حتا اگه شده تعطیلات هم در مسکو بمونم.

معلوم بود در آن دو ماه تحت فشار بوده. این بر ظاهرش هم اثر گذاشته بود. کاملاً پیدا بود که وزن کم کرده. می‌خواستم تا آن‌جا هستم ازش مراقبت کنم و درعین‌حال مزاحم درس‌هایش نباشم.

یک هفته از آمدن ما به مسکو می‌گذشت، پدر محسن هر روز از صبح تا شب بیرون بود. بااین‌حال نگران بود تا زمان برگشت، کارهایش سروسامان نگیرد. حوادث آن چند روز همه را نگران می‌کرد. با این‌که اصلاحات اقتصادی از زمان روی کارآمدن گورباچف شروع شده بود و اولین هسته‌های سرمایه‌داری تشکیل شده بود، اما یلتسین مسئله‌ی «واردکردن شوک به اقتصاد» را مطرح کرده بود و بی هیچ حساب‌وکتاب و آماده‌گی قبلی، کنترل دولت بر عرضه و تقاضا برداشته شد تا خود بازار به تعادل برسد و از آن‌جا که عرضه‌ی کالا در جامعه پایین بود، از یک طرف نرخ‌ها به‌طورسرسام‌آور بالا رفت و از طرف دیگر کم‌بود کالاهای مورد نیاز نمایان شد. با این‌که مردم این کشور به ایستادن در صف‌های طولانی عادت داشتند اما در اوایل سال‌های نود، نه از ایدئولوژی قوی خبری بود و نه دیکتاتوری استالینی تا مردم را آرام و صبور نگه دارد. نماینده‌گان دوما در اعتراض به سیاست‌های یلتسین، که حالا رئیس جمهور روسیه بود، در «بیلی

دُم)) بست نشسته بودند. یلتسین دستور حمله به آن‌ها را صادر کرده بود. درگیری در خیابان‌ها به کشته‌شدن جمعی منجر شده بود. اما جالب این‌جاست که شهر زندگی عادی خود را ادامه می‌داد. مردم کماکان سر کار می‌رفتند. مغازه‌ها، که البته تقریباً همه دولتی بودند، به کار خود ادامه می‌دادند.

مامان و خانم فرخی که خبر را شنیده بودند هر روز زنگ می‌زدند که «هر چه زودتر برگردین. بذارین آب‌ها از آسیاب بیفته.»

سه چهار ساعتی بود که محسن تو اتاق نشسته بود و درس می‌خواند. از اراده‌اش تعجب می‌کردم. مقداری میوه برایش پوست کندم و بردم. پشت میز نشسته بود و روی کتابی متمرکز بود، بدون سروصدا ظرف را روی میز گذاشتم و آرام سرش را بوسیدم. داشتم از اتاق بیرون می‌رفتم که محسن به طرفم برگشت و با عجله گفت:

ـ مرجان نرو!

فکر کردم منظورش این است که در اتاق بمان پرسیدم:

ـ کاری داری عزیزم؟

ـ با بابا برنگرد. بمون.

از پیشنهاد محسن یکه خوردم. نمی‌دانستم چه بگویم. محسن مضطرب و مستأصل به نظر می‌رسید. در عمق چشمانش نگرانی موج می‌زد. دلم برایش سوخت. به طرفش رفتم. از پشت دستم را دور گردنش حلقه کردم و سرش را بوسیدم. محسن گفت:

ـ هیچ‌وقت تا این حد احساس تنهایی نکرده بودم. بدجوری بهت احتیاج دارم.

دلم لرزید. از این‌که به من احتیاج داشت خوشحال شدم. گردنش را بوسیدم. خوش‌آیند بود. دستم را در یقه‌ی باز پیراهنش فرو بردم و سینه گرمش را نوازشش کردم. در آن یک هفته محسن

صبح زود از خانه بیرون می‌رفت و غروب برمی‌گشت. تا کمی از دانشکده حرف می‌زد و شام آماده می‌شد آقای فرخی هم می‌رسید. اصلاً فرصتی برای باهم‌بودن نداشتیم. محسن ادامه داد:

ـــ تا اومدی اونقد انرژی و بودن آوردی که همون موقع تصمیم گرفتم ازت بخوام بمونی، خونه بوی بهار گرفته. اما نمی‌دونستم...

لبانش را در دهانم فشردم. محسن به نوازش‌هایم جواب داد. اولین بار بود که عمیقاً حس کردم نه تنها من به اوکه او نیز به من احتیاج دارد. که او هم می‌تواند ضعیف شود. که من می‌توانم او را آرام کنم، قوی کنم. اولین بار بود که احساس کردم از معاشقه برای دادن آرامش و اطمینان هم می‌شود استفاده کرد، برای ثابت کردن این‌که: «نترس من با تو هستم، به من اطمینان کن». اولین بار بود می‌فهمیدم خواستن نه فقط از سر عشق یا غریزه است، که با وجودت نه تنها عشق را و غریزه را که نیازهای روانی، حس ناشناخته‌ی پسربچه‌بودن و نیاز به مادر را، می‌توان ارضا کرد.

ـــ مرجان! دوستت دارم.

روی پای محسن نشسته بودم و دستم دور گردنش حلقه بود.

ـــ تمرکزت رو به هم زدم؟ نمی‌خواستم.

ـــ انرژی دادی زندگی!

بعد از کمی مکث محسن گفت:

ـــ مرجانم!

ـــ جانم!

ـــ جوابمو ندادی؟

خندیدم و گفتم:

ـــ جوابتو دادم. پسر خوب! من همون کاری رو می‌کنم که

برای تو بهتره و برای خونواده‌ی کوچولومون لازمه. اگه احساس می‌کنی باید کنارت باشم خب معلومه که می‌مونم. ولی خودت باید جواب خانم فرخی رو بدی ها. خدا می‌دونه چه غوغایی به پا می‌کنه. حالا میوه‌ات رو بخور.

محسن آن‌چنان لبم را بوسید که خودم را کنار کشیدم و اخم کردم.

۲۹

صدای آقای فرخی از آن طرف گوشی قطع و وصل می‌شد. بالاخره بعد از چند بار زنگ‌زدن موفق شد بگوید: «به سلامت به تهران رسیدم نگران نباشین.» از همان لحظه دچار دلهره شدم. می‌دانستم خبر ماندن من مادر محسن را شوکه خواهد کرد. باید خودم را برای واکنش‌اش آماده می‌کردم. گوشی را برداشتم و شماره‌ی خانه را گرفتم. جمعه بود و می‌دانستم آن موقع از روز بابا باید خانه باشد. وقتی مهشید گوشی را به بابا داد بعد از احوال‌پرسی گفتم:

ــ بابا لطفاً طوری صحبت کنید که مامان نفهمه موضوع چیه بعد سر فرصت براش توضیح بدید.

ــ چیزی شده دخترم.

ــ بابا محسن از من خواسته فعلاً بمونم. این دو ماه خیلی بهش سخت گذشته، از ظاهرش هم پیداست. آقای فرخی هم فکر می‌کرد با این شرایط تنهاش نذارم. من هم می‌خوام بمونم.

سکوت کردم تا ببینم واکنش بابا چیست.

ــ خب؟

ـــ خب. لابد خانم فرخی الم شنگه راه می‌ندازه. اون که همین‌طوری هم دنبال بهونه‌ست. اگه به شما زنگ زد ناراحت نشین. به‌هرحال خود فرخی می‌دونه و شاهده که این تصمیم محسن بوده نه من.

صحبت‌هام که با بابا تمام شد، رفتم جلوی پنجره. هوا ابری بود، مثل روزهای دیگر. خانه ساکت بود و ابری‌بودن هوا فضایش را سنگین‌تر می‌کرد. از طبقه‌ی هفدهم تمام آن اطراف به‌خوبی دیده می‌شد. کنار خانه‌ی ما دو ساختمان نیمه‌کاره بود که با بارش‌های هر روز مسکو تمام آن اطراف به گل کشیده شده بود. در فضای باز جلوی خانه پیرزن‌ها بساطشان را به‌ردیف چیده بودند و با شال و کلاه در آن روز سرد پاییزی منتظر مشتری بودند. در مخروبه‌ی کنار مترو همیشه می‌شد کسی را در حال تخلیه‌ی مثانه دید. هوا سرد و مصرف آبجو بالا و از توالت‌های عمومی هم در آن اطراف خبری نبود. درست کنار مخروبه مغازه‌ی بزرگی بود. باید برای خرید سری به آنجا می‌زدم. روی کاغذ معادل روسی موادی که می‌خواستم یادداشت کردم و رفتم بیرون.

آن روزها از سوپر مارکت‌های شیک و مجللی که امروزه در هر خیابان مسکو مثل قارچ روییده، خبری نبود. وارد هر مغازه که می‌شدی، در هر قسمتی صندوقی بود که باید می‌گفتی شیری می‌خوام به قیمت فلان روبل و فلان کوپیک. نان و تخم‌مرغ و همه‌ی مواد را باید یکی‌یکی قیمت می‌دادی تا وارد صندوق کنند و فیش صادر کنند. برای من آسان نبود. وقتی چند بار زنان فروشنده سرم داد زدند و درنهایت بی‌ادبی بقیه‌ی پول یا جنسی که می‌خواستم را جلویم پرت کردند به محسن گفتم:

ـــ عزیزم! چرا این‌قد فروشنده‌ها بداخلاق‌ن. انگلیسی اصلاً کاربرد نداره باید روسی یاد بگیرم.

تلویزیون را روشن می‌کردم و سعی می‌کردم از روی تصاویری

که نشان داده می‌شد بفهمم موضوع چیست. یک روز در برنامه‌یی حدود سی دختر زیبا و کاملاً لخت را به صف کرده بودند. با این که از زبان روسی چیزی نمی‌فهمیدم اما معلوم بود مسابقه‌ی زیباترین سینه است. آن روزها که کانال‌های خصوصی تازه راه‌اندازی شده بود و هیچ‌چیز جای خود را پیدا نکرده بود، در ساعت‌هایی که هر بچه‌یی می‌تواند دگمه‌ی تلویزیون را بچرخاند، حتا فیلم‌های پرنو پخش می‌شد.

خانه برایم غریبه بود. محسن صبح زود می‌رفت و من می‌ماندم و این غریبه که هیچ شباهتی به خانه‌های ایرانی نداشت، با اثاثیه و مبلمانی که در انتخابش کم‌ترین نقشی نداشتم و حالا باید حداقل سه سال تحملش می کردم. این بود که اول از همه افتادم به شستن و رفتن و ساییدن. انگار می‌خواستم رد پای ساکنین قبلی را کاملاً پاک کنم و انگار هر چه می‌شستم و می‌ساییدم آرام‌آرام یه جورایی من و خانه با هم آشنا می‌شدیم.

حالا باید کمی به وسائل خانه می‌رسیدم. اوایل دهه‌ی نود مغازه‌های مسکو خیلی ساده، بی‌روح و خالی جلوه می کردند. آن روزها دو مرکز اصلی خرید یعنی «گوم» و «تسوم» بهترین و شیک‌ترین مرکز خریدهای مسکو محسوب می‌شدند. به نظر من حتا مغازه‌های ولی عصر تهران خیلی متنوع‌تر از آن‌جا بود. هر چند که در ظرف سه چهار سال بعد مسکو کاملاً عوض شد و در اوایل ۲۰۰۰ واقعاً از بسیاری از شهرهای زیبای اروپا زیباتر و شیک‌تر شد اما آن روزهای کذایی من برای خریدن پرده و ملافه و یک‌سری وسائل خانه از این مغازه به آن مغازه می‌رفتم، بی آن که یک کلمه روسی بلد باشم. این بود که هم حساسیت‌های یک تازه‌عروس ایرانی و هم بداخلاقی و بدبرخوردی ذاتی روسی‌ها باعث شد که بالاخره از مامان و عزیزجون خواهش کردم چیزهایی را که لازم داشتم از طریق نماینده گی آقای فرخی

برایم بفرستند.

از همان برخوردهای اولم در مترو و مغازه و خیابان متوجه شدم برخلاف ما ایرانی‌ها، این ملت اصلاً حوصله خارجی‌ها را ندارند. بعدها بود که فهمیدم اتفاقاً حوصله‌ی خودشان را هم ندارند ــ خصوصاً که مشکلات اقتصادی و تأثیر انکارناپذیرش بر خانواده و اجتماع هر روز بیش‌ترو‌بیش‌تر می‌شد و توان مردم را می‌گرفت.

فراموش نمی‌کنم آن شب سرد پاییزی را که کنار مترو پیرزنی بسیار خوش‌برخورد از عابران می‌خواست از او چیزی بخرند. همین خوش‌برخوردی و لبخندی که بر لب داشت مرا به طرفش جلب کرد. چرا که کم پیش می‌آمد کسی که ساعت‌ها در سرمای کشنده می‌ایستد تا مثلاً خیارشور و مربا و سبزی و کالباس و... بفروشد و شکم بچه‌های گرسنه‌اش را تا فردا سیر کند دیگر حال‌وحوصله‌ی لبخندزدن هم داشته باشد. رفتم جلو و با لغات کمی که می‌دانستم ازش پرسیدم این مربای چیست و قیمتش چند است. پیرزن که متوجه شد روس نیستم پرسید: «انگلیسی صحبت می‌کنی؟» با خوش‌حالی جواب دادم: «بله.»

خیلی سلیس شروع کرد به انگلیسی صحبت کردن. گفت که سی سال در دانشگاه انگلیسی تدریس کرده است. خیلی تعجب کردم چرا که تا آن لحظه فکر می‌کردم کسانی که اطراف ایستگاه‌های مترو یا در جاهای مختلف شهر می‌ایستد و چیزی می‌فروشند ــ آن روزها در خیابان همه‌چیز فروخته می‌شد ــ باید افراد تحصیل‌نکرده و غیرمتخصص باشند و بنابراین مجبورند به فروشنده‌گی رو بیاورند. همین را به آن خانم مسن گفتم. قاقاه خندید و گفت:

ــ اون‌جا رو نگاه کن. اون چند تا مرد و زنی که وایسادن دارن ظرف و ابزارآلات می‌فروشن رو می‌بینی؟ همه‌شون مهندس

و طراح و خلاصه دانشگاه‌رفته‌ان. چیزی‌هایی که می‌فروشن تولیدات کارخونه‌ها و محل‌های کارشونه، که به جای حقوق بهشون می‌دن. چون پول نیست، تولیداتشون رو دستشون مونده. بازار کساده. مردم پول ندارن. یا این که اخراج‌شدن و جایی نمی‌تونن کار پیدا کنن یا این که چون ماه‌هاست حقوق نگرفتن کارشونو ول کردن. اینه که رو آوردن به فروشنده‌گی. چه کار می‌شه کرد؟ من دو تا نوه‌ی مدرسه‌رو دارم. دخترم رشته‌اش هنره. توی یه تئاتر کار می‌کنه. الان هشت ماهه که حقوق نگرفته؛ بچه‌ها که باید غذا بخورن، مدرسه و لباس گرم خرج داره. حقوق بازنشستگی من مگه چه‌قدره...؟

ـ پس پدرشون چی؟

پیرزن که تا چند لحظه پیش خودش را قهرمانی حس می‌کرد که در آن سن‌وسال هنوز کسانی هستند که به وجودش نیاز دارند ناگهان اشک در چشمانش جمع شد و آرام برگونه سرخش جاری شد.

ـ شوهرش رفت افغانستان و دیگه برنگشت. دکترای تاریخ داشت. زبان دری رو خوب بلد بود. برای سیرکردن شکم بچه‌ها به عنوان مترجم رفت افغانستان و دیگه برنگشت.

از سؤال خودم پشیمان شدم. بغض گلویم را فشرد. دو شیشه مربای توت فرنگی از او خریدم فقط برای این که چیزی خریده باشم. فکر نمی‌کردم تمایلی به خوردن مربایی داشته باشم که معلوم نیست چه‌طور درست شده است. اما کیفیت آن آن‌قدر بالا بود که از آن به بعد جزء مشتری‌های پروپاقرص این خانم روشنفکر خوش برخورد، درعین‌حال واقعاً خوش‌سلیقه، شدم که تا اواخر بهار کماکان کنار مترو می‌ایستاد. حالا با هم دوست شده بودیم. هر بار که ازش خرید می‌کردم چند دقیقه‌یی برایش به روسی حرف می‌زدم و او مثل معلمی دلسوز اشتباهاتم را اصلاح

می‌کرد و تشویقم می‌کرد: «خیلی پیشرفت کردی، آفرین!» بعدها دیگر ندیدمش اما چهره‌ی خندان و چشمان مهربان صورت چاق و ملیحش برای همیشه در ذهنم ماند.

البته همه‌ی کاسب‌ها از قشر تحصیل کرده نبودند؛ از پنجره‌ی آپارتمان دیده بودم هفته‌یی چند بار کامیونی‌هایی تقریباً در ساعت خاصی سبزیجات یا مواد لبنی می‌آورند و مردم خیلی استقبال می‌کنند. یک روز متوجه شدم قیمت‌ها نسبت به مغازه خیلی مناسب‌تر است. تصمیم گرفتم کمی خرید کنم فروشنده مردی بود قدکوتاه و چاق که از ظاهرش کاملاً پیدا بود قفقازی است. قیافه‌یی زمخت و بی‌هوش داشت، با سر از ته‌تراشیده شبیه زندانیان. شروع کرد به خوش‌وبش کردن. با خودم فکر کردم: «با این ریخت‌وپیختش عجب اعتمادبه‌نفسی هم داره!»

هرچی پرسید محلش را نگذاشتم. ظاهراً حسابی رنجید. کیسه‌ی سیب‌زمینی را به طرفم انداخت و گفت: «لابد با اون چشم و ابروت که داد می‌زنه قفقازی هستی می‌خوای بگی از پاریس اومدی؟»

آن روز از رفتار مرد سیب‌زمینی‌فروش واقعاً تعجب کردم اما بعدها فهمیدم عده‌یی از قفقازی‌های فرصت‌طلب و بازاری‌صفت و علی‌الاصول بسیار ابتدایی، در شرایط به‌هم‌ریخته‌ی روسیه‌ی بعد از فروپاشی، یک‌شبه راه صدساله را رفته‌اند و حسابی پول‌دار شده‌اند و این تازه‌به‌دوران‌رسیده‌های حریص، از گرسنگی و ساده‌گی زنان روس و بی‌پناهی زنان قفقازی مهاجر سوءاستفاده و آنان را در بازارهای مسکو به معنی واقعی کلمه استثمار می‌کردند، چه اقتصادی و چه جنسی. همان سیب‌زمینی‌فروش خوش‌تیپ(!) برای عده‌یی «آقا» بود.

۳۰

پاییز ۷۲ از بدترین روزهای زندگی من بود. اگرچه ماه‌های اول زندگی مشترکمان را می گذراندیم و لابد باید خودم را در سرزمین رویاها احساس می کردم اما اصلاً این‌طور نبود. تغییر آب‌وهوا شدیداً مرا افسرده کرده بود. در طول ماه اکتبر و نوامبر، مسکو تقریباً تمام روز خاکستری‌رنگ بود. هوا از ساعت نُه صبح آرام‌آرام روشن می‌شد و تا حدود ساعت ۳ بعدازظهر روشن بود. از ۴ به بعد دوباره تاریک می‌شد. هفته‌ها می گذشت و دریغ از یک ساعت آفتاب. بعدها فهمیدم برای خود روس‌ها اواخر پاییز خسته‌کننده‌ترین موقع سال است. درعوض ژانویه و خصوصاً فوریه زمستان به معنی واقعی کلمه را می‌شود دید. دمای منفی ۱۵ درجه معمولی است. تا منفی ۳۰ هم می‌رسد اما درعوض روزهای آفتابی بیش‌تر از پاییز است.

از هوای بد پاییز مسکو که بگذریم، نه زبان بلد بودم و نه دوستی داشتم. از عزیز خواسته بودم آدرس‌ام را به فریده و چند تا دیگر از دوستانم بدهد. این بود که هر روز چند بار به صندوق پستی سر می‌زدم به امید رسیدن نامه‌یی. اما وضع پست بسیار

بد بود و هفته‌ها می‌گذشت تا نامه‌یی برسد. البته نامه‌ها و بسته‌های خانواده‌گی همه از طریق نماینده‌گی آقای فرخی به دستمان می‌رسید که واقعاً تنها دل‌خوشی آن روزها بود.

از درسم چند واحد تحقیقی مانده بود که باید می‌نوشتم. عزیز پی‌گیری می‌کرد. با مریم رضایی تماس داشت و منابعی که احتیاج داشتم، حدود ۳۰۰ صفحه، برایم فرستاده بود که البته هنوز نگاهش هم نکرده بودم. خصوصاً که بیش‌ترش انگلیسی بود. اصلاً حوصله‌اش را نداشتم. تا می‌گفتم «حوصله‌ام از بی‌کاری و تنهایی سر می‌ره» محسن برمی‌گشت می‌گفت: «تحقیقت تموم شد؟» من حرصم می‌گرفت.

ماه‌ها بود که تنها دل‌خوشی روزانه‌ام شده بود برگشتن محسن به خانه. غربت و تنهایی را با تمام وجودم درک می‌کردم. دلم برای مراقبت‌های ماماان و عزیزجون و غرزدن‌های فریده یک ذره شده بود.

زندگی در کشوری که زبانش را نمی‌دانی، هوایش وحشتناک است و مردمی بداخلاق و عبوس دارد برای دختری جنوبی که هر روزش را با لبخند خورشید شروع کرده و مردمش به مهمان‌نوازی معروفند بسیار سخت است.

نزدیک آمدن محسن که می‌شد پشت پنجره می‌ایستادم و چشم می‌دوختم به در خروجی مترو. همین‌طورکه صدای غمگین داریوش در اتاق می‌پیچید برای برگشتن محسن لحظه‌شماری می‌کردم. یک سری به آشپزخانه می‌زدم. نگاهی به میز آماده‌ی شام می‌انداختم. قاشق چنگال‌ها را کمی جابه‌جا می‌کردم. ناخنکی به سالاد می‌زدم و دوباره از پنجره سرک می‌کشیدم. کجا بود آن دختر پرانرژی که از این دانشکده به آن دانشکده و از این کلاس به آن کلاس می‌دوید. از همه‌چیز محروم شده بودم. خودم را تحت فشاری حس می‌کردم که روحم را می‌خورد.

محسن که از مترو بیرون می‌آمد، تنهایی و مشکلات یادم می‌رفت. همین که سرش را بلند می‌کرد و برایم دست تکان می‌داد خودم را پرانرژی و سرحال احساس می‌کردم. سریع نوار داریوش را خاموش می‌کردم و به جایش یک موسیقی کلاسیک مطابق سلیقه‌ی محسن می‌گذاشتم، جلوی آینه رژم را پررنگ می‌کردم، نگاهی به خط چشم، نگاهی به لباسم. می‌خواستم زیبا باشم. بعد ثانیه‌ها را می‌شمردم. دستگیره تکان می‌خورد. دیگر خوش‌بختی من کامل می‌شد. جلو می‌رفتم و طوری محسن را بغل می‌کردم انگار ماه‌هاست او را ندیده‌ام. تا شام بخوریم همه‌ی اتفاقات آن روز را باهیجان برایش تعریف می‌کردم با صدای بلند می‌خندیدم. شیطنت می‌کردم و از دخترکی سربه‌هوا، به مادری مراقب و دلسوز و از آن به معشوقه‌یی پرشور تغییر نقش می‌دادم بی آن‌که بخواهم یا خودم اصلاً متوجه باشم.

محسن آن‌روزها همه‌چیز من شده بود؛ لبخندش مرا غرقِ شادی و گرفتگی چهره‌اش دیوانه‌ام می‌کرد. ناراحتی‌اش را به‌هیچ‌وجه نمی‌توانستم تحمل کنم. تمام سعی‌ام را می‌کردم تا همه‌چیز همان‌طور باشد که او می‌خواهد. محسن تحصیلش را در اولویت قرار داده بود من هم می‌خواستم همان‌طور فکر کنم. بنابراین هر کاری که می‌توانستم انجام می‌دادم تا او در کمال آرامش فقط به درس‌هایش برسد.

اما از سوی دیگر احساس می‌کردم به حداقل‌هایی احتیاج دارم، مثل یادگیری زبان روسی.

اوایل ماه نوامبر بود که با اصرار من محسن بالاخره با یکی از اساتید زبان روسی در دانشکده‌اش هم‌آهنگ کرد که به من درس بدهد. قرار شد هفته‌یی سه روز بعدازظهرها به خانه‌اش بروم. هر جلسه یک ساعت و نیم درس می‌خواندیم. محل زندگی آن خانم دور بود؛ ۴۵ دقیقه با مترو و حدود بیست دقیقه هم پیاده باید

وقت می‌گذاشتم. اگر چه وقت زیادی بود اما از خانه نشستن بهتر بود چرا که تمام دانشکده‌ها کلاس‌هایشان از سپتامبر شروع شده بود و تا اواسط ژانویه هم از ترم جدید خبری نبود.

همین رفت‌وآمد خودش نوعی پیداکردن شناخت از مردم بود. آن روزها وقتی وارد واگن قطار می‌شدی، احساس می‌کردی وارد سالن مطالعه‌ی کتاب‌خانه شده‌ای؛ تقریباً همه به استثنای بچه‌های کوچک و افراد بسیار مسن مشغول مطالعه بودند.

معلم روسی من خانمی بود حدوداً ۵۰ ساله که اگرچه به زبان فرانسه کاملاً مسلط بود اما انگلیسی اصلاً بلد نبود. بنابراین زبان مشترک ما از همان ابتدای کار روسی شد. هر چند که مدت زیادی با او درس نخواندم.

یک روز در مجتمع مسکونی‌مان داشتم با آسانسور پایین می‌رفتم که طبقه دهم آقای نسبتاً جوانی وارد شد، با موی بلند و ریش حنایی‌رنگ و چشمانی سبز و قدی متوسط. چشمش که به من افتاد گویی چیز بسیار جالبی توجهش را جلب کرده باشد. همان‌طور خیره نگاهم می‌کرد. تا از آسانسور خارج شد. بعد از چند ماه زندگی در مسکو می‌دانستم روس‌ها در ارتباط با افراد ناآشنا نه لبخندی از سر احترام می‌زنند و نه توجه‌یی نشان می‌دهند. بوی الکلی که از او به مشام می‌رسید مطئنم کرد که او اگر مست نباشد لااقل کاملاً ریلکس است. لبخندی به او زدم و توجهی نکردم. چند روز بعد از آن، وقتی از بیرون می‌آمدم، باز او را دیدم. با هم سوار آسانسور شدیم. دوستانه سلام کرد. جوابش را که دادم پرسید:

ـ شما روس نیستین؟

ـ نه من ایرانی هستم؟

ـ اسم من نیکولایه. از آشنایی تون خیلی خوش‌بختم

ـ من مرجان هستم.

برای این که حرفی زده باشم به انگلیسی پرسیدم:
ـ می‌دونین ایران کجاست؟
ـ مگه می‌شه ندونم. خیام. حافظ شیراز. یسِنین عاشق ایران بود هر چند که هیچ‌وقت نتونست بره اون‌جا. می‌خواست شیراز رو ببینه که حافظ این‌قدر عاشقش بود. شاگانه یه دختر ایرانی بود که یسنین عاشقش بود.
ـ شاگانه... اسم عجیبیه.
ـ واسه‌اش شعر گفته. یکی از زیباترین اشعارشه.
موضوع برام جالب شد. پرسیدم:
ـ شغلتون چیه؟
ـ من نقاشم. اما یه سالی می‌شه که توی یه عکاسی کار می‌کنم. با نقاشی نمی‌شه زندگی رو چرخوند. شما چی؟
ـ من بیولوژی خوندم. میکروبیولو...
نیکولای مثل پسرکی هیجان زده پرید وسط حرفم:
ـ چه تصادف جالبی! زن من هم رشته‌اش بیولوژیه. دانشکده‌ی علوم دانشگاه دولتی مسکو درس می‌ده. شما دانش‌جویین؟
ـ خودم نه. همسرم این‌جا درس می‌خونه. من تازه زبان رو شروع کردم.
موقع خداحافظی نیکولای گفت:
ـ ما آپارتمان ۱۳۲ هستیم. دوست داشتین بهمون سر بزنین. خانمم خوش‌حال می‌شه.
برای من هم جالب بود با خانمی که هم‌رشته‌ام هست آشنا شوم، خصوصاً که در دانشگاه تدریس هم می‌کرد. همان شب سرِ شام موضوع صحبت آن روزم را با نیکولای و اولین برخوردم را با او در آسانسور برای محسن تعریف کردم.
محسن مثل کسی که سال‌ها در این جامعه زندگی کرده و این مردم را خیلی خوب می‌شناسد، قیافه‌یی جدی به خود گرفت و

گویی با دخترکی ده دوازده ساله صحبت می‌کند گفت:
ـ اگه باز هم دیدت و خواست سر صحبت رو باز کنه محلش نذار، لابد دیده تو روس نیستی خواسته ازت سوءاستفاده کنه!
از جواب محسن خیلی تعجب کردم. یعنی اصلاً توقع هم‌چین برخوردی را نداشتم. اما حرفی نزدم.

حدوداً یک هفته بعد تصادفاً باز هم نیکولای را دیدم. این بار با همسرش بود. با خوش‌حالی ما را به هم معرفی کرد. لنا حدوداً ۳۵-۳۰ ساله به نظر می‌رسید. لاغر اندام بود. چشمان مشکی زیبایی داشت که در پشت عینک بزرگی پنهان شده بود. برخوردش جدی‌تر از نیکولای بود. اما آرامش و متانتی در رفتارش بود که مرا جذب کرد. لنا بی‌تکلف تلفنش را داد و گفت: «اگه فکر کردین کاری می‌تونم براتون بکنم حتماً تماس بگیرین.»

به‌این‌ترتیب من با لنا آشنا شدم. برایم جالب بود با روس‌ها ارتباط داشته باشم. از طرفی هم، لنا تقریباً انگلیسی نمی‌دانست و بسیار هم مؤدب بود بنابراین با حوصله به حرف‌هایم گوش می‌داد و اشتباهات روسی‌ام را اصلاح می‌کرد. یک روز بعدازظهر او را به چای دعوت کردم. لنا می‌دانست که از کلاس روسی‌ام راضی نیستم. آن روز ضمن صرف چای لنا گفت: «هفته‌ی آینده یه روز با هم بریم دانشکده‌ی علوم رو ببین. باید برات جالب باشه.»

از پیشنهادش خیلی خوش‌حال شدم، همان روز قرارش را گذاشتیم.

من تصمیم گرفتم از آشنایی‌ام با لنا و رفت‌وآمدهایم به محسن چیزی نگویم. می‌دانستم نگران خواهد شد. اصلاً نمی‌خواستم وجودم برای درس و برنامه‌هایش مزاحمتی باشد بنابراین در مورد رفتنم به دانشکده‌ی علوم هم چیزی نگفتم.

۳۱

وقتی دانشجو بودم از معماری دانشکده‌های قدیمی دانشگاه تهران لذت می‌بردم. گروه‌های دانشکده‌ی خودمان با آن آزمایشگاه‌های قدیمی و خاک گرفته برایم جایی آرامش‌بخش و قابل احترام جلوه می‌کرد. به خودم می‌گفتم «چه انسان‌های بزرگی در همین کریدورها، روی همین سنگ‌فرش‌ها و پارکت‌ها راه رفته‌اند. این ستون‌های سنگی صدای چند هزار نفر را در خود ضبط کرده...»

پایم را که در دانشکده‌ی علوم گذاشتم دلم برای دانشکده‌ی خودم تنگ شد. با این که در طول چهار سال هیچ‌وقت دانش‌جوی ممتازی نبودم اما با دیدن دانش‌جوها دلم برای درس خواندن تنگ شد.

رئیس گروه بیولوژی خانمی بود حدوداً ۶۵ ـ ۶۰ ساله، قدبلند و لاغراندام که وقتی ما وارد شدیم مشغول مطالعه بود. لنا مرا به او معرفی کرد. یلنا باریسونا باگرمی از من استقبال کرد، از جایش بلند شد به طرفم آمد با من دست داد. در گوشه‌یی از دفترش میز کوچک مربع‌شکلی بود با سه صندلی خیلی کهنه در سه

طرفش. پشت ضلع آزاد میز پیش‌خوانی بود که وسائل پذیرایی بسیار ساده‌ی خانم پروفسور رویش قرارداشت. یک المنت که در ظرف شیشه‌یی بزرگ جای خیارشور گذاشت تا آب جوش بیاید، چند فنجان لب‌پریده، یک ظرف شکلات، یک بسته بیسکویت... همه‌چیز بسیار ابتدایی.

رفتارش بسیار ساده و بی‌ریا بود. ضمن درست‌کردن چای برایمان تعریف می‌کرد:

ـ از قدیم گفتن آدم گرسنه نباید بره خرید. دیروز غروب که از این‌جا می‌رفتم یه سر زدم به مغازه‌ی کنار خونه‌مون و کلی بیسکویت و شیرینی خریدم.

قاقاه خندید و ادامه داد:

ـ لنا جون، می‌دونه که من قندم بالاست نباید شیرینی بخورم... خب، حالا بفرمایین شما با چای بخورین. من هم یه کم ناخنک می‌زنم.

من از این برخورد ساده و بی‌ریا شوکه شدم. رفتارش به‌هیچ‌وجه با اساتید ما قابل‌مقایسه نبود. وقتی او را خانم پروفسور خطاب کردم قاقاه خندید و گفت: «همون یلنا باریسونا کافیه.»

می‌دانستم مردم روسیه از عنوان تاواریش که در زمان شوروی برای زن و مرد به‌طور یکسان به کار می‌رفت خسته بودند و سعی می‌کردند از آن استفاده نکنند. درعین‌حال القاب خانم و آقا، که قبل از انقلاب اکتبر رواج داشت، دوباره جا نمی‌افتاد. مردم در جاهای عمومی حداکثر از کلمه‌ی شهروند استفاده می‌کردند اما آقای دکتر، مهندس و پرفسور... با نگاه ساده‌ی انسان روس به خودش جور درنمی‌آید. یک بار یکی از اساتید مسن دانشگاه را با لقب خانم دکتر خطاب کردم خجالت‌زده خندید و گفت: «کدوم خانوم؟ من که خانوم نیستم!»

برای این خانم پروفسور موضوعاتی مثل وضعیت اجتماعی،

سطح زندگی مردم و وضعیت زنان در ایران بیشتر جالب بود تا وضعیت دانشگاه‌ها. البته من با آن سطح زبان روسی‌ام نمی‌توانستم جواب تمام سؤال‌هایش را بدهم.
یلنا باریسونا از من پرسید:
ــ دوست دارین از کلاس‌های زبان دانشکده که برای دانشجویان خارجی تشکیل میشه استفاده کنین؟
از پیشنهادش خیلی خوش‌حال شدم.
ــ البته! با کمال میل... اگه امکان داره.
ــ خب من با سوتلانا ولادیمیرونا صحبت می‌کنم. زن خیلی خوب و مهربونیه.
لنا گفت:
ــ من باهاش صحبت کردم. اگه دانشکده اجازه بده مخالفتی نداره. به‌هرحال سوتلانا امروز کلاس داره، بعد از کلاس خودت باهاش صحبت کن.
لنا شماره‌ی کلاس سوتلانا ولادیمیرونا را داد و رفت.
یلنا باریسونا از من پرسید:
ــ راستی شما رامان رو می‌شناسین؟
ــ نه همچین کسی رو نمی‌شناسم.
ــ رامان شجاعی از دانشجوی‌ای فوق‌لیسانس ماست. پسر خیلی خوب و باهوشیه. مادرش هم گروه ریاضی درس می‌ده. پدرش ایرانیه.
قضیه خیلی برام جالب شد. از این‌که بتوانم با یک دانشجوی فارسی‌زبان صحبت کنم حسابی به هیجان آمدم. یلنا باریسونا که خوش‌حالی مرا دید لبخند زد و گفت:
ــ فکر می‌کنم امروز دانشکده باشه بذار ببینم.
بعد گوشی را برداشت و شماره‌یی گرفت و از رامان خواست برای چند دقیقه به اتاقش بیاید.

ضربه‌یی به در اتاق خورد و پسر جوانی وارد شد. با دیدن من لبخند محجوبی بر لبش نشست. یلنا باریسونا ما را به هم معرفی کرد و رامان را به خوردن چای دعوت کرد. از برخورد آن دو می‌شد حدس زد که رامان از دانش‌جویان نورچشمی است که به آینده‌اش امید بسته اند اما درعین‌حال برخوردها بدون ریا و کاملاً صمیمی بود. گویی هر دو، عضو یک خانواده هستند. یلنا باریسونا از رامان خواهش کرد کلاس سوتلانا ولادیمیرونا را به من نشان دهد.

از آشنایی با این خانم پروفسور واقعاً خوش‌حال شدم. احساسم نسبت به روس‌ها خیلی تغییر کرد. همین را به خودش گفتم. صمیمانه دستم را فشرد و قول گرفت دوباره به او سر بزنم.

از اتاق که بیرون آمدیم، شروع کردم به فارسی صحبت‌کردن. رامان که درواقع اسمش رامین بود باتعجب و کمی خجالت به روسی گفت که اصلاً فارسی بلد نیست. تعجب کردم:

ــ یعنی با پدرت روسی صحبت می‌کنی؟

ــ خب... آره... تا زنگ بخوره حدوداً ۴۰ دقیقه‌یی مونده. می‌خوای توی این فاصله آزمایشگاهی رو که من توش کار می‌کنم ببینی؟

ــ آره.

رامان مرا به آزمایشگاهش برد. کمی در مورد موضوع تز و روشش توضیح داد که چیزی نفهمیدم. رامان انگلیسی‌اش اصلاً خوب نبود درحالی‌که می‌گفت به فرانسه و آلمانی مسلط است که من هیچ کدام را بلد نبودم.

با رامان کلاس سوتلانا ولادیمیرونا را پیدا کردم. خانمی بود نسبتاً جوان و بسیار خوش‌برخورد. گفت لنا در مورد من با او صحبت کرده و اگر یلنا باریسونا اجازه بدهد از نظر او اشکالی ندارد و می‌توانم هفته‌یی سه روز در کلاس زبانی که برای

بچه‌های خارجی در آن دانشکده تشکیل می‌شد شرکت کنم. خیلی خوش‌حال بودم. باورم نمی‌شد به همین راحتی بتوانم از کلاس‌های دانشگاه دولتی مسکو که بهترین دانشگاه روسیه بود استفاده کنم. در مورد بروکراسی روسی خیلی حرف‌ها شنیده بودم.

دلم می‌خواست این خبر را هر چه زودتر به محسن بدهم.

برای شام باقالی پلو با مرغ درست کردم که محسن دوست داشت. هر بار که برایش درست می‌کردم اول با خوش‌حالی تشکر می‌کرد و بعد می‌گفت: «کاش به جای مرغ، ماهیچه بود». ما در مسکو گوشت گوسفند نمی‌خوردیم چون بوی چربی‌اش قابل‌تحمل نبود.

پیش از آمدن محسن، روی دیوار روبه‌روی آسانسور و درِ ورودی آپارتمان، یادداشت‌های عاشقانه با ماژیک رنگی چسباندم. این کار را وقتی خیلی سرحال بودم می‌کردم. محسن می‌خندید و می‌گفت: «باز این دختر کوچولو کاغذ خطی خطی کرده.»

۳۲

رفتن به دانشکده‌ی علوم و برقراری ارتباط با دانش‌جویان و اساتید نه تنها به پیشرفت زبانم کمک می‌کرد بلکه کم‌کم مرا با جوانان و قشر تحصیل‌کرده و روشنفکر روسی آشنا می‌ساخت که طبیعتاً با مردم کوچه و بازار خیلی تفاوت داشتند. و علاوه بر آن همین رفت‌وآمدها انگیزه‌یی شد که ظرف سه هفته تحقیقم را تمام کنم و به تهران بفرستم.

معمولاً بعد از کلاس زبان سری به آزمایشگاه رامان می‌زدم. اگر وقت داشت با هم در بوفه چیزی می‌خوردیم. روزهایی که هوا خوب و آفتابی بود می‌رفتیم بیرون زیر آفتاب می‌نشستیم. رامان مرا با بچه‌های گروه‌های مختلف آشنا می‌کرد. با حوصله برایم از علایق و سرگرمی‌ها و اعتقادات آنها می‌گفت و این برایم خیلی جالب بود. رامان نامزدی داشت به نام نینا که در همان دانشکده درس می‌خواند. دختری با موهای بلوطی، چشمان قهوه‌ای روشن، بسیار متین و دوست‌داشتنی. رشته‌اش ریاضی بود و از دانش‌جویان کاتیرینا پاولونا مادر رامان.

همان هفته‌های اول با کاتیرینا پاولونا آشنا شدم. زنی بود حدوداً

۴۵ ساله و بلوند. بسیار صمیمی و خوش‌روحیه. یک روز گفت:

ــ ببین با اسمم خودت رو این‌قد اذیت نکن. بهم بگو کاتیا. این‌طوری من خودم رو بهت نزدیک‌تر احساس می کنم. چند جمله‌یی فارسی بلد بود. از این که رامان با دختری ایرانی دوست شده بود خیلی خوش‌حال بود می گفت:

ــ رامان از ایرانی‌ها چیزی نمی‌دونه. پدر رامان در تمام مدتی که با ما زندگی می کرد با خونواده‌اش تماسی نداشت دوستان ایرانی هم که در مسکو داشت بعد از رفتن شوهرم کم‌کم ارتباطشون قطع شد.

رمان با مادرش در آپارتمانی کوچک زندگی می کرد. تولد رامان بود که من و محسن برای اولین بار به خانه‌شان رفتیم. آپارتمانی با دو اتاق حدوداً ۱۲ متری و آشپزخانه‌یی که شش متر بیش‌تر نبود.

مهمان‌ها در اتاق پذیرایی بودند که درواقع اتاق کاتیا هم بود. وارد که شدیم زنی مسن مشغول پیانوزدن بود. با کنج کاوی به ما چشم دوخت. رامان ما را با خاله و دخترخاله‌اش آشنا کرد. علاوه بر آن سه نفر، نینا و یک پسر و دختر دیگر هم از دانشکده بودند که من قبلاً با آن‌ها آشنا شده بودم. نواختن قطعه‌ی موسیقی را که تمام کرد زن مسن که مادر بزرگ رامان بود به طرفمان آمد. اول با محسن دست داد. با من که دست می‌داد لبخند زد و از محسن پرسید: «همه‌ی دخترای پارسی این‌قد زیبا هستن یا شما خیلی خوش‌شانس بودین مرد جوان؟»

در صدایش اعتمادبه‌نفس خاصی حس می‌شد که او را جذاب‌تر می کرد. لحن صحبت کردن و حرکاتش آدم را به یاد شخصیت‌های زن در رمان‌ها و فیلم‌های کلاسیک قبل از انقلاب اکتبر می‌انداخت. فقط لباسش امروزی بود. بعدها وقتی من با مادر رامان صمیمی‌تر شدم یک روز برایم تعریف کرد:

«پدربزرگم را سال ۳۸ دولت استالین تیرباران کرده بود. اگر چه بیرون از خونه، ما هیچ‌وقت از این موضوع حرفی نمی‌زدیم اما توی خونه عکسش به دیوار اتاق بود. همه مثل یه قهرمان بهش نگاه می‌کردیم و دوستش داشتیم... می‌دونی اولین بار که پدر رامان رو توی دانشگاه دیدم قلبم لرزید. خیلی شبیه عکس پدربزرگم بود. چند وقت بعد وقتی از زندگی‌اش گفت و این‌که از کشورش فرار کرده به خاطر افکارش و این‌که اگه می‌موند ممکن بود اعدامش کنن... عاشقش شدم.»

محسن لبخند زد. مادربزرگ رامان دو گیلاس شامپاین از روی میز برداشت و به طرف ما گرفت: محسن تشکر کرد و گفت ما مشروب الکلی نمی‌خوریم. مادربزرگ چشمانش را گرد کرد و گفت:

ــ پس یعنی شراب شیراز فقط برای حافظ درست می‌شد؟!

محسن که توقع چنین سؤالی نداشت با حس احترام به او نگاه کرد. لبخند زد و پرسید:

ــ شما با ادبیات فارسی آشنا هستین؟

مادر بزرگ متواضعانه لبخند زد و گفت:

ــ خیلی کم. من ریاضی خوندم. اما کیه که حافظ و خیام رو نشناسه؟ حالا شما مرد جوان به من بگین چرا گریبایدوف ما رو کشتین؟ اون مرد ادیب، اون انسان باهوش!

محسن کمی من‌ومن کرد و گفت:

ــ خب... من متأسفانه تاریخم خیلی خوب نیست. اما... فکر می‌کنم دولت تزاری مقصر بود.

ــ یعنی شما می‌گین قتل گریبایدوف نقشه خود روس‌ها بود؟

ــ نه... اما... خب فکر می‌کنم گریبایدوف اگر چه شاعر بسیار مستعدی بود اما برای اون شرایط پیچیده، دیپلمات مناسبی نبود.

مادربزرگ درحالی که لبخند می‌زد سرش را به علامت تأیید تکان داد و گفت:

ــ البته گریبایدوف فقط شاعر نبود... خب شما چی مرد جوان، این‌جا به چه کاری مشغولین، تجارت؟

و وقتی شنید محسن فیزیک هسته‌یی می‌خواند با چشمانی گردشده به علامت تحسین سرش را تکان داد و گفت:

ــ مرحوم شوهرم همیشه می‌گفت مردم پارسی خیلی باهوشن. اما نمی‌دانم چرا دخترک بی‌چاره‌ی من با یکی از بی‌مسئولیت‌ترین و بی‌هوش‌ترین‌شون آشنا شد و ازدواج کرد

کاتیا، که با دو ظرف سالاد از کنار ما رد می‌شد، معترضانه گفت:

ــ ماما، خواهش می‌کنم شروع نکن!

مادربزرگ دستش را به علامت بی‌اعتنایی تکان داد و گفت:

ــ همانطور که گفتم مرد جوان، بی‌مسئولیت و بی‌هوش، همین و بس!

سر میز محسن بین رامان و مادربزرگش نشسته بود. دلم برایش می‌سوخت. پیرزن باهوش که با نوشیدن مشروب چانه‌اش گرم‌تر شده بود تا آخر مهمانی دست از سر محسن برنداشت.

وقتی خداحافظی کردیم و وارد آسانسور شدیم من با خوشحالی از محسن پرسیدم:

ــ خب، مهمونی به نظرت چه‌طور بود؟

محسن سرش را پایین انداخت و چیزی نگفت. به من خیلی خوش گذشته بود. روس‌ها اصلاً شبیه ما نبودند، نه پذیرایی‌شان، نه صحبت‌هایشان. همه‌چیز متفاوت بود اما برخلاف آن قیافه‌های عصبی در خیابان و مترو، بانک‌ها و ادارات، در خانه بسیار صمیمانه برخورد می‌کردند و این برای من تازه‌گی داشت و جالب بود.

از ساختمان که بیرون آمدیم سؤال کردم:
ـ از رامان خوشت اومد؟
محسن شانه‌اش را بالا انداخت و گفت:
ـ معمولی، مثل بقیه.
کمی که جلوتر رفتیم اضافه کرد:
ـ یه مشت آدم که مشروب می‌خورن و حرفای صدتایه‌غاز می‌زنن دور هم جمع شده بودن. همین.
با خودم فکر کردم «خب مگه ما توی مهمونی‌ها چی کار می‌کنیم. مشروب نمی‌خوریم و حرفای صدتایه‌غاز می‌زنیم.»
ادامه ندادم. اما احساس کردم محسن با روس‌ها راحت نبود چون نمی‌توانست خودش را آن‌طورکه می‌خواست نشان دهد. محسن در ایران عادت کرده بود همیشه در مرکز توجه باشد. چه در خانواده چه در دانشکده. بنابراین دوست نداشت عادی باشد کسی مثل بقیه. در ارتباط با روس‌ها او حتا عادی هم نبود. چیزی پایین‌تر بود. خارج از محیط درس و دانشکده جوانی بود که حتا بلد نبود بدون اشتباه حرف بزند و این برای محسن زجرآور بود. نمی‌خواست قبول کند با اشتباه صحبت کردن مشکل همه‌ی خارجی‌ها است. حتا خود روس‌ها هم با زبانشان مشکل داشتند. می‌دانستم که امتحان زبان و ادبیات روسی برای خود روس‌ها چه در مدرسه و چه برای قبولی در دانشگاه از سخت‌ترین امتحانات بود و خیلی از بچه‌ها مجبور بودند کلاس تقویتی بگیرند. اما محسن ترجیح می‌داد ارتباط نداشته باشد، حرف نزند، تا این‌که با اشتباه صحبت کند. از طرف دیگر فرهنگ روس‌ها برایش جذاب نبود. از مشروب‌خوری آن‌ها متنفر بود. می‌گفت «همه بی‌ادب، خشن و مشروب‌خورن.» برای محسن ارتباط با مردم جالب نبود، شناختن یا نشناختن مردم برایش فرقی نداشت. برای او تنها چیزی که در روسیه اهمیت داشت درس خواندن و گرفتن مدرک بود.

۳۳

داشتم وارد خانه می‌شدم که درِ آپارتمان بغلی باز شد و مردی جوان بیرون آمد. لبخند زدم و سرم را به علامت سلام تکان دادم. اولین بار بود او را می‌دیدم. می‌دانستم در آپارتمان کناری ما پیرمردی با پسرش که حدوداً ۵۰ ساله بود زندگی می کردند. پیرمرد بسیار دوست‌داشتنی بود. معمولاً جواب سلامم را با خوش‌رویی می‌داد. اما پسرش، که پیرمرد او را وانیا صدا می کرد، معمولاً سلام که می کردم با قیافه‌یی اخمو زیر لب چیزی می گفت که من به حساب جواب سلام می گذاشتم. همیشه هم عجله داشت. مرد جوان درِ آپارتمان را بست و با لهجه‌یی افغانی به فارسی پرسید:

ــ شما ایرانی هستین؟

با خوش‌حالی به طرفش برگشتم و گفتم:

ــ آره شما فارسی بلدین؟

خندید و شمرده و کتابی گفت:

ــ در دانشگاه زبان دری خوانده‌ام. مدتی هم در افغانستان کار کرده‌ام.

ـ چه‌قدر جالب... این‌جا زندگی می کنین؟

ـ نه پدربزرگ و عمویم این‌جا هستند. من آمده بودم به او سر بزنم، آخر ناخوش‌احوال است.

واقعاً لهجه‌اش بامزه بود. به‌خصوص که اصرار داشت دستور زبان را همان‌طورکه به او یاد داده بودند رعایت کند.

ادامه داد:

از کاغذهایی که به در خانه می‌چسبانید فهمیدم ایرانی هستین

اول منظورش را نفهمیدم، بعد یادم آمد که بعضی اوقات یادداشت‌های عاشقانه برای محسن روی درِ آپارتمان می‌چسباندم

خندیدم و گفتم:

ـ فکر نمی کردم این‌جا کسی فارسی بلد باشه.

خداحافظی کرد و رفت. وارد خانه شدم. از خودم پرسیدم «شده تابه‌حال چیز ناجوری واسه محسن بنویسی؟» تازه متوجه شدم نه خودم را معرفی کردم و نه اسمش را پرسیده بودم.

فردای آن روز شنبه بود. مقداری آجیل و خرما که آقای فرخی گه‌گاهی برایمان می‌فرستاد در ظرفی ریختم و رفتم احوال پیرمرد را بپرسم. در که زدم خانمی میان‌سال، چاق و قدکوتاه در را باز کرد

سلام که کردم با چشمان زیبایش به من خیره شد. چند لحظه بعد گویی مرا به یاد آورد. لبخند زد و گفت:

ـ آ... تو اون دختر ایرانیه هستی که این بغل زندگی می کنه.

لبخند زدم. ظرف را به طرفش گرفتم و گفتم:

ـ شنیدم پدربزرگ مریض هستن. امیدورم چیز مهمی نباشه. بفرمایین این از ایرانه.

زن خندید و گفت:

ـ ممنون. بیا داخل.

ـ متشکرم...

ــ ما هیچ‌وقت توی در چیزی نمی‌گیریم.
کلمه‌ای به کار برد که معنی‌اش را نفهمیدم توضیح داد فهمیدم منظورش این است که شگون ندارد. شنیده بودم فرهنگ روس‌ها پر است از این خرافات. داخل شدم. زن از جلو رفت و گفت:
ــ از این طرف
پشت سرش رفتم. از آشپزخانه صدایی مردانه پرسید:
ــ ناتاشیا کی بود؟
مردی حدوداً هم‌سن‌وسال ناتاشا در ظرف‌شویی سیب‌زمینی پوست می‌گرفت به طرفم برگشت و با کنج‌کاوی نگاهم کرد. ظرف را روی میز آشپزخانه گذاشتم و سلام کردم
با صدایی که تعجب و سؤال در آن به‌خوبی حس می‌شد گفت:
ــ سلام.
انگار می‌خواست بگوید خب بعدش؟
هوا در آشپزخانه کوچک که جای تکان‌خوردن نبود، دم داشت و بوی کتلت سرخ‌کرده پیچیده بود. ناتاشا یک کتری روی گاز گذاشت و به مرد گفت:
ــ واسیا، این دختره، همسایه‌ی بغلیه.
مرد که ظاهراً مرا به جا آورد گفت:
ــ آ... همونایی که کاغذ می‌چسبونن به درشون
و قاه‌قاه خندید و ادامه داد:
ــ آره یورا گفته بود.
ناتاشا به من گفت:
ــ چرا نمی‌شینی؟
نمی‌دانستم چه کار باید بکنم. گفتم:
ــ انگار بی موقع اومدم
ــ نه بشین.

مرد سیب‌زمینی خرد می‌کرد و تمام حواسش به من بود. دستش را به پیش‌بندش کشید. جلو آمد. پسته‌یی برداشت و با لحنی سبک، گویی با دختر بچه‌یی دبستانی حرف می‌زد، گفت:
ـ حالا توی مسکو چی کار می‌کنین؟
ـ همسرم این‌جا دانش‌جوئه
ـ چی می‌خونه؟
ـ فیزیک.
مرد گفت:
ـ جدی؟ پس هم رشته‌ایم.
پسته‌ی دیگری برداشت:
ـ حالا چرا نرفتین خوابگاه؟
خواستم جوابش را بدهم که وانیا به‌سرعت وارد آشپزخانه شد. من سریع از جا بلند شدم و سلام کردم
مرد به‌تندی رو به آن دو نفر کرد و گفت:
ـ چه خبره؟ آروم‌تر! پدربزرگ خوابه.
نیم‌نگاهی به من انداخت و زیر لب جوابم را داد.
ناتاشا با بی‌اعتنایی گفت:
ـ بیدارش کن غذاشو بخوره.
وانیا بیرون رفت. ناتاشا از من پرسید:
ـ بچه ندارین؟
ـ نه تازه ازدواج کردیم.
واسیا با تعجب نگاهی به من کرد و گفت:
ـ واقعاً؟.. توی شرق زن‌ها زود شوهر می‌کنن. زود هم بچه‌دار می‌شن.
از حرفش بدم آمد. لبخند تلخی زدم و گفتم:
ـ شما می‌دونین ایران کجاست؟

واسیا گفت:

ــ فیلم «اوتملونایا سونتِ و پوستین ـا» رو دیدی؟

پوزخند زدم و گفتم:

ــ بله.

این فیلم را بارها از تلویزیون دیده بودم. داستانش مربوط به دهه‌ی ۲۰ بود، زمانی که دولت تازه‌تأسیس شوروی در حال سرکوب مخالفان بود. فیلم منطقه‌یی مسلمان‌نشین در قفقاز را نشان می‌دهد که مردها کاری ندارند جز این که در آفتاب بنشینند و با قیافه‌هایی احمقانه با هم‌دیگر حرف بزنند و چپق بکشند، ارتش سرخ می‌خواهد انقلاب کمونیستی را صادر کند و این مردم را متمدن کند. مردی بد و خشن نُه تا زن دارد که همه زیر چادر و روبنده زندانی هستند و از شوهرخیلی می‌ترسند. آن مرد گروهی از جوانان را دور خود جمع کرده است و علیه سرخ‌ها می‌جنگد. افسری سرخ با حداقل امکانات او را شکست می‌دهد. و مردم را نجات می‌دهد. زنان چادرها را کنار می گذرند و آزاد می‌شوند.

می‌دانستم این کار از آثار معروف دوران شوروی بود که تصوری بسیار ابتدایی و کلیشه‌یی از زن مسلمان و نحوه‌ی زندگی در جوامع اسلامی به جامعه القاء کرده بود.

واسیا با احساس رضایت و خودپسندی لبخند زد. انگار داشت می گفت: «دیدی خوب می‌شناسمت». لابد فکر می کرد ایران هم جایی شبیه همان صحرای خشک و بی‌آب‌وعلف در آن فیلم است. و در تهران مردم با شتر رفت‌وآمد می کنند. بارها این سؤال را مردم در مسکو از من پرسیده بودند.

ناتاشا مقداری سوپ در کاسه‌یی ریخت، آن را در بشقابی بزرگ گذاشت با دو تکه نان و یک قاشق. دمِ درِ آشپزخانه داد زد:

ــ وانیا بیا ببر

وانیا دوباره باشتاب آمد و به لحنی تند غر زد که:

ـ چه‌قدر زیاد ریختی. این‌همه که نمی‌خوره.
ناتاشا چیزی نگفت. واسیا در ماهی‌تابه‌ی بزرگی روغن ریخته بود. ناتاشا بسته‌یی شوکولات باز کرد، از داخل کابینت بسته‌یی بیسکویت بیرون آورد و دو تا چای ریخت. خودش هم روی صندلی کنارم نشست. واسیا تمام سیب‌زمینی را داخل روغن داغ ریخت. صدای جیزجیز سیب‌زمینی و دود روغن به هوا رفت. ناتاشا چیزی پرسید که نفهمیدم. داد زد:
ـ واسیا پنجره رو باز کن خفه شدیم.
دوباره با جیغ سؤالش را تکرار کرد:
ـ می‌گم از مسکو خوشت می‌آد؟
تا خواستم جواب بدهم واسیا از کنار اجاق گاز داد زد:
ـ هِه پس خوشش نیاد! اون‌جا یه چادر سیاه سرش می‌کرده و فقط چشمش رو بیرون می‌ذاشته. حالا ببین اومده این‌جا چه‌طور لباس می‌پوشه. دولت داره خرجشونو می‌ده. آپارتمان سه اتاقه...
ناتاشا به تندی گفت:
ـ واسیا!
مرد رو به من کرد و با لحن سبکی گفت:
ـ هه، مگه نه؟ دروغ می‌گم؟
من که حسابی از لحن تحقیرآمیزش رنجیده بودم گفتم:
ـ دولت خرج ما رو نمی‌ده. ما خودمون اومدیم.
در این لحظه وانیا وارد شد. نگاهی به دوروبر انداخت گویی از چیزی ناراضی بود پرسید:
ـ غذای دوم چیه؟
واسیا هم با لحنی معترض به‌تندی داد زد:
ـ مگه سوپش رو خورده؟
وانیا دست راستش را به کمر زده بود، کمی به دوروبر نگاه

کرد، گونه چپش را خاراند و زیر لب گفت:
- داره می‌خوره
ناتاشا با دهان پر گفت:
- کتلت براتون درست کردم. الان سیب‌زمینی هم سرخ می‌شه یه کم باید براش سالاد درست کنی.
وانیا کمی این‌پا و اون‌پا کرد. بعد در یکی از کابینت‌ها را باز کرد. واسیا دوباره به‌تندی داد زد:
- لابد گوجه و خیار اون‌جاست؟
وانیا زیر لب گفت:
- اون‌قد آدم ریخته این‌جا که گیج شدم.
سریع از جا بلند شدم و گفتم:
- من دیگه باید برم. خداحافظ.
منتظر جواب نشدم به‌سرعت بیرون رفتم. داشتم زنگ آپارتمان خودمان را می‌زدم که ناتاشا که داشت در را پشت سرم می‌بست داد زد:
- ظرفت رو بعداً می‌آرم.

۳۴

ماه آوریل بود. یک روز مادر رامان تو دانشکده مرا دید و گفت: «پس‌فردا عید پاکه. فردا من خونه‌ام. تو هم اگه کلاس نداری بیا با هم کلوچه درست کنیم بعد هم برای تبرک کلوچه رو ببریم کلیسا.»

با کاتیا خیلی راحت بودم. اگر چه حدوداً هم‌سن‌وسال مامان بود اما از حرف‌زدن با او خیلی لذت می‌بردم. همه‌چیز را درک می‌کرد.

توی آشپزخانه کوچکش نشسته بودیم. برایم چای ریخت و چند نوع مربا که می‌گفت خودش تابستان با محصولات خانه‌ی ییلاقی‌اش درست کرده، روی میز گذاشت. به‌هیچ‌وجه شبیه استادهای زن دانشکده‌ی ما در تهران نبود. نه تنها رفتارش بلکه زندگی‌اش هم بسیار ساده بود. قابلمه‌هایش لعابی بود. یخچالی خیلی قدیمی در گوشه آشپزخانه‌اش بود. می‌دانستم لباس‌شویی را چند ماه پیش خریده است ــ خودش تعریف کرده بود.

اوایل دهه‌ی نود، همین سطح از زندگی برای بسیاری از تحصیل‌کرده‌ها، از مهندس گرفته تا معلم، پزشک، استاد

دانشگاه و هنرمند، ایده‌ال بود. می‌دانستم بسیاری از مردم در آن روزها حتا برای تهیه‌ی نان شب هم مشکل داشتند. به همین دلیل موج مهاجرت به خارج از کشور بالا گرفته بود.

آن روز موضوع به آشنایی و ازدواج من با محسن کشید. کاتیا بالبخند گوش می‌داد. وقتی کلمه‌یی را به روسی نمی‌دانستم توضیح می‌دادم او کلمه را می‌گفت و من یادداشت می‌کردم. بعد از خوردن چای کاتیا یک آلبوم قدیمی برایم آورد و گفت: «تا من کلوچه‌ها رو درست می‌کنم تو هم عکسا رو نگاه کن.»

عکس مرد جوانِ چشم ابرومشکی در کنار دختر زیبای بلوند در میدان سرخ، روبه‌روی بالشوی تئاتر، در مراسم ۸ مارس. بعد دست‌دردست در پارک و جنگل و خانه‌ی ییلاقی بیرون شهر. بعد نوزادی در بغل مرد و...

من عکس‌ها را نگاه می‌کردم و کاتیا توضیحاتی می‌داد و خاطراتی از آن دوران می‌گفت. با احتیاط پرسیدم:

ــ چه‌طور شد با هم ازدواج کردین؟

ــ خارجی توی دانشگاه زیاد داشتیم اما ناصر (کاتیا آن را نَصِر تلفظ می‌کرد و روی سیلاب اول تأکید می‌کرد) با خیلی‌ها فرق داشت. می‌دونی... خیلی اجتماعی بود. همه‌ی بچه‌ها می‌شناختندش. خیلی توی دخترها طرف‌دار داشت. اون روزها دخترهای روس از خدا می‌خواستن یه مرد خارجی پیدا بشه باهاش ازدواج کنن و از شوروی برن. خارج‌رفتن خیلی مشکل بود. هر کسی نمی‌تونست بره. چند تا از دوستای من با دانش‌جوهای عرب و آفریقایی و آمریکای لاتینی ازدواج کردن و باخوش‌حالی از شوروی رفتن. ناصر رک‌وراست به دخترها می‌گفت اهل ازدواج نیست. اینه که دخترها ازش ناامید می‌شدند. اما من... من عاشقش شده بودم. اصلاًهم برام مهم نبود ازدواج بکنه یا نه. می‌دونستم مرد زندگی و اهل زن و بچه نیست. آروم و قرار

نداشت. نمی‌تونست یه‌جا بمونه. انگار دنبال چیزی بود که خودش هم نمی‌دونست چیه... من بعضی‌وقتا فکر می کردم حتا اگه در ایران آزادی بود باز هم ناصر نمی‌تونست آروم زندگی کنه. بعضی‌وقتا هم که از سختی‌های زندگی‌اش می گفت، از مبارزه‌ی مسلحانه، از پنهان‌شدن در جنگل‌های سرد و خیس، از گرسنگی‌های طولانی، از این که دوست صمیمی‌اش چه‌طور زخمی شده بوده و ناصر شاهد جان‌کندنش بوده بدون این که بتونه کاری براش بکنه. می‌فهمیدم نمی‌شه از این آدم انتظار داشت مرد زندگی باشه. همیشه نگران بود. هیچ‌وقت آرامش نداشت. می‌دونم من و رامان رو خیلی دوست داشت، اما دست خودش نبود. نمی‌تونست مثل بقیه باشه. شاید هم به همین دلیل من عاشقش بودم. یه روز اومد خونه و گفت: «من این‌جا نشستم کنار زن و بچه‌ام درحالی که هم‌فکرای من تو زندان‌های ایران دارن شکنجه می‌شن، من نمی‌تونم این وضع رو تحمل کنم.» مادرم وقتی شنید گفت: «بهانه می‌آره که از زیر مسئولیت زندگی فرار کنه.» یکی از دوستاش تونسته بود از ایران فرار کنه بره آلمان شرقی. ناصر می گفت: «اون‌جا فضا برای مبارزه و فعالیت از شوروی بازتره.» مانع نشدم. هرچه مادرم غر زد و دعوام کرد که: «نذار بره. این اگه بره تو دیگه پیداش نمی کی، به خودت فکر نمی کنی به فکر این بچه باش.» من به گوشم نرفت. ناصر گفت می‌ره، اوضاع‌واحوالش که روبه‌راه بشه به ما خبر می‌ده که ما هم بریم.

کاتیا لبخند تلخی زد. آهی کشید و ادامه داد:

ــ اولین نامه‌اش وقتی رسید که رامان ۱۰ ساله شده بود. حتا باورم نمی‌شد زنده باشه. گفته بود «بچه رو وردار بیا این‌جا.» خیلی بهش فکر کردم مردی که ۵ سال از خودش خبری نده چه‌طور می‌تونی به حرفش اعتماد کنی و کار و زندگی‌ات رو

ول کنی بچه رو برداری و بری. هر چند که هنوز هم دوستش داشتم. اما نمی‌تونستم زندگی رامان رو خراب کنم. این بود که نرفتم. بعضی‌وقتا فکر می‌کنم اشتباه کردم. باید بهش اعتماد می‌کردم... بعدها فهمیدم که اون‌جا زن گرفته و یه بچه هم داره... هنوز گه‌گاهی نامه‌هاش می‌رسه. مثل یه دوست قدیمی.

کاتیا سکوت کرد. چند لحظه بعد ادامه داد:

ـ می‌دونی... رامان هیچ‌وقت فرصت نکرد پدرش رو بشناسه. همیشه بین حرف‌های متضادی که از من و مادرم می‌شنیده سرگردان بوده. راستش از وقتی با تو آشنا شده گه‌گاهی چیزایی می‌پرسه. باورت می‌شه چند هفته پیش بعد از سال‌ها این آلبوم رو آورده بود عکسا رو نگاه می‌کرد و از من در مورد باباش سؤال می‌کرد؟

ـ آره ولی می‌دونی کاتیا، فکر می‌کنم خیلی حساسه؛ مثلاً یه روز بهش گفتم «رامان تو خیلی شبیه ایرانی‌ها هستی؛ بعضی‌وقتا من یادم می‌ره تو فارسی بلد نیستی». می‌دونی برگشت به‌تندی چی گفت؟ گفت: «نه من اصلاً شبیه مردای ایرونی نیستم.» بهش گفتم: «ببخش نمی‌خواستم ناراحتت کنم. اما بهترین مردایی که من می‌شناسم ایرانی هستن. به نظرم تو خیلی شبیه اونایی.» راستی بهت گفته داره فارسی یاد می‌گیره؟

ـ نه خودش چیزی نگفته اما روی میزش کتاب فارسی دیدم

ـ آره. ازم خواسته بهش فارسی یاد بدم. راستی کاتیا دوست داری بری ایران؟

کاتیا دست از ورزدادن خمیر کشید از پنجره به بیرون نگاه کرد و گفت:

ـ یه روزی خیلی دلم می‌خواست... راستش نه فقط واسه خودم. بیش‌تر به خاطر رامان.

فکری به خاطرم رسید پرسیدم:

ـ کاتیا آدرسی از خونواده‌ی ناصر در ایران داری؟
کاتیا با کنج‌کاوی به من خیره شد و گفت:
ـ نمی‌دونم باید بگردم. واسه چی می‌پرسی؟

۳۵

کلیسـای دانیلوفسـکی چنـد ایسـتگاه متـرو تـا خانـه‌ی کاتیـا فاصلـه دشـت. از متـرو بیـرون آمدیـم و بـه طـرف کلیسـا راه افتادیـم. کاتیـا پرسـید:

ـ تابه‌حال رفتی کلیسا؟

ـ این‌جـا نـه. امـا تـوی شـهرمون محله‌یـی هسـت مخصـوص ارمنی‌هـا کـه کلیسـای معروفـی داره. بعضی‌وقتـا کـه از شـهرهای دیگـه مهمـون داریـم می‌بریمشـون اون‌جـا

کلیسـای دانیلوفسـکی دو سـاختمان داشـت. یکـی بزرگ‌تـر کـه مربـوط بـه قـرن هجدهـم بـود و مراسـم اصلـی معمـولاً آن‌جـا برگـزار می‌شـد و دیگـری کوچـک و قدیمی‌تـر کـه قـرن ۱۳ میـلادی سـاخته شـده بـود.

کاتیـا بـرای تبـرک کلوچـه و تخم‌مرغ‌هـا، کـه به‌زیبایـی تزئیـن شـده بـود، دمِ درِ سـاختمان اصلـی در صـف ایسـتاد. صفـی طولانـی بـود. مـردم منتظـر بودنـد کشـیش بعـد از تمـام کـردن مراسـم دعـای شـبانه بـرای تبـرک بیایـد. مـادر رامـان خندیـد و گفـت:

ـ مـا روس‌هـا همیشـه بایـد تـوی صـف وایسـیم. بعضی‌وقتـا فکـر

می‌کنم ما عادت کردیم اگه صف نباشه انگار چیزی گم کردیم. توی کلسیا هم صف! می‌خوای بری اوی یکی کلیسا رو ببینی؟

ورودی کلیسای قدیمی با پله‌های سنگی و چند طاق کوتاه و پهن آدم را بلافاصله به یاد فیلم‌های قدیمی روسی می‌انداخت. داخل کلیسا به جز چند پیر زن کسی نبود. صدای قدم‌هایم روی سنگ‌فرش در فضا می‌پیچید و مرا معذب می‌کرد. چندجا روبه‌روی شمایل‌ها سینی پر از شمع دیوارها را کمی روشن می‌کرد. بوی موم شمع و عود همراه با بوی کهنگی کلیسای نیمه‌تاریک احساس غریبی به من می‌داد. چند تابوت سنگی و بلند در طول دیوارها دیده می‌شد که در آن قدیسان از قرن‌ها پیش آرمیده بودند. سقف بلند گنبدی و دیوارها با نقاشی‌هایی قدیمی و رنگ‌باخته از جهنم و بهشت و فرشتگان مرا از واقعیت‌های بیرون جدا می‌کرد و به دنیای دیگری می‌برد؛ دنیایی که تصورش برای آن پیرزنان گریزان از فقر و تنهایی و مریضی امیدبخش بود. در گوشه‌یی ایستادم. سکوت بود که گه‌گاهی با صدای قدم‌های آرام و بی‌شتاب یا پچ‌پچ گفت‌وگو شکسته می‌شد. در سمت راست کلیسا شمایلی بود از مریم مقدس که فرزندش را در بغل گرفته بود و نور شمع به صورتش می‌تابید. در آن فضای نیمه‌تاریک به آن خیره شدم. احساس کردم برایم آشنا است و به اعماق جانم نفوذ کرد. چه‌قدر خودی بود! چشمانم را بستم. آرمشی عجیب تمام وجود را فرا گرفت. احساس کردم آن‌جا را می‌شناسم. بیگانه نبودم. دعا نمی‌کردم. چیزی نمی‌خواستم. پناه‌بردن بود به آغوشی گرم و مطمئن. یکی‌شدن بود با وجودی آشنا و آرام‌بخش و احساس سبکی بود و پرواز. چیزی که به‌هیچ‌وجه نمی‌خواستم زیر چاقوی تیز آنالیز و نقد پاره‌پاره شود. سعی کردم به چیزی فکر نکنم.

کاتیا با ظرف کلوچه و تخم‌مرغ گوشه‌یی منتظرم بود. با هم بیرون رفتیم. داخل محوطه‌ی باز کلیسا چند اتاقک زیبای چوبی ساخته بودند که به‌طورسنتی خیلی قشنگ تزئین شده بود. آدم را یاد داستانهای فولکلور روسی می‌انداخت. کاتیا گفت:

ــ زنان ساکن دیرها، محصولاتشون رو این جور جاها می‌فروشن. هم قیمت‌ها مناسبه هم می‌تونی مطمئن باشی که کیفیتش خوبه.

من یک ظرف عسل خریدم از زنی محجبه که برخلاف فروشنده‌گان مغازه‌ها بسیار مؤدب و خوش‌برخورد بود.

در مترو از کاتیا خداحافظی کردم و به طرف خانه راه افتادم. بعد از کلیسا احساس خیلی خوبی داشتم. نگاهی به نایلکس کلوچه انداختم به یاد حرف کاتیا افتادم: «کلوچه‌ی تبرک‌شده اولین چیزیه که صبح روز عید پاک خورده می‌شه.. البته چون تو غسل تعمید نگرفتی اصلاً نمی‌تونی ازش بخوری. بیا این کلوچه رو واسه‌ی تو پختم و تبرک نکردم. این هم دو تا تخم مرغ برای خودت و شوهرت.»

لبخند زدم واقعاً که همه‌ی مذهبی‌ها شبیه هم هستند. من که خودم می‌دانستم در آن کلیسا غریبه نبودم. چیز جدیدی برای خودم کشف کرده بود چیزی که نمی‌توانستم به زبان مادری‌ام بیانش کنم چه برسد به زبان روسی.

از آن به بعد هر وقت غمگین می‌شدم در ساعاتی که می‌دانستم کلیسا خلوت است به آن‌جا می‌رفتم. گوشه‌یی دنج می‌ایستادم. چشمانم را می‌بستم و مدتی به همان حال می‌ماندم. قلبم پر می‌شد از احساس آرامش و اطمینان. سبک می‌شدم. آن‌وقت از کلیسا بیرون می‌رفتم. حتا سعی می کردم با خودم هم در این مورد صحبت نکنم.

۳۶

نهم ماه مه بود و تعطیل. هوا بهاری بود. با محسن برای پیاده‌روی به جنگل نزدیک خانه رفته بودیم. وقتی برگشتیم، دمِ درِ خانه، وانیا را دیدیم با پدرش که دسته‌یی گل میخک دستش گرفته بود. لباس نظامی به تن داشت و روی سینه‌اش چند ردیف مدال‌های مختلف آویزان بود. پیرمرد خیلی خوش‌حال به نظر می‌رسید. می‌دانستم نهم مه برای روس‌ها یک روز بزرگ محسوب می‌شود. وانیا هم برخلاف همیشه حسابی سرحال بود. بعد از سلام و احوال‌پرسی گفت:

ــ امروز روز پدربزرگه. حتا از روز تولدش هم براش بیش‌تر اهمیت داره، مگه نه پاپا؟

پیرمرد لبخند زد و با سر تأیید کرد. وانیا که خیلی کم پیش می‌آمد لبخند بزند، خندید و سرحال ادامه داد:

ــ امروز مراسمی بود واسه بزرگ‌داشت شرکت‌کننده‌گان در جنگ جهانی دوم، پدربزرگ حسابی خسته شد.

و دوباره رو کرد به پیرمرد و با صدای بلند پرسید:

ــ خیلی خسته شدی، پاپا؟

پیرمرد سرش را بالا برد یعنی «نه.»

ـ خیلی گشنه‌ای؟

پیر مرد لبخند زد و با سر تأیید کرد. وانیا باز خندید. پیرمرد وارد آپارتمان شد و خداحافظی کرد. وانیا گفت:

ـ اگه تونستین بعدازظهر سری بهش بزنین. خیلی خوش‌حال می‌شه.

اگر چه با تجربه‌یی که از رفتن به آن خانه داشتم دلم اصلاً نمی‌خواست دوباره پایم را آن‌جا بگذارم اما قیافه‌ی پیرمرد با آن لبخند مظلومانه‌اش و آن‌طورکه اسم مرا تلفظ می‌کرد ـ مِرجَن ـ آن‌قدر دوست‌داشتنی بود که به محسن گفتم:

ـ چه‌طوره واقعاً یه سر بریم؟

محسن سریع گفت:

ـ من که نمی‌آم، می‌خوای خودت برو

بعدازظهر دسته‌گل به دست با ترس و لرز درِ آپارتمان بغلی را زدم.

نوه‌ی پیرمرد، که اسمش یورا بود، در را باز کرد بچه کوچکی به بغل داشت.

گفتم:

ـ می‌شه لطفاً پدربزرگ رو صدا کنین. اومدم بهشون تبریک بگم.

ناتاشا از داخل اتاق سرک کشید. مرا که دید داد زد:

ـ بیا تو. بیا، پدربزرگ خوش‌حال می‌شه.

وارد اتاق شدم. دسته‌گل را که به پیر مرد دادم، خندد. لرزش دستش وقتی سرم را می‌بوسید مرا به یاد آقابزرگ خدابیامرز انداخت. بغض گلویم را گرفت. میزی بزرگ در آن اتاق کوچک گذاشته بودند که جای تکان‌خوردن نبود. اتاق پر بود از مهمان. صدایم به گوش پیرمرد نمی‌رسید داد زدم:

ــ باز هم تبریک می‌گم. با اجازه، من دیگه برم.

پیرمرد دستم را محکم گرفت و با سر اشاره کرد که بنشینم. ناتاشا بشقابی پر از خیارشور روی میز گذاشت و گفت:

ــ نه، کجا؟ بشین. به‌موقع اومدی. هنوز شروع نکرده بودیم.

و دوباره به آشپزخانه رفت. میز پُر بود از غذا: ماهی شور، خاویار، چند نوع کالباس... واسیا دو ظرف پر از سالاد الویه روی میز گذاشت و گفت:

ــ اِ... این دختر ایرانیه هم که باز این‌جاس که.

و بدون توجه به سلام من، از اتاق بیرون رفت. یورا لبخند زد و به فارسی گفت:

ــ پدرم خیلی دوست دارد شوخی کند.

بچه را به زنش داد و درِ یک بطری شراب را باز کرد و داد زد:

ــ ماما بیاین دیگه.

ناتاشا چهارپایه‌یی آورد. صندلی‌یی به من تعارف کرد و خودش روی چهارپایه کنارم نشست و توی گوشم داد زد:

ــ واسیا بیا دیگه.

به خودم گفتم «یعنی از روس‌ها شلوغ‌تر هم پیدا می‌شه؟». واسیا و وانیا با لباس‌های رسمی، بطری‌به‌دست، آمدند و نشستند. پسر یورا آرام نمی‌گرفت و کالباس می‌خواست. مادرش تکه‌یی نان دستش داد اما بچه آن را پرت کرد به طرف کالباس اشاره می‌کرد. پدربزرگ با لذت به بچه نگاه می‌کرد و می‌خندید.

همه ساکت شدند و به تلویزیون چشم دوختند که تصاویری از جنگ جهانی پخش می‌کرد. گوینده‌یی با هیجان سلام و درود می‌فرستاد به کشته‌شده‌گان، قهرمانان و بازمانده‌گان جنگ.

چند لحظه بعد از آن، با اعلام گوینده، همه یک دقیقه سکوت کردند. وقتی نواختن سرود ملی تمام شد. پدر بزرگ ایستاد. گیلاسش را آرام بلند کرد رو به سه عکس قدیمی که به دیوار

آویزان بود گفت:

ـ امروز درست چهل‌ونه سال از آن روز بزرگ می‌گذره. روزی که مردم خسته، گرسنه، مجروح و آواره اما صبور و شجاع و قهرمان ما بالاخره بر فاشیست‌ها پیروز شدند. هر سال ما در چنین روزی دور هم جمع می‌شیم به یاد شما و همه‌ی عزیزان و دوستانی که در آن جنگ از دست دادیم. امروز هم، که چهار نسل دور این میز جمع هستیم، یک بار دیگه، به شما درود می‌فرستیم و می‌گیم که هیچ‌وقت فراموشتان نمی‌کنیم. روحتان شاد.

همه در سکوت نوشیدند. ناتاشا اشک‌هایش را با پشت دست پاک کرد و ظرف الویه را بلند کرد و به طرفم گرفت و گفت:

ـ اون عکس خواهر و برادرهای پدر بزرگه که توی جنگ کشته شدن.

نیم ساعت بعد که داشتم خداحافظی می‌کردم واسیا گفت:

ـ به هم کارم سلام برسون.

ناتاشا یاد ظرفم افتاد و به آشپزخانه رفت تا آن را برایم بیاورد. وانیا از آشپزخانه برون آمد ظرف را دستم داد. تکه‌ی بزرگی کیک در آن گذاشته بود. خندید و با لحنی بچگانه گفت:

ـ دست‌پخت خودمه. امیدوارم خوشت بیاد.

برخوردش نسبت به بار قبل خیلی فرق می‌کرد کاملاً صمیمی بو د

به خانه که برگشتم همه‌چیز را با آب‌وتاب برای محسن تعریف کردم و اضافه کردم:

ـ محسن چه‌قدر خوبه که بعد از نیم قرن مردم هنوز صمیمانه و بی‌ریا از صمیم قلب، قدردان شرکت‌کننده‌گان در جنگ جهانی هستن. با این‌که دیگه شوروی وجود نداره کسی نمی‌گه «اون جنگ ما نبود، اونا که رفتن و کشته شدن از ما نبودن، مدافعین

شوروی بودن.» هنوز هم با احترام ازشون یاد می‌کنن، توی خونه هاشون، در خلوت خودشون.

چند هفته بعد یک روز وانیا مرا در آسانسور دید. احوال‌پرسی گرمی کرد چشمش به کرفسی افتاد که خریده بودم پرسید:

ـ اینو چه‌طور می‌خورن؟ توضیح دادم که خورش درست می‌کنیم.

ـ خوش‌مزه می‌شه؟

خندیدم گفتم:

ـ ما که دوست داریم.

فردا شب وقتی داشتم شام می‌کشیدم به یاد حرف وانیا افتادم. کاسه‌یی خورش کرفس و بشقابی پلو در سینی گذاشتم و درِ خانه‌ی همسایه بردم. خود وانیا در را باز کرد. قیافه‌اش اخمو بود. زیر لب چیزی گفت که ظاهراً جواب سلامم بود. سینی را جلوش گرفتم و با خوش‌حالی گفتم:

ـ این همون کرفس دیروزه. آوردم امتحان کنین.

سریع نگاهی به من کرد و بعد به سینی چشم دوخت و من‌من‌کنان گفت:

ـ می‌دونی... من اهل سبزی نیستم. پدربزرگ هم پلو دوست نداره. ممنون، نمی‌خوریم.

از حرکتش شوکه شدم. باورم نمی‌شد. به خودم گفتم: «واقعاً که هیچ‌وقت نمی‌تونی واکنش روس‌ها رو پیش‌بینی کنی.»

محسن که دید غذا را برگردانده‌ام با تعجب به من نگاه کرد. وقتی قضیه را تعریف کردم خندید و گفت: «من که می‌گم اینا به آدما نرفتن و اصلاً آداب معاشرت بلد نیستن تو نمی‌خوای قبول کنی.»

وقتی جریان را برای مادر رامان تعریف کردم خندید و گفت: «بعضی از روس‌ها به همه‌چی مشکوکن. زمان شوروی مردم

فکر می‌کردن هر کی خارجیه حتماً جاسوسه. شوهرت هم که فیزیک می‌خونه، لابد فکر می‌کنن شما از طرف دولت اومدین. اما من مطمئنم که همسایه‌ات، این‌طور که تو ازش تعریف می‌کنی، اصلاً به هیچی فکر نکرده، فقط توی اون لحظه دلش نخواسته غذا رو بگیره و مطمئن باش اصلاً به ذهنش هم نرسیده ممکنه تو برنجی.»

۳۷

کلاس زبان که تمام شد، فکر کردم سری به رامان بزنم اما دیدم اصلاً حوصله ندارم. از دانشگاه بیرون آمدم و پیاده به طرف مترو راه افتادم. اوایل ژوئن بود و هوای مسکو عالی. اما من سرحال نبودم. به خودم خندیدم «لابد ناراحتی که یه سال دیگه رفته روی سن‌ات» بعد یادم آمد که سال پیش روز تولدم چه‌قدر با محسن خوش گذشته بود.

کمی خرید کردم. اول فکر کردم باقالی پلو با مرغ درست کنم اما بعد به خودم گفتم: «انگار تولد خودته، ها!» «خب پس چی بپزیم؟» دلم هیچی نمی‌خواست. فقط می‌خواستم ایران باشم، پیش خانواده‌ام.

آن روز صبح مامان و بابا زنگ زده بودند عزیز و بابا جون هم همین‌طور «شاید شنیدن صدای اون‌ها باعث شده دلم بیش‌تر تنگ بشه». حوصله نداشتم اما فکر کردم «نباید محسن متوجه دلتنگی‌ام بشه. باید نشون بدم خوش‌حالم. باید غذای خوش‌مزه درست کنم.»

محسن زودتر آمد خانه. با ساکی بزرگ و یک دسته گل.

هدیه‌های تولد بود که خانواده‌ام و آقای فرخی فرستاده بودند، با مقداری مواد غذایی که همیشه برایمان خوش‌آیند بود. همراه با نامه‌هایی از خانواده و دوستان که همیشه مرا به گریه می‌انداخت. محسن سر شام پرسید:
ــ سر حال نیستی یا امروز اتفاق جالبی نیفتاده که این‌طوری ساکتی؟

سؤال محسن مرا به یاد کلاس آن روز انداخت.
ــ چرا اتفاقی افتاده که خیلی هم دلم می‌خواد تعریف کنم اما می‌ترسم منو نفهمی

محسن خندید و با لهجه مشهدی گفت: «حاج‌خانم تو آخه اول تعریف برو، ببینم جریان چیه، بعد.»

کمی مکث کردم بعد دل به دریا زدم و گفتم:
ــ محسن یادته هفته‌ی پیش سوتلانا ولادیمیرونا گفته بود در مورد یکی از قدسین مذهبمون انشاء بنویسیم؟
ــ آره. یادمه تو می‌خواستی در مورد حضرت علی بنویسی.

همین‌طور که سرم پایین بود و با غذایم بازی می‌کردم گفتم:
ــ آره نوشتم. امروز هم خوندمش

سکوت کردم. محسن مشغول خوردن بود. سرم را بلند کردم و به چشمانش خیره شدم

محسن با دهان پر گفت:
ــ خب بعدش...
ــ قول می‌دی...
ــ بابا تو که جون به سرم کردی. مگه چی شده؟ صفر بهت داد؟

لبخند زدم و دوباره سرم را پایین انداختم.
ــ نه موضوع یه چیز دیگه است... من که رسیدم کلاس شروع شده بود. خُزِی، همون بچه اسپانیاییه که زنش روسه، داشت

انشاء می‌خونند. بعدش مَگی دختر ژاپنیه خوند، بعدش هم پسر چینیه. خلاصه همه خوندن. من آخرین کسی بودم که انشامو می‌خوندم. تو که می‌دونی چند روز ذهنم مشغول بود که چی بنویسم. یادته با تو هم مشورت کردم؟ به نظرم می‌اومد که انشام واسه همه جالب باشه. اما می‌دونی...

به صندلی تکیه دادم. سرم را بلند کردم. از پنجره بیرون را نگاه کردم و به خط نارنجی در دل آسمان چشم دوختم.

ــ می‌دونی وقتی داشتم می‌خوندم هی به خودم می گفتم: «خب که چی؟» حرفام اصلاً جذاب نبود. کلمات زیبا بود گرامر درست بود اما احساس می کردم چیزی جالب‌تر از اون چه بچه‌های دیگه خوندن، توی انشام نبود.

به محسن چشم دوختم که هنوز دهانش می‌جنبید. محسن گفت:

ــ خب بعدش؟

ــ بعدش؟ بعد نداره. می‌خوام بگم برای اولین بار احساس کردم. هیچ چیزِ برتر و بالاتر در دین من نیست، احساس کردم حضرت علی یک شخصیتی بوده مثل قدیسین ادیان دیگه، نه برتر.... می‌فهمی؟ و این برام دردناک بود. دردناک بود که چرا تا حالا نمی‌دونستم. دردناک بود انگار حس کردم تا حالا منو گول زدن. تموم اون چیزهایی که پای روضه‌ها شنیده بودم، حتا چیزهایی که توی کتاب‌های شریعتی می‌خوندم و حظ می‌کردم، درواقع خاص حضرت علی نبوده؟ قدیسان دیگه هم داشتن.

حالا داشتم می‌فهمیدم چرا آن روز سرحال نبودم. به نگاه محسن پناه بردم. می‌خواستم کمکم کند آن مشکل را حل کنم. نیاز داشتم کسی با من هم‌دردی کند.

محسن بشقاب غذا را کنار زد، با دو آرنج به میز تکیه داد

صورتش را با دو دست پوشاند. نفس عمیقی کشید و بعد در سکوت چند لحظه به من خیره شد. من ادامه دادم:

ـ محسن نمی‌دونم چه‌طور منظورم رو برسونم؟

ـ مرجان راستش من می‌خواستم بعد از امتحاناتم، یعنی وقتی رفتیم ایران، سر فرصت در این مورد باهات صحبت کنم. اما خب ظاهراً مجبورم الان شروع کنم.

با دقت به او نگاه کردم.

ـ مرجان، تو خیلی عوض شدی... چه‌طوری بگم محیط این‌جا خیلی روی تو تأثیر گذاشته. متوجهی چی می گم؟

ـ نه.

ـ تو خیلی اینا رو جدی می گیری، خیلی دقت می کنی، خیلی با خودمون، با فرهنگ و خصوصیات خودمون مقایسه می کنی.

ـ خب، آره.

ـ همینه دیگه. تو مرتب باهاشون در ارتباطی، بهشون فکر می کنی، مقایسه می کنی. اما واسه چی؟ من و تو قراره سه سال این‌جا بمونیم بعدش هم برمی گردیم. واسه چی این‌قد انرژی می‌ذاری؟

ـ چون این مردم با فرهنگشون، با طرز تفکرشون واسه من جالبن. این روابط باعث می‌شه من از بیرون به خودم، به افکارم، به اعتقاداتم نگاه کنم. به نگاهم نسبت به زندگی، به همه‌چی. یعنی این جالب نیست؟

ـ اما تو تحت تأثیر قرار می گیری. یه نگاهی به خودت بکن. یه لحظه به همین حرف‌هایی که الان زدی فکر کن. خب معنی‌اش اینه که تو شک می کنی به چیزیی که خودت داری.

ـ دقیقاً همین‌طوره.

محسن به تندی گفت:

ـ ولی من نمی‌خوام.

با تعجب به او نگاه کردم. محسن ادامه داد:

ـ من نمی‌خوام تو تحت تأثیر قرار بگیری. تو یه زن ایرونی مسلمونی که اومدی این‌جا چند سالی بمونی و برگردی. من نمی‌خوام این حرفا رو بشنوم. چرا بچه‌های کلاس وقتی انشاء دیگرون رو شنیدن همین احساس بهشون دست نداد؟ چرا اونا به اعتقاداتشون شک نکردن؟

ـ محسن من البته نمی‌دونم اونا چی فکر می‌کردن چون با هم صحبت نکردیم اما اگه این‌طوره که تو می‌گی خب چون اونا در جامعه‌یی زندگی می‌کنن که حکومتش دینی نیست. در اون‌جاها دین حکومت نمی‌کنه. دین حکم قانون رو نداره. تو اگه در جامعه قانون می‌ذاری باید قادر باشی ازش به‌طورمنطقی دفاع کنی. و الا آدما حق دارن برن قوانین‌شون رو با جوامع دیگه مقایسه کنن بعد بیان بازخواستت کنن. من دلم می‌سوزه چرا در کشورم بهم گفتن دین تو، قوانین برگرفته از دین تو، شخصیت‌های دینی تو، از همه برترن. بی‌نقص‌ان. چرا من از بیرون که نگاه می‌کنم می‌بینم...

محسن نگذاشت حرفم تمام شود:

ـ من نمی‌دونم. رشته‌ام فلسفه و تاریخ ادیان نیست که برات توضیح بدم. اما فقط بدون این وحشتناکه که یه آدم توی این سن‌وسال هنوز مثل دختربچه‌های سیزده ـ چهارده ساله حرف بزنه.

صدایم را بالا آوردم:

ـ حتا اگه من مثل دختربچه‌های سیزده‌ساله حرف می‌زنم تقصیر خودم نیست، گناه کساییه که نمی‌ذارن ما جوونی کنیم. نمی‌ذارن رشد کنیم، ببینیم، مقایسه کنیم، انتخاب کنیم. تا در دوازده ـ سیزده‌سالگی نمونیم!

محسن داد زد:

ــ چرا این مشکل باید واسه تو پیش بیاد؟ این همه زن ایرانی دوروبرت می‌بینی که دارن مثل آدم زندگی‌شونو می‌کنن، کنار شوهراشون. نه با حجاب مشکل دارن، نه روش زندگی‌شون تغییر کرده. من از تو می‌پرسم چرا واسه تو مشکل به وجود می‌آد نه واسه‌ی بقیه؟

محسن این را گفت و بی آن‌که منتظر جواب بماند به اتاقش رفت و در را محکم بست.

واکنش محسن شوکه‌ام کرد. به‌هیچ‌وجه انتظار چنین برخوردی را نداشتم. «یعنی محسن منو با زنای دیگه مقایسه می‌کنه؟ یعنی می‌خواد من مثل اونا باشم؟»

همان ماه‌های اول که به مسکو آمده بودم و حسابی حوصله‌ام سر می‌رفت چند بار محسن گفته بود: «خوبه با زنای ایرانی که شوهراشون این‌جا درس می‌خونن در ارتباط باشی. فکر کنم کلی هم برای خودشون برنامه دارن»

قضیه برایم جالب شد. یکی از دانش‌جویان سهمیه که سال آخر بود یک شب ما را مهمان کرد. در خوابگاه زندگی می‌کردند. دو تا اتاق داشتند که کف یکی را فرش انداخته بودند و دورتادور پشتی گذاشته بودند. کفش‌مان را درآوردیم و داخل شدیم. باغرور گفت: «یه‌وقت دوستای روس‌مون که می‌آن این‌جا، بنده خداها نمی‌دونن چه‌طور بشینن؛ هی از این‌پا به اون‌پا می‌کنن.» و خودش قاه‌قاه خندید.

چند دانش‌جوی دیگر را هم با خانم‌هایشان دعوت کرده بود. با یکی از خانم‌ها آشنا درآمدم. او هم قبلاً دانش‌جوی دانشگاه تهران بود و در خوابگاه زندگی می‌کرد. از آن‌هایی که از راه نرسیده شده بود جزء خواهران حراستی و بچه‌های خوابگاه را زیر نظر داشت. با یکی از بچه‌های جبهه‌رفته‌ی دانشکده که بورس گرفته بود ازدواج کرده بود و حالا هم داشت فوق لیسانس

می‌خواند.
سلام و احوال‌پرسی که کردیم. نگاهی به سراپایم انداخت. حالتی شبیه به پوزخند در صورتش نمایان شد و با لحنی سبک گفت:
ــ ماشاله هم خوشگل‌تر شدی هم خوش‌پوش‌تر.
در جوابش گفت:
ــ ایران هم همین‌طور می‌پوشیدم منتها توی خوابگاه مجبور بودیم نقش بازی کنیم که دچار درد سر نشیم
آخر شب وقتی از خوابگاه بیرون می‌رفتیم محسن گفت:
ــ بچه‌های بدی نبودن، نه؟
بعد از مکثی نسبتاً طولانی گفتم:
ــ زمان دانش‌جویی حسابی فرصت داشتم با این‌جور تیپ‌ها آشنا بشم. حرف تازه‌یی واسه‌ام ندارن.
بااین‌حال چند باری با همان بچه‌هایی که در مهمانی دیده بودم دوره گذاشتیم. اما دریغ از یک سؤال یا یک موضوع که توجه‌شان را جلب کرده باشد. دریغ از تمایل برای دیدن و شناختن. هرچه بود بدگویی و بدبینی بود. مرتب از زن‌های روس بد می‌گفتند. از بی‌اخلاقی، بداخلاقی، لامذهبی. خیانت... من تعجب می‌کردم این‌ها که اکثراً حتا زبان روسی را درست صحبت نمی‌کردند و نمی‌فهمیدند و تقریباً با روس‌ها هیچ ارتباط مستقیمی نداشتند. اهل تئاتر و سینما هم نبودند. از کجا این‌همه اطلاعات به دست آورده بودند؟
با لذت تعریف می‌کردند که چه‌طور با زرنگی چند کیلو بیش‌تر سبزی سرخ‌شده و خشک‌شده و حبوبات توانسته بودند با خود وارد هواپیما کنند یا این‌که مواد غذایی این‌جا اشکال شرعی داره و خوردن نداره و...
دوره‌ها فرصتی بود برای پختن و خوردن و ردوبدل دستور پخت

غـذا و شـیرینی و گوشـه‌کنایه‌ها و شـوخی‌های سکسـی بـه سـبک زنـان مذهبـی. گویـی عده‌یـی دور خودشـان حصـار کشـیده بودنـد و تمـام تلاششـان ایـن بـود کـه آن جامعـه در حصارشـان نفـوذ نکنـد، تأثیـر نگـذارد تـا درس شوهرانشـان تمـام شـود و صحیـح و سـالم بـه کشورشـان برگردنـد. بـرای گرفتـن پسـت و مقـام و حقـوق بهتـر.
البتـه بچه‌هـای دیگـری هـم بودنـد کـه خودشـان بـرای ادامـه‌ی تحصیـل آمـده بودنـد امـا مـا بـا آن‌هـا در ارتبـاط نبودیـم. بعضـی را کـه محسـن می‌شـناخت و تمایلـی بـه رفت‌وآمـد نداشـت. مـن بـا دختـری دوسـت شـده بـودم کـه فوق‌لیسـانس فیزیـک می‌خوانـد. بـا روس‌هـا روابـط نزدیکـی داشـت. اگـر چـه دوسـت صمیمـی مـن نبـود امـا اراده و تلاشـش برایـم قابل‌تحسـین بـود. گه‌گاهـی بـه مـن سـر می‌زد. بعضـی اوقـات هـم مـن بعـد از کلاس زبـان سـری بـه خوابگاهـش می‌زدم کـه نزدیـک دانشـکده‌ی علـوم بـود. یـک روز محسـن بی‌مقدمـه، رک‌وراسـت گفـت: «ایـن دختـره دیگـه نبایـد پاشـو تـوی ایـن خونـه بـذاره.»
تـا دهانـم را بـاز کـردم کـه بگویـم «چـرا؟»، بـا صـدای بلنـد تـری گفـت: «همیـن کـه شـنیدی... پشـت سرش حرف می‌زنـن»
می‌دانسـتم لابـد آن خانم‌هـای از مـا بهتـران برایـش حـرف درآورده‌انـد. ایـن بـود کـه اگرچـه ارتباطم را بـا آن دختـر محـدود کـردم امـا تمایلـی نداشـتم بـا بچه‌هـای سـهمیه هـم رفت‌وآمـدی داشـته باشـم.
و حالا محسن داشت آن‌ها را به رخ من می‌کشید.

۳۸

محسن گفته بود برای تعطیلات تابستان به ایران می‌رویم اما بعد نظرش تغییر کرد. یکی از اساتیدش پروژه‌یی داشت و از محسن که انگلیسی‌اش خیلی خوب بود دعوت کرده بود در تعطیلات تابستان به او کمک کند. محسن هم که از این پیشنهاد ذوق‌زده شده بود، زمان و مکان و قول‌وقرار یادش رفت و گفت: «اصلاً حرف رفتن به ایران رو نزن که حسابی گرفتارم.»

حرف رفتن به ایران را نزدم و درعوض دلم خوش شد به آمدن بابا و مامان که قرار بود برای دو هفته به روسیه بیایند. تعطیلات ژانویه به محسن گفته بودم:

ــ عزیزم چه‌طوره حالا که تعطیلی، چند روزی بریم سن پترزبورگ. عُقده‌ی ماه عسل روی دل من نمونه.

محسن خندید و گفت:

ــ آخه توی این هوا کی می‌ره اون‌جا؟ سن پترزبورگ واسه شبای سفیدش توی تابستون معروفه.

حالا که قرار بود بابا و مامان بیایند، محسن که حسابی با کارهایش مشغول بود گفت:

ـ از این فرصت استفاده کن و برو سن پترزبورگ رو ببین. انشاالله سال بعد با هم می‌ریم.
رنجیدم و اخم کردم. محسن گفت:
ـ لباتو اون‌طوری غنچه نکن، می‌خورمش، ها!
ـ محسن...
ـ جونم
ـ بگو منو بیش‌تر از درست دوست داری؟
محسن خندید و مرا بوسید.

این سؤال را در آن یک سال زندگی مشترک ده‌ها بار به شکل‌های مختلف از او پرسیده بودم. محسن آن را شوخی تلقی می‌کرد. نمی‌دانم چرا نمی‌خواست یا نمی‌توانست بفهمد که به او احتیاج داشتم. می‌خواستم بیش‌تر با هم باشیم، می‌خواستم گاهی اوقات بدون حضور درسش فقط مال من باشد. بعضی شب‌ها وقتی محسن با من معاشقه می‌کرد حس می‌کردم حواسش جای دیگری است. معترضانه می‌گفتم: ـ نمی‌خوام. تو با من نیستی.

محسن معذرت می‌خواست و تعریف می‌کرد که مثلاً آن روز در آزمایشگاه مشکلی پیش آمده که او نمی‌تواند تحلیلش کند. به همین دلیل ذهنش مشغول است. بعضی اوقات آن‌قدر سرگرم تعریف می‌شد که اصلاً معاشقه یادش می‌رفت.

من خودم را دلداری می‌دادم که این شرایط موقتی است، که محسن درسش را بالاخره تمام می‌کند و به من و زندگی‌مان بیش‌تر می‌رسد. سعی می‌کردم حرفی نزنم که محسن ناراحت شود یا فکرش از درس و کارش منحرف شود. خوش‌حال بودم دوستان خوبی دارم که می‌توانستم با آن‌ها اوقاتم را بگذرانم. خصوصاً لنا و نیکولای که بی‌دریغ هر کاری از دستشان برمی‌آمد برایم انجام می‌دادند. خیلی از اوقات زنگ می‌زدند

و می گفتند: «فلان کانال در فلان ساعت فیلم خوبی داره حتماً نگاه کن» بعد در اولین فرصت برایم از تاریخچه‌ی آن فیلم و شرایط تاریخی و اجتماعی که منجر به ساخت فیلم یا معروفیت آن شده بود صحبت می کردند. اگر می‌دیدند موضوع برایم جالب است آثاری از نویسنده اثر یا فیلم‌هایی از کارگردان آن معرفی می کردند. حتا پیش می‌آمد که من جریان را کاملاً فراموش می کردم اما می‌دیدم مدتی بعد نیکولای در آپارتمان می‌آمد و می گفت:

ــ این کتاب رو یادته بهت گفتم بخونی؟ بیا، دوستم داشت برات گرفتم.

من شرمنده می‌شدم از این همه احساس مسئولیت. آن هم در آن شرایط سخت که می‌دانستم لنا و نیکولای حتا برای تأمین مایحتاج اولیه‌ی زندگی در مضیقه بودند. انگار این احساس مسئولیت ها در برابر دیگران جزئی از تربیتشان بود درواقع طور دیگری نمی‌توانستند به زندگی نگاه کنند.

گاهی اوقات هم رامان و نینا مرا برای رفتن به نمایشگاهی یا کنسرتی دعوت می کردند.

پاییز ۷۳ یک روز لنا که عاشق تئاتر بود با خوش‌حالی گفت:

ــ خب سپتامبر اومد و فصل رفتن به تئاتر شروع شده. ببین من فکر می کنم تو اون‌قدر روسی‌ات خوب شده که بتونی بیای تئاتر. موافقی؟

ــ البته

لنا خندید و با لحنی رسمی گفت:

ــ خب پس برای شروع از «چایکا» شروع می کنیم.

«چایکا» را قبلاً یک بار در تهران دیده بودم. اما تئاتر روسی چیز دیگری بود. در ایران خیلی اهل تئاتر نبودم. به نظرم می‌آمد دغدغه‌ی اصلی هنرپیشه‌ها این بود که بازی‌شان تا آن‌جا که

ممکن است به هنرپیشه‌های خارجی شبیه باشد، درواقع بیشتر حساسیت داشتند اصالت اثر حفظ شود تا این که بازی با تماشاگر ارتباط برقرار کند.

اما در مسکو رفتن به تئاتر مخصوص طبقه‌ی خاصی نبود. مد نبود. جزئی از زندگی مردم بود. اقشار مختلف، حتا کارگرها، تئاتر می‌رفتند. بسیاری از کارهایی که روی صحنه می‌رفت، آثار روسی بود، بنابراین موضوعات و فضا برای روس‌ها خودی بود. و آثار غیرروسی آن‌چنان با استادی کارگردانی و بازی می‌شد که تماشاگر روس آن را به‌راحتی حس و با آن ارتباط برقرار می‌کرد.

تا در مسکو بودم حداقل یک بار در ماه به تئاتر می‌رفتم. حالا این من بودم که به لنا و نیکولای یا رامان و نینا و بعضی وقت‌ها به کاتیا اصرار می‌کردم با من به تئاتر بیایند. خوش‌بختانه هم‌سلیقه بودیم. به جز نیکولای که کارهای پست شوروی را با لذت دنبال می‌کرد بقیه مثل من کارهای کلاسیک را ترجیح می‌دادند.

محسن موسیقی کلاسیک را دوست داشت. چند بار با هم به کنسرت رفته بودیم. به یاد دارم نوروز ۷۴ وقتی محسن گفت: «عیدی چی می‌خوای؟» من که از قبل فکرش را کرده بودم سریع گفتم:

دیدن اپرای یوگنی انیگن در بالشوی تئاتر به شرطی که با هم بریم.

محسن گفت:

ـ چی هست؟

ـ عزیزم، یوگنی انگین معروف‌ترین اثر پوشکینه!

دیدن این اپرا در بالشوی تئاتر آرزوی من بود. وقتی از سالن تئاتر بیرون آمدیم محسن پرسید:

ـ واقعاً خوشت اومد؟

ـ وای محسن یعنی تو خوشت نیومد؟!

۳۹

اواسط زمستان ۷۳ یک روز رامان گفت: «یلنا باریسونا سراغ تو رو می‌گرفت یه سر برو پیشش.»

فکر کردم شاید می‌خواهد در مورد کلاس زبان حرفی بزند.

وارد اتاقش که شدم یلنا باریسونا احوالم را پرسید و بی‌مقدمه گفت:

ـ مرجان می‌خوای توی دانشکده کار کنی؟

داشتم فکر می‌کردم که چه جوابی باید بدهم. انگار فهمید خیلی بی‌مقدمه شروع کرده، ادامه داد:

ـ می‌دونی تو این یکی دو سال اخیر خیلی از کارشناسان حتا کارمندامون از دانشگاه رفتن. یا امکانش رو داشتن و تو اروپا و امریکا کار پیدا کردن یا نون‌آور خونواده بودن و نمی‌تونستن توی این شرایط با حقوق بخورونمیری که دنشگاه می‌ده، (پوزخند زد) اون هم نه هر ماه، دووم بیارن. اینه که مجبور شدن برن دنبال شغل دیگه‌یی. خلاصه رک‌وراست بهت بگم شدیداً کم‌بود نیرو داریم.

سکوت کرد و منتظر ماند.

من گفتم:
- البته یلنا باریسونا، چرا که نه؟
- خوبه. می‌دونستم قبول می‌کنی. البته در مورد حقوق باید ببینم چکار می‌تونم بکنم. نمی‌دونم تو اصلاً اجازه‌ی کار داری که اسمت رو رد کنم یا نه؟
- یلنا باریسونا اصلاً فکرش رو هم نکنین. من ماه‌هاست دارم از کلاس‌های زبان استفاده می‌کنم، بنابراین خوشحال می‌شم بتونم درعوضش کاری بکنم.

به‌این‌ترتیب کارم را در یکی از آزمایشگاه‌های گروه میکروبیولوژی دانشکده‌ی علوم شروع کردم. درواقع مثل یک دوره‌ی کارورزی بود که در دانشکده‌ی خودمان استادان معمولاً به دانش‌جویان نورچشمی و ممتاز می‌دادند.

فرصت خوبی بود برای برگشتن به درس‌ها. چند دانش‌جو که روی تزشان کار می‌کردند به آزمایشگاه رفت‌وآمد داشتند. باحوصله کمکم می‌کردند تا با اصطلاحات علمی که همگی معادل روسی داشت، آشنا شوم.

چند تا کتاب از کتاب‌خانه گرفته بودم و باعلاقه می‌خواندم.

در همان آزمایشگاه بود که به عمق اختلاف سیستم آموزشی خودمان با روسیه پی بردم. دانش‌جویان از سواد بالایی برخوردار بودند. تجزیه‌وتحلیل و بررسی حرف اول را می‌زد، نه محفوظات. دید بچه‌ها بسیار باز بود. مثلاً در ایران ما برای آزمایشگاه‌ها معمولاً جزواتی داشتیم. وارد آزمایشگاه می‌شدیم که مسئولین با توجه به موضوع درسی آن روز وسائل و مواد را برایمان آماده کرده بودند. بعد آزمایش آن روز را برایمان توضیح می‌دادند. ما لطف می‌کردیم آزمایشاتی طبق دستور عمل نوشته‌شده در جزوه انجام می‌دادیم. به نتایجی که گفته بودند می‌رسیدیم. بعضی اوقات هم نمی‌رسیدیم. یا فرصت نبود یا درست از آب درنمی‌آمد.

بعد مسئول آزمایشگاه می‌آمد می‌گفت «بیا این نمونه‌ی آماده را ببین یا برو سر میز بچه‌های بغلی ببین.» مثل مدرسه، زنگ که می‌خورد مجبور بودیم آزمایشگاه را ترک کنیم چون تعداد دانش‌جویان زیاد بود و امکانات دانشگاه محدود. آزمایشگاه باید برای گروه بعدی آماده می‌شد.

اما در مسکو بچه‌های میکروبیولوژی به شیمی تسلط کامل داشتند. فیزیک خوب می‌دانستند. ریاضی‌شان بسیار قوی بود. بر سر نحوی انجام آزمایشات بحث می‌کردند. روش پیشنهاد می‌کردند و برخلاف ما در ایران نمی‌آمدند در آزمایشگاه چند چیز را با هم مخلوط کنند، نتیجه‌یی بگیرند و زود بروند. ساعت آزمایشگاه، به آن شکل محدود در دانشکده‌ی ما، اصلاً معنی نمی‌داد. اگر دانش‌جویی به موضوعی علاقمند بود می‌توانست در ساعت‌های بی‌کاری بیاید آن‌جا و کار کند. و جالب‌تر از آن، این‌که دانش‌جویان به خودشان و معلوماتشان بسیار مطمئن بودند. به اساتید و به دانشگاه اعتماد داشتند. تصور نمی‌کردند. در کشورهای اروپایی و آمریکایی دانش‌جویان بهتر کار می‌کنند، اساتید باسوادترند یا دانشگاه امکاناتش بهتر است. خودشان را رقیب دانشگاه‌های غرب احساس می‌کردند و نه دنباله‌رو. اگر چه در آن سال‌ها بسیاری از محققان روس برای فرار از گرسنگی مجبور بودند به همان دانشگاه‌های رقیب پناه می‌بردند. اما اکثر دانش‌جویان هیچ تمایلی نداشتند برای ادامه‌ی تحصیل به خارج بروند، از نظر آن‌ها در روسیه همه‌چیز برای ادامه‌ی تحصیل وجود داشت. آن‌چه آنان را مجبور می‌کرد به مهاجرت فکر کنند این بود که در روسیه امکان کار علمی نبود. درحالی‌که دانشگاه‌ها و مراکز تحقیقی در غرب امکاناتی در اختیارشان می‌گذاشتند که در روسیه هیچ‌وقت خوابش را هم نمی‌دیدند. با اکراه می‌رفتند و امیدوار بودند شرایط تغییر کند و هرچه زودتر برگردند.

میشا یکی از دانش‌جویان بیولوژی و نورچشمی یلنا باریسونا بود. روزی که می‌خواست از تز کارشناسی ارشدش دفاع کند، یلنا باریسونا بسیار نگران و عصبی بود. بعد از دفاع از خوشحالی اشک می‌ریخت. انگار پسر خودش به آن خوبی دفاع کرده بود. میشا دانش‌جوی باهوش و بااراده‌یی بود که از توانایی‌های خودش به‌خوبی خبر داشت. بسیار فعال بود. هنوز از تز کارشناسی ارشد دفاع نکرده بود که از دانشگاهی در کالیفرنیا پذیرش گرفت. همه‌ی اساتید افسوس می‌خوردند که داشت از دانشکده می‌رفت. یلنا باریسونا می‌گفت: «یه روزی محقق بزرگی می‌شه. خیلی حرف برای گفتن داره.»

یک روز با رامان و نینا در بوفه نشسته بودیم که میشا آمد و گفت:

ـ فردا شب بیاین خونه‌ی ما، قبل از رفتن دور هم جمع بشیم.

رامان پرسید:

ـ دیگه کیا هستن؟

میشا اسم چند تا از بچه‌های میکروبیولوژی و فیزیک و شیمی را گفت.

وقتی میشا رفت رامان از من پرسید:

ـ مرجان می‌آی؟

ـ نمی‌دونم... باید با محسن صحبت کنم

ـ اگه می‌خوای، تنها بیا، بدون محسن.

ـ چرا؟

ـ بچه‌هایی که میشا دعوت کرده معمولاً زیاد می‌نوشن، ممکنه محسن خوشش نیاد.

نینا گفت:

ـ من هم راستش با این بچه‌ها زیاد راحت نیستم اما بالاخره میشا داره می‌ره. باید دور هم جمع بشیم.

میشا با مادر و برادرش زندگی می‌کرد. شنیده بودم پدرش، که در زمینه‌ی زیست‌شناسی صاحب نام بود، سال‌ها پیش آن‌ها را ترک کرده و به آلمان رفته بود. راستش کم‌تر کسی را می‌توانستی ببینی که در خانواده‌یی نرمال یعنی در کنار پدر و مادرش بزرگ شده باشد. اکثراً یا با مادرشان زندگی می‌کردند یا با مادربزرگ.

مادر میشا پرفسور بود در رشته‌ی شیمی که همه‌ی اساتید بااحترام از او یاد می‌کردند. شب مهمانی نبود. میشا گفت: «آخرین بار فکر کنم سه هفته پیش بود دیدمش. طبق معمول با کارهاش مشغوله.»

من و نینا با هم رفتیم. وقتی رسیدیم هنوز کسی نیامده بود. نینا گفته بود زودتر بریم کمی کمک کنیم.

دو تا سگ بزرگ باسرعت به طرفمان آمدند. میشا با فریاد آن‌ها را آرام کرد. نگاهی به اطراف کردم. آپارتمان میشا کثیف‌ترین و نامرتب‌ترین خانه‌یی بود که در عمرم دیده بودم. بوی سگ‌ها همه‌جا پیچیده بود. میشا سر برادرش داد زد: «باز یادت رفته اینا رو ببری بیرون، ببین چه بویی راه انداختن!»

سطح پارکت پُر از گُله‌های چربی بود و به سیاهی می‌زد. ظرف‌های نشسته با غذاهای کپک‌زده و پوست میوه‌ی خشک شده روی کتاب‌خانه، زیر میز، کنار مبل دیده می‌شد. پرده‌های کثیف و رنگ‌وورفته‌یی که معلوم نبود چند سال حتا تکانده نشده با یکی دو گیره به میله‌ی پرده آویزان بودند. مبل‌های کثیف و پُر از لک بودند. انگار سال‌ها کسی در آن خانه زندگی نکرده است. میشا درِ یکی از کابینت‌های آشپزخانه را باز کرد. چهار پنج جلد کتاب قطور روی سرش ریخت. کتاب‌ها را با زور جا داد و در را بست. خندید و گفت:

ــ ماما تقریباً هیچ‌وقت خونه نیست. وقتی هم هست یا خوابه

یا داره می‌نویسه. تا مادربزرگم زنده بود بهمون می‌رسید. وقتی مرد من مجبور بودم هم شکم خودم رو سیر کنم هم این دو رو.

دوباره خندید و گفت:

ــ ماما آخر شب می‌آد خونه و می‌گه: «میشا شام چی داریم؟ بیار که دارم از گشنگی می‌میرم».

من و نینا وسائل و آشغال روی میز بزرگ را برداشتیم و آن را تمیز کردیم و برای دوازده نفر چیدیم. در این فاصله مهمانان میشا هم یکی‌یکی رسیدند.

زویا از بچه‌های شیمی، دامن بسیار کوتاهی پوشیده بود با یک تاپ. دو بطری ودکا را روی میز گذاشت و باعشوه گفت: «من کجا بشینم.»

پیتا و ماکسیم که نیم ساعت پیش رسیده بودند و فرصت کرده بودند حسابی بنوشند بین خودشان یک صندلی گذاشتند و زویا آن‌جا نشست. میشا پرسید:

ــ زویا چی واسه‌ات بریزم؟

ــ فقط ودکا

میشا با احتیاط پرسید:

ــ مطمئنی؟ شراب هم...

زویا نگذاشت حرف میشا تمام شود. با عشوه گفت:

ــ امشب اومدم حال کنم.

زویا را می‌شناختم. از بچه‌های مقطع دکترا بود. چند وقت بود کسی از شوهرش خبر نداشت. شایع بود که روی پروژه‌ی محرمانه در زمینه‌ی تولید یک نوع سلاح کار می‌کرده. معلوم نبود چه بر سرش آمده بود.

دوستان زویا هر کاری که می‌توانستند می‌کردند تا او احساس دلتنگی نکند

یک ساعت بعد تقریباً همه بچه‌ها کماکان مست بودند.

ماکسیم که حالا حسابی مست بود با زویا ور می‌رفت. وانیا پیشنهاد کرد چه‌طور است کمی برقصیم.
ماکسیم داد زد:
ـ مگه اومدی عروسی؟ میشا داره می‌ره، اون‌وقت تو می‌خوای برقصی. نامرد!
وانیا گفت:
ـ نامرد تویی که با زن دوستت داری حال می‌کنی. بی‌شرف.
زویا چشمان مستش را تنگ کرد و گفت:
ـ به تو چه. بهت زور داره محلت نمی‌ذارم.
بعد صورت ماکسیم را بین دو دست گرفت و بوسه‌یی طولانی از او گرفت.
حرکت زویا باعث شد برای چند لحظه‌یی همه سکوت کنند. ماکسیم لبانش را روی گردن زویا گذاشت و شروع به بوسیدن کرد.
میشا جلو رفت به لباس ماکسیم چنگ زد و او را عقب کشید. ماکسیم تعادلش به هم خورد و روی زمین ولو شد. میشا کمکش کرد بلند شود و دوستانه گفت:
ـ رفیق بریم بیرون یه سیگار بکشیم، کله‌ات باد بخوره.
پیتا، که به‌سختی می‌توانست چشمانش را باز نگه دارد، لحظه‌یی به من خیره شد، اخم کرد و به رامان گفت:
ـ اینو امشب واسه چی آوردی این‌جا؟
رامان قبلاً برایم گفته بود پیتا و میشا از دوران مدرسه با هم دوست هستند و خیلی‌ها فکر می‌کنند برادرند. آن شب، پیتا از وقتی که آمده بود داشت می‌نوشید.
رامان گفت:
ـ گیر نده پیتا. یه چیزی هم بخور حوصله‌ی جنازه‌کشی ندارم امشب.

پیتا که به‌سختی می‌توانست زبانش را کنترل کند، درحالی که کلمات را می‌کشید، گفت:

ــ نه، من می‌خوام بدونم اینو کی دعوت کرده؟ مشروب که نمی‌خوره. هی زُل می‌زنه به آدم.

رامان به من گفت:

ــ محلش نذار. زیاده‌روی کرده

پیتا دست‌بردار نبود ادامه داد:

ــ تو اصلاً توی این کشور چی کار می کنی، ها؟ اومدی نابودی ما رو ببینی؟.. خب ببین... روسیه داره دست‌وپا می‌زنه... خوشت می‌آد؟. دخترای ما می‌رن اروپا خودشونو می‌فروشن... دانشمندای ما هم می‌رن... خودشونو می‌فروشن به آمریکایی‌ها... همه‌چی رو می‌شه فروخت...

همه سکوت کرده بودند. پیتا با چشمان مست که از اشک پر شده بود به من خیره شده بود. با صدایی لرزان گفت:

ــ ما همه‌چی رو می‌فروشیم... ااااااای حراجِ...

چند لحظه سکوت کرد و دوباره ادامه داد:

ــ تو اصلاً می‌دونی میشا واسه من از یه برادر هم عزیزتره؟ تو اصلاً این چیزا رو می‌فهمی؟

نمی‌دانستم چه بگویم تا آن زمان در چنین جمعی نبودم. دلم می‌خواست زودتر آن‌جا را ترک کنم.

نینا مقداری سالاد در ظرف پیتا ریخت و لیوانی نوشابه کنارش گذاشت. پیتا از من چشم برداشت و به نینا نگاه کرد. لبخند زد. سرش را به علامت تشکر کمی پایین آورد و گفت:

ــ نینا زن من میشی؟

نینا آهی کشید و گفت:

ــ پیتا جون بخور. این‌قد خودت رو اذیت نکن. میشا که واسه‌ی همیشه نمی‌ره. دکتراشو که گرفت برمی گرده.

پیتا لرزید. صورتش سرخ شد. اشک که در چشمانش حلقه زده بود، آرام روی گونه‌اش ریخت.
میشا و ماکسیم برگشتند. میشا سکوت بچه‌ها را دید و متوجه حال پیتا شد. همان‌طورکه ایستاده بود سر پیتا را بغل کرد. حالا پیتا با صدای بلند گریه می‌کرد.
میشا سعی می‌کرد او را آرام کند:
ــ آروم باش برادر، آروم باش! مرد روس سرنوشتش همینه. همیشه آواره و گرسنه بوده. اما تسلیم نشده. راه خودش رو پیدا کرده.
پیتا به میز تکیه داد و صورتش را در دستانش پوشاند. نینا چند دستمال کاغذی به او داد. پیتا صورتش را پاک کرد. آهی کشید و گفت:
ــ میشا به خدا اگه تو دیگه برگردی... به خدا همون‌جا می‌مونی. برادر، من می‌دونم تو می‌ری می‌شی نوکر اون آمریکایی‌های احمق.
ماکسیم و زویا از پشت میز بلند شدند.
میشا با بی‌حوصلگی داد زد:
ــ می‌گی چی کار کنم؟ بمونم توی این خراب‌شده، بپوسم؟ برم دم مترو کالباس بفروشم؟ یا برم توی بازار واسه‌ی این قفقازی‌های بوگندو فروشنده‌گی؟ کو کار؟ تو بگو چی کار کنم؟.. پیتا حواست کجاست؟ یلنا واسیلونا رو ببین، چهار ماهه یه کوپک حقوق نگرفته. اگه دلارهایی که دخترش از آمریکا می‌فرسته نبود لابد تا حالا از گرسنگی مرده بود. مادرم شش ماهه حقوق نمی‌گیره. اما مثل اسب می‌دوه و کار می‌کنه. ولی من نمی‌تونم. نمی‌خوام. مگه ما روسا از بقیه چی کم داریم که نباید مثل آدم زندگی کنیم؟
پیتا گفت:
ــ میشا، میشا تو چرا این‌طوری شدی؟ نمی‌شناسمت برادر.

پس کو اون روح روسی‌ات؟ کو غیرتت؟ کو وطن‌پرستی؟
میشا دوباره داد زد:
ـ پیت! از خواب بیدار شو. هفتاد سال شعار دادیم و نتیجه این شد که می‌بینی. نامرد مگه من می‌خوام وطنم رو بفروشم؟
ـ خودت رو می‌فروشی... به اون آمریکایی‌های پدرسگ!
میشا ناگهان متوجه جای خالی ماکسیم و زویا شد با عجله بیرون رفت. درِ اتاق روبه‌رویی را که بسته بود به سرعت باز کرد. ماکسیم و زویا روی کاناپه نشسته بودند. زویا سرش را که روی شانه ماکسیم بود بلند کرد چند لحظه به میشا خیره شد بغضش ترکید:
ـ میشا... میشا من شوهرم رو می‌خوام... میشا یورا کجاست؟.. میشا من... من بدون یورا چی کار کنم؟
گریه امان نمی‌داد حرف بزند. میشا همان‌جا روی زمین نشست. به دیوار تکیه داد. سرش را به زانو تکیه داد. شانه‌هایش می‌لرزید.

۴۰

دهم ماه مه بود و هوا حسابی گرم درخت‌ها که تازه برگ‌هایشان باز شده بود رنگ سبز روشنی داشتند، مسکو یك‌پارچه سبزپوش بود. روز شنبه بود، لنا از چند روز قبل ما را برای تولدش دعوت کرده بود، محسن گفته بود حوصله ندارد و نمی‌خواهد روز تعطیلش را بی‌خودی تلف کند. من هم اصرار نکرده بودم. محسن هنوز از رفت‌وآمد با روس‌ها ابا داشت من دیگر عادت کرده بودم که تنهایی به مهمانی بروم.

لنا برای ساعت ۵ دعوت کرده بود اما من به بهانه‌ی کمك‌کردن ساعت ۴ زنگ آپارتمانشان را زدم.

نیکولای با قیافه‌ی زمخت و چشمان مهربانش در را باز کرد. لنا پیراهن ساده‌ی قهوه‌یی‌رنگی به تن داشت و هنوز بیگودی‌هایش را باز نکرده بود. هدیه و دسته‌گل را جلویش گرفتم، شرمی کودکانه در چشمانش موج زد، صمیمانه و بی‌ریا مرا بوسید.

از آن زن و شوهر خوشم می‌آمد و در کنارشان واقعاً احساس خوبی داشتم. خودم هم نمی‌دانستم چرا. در حرکات‌شان، در نگاه‌شان به هم‌دیگر و در لحن صدایشان آرامشی بود که

از هارمونی زندگی مشترکشان می‌گفت. هر چند که به نظر می‌رسید نیکولای از این‌همه خوبی لنا در عذاب است؛ لنا با بزرگ‌منشی ذاتی که داشت و به خاطر عشقش به نیکولای و شاید به خاطر حسی که خودش هم نمی‌دانست چیست ضعف‌های نیکولای را تحمل می‌کرد و باده‌نوشی‌های افراطی و بی‌عرضگی‌های خاص مرد روشنفکر روسی را نادیده می‌گرفت و این چیزی نبود که روح لطیف نقاش بتواند به‌راحتی از کنارش بگذرد و بی‌تفاوت باشد. می‌دانستم که خرج خانه با لنا است و می‌دانستم آن روزها حقوق یك کارمند دانشگاه حتا اگر دکترا هم داشته باشد آن‌قدر نبود که زندگی دو نفر را تأمین کند.

لنا صادقانه و با ساده‌گی خاص یك روس با قیافه‌یی شرمگین از حس قدردانی نسبت به شوهرش برایم تعریف کرد که: «نیکولای چند جلد از کتابای کم‌یاب‌شو فروخته تا واسه من جشن بگیره، پذیرایی امشب هدیه‌ی اونه.»

نیکولای که لابد انتظار نداشت لنا با آن‌چنان لحن قدرشناسانه‌یی از او تعریف کند از خجالت سرخ شد و با لحنی تند گفت:

ــ لنا! چی داری می‌گی؟ من به اون کتابا احتیاجی نداشتم فقط توی خونه بی‌خودی جامونو تنگ کرده بودن.

آپارتمان نیکولای و لنا کم‌تر از چهل متر بود: یك اتاق حدوداً بیست متری، یك آشپزخانه‌ی کوچك ۷-۸ متری، یك کوریدور که اتاق و آشپزخانه و سرویس بهداشتی را به هم مربوط می‌کرد.

خیلی وقت بود که می‌دانستم با معیارهای روسی من و محسن در آن آپارتمان زندگی شاهانه داریم.

می‌دانستم که این زن و شوهر اکثر روزها غذای سیر نمی‌خورند اما بی‌ریا و از سر محبت چنین میزی چیده بودند؛ لنا سنگ تمام گذاشته بود؛ چند نوع سالاد با گوشت و مرغ، چند نوع

ماهی شور، خاویار، زبان. برای غذای اصلی هم ران خوک در فر در حال سرخ‌شدن بود. انواع مشروبات الکلی که جز لاینفک میزهای روسی است در بطری‌های جورواجور سر میز بود.

ساعت پنج همه‌ی مهمان‌ها سر میز جمع بودند. نیکولای برای همه به جز نینا ودکا ریخت. نینا گفت شراب قرمز می‌خورد. نیکولای با احتیاط از من سؤال کرد: «مرجان چی برات بریزم؟» گفتم: «کمی شراب.» دومین سالی بود که در مسکو زندگی می‌کردم. بارها من و محسن بر سر حجاب و رفتار و برخودهای من با روس‌ها جروبحث کرده بودیم. لباس‌هایم همیشه بلند و پوشیده بود اما حجابی نبود که محسن بپسندد. از همان روزهای اول متوجه شدم که داشتن ظاهری مذهبی و رعایت حجاب به شکل دلخواه محسن از من آدمی متظاهر می‌سازد. من مذهبی نبودم. اگر مردی غریبه در شهر مسکو که زنان برای نشان‌دادن جذابیت‌های جنسی و جذب مردان به رقابتی وحشتناك دست می‌زدند مرا در بلوز و شلوار یا دامن بلند می‌دید هیچ جذابیت جنسی حس نمی‌کرد و اصلاً متوجه نوع لباسم نمی‌شد. دیدن موی بی‌آرایش برای آنان بی‌حجابی و تحریك‌کننده نبود. اگر رعایت حجاب اسلامی را می کردم معنی‌اش این بود که من زنی مسلمان و مذهبی هستم و باید رفتار، حرکات و صحبت‌هایم مطابق شئونات اسلامی می‌بود. باید مدافع اسلام می‌شدم، باید نماینده‌ی اسلام می‌شدم. از من هزارویك سؤال می‌شد که در آن صورت باید نه از جانب خودم بلکه به عنوان زن مسلمان معتقد جواب می‌دادم. برایم سخت بود. نه اطلاعاتش را داشتم و نه توانایی ریاکردن. من مذهبی نبودم. خودم هم بعضی مسائل دینی را نمی‌فهمیدم یا قبول نداشتم. سؤالات زیادی داشتم. بنابراین اگر از من می‌پرسیدند چرا حجاب اسلامی ندارم می گفتم چون مذهبی نیستم و در آن صورت من فقط خودم بودم. فقط به عنوان

مرجان محمدی اظهار نظر می‌کردم نه به عنوان یک زن مسلمان. کسی ضعف‌های مرا به حساب دین نمی‌گذاشت. نمی‌خواستم مرتب عذاب وجدان داشته باشم که اگر من اولین زن مسلمان ایرانی هستم که اطرافیانم می‌بینند، پس باید خیلی مراقب رفتارم باشم، یا به عبارتی خودم نباشم و رفتارم مصنوعی و ساختگی باشد. خلاصه نمی‌توانستم و نمی‌خواستم نماینده‌یی از ایران در روسیه باشم آن هم در اوایل سال‌های نود که زنان ایرانی هنوز در این کشور بسیار اندک بودند. اما می‌توانستم به عنوان زنی که برای خودش ارزش قائل است و چارچوب‌های خودش را دارد دوستان خوبی داشته باشم و تعریف منطقی از زن ایرانی در ذهن اطرافیان باقی بگذارم. همه می‌دانستند که من مشروب نمی‌خورم. به احترام صاحب جشن هر بار گیلاسم را بلند می‌کردم، قطره‌یی می‌نوشیدم و دوباره آن را روی میز می‌گذاشتم. معمولاً دوستانم می‌خندیدند: «تو که مشروب‌خور نیستی چرا ادا درمی‌آری؟»

دلایل من برای محسن قابل‌پذیرش نبود. می‌دانستم که نمی‌تواند مرا بفهمد، به او حق می‌دادم. حتا دلم برایش می‌سوخت که تا آن حد اختلاف نظر داشتیم. اما چه کار می‌توانستم بکنم؟ نمی‌توانستم طوری رفتار کنم که اعتقاد ندارم. می‌دانستم که رفتار و برخوردهایم از بسیاری از مذهبی‌های ریاکار و دورو درست‌تر و حتا اسلامی‌تر بود. ولی حاضر به تظاهر دینی نبودم حالم به هم می‌خورد.

اولین موضوع جالب برای کسانی که در آن مهمانی مرا نمی‌شناختند حضور یک زن ایرانی بود که اتفاقاً ظاهر و برخوردش با ذهنیت آن‌ها از زنان ایرانی منطبق نبود. بعد از آن که میخائیل میخائیلویچ شوهر یلنا باریسونا، که او هم از پروفسورهای دانشکده‌ی علوم و رشته‌اش فیزیک بود، به عنوان مسن‌ترین مهمان از جا بلند شد و در وصف لنا جملاتی گفت که حقیقتاً حقش

بود، مهمانی شروع شد و صدای کارد و چنگال‌ها و گفت‌وگو بالا گرفت.

آنتون پاولویچ بعد از چند بار که اسم مرا تکرار کرد بالاخره پرسید:

ــ مِرجَن! لابد بعد از زندگی بسته و محدودی که در ایران داشتین، در مسکو خیلی احساس آزادی و راحتی می‌کنین؟

آنتون پاولویچ مردی بود هم‌سن‌وسال لنا اما حداقل ده سال بزرگ‌تر به نظر می‌رسید. از ظاهر و لباس‌پوشیدنش پیدا بود که خیلی وقت است توجهی به خودش ندارد و البته از آن‌جایی که دکترای تاریخ داشت و استاد دانشگاه بود، اگر هم می‌خواست نمی‌توانست مرتب و شیك لباس بپوشد. لنا قبل از این‌که مهمان‌ها دور میز جمع شوند در مورد آنتوان پاولویچ گفته بود که با هم در یك مدرسه درس می‌خواندند و او عشق اولش بوده اما بعد هر کدام در یك داشکده قبول می‌شوند و سرنوشت‌شان جدا می‌شود. آنتون پاولویچ همان سال‌های اول دانشگاه ازدواج می‌کند و صاحب دو بچه می‌شود. با این‌که درس و تأمین خانواده با هم برایش بسیار مشکل بوده اما دانشکده را ادامه می‌دهد. لنا گفته بود: «خب زنه جورش رو می‌کشید. بعد از این‌که لیسانس‌شون رو گرفتن زود رفت سر کار تا شوهرش بتونه درسش رو ادامه بده» چند سال پیش، با آغاز پروستریکا و بازشدن درهای شوروی به روی اروپا، زنش که تبار یهودی داشته از آن‌همه کار و مسئولیت به تنگ می‌آید و از آلمان پناهنده‌گی اجتماعی می‌گیرد. بعد هم بچه‌ها را با خودش می‌برد و خیلی هم به آنتون پاولویچ اصرار می‌کند که برود اما او قبول نمی‌کند. حالا هم در خوابگاه دانشگاه زندگی می‌کرد. «آدم بسیار باهوش و باسوادیه اما اصلاً به خودش نمی‌رسه حسابی هم می‌نوشه بعضی وقتا که دعوتش می‌کنم و غذای درست‌وحسابی جلوش

می‌ذارم با ولع حمله می‌کنه. ازش می‌پرسم آخرین بار کی غذا خوردی؟ کمی فکر می‌کنه و می‌گه: یادش نیست. اون‌قدر سرگرم کاراشه که حتا فراموش می‌کنه بره سلف دانشکده غذا بخوره. یه تکه نونی چیزی با ماست می‌خوره.»

به بهانه‌ی جویدن غذا چند ثانیه‌یی فکر کردم که چه جوابی بدهم:

ــ اول باید دید منظور شما از زندگی بسته و محدود در ایران چیه؟ و آزادی و راحتی در مسکو چه معنایی داره.

یلنا باریسونا خنده ریزی کرد. مرا خوب می‌شناخت، منصف بود و خوش‌بین.

چشمان آنتون پاولویچ برق زد و لبخندی روی لبش نشست نمی‌دانستم از حرف من بود یا تأثیر ودکا روی شکم خالی. گفت:

ــ خب، محدودیت‌های اجتماعی، نوع لباس پوشیدن. فکر می‌کنم برای یک زن این خیلی اهمیت داره که زیبایی‌هاشو دیگران ببینن. اما این‌جا زن‌ها کاملاً آزادین هرطور که می‌خوان لباس بپوشن، هر کاری که خواستن بکنن. کسی کاری به کارشون نداره. در کشور اسلامی مرد آقا و سرور زنشه. حق طلاق فقط با اوست. زن رو می‌خره، بابتش هزینه می‌کنه و زن به مالکیت شوهرش درمی‌آد. زن‌ها هم سعی می‌کنن تا اون‌جا که ممکنه گرون‌تر فروخته بشن. این‌جا زن اگه نخواد با شوهرش زندگی کنه می‌تونه به‌راحتی جدا بشه. اون مثل یک مرد در جامعه کار می‌کنه، بنابراین می‌تونه بدون نیاز به شوهرش بچه‌هاشو بزرگ کنه.

نمی‌دانستم چه جوابی بدهم. از طرفی حق با او بود. بله. تمام مواردی که او می‌گفت از واقعیت‌های انکارناپذیر جامعه‌ی ایران بود. اما نمی‌خواستم بپذیرم. نمی‌خواستم یک روس خودش را با

یـک ایرانـی مقایسـه کنـد و احسـاس برتـری و متمدن‌بـودن بکنـد. آن‌قـدر بـا تاریـخ و مسـائل اجتماعـی روسـیه آشـنا شـده بـودم کـه بدانـم زن روس در قـرن بیسـتم، خصوصـاً بعـد از جنـگ جهانـی دوم، جـزء بدبخت‌تریـن زنـان دنیـا بـوده و بـاری بـر دوش کشـیده کـه احتمـالاً بـرای هیـچ زن ایرانـی قابـل‌درك نیسـت. امـا مـن در آن لحظـه بـه جـای بحـث منطقـی، روی نقـاط ضعـف خودشـان دسـت گذاشـتم:

ـــ صحبـت شـما درسـته، امـا مـن بـه عنـوان کسـی کـه بـا زندگـی زن روس لااقـل در قـرن بیسـتم آشـنایی دارم، می‌خـوام صادقانـه بـه شـما بگـم کـه زن ایرانـی در خونـه و خونـواده خوش‌بخت‌تـر از زن روسـه. طبـق اسـلام زن هیـچ وظیفه‌یـی در زندگـی مشـترك نـداره، بـه جـز تمکیـن (البتـه معـادل ایـن کلمـه را در روسـی نمی‌دانسـتم و از فعـل خوابیـدن اسـتفاده کـردم). مـرد بایـد او را تأمیـن کنـه، آن هـم طـوری کـه از زندگـی قبلی‌اش در خونـه‌ی پـدر راحت‌تـر باشـه. زن حتـا اگـه نخـواد می‌تونـه بـه بچـه شـیر نـده، غـذا درسـت نکنـه تـوی خونـه هیـچ کاری نکنـه... مـرد وظیفـه داره بـراش پرسـتار و مسـتخدم بگیـره.

همـه در سـکوت گـوش می‌دادنـد، میخاییـل میخایلویـچ بـا احتیـاط پرسید:

ـ ببخشین که کنج‌کاوی می‌کنم؛ پدر شما چند تا زن داره؟

ـــ خـب معلومـه، یکـی. ببینیـن شـما زن ایرانـی رو نمی‌شناسـین. اصـلاً موضـوع اینـه کـه تصـور شـما از ایـران چیـزی شـبیه دوران شـوروییه. یعنـی جامعـه‌ی یه‌شـکل، کـه همه‌چـی درش یـا سـیاهه یـا سـفید. بـا نظـر رسـمی دولـت در تمـام زمینه‌هـا کـه مـورد قبـول همـه‌ی مـردم اسـت. آیـا فکـر می‌کنیـن اگـه اسـلام بـه مـرد اجـازه داده چهـار تـا زن داشـته باشـه، پـس مردهـا هیـچ فکـری نـدارن جـز این‌کـه چهـار بـا ازدواج کنـن؟ و زن‌هـا هـم مثـل گوسـفند، چـون دیـن اجـازه داده، راحـت می‌پذیـرن؟ شـما فکـر می‌کنیـن یـك تعریـف مشـخص از مـرد مسـلمان و یـك تعریـف واحـد و تغییرناپذیـر از زن مسـلمان وجـود داره

و اتفاقاً این همونه که در کتب تاریخی شما نوشته شده؟
آن‌قدر زبانم خوب نبود که بتوانم به‌راحتی در همه‌ی موارد صحبت کنم. می‌دانستم دارم با اشتباهات گرامری حرف می‌زنم اما به هیجان آمده بودم. عجیب بود از یک طرف با محسن جروبحث می‌کردم که «نمی‌خوام ریا کنم و خودم رو یک زن مذهبی جا بزنم» اما از طرف دیگر که در این جمع روسی نمی‌توانستم بپذیرم که در مورد مرد و زن ایرانی مسلمان برداشت غیرمنصفانه‌یی وجود داشته باشد.

مارینا واسیلونا یکی از مهمانان لنا که در گروه بیولوژی کار می‌کرد، ازدواج نکرده بود و همه می‌دانستند اخلاق تندی دارد و زودرنج و عصبی است، با حالتی تهاجمی که جزئی از شخصیتش بود پرسید:

ـ یعنی اگه پدر شما زن دیگه‌یی داشت، مادرتون باهاش زندگی نمی‌کرد؟

ـ احتمالاً نه.

ـ طلاق می‌گرفت؟

ـ راستش مطمئنم نه پدرم و نه مادرم هیچ‌کدام تا بحال به این موضوع فکر نکردن. اما احتمالاً طلاق می‌گرفت.

ـ مادر شما کار می‌کنه؟

ـ نه.

ـ تحصیلات عالی داره؟

ـ نه.

ـ مطمئن باشین طلاق نمی‌گرفت.

سکوت کردم. واقعاً که نگاه از درون با نگاه از بیرون هیچ‌وقت قابل جمع شدن نیست. چه‌قدر سخت است وقتی می‌خواهی خودت و جامعه‌ات را آن‌طورکه می‌بینی و باور داری معرفی کنی. خیلی مشکل است چون قبل از تو انواع و اقسام نظرات ذهن

شنونده‌گان تو را اشغال کرده. با خودم فکر کردم: «شاید هم حق با نینا الکساندرونا باشه. اگه مثلاً مامان مجبور می‌شد طلاق بگیره و اگه لطف بابا نباشه که تأمینش کنه چیکار می‌کرد؟»
لنا با محبت لبخند زد و آرام گفت:
ــ خودت رو ناراحت نکن. به این ویژه‌گی روسی کم‌کم عادت می‌کنی که باید از هر موضوعی حرف بزنیم و همه‌چی رو در ذهن خودمون و دیگران بپیچونیم. فقط اون وقته که آروم می‌گیریم.
برای مدتی وجود من سر میز فراموش شد. اما آنتون پاولویچ با خوردن چند گیلاس ودکا حسابی ریلکس شده بود با صدای بلند رو به من گفت:
ــ من چیزای ضد و نقیضی در مورد جمهوری اسلامی شنیدم اما یک چیز هست که حس احترام منو برمی‌انگیزه و اون تنفر مردم شما از آمریکاست.
من پوزخند زدم. یلنا باریسونا که انگار اصلاً صدای آنتون پاولویچ را نشنیده رو به لنا هیجان زده گفت:
ــ لنا جون براتون گفتم ناناشا و سرگی دارن برمی‌گردن؟
می‌دانستم که ناناشا دختر یلنا باریسونا با شوهرش سرگی، که هر دو در دانشگاه دولتی مسکو شیمی خوانده بودند، برای ادامه‌ی تحصیل و پیداکردن کاری مناسب چند سال پیش به آمریکا مهاجرت کرده بودند.
لنا با تعجب پرسید:
ــ جدی؟ اما شما که گفته بودین کار خوبی در یک مرکز تحقیقاتی پیدا کردن، حقوق خوبی هم می‌گیرن.
ــ آره هر دوشون با هم کار می‌کنن، آپارتمان خوب و خیلی بزرگی هم اجاره کردن. انگار ۱۰۰ متره. بهش می‌گم دختر آخه صد متر آپارتمان رو می‌خوای چی‌کار؟ اصلاً چه‌طور

تمیزش می‌کنی؟ برگشته می‌گه: «ماما این‌جا صد متر اصلاً متراژ زیادی نیست!» یه ماشین خیلی شیکی هم خریدن... میشا اسمش چی بود؟

میخاییل میخایلویچ که با بغل دستی‌اش مشغول صحبت بود رو به یلنا باریسونا کرد اما او سؤالش را تکرار نکرد و ادامه داد:

ــ البته قسطی، اون‌جا همه‌چی قسطیه. اما سرگی می‌گه نمی‌تونه آمریکایی‌ها رو تحمل کنه؛ می‌گه خیلی ابتدایی‌ان.

میخاییل میخاییلویچ که فهمید موضوع درباره‌ی ناتاشا و سرگی‌ست با غروری آشکار در تأیید حرف‌های زنش سر تکان داد:

ــ روح روسی رو فقط این سرزمین می‌تونه اغناء کنه. جای روس توی خونه‌شه.

آنتون پاولویچ که گویی تحت تأثیر حرف‌های او قرار گرفته بود، گیلاسش را برداشت و با صدایی بلند که دیگران را ناخودآگاه به سکوت واداشت، گفت:

ــ براوو، میخاییل میخاییلویچ! پیشنهاد می‌کنم بنوشیم به امید روسیه‌ی فردا. به امید روزی که این دوران تاریک و زشت بگذره. روسیه همیشه راه خودش رو رفته و از این به بعد هم راه خودش رو پیدا خواهد کرد. نه فرهنگ اروپایی و نه آمریکایی نمی‌تونه انسان روس رو راضی کنه. به امید برگشت روزهای پرافتخار به این سرزمین!

گیلاس را بالا انداخت.

در کنار نیکولای مردی هم‌سن‌وسال او نشسته بود به نام پاول. لنا قبلاً چند بار در موردش صحبت کرده بود: «او هم مثل نیکولای نقاشه اما نمی‌تونه دست به کار دیگه‌یی بزنه. بنده خدا واسه‌ی نون شب معطله ولی هر روز می‌ره بساطشو جلوی پارك فرهنگ پهن می‌کنه و نقاشی می‌کشیه. اما فروشی نداره.

با این‌که خیلی هم با استعداده، کسی این روزها به نقاشی بها نمی‌ده.» نیکولای هم می‌گفت: «از من بی‌عرضه‌تره! لااقل من رفتم توی کار عکاسی اما این عرضه‌ی همین رو نداشت. البته شوخی می‌کنم پاول یه انسان واقعیه، نمی‌تونه بر خلاف اعتقادش عمل کنه. اما بدشانسه. نمی‌دونم چرا عاشق این زن سبك‌سر شد؛ زنه مثل خوره افتاده به جونش و آرامش رو ازش گرفته. ماریا خوردش کرده. اصلاً واسه‌ی هنرش ارزش قائل نیست. تنها چیزی که ازش می‌خواد پوله. پاول هم که اهل پول درآوردن نیست. اینه که زنه صبح تا شب تحقیرش می‌کنه. جنوبی‌های چه می‌دونم میوه‌فروش و مغازه‌دار رو به رخش می‌کشه. واسه‌ی پول توی بغل هر کسی می‌خوابه. فقط کافیه پول بهش نشون بدی، هر کاری بخوای واسه‌ات حاضره بکنه.»

پاول از اول که سر میز نشسته بود بی آن‌که وارد بحث دیگران شود با ولع فقط می‌نوشید.

ماریا زن پاول با آرایشی بسیار غلیظ و زننده و لباسی که معمولاً بر تن زنان روسپی منتظر مشتری آخر شب درِ کاباره‌های ارزان قیمت می‌توانستی ببینمی در جواب صحبت‌های احساساتی آنتون پاولویچ پشت چشمش را نازك کرد و گفت:

ــ هی شعار، هی حرف‌های آن‌چنانی! منظورتون کدوم روزهاست؟ اون روزهایی که مادر و مادربزرگ من واسه‌ی چه می‌دونم... (با لحنی تمسخرآمیز) برقراری حکومت کمونیستی توی این خراب‌شده پوسیدن بدون این‌که بفهمن زن‌بودن یعنی چی؟ لذت‌بردن از زندگی یعنی چی؟ هی کار هی حرف مفت!... نتیجه چی شد؟ مثل سگ مردن بدون اون‌که یك روز مثل آدم زندگی کرده باشن!

معلوم بود که ناتاشا در نوشیدن زیاده‌روی کرده است، در آن جمع کسی انتظار چنین حرف‌ها و لحنی را نداشت. اصلاً

از وقتـی وارد شـد معلـوم بـود در میـان آن افـراد روشنفکر وصلـه‌ی ناجوری است. همـه سـکوت کـرده بودنـد. لبخنـد روی لب‌هـای یلنـا باریسـونا خشکید زیر لب غر زد کـه:

ـــ حـالا دوره زمونـه عـوض شـده، مطمئـن باشـین مـادر و مادربزرگتـون مثل شـما فکـر نمی‌کـردن... مـا همه‌چـی یادمونـه؛ هـم قحطـی و گرسـنگی زمـان جنـگ؛ هـم شـیرینی و سـختی بعـد از اون. خـب درسـته، مـا هـم آدم بودیـم، زن بودیـم. مگـه دلمـون نمی‌خواسـت خـوب بخوریـم و خـوب بپوشـیم؟ امـا بـه خودمـون می‌گفتیـم همه‌چـی کـه در خـوردن و پوشـیدن خلاصـه نمی‌شـه. پـس وظیفه‌ی مـا نسـبت بـه وطـن و نسـبت بـه نسـل‌های آینـده چـی می‌شـه؟ نـه این‌کـه از تحمـل اون وضـع لـذت ببریـم. نـه! امـا از فکرکـردن بـه نتیجـه‌ی سختی‌ها بـود کـه می‌تونسـتیم خیلـی چیـزا رو بـه خودمـون بقبولونیـم. امـا حـالا جوونـا ایده‌ال‌هاشـون رو فرامـوش کـردن...

نینا که تا آن موقع کنار رامان آرام نشسته بود، مؤدبانه گفت:

ـــ ولی یلنا باریسـونا بـاور کنیـن خیلـی از جوونـا کـه از فروپاشـی شـوروی خوش‌حالـن، بـه خاطـر غـذای بهتـر و لبـاس شـیک‌تر نیسـت، اونـا می‌خـوان در کشـور آزادی زندگـی کنـن، جایـی کـه بیـن حرف‌هـا و واقعیـات فاصلـه نباشـه. جایـی کـه انسـان بتونـه حرفـش و نظـرش رو بـدون تـرس بگـه، بنویسـه. خیلـی از جوونـا الان می‌دونـن کـه رشـته‌های علـوم پایـه آینـده نـداره، ادبیـات نـون توش نیسـت امـا به خاطـر احتـرام بـه خودشـون و اسـتعدادهاشون نمی‌رن حساب‌داری، اقتصـاد و حقـوق رو انتخـاب کنـن چـون پـول توشـه. مـا می‌خوایـم بـه خودمـون، کشـورمون و بـه قـول شـما بـه نسـل‌های بعـدی فکـر کنیـم. مگـه چه‌قـدر می‌شـه واسـه‌ی فـلان کشـور آفریقایـی یـا آمریـکای لاتینـی گریـه کنیـم یـا هـورا بکشـیم؟ ایـن روسـیه اسـت کـه بـه مـا احتیـاج داره نـه تمـام مـردم دنیـا. مـا می‌خوایـم کشـورمون رو بسـازیم امـا بـر اسـاس اصـول عقلـی و منطقـی و نـه ایده‌آل‌های ذهنی

و دست‌نیافتنی. می‌خوایم با غرب روابط دوستانه وجود داشته باشه، نه این که دور کشور دیواری آهنی کشیده بشه...

یلنا باریسونا که گویی از حرف‌های نینا کمی آرام شده بود ادامه داد:

ــ آره نینا جون تو درست می‌گی، اما فکر می‌کنی چند درصد مثل تو فکر می‌کنن؟ حالا می‌بینی ده سال دیگه فرهنگ آمریکایی چه‌طور همه‌ی اون چیزایی رو که در ۷۰ سال شوروی به دست آوردیم از این مردم می‌گیره و مصرف‌گرایی و شکم و معذرت می‌خوام سکس رو به عنوان تنها هدف زندگی بهشون القاء می‌کنه.

نیکولای با هیجان گفت:

ــ وقتی کلیساها رو خراب می‌کردن باید به فکر این روزها می‌بودن! پناهگاه مردم چی بود؟ کلیسا و تزار. دو واقعیت تاریخی که از این مردم گرفتن. حالا چی دارن که جای‌گزینش کنن؟ مردم دور چی و کی باید جمع بشن؟ دنیای توخالی کاپیتالیسم! این شد اون نتیجه‌یی که رفقای بلشویك بعد از اون‌همه قربونی گرفتن، واسه‌ی این ملت به ارث گذاشتن. مردم اون‌قدر قربونی دادن که دیگه حوصله‌ی فکرکردن به هیچ‌چی رو ندارن. میشه درك‌شون کرد. مردم خسته‌ان؛ از شعارها، از ایده‌آل‌های دست‌نیافتنی، از قربونی‌دادن و قربونی‌شدن به خاطر اون چیزایی که هیچ‌وقت تحقق پیدا نمی‌کنه. مردم می‌گن ما چی کم‌تر از اروپا و آمریکا داریم؟ این مردم هم حق زندگی دارن. آره، واقعاً اگه بخوان خوب بپوشن یا خوب بخورن مگه گناهه؟ اما ای کاش موضوع در این خلاصه می‌شد...

میخاییل میخایلویچ گفت:

ــ کسی با خوب‌خوردن و خوب‌پوشیدن مخالف نیست. طرز تفکر و نگاه روسی از ما داره گرفته می‌شه. نگاه پراگماتی داره ما

رو مغلوب می‌کنه. روش ساده‌انگارانه‌ی آمریکایی داره در سیستم آموزش و پرورش ما طرفدار پیدا می‌کنه. بچه‌ها تنبل شدن. می‌خوان کم کار کنن و زود هم به نتیجه برسن. رشته‌های علوم پایه پرزحمت و کم‌درآمد محسوب می‌شه. می‌رن رشته‌های اقتصاد و حساب‌داری چون همه‌جا بهشون نیاز هست. من می‌گم اگه همه برن این رشته‌ها پس چه بلایی سر علم کشور می‌آد؟ این اون چیزیه که شوروی به ما داد و حالا باید حفظش کنیم. شما ببینین سیستم آموزشی کدوم کشور به پای شوروی می‌رسید؟ فارغ‌التحصیلای مدارس ما از دانشگاه‌رفته‌های آمریکایی سطح سواد و معلوماتشون خیلی بالاتره. این اون چیزیه که داره بهش حمله می‌شه. این اون چیزیه که باید نگرانش بود. زمزمه‌اش هست که کتاب‌های درسی سخته، بچه‌ها نمی‌کشن، رفقا! من اینو یه توطعه می‌دونم برای نابودی تمام دست‌آوردهای مثبت و بسیار باارزش شوروی!

یلنا باریسونا در تأیید حرف‌های شوهرش باهیجان ادامه داد:

ــ معلومه که توطعه است. قبل از فروپاشی واسه‌ی همه فارغ‌التحصیلای دانشگاه کار بود اما حالا کسی احساس امنیت نمی‌کنه. حقوق نمی‌دن. بچه‌های ما مجبور می‌شن استعدادها و معلوماتشون رو ببرن واسه‌ی غربی‌ها صرف کنن. از وطن و خونواده دور بشن. زمان شوروی این‌طور نبود. آدم به روس‌بودن خودش حقیقتاً افتخار می‌کرد. همه راضی بودن. واسه‌ی همه کار بود...

ماریا با لحنی تحقیرآمیز وسط صحبت‌های یلنا باریسونا پرید:

ــ راضی بودن چون نمی‌دونستن دنیا دست کیه. نون و ماست می‌خوردن و بده‌کار هم بودن. لابد شما توی آپارتمان مشترک زندگی نکردین؟ لابد مجبور نبودین با یه غریبه هم‌اتاق باشین. واسه‌ی گرفتن ۲۰۰ گرم کالباس و ۱۰۰ گرم پنیر چند ساعت توی

صف از سرما نلرزیدین. واسه‌ی خریدن یه دامن و چه می‌دونم یه جفت جوراب به‌دردبخور توی بازار سیاه کلی پول ندادین...
یلنا باریسونا که ظاهراً تحمل حرف‌های ماریا برایش دشوار بود با حالتی عصبانی گفت:
ــ من سن مادر شما هستم و مطمئن باشین مشکلات زندگی در شوروی رو خیلی بیش‌تر از شما چشیدم اما نسل ما وطن و ایده‌آل‌هاشو واسه‌ی دو دست لباس و سیرکردن شکمش نمی‌فروخت. توی این دوره زمونه زنانی می‌بینی که معذرت می‌خوام حاضرن خودشون واسه‌ی دامن و جوراب بفروشن...
ماریا قاه‌قاه خندید:
ــ خودفروشی یعنی چی؟ زمان، زمان عشق آزاده. اخلاق کمونیستی، خانواده در شوروی، وفاداری... همه، حرف‌های بی‌خودی بود. زن هم آدمه. قرار نیست تا آخر عمر در حسرت چیزهایی که آرزوشونو داره بپوسه...
پاول با چشمانی نیمه‌باز وسط حرف‌های زنش پرید:
ــ راس میگی، بهتره خودش رو به هر میوه‌فروش کثافتی بفروشه تا ماتیک بخره، جین چسبان بخره تا همه خووووب اندامش رو دید بزنن. خودش رو بفروشه تا بره دنیا رو بگرده، جا نمونه. تف به این روزگار! ملت هول کرده با سر داره می‌افته توی کثافت و لجن سرمایه‌داری.
نیکولای زیر بغل پاول را گرفت و به بهانه‌ی سیگارکشیدن او را بیرون برد تا هوایی بخورد. مدتی سکوت برقرار شد. لنا بشقاب‌ها را عوض کرد و میز را برای پذیرایی با غذای گرم آماده کرد.
رامان شروع کرد به صحبت:
ــ چه توقعی می‌شه داشت. به نظر من که تمام این عکس‌العمل‌ها طبیعیه، دوران فعلی انتقالیه. به‌زودی تموم می‌شه.

روح روسی وسیع‌تر از این حرف‌هاست. باید واقع بین بود. ۷۰ سال، با شعار، مردم رو به مهره‌هایی برای ساختن ماشین عظیم شوروی و جامعه‌ی کمونیستی تبدیل کرده بودن. مردم احساس می‌کنن که سرشون کلاه رفته، ازشون سوءاستفاده شده. از طرفی هم درهای کشور به روی دنیا باز شده. باید صبر کرد تا حرص و طمع ناشی از محدودیت‌های ۷۰ ساله فروکش کنه. مردم باید خودشون طعم واقعی نظام سرمایه‌داری رو بچشن تا متوجه بشن. اون وقته که روسیه راه خودش رو پیدا می‌کنه. ولی لنا من می‌خواستم با این مقدمه برسم به مناسبت امروز...

رامان با آرامش خاص خودش جملاتی در وصف لنا می‌گفت که من گوش نمی‌دادم فقط به این پسر چشم‌وابرو مشکی نگاه می‌کردم که یك روز به او گفته بودم: «تو خیلی شبیه مردهای ایرانی هستی!» آن‌قدر از حرفم رنجیده بود که من دست‌وپایم را گم کرده بودم. امروز سر این میز می‌دیدم که اگر چه ظاهرش کاملاً شبیه مردهای ایرانی بود اما قلبش برای روسیه می‌تپید. در دلم گفتم: «حیف رامان، حیف! کاش ایران رو می‌شناختی، به ایرانی‌بودنت هم افتخار می‌کردی و برای کشورت به‌همین‌اندازه نگران بودی...»

چه‌قدر دلم می‌خواست محسن آن‌جا بود و با این روس‌ها آشنا می‌شد. حتماً نظرش نسبت به آن‌ها تغییر می‌کرد. «یعنی گرفتن یه مدرك دکترا اون‌قدر با ارزشه که آدم خودشو از شناخت واقعیت زندگی این مردم محروم کنه؟»

۴۱

اوایل ماه ژوئن یک روز از پنجره‌ی آزمایشگاه به بیرون نگاه می‌کردم به رامان گفتم:

ــ مسکو خیلی قشنگه، فکر می‌کنم سرسبزترین پایتخت دنیا باشه.

رامان پرسید:

ــ اطراف مسکو رو دیدی؟

ــ نه، هیچ وقت فرصت نشده سری به اطراف شهر بزنم.

ــ می‌خوای این هفته با من و نینا بیای خونه‌ی ییلاقی‌شون؟

داشتم پیشنهادش را سبک‌وسنگین می‌کردم که ادامه داد:

ــ پدر مادر نینا خیلی مهمون‌نوازن. بهت خوش می‌گذره. درضمن اگه صبح زود بریم می‌تونیم توی جنگل‌های اطراف خونه‌شون بگردیم، شاید قارچ هم پیدا کردیم.

می‌دانستم جمع کردن قارچ از سنت‌های دیرین روسی است. خیلی دوست داشتم ببینم خانه‌های ییلاقی روسی که بر آثار نویسنده‌گان و نقاشان روسی تأثیر فراوانی داشته چه‌طور جایی است، دوست داشتم از نزدیک طبیعت روسی را ببینم.

شب سرِ شام موضوع را با محسن درمیان گذاشتم. ازم پرسید:
ـ خیلی دوره؟
ـ اون‌طور که رامان می گفت نه، ۴۰ ـ ۳۰ کیلومتری مسکوست.
ـ مگه این پسره ماشین داره؟
ـ کدوم پسره؟. رامان؟ نه بابا، ماشینش کو؟ با مترو می‌ریم.
محسن کمی فکر کرد و گفت:
ـ می‌دونم باور نمی کنی، اما همین امروز با یکی از استادام واسه روز شنبه قرار گذاشتم.
ـ و لابد نمی‌تونی قرارت رو به هم بزنی.
ـ دلیلی نمی‌بینم.
ـ اِ؟!! پس وظایف همسریت چی می‌شه؟ هی درس، درس! واقعاً که احساس زنای هوودار رو درك می کنم. می‌خوام سر به تن رشته‌ات نباشه.
محسن خندید:
ـ ای حسود!
جمعه‌شب وقتی محسن دید دارم وسائلم را برای فردا آماده می کنم با چشمان گرد شده پرسید:
ـ می‌خوای جدی‌جدی بری؟
ـ خب معلومه.
محسن دیگر چیزی نگفت اما معلوم بود که انتظار دیگری داشته است. با صدایی گله‌مند گفتم:
ـ می گی چی کار کنم؟ تو که فردا با استادت قرار داری، تمام روز بشینم خونه که تو بیای؟ خب حوصله‌ام سر می‌ره.
محسن بی آن‌که جوابی بدهد رفت توی اتاق و در را پشت سرش بست. وقتی می‌خواست نشان بدهد از دستم عصبانی است، می‌رفت توی اتاقش، در را می‌بست و شب هم همان‌جا می‌خوابید. این‌طوری مرا تنبیه می کرد، چون می‌دانست از این

کار متنفـرم.

صبح کـه از خـواب بیـدار شـدم، محسـن کنـارم نبـود. دلـم گرفـت. احســاس کــردم دلــم نمی‌خواهــد بــدون محســن جایــی بــرم. فکــر کــردم چه‌طــور می‌توانــم از طبیعــت و هــوای آزاد لــذت ببــرم وقتــی کـه باعـث رنجـش محسـن شـده‌ام. امـا از طرفـی مطمئـن نبـودم رامـان هنـوز خانـه باشـد تـا قـرارم را کنسـل کنـم، «اصـلاً ممکنـه شـب پیـش نینـا بـوده کـه صبـح اول وقـت بـا هـم بیـان.» سـر دوراهـی گیـر کـرده بـودم. یک‌جورهایـی از خـودم ناراضـی بـودم امـا هیـچ دلیلـی برایـش نداشـتم. هیـچ کار اشـتباهی نکـرده بـودم. فقـط نمی‌دانـم چـرا نسـبت بـه خـودم احسـاس بـدی داشـتم.

نمی‌دانسـتم چـرا محسـن کـه خـودش آن روز تعطیـل می‌خواسـت بـا اسـتادش باشـد، نمی‌توانسـت بفهمـد مـن حوصلـه‌ام سـر مـی‌رود. بعضــی اوقــات اصــلاً او را نمی‌فهمیــدم. می‌دانســتم از دوســتان روس مـن بیـزار اسـت. حتـا آداب معاشـرت را زیـر پـا می‌گذاشـت و ایـن را در رفتـارش نشـان مـی‌داد. بـی آن‌کـه دلیلـی منطقـی برایـش داشـته باشـد. وقتـی می‌نشسـتیم و آرام صحبـت می‌کردیـم محسـن می‌گفـت: «آره حـق بـا توئـه مـن زیـادی بدبینـم. نـه، چـرا ارتبـاط نداشـته باشـی؟»

امـا بعضـی اوقـات کـه حاضـر نبـود چیـزی بشـنود صدایـش را بلنـد می‌کـرد و می‌گفـت: «مـن وقـت اضافـی نـدارم بـا تـو کَل‌کَل کنـم.»

من می‌گفتم: «باز که صدای اجدادت از درونت بلند شد.»

احسـاس می‌کـردم چیـزی از درون بـه او می‌گفـت کـه زن نبایـد این‌جـوری باشـد. درواقـع در کنـار آن انسـان باهـوش و تحصیل‌کـرده و منطقـی، جنبـه دیگـری بـود کـه گاهـی اوقـات طغیـان می‌کـرد. بـه یـاد چنـد شـب پیـش افتـادم. مـن و محسـن معمـولاً در بسـتر هم‌دیگـر را به‌خوبـی می‌فهمیدیـم امـا گاهـی اوقـات برایـم غریبـه می‌شـد. چنـد شـب پیـش محسـن خـودش را تحمیـل کـرده بـود. مـن رنجیـدم

و اعتراض کردم. اما او با بی‌تفاوتی گفت:

ــ خب مگه چیه؟ نهایتش اینه که بچه‌دار می‌شیم. نکنه فکر می کنی زوده واسه‌ات؟

با تعجب گفتم:

ــ توی این شرایط؟

ــ مگه شرایطمون چشه؟ از زندگی خیلی از دوستای روس تو هم بهتره.

ــ محسن آدم وقتی بچه‌دار می‌شه که فرصت کنه به زن و بچه‌اش برسه. شاید تو فکر می کنی با هفته‌یی چند دقیقه معاشقه، وظیفه‌ات رو داری به‌خوبی انجام می‌دی؟

محسن پشتش را به من کرده و گفته بود: «من همینم!»

از این فکر حالم گرفت. از جا بلند شدم و تصمیم گرفتم روز خوبی داشته باشم.

با لذت از پنجره‌ی قطار بیرون را نگاه می کردم. طبیعت اطراف مسکو برایم چیزی جدید بود. تقریباً از یک وجب خاک هم خبری نبود. همه‌جا یا جنگل می‌دیدی یا زمین پوشیده‌شده از علف. در مسیر قطار خانه‌های روستایی چوبی بزرگ و کوچک نو و کهنه به چشم می‌خورد. از رامان سؤال کردم چرا بعضی‌جاها تاج گل یا دسته گل‌های مصنوعی کنار جنگل گذاشتند. او برایم توضیح داد که سال ۴۱ فاشیست‌ها تا سی کیلومتری مسکو رسیده بودند و جاهایی که دسته گل و تاج گل می‌بینی یعنی آن‌جا نبرد معروفی اتفاق افتاده که البته معمولاً مجسمه یادبودی هم هست.

ــ اما این دسته گل‌هایی که می‌بینی جریانش اینه که درواقع بازمانده‌هااز محل کشته‌شدن نزدیکان و عزیزانشان با خبر شده‌ان و اون‌جا گل گذاشته‌ان

با تعجب پرسیدم:
ـ یعنی بعد از پنجاه سال هنوز هم یادشونه؟
رامان با تعجب در چشمانم خیره شد:
ـ مرجان مگه می‌شه یه‌چنین فاجعه‌یی رو فراموش کرد؟!
پدر و مادر نینا سر حال و خوش‌برخورد تا جلوی حصار به استقبالمان آمدند. مادر نینا زنی حدوداً ۴۵ ساله بود. لاغر و خوش‌اندام، با چهره‌یی جذاب و چشمانی مهربان در پشت عینک. از دور هم می‌توانستی حدس بزنی که معلم است. معلم تاریخ بود. پدرش وادیم واسیلویچ هم‌سن‌وسال زنش به نظر می‌رسید. با انرژی و اجتماعی، مهندس مکانیک بود.
خانه‌ی ییلاقی پدر و مادر نینا چوبی بود؛ در زمینی حدوداً به مساحت ۶۰۰ متر مربع. کمی دورتر از خانه، کلبه‌یی کوچک روی یک انباری ساخته شده بود، با بالکنی کوچک و همه از چوب که آشپزخانه بود. آن اطراف پر بود از همین خانه‌های چوبی، حالا یا کوچک‌تر یا بزرگ‌تر با زمینی تقریباً به همان متراژ. شهرک ییلاقی روی تپه‌یی واقع شده بود و چشم‌اندازش سراسر جنگل بود و یک دریاچه‌ی بزرگ. باورم نمی‌شد آن‌همه زیبایی فقط در چند کیلومتری مسکوست با برج‌های بلند و یک‌شکل و آپارتمان‌های کوچک و زشتش. همین را به پدر و مادر نینا گفتم. خندیدند. اضافه کردم:
ـ همیشه یه سؤال بی‌جواب داشتم: روسیه سرزمینی با این وسعت چرا زمان شوروی این‌قدر مشکل مسکن وجود داشته؟ بعدش هم چه لزومی داشته خونه‌ها این‌قدر کوچیک و ببخشین زشت و هم‌شکل ساخته بشن.
تامارا الکساندرونا با چشمانی غمگین به شوهرش خیره شد. فکر کردم حرف بدی زدم و معذرت خواستم که باعث ناراحتی‌اش شدم. خندید زیر بازویم را گرفت و گفت:

ــ کم‌کم با واقعیت‌های روسیه آشنا می‌شی. حالا بریم آشپزخونه که لابد حسابی گرسنه‌این.

تامارا الکساندرونا با صبحانه‌یی به‌موقع و خوش‌مزه از ما پذیرایی کرد. انواع مرباهای خانگی از میوه‌های همان باغ و شیر و پنیر تازه از زنی که در آن نزدیکی گاوداری داشت. قرار شد بعد از صبحانه با نینا سری به او بزنیم.

دیوار و سقف آشپزخانه پر بود از انواع و اقسام گیاهان که در حال خشک‌شدن بودند. تامار الکساندرونا که می‌دانست رشته‌ام میکروبیولوژی است لابد فکر می‌کرد خیلی به طبیعت نزدیک هستم در مورد چند تا از آن‌ها و خواص و روش استفاده به تفصیل حرف زد که بیش‌ترش را نفهمیدم. به خودم گفتم «اگه گیاه‌ها رو این‌طور خوب می‌شناسه، بی‌چاره به شاگرداش. لابد بیوگرافی همه شخصیت‌های تاریخی رو هم از حفظه!»

با نینا و رامان به جنگل رفتیم. در کنار آن دو که هر درخت و درختچه و علف و برگ و قارچ را می‌شناختند و توقع داشتند بگویم به فارسی چه می‌شود، خودم را کودکی عقب‌مانده احساس می‌کردم. اما نینا برایم تعریف کرد که این خانه‌ی ییلاقی از مادربزرگش به آن‌ها رسیده است که از اواخر بهار به آن‌جا می‌آمده و نینا تمام تعطیلات تابستان را با او می‌گذرانده است. «با مادربزرگم خیلی میومدیم جنگل. باحوصله در مورد هر درخت و درختچه و قارچ و گل و علف واسه‌ام حرف می‌زد. آخه معلم زیست‌شناسی بود». تازه فهمیدم اطلاعات دقیق مادر نینا در مورد انواع گیاهانی که از دیوار آشپزخانه آویزان کرده بود از کجا آمده.

زمین اطراف خانه‌ی چوبی ییلاقی اگر چه زیاد نبود ولی باسلیقه و مرتب تقسیم‌بندی شده بود و انواع و اقسام درختچه‌های میوه‌های جنگلی و درخت‌های میوه، سبزی‌جات و گل در آن

پیدا می‌شد. مادر نینا می‌گفت که تمام تعطیلاتش را آن‌جا می‌گذراند، بااین‌حال معمولاً وقتی اواخر اکتبر با شروع فصل سرما درِ خانه را تا ماه مه سال بعد می‌بندد، کلی کار انجام‌نداده باقی می‌ماند. نینا با لبخندی معنادار به من چشمک زد. از نظر او و رومان خانه‌ی ییلاقی جای استراحت بود و نمی‌توانست مادر و پدرش را بفهمد که روزی ۸-۹ ساعت بالذت روی زمین کار می‌کردند. رامان سر ناهار با احتیاط به پدر نینا گفت:

ــ وادیم واسیلی ویچ! باور کنین اگه هویج و سیب‌زمینی و چه می‌دونم بقیه‌ی سبزی‌جات رو از بازار نزدیک خونه بخرین حداقل دو برابر ارزون‌تر درمی‌آد.

وادیم واسیلی ویچ که بعد از چند ساعت کارکردن با آن دست‌های پینه‌بسته که هیچ شباهتی به دستان یک مهندس ایرانی نداشت، بااشتها و لذت خامه‌یی که من و نینا همان روز از عمه ماشا گاودار شهرک خریده بودیم در بورش معطر هم می‌زد و به‌به می‌کرد لبخند از روی لبانش محو شد به رامان خیره شد و بعد رو به زنش گفت: «تامارا تو رو خدا این نسل رو می‌بینی؟!» تامارا الکسادرونا لبخند تلخی زد با تکان‌دادن سر احساس شوهرش را تأیید کرد ولی چیزی نگفت. پدر نینا تکه‌یی نان جو که در روسیه به نان سیاه معروف است برداشت و در بورش زد و به دهان گذاشت و گفت:

ــ خب به احترام این دختر پارسی نمی‌خوام جروبحث کنم. اما بدان که سودبردن در زندگی تنها انگیزه‌ی کار نیست.

بعد به سلامتی مهمان گیلاس ودکا را بالا انداخت و شروع کرد به خوردن و تعریف کردن از سوپ بورشی که زنش پخته بود.

نینا خندید و گفت:

ــ پاپا فقط دست‌پخت ماما رو قبول داره.

پدرش اضافه کرد:

ـ البته بعد از دست‌پخت مادربزرگ خدا بیامرزت.

یادآوری نام مادربزرگ باعث شد تا همه برای آرامش روحش بنوشند.

واقعاً با این که اولین بار بود در آن خانواده بودم اما رفتار ساده و خالی از ریا آن‌ها باعث می‌شد که خودم را کاملاً راحت و خودی احساس کنم و از مصاحبت با آن‌ها لذت ببرم.

تامارا الکساندرونا به سلامتی من یا به قول خودش «اولین دختر پارسی که او افتخار دارد میزبانش باشد» نوشید و در وصف پارسیان کلی صحبت کرد که من امیدوار بودم در تأیید حرف‌هایش سؤالی از من نپرسد چون مطمئن بودم هر بچه دبستانی روس تاریخ ایران پیش از اسلام را از من بهتر می‌داند.

سعی کردم صحبت را به تاریخ قاجار بکشانم که اولاً اطلاعاتم بد نبود و درضمن ارتباط مستقیمی با روسیه داشت. برایم بسیار جالب بود که در هیچ موردی ما توافق نداشتیم. حتا اگر تذکر وادیم واسیلی‌ویچ نبود تامارا الکساندونا همان‌جا تمام حرف‌های واقعی و غیرواقعی که در ظرف دو قرن در کتاب‌های روسی در مظلومیت گریبایدوف نوشته شده است، را با سوز و درد برایم می‌گفت. وقتی برایش گفتم در کتاب تاریخ سوم دبیرستان ما جریان کشته‌شدن گریبایدوف چه‌گونه نقل شده بود نه تنها او که تمام اعضای خانواده متأثر شدند. حتا وادیم واسیلی ویچ، که خیلی با لحن احساساتی زنش در طرفداری از سیاست‌های تزارهای رومانوفی در رابطه با ایران موافق نبود، وقتی صحبت‌های مرا در مورد علت قتل گریبایدوف شنید نتوانست جلوی خوش را بگیرد و چند دقیقه بی‌وقفه از استعدادهای خارق العاده او، از ۷ زبانی که می‌دانست، از معروف‌ترین اثر ادبی او، از ارتباطش با دکابریست‌ها و از جمله‌ی معروف پوشکین زمانی که جسد او را در قفقاز می‌بیند، داد سخن داد.

خیلی بادقت به حرف‌هایش گوش نمی‌دادم اما غبطه می‌خوردم به سیستم آموزش روس‌ها، به این که چه‌طور ادبیات و تاریخ را در مدارس جدی می گرفتند و معتقد بودند این دو درس است که شخصیت بچه‌ها را می‌سازد. غبطه می‌خوردم به احساس غروری که روس‌ها در ارتباط با تاریخ‌شان داشتند. از خودم می‌پرسیدم «واقعاً چرا ما که رشته‌ی تجربی بودیم و یک سال بیش‌تر تاریخ نمی‌خوندیم باید دقیقاً با تاریخ قاجاریه آشنا می‌شدیم؟ چرا لااقل مقطع دیگه‌یی رو در کتاب درسی ما نمی‌گذاشتن که به جای توصیف بی‌کفایتی پادشاهان، بی‌نظمی و آشفتگی کشور، بی‌لیاقتی سیاستمداران، پناه‌بردن به این یا اون ابرقدرت و بست‌نشستن در این یا اون سفارت‌خونه، از رشادت‌ها و جسارت‌های بزرگان این مرزوبوم برای بچه‌هایی که شخصیتشون درحال‌شکل‌گیری است گفته بشه»

آن روز واقعاً به من خوش گذشته بود. قبل از رفتن تامارا واسیلونا مثل مادری مهربان شیشه‌یی مربا و خیارشور و قارچ کنسروشده ــ که فهمیده بود خوشم آمده ــ در کوله‌ام گذاشت و حتا می‌خواست شیشه‌یی شیر تازه هم بگذارد که یادش انداختم باید با قطار برگردم. گویی سال‌هاست که مرا می‌شناسد و انگارنه‌انگار که چند ساعت پیش به خاطر قتل گریبایدوف به دست پدربزرگان من اشک می‌ریخت. صمیمانه و بی‌ریا مرا بوسید گفت: «تعریفت رو شنیده بودم. حالا می‌فهمم چرا یسینین شاعر عاشق دختران پارسی بود.»

ازم قول گرفت حتماً دوباره به آن‌ها سر بزنم اما این‌بار با محسن.

به خانه که رسیدم ساعت ۱۱ شب بود. اما هوا تازه تاریك شده بود. از آن‌جا که فاصله‌ی آپارتمان ما تا ایستگاه مترو به پانصد قدم هم نمی‌رسید اصلاً فکر نمی کردم محسن نگران شده

باشد. خیلی خوش گذشته بود و کلی حرف داشتم که برایش تعریف کنم. با خوش‌حالی کلید را در قفل در چرخاندم و با صدای بلند گفتم:
ــ سلام، من اومدم.
از همان دمِ در محسن را دیدم که روی کاناپه‌ی اتاقش دراز شده و کتابی جلوی صورتش گرفته بود. آرام جلو رفتم و سلام کردم. محسن چیزی نگفت. انگار اصلاً مرا نمی‌دید و متوجه حضورم نبود. روی کاناپه کنارش نشستم و پرسیدم:
ــ چیزی شده؟
بعد از سکوتی طولانی محسن جواب داد:
ــ نه!
ــ پس چرا این‌طوری باهام برخورد می‌کنی؟
محسن بی آن‌که چشم از کتاب بردارد، بعد از مکثی طولانی گفت:
ــ وسائلت رو جمع کن، با اولین پرواز می‌ری ایران.
ــ چی؟
محسن این‌بار بلافاصله و با لحنی تند گفت:
ــ همین که شنیدی!
کتاب هم چنان جلوی صورتش بود. نمی‌دانستم چه بگویم. رفتار محسن و لحنش به نظرم بسیار تحقیرآمیز بود. از خودم پرسیدم: «مگه چه کار خلافی کردم؟ کجای کارم اشتباه بوده؟ اصلاً مگه اون کیه که به خودش اجازه می‌ده به یه زن بیست‌وچهارساله امر و نهی کنه؟ فکر کرده با یه دختربچه ده‌ساله طرفه!»
تمام احساس خوبی که زمان ورود به خانه داشتم جایش را به خستگی و زده‌گی از زندگی داد. کوله را زمین گذاشتم و آرام گفتم:

ــ محسن خواهش می‌کنم اون کتاب رو کنار بذار و درست‌وحسابی (در این لحظه صدایم لرزید) مثل یه آدم بگو چی شده؟

محسن جوابی نداد. ادامه دادم:

ــ تو داری منو با این رفتارت تحقیر می‌کنی، لااقل بگو از چی ناراحتی؟

محسن سکوت کرده بود.

ـ من کاری کردم که باعث رنجشت شده؟

صدای محسن بعد از مکثی نسبتاً طولانی از پشت کتاب به گوشم رسید:

ــ واسه‌ات متأسفم! نمی‌دونستم محیط خارج این‌قدر بتونه تو رو عوض کنه. شرم‌آوره! واسه‌ی خودم متأسفم که دلم رو به...

محسن ادامه نداد. آهی کشید و نشان داد که موضوع بی‌اهمیت‌تر از آن است که وقتش را تلف کند. ورق زد و به صفحه بعدی رفت.

از خشم می‌لرزیدم، نمی‌توانستم بفهمم این حد از تحقیر بابت کدام حرکت ناشایست و خلاف اخلاق است!

ـ منظورت چیه؟

محسن با لحنی بی‌تفاوت گفت:

ــ خودت خوب می‌دونی منظورم چیه. هیچ‌وقت فکر نمی‌کردم شخصیتت تا این حد ضعیف باشه، این‌قدر تحت تأثیر فرهنگ بیگانه قرار بگیری.

باورم نمی‌شد که این جملات کلی، بی‌ارزش و کلیشه‌یی از دهن محسن بیرون می‌آمد. باورم نمی‌شد چند ساعت بیرون‌بودن، ناهارخوردن با خانواده‌یی روشنفکر و سالم و قدم‌زدن در جنگل نشانه‌ی ضعیف‌بودن شخصیت و تأثیرپذیری منفی باشد.

محسن با لحنی سبک ادامه داد:

ــ من نه حوصله دارم نه وقت اضافی که از این طرف به اون طرف پشت سرت راه بیفتم، یا چه می‌دونم بشینم و نگرانت باشم، فعلاً می‌ری ایران ببینم چی می‌شه.

بغض گلویم را گرفته بود. باورم نمی‌شد این محسن است که این حرف‌ها را به من می‌زند. حالم از او به هم می‌خورد، حوصله‌اش را نداشتم. از خودم خجالت می‌کشیدم که در آن مقام قرار گرفته بودم که امر و نهی بشم. چیزی که حتا در نوجوانی تجربه نکرده بودم. حتا بابا هیچ‌وقت چنین ابتدایی و بی‌منطق به جای من تصمیم نگرفته بود. احساس کردم این من هستم که باید برنجم و از توهینی که به قدرت تشخیصم می‌شود طلب‌کار باشم. با لحنی که سعی می‌کردم بی‌تفاوت جلوه کند گفتم:

ــ باشه، ظاهراً من فراموش کرده بودم که تو مذهبی هستی و طبیعتاً زنت بی اجازه‌ی تو حق هیچ کاری نداره!

این اواخر مثل دو تا بچه با هم لج می‌کردیم. محسن اگر چه بی‌منطق نبود اما دوست داشت حرف آخر، حرف او باشد. مستقل‌بودن مرا خودسری تلقی می‌کرد. توقع داشت دخترکی حرف‌شنو باشم. در تمام موارد با او مشورت کنم و بی‌توافق او دست به هیچ کاری نزنم. من نمی‌توانستم این را بفهمم. به‌هیچ‌وجه او را برتر از خودم احساس نمی‌کردم. به‌هیچ‌وجه خودم را وابسته نمی‌دانستم. از بچگی دوست داشتم مستقل باشم اما ثابت کنم که شایستگی استقلال را دارم. محسن دست روی آن ویژه‌گی گذاشته بود که احساس می‌کردم اگر از من گرفته شود دیگر خودم نخواهم بود. نمی‌توانستم وابسته باشم. اگر قرار بود به حرف محسن گوش کنم باید کار و کلاس زبان روسی در دانشکده‌ی علوم و رفت‌وآمد با دوستانم را کنار می‌گذاشتم. اگر قرار بود طبق خواسته‌های او عمل کنم باید هر روز توی خانه می‌شستم و می‌پختم و منتظر برگشتن‌اش می‌شدم تا این

سه سال تمام شود. نمی‌توانستم. روابط با دوستان روسم، که محسن تا آن حد مخالفش بود، امکان آشنایی با واقعیت زندگی در روسیه را برایم ایجاد کرده بود. من نمی‌توانستم مثل محسن با تعریفی ذهنی و از قبل مشخص‌شده در مسکو زندگی کنم، برخورد و معاشرت با مردم ذهنیت مرا تغییر می‌داد و این برایم بسیار باارزش بود. باارزش‌تر از این‌که زنی حرف‌شنو باشم تا شوهرم از من راضی باشد. نمی‌توانستیم در این زمینه یک‌دیگر را بفهمیم. این بود که لجاجت و رنجاندن و رنجیدن چاشنی صحبت‌هایمان می‌شد.

محسن از حرفم رنجید. یعنی اصلاً طوری حرف زده بودم که برنجد. این بود که کمی مکث کرد و در جوابم گفت:

ــ پس به مامان می‌گم اتاق منو برات آماده کنه.

حالا یک یک مساوی شده بودیم. صورتم گُر گرفت، نقشه‌ی لحن بی‌تفاوت از ذهنم پرید. پوزخند زدم:

ــ شوخی می‌کنی. خوب می‌دونی که من یک روز هم نمی‌تونم با مادرت...

محسن نگذاشت حرفم تمام شود، با بی‌تفاوتی گفت:

ــ عادت می‌کنی. همون‌طور که به زندگی در مسکو عادت کردی.

صدایم را بلند کردم:

ــ محسن تو رو به خدا لااقل اون کتاب لعنتی رو از جلوی صورتت کنار بذار. تو دیگه داری منو از هر چی کتاب و درس و دانشکده است بیزار می‌کنی. چرا نمی‌خوای بفهمی من هم آدمم. از این زندگی یک‌نواخت و چهاردیواری خونه خسته می‌شم. می‌خوام با دیگران ارتباط داشته باشم. تو می‌شینی پشت میز تحریرت و از همون‌جا شروع می‌کنی به حکم صادرکردن که روس‌ها این‌طورن و اون‌طورن. اما من می‌خوام ارتباط داشته

باشم. تازه مگه کجا رفتم؟ دلم می‌خواست این خانم و آقا رو امروز می‌دیدی. حرفاشونو می‌شنیدی. مهمون‌نوازی شونو می‌دیدی. پارتی که نرفتم، تو منو می‌شناختی. من که دختر آفتاب‌مهتاب‌ندیده و آدم‌ندیده‌یی نبودم. می‌دونستی اجتماعی‌ام. یادته؟ حتا از تو مخفی نکرده بودم که...

محسن هم صدایش را بلند کرد:

ــ اون‌موقع مجرد بودی. به قول خودت احساس تنهایی می‌کردی. من امیدوار بودم بعد از ازدواج این مسخره‌بازی‌ها از سرت بیفته. به فکر مسائل جدی‌تری باشی...

ــ مسائل جدی‌تر یعنی چی؟ شستن و پختن؟ می‌بینی که خوب به این وظیفه‌ام می‌رسم. کم و کسری که نداری. شده یه روز بیای خونه غذای تازه و گرم نباشه؟ چه می‌دونم خونه کثیف و به‌هم‌ریخته باشه؟ چی کار کنم اگه خونه‌داری وقتی از من نمی‌گیره. چرا بهانه می‌گیری؟ یعنی ارتباط‌داشتن با مردم و شناختن‌شون مسئله‌ی جدی نیست؟ گرفتن یه مدرك دکترا لابد از همه‌چی جدی‌تره!

ــ ببین من نه حوصله کَل‌کَل‌کردن با تو رو دارم نه وقتشو. تو خودت هم نمی‌دونی از زندگی چی می‌خوای. تابع احساساتی، مثل یه دختره سیزده‌ساله، عکس‌العملات قابل‌پیش‌بینی نیست. مثل یه بچه.

ــ و لابد تو که صبح تا شب سرت توی کتاباست علامه‌ی دهری و می‌دونی از زندگی چی می‌خوای... آه دیگه حالم از همه‌ی این حرفا به هم می‌خوره!..

با سرعت از اتاق بیرون رفتم. گیج بودم. نمی‌توانستم آن شرایط را بفهمم و کنترل کنم. نیاز به آرامش داشتم تا همه‌چیز را تحلیل کنم.

اما این بار محسن تصمیم گرفته بود خودی نشان دهد و ثابت

کند او مرد خانه است. چند روزی سرسنگین بودیم و با هم حرف نمی‌زدیم. من کم‌کم داشتم موضوع را فراموش می‌کردم که یک شب ضمن شام سر صحبت را باز کرد و به‌آرامی گفت:

ــ من جداً متأسفم که نمی‌تونم اون‌طور که تو دوست داری باهات باشم... ولی خب فکر می‌کنم این حرف تازه‌یی نیست. همیشه زن‌ها فکر می‌کنن شوهراشون بهشون کم می‌رسن.

چیزی نگفتم. معلوم بود اگر چه گفته «متأسفم» اما به من حق نمی‌داد. برای من مهم نبود زن‌های دیگر چه فکر می‌کنند. من می‌خواستم با شوهرم زندگی عادی داشته باشم؛ با او به مهمانی بروم، به سینما، خرید. دلم می‌خواست با او توی خیابان قدم بزنم و بستنی لیس بزنم. جلوی تلویزیون دراز شوم و تخمه بشکنم. چیپس بخورم و فیلم تماشا کنم. کاری که میلیون‌ها انسان در دنیا هر روز می‌کردند، حالا برای من شده بود یک آرزو.

ادامه داد:

ــ به نظرم تو خسته شدی. خب حق هم داری... من تا اواخر جولای مجبورم بمونم بنابراین فکر می‌کنم بهتره تو زودتر بری ایران....

پاکتی به طرفم گرفت و گفت:

ــ این بلیط واسه‌ی آخر هفته است... فرصت خوبیه تا من می‌آم، خونه رو هر طور که خواستی آماده کنی

از کارش رنجیدم. به نظرم بسیار تحقیرآمیز آمد. برایم تصمیم گرفته بود بی آن که با خودم مشورت کند. حالا هم غیرمستقیم داشت می‌گفت باید به مشهد بروم.

بعد از مکثی نسبتاً طولانی همان‌طور که سرم پایین بود و با لیوان آب بازی می‌کردم گفتم:

ــ بابام قبل از ازدواج یه روز بهم گفت توی خونواده‌ی شما

زن‌ها بدون اجازه شوهراشون آب نمی‌خورن... اون روز تو دلم به این حرف خندیدم. چون فکر می‌کردم تو رو می‌شناسم. محسن چیزی نگفت. لیوان آب را سر کشیدم. از جا بلند شدم. بشقابم را در ظرفشویی گذاشتم. بلیط را از روی میز برداشتم و همین‌طور که از آشپزخانه بیرون می‌رفتم گفتم: «هر چه شما بفرمایین، آقا.»

بخش سوم

۴۲

وقتی خانواده‌ام را در فرودگاه مهرآباد بغل می‌کردم و می‌بوسیدم تازه متوجه شدم که آن دو سال چه‌قدر سخت گذشته بود و من چه‌قدر دوستشان دارم. انگار تمام غصه و دلتنگی که روی دلم نشسته بود پر کشید. عفت با لبخندی شیرین مرا بوسید و مرد جوانی را که کنارش بود معرفی کرد: «آقا رضا مرادی.»
می‌دانستم عفت چند ماه پیش ازدواج کرده است. لازم نبود بگوید رشته‌اش حقوق است، ظاهرش گویا بود. اما نگاه مهربانی داشت. لبخندزنان احوال خودم و محسن را پرسید. بیرون از سالن فرودگاه آقاجون که انگار مرا بعد از ده سال می‌بیند سر از پا نمی‌شناخت. وسائلم را به طرف پارکینگ برد. عفت گفت:
ـ حاج‌آقا، اگه اجازه بدین بریم منزل ما.
مامان از حرف عفت تعجب کرد:
ـ چی می‌گی دختر؟ مگه می‌ذاریم شما برین. همه با هم می‌ریم خونه‌ی آقاجون.

عفت گفت:
ـ خب خونه‌ی ما به فرودگاه خیلی نزدیک‌تره...
گفتم:
ـ ممنون عفت جون، انشاالله سر فرصت می‌آم ببینمت.
توی ماشین بین مامان و مریم نشستم. پنجره باز بود و بوی آشنای تهران در آن ساعت‌های اول صبح که هوا اندک‌اندک روشن می‌شد به مشامم می‌رسید و مرا می‌برد به دوران دانش‌جویی، به چهار سالی که در آن شهر دودزده زندگی کرده بودم. بعد از مسکو با آن خیابان‌های پهن و ساختمان‌های بلند، تهران خیلی کوچک و زشت جلوه می‌کرد. اما برای من دوست‌داشتنی و پر از خاطره بود. از مامان پرسیدم:
ـ بابا چه‌طوره؟ چرا نیومد؟
ـ بابات خوبه. خونه‌ست. دختر، آدم می‌ذاره دو روز قبل از اومدنش خبر می‌ده؟ من هم که می‌بینی، تصادفاً تهران بودم.
ـ گفتن نداشت مامان من. بنده خدا عفت رو خبر کردین نصف‌شبی بیاد فرودگاه که چی؟
ـ والله کسی ازش نخواست خودش اصرار داشت بیاد.
ـ مهشید چه‌طوره؟ لابد حسابی با درساش گرفتاره؟
ـ سرش حسابی شلوغه، مهشید داره عروس می‌شه، بریم خونه همه چی رو واسه‌ات تعریف می‌کنم. خب از محسن بگو، حالش چه‌طوره؟ چرا با هم نیومدین؟
ـ محسن خوبه، با درس و دانشکده ازدواج کرده. تنها گذاشتمش که بیش‌تر بهش خوش بگذره.
آقا جون قاه‌قاه خندید.

چشمام را که باز کردم اول چند ثانیه‌یی طول کشید متوجه شوم کجا هستم. به یاد محسن افتادم. یاد دوران قبل از عقدمان،

آن روزی که برای ناهار به این خانه دعوتش کرده بودم. چه شور و شوقی داشتیم! کجا رفت؟ «چرا فکرکردن به محسن مثل اون روزها روشن و لذت‌بخش نیست؟ یه جوری مبهم و دلهره‌آوره؟ یعنی دیگه دوستش ندارم؟» ولی دلم برایش تنگ بود از طرفی هم خوش‌حال بودم که از او دورم. می‌خواستم باشد اما فعلاً آن دوردورها. احساسم را درک نمی‌کردم. ترسناک بود. «یعنی اون عشق و شور فقط دو سال دووم داشت؟» فکر محسن مرا دچار دلهره کرد. برای فرار از این فکر از اتاق بیرون زدم. نزدیک ظهر بود. بوی قورمه‌سبزی توی خانه پیچیده بود. صدای گفت‌وگوی عزیز و مامان از آشپزخانه شنیده می‌شد
ـ سلام عزیز جون، چای داری؟
ـ آره عزیز، بشین برات بریزم.
ـ مریم کو؟
ـ رفت دانشکده. بعدازظهر برمی‌گرده.
محسن تلفنی گفته بود:
ـ هر چه زودتر سعی کن بری مشهد. تا اومدن من آپارتمانمون رو آماده کن که پیش مامان نباشیم. خودت هم مشغول می‌شی و حوصله‌ات سر نمی‌ره.
حق با محسن بود. نمی‌توانستیم تمام تعطیلات پیش خانم فرخی دوام بیاوریم. باید زودتر آپارتمان را آماده‌ی زندگی می‌کردم. ازش پرسیده بودم:
ـ سرورم اجازه می‌دن یه چند روزی برم اصفهان، نامزدی مهشید؟
ـ از کی تابه‌حال نظر من برات مهم شده و حرف گوش کن شدی؟
با لحنی پر از شیطنت گفته بودم:
ـ محسن!؟

ـ جونم.
ـ منو دوست داری؟
ـ نمی‌تونی تصورش رو بکنی چه‌قدر برام عزیزی.
هر وقت که از لجاجت محسن به تنگ می‌آمدم، هر وقت که حس می‌کردم با تمام وجود، خودش را و افکار و سلایقش را دیکته می‌کند، مطمئن می‌شدم که دوستم ندارد و وقتی با حرارت از علاقه‌اش می‌گفت درمانده می‌شدم «یعنی چون این‌قدر دوستم داره برخلاف میل و خواسته‌هام عمل می‌کنه؟»

۴۳

زنگ آپارتمان را که زدم رضا، شوهر عفت، در را باز کرد. وارد شدم. صدای عفت همراه با شرشر آب از آشپزخانه به گوشم رسید:

ـ خانم‌خانوما خوش اومدی.

لحن عفت کمی برایم تازه‌گی داشت. به خودم گفتم «لابد تأثیر شوهرشه که ظاهراً سر حال و خوش‌روحیه‌ست». آپارتمان نقلی و ترتمیزی بود که بوی تازه‌گی و تمیزی جهیزیه می‌داد و احساس روی ابرها راه‌رفتن. ناخودآگاه لبخند زدم. عفت صورتم را بوسید:

ـ به‌به چه دسته گل خوشگلی.

با سر به کادویی که برای خانه‌اش گرفته بودم اشاره کرد:

ـ چرا زحمت کشیدی؟

نشستم و بسته‌ی کوچکی را از کیفم بیرون آوردم:

ـ اون هدیه‌ی ناقابل واسه‌ی خونه‌ته. این سکه‌های ناقابل هم از طرف خان‌داداشت به عنوان هدیه‌ی ازدواج. انشاالله که خوش‌بخت بشین. ببخش که از سوغاتی خبری نیست. سوغاتی

مسکو به درد تو نمی‌خوره.
ـ اِ!؟ مگه سوغاتی‌اش چی هست؟
ـ ودکا و اسلحه.

رضا که تا اون موقع ساکت روی مبل نشسته بود و لبخندی روی لبش بود قاقاه خندید و گفت:

ـ خب تعریف کنین. شوروی فروپاشی‌شده رو چه‌طوری دیدین، مرجان خانم؟ این هم آخر امپراطوری شرق در قرن بیستم!

برای چند لحظه به او خیره شدم. در صدا و لحنش اعتمادبه‌نفسی بود همراه با احساس رضایت. لابد به خاطر موقعیتی بود که فکر می‌کرد با شایستگی برای خودش در زندگی دست‌وپا کرده است. احتمالاً اولین تحصیل‌کرده‌ی خانواده هم بود که حالا پله‌های ترقی را دوتا دوتا طی می‌کرد. اگر چه مطمئن بودم عفت کسی را انتخاب نمی‌کند که استعداد له‌کردن دیگران را داشته باشد تا سریع‌تر برسد. بااین‌حال مثل همیشه از قضاوت‌های کیلویی و نسنجیده و جملات کلیشه‌یی حالم گرفت: «این هم از آخر امپراطوری شرق در قرن بیستم»!

ـ آقا رضا اهل کجایین؟
ـ مازندران.
ـ باید حدس می‌زدم.
ـ چه‌طور؟ دماغم که عقابی نیست.

خندیدم و گفتم:

ـ آره شوروی فروپاشی شده، مثل هر پدیده دیگری توی این دنیا که اگه شروعی داره حتماً آخرش هم می‌رسه اما حیف که شوروی این‌طوری فروپاشی شد. اگر چه اون حکومت با اون همه قربونی گرفتن پایان دیگه‌یی نمی‌تونست در انتظارش باشه. اما روس‌ها لااقل تا اونجا که من می‌تونم قضاوت کنم، و خصوصاً اون قشری که من باهاشون در ارتباط بودم، به نظرم

هم‌چیـن روزی و هم‌چیـن وضعیتـی شایسته‌شـون نیسـت. لیاقتشـون خیلـی بیش‌تـره. جامعه‌ی به‌هم‌ریختـه! مثـل خونـه‌ی دزدزده‌یـی شـده کـه صاحب‌خونـه خودشـو تـوی خونـه‌اش غریبـه احسـاس می‌کنـه و تکلیفـش رو نمی‌دونـه...

ــ غرب بدجوری بهشون شبیخون زده.

ــ بـه نظـر مـن کـه روس‌هـا یـه ویژه‌گی مثبـت دارن کـه تـوی ایـن چند قرن بـه دادشـون رسیده...

ــ ستیزه جویی با غرب؟

ــ نـه. درسـته کـه روس‌هـا همیشـه در برابـر غـرب احسـاس خودکم‌بینـی داشـتن و خواسـتن یه‌جـوری خودشـون رو ثابـت کنـن امـا ایـن فقـط واکنـش اولیـه است. روس‌هـا مردمـی هسـتن خـاص. نمی‌تونـن راه‌رفتـن دیگرون رو تقلیـد کنـن. نمی‌تونـن و نمی‌خـوان. از طرفی خیلی دوسـت دارن سـر از کار غـرب دربیارن، ببینـن اون‌جـا چـی هسـت کـه خودشـون نـدارن. بعـد اونـو بگیـرن و صددرصـد روسـی‌اش کنـن. در تمام جنبه‌هـا؛ از هنـر گرفتـه تـا تکنولـوژی. اون‌قـدر تغییـرش می‌دن کـه روسـی بشـه. بعـد باورشـون می‌شـه کـه از اول روسـی بـوده. بـه قـول خودشـون: «روسـیه راه خودشـو بایـد بـره. چیـز دیگه‌یـی نمی‌تونـه روح روس رو سـیراب کنـه». ادای غـرب رو درآوردن برخـلاف جامعـه‌ی مـا، اون‌جـا ارزش نیسـت و تمسـخر می‌شـه. البتـه الان بخشـی از جامعـه در ایـن شـرایط انتقالـی مسـلماً خودشـو بدجـوری در برابـر دنیـای غـرب باخته. امـا بـه نظـر مـن ایـن وضعیـت خیلـی طـول نمی‌کشـه.

عفت با حالتی نه چندان مهربان گفت:

ــ معلومـه خیلـی باهاشـون حشرونشـر داشتی خانـم کـه این‌طـوری تحلیل می‌کنی.

خـب آره برخـلاف محسـن کـه فکـر می‌کنـه فقـط رفتـه مسـکو دکتـرا بگیـره و بنابرایـن غیـر از درس و دانشـکده چیـز دیگه‌یـی بـراش

مهم نیست، من از اولش هم دوست داشتم این مردم رو خودم بشناسم...
عفت قیافه‌اش در هم رفت نذاشت جمله‌ام تمام شود گفت:
ـ اما محسن...
رضا که انگار اصلاً حواسش به عفت نبود و موضوع برایش جالب شده بود حرف عفت را قطع کرد:
ـ من شنیدم توی این سال‌ها مردم خیلی به مذهب رو آوردن.
ـ خب طبیعیه. هر چیزی رو که به‌زور از مردم بگیرین درواقع به طور اغراق‌آمیزی اشتیاقشون رو بیش‌تر می‌کنین. بلشویک‌ها یه روزی به جون کلیسه‌ها افتادن و با خاک یکسانشون کردن تا به جاش سالن‌های ورزشی و فرهنگی بسازن تا «مردمشون سالم باشن و مترقی» حالا حتا پیرزنایی که تمام عمرشون تو شوروی گذشته از نون شبشون می‌زنن تا کلیساها دوباره ساخته بشه. از طرفی هم طبیعیه که بعد از ۷۰ سال سانسور مذهبی، کلیسارفتن بین جوانان مد می‌شه، اما به نظر من این به معنی روآوردن به مذهب نیست. این فقط یه نوع اعتراضه که تا چند سال دیگه تبش فروکش می‌کنه. برعکس حالا که درهای کشور به روی غرب باز شده تا عامه‌ی مردم متوجه بشن چی به چیه، عده‌یی سودجو و فرصت‌طلب طبیعتاً قبل از هر چیزی بی‌بندوباری، لاابالی‌گری و مصرف‌گرایی را به عنوان تمام واقعیت اون طرف دیوار به این مردم چشم‌وگوش‌بسته‌ی ندیدبدید و خسته از زندگی در فضایی که اخلاق و معیارهای خشک کمونیستی و به دور از زرق‌وبرق دنیای سرمایه‌داری بر اون حاکم بوده، جا می‌زنن و تا روشنفکرهای دلسوز به خودشون بیان و شرایط موجود رو تحلیل کنن، جامعه گندی می‌زنه که تا چند دهه کسی نمی‌تونه اونو پاکش کنه. خصوصاً نبودن ایده‌یی مشترک بین روس‌ها که بتونه اون‌ها رو دور هم جمع کنه، تا چند دهه باعث انحطاط

شدید اخلاقی به معنی عامش خواهد شد.

جملات آخر آن‌چنان انرژی‌ام را گرفت که احساس کردم نمی‌توانم ادامه دهم.

عفت با پوزخند گفت:

ــ بابا تو هم که شدی کاسه‌ی داغ‌تر از آش، دستمال بدم خدمتون یا روضه‌خونی تموم شد؟

در آن لحظه احساس کردم عفت زنی است ابتدایی، بی‌هوش و بی‌قدرت درک و تحلیل با کوله‌باری از جزوه‌های حفظ‌کرده و نمره‌ی الف گرفته، سرحال، مغرور و مطمئن از مذهبی‌بودن و روشن‌بودن خود و همسرش که به هیچ چیز شک نمی‌کند و دغدغه‌ی خراب‌شدن چیزی هم نگرانش نمی‌کند.

با لحنی که مطمئن بودم رنجش در آن احساس می‌شد گفتم:

ــ عفت دل‌سوزی واقعی برای هر ملتی که به مصیبت گرفتار بشه اون هم ملت زجرکشیده و قربونی‌داده‌یی مثل روس، قدرت درک و ظرافت روح می‌خواد که من هیچ‌کدومش رو ندارم اما از تو بیش‌تر از این انتظار داشتم. این ساده‌لوحیه اگه فکر کنی من دارم سنگ روس‌ها رو به سینه می‌زنم یا چه می‌دونم دل به حالشون می‌سوزانم... چرا متوجه نیستی؟ حکومت‌های ایدئولوژیک، وضعیت مردم تحت این حکومت‌ها و سرنوشتشون خیلی به هم شبیه‌ئه...

عفت سرش را پایین انداخت و به گل‌های قالیچه‌ی خوش‌طرح کاشان که لابد جزئی از جهیزیه‌اش بود خیره شد. حالا شده بود همون عفتی که هر وقت با قیافه‌ی خسته و گرفته سروکله‌اش توی اتاق من پیدا می‌شد فریده زیر لب غر می‌زد: «باز این خانم قورباغه اومد.»

عفت یا حرفی نداشت بزند یا ترجیح داد سکوت کند. با همان قیافه‌ی گرفته گفت:

- برم چای بیارم.
تا عفت از روی مبل بلند شد رضا گفت:
ـ مرجان خانم، وضعیت مسلمانو رو در روسیه چه‌طور دیدین؟
از سؤال‌های کلیشه‌یی و لحن بی‌هوش رضا لجم گرفت. انگار بدم نمی‌آمد لجش را دربیارم:
ـ والا چی بگم. خب، من با مسلمونا ارتباط چندانی نداشتم. یکی دوبار با محسن رفتیم مسجد مسکو اما جوّش اصلاً به دلم ننشست...
ـ چرا؟
ـ چرا به دلم ننشست؟
خندیدم و گفتم:
ـ به دل نشستن یا ننشستن یه چیز احساسیه. نمی‌دونم چرا ننشست. فکر می‌کنم صورت‌های گرد و چشمان بادومی و نحوی لباس‌پوشیدن و برخورد تاتارها برام غریبه بود... البته امام خطیب رهبر مسلمانان روسیه که توی همین مسجد باهاش آشنا شدیم شخصیت بسیار آگاه و روشنیه... یه دختره هم که پدرش از فعالان مذهبی بود، گه گاهی می‌آمد پیشمون. دانش‌جوی تاریخ و زبان فارسی بود. راستش احساس می‌کردم نگاهش به اسلام خیلی باز نیست و بیش‌تر جنبه‌های فردی دین واسه‌اش مهمه تا اجتماعی... خب دیگه همه‌اش که من حرف زدم. درواقع هی آیه‌ی یأس خوندم. شما زوج جوان لابد کلی حرفاتون باید شیرین، گرم و امیدبخش باشه.
عفت که با یک سینی چای برگشته بود، گفت:
ـ همچی حرف می‌زنی انگار خودت چهل سال پیش ازدواج کردی، مامان منتظره محسن هم بیاد واسه‌تون یه جشن درست‌وحسابی راه بندازه...
در دلم به عفت گفتم «مادرت نمی‌دونه تا چند ماه دیگه من

و محسن به زندگی مشترکمون خاتمه می‌دیم یا نه.» سعی کردم به حرف‌های عفت گوش کنم.

ــ ... من قراره از مهر برم یکی از واحدهای حومه‌ی دانشگاه آزاد واسه‌ی تدریس. یه پروژه هم داریم که باید تا آخر این ماه تحویلش بدیم... دیگه چی بگم... مشغولیم دیگه...

ــ بله دیگه...خونه‌داری و شوهرداری...

ــ خب آره دیگه، البته رضا خیلی کمک می کنه. هنوز احساس نکردم بار خونه‌داری روی دوش منه.

رضا در تکمیل حرف عفت با خنده چیزی گفت که من گوش ندادم. داشتم فکر می کردم واقعاً اگر عفت و رضا در محیط غرب قرار بگیرن چه‌طور نماینده‌یی برای اسلام می‌شن؟ چه‌طور اون ایمان و یقینی که محسن منو به نداشتنش متهم می کرد می‌تونست به کسی مثل عفت کمک کند که حس احترام واقعی غیرمسلمانان را نسبت به خودش و اعتقاداتش برانگیزد.

۴۴

صدای بابا گله‌مند بود:

ــ نزدیک دو هفته است اومدی باباجون. دلت نمی‌خواد بیای اصفهان ما رو هم ببینی؟

ــ الهی من فداتون بشم بابا. دلم براتون یه ذره شده. والله دست من که نیست مامان منتظره امتحانات مریم تموم بشه با هم برگردیم.

عزیز می‌خندید و می‌گفت:

ــ مامانت نمی‌خواد باور کنه که مریم دیگه بزرگ شده دانشگاه می‌ره. هنوز هم خودش می‌بره و می‌آردش.

ــ خوبه بالاخره گذاشتن بره خوابگاه.

ــ پارسال همه‌اش پیش ما بود. از ترم سوم دیگه اجازه دادن بره خوابگاه.

ــ پس جای منو حسابی براتون پر کرده.

ــ خیلی خوب شد که مریم پیشمون بود. تو که رفتی آقاجونت خیلی دلتنگی می‌کرد.

خندیدم و گفتم:

ــ دیشب شنیدم آقاجون به مریم می‌گفت: «مریم گله، بگو جون آقاجون تا آخر هفته پیشمون می‌مونی؟» یاد زمان دانشجویی خودم افتادم.

روزهای اول تصور می‌کردم دو سال گذشته خیلی چیزها باید تغییر کرده باشد اما درواقع تهران برخلاف مسکو در دهه‌ی نود که مرتب تغییر می‌کرد، به همان شکل باقی مانده بود. اول از همه سری به دانشکده زدم. فصل امتحانات بود و دانشکده سوت‌وکور. محوطه‌ی جلوی گروه بیولوژی خلوت بود. روی پله‌ها نشستم به روبه‌رو که گروه ریاضی بود چشم دوختم. در طول ترم، همیشه گروهی از پسرها آن‌جا مشغول فوتبال‌بازی بودند. یاد فریده افتادم و دلم حسابی تنگ شد. می‌دانستم خوزستان است پیش خانواده‌اش. همان روز اول به او زنگ زده بودم قول داده بود حتماً به اصفهان بیاید.

دوتا از دخترهای میکروبیولوژی که آن موقع که من دانشجو بودم، سال پایینی بودند از ساختمان اصلی دانشکده‌ی علوم به طرف گروه آمدند. با هم احوال‌پرسی کردیم. یکی از آن‌ها گفت: «بچه‌ها می‌گفتن ازدواج کردی رفتی خارج»

طوری نگاه می‌کرد انگار با چشمانش می‌گفت «خوش به سعادتت، خب چه‌طور بود؟»

گفتم:

ــ آره. مسکو هستم. چند هفته پیش اومدم.

با اشتیاق چند سؤال پرسیدند و وقتی شنیدند در آزمایشگاهی در دانشگاه مسکو کار می‌کنم با حسرت آه کشیدند. به خودم گفتم: «اگه این ذهنیت مثبت ما ایرانی‌ها از "خارج" نبود واقعاً زندگی ما چه شکلی بود؟»

سری به آموزش دانشکده زدم با همان کارمندان و قیافه‌های آشنا. خانم‌ها احوال‌پرسی گرم می‌کردند و رسیدن‌به‌خیر

می‌گفتند. شوکولات‌های سوغاتی را با خوش‌حالی باز کردند و سؤال پیچم کردند: «خب، از زندگی‌ات بگو. مسکو خوبه؟ سرد نیست؟ شوهرت خوبه؟ هنوز بچه‌دار نشدی؟ آره والله، حواست باشه تا اون‌جایی ونگ- و - وونگ مزاحمتون نشه. حسابی خوش بگذرون...»

موقع خداحافظی و روبوسی تازه یادم آمد اصلاً برای چه کاری آمده بودم!

آقای روزدار از کارمندان خوب آموزش بود که ماه‌های آخر خدمتش را می‌گذراند خیلی هوای بچه‌ها را داشت و با احساس مسئولیت بود.

ـ مدرک موقتم آماده ست؟

آقای روزدار گفت:

ـ کار تسویه حسابت تموم شده؟

ـ نه اصلاً دنبالش نرفتم

ـ پس چند هفته‌یی باید حسابی بری دنبالش.

ـ وقت ندارم

ـ پس وکالت بده به کسی که کارات رو دنبال کنه.

یک روز هم با مریم به دانشکده‌اش رفتم. از آن‌جا سری زدیم به کتاب‌خانه‌ی مرکزی، تالار علامه امینی. چه‌قدر در آن تالار به سخن‌رانی‌های مختلف گوش کرده بودیم! بعد هم رفتیم خوابگاه که حسابی دلم برای دیدنش تنگ شده بود. هنوز هم همان نگهبانان آن‌جا بودند. خانم دادرس را از دور دیدم. همان‌طور لاغر و فرز بود. مریم فاطمیه‌ی ۲ بود طبقه‌ی سوم. خندیدم و گفتم:

ـ هنوز آقای رضایی کارهای تأسیساتی خوابگاه رو انجام می‌ده؟

ـ آره البته چند نفر دیگه هم هستن

ـ معلومه. این‌طور که این‌جا درب‌وداغون شده یک نفر دیگه

کافی نیست.
با هم‌اتاقی‌های مریم آشنا شدم. دختر بچه‌هایی دوست‌داشتنی و مؤدب بودند. طبق رسم خوابگاه زود برایم چای درست کردند. میوه شستند. کنارم نشستند. نیم ساعت بعد هم، به بهانه‌های مختلف رفتند تا من و مریم راحت باشیم. درست همان‌طور که ما رفتار می‌کردیم.
ــ مریم زندگی توی خوابگاه سخت نیست؟
ــ اولش سخت بود اما خب، عادت کردم. شانس آوردم هم‌اتاقی‌های خوبی دارم.
ــ نمی‌خواستی پیش عزیز و آقاجون بمونی؟
ــ راستش اسمش اینه که اومدم خوابگاه. خیلی از اوقات اونجام. مامان هم هر ترم چند بار می‌آد سر می‌زنه. هر بار هم که می‌رم اصفهان به بهانه‌های مختلف نمی‌ذاره تنها برگردم. نمی‌دونم چرا نمی‌خواد قبول کنه من دیگه بزرگ شدم؟
ــ چون ته‌تغاری هستی. بیش‌تر دوستت دارن.
مریم خندید و گفت:
ــ ناهار چی می‌خوای برات درست کنم؟
هیتری که روزی من و فریده رویش غذا درست می‌کردیم حالا مال مریم بود.
ــ اِ! مگه آشپزی هم می‌کنی؟
ــ پس چی ما اصلاً غذای سلف نمی‌خوریم. می‌بینی که یخچال هم داریم. با هم خرید می‌کنیم به‌نوبت هم آشپزی می‌کنم.
احساس کردم مریم اجتماعی‌تر از من است. خیلی هم متعادل‌تر به نظر می‌رسید.
ــ هیچی. مرسی. می‌خوام برم.
ــ فکر کردم دلت می‌خواد چند ساعتی بمونی.

— نه بهتره برم.

قبل از رفتن به دانشکده و خوابگاه فکر می‌کردم پایم را که بگذارم همه‌چیز مثل آن‌روزها آشناست و خودی. اما حالا می‌دیدم اگر چه چیزی عوض نشده اما دیدن بچه‌های جدید و این‌که دیگر دانش‌جو نبودم احساس غریبه‌بودن در من ایجاد می‌کرد. احساس می‌کردم دیگر به آن جا تعلق ندارم و این دلگیرکننده بود.

۴۵

پدر بابک، نامزد مهشید، بازنشسته آموزش‌وپرورش بود و حالا در یک دفتر اسناد رسمی کار می‌کرد. اهل شعر و ادبیات بود. با هم که صحبت می‌کردیم، متوجه شدم ادبیات قرن نوزدهم روسیه را خیلی خوب می‌شناسد. به شلوخوف علاقمند بود. می‌گفت از شعرهای اخمدوا خیلی لذت می‌برد. چیزهایی هم از ناباکوف خوانده بود.

وقتی مامان تلفنی گفته بود پدر بابک معلم بازنشسته است، خیلی تعجب کردم که بابا با این وصلت موافقت کرده است. اما حالا می‌دیدم بابا خیلی به آقای حسینی احترام می‌گذارد. مادر بابک از دوستان نزدیک عمه منیژه بود. سال‌ها با هم همکار بودند و رفت‌وآمد خانواده‌گی داشتند. عمه می‌گفت بابک را مثل نادر دوست دارد.

ازدواج مهشید از سر علاقه بود. هم‌دانشکده‌یی بودند. بابک سه سال از مهشید بزرگ‌تر بود و حالا فوق می‌خواند. پسر مودبی بود. متعادل به نظر می‌رسید. علاقه‌اش به موسیقی و فیلم و ادبیات باعث شده بود که خیلی زود با مریم هم دوست

شوند. اجتماعی و خوش‌مشرب بود. با جوک‌هایش همه را می‌خنداند. رابطه‌اش با بابا و مامان محترمانه و صمیمی بود، بدون نقش‌بازی کردن.

از مامان پرسیدم:

ـ به نظرت چه‌طور می‌آد؟

ـ با نون معلمی بزرگ شده دیگه. نه لوسه نه اهل برنامه‌یی. سرش توی درسه.

از حرف مامان تعجب کردم «از کی تا حالا مامان واسه‌ی نون معلمی ارزش قائله؟ لابد این حرف عمه منیژه است که مامان خیلی قبولش داره».

مامان خوش‌حال بود که مهمانیِ رفتن من به اصفهان و نامزدی مهشید یک‌جا برگزار شد. برخلاف نامزدی من، همه‌ی فامیل بودند. بزرگ و کوچک. به همه خوش گذشت. کسی نگفت صدای موسیقی را بلند نکنید. همه هم رقصیدند، حتا بابا و آقای حسینی .

هر کس از فامیل مرا می‌دید می‌گفت: «چه‌قدر جای محسن خان خالیه!»

من تعجب می‌کردم محسن توی آن مهمانی چه جایی می‌توانست داشته باشد؟ به خودم می‌گفتم: «معلومه که جاش خالی نیست و الا می‌گفت: "یه مشت آدم بی‌کار حرف‌های صدتایه‌غاز می‌زنن، می‌خورن و رقصن!"»

نامزدی مهشید که بهانه‌ی خوبی بود برای دیررفتن به مشهد هم بالاخره تمام شد. یک روز محسن زنگ زد و گفت: «تو هنوز که اصفهانی؟» مامان هم گفته بود: «دیگه وقتشه بری مشهد.»

به مامان گفته بودم که می‌خواهم آپارتمان‌مان را قبل از آمدن محسن آماده کنم. بیش‌تر وسائل یا درواقع جهیزه‌ام را مامان از

قبل تهیه کرده بود. چند هفته‌یی که در تهران و اصفهان بودم هرچه کم بود خرید. همه را بسته بندی کرد و به مشهد فرستاد.

با بابا و مامان به مشهد رفتیم. توی هواپیما من حالم حسابی بد شد. به خانه هم که رسیدیم جوشانده‌ها کمک نکرد. مرتب حالت تهوع داشتم. خانم فرخی مهمانی بزرگی داد و همه‌ی خانم‌های فامیل، دوست و آشنا را دعوت کرد. چند تا نذر هم داشت، مثل سفره‌ی ابوالفضل و ختم انعام که گفت «می‌ذارم تا محسن جون بیاد.»

تهوع من همچنان ادامه داشت. اگر چه در خانه‌ی فرخی‌ها راحت نبودم و سعی می‌کردم به روی خودم نیاورم اما نمی‌توانستم چیزی بخورم. مامان می‌گفت: «تو که توی اصفهان خوب بودی چی شده؟». با ملیحه رفتم دکتر.

خانم دکتر کرمی متخصص زنان بود. اگر چه من ارتباطی بین حالم و بیماری زنان نمی‌دیدیم اما ظاهراً دکتر کرمی برای زنان خانواده فرخی مثل پزشک عمومی بود و در هر موردی به او مراجعه می‌کردند. چند تا سؤال کرد و پرسید:

ـ تست حاملگی ندادی؟

ـ نه خانم دکتر من چند روز پیش پریود شدم.

ـ بااین‌حال بذار یه معاینه‌یی بکنم... نه جانم، حامله‌ای. پاشو. اون هم پریود نبوده. برو این تست رو الان بده جوابش رو سریع بیار.

خبر حاملگی مرا حسابی شوکه کرد. بدتر از آن پیشنهاد خانم دکتر بود که گفت:

ـ بهتره بیمارستان بستری بشی نیاز به استراحت مطلق داری.

ـ چه مدت؟

ـ نمی‌دونم، فعلاً هیچی نمی‌تونم بگم.

ـ نه خانم دکتر بیمارستان نمی‌رم.

ــ قول می‌دی توی خونه از جات تکون نخوری؟

ــ آره.

همه از شنیدن این خبر خوش‌حال بودند به جز خودم. کاملاً غیرمترقبه بود. همه‌ی نقشه‌هایم را به هم می‌ریخت.

مامان می‌گفت: «این‌قدر فکر کن. ببین حالا چی می‌شه. محسن می‌آد یه فکری می‌کنین.»

در خانه بستری شدم. مامان و بابا بعضی وسائل، مثل یخچال و لباس‌شویی و یک دست مبل راحتی و یک تخت یک نفره، که قرار بود با هم در مشهد بخریم، به کمک آقای فرخی و ملیحه خریدند. یک هفته بعد، برای اولین بار پایم را به خانه‌ام گذاشتم. خیلی خوش‌حال بودم. مامان را بوسیدم «الهی فدات شم مامان‌جون، چه‌قدر زحمت کشیدی!»

ــ هنوز یک‌سری از وسائلت مونده. سرویس خواب واسه‌ات نگرفتیم. ایشاالله حالت بهتر که شد باید با محسن بخرین. پرده‌ها هم...

ــ مامان بی‌نهایت ممنونم. فکرش رو بکن از خونه فرخی راحت شدم.

با چند هفته استراحت احساس می‌کردم حالم خیلی بهتر است. دیگر از خون‌ریزی هم خبری نبود. اما دکتر کرمی که زن‌های خانواده فرخی خیلی قبولش داشتند، گفت: «نباید از تخت بیای پایین. بعدش ببینم وضعیتت چه‌طور می‌شه.»

به‌این‌ترتیب تمام مدتی که محسن برای تعطیلات به ایران برگشت من روی تخت خوابیده بودم. دلم می‌سوخت. نقشه کشیده بودیم برای جبران ماه عسلِ نرفته، با هم به شیراز برویم. محسن سه هفته بیش‌تر نماند. می‌گفت: «فرصت خوبی بود، حسابی استراحت کردم. باید درسم رو شروع کنم.».

دلم نمی‌خواست تنهایش بگذارم. می‌دانستم سال سختی در

پیش دارد. می‌دانستم به من خیلی احتیاج دارد اما هیچ کاری نمی‌توانستم بکنم.

گفتم:

ـ شاید دکتر اجازه بده یکی دو ماه دیگه بیام

محسن گفت:

ـ سعی کن به هیچی فکر نکنی. حتا اگه نشد خودت رو ناراحت نکن، فقط یک ساله. بالاخره تموم می‌شه.

محسن که رفت، عزیز برای چند هفته آمد. با او راحت بودم. عزیز هم‌صحبت خوبی بود. اصرار داشتم بیش‌تر بماند. می‌گفت: «اگر نگرانیِ آقاجونت نبود، به خدا می‌موندم تا زایمانت. اما خودت که می‌دونی، نمی‌شه تنهاش گذاشت».

خانم دکتر کرمی گفته بود:

ـ خطر رفع شده، می‌تونی از جات بلند شی اما نباید زیاد فعالیت بکنی. نباید زیاد سر پا بمونی.

وقتی ازش پرسیدم:

ـ می‌تونم برم مسکو؟

خندید و گفت:

ـ هواپیما واسه‌ات سمه. حتا اجازه نداری از پله پایین و بالا بری!

مامان می‌دانست اگر تنها باشم خانواده‌ی فرخی مجبورم می‌کنند به خانه‌ی آن‌ها بروم. چند روز قبل از رفتن عزیز با بی‌بی آمدند.

بی‌بی که بیش‌تر برای زیارت امام رضا آمده بود هر روز، به استثناء جمعه‌ها، نماز ظهرش را در حرم می‌خواند. چند روز اول با مامان رفته بود و حالا دیگر می‌دانست با کدام اتوبوس باید برود و چه‌طور برگردد. آدرس و شماره‌ی تلفن خانه‌ی خودم و آقای فرخی را روی چند کاغذ جداگانه نوشتم هر روز قبل از

رفتن مطمئن می‌شدم که هم در جیبش و هم در کیفش آدرس داشه باشد. یکی دو ساعت به ظهر مانده، راه می‌افتاد. لقمه‌یی در نایلکس می‌گذاشت بطری آبی برمی‌داشت و می‌رفت. من با اصرار مقداری میوه برایش می‌گذاشتم. بی‌بی هر روز مشاق‌تر از روز پیش به حرم می‌رفت. صبح تا شب هم مرا دعا می‌کرد که باعث و بانی این زیارت‌های سیر شدم. می‌رفت جای مناسبی پیدا می‌کرد و تا شروع نماز ظهر چند رکعت نماز قضا می‌خواند و زیارت‌نامه و قرآن. بعد از نماز هم دل نمی‌کند بلافاصله بیاید. دوباره دعا می‌خواند و نماز. خلاصه تا بعدازظهر مشغول بود.

روزهای اول من ادای خانم بزرگ‌ها را درمی‌آوردم و نق می‌زدم که: «بی‌بی این‌طور نمی‌شه شما باید ناهار بخورین.» و اصرار داشتم برایش غذا گرم کنم. بی‌بی می‌گفت نمی‌تواند آن ساعت از روز غذا بخورد و الا دیگر شام از گلویش پایین نمی‌رود. «شام هم نخورم، نصف شب از دل غشه خوابم نمی‌بره».

بعد از مدتی فهمیدم آن زیارت‌ها و خلوت کردن‌ها از هر غذایی برایش دلچسب‌تر است. او را به حال خودش گذاشتم. وقتی برمی‌گشت برایش چایی تازه‌دم می‌ریختم. بی‌بی دوست داشت سر راهش نان شیرمال تازه بخرد. با چای می‌خوردیم. بی‌بی با آرامش از کسانی که دیده بود تعریف می‌کرد و من به صورت نورانی‌اش خیره می‌شدم و با لذت گوش می‌دادم. احساس می‌کرد حضور سبز و نورانی بی‌بی با آن دعاها و نمازهای باخلوصش حالم را بهتر می‌کند. آرام شده بودم و این به وضع جسمانی‌ام کمک می‌کرد. بی‌بی در مشهد راحت بود. احساس می‌کرد سربار کسی نیست. مزاحمتی ایجاد نمی‌کند. خودش را جوان‌تر احساس می‌کرد. از این‌که مراقب من باشد احساس مفیدبودن می‌کرد. توصیه می‌کرد چه بخورم و چه

کار بکنم. من باعلاقه به حرف‌هایش عمل می‌کردم. بی‌بی روزهایی که به حرم نمی‌رفت آشپزی می‌کرد. توی آشپزخانه آرام‌آرام راه می‌رفت، کار می‌کرد و از جوانی‌هایش و از تجربیاتش در زایمان‌های مختلف می‌گفت. چند ماهی که بی‌بی پیشم بود از بهترین روزهای زندگی‌ام در مشهد بود.

از ماه پنجم دکتر اجازه داد از خانه بیرون بیایم و قدم بزنم. بعد از ماه‌ها در خانه بودن، برای اولین بار از مهمانی‌رفتن ذوق‌زده شدم. حالا هر روز بعدازظهر برای قدم‌زدن بیرون می‌رفتم. هیچ‌وقت تا آن حد از دیدن خیابان و ماشین و مغازه‌ها لذت نبرده بودم.

۴۶

نزدیک ظهر بود. روی کاناپه دراز کشیده بودم و کتاب می‌خواندم که زنگ زدند. فکر کردم باز آقای فرخی است که بی‌خبر آمده است احوالی بپرسد. از چشمی که نگاه کردم رضا پسر آقای محمدی را دیدم. می‌دانستم آقای محمدی سوپری پایین خانه‌ی ما، که درواقع مستأجر آقای فرخی بود، رفت‌وآمدهای مرا گزارش می‌داد. هروقت می‌دید از خانه بیرون می‌روم با زرنگی جلو می‌آمد و احوال‌پرسی گرمی می‌کرد و در کمال پررویی سؤال می‌کرد «اینشاالله کجا می‌خواین تشریف ببرین؟» حالا پسرش بیرون ایستاده بود با دو تا خانم چادرسیاه.

در را باز کردم. رضا سرش را پایین انداخت و گفت:

ـ سلام علیکم حاج‌خانم. این دو تا آبجی با شما کار داشتن، آوردمشون خدمتون. خانواده‌ی مش‌حسین هستن از کارگرای حاج‌آقا.

خیلی تعجب کردم یعنی با من چه کار داشتن؟ رضا که تعجب و تردید مرا از پذیرش آن‌ها دید گفت:

ـ من و آقام توی مغازه هستیم امری بود زنگ بزنین.

و از پله‌ها پایین رفت. تعارف کردم داخل شدند.

فاطمه زنی بود حدوداً ۴۰ ساله، لاغر و زردنبو. وقتی می‌خندید جای خالی دندانی در کنار لب بالایش پیدا بود. زهرا بیست و دو سه ساله به نظر می‌رسید، با صورتی سفید و پر و موهای بلند که معلوم بود سه چهار ماهی از رنگ کردنش گذشته. چای آماده بود برایشان ریختم و روبه‌رویشان نشستم.

فاطمه برایم تعریف کرد که اصالتاً اهل یکی از روستاهای سبزه‌وار هستند و کشاورز بوده‌اند و چند سالی است که به مشهد آمده‌اند. زهرا دختر بزرگش بود. ۶ تای دیگر هم بعد از او، دختر زاییده بود و بالاخره بعد از ۷ تا دختر، خدا با نذرونیاز دو سال پیش پسری به آن‌ها داده بود. «حاج‌خانم به خدا چند سالی که وضع کشت خراب بود نون خالی هم به‌زور گیرمون می‌اومد، شکم بچه‌ها رو سیر کنیم. بلند شدیم اومدیم مشهد خود امام رضا به دادمون رسید. خدا پسر حاجی فرخی رو نگه داره! خدا سایه‌اش رو از سر زن و بچه‌اش کم نکنه که بعد از خدا شد سایه‌ی سر بچه‌های من. ما رو از گرسنگی و فلاکت نجات داد.»

زهرا سرش پایین بود و با انگشتانش بازی می‌کرد. چایم را برداشتم و گفتم: «چایتون سرد نشه.»

هنوز نمی‌دانستم از من چه می‌خواهند. فاطمه چایش را در نعلبکی ریخت و خورد و گفت: «دستت درد نکنه حاج‌خانم.»

زهرا با آن چشمان مشکی کشیده گه‌گاهی با شرم به من نگاهی می‌کرد، لبخندی می‌زد و دوباره چشمانش را می‌دزدید. در سیزده‌سالگی شوهرش داده بودند. ۷ سال بعد شوهرش بچه‌دارنشدنش را بهانه کرده بود و طلاقش داده بود تا با خیال راحت به اعتیادش برسد. تا این‌جا دلم برایش سوخت. نگاهش آرام بود و احساس خوبی در من ایجاد می‌کرد. سعی

کردم سؤالاتی از زندگی‌اش بپرسم جملاتش کوتاه بود و بالبخند معصومانه‌یی به مادرش نگاه می کرد که او ادامه دهد.

زهرا دو سال پیش به صیغه‌ی آقای فرخی درمی‌آید. دو ماه پیش آخرین دوره‌ی صیغه تمام شده بود و آقای فرخی گفته بود که بیش‌تر از این نمی‌خواهد صیغه را تمدید کند. حالا زهرا مانده بود و یادگاری از دورانی که آقای فرخی سایه‌ی سرش بوده. آقای فرخی که علت طلاق اول را می‌دانسته و در این مدت دو سال هم بی‌مشکل با او در ارتباط بوده زیر بار نرفته و پدر زهرا را تهدید کرده که اگر بخواهد به فکر کلاه‌برداری و باج‌گیری باشد نمی‌گذرد آب خوش از گلویشان پایین برود: «نمی‌ذارم هیچ کسی توی مشهد بهت کار بده. کاری می کنم از این شهر آواره بشی.»

نتیجه‌ی آزمایش‌ها و گواهی دکتر چیزی نبوده که بتواند آقای فرخی را متقاعد کند. آن‌ها هم از ترس این‌که نکند پدر خانواده کارش را از دست دهد پیش کسی نمی‌توانستند بروند. کسی که فاطمه نمی‌خواست اسمش را ببرد «الهی که خدا خیرش بده به حق پنج تن آل عبا! گفت برین پیش عروس حاج‌آقا. حتماً دستتون رو می گیره.»

اتاق دور سرم می‌چرخید. بلند شدم و رفتم توی دست‌شویی. آن‌قدر عق زدم که مادر و دختر هول کردند. چادرها را کنار زده و آمده بودند توی دست‌شویی. فاطمه پشتم را می‌مالید و یک‌بند حرف می‌زد. انگار هول کرده بود.

روی کاناپه دراز شدم. چشانم را بستم. هرچه فحش بلد بودم در ذهنم نثار فرخی کردم: «مردک از هول حلیم افتاده توی هچل و حالا لابد از یه طرف نمی‌خواد گناه سقط جنین گریبان آخرتشو بگیره، از طرف دیگه هم نمی‌تونه این گند رو بین خونواده و دوست و رقیب به نمایش بذاره».

دلم آشوب بود. افکار جورواجور همین‌طور به ذهنم هجوم می‌آورد و بی‌نتیجه می‌رفت. برای لحظه‌یی احساس کردم از این مادر و دختر، دو تا ضعیفه به تمام معنا، که تنها هنرشان تسلیم در برابر «سایه‌ی سر» بود متنفرم. چشمم را باز کردم و به زهرا نگاه کردم. مظلومیت در عمق چشمان سیاهش نهفته بود. از خودم خجالت کشیدم. پرسیدم:

ـ خرجش چه‌قدره؟

ـ والله حاج‌خانم پرسیدیم گفتن حدود صد تومن.

ـ پیش دکتر درست‌حسابی یا این ماماهای خونگی؟

ـ نه خانم، پیش دکتر... البته باید دست بجنبونیم و الا می‌ترسم دکتر قبولش نکنه دیگه. اون‌وقت مجبورم ببرمش پیش یه ماما.

ـ می‌خوای بکشیش از دست یه نون‌خور راحت بشی؟

چشمان زهرا از ترس برق زد. دلم برایش سوخت. از حرفم پشیمان شدم. گفتم:

ـ اسم و آدرس دکتر و هرچه مدرک پزشکی داری بذار. آدرس خودت رو هم همینطور. تا از من خبری نشه کاری نمی‌کنی. نبری بندازیش زیر دست این ماماهای قلابی.

به زهرا گفتم:

ـ چند روزی صبر کن. بی‌مشورت من کاری نکن. به حاجی هم چیزی نگو که این‌جا بودی.

مادر و دختر که رفتند شماره‌ی سوپری محمدی را گرفتم از رضا سؤال کردم:

ـ می‌دونستی اینا واسه چی اومده بودن؟

ـ نه حاج‌خانم، به امام رضا روحم بی‌خبره.

ـ نمی‌دونی آدرس منو از کی گرفته بودن؟

ـ نه حاج‌خانم، به مرگ آقام اگه بدونم.

ـ می‌شناسیشون؟

ــ آقام می‌گه مش حسین توی یکی از ساختمونای حاجی سرایداره.

نمی‌دانستم از کی کمک بگیرم. راحت‌ترین راه این بود که آن مبلغ را از حساب خودم برداشت کنم. «اما که چی؟ فرخی به این ساده‌گی از شر دختره و بچه‌اش راحت بشه؟ تازه اگه فرخی از جریان باخبر بشه چی؟ نمی‌گه چرا دخالت کردی؟ نمی‌گه شاید من اصلاً بچه رو می‌خواستم.»

ذهنم حسابی مشغول شده بود. فکر کردم باید منطقی‌ترین راه را انتخاب کنم. باید احساسات را کنار می‌گذاشتم.

دو روز بعد رفتم خانه‌ی مش حسین. آلونکی بود محقر برای آن همه بچه در یکی از محله‌ها فقیرنشین. از زهرا پرسیدم توی این مدت فرخی برات خونه اجاره کرده بود؟

ــ نه خانم.

ــ پس کجا زندگی می‌کردی؟

ــ همین‌جا.

ــ یعنی فرخی می‌اومد این‌جا؟

ــ نه خانم، هفته‌یی یکی دو بار حاج‌آقا نزدیک خونه سوارم می‌کرد، می‌رفتم خونه‌اش.

ــ خونه‌ی خودش؟

ــ نه اون خونه‌یی که زندگی می‌کنه، یه خونه‌ی دیگه.

زندگی زهرا، خانواده‌اش، فرهنگش همه‌وهمه برایم غریبه بود. فکر کردم باید محتاط بود. باید احساسات را کنار گذاشت و کمی نقش بازی کرد. بنابراین قیافه جدی گرفتم و گفتم:

ــ بذار همین اول یه چیزی رو برات خوب روشن کنم. اگه می‌خوای کمکت کنم باید قول بدی که نه حاجی و نه کس دیگه‌یی از این موضوع خبر دار نشه. حالا هم خوب گوش کن چی می‌گم. باید بری و بهش بگی اشتباه شده. بگی یه مشکل

زنانه داشتی دکترا از اول فکر کردن حامله‌ای. اما آزمایشات دقیق‌تر نشون داده که اشتباه کردن. متوجهی چی می‌گم؟
زهرا متوجه نبود اما باعجله سرش را تکان داد، یعنی شیرفهم شدم.
ـ فقط در این صورت حاضرم کمکت کنم که همه‌چی بین خودمون باشه. نه خونواده فرخی و نه هیچ‌کس دیگه‌یی نباید بو ببره.
با خودم فکر کردم اگر ثابت کند که می‌تواند طبق نقشه جلو بیاید و سرخود کاری نکند معنی‌اش این است که می‌شود به او اطمینان کرد.
همان شب به آقای فرخی زنگ زدم و ازش خواهش کردم فردا بین ساعت ۱۱ تا ۳ بعدازظهر سری به من بزند. می‌خواستم وقتی بی‌بی نیست با او صحبت کنم.
قبل از آمدن فرخی برای خودم کلی سخنرانی کردم که «مرجان احساساتی نشو باید تا می‌تونی فرخی رو خرش کنی این به نفع دختره‌اس.»
فرخی که نشست باآرامش و در کمال ادب موضوع را برایش تعریف کردم که چه‌طور ناخواسته وارد این جریان شده بودم.
ـ تصمیم گرفتم از خودتون کمک بگیرم. حالا شما بفرمایین من چه کار کنم؟
فرخی که حسابی غافل‌گیر شده بود به‌تندی جواب داد:
ـ هیچی. فقط خودتو قاطی نکن.
منتظر شدم ادامه دهد اما فرخی موضوع را تمام شده تلقی کرد و درواقع دستورش را صادر کرده بود. چایش را بلند کرد که نشان دهد همه‌چیز عادی است. باز هم منتظر شدم اما فرخی قصد نداشت دست از پررویی بردارد.
ـ نمی‌تونم دخالت نکنم. این بنده‌های خدا به من پناه آوردن.

لطفاً اجازه بدین با هم راه حل مناسبی پیدا کنیم.

آخرین جرعه‌ی چایش را هورت کشید. نگاهی به ساعتش کرد و گفت:

ـ قرار مهمی دارم، می‌ترسم نرسم.

درحالی که سعی می کردم از لرزش صدایم جلوگیری کنم و خونسرد باشم گفتم:

ـ نمی‌دونم کی منو وارد این ماجرا کرده اما هر کسی که بوده معلومه خیلی منطقی و درعین‌حال دلسوزانه قضاوت کرده. هم نمی‌خواسته آبروریزی بشه و هم این که این دختر بیچاره زیر دست ماماهای قلابی نمیره.

بعد با صدایی محکم و شمرده ادامه دادم:

ـ کسی درِ خونه‌ی منو زده و ازم کمک خواسته. نمی‌تونم بی‌تفاوت باشم. اعتقادات مذهبی شما به من ربطی نداره. من به خودم اجازه نمی‌دم در مورد شما قضاوت کنم. این به من مربوط نیست، به هیچ وجه! اون‌چه که در این لحظه برای من اهمیت داره موقعیت این دختر و آینده‌ی اونه. اگر مش حسین بار اول با صیغه‌اش مخالفتی نکرده پس از این به بعد تا شش تا خواهر و برادرش از آب‌وگل در بیان باید همین نقش رو بازی کنه

آقای فرخی که تا آن لحظه با بی صبری منتظر بود سخن‌رانی من تمام شود، وقتی مکث مرا دید سرش را بلند کرد با چشمانی که خشونت و بی‌حیایی در آن موج میزد پرسید:

ـ خب حالا منظورت چیه؟

به چشمانش زل زدم.

ـ منظورم اینه که...

دلم می‌خواست بگویم: «منظورم اینه که از این به بعد تبدیل میشه به یک فاحشه شرعی آیا شما می‌تونین یکی از دخترای خودتون رو در این نقش ببینین؟» به‌سختی خودم را کنترل کردم.

«باید خرش کنی، مرجان، این به نفع دختره‌س»

ـ منظورم اینه که باید بهش کمک کنین این آخرین تجربه‌اش باشه.

فرخی با عصبانیت درحالی که اخم کرده بود سریع پرسید:

ـ چه‌طور؟

ـ می‌تونه کار کنه.

فرخی با بی‌تفاوتی پوزخند زد و از جا بلند شد.

من هم ناخودآگاه از جا بلند شدم و ادامه دادم:

ـ دخترهای سبزه‌وار هنرمندن. می‌تونه. اگه یه چرخ داشته باشه می‌تونه توی خونه بشینه و خرج خودش رو با خیاطی و گُل‌دوزی دربیاره.

موضوع به‌هیچ‌وجه برای فرخی جالب نبود. من نگران بودم نقشه‌ام به هم بخورد. دست فرخی روی دستگیره‌ی در بود، صدایم را بلندتر کردم:

ـ دختره قراره بیاد پیشتون واسه‌ی معذرت خواهی.

فرخی به طرفم برگشت و در چشمانم خیره شد.

صدایم را پایین آوردم و به‌آرامی گفتم:

ـ می‌آد معذرت می‌خواد که حرف بی‌ربطی زده. می گه اشتباهی شده حاملگی نبوده مشکل زنان داشته. من از دکتری که خودش پیدا کرده وقت گرفتم فردا می‌برمش...

منتظر شدم واکنش فرخی را ببینم.

ـ تو که خودت بریدی و دوختی چرا دیگه از من سؤال می کنی؟

ـ چون اولاً سقط جنین هزینه داره و مهم‌تر از اون...

دلم خواست بگویم «این گند و کثافت توست» سعی کردم از لرزش صدایم جلوگیری کنم ادامه دادم:

ـ نمی‌خواستم بدون اجازه‌ی شما کاری بکنم.

فرخی دیگر قادر به ادامه‌ی این بازی نبود. آشکارا عصبی بود.

در دامی افتاده بود که خلاصی برایش سخت بود. درحالی‌که تسبیح را تندتند در دست می‌چرخاند، طلبکارانه گفت:
ـــ نمی‌دونم چرا تو کاری دخالت می‌کنی که ربطی بهت نداره.

حرف بی‌ربطی زده بود. چیزی از سر عادت، مثل خیلی از مردهای پرمدعا و بی‌منطق که گند می‌زنند و وقتی سؤال می‌کنی چرا گند زدی می‌گویند: «تو گند زدی که متوجه شدی.» باز به خودم گفتم: «باید خرش کنی»
ـــ ببینین آقای فرخی من شرایط شما رو خوب درک می‌کنم اما با دخالت‌نکردن من، قضیه که عوض نمی‌شه. این مشکلیه که باید حلش کرد. چه بهتر با کم‌ترین هزینه حل بشه.

فرخی سرش را پایین انداخت. من جرأتم بیش‌تر شد و ادامه دادم:
ـــ شاید اصلاً این درد سر خیری هم درش باشه...

می‌خواستم بگویم «می‌شه اونا رو زیر پروبال گرفت، می‌شه از فقر و فحشای شرعی و غیرشرعی نجاتشون داد» اما احساس کردم بهتر است ادامه ندهم. نه به این دلیل که ترسیدم. نه، بلکه احساس کردم حرف‌هایم برای این مرد بازاری که جز به سود معاملات (در هر زمینه‌یی از جمله در لذت‌بردن از دختری بی‌پناه) به چیز دیگری فکر نمی‌کند حرف‌هایم قابل درک نخواهد بود. به خودم گفتم: «مرجان عجله نکن بذار قدم‌به‌قدم.»
ـــ آقای فرخی اجازه بدین خودم رو دخترتون احساس کنم. اجازه بدین این موضوع بین خودمون دو تا به بهترین شکل حل بشه. ازتون خواهش می‌کنم...

فرخی با عجله در را باز کرد ضمن خارج‌شدن گفت:
ـــ بذار ببینم چی کار می‌تونم بکنم.

حتا خداحافظی هم نکرد اما من می‌دانستم که تسلیم شده

است.

روز بعد قبل‌ازظهر زهرا را بردم پیش دکتر و قرار سقط را گذاشتیم. شب فرخی زنگ زد:

ـ اینا امروز عصر اومده بودن پیش من...

حالا دیگر حتا نمی‌خواست اسم زنی را که دو سه سال با او در ارتباط بوده به زبان بیاورد.

ـ همون‌طور که خودت دیروز گفتی... اومد و گفت اشتباه شده و معذرت‌خواهی کرد و... خلاصه... نمی‌دونم... ریش‌وقیچی دست خودت، فقط...

معلوم بود برایش سخت است از من قول بگیرد که مثلاً بین خودمان بماند و کسی بو نبرد. هم خیلی مایل بود دستور صادر کند هم لابد می‌دید که خیلی پررویی می‌خواهد. این بود که نمی‌دانست چه‌طور حرفش را بزند.

برای این‌که مجبور نشود ادامه دهد، ادای زنان احمق را درآوردم:

ـ آقای فرخی من بدون اجازه‌ی شما کوچک‌ترین قدمی برنمی‌دارم. حالا هم هرچی شما بگین.

ـ خودت ببرش. هزینه‌اش مهم نیست... اگه خواستی یه‌جوری هم کمکش کن، فقط تمومش کن که دیگه من اسمش رو هم نشنوم. هزار و یه جور گرفتاری دارم، دیگه وقتی واسه‌ی این وزوزای زنونه ندارم.

دلم می‌خواست سر به تن این مرد هوسرانِ مغرور و ازخودمتشکر نباشد اما باید منطقی رفتار می‌کردم، این به نفع آن خانواده بود. بعدها متوجه شدم که به نفع خودم هم بوده است؛ آن قلعه‌ی دست نیافتنی که از فرخی‌ها و فرهنگ و آداب رسوم شان در ذهنم ساخته بودم فرو ریخت و این به من کمک می‌کرد که در آن خانواده خودم را بی‌دست‌وپا احساس نکنم. حالا می‌دانستم در

پسِ بسیاری از این سخت‌گیری‌ها و نقش‌بازی کردن، آدم‌ها درگیر نیازهای اولیه‌شان هستند. دیگران را به خاطر گناهان نکرده بازخواست می‌کنند ولی حتا حاضر نیستند مسئولیت گناهان کرده‌ی خودشان را بپذیرند.

اگرچه از طرفی هم حیفم می‌آمد که شخصیت جذاب آقای فرخی در ذهنم چنین خدشه‌دار شده بود. اگرچه بسیار سعی می‌کردم نشان دهم که همه‌چیز مثل قبل است اما ظرف دو سه ماه بعد، ارتباط فرخی با من در یک سلام و خداحافظی خلاصه شده بود. انگار که کار خلافی کرده‌ام و با بی‌اعتنایی دارد مرا تنبیه می‌کند. ظاهراً منتظر بود ببیند من با این موضوع چه‌طور برخورد می‌کنم و آیا این جریان بر روابط من با خانم فرخی و دیگر اعضا خانواده تأثیر خواهد گذاشت یا نه.

یک هفته بعد از سقط جنین با زهرا رفتیم یک چرخ خیاطی و گُل‌دوزی خریدیم. نزدیکی خانه‌شان در یک کلاس خیاطی هم ثبت نام کرد. به او گفتم: «اینو بهت قرض می‌دم هر وقت داشتی پسش بده.»

ماه‌ها بعد وقتی فرخی برای اولین بار بچه‌ی محسن را در بیمارستان بغل کرده بود و از خوش‌حالی سر از پا نمی‌شناخت در فرصتی که تنها بودیم با صدایی زیر برای اولین بار از زهرا پرسید که: «آیا مشکلش حل شد؟». کلمه‌ی «مشکلش» در گوشم پیچید اما به روی خودم نیاوردم. لبخند زدم و جریان کلاس و چرخ خیاطی را برایش تعریف کردم و گفتم: «خوب بود اگه می‌تونستم چند تا مشتری خوب واسه‌اش پیدا کنم که کار خیاطی هتل‌هاشونو بدن به این دختر معصوم.»

فرخی که متوجه منظورم شده بود لبخند زد و گفت: «حالا به فکر خودت باش. ایشاالله وقتی اومدی خونه با هم واسه‌اش مشتری هم پیدا می‌کنیم.»

اگرچه از حرف فرخی خیلی خوش‌حال شدم و مطمئن بودم می‌شود آن را قول تلقی کرد اما تصمیم گرفتم با زهرا حرف بزنم مبادا دوباره گول فرخی یا حاجی‌های دیگر را بخورد. تا مشهد بودم هر یکی دو هفته یک‌بار با مادرش یا یکی از خواهراش به من سر می‌زد. وقتی خانم فرخی نبود حسابی نصیحتش می‌کردم: «دیگه از این اشتباهات نکنی ها! این تازه خوبش بود که این‌همه دردسر داشت، چه برسه به بی‌وجدان‌هاش»

۴۷

محسن گفته بود سعی می‌کنم برای دنیاآمدن بچه، که حالا می‌دانستیم دختر است، حتماً باشم. خیلی دلم می‌خواست حرفش را باور کنم حتا قبل از رفتن به بیمارستان به او زنگ زدم شاید خودش را برساند اما محسن نیامد.

وقتی مریم کوچولو به دنیا آمد، چند هفته‌ی اول خیلی افسرده بودم. حضور مامان بهترین کمک بود. خصوصاً که مریم نیمه‌ی اسفند به دنیا آمد و برای نوروز عزیز و آقاجون و بابا و مهشید و بابک و مریم هم بودند. هفته‌ی دوم فروردین هم خاله‌ها و دایی‌ها با خانواده رسیدند و حسابی دوروبرم شلوغ بود و افسرده گی بعد از زایمان را خیلی احساس نمی‌کردم اما مهمان‌ها که رفتند مامان هم بعد از چهلم مریمی به اصفهان برگشت و پای خانم فرخی و خاله جان‌ها با انواع سفره‌های نذری و توصیه و سفارش به خانه‌ام باز شد و فهمیدم بچه‌داری تنها بخش کوچکی از مشکلات تازه‌ی من است. اگر چه مریم چهارمین نوه‌ی فرخی‌ها بود اما بچه‌ی محسن از نظر خانم فرخی چیز دیگه‌یی بود. هر روز صبح بعد ار رفتن آقای فرخی می‌آمد و تا بعدازظهر می‌ماند. تنها نگرانی‌اش

از بابت شام آقای فرخی بود که باعث می‌شد به خانه برگردد. وقتی آقای فرخی چند روزی مشهد نبود خانم فرخی خوش‌حال با خیال راحت همان‌جا مقیم می‌شد. یکی دو بار ملیحه گله کرد که از وقتی مریم کوچولو به دنیا آمده خانم فرخی دیگه احوال درست‌وحسابی از بچه‌هایش نمی‌پرسد. فکر می‌کرد من از حضورش حداکثر سوءاستفاده را می‌کنم! واقعاً اعتمادبه‌نفسم را از دست داده بودم. مادر محسن در هر کاری نظر خودش را تحمیل می‌کرد، چون فکر می‌کرد بهترین است. به هر کاری ایراد می‌گرفت، از شیردادن تا تروخشک‌کردن و حتا این‌که من با چه صابونی لباس‌ها را می‌شویم یا چی می‌خورم. ماه‌های اول حدود ۸ بار در ۲۴ ساعت بچه را باید شیر می‌دادم و هر بار حداقل ۴۵ دقیقه وقت می‌برد. یعنی حدوداً ۶ ساعت باید می‌نشستم تا این خانم‌کوچولو با ناز و ادا سینه مرا بمکد. برای این‌که حوصله‌ام سر نرود رمان‌های جذاب انتخاب می‌کردم، مخصوص زمان شیردادن. موزیک آرامی هم می‌گذاشتم بچه در بغلم شیر می‌خورد و من هم با لذت کتابم را می‌خواندم و اصلاً نمی‌فهمیدم زمان چه‌طور می‌گذرد. خانم فرخی کم بود سر این مسئله الم‌شنگه به پا کند. می‌گفت: «به حق چیزای نشنیده! بچه از حالا خودش رو زیادی احساس می‌کنه، تو باید ضمن شیردادن با بچه باشی و اگه حوصله‌ات سر می‌ره خوب کتاب دعا دستت بگیر برای بچه و شوهرت دعا کن. نه این‌که این داستان‌های یه مشت کافر و نامسلمون رو ضمن شیردادن به این بچه مظلوم بخونی که معلوم نیست کی نوشته از چه مزخرفاتی می‌گه.» جوابی نمی‌دادم اگر می‌گفتم شش ساعت در روز قران خواندن و دعاکردن برای من که عادت ندارم افسرده‌کننده است، لابد آن‌قدر حرص می‌خورد که سکته کند.

تا سه‌ماهگیِ مریم حتا یک روز هم مرا از زیارت خودش

بی‌نصیب نگذاشت. وقتی بچه شروع کرد به گردن‌گرفتن و دل‌دردهایش بهتر شد، خانم فرخی که حسابی خسته بود یک روز گفت: «توی این سه ماه یه نماز درست‌حسابی نخوندم. همیشه مطمئن بودم لباسم احتیاط داره.»

به‌این‌ترتیب رفت‌وآمد هر روزش محدود به دو سه بار در هفته شد. حالا من و مریم کم‌کم به هم عادت می‌کردیم.

به خودم امید می‌دادم که بهار مشهد خیلی زیبا است و تا چشم به هم بگذاری تابستان هم می‌گذرد و محسن برمی‌گردد. می‌دانستم محسن بعد از تمام‌شدن درسش در تهران خواهد ماند. بنابراین سعی می‌کردم روحیه‌ام به خاطر دخالت‌های خانم فرخی خراب نشود. به خودم می‌گفتم محسن برمی‌گردد و این دوران تمام می‌شود. از این‌که محسن کم‌تر زنگ می‌زد تعجب نمی‌کردم چون می‌دانستم حسابی درگیر درس‌هایش است. از من خواسته بود هر روز خاطراتم را بنویسم و هر هفته با عکسی تازه از بچه به شرکت آقای فرخی بفرستم تا آن‌ها در اولین فرصت برایش بفرستند. آن روزها وضع پست روسیه تعریفی نداشت و نامه می‌توانست تنها بعد از چند ماه به مقصد برسد. بنابراین ما نامه‌ها و بسته‌ها را تنها از طریق مسافرها می‌فرستادیم و دریافت می‌کردیم.

جلسه‌ی دفاع از تز محسن به دلیل بیماری استاد راهنمایش و بی‌نظمی و سهل‌انگاری مسئولین دانشکده برگزار نشد و به‌راحتی به سال تحصیلی بعد افتاد. محسن وقتی تلفنی خبرش را داد آن‌قدر عصبانی بود که گفتم «نکنه سکته کنه». هرچه فحش بلد بود و تا اون روز ازش نشنیده بودم نثار روس‌ها و بی‌نظمی‌شان کرد. خیلی به‌هم‌ریخته بود. مرتب می‌گفت: «مرجان کاش این‌جا بودی. مرجان نمی‌دونی چه‌قدر داغونم.»

پیشنهاد کردم به هیچ‌چیز فکر نکند و تعطیلات تابستان را به

ایران بیاید.

محسن چند روز پس از آن برای گرفتن ویزای خروجی مراجعه کرده بود اما به جای آن‌که ظرف حداکثر یک هفته ویزایش صادر شود یک ماه طول کشید. این موضوع بیش‌تر کلافه‌اش کرد، دیگر به هیچ کار روس‌ها اعتماد نداشت. نه به مدیریتشان و نه به قوانین و قول‌وقرارهاشان. می‌گفت: «احساس می‌کنم دنبال بهانه می‌گردن من از تزم دفاع نکنم.» قاطی کرده بود. به همه چیز شک می‌کرد. بالاخره هم گفت: «می‌ترسم دسیسه باشه. اگه ویزای خروج این‌قد طول کشیده چه تضمینی هست با ورود مجددم مخالفت نشه؟ نه همین‌جا می‌مانم و در پروژه‌یی به یکی از استاتیدم کمک می‌کنم. تجربه خوبه.»

بالاخره هم نیامد. بعدها که به آن روزها فکر می‌کردم و به حرف‌های محسن و این‌که چه‌قدر به من احتیاج داشت خودم را محکوم می‌کردم که چرا همه‌چیز را ول نکردم و به مسکو نرفتم. اگر می‌رفتم احتمالاً مسیر زندگی مشترکمان طور دیگری رقم می‌خورد.

آقای فرخی که معمولاً هر سه چهار ماه یک‌بار به مسکو می‌رفت می‌گفت «وضع روحی محسن خیلی بده. امیدوارم هرچه زودتر کارش تموم بشه، برگرده. کلی لاغر شده.»

محسن وقتی از آمدن به تعطیلات منصرف شد از خانم فرخی خواست مدتی به مسکو برود. خانم فرخی رفت اما سه هفته بیش‌تر نماند. بیماری تنفسی‌اش عود کرده بود. می‌گفت: «محسن طفلک مجبور بود به من برسه. شده بودم وبال گردنش.»

وقتی از آمدن محسن ناامید شدم، خواستم چند هفته‌یی به اصفهان بروم اما خانم فرخی رک‌وراست گفت: «هر جا می‌خوای بری برو اما بدون بچه. بلندش می‌کنی توی این

گرمـای سـگی می‌بریـش اصفهـان یـه چیـزی‌اش می‌شـه. حـق نـداری!»
واقعاً از همین فعل استفاده کرده بود«حق نداری».

۴۸

۱۴ شهریور بود. آن روز مریم ۶ ماهه می‌شد. و این حادثه‌یی بود. تا یک‌سالگی مادرها سن بچه را روزبه‌روز حساب می‌کنند: ۲۰ روز، یک ماه و سه روز، پنج ماه و بیست‌وهفت روز... ۶ ماه! واقعاً هر ماه که به سنش اضافه می‌شد برایم اتفاقی جدید بود. حتماً آن روز مامان زنگ می‌زد اما محسن چون با روزهای میلادی بیش‌تر سروکار داشت بعضی اوقات گذشت ماه‌ها را فراموش می‌کرد.

آن روز یک‌شنبه بود و وقتی از محسن خبری نشد خودم زنگ زدم. می‌خواستم ناز کنم و کلی گله‌گزاری که بابا ما رو پاک فراموش کرده. مریم توی بغلم بود می‌خواستم کاری کنم که محسن صدای خنده‌اش را بشنود. اما تا ارتباط برقرار شد احساس کردم چیزی در درونم فرو ریخت. برای آن که مریم از بغلم نیفتد او را روی زمین گذاشتم و روی مبل افتادم. امکان نداشت اشتباه شنیده باشم. امکان نداشت آن الوگفتن را در زندگی فراموش کنم یا اشتباه بگیرم. خودش بود. الوگفتن زولفیه با آن لهجه‌ی تاتاری‌اش را میان صدای هزار زن می‌توانستم تشخیص

بدهم. شکی نداشتم که خودش بود. گوشی را برداشت و گفت: «الو!» اما بلافاصله از دور کسی با صدایی نامفهوم چیزی گفت و او قطع کرد.

زولفیه را پدرش که از شخصیت‌های اسلامی مسکو بود در یکی از عیدهای اسلامی به من و محسن معرفی کرده بود. آن روزها ایرانیان زیادی به مسجد مسکو رفت‌وآمد نداشتند. اوایل دهه‌ی نود ایرانی‌های مقیم مسکو معمولاً یا کارمند سفارت بودند یا دانشجویان سهمیه که طبیعتاً برای مناسبت‌های مذهبی از مسجد سفارت ایران استفاده می‌کردند. برای زولفیه که تاریخ و زبان فارسی می‌خواند و مایل بود با فارسی‌زبانان در ارتباط باشد آشنایی با ما غنیمتی بود. چشمان کشیده‌ی مشکی داشت با صورتی گرد، پوستی سفید و موهایی صاف و بلند که زیر روسری بزرگی پنهانش می‌کرد. همیشه لباس بلند و گشاد می‌پوشید. من یاد دختران مذهبی زمان انقلاب خودمان می‌افتادم.

همان روز خوش‌حالی‌اش را از آشنایی با ما با خنده‌های کودکانه‌اش نشان داد و چون با پدرش آشنا بودیم شماره‌ی تلفن‌مان را گرفت و دو روز بعد زنگ زد و تعارف مرا برای یک‌شنبه بعد جدی گرفت و آمد. زولفیه با این که در مسکو بزرگ شده بود اما از نظر شخصیتی شباهتی به دختران روس نداشت. اعتقادات مذهبی سفت‌وسختی داشت. عاشق اسلام بود و نظرش نسبت به ایران به شکل اغراق‌آمیزی مثبت بود. آرزو داشت به ایران بیاید و از نزدیک با این مردم به قول خودش «منحصربه‌فرد» آشنا شود. فکر می‌کرد جامعه‌ی ایران اخلاقی‌ترین جامعه‌ی جهانی است چون بر اساس اسلام ساخته شده و باید برای کشورهای دیگر الگو قرار بگیرد. آن‌قدر باانرژی از این مردم منحصربه‌فرد می‌گفت که حالم را به هم می‌زد. مصاحبت با زولفیه برای من به‌هیچ‌وجه جالب نبود. او دوست داشت

به فارسی از ایده‌آل‌بودن جامعه‌ی ایران برایش تعریف کنم. حرف‌هایی که می‌توانست به‌راحتی در بخش فرهنگی سفارت ایران بشنود. جایی که نماینده‌گان فرهنگی ایران پول می‌گرفتند تا چهره‌ی ایران اسلامی را به جهانیان نشان دهند. اگرچه به عنوان یک زن ایرانی از او خوب پذیرایی می‌کردم؛ برایش غذای ایرانی می‌پختم و از بعضی غذاها و آداب و رسوم ایرانی صحبت می‌کردم، اما از گفت‌وگو لذت نمی‌بردم. برخلاف من محسن در همان برخورد اول شیفته‌ی حرف‌هایش شده بود. باتحسین در موردش می‌گفت: «ببین چه‌قدر خودساخته است! در این کشور درهم‌برهم که زن‌های باحجاب امنیت ندارند و می‌تونن مورد اذیت و آزار قرار بگیرن، نه تنها ظاهر زن مسلمون رو داره بلکه با افتخار از اون دفاع می‌کنه.»

این خانم «خودساخته» چند بار دیگر به ما سر زده بود و حداقل هفته‌یی یک بار هم زنگ می‌زد. بنابراین امکان نداشت الو گفتنش را با آن لهجه‌ی تاتاری فراموش کنم.

قلبم به‌شدت می‌تپید. اما سعی کردم آرام باشم. به خودم دلداری دادم که نباید این‌قدر ابتدایی و خاله‌زنک باشم. «مرجان آروم باش، خجالت بکش دختر. زود قضاوت نکن. تو محسن را به خاطر سوءظن‌های بی‌جایش محکوم می‌کنی، حالا خودت چه‌طور می‌تونی به این راحتی شوهرت رو به خیانت متهم کنی؟ نه محسن اهل این حرفا نیست حتا اگه زولفیه اون‌جا باشه به معنی خیانت نیست. لابد دلش خواسته سری به محسن بزنه». به یاد آوردم که زولفیه یک بار گفته بود: «تو خیلی خوش‌بختی، آیا همه‌ی مردهای ایرانی مثل محسن هستند؟» و من به‌شوخی گفته بودم: «صدای دهل از دور خوشه!» بعد هم ضرب‌المثل را برایش توضیح دادم.

دوباره شماره گرفتم. این‌بار محسن گوشی را برداشت:

ـ الو!
ـ سلام.
محسن بالحنی که عدم‌اطمینان، نگرانی یا شاید ترس در آن احساس می‌شد پرسید:
ـ چند لحظه پیش تو بودی زنگ زدی؟
ـ آره. زولفیه بود گوشی رو برداشت؟
سکوتی طولانی برقرار شدکه درواقع جواب همه‌ی سؤال‌های من بود. اما هنوز نمی‌خواستم باور کنم:
ـ اومده بهت سر بزنه؟
این‌بار هم محسن سکوت کرد. شاید امیدوار بود باز سؤال کنم یا بزنم زیر گریه یا قطع کنم اما من در سکوت منتظر جواب بودم. شاید یک‌دقیقه‌یی به این شکل گذشت. محسن آرام گفت:
ـ چند وقتی می‌شه این‌جاس.
در آن لحظه واقعاً احساس کردم که چیزی در درونم فرو ریخت. بی آن که حرفی بزنم، آرام گوشی را گذاشتم و روی مبل وارفتم. نمی‌دانم چه مدت گذشت، یک آن متوجه شدم مریم درحالی که از فشار سرخ شده بود، هن‌وهن می‌کرد و آب از دهانش راه افتاده بود، لبه‌ی میز را گرفته و آرام‌آرام با قدم‌های لرزان در طول میز جلو می‌رود. یک اسباب‌بازی در طرف دیگر میز بود. به اسباب بازی رسید آن را گرفت از خوش‌حالی جیغ کشید. و با پشت روی زمین افتاد. یک آن احساس کردم که دارم لبخند می‌زنم. گویی عزاداری بودم که عزیزی را از دست داده و تمام وجودش غم و غصه ست و حالا برای لحظه‌یی چیزی او را خوش‌حال کرده است. به یاد محسن افتادم، لبخند از لبم پرید. نمی‌توانستم تصمیم بگیرم. نیاز به تنهایی و آرامش داشتم.
کلید به‌آرامی در قفلِ درِ آپارتمان چرخید و خانم فرخی وارد

شد. وقتی فهمید مریم خواب نیست از همان جلوی در شروع کرد به قربان‌صدقه‌رفتن. مریم که صدایش را می‌شناخت از خوش‌حالی جیغ کشید و خانم فرخی هم بیش‌تر قربان‌صدقه رفت. به مناسبت شش ماهگی‌اش اسباب‌بازی جدیدی آورده بود. اگر در آن شرایط نبودم با آب‌وتاب فراوان بلندشدن مریم را برای مادربزرگش تعریف می‌کردم. اما حوصله نداشتم. خانم فرخی اسباب‌بازی را به مریم داد و چند تا بوس از او گرفت و گذاشتش زمین. تازه متوجه‌ی من شد ابروهایش را در هم کشید و پرسید:

ـ تو چته دختر، چرا رنگت این‌طوری پریده؟

چند ثانیه‌یی به خانم فرخی نگاه کردم بی آن‌که بتوانم جوابی دهم. خانم فرخی روی مبل نشست و طلبکارانه گفت:

ـ می گم چی شه، چرا چیزی نمی گی؟

از جا بلند شدم. حوصله‌اش را نداشتم. باید جوابی سر هم می‌کردم:

ـ بابا حالش خوب نیست.

ـ بلا دوره، چشه؟

ـ می‌دونین که بابا مشکل قلبی داره.

به طرف اتاق خواب رفتم و گفتم:

ـ خانم فرخی با اجازه‌ی شما من یه کمی دراز می کشم.

ـ آره برو. برو که اصلاً رنگ توی صورتت نیست. نمی‌خواد روحیه‌ی بچه‌م رو خراب کنی.

روی تخت دراز کشیدم. حالا چه‌کار باید می‌کردم؟ نباید خانم فرخی بویی می‌برد. نه تنها کمکی نمی‌کرد وضع خراب‌تر می‌شد. اصلاً چه‌کار می‌توانست بکند؟ شاید حتا به محسن حق می‌داد و مرا محکوم می‌کرد که چرا شوهرم را ول کردم. آقای فرخی هم که مطمئن بودم از این قضیه ناراحت نخواهد

شد. نباید کسی از خانواده‌ی خودم هم می‌فهمید. درست است که حتماً دلشان برایم می‌سوخت اما چه کار می‌توانستند بکنند؟ نمی‌خواستم کسی دل به حالم بسوزاند. من به‌رغم میل آن‌ها ازدواج کرده بودم، نمی‌خواستم کم بیاورم. یک لحظه احساس کردم در فضای تنگی قرار گرفته‌ام که هر لحظه تنگ‌تر و تنگ‌تر می‌شود. باید می‌رفتم، باید از آن خانه، از آن شهر، از همه‌کس و همه‌چیز دور می‌شدم. حتا از مریم. از جا بلند شدم و مقداری لباس و وسائل شخصی در یک ساک ریختم. خانم فرخی عادت داشت بعد از ناهار کنار مریم بخوابد می‌گفت «مادر باید با بچه بخوابه تا شب که شوهر می‌آد خانه سرحال و بشاش باشه.» من هم به‌شوخی می‌گفتم: «من که شانس آوردم و شوهرم دوره خستگی‌ام رو نمی‌بینه. درعوض مریم که می‌خوابه می‌تونم به کارام برسم.»

از خواب‌بودن خانم فرخی استفاده کردم و به مامان زنگ زدم. گفتم «خیلی خسته‌م می‌خوام یه چند روزی بیام اصفهان اما خانم فرخی می‌گه بهتره مریم را نیارم». مامان که همان اول صبح زنگ زده بود و از این‌که ظرف چند ساعت صدایم این‌قدر عوض شده بود نگران شد و چند بار قسمم داد:

ــ چی شده؟ تو که صبح گفتی خوبی که! از اول تابستون هر چی بهت گفتم بلند نشدی بیای همین امروز صبح...

ــ مامان جون همه‌چی خوبه...

اشتباه کردم به مامان زنگ زدم. اگرچه مادرشدن من را به مامان نزدیک کرده بود اما نه تا آن حد که بتوانم راحت حرف‌های دلم را برایش بزنم یا او بتواند بی سین‌جیم کردن مرا بفهمد. «نباید اصلاً بهش زنگ می‌زدم. در این جور مواقع عزیز منو بهتر می‌فهمیه.» این بود که به عزیز زنگ زدم و گفتم: «یه چند روزی می‌آم تهران اما شما رو به خدا زنگ بزن به مامان و

واسه‌اش توضیح بده اگه خانم فرخی زنگ زد به اصفهان فکر کنه بابا خدای نکرده مریضه و اومده تهران. واسه همین من رفتم پیشش».

باید همان لحظه می‌رفتم و الا اگر خانم فرخی بیدار می‌شد نمی‌گذاشت. می‌گفت «صبر کن تا فرخی بلیط هواپیما برات جور کنه. با ماشین که نمی‌شه بری» اما من نمی‌خواستم کسی کاری برایم بکند. یادداشتی برایش گذاشتم که: «بابا تهرانه. چند روزی می‌رم پیشش.»

زنگ که زدم عزیز در را باز کرد تا گفت:

ــ خدا مرگم بده چی شده؟

بغلش کردم با عجله بوسیدمش و گفتم:

ــ عزیز جون به خدا همه چیز خوبه. مریم خوبه. محسن هم خوبه. فقط من کمی خسته‌م چند روز که استراحت کنم خوب می‌شم.

آقاجون با آن چشمان مهربانش که اضطراب در آن دیده می‌شد به من نگاه می‌کرد. نگرانی‌اش را ناشیانه در پس لبخندی پنهان می‌کرد. دلم می‌خواست خودم را در آغوشش بندازم، گریه کنم و همه چیز را برایش بگویم. اما آقاجون از دنیای فرخی‌ها خیلی فاصله داشت. اصلاً از جنس آن‌ها نبود. او عزیز را مثل روز اول و حتا بیش‌تر دوست داشت. عزیز همه‌ی عشق و زندگی و نفسش بود. چه‌طورمی توانست باور کند سر نوه‌اش، این نورچشمی‌اش چنین مصیبتی وارد شده؟ می‌دانستم برای آقاجون خیلی دردناک خواهد بود، نباید می‌گفتم. با بغضی که سعی می‌کردم در گلویم نشکند گفتم:

ــ آقاجون اومدم که چند روزی با هم بریم شمال.

آقاجون پیشانی‌ام را بوسید و گفت:

ـ می‌ریم، آقاجون همین فردا خوبه؟
ـ آره.

با آقاجون رفتم شمال. او دقیقاً همان کسی بود که من در آن شرایط احتیاج داشتم. مرا به حال خودم گذاشته بود و درعین‌حال با لبخندهای پر از مهر و بوسه‌هایی که گه‌گاه با احتیاط بر سرم می‌زد نشان می‌داد که تنها نیستم. در آن پنج روز احتمالاً بیش‌تر از ده جمله با هم حرف نزدیم. او به زمینش می‌رسید. به آشپزخانه می‌رفت، غذا آماده می‌کرد و سر میز می‌گذاشت. بی آن‌که مرا صدا بزند غذایش را می‌خورد، سهم مرا می‌گذاشت. غذاهای دست‌نخورده را برمی‌داشت. حتا سعی می‌کرد در خانه آهسته قدم بردارد تا مزاحم من نباشد. من در سکوت متوجه لطفش بودم و از درون سپاس گزار.

در آن پنج روز بیش‌تر وقتم روی تخت گذشت یا به خواب می‌رفتم یا فکر می‌کردم یا در سکوت اشک می‌ریختم و دوباره به خواب می‌رفتم. یاد محسن به ماری تبدیل شده بود که هر چند دقیقه یک‌بار سر برمی‌داشت و قلبم را می‌سوزاند. نمی‌توانستم احساسم را درست بفهمم تا بتوانم راه حلی پیدا کنم. تلفیقی بود از تنفر، عصبانیت شدید و تمایل به انتقام‌جویی تا مرز ویران کردن هر آن‌چه ما را به هم پیوند می‌داد. اما به مریم که می‌رسیدم خلع سلاح می‌شدم. مریم نقطه‌ی ضعف بزرگ من شده بود. در ذهنم نمی‌توانستم به او دست بزنم. حتا تلاشم برای بی‌خبر ماندن از او دو روز بیش‌تر دوام نیاورد، صبح و بعدازظهر از رستوران روبه‌روی ویلای آقاجون به خانم فرخی زنگ می‌زدم. عزیز گفته بود: «به من زنگ نزنین چون تا مرجان برنگرده مشهد هیچ تلفنی رو جواب نمی‌دم. خانم فرخی روز اول زنگ زد پرسید "آقای محمدی کدوم بیمارستانه" و شماره تلفن خواست، یه‌جوری دست به سرش کردم. اگه دوباره زنگ بزنه نمی‌دونم

دیگـه چـه بهانه‌یـی جـور کنـم.»

در همـان چنـد روز تنهایـی توانسـتم تـا حـدودی خـودم را آرام کنـم. حـالا مطمئـن بـودم کـه دیگـر و تحـت هیـچ شـرایطی آن زندگـی را در مشـهد ادامـه نخواهـم داد. می‌خواسـتم بـرای همیشـه از فرخـی‌هـا ببـرم. تصمیـم گرفتـم تـا آمـدن محسـن بـرای طـلاق اقدامـی نکنـم. از آمـل برگشـتم مشـهد. خانـم فرخـی از آمدنـم خبـر نداشـت امـا از دیدنـم واقعـاً خوش‌حـال شـد. سـین‌جیمش در مـورد وضعیـت بیمـاری بابـا کـه تمام شـد رفت خانـه کـه خـودش را درست‌وحسـابی آب بکشـد. می‌دانسـتم کـه یکـی دو روزی از او خبـری نخواهـد شـد. ازقبـل بلیـط هواپیمـا گرفتـه بـودم. همـان شـب سـریع وسـائلم را جمـع کـردم مریـم را برداشـتم و بـه اصفهـان رفتـم.

۴۹

به مامان گفتم: «دیگه برنمی گردم مشهد، می‌خوام لااقل تا برگشتن محسن اصفهان بمونم.»

مامان که از رابطه‌ی من و خانم فرخی خوب خبر داشت. تعجب نکرد و چیز زیادی هم نپرسید. با هم اتاق مهشید را برای مریم کوچولو آماده کردیم. چند روزی که گذشت و بچه به محیط جدید عادت کرد من هم وضع روحی‌ام بهتر شد. احساس می کردم تصمیم درستی گرفته‌ام، خودم را برای جدایی از محسن آماده می کردم: یک صدا درونم می گفت «مگه کم‌بودن زنایی که بی شوهر بچه‌هاشونو بزرگ کردن؟ مریم که یه کمی بزرگ‌تر بشه می‌رم سر کار. اصلاً می‌تونم بلندش کنم برم اروپا مشکل مالی که ندارم. گذشت زمان کمک می کنه این جریان رو کم کم فراموش کنم...» و صدای دیگر «اگه محسن بچه رو بخواد چی مرجان خانم؟ یادت رفته کجا داری زندگی می کنی؟ یادت رفته بچه مال پدره؟...»

این تنها دغدغه‌ی وجودم شده بود به این‌جا که می‌رسیدم خودم را در بن‌بستی وحشتناک احساس می کردم. سعی می کردم

به خودم دلداری بدهم «محسن عاشق شده و چون این دختره حسابی مذهبیه لابد محسن براش ارزش قائله. با رفتارش منو این‌طوری تحقیر کرد. چون ما با هم خیلی متفاوتیم، نمی‌تونه منو بفهمه اما اونو که حتماً می‌فهمه. یعنی اون‌قدر برام ارزش قائل هست که بی‌سروصدا حاضر بشه طلاق بده و بچه رو هم نگیره؟»

چند هفته‌ی اول وقتی محسن زنگ می‌زد بهانه می‌آوردم و صحبت نمی‌کردم اما این وضع نمی‌توانست زیاد دوام بیاورد. بابا و مامان هم به شک افتاده بودند و هی سؤال‌پیچم می‌کردند. محسن گویی مرا درک می‌کرد. لابد از برخورد گرم و صمیمی بابا و مامان متوجه می‌شد که آن‌ها از موضوع خبر ندارند. احتمالاً این موضوع را از صحبت با خانواده‌ی خودش هم متوجه می‌شد. این بود که با سکوت من مدارا می‌کرد. زنگ می‌زد و از مامان احوال ما را می‌پرسید و وقتی مامان سؤال می‌کرد «گوشی را بدم به مرجان؟» می‌گفت: «اگه دستش بنده مزاحم نمی‌شم فقط بهش بگین که خیلی دوستش دارم» یا یه همچی پیغام‌های کوتاه.

بعد از قبولی مریم، خواهرم، در دانشگاه تهران و ازدواج مهشید مامان و بابا حسابی تنها شده بودند. حالا بابا می‌دید بچه‌ها که اصلی‌ترین انگیزه برای فعالیتش بودند، برای خودشان مستقل شده‌اند و خودش را پیرتر احساس می‌کرد. مامان می‌گفت: «از وقتی مریم کوچولو به دنیا اومده تعصبش کم‌تر شده، می‌گه خانم شما هم دیگه پیر شدی ها، دیگه مادربزرگی حاج‌خانم!»

بابا واقعاً آرام‌تر شده بود. تا وقتی مشهد بودم هفته‌یی چند بار تماس می‌گرفت و اصرار داشت صدای بچه را بشنود. حالا با آمدن ما به اصفهان انگار زندگی دوباره به آن خانه برگشته بود. مامان دست خانم فرخی را در مراقبت از بچه از پشت بسته بود

و اصول خودش را پیاده می‌کرد. تا می‌خواستم اعتراض کنم می‌گفت «ناسلامتی سه تا بزرگ کردم ها!» البته دخالت‌های مامان برخلاف خانم فرخی برایم نه تنها ناخوش‌آیند نبود بلکه آرام‌آرام به آن‌ها تن می‌دادم و حتا لذت می‌بردم. بابا هم از وقتی به خانه می‌آمد تا زمانی که مریم به خواب می‌رفت با او مشغول بازی بود. گاهی اوقات فراموش می‌کردند که من هم وجود دارم و دو تایی سر این موضوع که چه‌طور باید حمامش کرد یا وقت غذادادن هست یا نه، این آب میوه را باید داد یا آن یکی را... با هم جروبحث می‌کردند. بابا باعشق به مریم خیره می‌شد و می‌گفت: «نسرین ببین چشمای خوشگل این پدرسوخته چه‌قدر به تو رفته.»

مامان قاه‌قاه می‌خندید و می‌گفت: «چه حرفا! این که کپی چشای مامانشه. مرجان هم که به خودت رفته.»

از آن طرف بار اول بود بعد از به دنیا آمدن مریم به اصفهان آمده بودم. همه‌ی فامیل و آشنا و دوست خودشان را موظف می‌دانستند برای دیدن من بیایند. همین رفت‌وآمدها باعث می‌شد سرم حسابی گرم شود و کم‌تر به درد و غصه‌ی درونم فکر کنم.

یکی دو روزی از آمدن من به اصفهان می‌گذشت. بی‌بی که برای دیدن ما آمده بود، ضمن صحبت گفت که عمه منیژه حالش اصلاً خوب نیست.

من توی آشپزخانه مشغول درست‌کردن شیر برای مریمی بودم گفتم:

ــ چرا بی‌بی، مگه چی شده؟

ــ از بس که حرص این نادرو می‌خوره دیگه.

ــ نادر واسه چی؟

اواسط سال ۷۳ مامان در یکی از صحبت‌های تلفنی گفته

بود نادر با یک دانش‌جوی داروسازی ازدواج کرده. خیلی خوش‌حال شدم که بالاخره سروسامان گرفت و آن عشق دوران کودکی از سرش افتاد. در جشن عروسی مهشید با نازنین زن نادر آشنا شدم به نظرم دختر خیلی خوب و متعادلی رسید به نادر هم همین را گفتم.

می‌خواستم شیشه‌ی شیر را در دهان بچه گذارم که مامان از دستم گرفت کمی روی ساعدش امتحان کرد که داغ نباشد بعد پرسید:

ـ چند پیمونه ریختی؟

ـ مامان جون قربونت برم، بچه که نیستم.

ـ خب خونه خودت فرق می‌کنه، کسی دوروبرت نبوده. این‌جا حواست ممکنه پرت بشه.

بی‌بی ادامه داد:

ـ خب پسره بلند شده اومده ور دلش نشسته، غصه نداره؟

ـ بی‌بی من که نمی‌فهمم، نادر مگه خونه‌ی خودش نیس؟ چی‌کار به عمه داره؟

مامان یک‌باره انگار چیزی به یادش بیاید به بی‌بی گفت:

ـ خانم بزرگ مرجان خبر نداره.

بعد رو کرد به من و با قیافه‌یی ناراحت گفت:

ـ نادر نازنین رو طلاق داده، فکرش رو بکن بدون این که یه کلمه به این مادر بدبخت چیزی بروز بده. بدون این که به کسی بگه که با زنش مشکل داره. بلند شدن دو تایی رفتن محضر طلاق گرفتن. اون رفته خونه‌ی پدرش، این هم خرت‌وپرتاشو جمع کرده اومده خونه‌ی منیژه‌ی بدبختِ ازهمه‌جابی‌خبر!

ناگهان قلبم فشرده شد. هم به خاطر بدبختی نادر و هم از لحن مامان. اگر به خاطر نادر و غصه‌ی عمه این‌طور ناراحت بود، خدا می‌داند طلاق من چه‌طور او و بابا را می‌توانست خرد

کند.
بی‌بی لب ورچید:
ـ جوون مثل شاخ شمشاد، نه سری نه همسری. هی صب تا شوم یا با این مریضا سروکله می‌زنه یا سرش توی کتابه. آخه این هم شد زندگی؟ نه والا... می‌آد به من سر می‌زنه هی می‌گه «بی‌بی خوبی، خدای نکرده که جایی‌ات درد نمی‌کنه؟» می‌گم «بی‌بی فدای قد و بالات بشه. دردم تویی، عزیز بی‌بی.»
اشک از چشمان بی‌بی سرازیر شد. نادر آن پسرک شیطان و سربه‌هوا حالا بیش‌تر از بقیه‌ی نوه‌ها به بی‌بی می‌رسید. نه تنها به بی‌بی. همه‌جا ذکر خیرش بود. همه از اخلاق و شخصیتش با احترام حرف می‌زنند. مامان دنبال حرف بی‌بی را گرفت:
ـ والا خانم‌بزرگ من موندم چه مشکلی با نازنین داشته. توی این دو سال که کسی بدی ازش ندید. آدم حظ می‌کرد نگاشون کنه. انگار خدا در و تخته رو به هم انداخته بود. نمی‌دونم اصلاً چی شد. منیژه‌ی بی‌چاره روحش خبر نداشت. بنده خدا هنوز که هنوزه به خودش نیومده. یادم باشه امشب یه احوالی ازش بپرسم.

۵۰

مطب نادر نزدیک خانه‌ی ما بود. بابا به نادر به عنوان یک پزشک خیلی اعتماد داشت. برای مصرف هر دارویی حتماً با او مشورت می‌کرد. نادر هفته‌یی یکی دو بار به بابا سر می‌زد. اگر مریم بیدار بود حتماً چند دقیقه‌یی با او بازی می‌کرد. طوری که بچه دیگر با او غریبی نمی‌کرد و با دیدن نادر برایش می‌خندید. یک روز که عمه و نادر مهمان ما بودند، عمه باحسرت به نادر نگاه می‌کرد که چه‌طور از بازی با مریم لذت می‌برد. آهی کشید و زیر لب گفت: «نادر هم الان باید یه هم‌چین بچه‌یی داشت.»

منظور عمه را نفهمیدم اما این حرفش قدرت تخیلم را بیدار کرد. تصور کردم که من و نادر با هم ازدواج کرده بودیم و مریم بچه‌ی ما بود. نادر از شیرین‌کاری‌های مریم لذت می‌برد و بی آن‌که متوجه اطرافش باشد قاه‌قاه می‌خندید. من به نادر خیره شدم و برای اولین بار به عنوان یک زن به او نگاه کردم. به ترکیب صورتش، به حالت چشمانش، به هیکلش، حتا در خیالاتم بوسیدنش را تصور کردم... . از این چشم‌چرانی لذت می‌بردم و

از لذت‌بردن احساس بدی نداشتم. نادر یک آن به طرفم برگشت چیزی بگوید، از این که صورتش را تا آن حد نزدیک احساس کردم دلم به‌طرزخوش‌آیندی لرزید. نادر به من خیره شد. در چشمانش اول تعجب و بعد تسلیم و بعد پرسش موج زد. نگاهش را دزدید. «نادر نگاهشو دزدید! چه بی‌حیا شدی دختر!» برای اولین آرزو کردم می‌توانستم بی‌حیا باشم. آرزو کردم می‌توانستم با مردی به بستر بروم، از او لذت ببرم تا از محسن انتقام بگیرم.

تا چند هفته‌یی بعد از آن روز، نادر جایی در خیال‌پردازی‌های من باز کرد. سعی می‌کردم صحبت‌هایی را به یاد بیاورم که شب قبل از عقدم بین ما ردوبدل شده بود. از تصور این که نادر به من علاقمند باشد دلم می‌لرزید. برای خودم خیال‌پردازی می‌کردم که نادر به خاطر عشقش به من از نازنین جدا شده است و این احساس برایم فوق‌العاده خوش‌آیند بود. به یاد حرف‌هایم با محسن در مورد نادر می‌افتادم و حسادتی که نسبت به او داشت. پرسیده بود: «چرا با نادر ازدواج نکردی؟» حالا چه‌قدر دلم می‌خواست محسن خبردار شود که نادر از زنش جدا شده و من هفته‌یی چند بار او را می‌بینم.

اما وقتی نادر را می‌دیدم از آن‌چه در خیال‌پردازی‌هایم می‌گذشت فاصله می‌گرفتم، دوباره می‌شدم همان مرجان قبلی. حتا با دیدنش از آن تصورات خجالت می‌کشیدم.

خاطرات و تجربیاتم از زندگی در مسکو برای نادر جالب بود. واقعاً گوش می‌داد و گاهی اوقات تعجب می‌کرد و می‌گفت: «اصلاً فکر نمی‌کردم روس‌ها این‌طور باشن.»

یک روز با نادر مریم را برای تزریق واکسن‌هایش به کلینیک بردم. من کالسکه‌ی مریم را برداشته بودم تا در برگشت به خانه او را به پارک ببرم. نادر گفت تا بعدازظهر کاری ندارد و با ما آمد. در پارک خانم و آقای مسنی روی نیمکتی نشسته بودند از

جلویشان که رد شدیم به ما لبخند زدند. به یاد تنهایی خودم و مریم افتادم «لابد فکر می کنن ما یه خونواده‌ی خوش‌بختیم، نمی‌دونن که این بچه هنوز پدرش رو ندیده.»

بغض گلویم را گرفت. شدیداً احساس بدبختی کردم. گویی تنهاترین آدم روی زمینم که تا مرگ به این تنهایی محکوم است. اشک از چشمانم جاری شد. رویم را به طرف دیگر کردم که نادر متوجه نشود.

بعد از الم‌شنگه‌یی که به خاطر واکسن راه انداخته بود مریم در خنکی و آرامش پارک مثل فرشته‌یی کوچک خواب بود. کنار کیوسک داخل پارک چند تا میز و صندلی بود. پشت میزی نشستیم و در سکوت قهوه خوردیم. حالم کمی بهتر شد و احساس تنهایی چند دقیقه پیش برطرف شد. دلم می‌خواست نادر برایم حرف بزند، در ذهنم دنبال موضوعی می گشتم پرسیدم:

ــ دوست داری در مورد نازنین صحبت کنی؟

نادر با تعجب گفت:

ــ چی می‌خوای بدونی؟

ــ چیزی نمی‌خوام بدونم. فکر کردم شاید تو دوست داشته باشی حرف بزنی.

ــ نازنین دختر خیلی خوبی بود،... چرا اون‌طوری نگاه می کنی؟ واقعاً می گم.

ــ آره باور می کنم. چون مامان هم همینو می گه. یعنی راستش همه همینو می گن. اما تو رو نمی‌فهمم.

نادر سرش پایین بود و با فنجان خالی قهوه‌اش بازی می کرد. بعد از حدوداً یک دقیقه سکوت سرش را بالا گرفت وقتی دید هنوز منتظر جوابم، با چشمانی غمگین گفت:

ــ نتونستم بهش علاقمند بشم... خیلی سعی کردم... نشد... اون زندگی در شأنش نبود. نازنین شایسته‌ی یک زندگی عاشقانه

بود...

بقیه‌ی صحبت نادر را نمی‌شنیدم «اینکه یک مرد بفهمه چی در شأن زنشه و چی نیست چه‌قدر مهمه. آیا محسن می‌دونه با این کار چه‌قدر منو تحقیر کرده؟ می‌تونه حدس بزنه چه‌طور تعادلم رو به هم زده طوری که از بعضی افکار و خیالات خودم تعجب می‌کنم؟» گرمای اشک را روی گونه‌ام احساس کردم. دیر شده بود، نادر نگاهم کرد و گفت:

ـ لابد داری تحقیرم می‌کنی آره؟ حتماً دلت برای نازنین می‌سوزه؟ خب راستش...

ـ نادر...

ـ چیه؟

ـ نادر... من خیلی حالم بده.

ناگهان تمام غم و غصه‌یی که در آن چند هفته درونم پنهان شده بود طغیان کرد و به شکل بغض گلویم را فشرد. قادر نبودم حرف بزنم. چشمانم را بستم و سعی کردم به خودم مسلط شود و با صدای بلند گریه نکنم. نادر دستم را گرفت و در دستانش فشرد. لرزشی شدید وجودم را گرفت. سیل اشک از چشمان بسته‌ام سرازیر شد. چند دقیقه‌یی به آن شکل گذشت. احساس می‌کردم گرمای دستان نادر و حضورش واقعاً به من کمک می‌کند. حالا کسی بود که می‌دانست من درد می‌کشم و این موضوع آرام‌بخش بود. نادر لیوان آبی آورد و صندلی‌اش را آرام کنارم کشید. با صدایی زیر گفت: «بیا کمی بخور.»

کمی خوردم چند دقیقه‌یی در سکوت گذشت. نادر با احتیاط گفت:

ـ چی این‌قدر عذابت می‌ده؟ برام تعریف کن.

دلم می‌خواست همه‌چیز را برایش تعریف کنم اما نتوانستم. این موضوع آن‌قدر تحقیرآمیز بود که گفتن نداشت. نباید کسی

می‌فهمید. هیچ کس.

ــ خیلی دلم می‌خواد برات بگم اما نمی‌تونم...

نادر با قیافه‌یی جدی سریع گفت:

ــ باشه اما لااقل بگو ببینم به مریم برمی‌گرده؟ بچه مریضی داره؟

ــ نه، نه. اصلاً مربوط به بچه نیست.

نادر کمی آرام شد و این‌بار با احتیاط و کمی کنج کاوی پرسید:

ــ محسن؟

اسم محسن که آمد قلبم لرزید و دوباره بغض گلویم را گرفت: چشمانم را بستم و با سر تأیید کردم. با صدایی گرفته از بغض زیر لب گفتم:

ــ اما نپرس، هیچی نپرس.

بغض و سکسکه‌ی ناشی از فشار گریه گلویم را می‌فشرد. نادر تحت تأثیر قرار گرفته بود. دستم را گرفته بود و با احتیاط نوازش می‌کرد. بر خودم مسلط شدم. چشمانم را که باز کردم احساس کردم رنگ نادر تیره شده. چشمانش کاملاً قرمز بود. از خودم خجالت کشیدم. پوزخند زدم و شتاب‌زده گفتم: «خیلی خودخواهم مگه نه؟»

دستمالی خیس کردم و به صورت داغم کشیدم. زیر چشمی به نادر نگاه کردم. از این که من متوجه حالتش باشم معذب بود. سعی می‌کرد از سرازیرشدن اشکش جلوگیری کند. مرتب بغضش را قورت می‌داد. به روش خودش سعی می‌کرد آرام بگیرد. از جا بلند شدم و چند دقیقه‌یی قدم زدم. برگشتم تا لبخندی بزنم و همه‌چیز را تمام شده تلقی کنم. نادر با حالتی خاص به مریم که آرام در کالسکه‌اش خوابیده بود نگاه می‌کرد. وقتی نشستم نگاهش را از مریم به من دوخت. این نگاه نادر من بود، مهربان،

پاک، صمیمی. لااقل من این‌طور احساس می‌کردم. مدتی در چشمانم خیره شد، بعد چشم از من برداشت، به جایی نامعلوم زل زد. نفس عمیقی کشید و گفت: «دلم خوش بود که لااقل تو خوش‌بختی.»

دوباره به من نگاه کرد و با کمی مکث گفت: «خیلی دلم می‌خواست باور کنم تو خوش‌بختی.»

چشمان نادر سرخ شد اما این‌بار نتوانست خودش را کنترل کند دو قطره اشک روی گونه‌اش لغزید. سرش را پایین انداخت و با صدایی شکسته از بغض نفس عمیقی را که کشیده بود با این جمله بیرون داد: «حالا بدبختی من کامل شد.»

۵۱

بی‌بی سفره‌ی ابوالفضل داشت. مامان اول صبح زهرا را برداشت و رفت خانه‌ی بی‌بی. تا ظهر هم چند بار رجب را فرستاد برای بردن وسیله. عمه‌ها هم از صبح آن‌جا بودند. بی‌بی عزیز همه‌ی ما بود. می‌دانستم که نادر و بچه‌های عمومحمد هم آن روز دوروبر بی‌بی می‌چرخیدند. مهشید گفته بود تا ظهر خودش را می‌رساند. مینو عمه منیر و من که بچه‌ی کوچک داشتیم قرار گذاشتیم تا آمدن مهمان‌ها برای پذیرایی و کمک به بقیه خودمان را برسانیم. همه با لذت کمک می‌کردند که بی‌بی آب توی دلش تکان نخورد و مراسمش به بهترین شکل برگزار شود. حتا مریم خواهرم که دانشگاه تهران درس می‌خواند و با شروع سال تحصیلی برگشته بود آن روز زنگ زد و گفت:
ـ حیف که من نیستم، تو می‌ری مرجان؟
ـ معلومه که می‌رم.
ـ مریم کوچولو رو چی کار می‌کنی؟
ـ زهرا بعدازظهر چند ساعتی پیشش می‌مونه بابا هم هست.
ـ خوش به حالتون. جای منو هم خالی کنین.

بی‌بی آن روز راه می‌رفت و به کارها نظارت می‌کرد و دعا می‌خواند و قربان‌صدقه‌ی بچه‌ها و نوه‌ها می‌رفت. وقتی خیالش از بابت همه‌چیز راحت شد، نگاهی به سفره انداخت که با سلیقه‌ی تمام چیده شده بود. جانمازش را کنار سفره پهن کرد. اگرچه خسته بود نگاه‌کردن به صورت نورانی‌اش با لبخندی که نشان از آرامش درونی‌اش داشت خوش‌آیند بود. من هیچ‌وقت عصبانیت بی‌بی را ندیده بدم. هیچ‌وقت حوصله‌اش از شلوغی و سروصدای بچه‌ها سر نمی‌رفت.

نادر گفت:

ـ بی‌بی تا نمازتونو شروع نکردین بذارین فشارتونو بگیرم.

بی‌بی داشت تسبیح می‌چرخاند و زیر لب دعا می‌خواند. سر نادر را بوسید و گفت:

ـ دستت درد نکنه عزیز بی‌بی. امروز چه‌قدر به تو زحمت دادم.

مهشید جانمازی کنار سفره پهن کرد. چادر نماز را که همین‌طور هم برایش کوتاه بود توی صورتش کشید. حالا چادر تنها کمی پایین‌تر از زانویش بود. با دامن و پای بدون جوراب آماده می‌شد که نماز بخواند. نادر گفت:

ـ مهشید با این مینی‌چادر داری می‌ری خدمت خدا؟ راهت نمی‌دن ها، بی‌خود زحمت نکش.

چشمم به ناخن‌های لاک‌زده‌ی مهشید افتاد. خندیدم. یاد درس بینش اسلامی افتادم. بخشی داشتیم که در مورد نماز و روزه و دیگر واجبات بود و شروط به‌جاآوردن و مبطلات و شکیات... . چه مصیبتی داشتیم با امتحانش.

مهشید گفت: «ولم کن نادر، بذار دو رکعت نماز بخونم.»

بی‌بی گفت: «بخون دخترم. خدا نماز جوونا رو حتماً قبول می‌کنه. آدم دلش پاک باشه عزیز بی‌بی. التماس دعا.»

احساس خوبی داشتم. بین کسانی بودم که با تمام وجود دوست‌شان داشتم. محیطی گرم و صمیمی. یاد خانواده‌ی محسن افتادم با آن نگاه خشن و سخت‌گیرانه و درعین‌حال پُرغل‌وغش به دین. دلم هُری ریخت. دچار اضطراب شدم. واقعاً چه فرقی بود بین آن اعتقادات و این؟ چرا در مشهد همین سفره‌ها و مراسم مذهبی برایم آن‌قدر بی‌ارزش جلوه می‌کرد؟

بعد از مراسم که غریبه‌ها رفتند و سفره جمع شد، زن‌های فامیل هنوز نشسته بودند و چای می‌خوردند و هم‌دیگر را در جریان آخرین اخبار می‌گذاشتند. مردها اجازه‌ی ورود به خانه را پیدا کردند. با بچه‌های عمو و عمه‌ها توی حوض‌خانه بی‌بی جمع شده بودیم. من از این حوض‌خانه چه‌قدر خاطره داشتم. چند سالی بود که به خانه‌ی بی‌بی نیامده بودم و حالا برایم خوش‌آیند بود دیدن حوض‌خانه‌ی بی‌بی با آن حوض و کاشی‌های فیروزه‌یی‌رنگ. بابا چند سال پیش خانه‌ی بی‌بی را تعمیر کرده بود. برای راحتی‌اش کنار همان حوض‌خانه سرویس بهداشتی درست کرده بود که بی‌بی مجبور نباشد تا آن سر حیاط برود. اما بی‌بی از آن استفاده نمی‌کرد و قفلی به درش زده بود. برایش قابل‌قبول نبود حوض‌خانه‌یی که تابستان‌ها در آن زندگی می‌کرد، در حوضش هندوانه و خربزه می‌گذاشت، بالای سکویش نماز می‌خواند، کنارش سرویس بهداشتی داشته باشد.

حامد، پسر عمومحمد، لقمه‌یی بزرگ از نان و حلوا دهانش گذاشت و گفت: «واقعاً شما زن‌های ایرونی چه‌قدر عقب مونده‌این، بابا! در آستانه‌ی قرن بیست‌ویکم هستیم به خدا، آخه این‌جور مراسم عهدبوقی قباحت داره، والله!»

مهشید ظرف حلوا را از جلویش برداشت، حامد لحظه‌یی از جویدن دست برداشت و با تعجب به او نگاه کرد. مهشید گفت: «در آستانه‌ی قرن بیست‌ویکم حلواخوردن قباحت داره، آقای

متمـدن. نـون خالـی شـیک‌تره.»

نـادر بـه شـوهر مهشید کـه ظـرف آشـی در دسـت داشـت و از حاضرجوابـی مهشـید لـذت بـرده بـود و بـا صـدای بلنـد می‌خندیـد نـگاه کـرد و بعـد رو بـه مهشـید گفـت: «یعنـی واقعـاً تـو بـه این‌جـور چیـزا اعتقـاد داری خانـم مهنـدس؟»

مهشـید گفـت: «شـما چـرا تـوی هـر کاری دنبـال فلسـفه می‌گردیـن؟ هـر کشـوری هـر فرهنگـی واسـه خـودش آداب و رسـومی داره، مراسـمی داره. خـب مـا هـم همین‌طـور.»

نـادر گفـت: «آره، ولـی بعـد از انقـلاب یه‌جورایـی بیش‌تـر شـده، حـالا کار بـه بی‌بی نـدارم، به‌هرحـال سـنی ازش گذشـته، ایـن دنیاشـه، حتـا واسـه‌اش خوبـه. سـرگرمش می‌کنـه. امـا خانمـای جـوون هـم بـه نظـرم بدجـوری دارن بـه عقـب برمی‌گـردن. تـوی بیمارسـتان مـا دختـرای جـوون واسـه‌ی این‌کـه اسمشـون تـوی قرعه‌کشـی سـفرهای زیارتـی دربیـاد نمی‌دونیـن چـه رقابتـی بـا هـم می‌کنـن. بعـدش هـم ختـم انعـام و انـواع و اقسـام سـفره‌ها بیـن هم‌کارهـای خانمـم خیلـی معمـول شـده. واقعـاً نـگاه سـنتی بـه دیـن خیلـی شـایع شـده. انـگار دیـن یعنـی مجموعه‌یـی از همیـن مراسـم. و زندگی‌مـون هـم کـه سـرتاپا دینـی شـده.»

مـن گفتـم: «خـب ایـن بخشـی از هویـت ماسـت. چـه دوسـتش داشـته باشـیم چـه ازش خجالـت بکشـیم، مگـه نـه حامد جـون؟» حامد کـه دسـتش را دراز کـرده بـود و دیـس عـدس پلـو را برمی‌داشـت بـه طرفـم برگشـت و گفـت: «خجالـت کـه نمی‌کشـیم، امـا دلمـون بـه حالتـون می‌سـوزه...»

بـا احتیـاط بـه مهشـید نـگاه کـرد و ادامـه داد: «واسـه‌ی خودتـون می‌گیـم کـه از دنیـا عقـب نیفتیـن.»

مهشـید کـه از همـان بچگـی همیشـه کارش کم‌کـردن روی حامـد بـود گفـت: «البتـه مـن کار بـه افراطی‌هـا نـدارم حوصله‌شـونم نـدارم.

ولی آقا حامد شما هم بهتره نگران خودتون باشین که از واحدها نیفتین، لابد دوباره این ترم ۱۴ واحد بیش‌تر نتونستی بگیری؟»
بعد رو کرد به من و گفت: «فکرش رو بکن مرجان از تاریخ اسلام ده گرفته.»
بعد با لحنی مسخره‌آمیز کلمات را کشید: «یعنی استاد بهش ده داده!»
حامد با دهن پُر به بابک گفت: «من نمی‌فهمم تو چه‌طور عاشق این دخترعموی ما شدی با این زبون درازش؟ ببین نمی‌ذاره یه غذای راحت از گلومون پایین بره؟»
گفتم:
ـ حامد حالا از شوخی گذشته استاد خوبی بود؟
ـ نمی‌دونم، من که سر کلاسش نمی‌رفتم.
ـ روحانی بود؟
ـ نه بابا. عمامه نداشت. واسه چی می‌پرسی؟
ـ دنبال کسی می‌گردم تاریخ بهم درس بده تاریخ ایران و اسلام.
حامد پخی زد زیر خنده. بابک گفت:
ـ می‌خواین کارشناسی ارشد شرکت کنین؟
ـ فعلاً که نه. واسه خودم می‌خوام.
ـ حالا چرا تاریخ اسلام؟
ـ راستش توی مسکو به این نتیجه رسیدم که اطلاعاتم در مورد اسلام خیلی کمه. تاریخ رو هم که الحمدالله توی مدرسه‌های ما جدی نمی‌گیرن...
مهشید گفت:
ـ چی رو جدی می‌گیرن که تاریخ رو بگیرن؟
ـ به نظر من که باید برای همه‌ی رشته‌ها تا آخر دبیرستان ادبیات، تاریخ و فلسفه به‌طور جدی تدریس بشه.

حامد گفت:
ـ شانس آوردیم تو نشدی یه کاره‌ی آموزش‌وپرورش!
نادر گفت:
ـ یعنی تو اون‌جا به تاریخ اسلام احتیاج داشتی؟
ـ می‌دونی کسی از من نمی‌خواست که در مورد اسلام یا ایران سخن‌رانی کنم اما به محض این‌که می‌فهمیدن من ایرانی هستم طبیعتاً همیشه سؤالاتی می‌پرسیدن. باور نمی‌کنین کسایی بودن با این‌که رشته‌شون تاریخ هم نبود ایران قبل از اسلام را خیلی بهتر از من می‌شناختن.
ـ خب زمان شوروی آموزش خیلی جدی گرفته می‌شد.
ـ منظورم فقط داشتن اطلاعات نیست... به نظرم می‌آد ما تعریف درست و واقع‌بینانه‌یی از هویت خودمون نداریم...
حامد با لحنی مسخره با لهجه‌ی اصفهانی گفت:
ـ هویت دیگه چی‌چی‌یس؟
ـ حامد دارم جدی می‌گم. خب... آره می‌دونم این کلمه بعد از انقلاب اون‌قدر بی‌جا به کار رفته که دیگه حوصله‌ی شنیدنش رو هم نداریم. اما چه دوست داشته باشیم چه نه، هر ملتی هویتی داره.
حامد با تمسخر وانمود می‌کرد که موضوع برایش خیلی جالب شده است.
نادر به‌شوخی یکی پس گردنش زد و گفت:
ـ تو حلواتو بخور.
من ادامه دادم:
ـ مثلاً اگه به موضوع چندهمسری در اسلام اشاره می‌شد، من ناراحت می‌شدم. چون با خونواده و اطرافیان خودم مقایسه می‌کردم. اگه از وضعیت بد زنان گفته می‌شد، حالم بد می‌شد و چیزای دیگه. درعین‌حال وقتی بعضی چیزا رو می‌دیدم، مثل

بالابودن سطح معلومات عمومی مردم، شناختشون نسبت به موسیقی و تئاتر و چه می‌دونم تاریخ و ادبیات جهان و چیزای دیگه و با خودمون مقایسه می‌کردم سرخوره می‌شدم. اینه که می‌گم ما نیاز داریم هویت‌مون رو، هرچه که هست، خوب یا بد، بهتر بشناسیم. اون‌وقت در خارج از این محیط دچار سرخورده‌گی نمی‌شیم یا دیگه نگاهمون به کشورهای پیشرفته، غیرواقعی نیست و در موردشون اغراق نمی‌کنیم حامد خان!

حامد که خوشه‌یی انگور را با سرعت می‌خورد گفت:

ــ بله خانم معلم حق با شماست...

ــ خب حالا بعد از این حرفا معلم تاریخ واسه‌ام پیدا می‌کنی؟

مهشید قاه‌قاه خندید و گفت:

ــ لابد استاده تا بشنوه باید به دخترعموی حامد درس بده تقاضای بازنشستگی پیش‌ازموعد می‌کنه.

حامد با دهن پُر گفت:

ــ بابا بیست سال از سن بازنشستگی‌اش گذشته بود. بنده خدا به جای حرف‌زدن داد می‌زد. فکر می‌کرد همه مثل خودش کرن!

۵۲

نادر تنها کسی بود که بعد از مهمانی بی‌بی حرفم را جدی گرفت و از طریق دوستانش کمکم کرد تا در کلاس تاریخ اسلام که در دانشکده‌ی علوم انسانی دانشگاه اصفهان برگزار می‌شد شرکت کنم. سر کلاس رفتن و در محیط دانشگاه بودن مرا به دوران قبل از سال ۷۲ می‌برد. روحیه‌ام بهتر می‌شد. احساس می‌کردم از سرگردانی و معلق‌بودن فاصله می‌گیرم و به خودم نزدیک‌تر می‌شوم.

چند هفته‌یی از رفتنم سر کلاس تاریخ نمی‌گذشت که متوجه شدم دانشکده کلاس‌های آماده‌گی فوق‌لیسانس گذاشته است. ثبت نام کردم. حالا هر روز حداقل ۴ ساعت سر کلاس می‌رفتم. کلی جزوه و کتاب هم دوروبر خودم ریخته بودم و حسابی شروع کردم به درس خواندن. هر بار که یاد محسن می‌افتادم و این‌که تا چند ماه دیگر برمی‌گردد دچار دلهره می‌شدم. دلم می‌خواست چهار پنج ماهی که تا برگشتنش باقی مانده بود به چهل پنجاه سال و حتا بیش‌تر تبدیل شود.

اواخر دی بود که یک شب محسن زنگ زد. مهشید که با

شوهرش خانه‌ی ما بودند، گوشی را برداشت. با شنیدن صدای محسن به‌گرمی سلام و احوال‌پرسی کرد و گفت: «مرجان همین‌جا نشسته، گوشی.»

معمولاً وقتی مامان یا زهرا گوشی را برمی‌داشتند با اشاره از من سؤال می‌کردند می‌خواهم صحبت کنم یا نه. چند بار پیش آمد که من نمی‌خواستم صحبت کنم اما مامان علی‌رغم خواست من گفت: «گوشی رو می‌دم به مرجان.»

ولی بی آن‌که صحبت کنم تلفن را قطع می‌کردم. چون احساس می‌کردم آماده‌گی صحبت‌کردن ندارم. اما آن شب از بابک رودربایستی داشتم به مهشید گفتم: «توی اتاق صحبت می‌کنم.»

وقتی به سالن برگشتم، آرام روی مبل نشستم. مامان اخم کرد و بانگرانی پرسید: «چیزی شده، چرا رنگت این‌طوری پریده؟»

گفتم: «محسن داره می‌آد.»

مهشید خندید و گفت: «اِ... تبریک می‌گم!»

مامان چهره‌اش باز شد و گفت: «خدا رو شکر.»

بابک حالتی رسمی به خود گرفت و گفت: «آقای دکتر محسن... اسم خونواده‌گی‌شون چی بود؟»

مهشید داشت فکر می‌کرد که مامان گفت: «فرخی.»

بابک گفت: «آقای دکتر محسن فرخی، متخصص در فیزیک هسته‌یی.»

مامان خندید و گفت: «ایشاله یه روزی واسه شما آقا بابک.»

چشمم به بابا افتاد، به من خیره شده بود. لبخندی مصنوعی زدم. بابا مسیر نگاهش را تغییر داد و با چشمانی غمگین به روبه‌رو زل زد. لبخند روی صورتم ماسید.

آن شب نمی‌توانستم بخوابم. بالاخره آن چیزی که تا آن حد ازش وحشت داشتم، رسیده بود. باید می‌گفتم، باید بعد از ماه‌ها سکوت به بابا و مامان می‌گفتم...

۵۳

جلوی در آشپزخانه به چارچوب تکیه دادم و به مریم خیره شدم که روی صندلی‌اش نشسته بود و اصرار داشت با قاشقی که محکم به دست گرفته بود فرنی به دهانش بگذارد، اما قاشق قبل از آن‌که به دهانش برسد خالی می‌شد و حرصش را درمی‌آورد. دست‌ها و صورتش آغشته به فرنی بود. مامان کنارش، پشت به من، نشسته بود و سعی می‌کرد با قاشقی دیگر گه‌گاهی به او غذا دهد اما مریم می‌خواست بازی کند. دست چپش را در فرنی زد و روی میز کشید و از لذت جیغ کشید. چشمش به من افتاد دو دستش را به طرفم گرفت و نشان داد که می‌خواد از روی صندلی بلند شود. مامان متوجه من شد و جواب صبح‌به‌خیرم را داد و گفت:

ـ دیر بیدار شدی، خانم! امروز مگه کلاس نداری؟

برای خودم چای ریختم. مریم خودش را لوس می‌کرد. حوصله نداشتم بلندش کنم. اسباب‌بازی‌اش را که شب قبل مهشید آورده بود و برایش هنوز تازه‌گی داشت دستش دادم تا آرام بگیرد و روی صندلی افتادم. مامان با احتیاط گفت:

ــ مریمی خودت رو لوس نکن که معلومه مامان امروز حوصله نداره.

مریم در جواب مامان چشمان خوشگلش را گرد کرد، سرش را به چپ و راست تکان داد و گفت: «مام...ما» همراه چند صدای دیگه. مامان به طرفش خم شد و صورتش را غرق بوسه کرد و درحالی که با دست لبش را تمیز می‌کرد گفت:

ــ ای جیگرم. ای جیگر شیرینم...

چایم را در سکوت خوردم و دل به دریا زدم و گفتم:

ــ مامان...

مامان که از جا بلند شده بود و داشت برای مریم شیر درست می‌کرد گفت:

ــ جونم.

ــ مامان... من نمی‌رم تهران.

ــ تهران؟

ــ واسه اومدن محسن

ــ چرا؟

مامان همان‌طور که شیشه‌ی شیر مریم را تکان می‌داد به طرفم برگشت و منتظر جواب بود.

ــ نمی‌خوام دیگه باهاش زندگی کنم.

مامان ناگهان از تکان‌دادن شیشه دست برداشت و با وحشت به من زل زد. آرام روی صندلی نشست. وقتی به مشکلی برمی‌خوردم آرزو می‌کردم می‌شد با او حرف زد و درددل کرد. حالا هم مانده بودم که چه بگویم. مامان گفت:

ــ لابد دیوونه شدی؟ پاک عقلت رو از دست دادی! این بچه رو ببین؟

مامان هر جمله‌یی که می‌گفت صدایش بلندتر می‌شد. وقتی به مریم اشاره کرد، بچه با کنج کاوی و کمی ترس از لحن

مامان به او خیره شد.
او را از روی صندلی بلند کردم به دستشویی بردم دست و صورتش را شستم. شیشه‌ی شیر را برداشتم و او را به اتاقش بردم. شاید مامان کمی در آشپزخانه بماند و آرام بگیرد.
مریم خوابید و من شیشه‌ی شیر به دست به آشپزخانه برگشتم. مامان همان‌جا روی صندلی نشسته بود. مرا که دید سرش را بلند کرد. چشمانش از گریه سرخ شده بود. با شتاب از آشپزخانه بیرون رفت و سریع برگشت. قرآنی روی میز گذاشت و با تحکم گفت:
ــ بشین.
نشستم. مامان دستش را روی قران گذاشت و گفت:
ــ تو رو به این قرآن قسم بگو چی شده؟
برای چند ثانیه سکوت کرد بعد ادامه داد:
ــ فکر کردی من نمی‌فهمم؟ فکر کردی من و بابات خریم و متوجه نیستیم؟ اون از حرف‌زدنت با محسن که هر بار زنگ می‌زنه باید ازت خواهش کنیم، بهت التماس کنیم دو کلمه باهاش حرف بزنی. این از کاروبارت که خونه‌زندگی‌ات رو ول کردی، بلند شدی اومدی. دیگه پشت سرت رو هم نگاه نکردی. آخه تو چته؟ چرا حرف نمی‌زنی؟ جون‌به‌لب شدم این مدت!
مامان لب ورچید و اشک از چشمانش سرازیر شد. از خودم بیزار شدم. از این‌که این چنین حرص می‌خورد، خودم را سرزنش کردم. با لحنی آرام گفتم:
ــ مامان من، قربونت برم، چی رو می‌خوای بدونی، ها؟ ازدواج ما از اولش اشتباه بود. توی مسکو کلی مشکل داشتیم. پارسال که اومدم به اصرار محسن بود. گفت باید بری ایران. نمی‌خواست با روس‌ها رفت‌وآمد داشته باشم. تازه فکر می‌کنم

اینا همه‌اش بهونه بود... اصلاً نمی‌خواست من اون‌طوری باشم که بودم. می‌خواست یه‌جور دیگه باشم. اینه که بند می‌کرد به دوستام، به لباس‌پوشیدن و چی می‌دونم حرف‌زدنم و... همه چی

ـ خب تو که می‌دونستی داری به یه آدم مذهبی شوهر می‌کنی، نمی‌دونستی؟ چه‌قدر من و بابات بهت گفتیم؟ از همون خواسگاری توی تهران معلوم بود که اینا یه آدمی می‌خوان مثل خودشون. یادت رفته نامزدی‌ات چه‌طوری بود؟ یادت رفته جشن عقدت؟ بنده خدا از اول همه‌چی رو رک‌وراست بهت گفته بود. حالا بعد از یه بچه یادت افتاده؟

نمی‌خواستم موضوع اصلی را که باعث شده بود من تا آن حد از محسن بیزار شوم برای مامان بگویم. می‌دانستم که خواهد گفت «این رو هم باید پیش‌بینی می‌کردم، از مشهدی‌ها بعید نیست» و از این‌جور صحبت‌ها.

ـ مامان جون یعنی می‌گی من یه عمر باید بسوزم و بسازم چون بچه دارم؟

مامان با عصبانیت به من خیره شد و گفت:

ـ خب معلومه! این طفل معصوم چه گناهی کرده؟ مگه چهارده‌ساله بودی؟ مگه کسی به‌زور شوهرت داد؟ مگه ما آدم نبودیم؟.. فکر می‌کنی من از دست بابات کم زجر کشیدم؟ به خدا بعضی اوقات دلم می‌خواست برم و دیگه پشت سرم رو هم نگاه نکنم. اما تحمل می‌کردم، به خودم می‌گفتم به خاطر این سه تا بچه. شما جووناى این دوره زمونه دیگه شورشو درآوردین. تا به مشکل برمی خورین، طلاق! اون از نادر. زنش یه پارچه خانم بود، آدم حظ می‌کرد باهاش دو کلمه حرف بزنه. این هم از تو. فکر کردین زندگی بچه‌بازیه که هر وقت خواستین برین پی کارتون؟... حالا نادر بچه نداشت اما تو چی؟ بابای

بی‌چاره‌ات چه گناهی کرده؟ بخدا بشنوه سکته می‌کنه! نمی‌دانستم چه بگویم. بدجوری گرفتار شده بودم. آهی کشیدم و گفتم:
ـ حالا چیزی به بابا نگو تا...
مامان که فکر کرده بود اخم و عصبانیتش در من اثر کرده و لابد از خر شیطان پایین آمده‌ام نگذاشت حرفم را تمام کنم و گفت:
ـ نه بابا، مگه بچه‌ام؟ این حرفا گفتن نداره. یه درددل بود بین خودمون، رفت پی کارش. تو هم بلند شو کاراتو بکن، اگه خریدی چیزی داری همین امروز فردا بکن، نذار واسه‌ی روز آخر...

هر چه‌قدر فکر می‌کردم نمی‌توانستم راه حلی مناسب پیدا کنم. به خودم می‌گفتم: «طلاق می‌گیرم و می‌رم تهران، دور از همه برای خودم زندگی جدیدی رو شروع می‌کنم. کار پیدا می‌کنم.» خودم هم باورم نمی‌شد. چه‌طور ممکن بود خانواده‌ی فرخی، حتا خانواده‌ی خودم اجازه بدهند. می‌گفتم: «مریم را برمی‌دارم و می‌برم یه کشور دیگه.» یادم آمد تاریخ اعتبار پاسپورت خودم داشت تمام می‌شد و من برای تمدیدش به اجازه‌ی محسن احتیاج داشتم چه برسد به ثبت نام بچه در آن... برای اولین بار به پول فکر می‌کردم، از مامان پرسیدم:
ـ جواهراتی که سر عقد هدیه گرفتم کجاست؟
ـ بعد از عقدت همه رو گذاشتم بانک، یادت نیست مگه؟
ـ می‌گم حدوداً چه‌قدر ارزش داره؟
مامان با وحشت به من زل و گفت:
ـ واسه چی می‌پرسی؟
ـ هیچی، همین‌طوری...

یک شب هم سر شام از بابا در مورد آپارتمانی که به عنوان

هدیه‌ی ازدواج به من داده بود سؤال کردم؟ بابا اول نگاهی به مامان کرد و بعد گفت:

ـ چه‌طور شده یاد اون آپارتمان افتادی؟

ـ هیچی همین‌طوری؟ مهشید مگه طبقه‌ی بالای همون آپارتمان زندگی نمی کنه؟

ـ چرا، پدرشوهر مهشید با حقوق معلمی که نمی‌تونست واسه‌ی عروسش خونه بخره اما حاج‌آقا فرخی که کلی ملک پشت قباله‌ات انداخت، نکنه واسه‌ات کمه؟

ـ بابا من همین‌طوری پرسیدم...

ـ اگه همین‌طوری پرسیدی باید بگم قولش رو دادم به مینوی عمه منیرت، قراره تا خونه‌شونو تحویل می‌دن یه مدت با شوهرش برن اون‌جا، کلی وام گرفتن دست‌شون تنگه.

مامان با این که ظاهراً کاری به من نداشت اما آرام‌آرام برای رفتن ما آماده می‌شد. صبح تا شب با مریم حرف می‌زد. قربان‌صدقه‌اش می‌رفت و از آمدن بابا و رفتن مریمی و دلتنگی بابابزرگ و مامان‌بزرگ می گفت. این که این بار با بابا برمی گردیم و... به مناسبت آمدن محسن یک ختم انعام هم بده کار بود که گفت: «می‌ذارمش انشاالله واسه‌ی بار بعد که با محسن اومدین.»

مامان روزهای آخر فشار را بیش‌تر کرد و می‌خواست مهمانی بدهد و همه‌ی فامیل را دعوت کند که مریم سرما خورد و از خیر مهمانی گذشت. دیگه چه‌طور باید بیرونم می کرد؟

هیچ راهی به نظرم نمی‌رسید. هنوز نمی‌دانستم محسن چه برنامه‌یی دارد. تلفنی گفته بود «نگران رفتن به مشهد نباش من قراره تهران بمونم و کار کنم.» فکر کردم تا وضعیت کاری محسن مشخص شود چند ماهی طول می کشد بهتر است به بهانه‌ی سردی هوا مریم را نبرم و خودم هم فوراً برگردم و

تا مشخص‌شدن موقعیت کاری‌اش در اصفهان بمانم. آن‌قدر مضطرب بودم و آن‌قدر وضعیت زندگی با محسن برایم نامعلوم بود که از این فکر خوش‌حال شدم. همین که چند ماه دیگر دور از محسن بتوانم در اصفهان بمانم برایم امیدبخش بود. وقتی موضوع سردی هوا و این‌که بهتر است مریمی فعلاً در اصفهان بماند را برای مامان گفتم معلوم بود حرفم را باور نمی‌کند اما چیزی نگفت و حق را به من داد. این بود که مامان پیش مریم ماند و من و بابا به تهران رفتیم.

۵۴

بعد از ماه‌ها دوری از فرخی‌ها و زندگی در میان خانواده، وقتی در فرودگاه چشمم به خانم‌هایی افتاد که از صورت‌شان فقط دماغی دیده می‌شد و مردها با آن ریش و آن انگشترها و لباس‌ها، خودم را در میانشان به‌تمام‌معنا غریبه احساس کردم. بابا و آقاجون هر دو لباس رسمی پوشیده بودند با کراوات. عزیز هم که همیشه در شیک‌پوشی زبانزد بود. من اگر چه آرایش نداشتم اما لباسی پوشیده بودم که با معیارهای جامعه بدحجاب محسوب می‌شدم. بنابراین ما بین آن آدم‌های مذهبی واقعاً وصله‌ی ناجوری بودیم. ملیحه و عفت با من گرم گرفتند. خانم فرخی محلم نگذاشت، احوال‌پرسی سردی کرد و گفت: «به جون مریمم اگه اصرار محسن نبود امکان نداشت دیگه روبه‌روت بکنم. با این کاری که کردی. بچه را ورداشتی بردی...»

من لبخند زدم و جوابی ندادم. آقای فرخی مثل همیشه بی‌مهری خانم را جبران کرد و با بابا و آقاجون حسابی گرم گرفت. وقتی پرواز مسکو نشست و سروکله‌ی مسافرها پیدا شد، بابا و آقای فرخی و دو تا دامادش، یعنی شوهر ملیحه و عفت، به قسمت

گمرک رفتند. من از پشت شیشه می‌دیدم که فرخی با چند آقا که از ظاهر و نحوه‌ی لباس‌پوشیدنشان حدس زدم باید سفارتی باشند گرم روبوسی کرد و بابا را به آن‌ها معرفی کرد. محسن را که از دور دیدم قلبم فشرده شد. احساس کردم که به‌شدت از او وحشت دارم. باورم نمی‌شد روزی بیش‌تر از هر کسی در دنیا دوستش داشتم. حالا غریبه‌یی بود که می‌آمد تا آرامش مرا به هم بزند. خانم فرخی که همراه یکی از خواهرهاش، زن آقای رضایی، عفت و ملیحه پشت شیشه‌ی سالن انتظار ایستاده بود قربان‌صدقه‌ی محسن می‌رفت و اشک می‌ریخت. محسن با چند مرد جوان با ظاهر مذهبی، که به نظر می‌رسید دوست هستند، صحبت می‌کرد. می‌شد حدس زد که از دانش‌جویان سهمیه هستند. آن‌ها را با آقای فرخی و بابا آشنا کرد.

بالاخره از دیوار شیشه‌یی گذشت و دست خانم فرخی به او رسید. شاید برای اولین بار بود که عمق احساس این مادر را نسبت به پسرش باور می‌کردم. خانم فرخی زمان و مکان را فراموش کرده بود. محسن را می‌بوسید و قربان‌صدقه می‌رفت و اشک می‌ریخت. علی‌رغم وسواسی که نسبت به حجابش داشت، چادرش کنار رفته بود اما اصلاً متوجه نبود. ملیحه و عفت سعی می‌کردند او را آرام کنند. محسن آن‌ها را کنار زد. مادرش را روی اولین صندلی خالی نشاند و سرش را در بغل گرفت. حالا هر دو گریه می‌کردند. همه متأثر شده بودند. برای خانم فرخی آب‌قند آورده بودند. می‌گفت روزه هستم تا نمازمو نخونم افطار نمی‌کنم. بالاخره با اصرار محسن چند جرعه‌یی خورد. با آرام‌گرفتن خانم فرخی نوبت به بقیه شد که محسن را بغل کنند و خوش‌آمد بگویند. من دورتر از بقیه ایستاده بودم و بازوی عزیز را محکم گرفته بودم. از روبه‌روشدن با محسن واقعاً وحشت داشتم. چه‌طور می‌توانستم بگویم خوش آمدی وقتی از

دیدنش آن‌قدر ناراحت بودم. محسن با خنده به طرفم آمد. بی آن‌که به چشمانش نگاه کنم، سلام کردم. گفت:

ــ پس دخترم کو؟

ــ هوا سرده ترسیدم، سرما بخوره. نیاوردمش...

خوش‌سروزبانی عزیز به دادم رسید که محسن را بوسید و گرم و صمیمانه خوش‌آمد گفت. بعد هم آقاجون با او احوال‌پرسی گرمی کرد. به‌این‌ترتیب بالاخره از سالن فرودگاه بیرون آمدیم. به بابا گفتم:

ــ بهتر نیست ما دیگه بریم؟

بابا گفت:

ــ نه بابا جون. تا خونه باهاشون می‌ریم یه چای می‌خوریم و بلند می‌شیم.

اما آقای فرخی همه را برای شام نگه داشت. محسن بسیار سر حال بود. حواسش به همه بود. با همه گرم صحبت می کرد. فراموش نمی کرد احوال بقیه را بپرسد و از بچه‌ها سؤال کند و از درسشان.

من مثل دختری خجالتی در قسمت خانم‌ها کنار عزیز نشسته بودم و از جایم تکان نمی‌خوردم. می‌دانستم خانم فرخی حرکت مرا حمل بر خودپسندی می‌داند و بعداً حسابی از خجالتم درخواهد آمد.

داشتم با عفت صحبت می کردم که ماه‌های آخر بارداری را می گذراند. دختر کوچک حاج‌آقا رضایی سرش را درِ گوشم گذاشت و با لحنی شمرده گفت:

ــ خاله مرجان، دایی محسن با شما کار داره.

به دوروبرم نگاه کردم. محسن گوشه‌یی از سالن کنار در اتاقی ایستاده بود و لبخند می‌زد.

از جایم بلند شدم و به طرفش رفتم. محسن گفت:

ــ خب خانم‌خانوما حال و احوالتون چه‌طوره؟

درعین‌حال دستش را پشتم گذاشت و تعارف کرد که وارد اتاق شوم. تماس دست محسن احساس ناخوش‌آیندی بود، گویی غریبه‌یی به خودش اجازه دهد تو را لمس کند. روی تک صندلی اتاق نشستم و نگاهی به اطراف انداختم. از طرح پرده و دکوراسیون آن می‌شد حدس زد اتاقِ یک دختربچه است. محسن لبه‌ی تخت روبه‌رویم نشست و به من خیره شد. نگاهش برایم ناخوش‌آیند بود. خودم را تحت فشار حس می‌کردم. آرام گفت:

ــ چه‌قدر عوض شدی مرجان.

با لبخند ادامه داد:

ــ دیگه از اون دختربچه‌ی سربه‌هوا خبری نیست...

صدایش را پایین‌تر آورد و با احساس ادامه داد:

ــ شدی یه خانم جذاب،.. خیلی جذاب‌تر از قبل.

حرف‌های محسن هیچ احساسی در من ایجاد نمی‌کرد، انگار غریبه‌یی از راه رسیده و از تو تعریف می‌کند. سرم را پایین انداختم و با دست‌هایم بازی کردم. محسن گفت:

ــ دخترم چه‌طوره؟

ــ خوبه،.. خیلی شیطون شده.

ــ نمی‌دونی چه‌قدر دلم می‌خواد ببینمش. باور نمی‌کنی چه شب‌هایی که چشمامو می‌بستم و اومدنم رو به ایران تصور می‌کردم، این‌که توی فرودگاه بغلش می‌کنم و بالاخره حسابی می‌بوسمش. آخرین عکسی که واسه‌ام فرستاده بودی بدجوری دلم رو برد. خیلی ناز افتاده بود.

برای این‌که حرفی زده باشم همین‌طور که سرم پایین بود گفتم:

ــ بچه تو رو نمی‌شناسه،.. انتظار نداشته باش از دیدنت خوش‌حال بشه.

ـ مادرش چی؟.. تو از دیدنم خوش‌حال ش...

نگذاشتم حرفش تمام شود:

ـ محسن خواهش می‌کنم چیزی نپرس... ما باید با هم صحبت کنیم.

محسن آهی کشید و گفت:

ـ می‌دونم.

ـ من با بابا برمی‌گردم اصفهان... بعداً هر وقت تونستی زنگ بزن سر فرصت با هم صحبت می‌کنیم.

منتظر جواب محسن نماندم سریع بلند شدم و به سالن برگشتم.

بعد از شام عزیز به آقاجون و بابا اشاره‌یی کرد و از جایش بلند شد. من هم پشت سرش. خانم فرخی با تعجب پرسید:

ـ تو هم مگه می‌خوای بری؟

لبخند زنان گفتم:

ـ با اجازه‌ی شما.

و از جلویش عبور کردم. داشتم با خاله‌ی محسن خداحافظی می‌کردم صدای خانم فرخی را شنیدم که می‌گفت:

ـ والله اگه من سر از کار این دختره دربیارم.

خودم را به نشنیدن زدم. صدای عفت به گوشم رسید که زیر لب با حالتی معترض گفت:

ـ مامان!

وقتی داشتم از ملیحه خداحافظی می‌کردم، با عشوه‌ی خاص زنانی که بزرگ‌ترین هنر زندگی‌شان تسلیم‌شدن در بستر است، چشمانش را خمار کرد و گفت:

ـ الهی بمیرم واسه داداشم! ببین چه‌طور با حسرت نگات می‌کنه.

بعد صدایش را پایین آورد و ادامه داد:

ـ خب اگه این‌جا راحت نیستی واسه خواب می‌رفتین خونه‌ی

عفت .

چیزی برای گفتن نداشتم. خداحافظی کردم و با عزیز و آقاجون و بابا وارد آسانسور شدیم.

بابا از دکترش توی تهران وقت گرفته بود برای چک آپ. چهارشنبه با او به آزمایشگاه و بیمارستان رفتم. پنج‌شنبه بابا رفت سری به عمومهدی بزند. محسن مرا برای شام دعوت کرده بود. می‌دانستم صبح همان روز خانواده‌اش به مشهد برگشته‌اند.

محسن گفته بود بریم رستوران هتل لاله. حوصله نداشتم شاهد تلاشش برای زنده کردن احساسات مرده باشم. این بود که گفتم: «نه. بریم شار توی الوند.»

خودم را در رستوران راحت‌تر از خانه حاج‌آقا رضایی حس می‌کردم. گویی با آشنایی قرار کاری داشتم. خودم را برای مذاکره آماده کرده بودم. می‌خواستم مسیر صحبت را آرام‌آرام به موضوع جدایی بی‌دردسر بکشانم و نظر محسن را در این مورد بدانم.

سر شام محسن از مشکلات تحصیلی‌اش گفت و دردسرهایی که برای آماده کردن رساله‌اش تحمل کرده بود و از دفاع و تأیید مدرکش در سفارت. چند بار هم از احساسش نسبت به من و زندگی‌مان گفت و این‌که چه‌قدر به من احتیاج داشته و چه‌قدر جایم در کنارش خالی بوده و تازه وقتی دور شدم فهمیده که وجودم برایش چه معنایی داشته.

طوری حرف می‌زد گویی اصلاً کسی به نام زلفیه نبوده و ما هیچ مشکلی با هم نداریم.

بعد از شام، ضمن خوردن دسر، احساس کردم باید حرفم را بزنم «و الا این بچه‌مشهدی فکر می‌کنه همه‌چی خوبه و من همه‌چی رو فراموش کردم». گفتم:

ـ خب حالا می‌خوای چی کار کنی؟.. منظورم زندگی‌مونه.

ــ من از اول اسفند کارم رو در سازمان... شروع می کنم و به احتمال خیلی زیاد از ترم دیگه هم تدریس بهم می‌دن. اینه که فعلاً باید به فکر اجاره‌ی یه آپارتمان باشیم که تا قبل از عید وسائلمونو از مشهد بیارم.

ــ می‌تونم راحت باهات صحبت کنم؟

ــ البته چرا که نه، مرجان تو چرا مثل غریبه‌ها با من حرف می‌زنی؟

ــ چون احساس می کنم... تو برام غریبه شدی.

محسن چیزی نگفت. من ادامه دادم:

ــ اینو نمی گم که حالت گرفته بشه... احساس واقعیمه.

محسن باز هم چیزی نگفت.

ــ به نظرم زندگی مشترک با داشتن هم‌چین احساسی غیرممکنه. بهتر نیست واقعی‌تر به خودمون نگاه کنیم؟

ــ ببین مرجان من تو رو می‌فهمم. به‌هیچ‌وجه هم توقع ندارم که منو بخشیده باشی اما می‌خوام سعی کنی... می‌فهمی؟ می‌خوام سعی کنی شاید بتونی آروم‌آروم اون موضوع رو فراموش کنی...

ــ نمی‌تونم.

ــ نمی‌تونی یا نمی‌خوای؟

ــ نمی‌خوام چون احساس می کنم نمی‌تونم.

ــ مرجان من نمی‌خوام جزئیات اون رابطه رو برات بگم، شاید یه روزی تو آماده گی‌اش رو پیدا کنی و ما در موردش صحبت کنیم اما فقط یه چیزی بهت می گم: ما آدم‌ها همه ضعیفیم، همه می‌تونیم اشتباه کنیم و می کنیم. به نظر تو حق نداریم برای جبرانش تلاش کنیم؟ فکرش رو بکن اگه هر کی اشتباهی می کنه موقعیت‌های زندگی رو ازش بگیریم دنیا به کجا کشیده می‌شه؟ اشتباه‌کردن جزء جدانشدنی زندگیه، قابل‌بخششه.

اون‌چه که نمی‌شه بخشیدش موندن در اشتباهه، جبران نکردنشه، پس‌ندادن تاوانشه. فلسفه‌ی توبه هم در اسلام همینه... من با تمام وجودم پشیمونم. می‌دونم اون رابطه اشتباه بود اما تو هم درش نقش داشتی. اگه تو نمی‌رفتی، اگه توی اون شرایط بحرانی من تنها نبودم، هیچ قت اون رابطه شکل نمی‌گ...

ــ اِ... پس طلب‌کار هم هستی؟ یادته چرا من از مسکو اومدم؟ یادته تو نمی‌خواستی که من بمونم؟ چرا اشتباه رو تو کردی؟ چرا این اتفاق واسه‌ی من نیفتاد؟ شاید فکر می‌کنی توی مشهد کنار خونواده‌ات خیلی خوش می‌گذشت...

ــ مرجان من یه مَردَم. مردها در این مورد ضعیفن...

ــ که این‌طور! پس چرا صفت ضعیفه و ناقص‌العقل رو به خوتون نمی‌دین؟ چرا بحث حق و حقوق که می‌شه ما ناقص‌العقلیم و پای مسائل احساسی که پیش می‌آد ما عاقلیم و باید خوددار باشیم؟ نه جناب فرخی! این فرهنگه. توی این نظام تربیتی، شما مردها حق دارین خودخواه باشین، حق دارین هر وقت خواستین با هر کی خواستین باشین و بعد توجیهش کنین. حق دارین زن رو تحقیرش کنین و طلب‌کار هم باشین...

محسن لبخند زد و گفت:

ــ چه‌قدر دلم واسه‌ی این کل‌کل کردنات تنگ شده بود.

نمی‌خواستم جروبحث کنم. کار ما از این حرف‌ها گذشته بود. می‌خواستم برود و پشت سرش را هم نگاه نکند. خودم را با فنجان قهوه سرگرم کردم تا قدری آرام بگیرم. چند دقیقه‌یی در سکوت گذشت. همین‌طور که سرم پایین بود گفتم:

ــ من احساس می‌کنم که نمی‌تونم... به این زندگی ادامه بدم. نمی‌تونم با یه غریبه که دیگه احساسی نسبت بهش ندارم زیر یه سقف برم... نمی‌تونم. ماه‌هاست به این نتیجه رسیدم.

منتظر واکنش محسن شدم. مدتی در سکوت گذشت. محسن

نفس عمیقی کشید و گفت:

ـ باشه... اگه تو اینطور می‌خوای حرفی نیست.

سرم را بلند کردم و به چشمانش خیره شدم ببینم جدی می‌گوید یا شوخی می‌کند. باورم نمی‌شد به این ساده‌گی بتوانم به طلاق‌دادن راضی‌اش کنم. با تعجب پرسیدم:

ـ یعنی جدی می‌گی،.. یا داری سربه‌سرم می‌ذاری؟

محسن به گوشه‌یی خیره شده بود، چشمانش حالتی غمگین داشت. بی آن‌که به من نگاه کند آرام با سر تأیید کرد. باورم نمی‌شد. یعنی به همین راحتی؟ خدای من!

فنجانم را بلند کردم و جرعه‌یی نوشیدم. هر دو سکوت کرده بودیم. من می‌ترسیدم حرفی بزنم و منتظر ماندم. چند دقیقه بعد محسن گفت:

ـ می‌تونی دوری بچه رو تحمل کنی، یعنی احساست نسبت به اون هم تغییر کرده؟

قلبم هُری ریخت. تنم داغ شد. صورتم گُر گرفت. عرق سردی بر تنم نشست. مدتی گذشت تا بتوانم به خودم مسلط شوم. درحالی‌که سعی می‌کردم محسن متوجه هیجانم نشود گفتم:

ـ تو اول صبر کن ببینیش، بعد از حق خودت نسبت به بچه صحبت کن. مریم دور از تو، نُه ماه درون من شکل گرفت، دور از تو به دنیا اومد، دور از تو تقریباً یک ساله شده. حق تو نسبت به این بچه فقط چند ثانیه است.

بغض گلویم را گرفت با صدایی لرزان و خفه با غیض ادامه دادم:

ـ می‌فهمی آقای دکتر! فقط چند ثانیه.

ـ مرجان من احساسات تو رو به عنوان یه مادر میفهمم اما حرفات منطقی نیست تو چه بخوای چه نخوای پدر اون بچه

منم...

ـ مریم بچه‌ی منه.

ـ اما طبق قانون بچه مال پدرشه.

احساس کردم حالم از محسن بهم می‌خورد. دلم می‌خواست قهوه را توی صورتش بپاشم اما به خودم گفتم باید آرام بود. باید راه حلی پیدا کرد.

این محسن بود که ادامه داد:

ـ مرجان، عزیزم به خدا من درکت می‌کنم. باور کن. با شناختی که از تو دارم می‌دونم الان چه حالی داری... اما ازت خواهش می‌کنم که عاقلانه برخورد کنی. درسته تو خیلی اذیت شدی. اما می‌خوام بهم فرصت بدی جبران کنم. تو می‌تونی منو نبخشی، می‌تونی لج کنی اما ببین کی این وسط ضربه می‌خوره، ها؟ فقط بچه. اون چه گناهی کرده؟

ـ ببین محسن، قبول کن ازدواج ما از اول یه اشتباه بود اما قرار نیست هر اشتباه رو با اشتباه بزرگ‌تر بپوشونیم. اگه امروز از هم جدا بشیم واسه‌ی مریم خیلی بهتره تا دو سه سال دیگه.

محسن درحالی‌که سعی می‌کرد آرام باشد گفت:

ـ تو که دوباره حرف خودت رو می‌زنی. من گفتم حرفی ندارم. همین فردا بریم از هم جدا شیم. تو حاضری از دخترت جدا بشی؟

ـ چرا باید ازش جدا بشم. من مادرشم.

ـ بحث سر همینه. تو از وقتی مادر شدی نمی‌دونم چرا این‌قدر خودخواه شدی. نمی‌خوای بفهمی که من هم بچه‌ام رو دوست دارم. خیلی بیش‌تر از اون‌چه که تو تصور می‌کنی. درضمن در برابرش هم خیلی احساس مسئولیت می‌کنم... توقع نداشته باش بپذیرم که مرد دیگه‌یی به جای من واسه‌اش پدری کنه.

ــ چرا تو فکر می کنی من می‌خوام...

ــ من این‌طور فکر نمی کنم اما به همون‌جا ختم می‌شه. حتا اگه تو به خاطر مریم حاضر بشی تا آخر عمر تنها بمونی باز هم بچه ضربه می‌خوره. بچه خصوصاً دختر به پدر احتیاج داره. من دخترم رو دوست دارم و دلم می‌خواد در کنار خودم و البته تو بزرگ بشه چرا نمی‌فهمی؟

ــ تو که این‌قدر خوب و با مسئولیتی چرا همه‌چی رو خراب کردی؟ چرا اون روزا به بچه‌ات فکر نمی کردی؟ تو چی فکر کردی؟ که زن یه رباطه؟ هر طور که لازم باشه برنامه‌ریزی‌اش می کنی و اون به سازت می‌رقصه؟ ببین آقای فرخی، حتا طبق قانون تو، مریم هفت سال می‌تونه پیش من بمونه.

محسن چشمانش را بست و با تأسف سرش را تکان داد:

ــ خودت فکرش رو بکن، بچه‌یی که هفت سال پیش تو بوده حالا بخواد وارد محیط دیگه‌یی بشه، به پدر و زن‌پدر و احتمالاً خواهر و برادر ناتنی عادت کنه، یا بره پیش پدربزرگ و مادربزرگی که معلوم نیست حوصله‌اش رو داشته باشن یا نه، بتونن بفهمنش یا نه. تو یه چنین آینده‌یی واسه دخترمون می‌خوای؟

اشک بی‌اختیار روی گونه‌هام می‌ریخت. خودم را بدبخت و مستأصل احساس می کردم. هیچ راه‌حل درست و منطقی به نظرم نمی‌رسید. باورم نمی‌شد که یک مشکل هیچ راه‌حلی نداشته باشد. اما وقعاً این‌طور بود. دردم بی‌درمان شده بود. یا باید مریم را فدا می کردم یا خودم را. هر دو بی‌منطق بود اما راهی هم پیدا نمی کردم که قربانی نخواهد.

هر دو سکوت کردیم. محسن چای سفارش داد. چایش را آرام نوشید. من همچنان در سکوت اشک می‌ریختم. بالاخره محسن با صدایی آرام گفت:

ــ مرجان می‌دونم اون‌قدر بزرگ هستی که بتونی ببخشی.

پس... ازت خواهش می‌کنم منو ببخش... به خاطر مریم... بهم فرصت بده که نشون بدم چه‌قدر دوستت دارم. می‌دونم باورم نمی‌کنی. ازت هیچ انتظاری ندارم... می‌شنوی؟ هیچی ازت نمی‌خوام. فقط فرصت بده در کنار هم باشیم. به قول خودت مثل دو تا غریبه. چه می‌دونم مثل دو تا هم‌خونه که زیر یه سقف زندگی می‌کنن اما کاری به هم ندارن. مرجان به خاطر بچه این فرصت رو به من بده.

سرم را بلند کردم. محسن ادامه داد:

ـ قول می‌دم کوچک‌ترین توقعی ازت نداشته باشم تا زمانی که تو احساست تغییر نکنه. به جون مریم قسم اگه تو احساست عوض نشه زندگی‌مون به همین شکل که گفتم ادامه پیدا می‌کنه تا هر وقت که تو بگی... تا هر وقت که تو بخوای... امتحان کن... ببین منو؛ تو هر لحظه که اراده کنی، می‌تونی همه چی رو خراب کنی، پس خراب کردن رو بذار واسه وقتی که راه‌های دیگه رو امتحان کرده باشی... مرجان... به خاطر بچه.

مغزم کار نمی‌کرد. کاملاً گیج بودم. خستگی عجیبی احساس می‌کردم و غمی بزرگ که روی سینه‌ام سنگینی می‌کرد. گفتم:

- من دیگه باید برم. فردا با بابا برمی گردم خونه.

- باشه من هم باهاتون می‌آم.

- می‌آی؟ اصفهان؟

- آره.

- هر طور که خودت صلاح می‌دونی. ما فردا صبح حدوداً ساعت ۹ ـ ۱۰ راه می‌افتیم. برات راحته؟

- آره، صبح زود وسائلم رو جمع می‌کنم می‌آم خونه‌ی پدربزرگت. خونه‌ی پدربزرگت هستین، نه؟

- آره.

ـ همون آدرس قبلی؟
ـ آره.
ـ باشه پس، تا فردا.
با احتیاط پرسیدم:
ـ اگه بخوای می‌تونیم بیایم دنبالت.
ـ نه وسائلم که زیاد نیست. بعدش هم تا شهرک غرب بیاین توی این ترافیک، نه خودم صبح زود آژانس می‌گیرم می‌آم.

۵۵

به خانه که برگشتم، همه خواب بودند. خوش‌حال بودم مجبور نیستم با کسی حرف بزنم. تا نزدیک‌های صبح خواب به چشمم نرفت. تازه چشمم گرم شده بود که خواب وحشتناکی دیدم و با صدای جیغ خودم از خواب پریدم. تهوع داشتم. سرم به‌شدت درد می‌کرد. از بی خوابی احساس منگی می‌کردم. از این که مجبور بودم تا اصفهان هم راننده‌گی کنم وحشت‌زده شدم.

به آشپزخانه رفتم. عزیز سرحال و مرتب نشسته بود پشت میز و مجله‌یی جلویش بود. مرا که دید عینکش را برداشت خوب براندازم کرد و با احتیاط پرسید:

ـ مرجان، دخترم، خوبی؟ چرا این‌طوری به‌هم‌ریخته‌ای؟

زورکی لبخندی زدم و گفتم:

ـ چیزی نیست عزیزجون، یه قهوه که بخورم سرحال می‌شم.

ـ دیشب خوش گذشت؟

کمی مکث کردم. خوش گذشت را عزیز با لحن خاصی گفته بود «واقعاً که دلش خوشه.»

ـ خوب بود عزیز، ممنون.

- خب عزیزجون تعارف می‌کردی محسن شب می‌اومد این‌جا. خونه‌ی غریبه که نیست.
- باید می‌رفت خونه‌ی دایی‌اش وسائلش رو جمع کنه... می‌خواد با ما بیاد اصفهان.

عزیز با خوش‌حالی گفت:
- اِ... چه‌قدر خوب.

به اصفهان که زنگ زدم مامان خودش گوشی را برداشت. مریم بغلش بود و می‌خواست با گوشی بازی کند. مامان هی تو گوشی داد می‌زد:
- مریمی بگو سلام، سَ...لام...

مریم صداهایی از خودش درمی‌آورد و مامان می‌گفت:
- نه، بگو سَ...لام.

حوصله‌ام سر رفت. با خودم فکر می‌کردم《آه... این مامان هم چه بی‌کاره! بچه هنوز بابا ماما نمی‌گه حالا کلمه‌ی سلام...》
- الو... مامان... صدامو می‌شنوی؟
- آره مامان جون... بده گوشی رو... چه شیطونکی شده... بذار ببینم مامانت چی می‌گه.

بالاخره زهرا مریم را درحالی‌که جیغ می‌زد و نمی‌خواست گوشی را ول کند، دور کرد و صدای من به مامان رسید.
- مامان محسن امروز با ما می‌آد.

مامان اول خوش‌حال شد اما بلافاصله گفت:
- خدا مرگم بده خونه هیچی نداریم!
- حالا مهم نیست محسن که غریبه نیست.
- چی چی رو غریبه نیست! بنده خدا بعد از چند سال می‌خواد بیاد خونه‌ی پدرزنش...

مامان همین‌طور داشت حرف می‌زد که من گفتم《گوشی رو می‌دم بابا، از من خداحافظ.》

هنوز از قم رد نشده بودیم که مجبور شدم نگه دارم. تهوع شدیدی داشتم و سرم بدجوری درد می‌کرد. بابا گفت «لابد دیشب توی رستوران مسموم شدی.»

چای برایم ریخت. یکی از لیموهایی که عزیز همیشه توی مسافرت می‌داد نصف کرد و توش فشار داد و با کمی شکر داد دستم. تنم می‌سوخت. احساس می‌کردم تب دارم. دو تا قرص خوردم و رفتم روی صندلی عقب دراز شدم تا اصفهان. محسن نشست پشت فرمان.

به خانه که رسیدیم بابا دستش را روی فرمان فشار داد و طبق معمول دو تا بوق گوش‌خراش زد. رجب از دمِ در به علامت سلام دستش را بالا برد و دروازه را با شتاب باز کرد. مامان و مهشید که مریم را بغل کرده بود با بابک روی بالکن بودند. مریم با آن کلاه پشمی سفید که بندش از زیر گلویش بسته شده بود و صورتش را تپل‌تر نشان می‌داد با کنج کاوی به ماشین نگاه می‌کرد. معلوم بود حسابی سر حال است. توی بغل مهشید بند نمی‌شد. می‌دانست لباس گرم پوشیدن به معنی بیرون‌رفتن است. حالا یا خیابان یا توی حیاط که از هر دو لذت می‌برد. عادتش داده بودم در هوای گرم یا سرد چند ساعت در فضای باز باشد خصوصاً که آن‌موقع هوای اصفهان آلوده نبود و حیاط خانه‌ی بابا هم حسابی بزرگ و مشجر بود. با مرغ و خروس‌ها و گربه‌ها بازی می‌کرد. با لذت به غذاخوردن پرنده‌ها نگاه می‌کرد. دوست داشت وقتی مشغول خوردن هستند بدود آن‌ها را بگیرد اما پرنده‌ها پرواز می‌کردند و مریم یاد نمی‌گرفت با کبوتر و گنجشک‌ها نمی‌شود مثل مرغ و خروس و گربه بازی کرد.

همین که بابا از ماشین پیاده شد، مریم او را شناخت و با لذت از ته دل جیغ کشید. محسن که محو تماشای مریم بود آرام از

ماشین پیاده شد و کمی عقب‌تر از بابا به طرف بالکن رفت. معلوم بود جز مریم چیز دیگری نمی‌دید. مریم که با دیدن بابا توی بغل مهشید بند نمی‌شد بالاخره از بغلش پایین آمد با عجله و ناشیانه درحالی که دستانش را دو طرفش محکم جمع کرده بود تا پله جلو آمد. نگاهی به پایین انداخت نشست برعکس شد و پله‌پله پایین آمد و خودش را به بابا رساند. پایش را محکم گرفت و از خوش‌حالی جیغ زد و همه را به خنده واداشت. مامان گفت:
ـ آقا محسن سلام علیکم.
محسن که تازه متوجه اطرافش شده بود، شرمنده، به مامان سلام کرد و سرش را جلو برد. مامان او را بوسد و اشکش را سریع پاک کرد. محسن با مهشید و بابک احوال‌پرسی کرد. در این فاصله هم مریم حسابی برای بابا می‌خندید که زیر گلویش را می‌بوسید و طبق عادت می‌گفت:
ـ ای پدرسوخته، ای قند و عسل بابا!
احوال‌پرسی محسن که تمام شد مامان از مریم پرسید:
ـ بابا اومده؟ آره؟ بابا کو؟
مریم به طرف بابا برگشت خندید و دستش را دور گردن او محکم حلقه کرد و باز بابا طبق عادت گفت: «ای پدرسوخته!» بعد مریم را که دستش را از دور گردن بابا ول نمی‌کرد کمی عقب گرفت به طرف محسن برگشت و گفت: «می‌ری بغل بابا؟ آره؟ بابا اومده.» مریم که به خوش‌خلقی معروف بود و به همه بوس می‌داد و بغل همه می‌رفت خودش را توی بغل محسن انداخت. محسن خندید و گفت: «بالاخره بغلت کردم.»
مریم با تعجب نگاهش می‌کرد. پدر برایش کاملاً غریبه بود. محسن او را محکم‌تر به خود فشرد و گونه‌اش را بوسید. مریم نگاهی به من کرد. دستانش را دراز کرد خودش را لوس می‌کرد و نشان می‌داد که می‌خواهد بغلش کنم. به مهشید گفتم:

ـ لطف کن بگیرش. من فکر کنم مریضم. نمی‌خوام بغلش کنم.
محسن ساکی بچگانه از ماشین بیرون آورد گفت:
ـ این مال بچه‌ست.
داخلش را نگاه کردم پر بود از اسباب بازی و کتاب. گفتم:
ـ می‌ذارم تو اتاقش.
مریم از دیدن من و بابا بعد از چند روز دوری و شلوغی خانه (مهشید و بابک، بی‌بی و عمومحمد و خانواده‌اش برای دیدن محسن آمده بودند) حسابی به هیجان آمده بود. هر چه محسن می‌خواست بغلش کند خودش را لوس می‌کرد.

صبح بود. مامان طلب‌کارانه گفت:
ـ نمی‌خوای بلند شی ظهره!
سرم به‌شدت درد می‌کرد و زیر دو تا پتوی کلفت می‌لرزیدم. مامان درجه‌یی برایم گذاشت و وقتی مطمئن شد که واقعاً مریضم و فیلم بازی نمی‌کنم گفت:
ـ از اتاق بیرون نیا یه وقت بچه ازت نگیره.
من از شب قبل اتاقم را از مریم جدا کرده بودم.
صدای محسن را شنیدم که از مامان پرسید:
ـ ای دختر ما چه‌قدر می‌خوابه!
مامان خندید و گفت:
ـ والله هر روز از ساعت شش صبح بیداره. دیشب دیر خوابید اینه که خسته‌اس.
محسن مرتب به اتاق مریم سر می‌زد به این امید که بیدار شده باشد. یک کتاب مصور در دستش بود. مریم تا چند سال هم‌چنان باعلاقه از ورق‌زدن اولین کتابی که هدیه گرفته بود، لذت می‌برد. صفحات قطورش به‌شکلی زیبا بریده شده بود.

مرغ پلاستیکی رنگارنگی در صفحه‌ی آخر چسبانده شده بود. از میان صفحات بریده‌شده عبور می کرد و از روی جلد کتاب بیرون می‌آمد فشارش که می‌دادی قدقد می کرد

محسن بالاخره طاقت نیاورد منتظر بیدار شدن بچه شود، کنار تخت مریم نشست. کتاب را باز کرد و آرام‌آرام با صدایی کودکانه زیر لب شروع کرد به تعریف داستان. چند دقیقه نگذشته بود که مریم با پاهای لخت و تپلش و درحالی که اِه اِه صدا می کرد و مطمئن بودم آب دهانش راه گرفته است روی تخت نشست. صورتم را به طرف در اتاق چرخاندم. محسن به تخت بچه تکیه داده بود و بی آن که نشان دهد متوجه او شده است به قصه گفتن ادامه می‌داد و حالا گه‌گاهی دستش را روی شکم مرغ فشار می‌داد و قدقدش را درمی‌آورد. مریم دو میله از تختش را گرفته بود، صورت گرد و تپلش را به شکاف بین آن دو چسبانده بود و با کنج کاوی به کتاب و به محسن نگاه می کرد. چند دقیقه بعد محسن گفت:

ــ می‌آی رو پای بابا بشینی؟ آره می‌آی بغل بابا؟ اگه گفتی توی اون کیف خوشگل چی هست؟ اگه گفتی بابا واسه مریمی چه آورده؟

مریم به علامت رضایت دو دستش را بالا آورد محسن او را از روی تخت بلند کرد. پشتش به من بود از دیشب چند بار تجربه کرده بود که خوش‌اخلاقی مریم خیلی دوام ندارد. حالا باعجله او را می‌بوسید و قربان‌صدقه‌اش می‌رفت. چشانم را بستم. بغض گلویم را گرفت گرمی اشک را روی گونه‌ام حس کردم. صورتم را در بالش فرو بردم که صدای هق‌هق‌ام بلند نشود. دلم برای محسن می‌سوخت. شاید حق با او بود. من خودخواه شده بودم. نمی‌خواستم بفهمم که او هم مریم را دوست دارد. احساس بدبختی می کردم. به‌طورمنطقی می‌دانستم مریم چه‌قدر به پدر

احتیاج دارد و محسن به او. اما واضح‌تر از نیاز یک پدر و دختر موقعیتمان بود و عشقی که مرده بود. عشقی که روزی ستونی شد برای برپاکردن خیمه‌ی این خانواده. حالا خیمه واژگون شده بود. به خودم گفتم: «حالا می‌خواد گندی که زده جبران کنه اما یادش رفته ستون نه فقط واژگون شده بلکه در آتش نفرت سوخته...» قرص‌های تب‌بر دمای بدنم را پایین آورده بود. چشمانم را بستم تا از واقعیت اطرافم فرار کنم.

غروب بود. من در بیابانی خشک کنار چادری نشسته بودم و نان می‌پختم. صدای مریمی از داخل چادر به گوشم می‌رسید. گرمای تنور تنم را می‌سوزاند. لباسم از عرق به تنم چسبیده بود و من فکر می‌کردم «پختن نون که تموم بشه باید برم دوش بگیرم» بعد یادم آمد که دوشی در کار نیست. به ظرف آب کنار دستم نگاه کردم: «این رو گرمش می‌کنم و روی خودم می‌ریزم از هیچی بهتره.» ناگهان از پشت تپه صدای تاختن اسب به گوشم رسید. صدا نزدیک و نزدیک‌تر می‌شد. ناگهان روی تپه، سیاهی نمایان شد. بعد باسرعت به طرف من آمد. حالا صدای پای دو اسب شنیده می‌شد. صدای جیغ زنی و خنده‌ی مردی با صدای تاختن اسب‌ها در هم پیچیده بود و هر لحظه نزدیک‌تر می‌شد. هیکل اسب سیاه برای چند لحظه در نور تنور درخشید و باسرعت از کنارم رد شد. من از وحشت و درد ضربه‌ی پای یکی از سوارها جیغ کشیدم و به پشت افتادم. صدایی شبیه شکستن شیشه با گریه‌ی مریم در هم پیچید. سرم را به عقب برگرداندم و فریاد زدم: «مریم.»

چشمم را که باز کردم همه‌جا تاریک بود. لباس به تنم چسبیده بود و تنم به تشک. هیچ‌وقت آن‌قدر عرق نکرده بودم. انگار شیر آب در تختم باز کرده باشند. همه‌ی ملافه‌ها خیس

بود. مریم گریه می کرد و جیغ می کشید. مامان با صدایی بلندتر سعی می کرد او را آرام کند: «الان می‌دم مریمی، مریمی ببین، ببین داره سرد می‌شه.» همیشه از رفتار مامان تعجب می کردم: چه‌طور می‌شد با صدای بلند یک آدم عصبی را آرام کرد.

صدای قهقه‌ی مهشید را در همهمه و گفت‌وگویی مبهم تشخیص دادم. لابد بابک باز با لهجه‌ی اصفهانی جوکی با مزه تعریف کرده بود. بابک در این زمینه استاد بود. آن‌قدر ماهر، که حتا گاهی اوقات بابا با صدای بلند قاه‌قاه می‌خندید.

می‌دانستم باید لباسم و ملافه‌ها را عوض کنم. وقتی مریم مریض می‌شد همین کار را با وسواس می کردم. نمی‌خواستم کسی را صدا بزنم، خودم هم نمی‌توانستم از تخت پایین بیایم. لخت شدم و با دست و پا ملافه‌ی زیر و رو را پایین انداختم. بالش خیس را پشت رو کردم. پتو را روی سرم کشیدم.

از مترو که بیرون آمدم همه‌جا تاریک بود. بااضطراب به ساعتم نگاه کردم. هنوز شش بعدازظهر هم نشده بود. کولاک بود. احساس کردم دارم از سرما یخ می‌زنم اما بیش‌تر از سرما، فکر محسن اذیتم می کرد: «لابد تا حالا اومده خونه و حسابی نگران منه. نکنه باز سروصدا راه بندازه و تحقیرم کنه.» با احتیاط از عرض خیابان فرعی جلوی خانه که حسابی یخ‌زده بود رد شدم. درِ ورودی ساختمان بسته بود. «لابد باز این پیرزن سرایدار با شوهرش مست کرده. همیشه‌ی خدا مستن. حالا که دیگه بهانه هم دارن؛ با این هوای سگی زیر ۳۰ درجه همه‌ی روس‌ها واسه‌ی نوشیدن بهانه دارن.» باد برفِ یخ‌زده را باسرعت به صورتم می کوبید که از سرما داشت کرخ می‌شد. دستم را با همان دستکش کلفت توی کیفم کرده بودم. نمی‌توانستم کلید را پیدا کنم. کمی آن‌طرف‌تر چیزی روی زمین تکان خورد. نگاه

کردم یک آدم بود. فکر کردم: «در رو که باز کنم باید بهش بگم بشینه توی ساختمون و الا حتماً یخ می‌زنه». هنوز دست لرزانم توی کیف دنبال کلید می‌گشت که جسم مچاله‌شده نالید: «لنا، لنا تی منا لوبیش؟ (لنا، منو دوست داری؟)» صدای نیکولای بود. به طرفش رفتم. خم شدم و شانه‌اش را تکان دادم: «نیکولای این جا چی‌کار می‌کنی؟ پاشو برو خونه. الان یخ می‌زنی.»

نیکولای به طرفم چرخید. در زیر نور سردرِ خانه به صورتش خیره شدم. کاملاً مست بود. چشمان خمارش را به‌سختی باز کرد چند ثانیه‌یی طول کشید تا مرا شناخت. لبخند مرده‌یی زد. ناگهان انگار یاد چیز وحشتناکی افتاده باشد، چشمان نیمه‌بسته‌اش از اضطراب گرد شد. با تمام وجود لرزید. بعد لب ورچید و صورتش مچاله شد. به خودم گفتم «چه‌قدر شکل راسکولنیکوف شده. لابد خیلی نوشیده.» درحالی‌که می‌نالید و چیزی نامفهوم زمزمه می‌کرد و تنش را به چپ و راست تکان می‌داد، به‌سختی از زیر پالتویش چیزی غلمبه بیرون آورد و ناگهان نعره زد: «می‌بینی؟»

چند ثانیه‌یی طول کشید تا سر بریده و خونین لنا را تشخیص بدهم با تمام وجود جیغ کشیدم...

مامان حسابی نگران بود. همان روز به دکتر داوودیان که از بچگی همه مریضش بودیم زنگ زده بود. دکتر که هم همسایه ما بود و هم دوست خانواده‌گی، شب برای معاینه آمد و طبق معمول انواع و اقسام آنالیز پیشنهاد کرد و کلی دارو. نادر غر می‌زد که «طبق کدوم علائم این داروها رو تجوز کرده. بهش ندین، بذارین تا بیماری علائم خودش رو نشون بده.»

دو روز بعد هم که بیماری علائم دیگه‌یی از خودش نشان نداد غیر از تب بالا و کابوس‌های وحشتناک و هزیان‌گویی، نادر

گفته بود: «به نظر من فقط کاری کنین تبش بیاد پایین. چیز دیگه‌یی لازم نداره این عصبیه.»
اما مامان می‌گفت: «من به دکتر داوودیان اعتقاد دارم از بچگی دکتر مرجان بوده. باید تا آخر داروها رو بخوره. تشخیص داوودیان ردخور نداره.»

۵۶

یک هفته بعد وقتی برای اولین بار پس از بیماری توی آشپزخانه نشستم تا صبحانه بخورم احساس کردم سال‌ها از مریم دور بوده‌ام. با این‌که نتیجه آنالیزها هیچ عفونتی را نشان نداده بود، مامان هنوز اجازه نمی‌داد بغلش کنم. نگران بود مریم از من بگیرد.

برخلاف من که در آن چند روز اصلاً متوجه حضور محسن نشده بودم مریم حسابی به او عادت کرده بود. حالا گه‌گاهی بهانه‌اش را می‌گرفت و تا تلفن زنگ می‌زد و مامان می‌گفت: «مریمی بابا محسنه»، مریم از خوش‌حالی جیغ می‌کشید. محسن هم حالا با دیدن مریم علاقه‌اش بیش‌تر شده بود و مرتب زنگ می‌زد و می‌خواست که صدایش را بشنود.

چند هفته‌یی از رفتن محسن می‌گذشت من با درس‌هایم حسابی مشغول بودم. سعی می‌کردم خودم را برای امتحان کارشناسی حسابی آماده کنم. آن‌قدر سرم شلوغ بود که حتا بعضی اوقات آن غم بزرگ را فراموش می‌کردم.

روزهای اول اسفند بود که محسن زنگ زد و گفت: «وسائلت رو جمع کن با بچه بیا.»

وسائلم را جمع نکردم اما با مریم و مامان و مهشید به تهران رفتیم. فکر کردم چند روز می‌مانم، امتحان کارشناسی ارشد را می‌دهم و برمی‌گردم.

هنوز با عزیز و آقاجون درست‌وحسابی احوال‌پرسی نکرده بودیم که محسن آمد. شام که خوردیم گفت: «خب دیگه بهتره ما بریم خونه خودمون.»

فکر کردم شوخی می‌کند. نمی‌خواستم باور کنم. به‌هیچ‌وجه دلم نمی‌خواست محسن به من و مریم فکر کند. امیدوار بودم مثل زمانی که در مسکو بودیم به درس و کارش بچسبد و فراموش کند خانواده هم دارد. اما محسن جدی می‌گفت. در طبقه‌ی دوم یک مجتمع مسکونی در یکی از خیابان‌های فرعی یوسف‌آباد آپارتمانی اجاره کرده بود. گفت این‌جا رو انتخاب کردم که به محل کارم نزدیک باشه. بعد با لحنی مخصوص ادامه داد: «در ضمن دو قدم تا پارک شفق فاصله داره. تو که دوست داری بچه رو ببری بیرون هوا بخوره.» راست می‌گفت منطقه هم آرام بود هم قابل دسترسی به همه‌جا. تمام وسائلم را از مشهد آورده بود. باورم نمی‌شد «کی فرصت کرده؟». همین را از خودش سؤال کردم. محسن خوش‌حال از سورپرایز کردن من، گفت:

ـ به بابا گفتم. همه رو داده بود چند تا کارگر جمع کنن و ظرف ۴۸ ساعت تمام وسائلت رسید. این‌جا هم زن‌دایی کمکم کرد. دو تا کارگر فرستاد پنج‌شنبه و جمعه خونه رو تمیز کردن و وسائل رو چیدن. البته با سلیقه‌ی عفت...

معلوم بود محسن از کار خودش حسابی راضی است. همین‌طور که مریم را بغل کرده بود پشت سر من می‌آمد و توضیح می‌داد. در اتاق خواب فقط یک قالیچه بود. محسن گفت:

ـ نمی‌خواستم بدون تو چیزی بخرم. ببخش باید فعلاً روی زمین بخوابیم. مامان دو تا تشک فرستاده...

«چه‌قدرهمه رو به زحمت انداخته باید همین فردا زنگ بزنم مشهد از آقا و خانم فرخی تشکر کنم، یه سری هم به عفت بزنم» بااین‌حال اصلاً خوش‌حال نبودم. هیچ‌وقت تا آن حد آرزو نکرده بودم شوهرم مردی بی‌مسئولیت باشد. من و مریم را رها کند و به دنبال زندگی‌اش برود...

مامان اول صبح با عزیز و مهشید آمدند. کلی برای محسن حظ کرد و گفت:

ـ به این می گن مرد خونواده‌دوست!

گوشی رو برداشت و از بابا خواست همان روز پول بریزد به حساب مریم تا مامان بتواند بقیه‌ی وسائلی که احتیاج داشتیم بخرد می گفت:

ـ چند روز دیگه خانم فرخی برای فارغ‌شدن عفت می‌آد تهران تا اون موقع باید خونه‌ات تکمیل باشه. همین امروز باید بریم یافت‌آباد سرویس خواب بگیریم. یه دست مبل راحتی هم واسه‌ی پایین پذیرایی‌ات می‌خوای. این مبله واسه سالن کمه. فردا هم میریم سهروردی پرده سفارش می‌دیم. شب عیده، باید دست بجنبونیم. آها آقاجون یه دوست لوسترفروش داره باید یه سر هم به مغازه او بزنیم...

من اصلاً حوصله نداشتم. چند روزی بیش‌تر به کنکور کارشناسی ارشد نمانده بود، امتحان را بهانه کردم و در خانه‌ی عزیز ماندم. مامان با سلیقه آپارتمان ما را تا آمدن خانواده فرخی آماده کرد. بابا هم خودش را برای تولد مریم رساند و ما جشن اولین سال‌روز تولد مریمی را با فارغ‌التحصیلی محسن یک‌جا گرفتیم.

آقای فرخی یک پراید به محسن هدیه داد و یک خط تلفن موبایل به من. ملیحه نتوانست جلوی خودش را بگیرد و همان لحظه، اگر چه در قالب شوخی، گفت:

ـ آقاجون عروسش رو از ما بیش‌تر دوست دارن.
آقای فرخی در جواب گفت:
ـ عروسم نیست. دخترمه.
مامان و بابا از ته دل خوش‌حال بودند که بالاخره من سروسامان گرفتم. اگرچه رفتار سرد و دورازهیجان من چیزی نبود که از نگاهشان پنهان بماند. وقت خداحافظی مامان در گوشم گفت:
ـ یه مدت که کنار هم باشین همه‌چی درست می‌شه. رک‌وراست بهت می‌گم حالاحالا نمی‌خوام بیای اصفهان. اگر هم اومدی با محسن بیا، با خودش هم برگرد.

اواخر اسفند خانم فرخی، عفت و پسر کوچکش را برداشت و به مشهد برد. با رفتن مهمان‌ها دوروبرمان خالی شد. برای اولین بار عمیقاً آرزو می‌کردم خانه‌ام پر از مهمان باشد و من خودم را با محسن تنها نبینم. نمی‌دانستم در نبود دیگران چه‌طور باید رفتار کنم و از چه حرف بزنم. پیشنهاد کردم برای نوروز به مشهد برویم. محسن خندید و گفت:
ـ معلومه خیلی به مامانم علاقمند شدی.

اصرار داشت تحویل سال در خانه خودمان باشیم:
ـ می‌خوام لحظه‌ی تحویل سال، آغاز تحولی باشه در زندگی‌مون...

سوم فروردین به مشهد رفتیم. اگرچه رفت‌وآمد و مهمانی به خاطر برگشتن محسن و مادرشدن عفت حوصله‌ام را سر می‌برد اما خوش‌حال بودم با محسن تنها نیستم. از مشهد که برگشتیم و با رفتن محسن به سر کار وضع روحی من بهتر شد. دیدوبازدیدهای نوروزی و رفت‌وآمد با فامیل و آشنایی با دوستان، هم‌کاران و اساتید سابق محسن، زندگی جدیدی را برایم تعریف می‌کرد و تعریف جدیدی از زندگی‌ام می‌داد. حالا همه ما را یک خانواده می‌دانستند. مطمئن بودم بعضی‌ها به موقعیت ما

حسادت می‌کردند. بعضی از ته دل برایمان آرزوی خوش‌بختی می‌کردند و تمام این‌ها برای من، نقش و مسئولیت جدیدی تعریف می‌کرد: «همسر دکتر محسن فرخی.»

ماه‌های اول محسن خیلی سعی می‌کرد به من و مریم توجه کند، با تمام‌شدن ساعت کاری بلافاصله به خانه می‌آمد، با مریم بازی می‌کرد، گاهی اوقات بچه را به پارک می‌برد، شبها حمامش می‌کرد. من هم کم‌کم به حضورش در خانه عادت می‌کردم. شب‌ها وقتی مریم می‌خوابید فرصتی بود برای صحبت. محسن از مسائل کاری‌اش می‌گفت. من از کارهای بچه و چیزهای جدیدی که یاد می‌گرفت. با هم می‌خندیدیم. اما یخ بینمان آب نمی‌شد. محسن گاهی اوقات دستم را می‌گرفت و نوازش می‌کرد نه بیش‌تر. من تمام وسائلم را به اتاق بچه برده بودم و همان‌جا می‌خوابیدم. اتاق خواب را اتاق محسن می‌دانستم. حتا برای تمیزکردن هم واردش نمی‌شدم. درواقع مثل دو هم‌خانه‌یی در کنار هم زندگی می‌کردیم. از این‌که محسن سر قولش بود و سعی نمی‌کرد به من نزدیک شود. قدردانش بودم و نگرانی و اضطرابی که در اوایل برگشتش داشتم آرام‌آرم از میان می‌رفت. اما عمیقاً حس می‌کردم که دیگر عاشقش نیستم. می‌دانستم اگر موضوع بچه نبود امکان نداشت در کنارش زندگی کنم اما به عنوان یک پدر و به عنوان یک انسان حتا یک دوست، برایش ارزش قائل بودم.

۵۷

اواسط شهریور بود. مریم برای ثبت نام ترم جدید به تهران آمده بود. مهشید و بابک هم که تصمیم گرفته بودند برای ادامه‌ی تحصیل به انگلیس بروند و برای انجام کارهای مربوط به گرفتن ویزای دانش‌جویی با او آمده بودند. مامان هم از فرصت استفاده کرده بود به ما سری بزنند. عزیز و آقاجون از اول تابستان به شمال رفته بودند. با این که عزیز نه تحمل هوای شرجی را داشت و نه حوصله دوری از زندگی شهری و بیاوبرو و مهمانی، اما به خاطر آقاجون هر سال تابستان از تهران دور می‌شد. مریم پیشنهاد کرد تا سال تحصیلی شروع نشده بریم به آقاجون و عزیز سری بزنیم. به محسن گفتم

ـ من هم با مامان این‌ها می‌رم.

ـ خب با هم بریم.

با هم رفتیم. آقاجون مثل همیشه آرام و دوست‌داشتنی از دیدن ما ذوق‌زده شده بود و احساسش را نشان می‌داد. قربان‌صدقه می‌رفت و شوخی می کرد. عزیزجون قاه‌قاه می‌خندید و از این کرت به آن کرت می‌رفت و سبزیجات کاشته را نشان می‌داد:

ــ امسال اون‌قدر خیار داشتیم که نمی‌دونستم چه کارش کنم. هر چی شیشه بود پر کردم از خیارشور. خوب بود باز مهدی و بچه‌ها می‌اومدن. یه گونی دادم ببره با پروین و پریوش تقسیم کنه و الا در می‌موندم چه کار کنم. راستی یادم نره چند شیشه بدم ببرین، مربا هم هست...

سر ناهار موبایلم زنگ زد. آقای فرخی بود. بالاخره بعد از ۶ـ۷ بار قطع‌ووصل شدن (آنتن در ویلای آقاجون خیلی ضعیف بود)، وقتی فهمید کجا هستیم گفت سری به ویلایش بزنیم ببینیم تعمیر طبق خواسته‌اش انجام شده یا نه. خلاصه سرکشی کنیم. بعدازظهر بود همه راه افتادیم طرف دریا. مریم از دیدن آن‌همه آب از خوش‌حالی جیغ کشید و دست‌هایش را به هم زد. محسن گفت:

ــ میای با هم بریم، برگردیم؟

گفتم:

ــ آره.

وقتی مامان کنارم بود از خدا می‌خواستم تا آن‌جا که ممکن است حتا برای ساعاتی از مریم دور باشم. برای مادرانی که بچه‌ی زیر سه ساله دارند این یک آرزو است. طوری که مریم نفهمد جیم شدیم. وقتی راه افتادیم محسن گفت چه‌طوره اول بریم از برنج‌کوبی هاشمی کمی برنج بگیریم که مجبور نشیم قبل از برگشتن به تهران دوباره تا این‌جا بیایم.

حاج‌آقا هاشمی خودش نبود اما تا یکی از شاگرداش زنگ زد و گفت پسر حاج‌آقا فرخی این‌جاست با ظاهری دیدنی دوان‌دوان از در خانه‌اش که همان نزدیکی‌ها بود خودش را رساند. پیژامه‌یی به پا داشت که دم‌پایش را داخل جوراب‌ها کرده بود درعوض با عجله کتش را تنش می‌کرد. از دیدن محسن که او را تا آن‌موقع ندیده بود کلی خوش‌حال شد و سه بار صورتش را بوسید.

اصرار داشت ما را به خانه ببرد. قسم می‌خورد نمی گذرد شب برگردیم. توضیح دادیم که با خانواده هستیم و بچه‌ی کوچک... گفتیم چند کیسه برنج خوب می‌خواهیم. حاج‌آقا همین‌طور که دستش را در کیسه‌های مختلف می‌کرد و جلوی ما می‌گرفت و می‌گفت: «حاج‌خانم ببین چه برنجیه! چه قدی، چه عطری!»، فرصت می‌کرد از چیزهای دیگر هم حرف بزند. احوال حاجی را بپرسد و اصرار داشت بداند محسن دکتر چه هست و حالا چه‌کاره شده است:

ـ خب آقای دکتر خارج خوب بود؟

محسن با بی‌اعتناعی داشت چیزی می‌گفت که حاجی با حرارت درحالی که با انگشت اشاره‌اش چند بار محکم به پایین اشاره کرد گفت:

ـ به خدا قسم اگه هیچ‌جایی بشه این مملکت. آقا این کشورِ امام زمانه مگه شوخیه!..

حاجی چیزهایی هم در مورد خاتمی گفت که آن روزها تازه رئیس جمهور شده بود و مشکلات فراوانی برای گرفتن رأی اعتماد برای وزرایش با مجلس داشت. حاجی که به ناطق نوری رأی داده بود گفت دلش از دست این جماعت خون است! با خودم فکر کردم: «کی فرصت کرده خون‌به‌دل بشه. هنوز که کاری نشده.» حاجی دستش را بالا آورد و صورتش را کج کرد و گونه‌ی چاق و پرمویش را تندتند خاراند... و بی‌مقدمه رفت سراغ حساب‌وکتاب‌اش با پسر حاج‌فرخی.

به نوشهر که رسیدیم، خورشید دیگر داشت غروب می‌کرد. سرایدار ویلای آقای فرخی آمد و در را باز کرد. محوطه، مثل بار قبل که آمده بودیم، پُر از گل بود. سکوت خانه‌ی خالی در غروب خورشید با صدای آرام امواج دریا حس خاصی در من بیدار کرد. رو به دریا و پشت به خانه روی صندلی نشستم.

صـدای محسـن از داخـل خانـه بـه گوشـم می‌رسـید کـه از تعمیـر شـیروانی می‌پرسـید و این‌کـه همـه‌ی شـیرها را عـوض کرده‌انـد یـا نـه. زن ماشـاالله آمـد و احوال‌پرسـی گرمـی کـرد. برایمـان هندوانـه آورده بـود. روی میـز گذاشـت و پرسـید شـب می‌مانیـم. گفتـم نـه. هندوانـه‌ی شـیرینی بـود کـه خنکـی‌اش بـه دل می‌نشسـت. محسـن هنـوز داشـت بـا سـرایدار صحبـت می‌کـرد. صدایـش طلب‌کارانـه بـود. هـم مزاحـم آرامشـم بـود هـم دوسـت نداشـتم جلـوی مـن بـا سرایدار این‌طـور حـرف بزنـد. بـه محسـن گفتـم: «تـا تـو کارت تمـوم می‌شـه مـن مـی‌رم کنـار دریـا کمـی قـدم بزنـم.» احسـاس کـردم دلـم گرفتـه. چشـمانم را بسـتم. حـس غریبـی بـود. چیـزی از جنـس آرامـش و غـم بـا هـم. انـگار یـک دنیـا حـرف داری کـه بـه دریـا بزنـی امـا حرفـت نمی‌آیـد. انـگار دریـا یـک دنیـا حـرف می‌زنـد کـه حسـش می‌کنـی امـا بلـد نیسـتی جوابـش را بدهـی. و ایـن احسـاس نزدیکـی و دوری بـا هـم جمع‌پذیـر نیسـت. یـه جـوری درونـت را بـه هـم می‌ریـزد...

روی تخته‌سـنگی نشسـتم و چشـم دوختـم بـه آخریـن خطـوط نارنجـی کـه از خورشـید در دل آسـمان بـه جـا مانـده بـود.

بالاخـره رک‌وراسـت بـه خـودم گفتـم نبایـد می‌آمـدم. تمـام خاطـرات اولیـن بـاری کـه بـا محسـن بـه آن‌جـا آمـده بـودم زنـده شـده بـود. «یعنـی ایـن همونـه کـه مـن چهـار سـال پیـش بیش‌تـر از هـر کسـی در ایـن دنیـا دوسـتش داشـتم؟» «مرجـان سـخت می‌گیـری.» «سـخت می‌گیـرم؟ چـه بی‌غیـرت شـدی!» یـادم آمـد غیـرت صفـت مردانـه اسـت «خـب بی‌خیـال شـدی چـه می‌دونـم بـی‌رگ. بی‌تفـاوت. هرچـه کـه هسـت وحشـتناکه چه‌طـور می‌شـه آدم پـا بـذاره روی اصولـی کـه اگـه نباشـه دیگـه زندگـی زناشـویی معنـا نمـی‌ده.» «تـو کـه نمی‌دونـی جریـان چـی بـوده.» «آره نمی‌دونـم جریـان چـی بـوده امـا چـرا می‌خـوای سـر خـودت شـیره بمالـی

دختر؟ تو دوستش نداری خودت هم خوب می‌دونی.» «اون یه پدر بامسئولیته، یه دوست خوب، یه هم‌خانه‌یی مناسب...» «خودت خری دختر. مگه می‌شه تا آخر عمر این‌طوری زندگی کرد؟» «تا آخر عمر نه، فقط تا وقتی مریم از آب‌وگِل دربیاد.» «خره، خب این که یه عمره! حداقل هجده سال. می‌فهمی؟» از دست خودم کلافه شدم. بلند شدم کمی قدم زدم. چرا باید بهش فکر می کردم؟ «چون مهمه، چون این‌طوری نمی‌شه ادامه داد.» «یعنی بگو خودفروشی کنم دیگه» «چرا مزخرف می گی؟» «خودت مزخرف می گی. من احساسی بهش ندارم.» «فکر می کنی. تو فقط از دستش عصبانی هستی، رنجیدی... مرجان سخت نگیر. بزرگ باش. این‌قدر ایده‌آلیست نباش. چیزی بوده که تموم شده. کی اشتباه نمی‌کنه؟ اصلاً خریت کرده. تو که می‌بینی دوستت داره.» «یعنی واقعاً دوستم داره؟» «دیگه چه‌طوری باید بهت ثابت کنه؟» از این جروبحث درونم خسته شدم. بارها آرزو می کردم بتوانم با کسی درددل کنم اما از یک طرف غرورم اجازه نمی‌داد از این موضوع با کسی صحبت کنم. از طرف دیگر می‌دانستم این یک موضوع کاملاً شخصی است و نمی‌توان نسخه‌ی کلی برای همه پیچید. «مگه سر جریان ازدواج تنهایی تصمیم نگرفتی، حالا هم خودت باید مشکلتو حل کنی» در این چند ماه بارها با خودم در این مورد صحبت کرده بودم. ولی هر بار بی‌نتیجه رهایش می کردم.

وقتی برگشتم کاپوت ماشین بالا بود و محسن روی آن خم شده بود و با چیزی ور می‌رفت. پرسیدم:

ــ چی شده؟

ــ نمی‌دونم، روشن نمی‌شه. خواستم از جلوی در جابه‌جاش کنم، هر چی استارت زدم روشن نشد.

ــ این کارشه، بعضی اوقات من مجبور می‌شم بارها استارت

بزنم. صبر کن من بشینم.
ـ خنده‌داره. شش ماه نیست داریم ازش استفاده می‌کنیم.
چند تا استارت زدم فایده نداشت. سرایدار رفته بود دنبال مکانیک. من فکر می‌کردم حالا باید توی تاریکی شب برگردیم. همیشه مسافرت در شب مرا عصبی می‌کرد.
بازرسی‌های محسن و سرایدار بی‌نتیجه بود. مکانیکی هم گفت:
ـ آقای مهندس این کار داره، ایشاالله فردا اول وقت ماشین می‌آرم بوکسلش می‌کنیم، می‌بریم تعمیرگاه واسه‌ات درستش می‌کنم.
مامان چند بار زنگ زد اما مرتب قطع می‌شد. بالاخره رفتم از خانه‌ی سرایدر زنگ زدم و گفتم ماشین خراب شده. معلوم نیست امشب برگردیم یا نه. می‌خواستم از زن ماشاالله خداحافظی کنم که دیدم با یک سینی غذا از آشپزخانه بیرون آمد. نمی‌دانم کی فرصت کرده بود با آن سرعت شام بپزد: دو تا ماهی سرخ‌شده با پلو و سیر ترشی و ماست. سینی را گرفتم و تشکر کردم. با خودم فکر کردم «چه‌قدر بد شد سوغاتی چیزی براشون نیاوریم. باید فردا قبل از رفتن بهش پول بدم. می‌گم نمی‌دونستم چی دوست داری برات بگیرم...»
سینی را روی پله جلوی ساختمان گذاشتم. محسن غذا را که دید لبخند زد و با لهجه مشهدی گفت:
ـ حاج‌خانم گرسنه نرفتن؟ والله مو که خیلی گرسنه رفتم.
خندیدم. هم به لهجه‌ی شیرینش و هم به ظاهر خسته‌اش با آن لکه‌های سیاه روی صورتش. محسن که خنده‌ام را دید با احتیاط گفت:
ـ می‌گم خیلی هم بد نشد، ها؟
چیزی در نگاهش بود؛ حالتی از ترس، احتیاط، نگرانی و هیجان. دلم برایش سوخت، دلم سوخت برای همه‌ی آن احساس زیبایی

که یک روز وجود داشت و به قلبم تا آن حد گرما می‌داد. به او نزدیک شدم. صورتش را با دستمال پاک کردم. نگاهمان گره خورد. صورتم را به سینه‌اش فشردم. نمی‌خواستم گریه کنم. اشکم سرازیر شد. اما بی‌صدا، بی‌صدا. محسن بغلم کرد، با تردید. انگار منتظر بود مخالفت کنم. مرا به خود فشرد، محکم‌تر. سرم را می‌بوسید. بوسه‌هایی محکم، ناشیانه، باشتاب مثل وقتی مریم را غرق بوسه می‌کرد. هر چه‌قدر که می‌بوسید دلم بیش‌تر برایش می‌سوخت...

«چه کار کردی مرجان؟» چه کار کرده بودم؟ خب می‌شد گفت توی این بازی محسن برنده شده بود. «یعنی بخشیدمش؟ یعنی همه‌چی تموم شده؟ پس چرا اون خلاءِ درونم هنوز هست. چرا چیزی عوض نشده؟ چرا خودم رو با محسن یکی احساس نمی‌کنم؟» به محسن نگاه کردم که روی تخت کنارم خوابیده بود و آرام نفس می‌کشید. هنوز غریبه بود. مثل چند ساعت قبل، مثل روزهای قبل. چیزی عوض نشده بود. آرام از جا بلند شدم.

دوش را باز کردم. چشمانم را بستم و خودم را به گرمای آب سپردم که همیشه آرام‌بخش بود. چشمانم را باز کردم. هیچ اتفاقی نیفتاده بود. روی آن تخت غریبه‌یی بود که برای دقایقی گرسنگی‌ام را رفع کرده بود. «آره خوش آیند بود.» «همین؟» «...» جوابی نداشتم. «وحشتناکه! زندگی با یه غریبه؟... گیرم یه غریبه‌ی مهربون...»

نمی‌خواستم به احساسم زور بگویم. هیچ‌وقت کتمانش نکرده بودم. همیشه با آن صادق بودم. اگرچه پای عمل که به میان می‌آمد ممکن بود نشانش ندهم. اما هیچ‌وقت سرکوب نمی‌شد. هرچه که بود رک‌وراست در درونم برای خودش جولان می‌داد. «از حالا به بعد محسن کیه؟»... ترس برم داشت «فکر کنم از

این به بعد زندگی‌مون چیز جدیدی می‌شه...» «خجالت نکش مرجان خانم. سرکار به رابطه‌ی جدیدی رسیدی: سکس از سر غریزه، نه به خاطر عشق. درسته؟» «خب حرفی نیست این یه راه‌حله. قبول. اما خره، اگه اون خواست و تو نخواستی چی؟ اگه اون بخواد نیروی عشق هم نباشه که احساسی در تو بیدار بشه، اون‌وقت چی؟» «مزخرف می‌گی!» «نخیر خانم عینِ عینِ واقعیته. می‌دونی بهش چی می‌شه گفت؟ خودفروشی از سر تعهد، منطق، چه می‌دونم وظیفه» «دلم براش می‌سوزه... دلم برای خودم می‌سوزه... آخه چرا این‌طوری شد؟...»

به اتاق که برگشتم از این‌که بعد از مدت‌ها باید دوباره با محسن در یک بستر بخوابم احساس غریبی داشتم. محسن غلت زد دستش به من خورد. دوباره دست زد. وقتی مطمئن شد کسی کنارش خوابیده، سرش را برای چند لحظه از روی بالش بلند کرد، گویی همه‌چیز را به یاد آورد. مرا محکم بغل کرد، بوسید و در گوشم زمزمه کرد: «خیلی دوستت دارم.»

بغض گلویم را فشرد. نمی‌دانستم بیش‌تر برای خودم گریه می‌کردم یا محسن.

یاد قوری بزرگ و قدیمی بی‌بی افتادم که از وقتی به یاد داشتم همیشه روی تاقچه‌ی اتاق پذیرایی‌اش بود. بی‌بی گفته بود: «این از مادر آقابزرگ خدابیامرز واسه‌ام مونده، جوون که بودم یه‌وقت‌هایی که مهمونی مفصلی داشتیم می‌انداختمش جلوی دست.» بالاخره قوری یک روز ترک خورده بود. بی‌بی داده بود بستش بزنن. از اون روز به بعد قوری تاقچه‌نشین شده بود. اگر از دور نگاهش می‌کردی بستش پیدا نبود به شرطی که کسی هوس نمی‌کرد از نزدیک خوب براندازش کند.

۵۸

اواخر شهریور نتایج آزمون کارشناسی ارشد که اعلام شد، خیلی خوش‌حال بودم. محسن سربه‌سرم می‌گذاشت که: «اون‌وقت میکروبیولوژی و جامعه‌شناسی چه ربطی بینشون هست؟ تازه از کی تا حالا دانشگاه آزاد جامعه‌شناس تولید می‌کنه؟» من جوابش را نمی‌دادم. درواقع جوابی نداشتم. دلم می‌خواست درس بخوانم و حوصله‌ی رشته‌های مرتبط به لیسانسم را هم نداشتم. از نوجوانی هم به مسائل اجتماعی علاقمند بودم. خب به نظر خودم دلیلم کافی بود. درضمن بیش‌تر از نصف دانش‌جوهای کشور در دانشگاه آزاد درس می‌خواندند.

عفت تنها کسی بود که واقعاً خوش‌حال شد. همین‌طور مریم و مهشید فکر می‌کردند کارم درست است. ولی بابا و مامان و خانواده‌ی فرخی همه با چشمان گرد به من نگاه می‌کردند و می‌گفتند: «پس بچه چی می‌شه؟» حالا همه شده بودند دایه‌ی مهربان‌تر از مادر!

تا زمان ثبت نام و گرفتن برنامه‌ی درسی حسابی دلهره داشتم. اما وقتی دیدم فقط هفته‌یی سه روز کلاس دارم و یک روزش

پنج‌شنبه است که محسن تعطیل است و می‌تواند با مریمی باشد، خیالم راحت شد. برای دو روز دیگر به فکر پرستار افتادم و به چند نفر هم سفارش کرده بودم که عزیز زنگ زد و گفت با خدیجه صحبت کرده است. خیالم راحت شد. عزیز حسابی می‌شناختش و جیک‌وپوک زندگی‌اش را می‌دانست. قرار شد دو روز در هفته سه چهار ساعتی با بچه بماند.

به‌این‌ترتیب از پاییز ۷۶ زندگی‌ام معنای جدیدی پیدا کرد. دوباره سر کلاس رفتن و درس خواندن روحیه‌ام را عوض کرد. دیگر کارهای خانه و بچه‌داری به نظرم خسته‌کننده و انرژی‌گیر نبود. بیش‌تر به مریم می‌رسیدم، بهتر آشپزی می‌کردم، توجه‌ام به محسن هم بیش‌تر شده بود. محسن تعجب می‌کرد و می‌پرسید: «تو مطمئنی نقش بازی نمی‌کنی؟ آخه چه‌طور می‌شه؟ تو که مسئولیتت بیش‌تر شده طبیعتاً باید بیش‌تر خسته بشی.»

مثل همیشه قادر نبود مرا بفهمد. کلاس‌ها برایم جالب بود و از آن جایی که لیسانس‌ام به این رشته مربوط نمی‌شد، احساس می‌کردم نیاز به مطالعه‌ی بیش‌تر دارم. خوش‌بختانه اساتید در راهنمایی کردن کوتاهی نمی‌کردند.

ترم اول با استادی به نام دکتر احمدی انگلیسی داشتیم. دکترای جامعه‌شناسی داشت، اگرچه لیسانسش مهندسی معدن بود. انگلیسی‌اش عالی. علاقه‌ی خاصی به ادبیات داشت. اهل مطالعه بود به معنی واقعی کلمه و می‌توانست در هر زمینه‌یی اظهار نظر کند با نقل قول از صاحب نظران آن رشته. با بسیاری از اساتید فرق داشت. نه تنها به لحاظ سواد و معلومات بالا یا حافظه و حضور ذهن مثال زدنی‌اش، بلکه به دلیل احترامی که برای دانش‌جوها قائل بود. ۳۷ ساله بود و مجرد اما ما احساس می‌کردیم هم‌سن‌وسال خودمان است. شاید دلیلش این بود که

تمام عمرش یا درس خوانده بود یا درس داده بود. بنابراین خودش را به دانش‌جویان خیلی نزدیک احساس می‌کرد. می‌گفت: «امسال بعد از یه عمر زندگی کردن توی خوابگاه بالاخره یه خونه اجاره کردم.»

اگر توی بوفه دانش‌جویانش را می‌دید از دور دست تکان می‌داد و سر میز می‌آمد و مشغول صحبت می‌شد. خیلی آرام بود و خوش‌خنده. همه می‌گفتند مثل اروپایی‌ها رفتار می‌کند اما پایش را از کشور بیرون نگذاشته بود. وقتی شنید که من مدتی در مسکو زندگی کرده‌ام و روسی‌ام بد نیست پیشنهاد کرد که در پروژه‌یی که بخشی از آن نیاز به استفاده از منابع روسی داشت به او کمک کنم. موضوع برای خودم هم جالب بود چرا که باعث می‌شد ارتباطم با زبان روسی حفظ شود. درعین‌حال بهانه‌یی بود برای مطالعه‌ی بیش‌تر. همین پروژه ارتباطم را با دکتر احمدی بیش‌تر کرد. چند باری که با هم جلسه داشتیم، متوجه شدم خیلی راحت می‌توانم با او صحبت کنم. بحث اصلی به مسائل مختلف کشیده می‌شد. من معمولاً حرف‌هایم را خیلی با انرژی و با تکان‌دادن سر و دست می‌زدم: «استاد ببخشین که صحبت‌تون رو قطع می‌کنم... اما... ببخشین... ولی...»

یک‌بار ضمن صحبت در مورد موضوعی، با علاقه به چشمانم خیره شد و با خوش‌حالی صادقانه‌یی گفت: «می‌دونین این انرژی شما ضمن صحبت کردن واسه من خیلی جالبه، دقیقاً اون چیزیه که خودم ندارم.»

هم‌صحبت بسیار خوبی بود اگر چه در موارد زیادی اختلاف نظر داشتیم. مثلاً یک‌بار مقاله‌یی داده بود بخوانم، بعد نظرم را پرسید. به‌شوخی گفتم:

ـ به نظر می‌رسه یه فمینیست اینو نوشته باشه؟

دکتر احمدی جدی گفت:

- من خودم رو یه فمینیست می‌دونم.
- باور نمی‌کنم.
- چرا؟
- خب یعنی می‌فهمم یه مرد ایرانی در حرف از حقوق زنان دفاع کنه اما باور نمی‌کنم بتونه در عمل، یعنی توی خونه یا توی محیط کار، تلاش کنه همسرش یا هم‌کارش با او در حقوق برابر باشه.

دکتر احمدی با قیافه جدی به من نگاهی کرد:
- آخه چرا امکان نداره؟
- نمی‌گم امکان نداره. می‌گم باور نمی‌کنم؛ چون طبیعی نیست. مگه این‌که یه مردی روحیه خیلی حساسی داشته باشه یا در کودکی شاهد یک رابطه‌ی خیلی خشن بوده باشه. مثل این‌که مادرش کتک می‌خورده. اینو می‌فهمم.
- اما درک مشکلات زنان خیلی سخت نیست. لازم نیست حتماً آدم ببینه که پدرش مادرش رو کتک می‌زنه.
- راستش من با بعضی از حرف‌هایی که فمینیست‌ها می‌زنن و عملکردشون موافق نیستم.

دکتر احمدی ابروهایش را بالا برد و گفت:
- جدی؟
- آره.

خندیدم و ادامه دادم:
- می‌تونین تصور کنین که با یه زن عقب‌مونده در ارتباطین
- نه من فکر می‌کنم شما دارین سربه‌سرم می‌ذارین. چه‌طور می‌تونین دفاع از حقوق زنان رو بی‌ارزش بدونین؟
- نه من دفاع از حقوق زنان رو بی‌ارزش نمی‌دنم. اما معتقدم در این جامعه باید قبل از هر چیز از حقوق انسان دفاع کرد. در اون صورت ما زنان را در برابر مردان قرار نداده‌ایم. یعنی علیه

مردان اعلام جنگ نکرده‌ایم و نخواسته‌ایم حق زنان را از مردان بگریم. می‌دونین این نکته‌ی خیلی مهمیه. باید زن رو اول انسان دید مثل مرد، و در کنار مرد برای حقوقش تلاش کرد. فراموش نکنیم درصد بالایی از مخالفتی که در این جامعه علیه افکار فمینیستی می‌شه از طرف زن‌هاست. می‌دونین چرا؟ فمینیست‌ها در ایران معمولاً حرف‌های غربی‌ها رو تکرار می‌کنن و روش اونا رو پیش می‌گیرن. خیلی از طرفداران برابری حقوق زن و مرد آن‌قدر ناشیانه عمل می‌کنن که زنان تصور می‌کنن باید به جنگ مردان برن. زن ایرانی نمی‌خواد با مردش بجنگه. زن ایرانی در طول تاریخ روش خودش رو داشته، با ظرافت عمل کرده به شیوه‌ی خودش. اگرچه من به‌خوبی می‌دونم که مبارزه برای حقوق زن ضروری...

ـ من درست نمی‌فهمم

ـ حرف من خیلی ساده است. زن ایرانی با زن غربی خیلی متفاوته. اگه موضوع تفاوت نگاه انسان غربی و شرقی رو کنار بذاریم و از تمام اختلافات تاریخی و فرهنگی خصوصاً مذهبی هم حرفی نزنیم، که البته در جای خودش بسیار مهمه، زن ایرانی لااقل از تجربیات وحشتناک و مسئولیت‌های طاقت‌فرسایی که زنان اروپایی در قرن بیستم و بعد از دو جنگ جهانی داشته‌ان، خبر نداره. دفاع از حقوق زنان در غرب هم یک‌شبه راه نیفتاده، در کشورهای مختلف غربی هم متفاوت بوده. بنابراین حرف من اینه که عده‌یی تحصیل‌کرده با الگوگیری مبهم و غیرمشخص از مبارزات زنان در کشورهای مختلف غربی نمی‌تونن باعث بشن که زن ایرانی به حقوقش برسه.

ـ من درست توجه نمی‌شم. بالاخره باید برای حقوق زنان مبارزه کرد یا نه؟ شاید به نظر شما خانم‌های ایرانی وضعشون خیلی هم خوبه و چیزی هم بدهکارن. بعدش چرا مردان

نمی‌تونن مدافع حقوق زنان باشن؟
ـ نمی‌دونم. فقط باورم نمی‌شه مبارزه‌ی آقایون از حرف‌زدن تجاوز کنه. در عمل، به نظرم غیرطبیعی می‌آد. به نظر من مبارزه‌ی واقعی و ریشه‌دار و اصیل برای دفاع از حقوق زنان وقتی معنی می‌ده که زنان در موقعیت‌های مختلف به همین نتیجه برسن. منظورم اینه که در کنار زنان تحصیل‌کرده‌ی آشنا با غرب، زنان کارگر و کشاورز و کارمند و خانه‌دار با نگاه مذهبی سنتی هم قرار بگیرن. اون هم درحالی‌که از اعماق قلب معتقد باشن تلاش‌شون برای گرفتن حق نه تنها غیردینی و غیراخلاقی نیست بلکه مبارزه علیه مردان هم نیست. اصلاً جنگ نیست. تنها اجرای عدالته. بنابراین من معتقدم باید اول نگاه زنان به حقوق و وظایف‌شون از نظر دینی اصلاح بشه که فکر می‌کنم زنان روشنفکر مذهبی بعد از انقلاب در این مورد خیلی رشد کردن.

دکتر احمدی انگار از چیز بی‌ارزش و ناخوش‌آیندی حرف می‌زند گفت:
ـ راستش ظاهرتون اصلاً با حرفاتون تناسب نداره. شما که مذهبی نیستین. هستین؟
ـ اگه من مذهبی نیستم دلیل نمی‌شه چشمم رو روی واقعیت‌ها ببندم. باید منصف بود. از شما توقع نداشتم. لابد زن یا باید حجاب کامل اسلامی داشته باشه و همه‌ی جنبه‌های مذهب را دربست قبول داشته باشه یا باید خیلی چیزها رو نفی کنه تا ثابت کنه که امروزیه و متمدن.

«چرا این سؤال رو پرسیده بودم؟ لابد چون این یک تقسیم‌بندی در همه‌جا هست توی دانشگاه، محیط‌های کار... کل جامعه. انگار فقط دو گروه زن وجود داره: مذهبی و غیرمذهبی، یا بهتره بگم: سنتی و مدرن. اما این تقسیم‌بندی به‌هیچ‌وجه بعد از

انقلاب واقعی نیست. خیلی ابتدایی به نظر می‌رسه.»

یک روز برای کاری به دفترش رفته بودم. صحبتمان که تمام شد گفت:

ــ خانم محمدی من آش‌های خیلی خوش‌مزه‌یی می‌پزم. یه روز بیان خونه هم دست‌پخت منو امتحان کنین، هم این‌که در یه محیط آرام می‌شینیم در مورد پروژه صحبت می‌کنیم.

من تشکر کردم ولی او ظاهراً دعوتش را جدی گرفته بود و هر یکی دو هفته یک‌بار سؤال می‌کرد: «راستی کی تشریف می‌آرین؟» من هم هر بار بهانه‌یی می‌آردم. راستش اصلاً دلیلی برای قبول دعوتش نمی‌دیدم. ما بی هیچ مشکلی می‌توانستیم در دفتر او یا بوفه‌ی دانشکده بنشینیم و صحبت کنیم. چند بار هم گفته بود: «بهتره منو به اسم کوچک صدا کنین تا رابطه از این حالت رسمی خارج بشه. می‌دونین راحت نیستم وقتی منو "استاد" صدا می‌کنین.»

هر بار من می‌خندیدم اما باز هم او را آقای دکتر یا استاد صدا می‌کردم.

۵۹

پنج‌شنبه بود. آن روز آخرین امتحان ترم اول را داده بودم. خوش‌حال بودم چندهفته‌یی کلاس نداشتم. مریم پیش عزیز بود و من خیالم حسابی راحت بود. عزیز صبح گفته بود: «برو خیالت راحت باشه آقاجون حسابی سرش رو گرم می‌کنه. شب با محسن واسه‌ی شام بیاین. آخر شب می‌برینش.»

گه‌گاهی که مریم پیش عزیز می‌ماند برایم استراحتی بود به معنی واقعی کلمه. خصوصاً که می‌دانستم آقاجون او را به پارک می‌برد، با حوصله سرش را گرم می‌کند و از بودن با او حسابی لذت می‌برد. مریم نه تنها غریبی نمی‌کرد بلکه وقتی دنبالش می‌رفتم نمی‌خواست با من به خانه برگردد.

یک چای خریدم و پشت یکی از میزهای بوفه نشستم، با صدای قهقه‌یی که از سمت راست شنیدم ناخودآگاه سرم را برگرداندم. دو تا دختر پشت میزی نشسته بودند. یکی از دوست پسرش تعریف می‌کرد. صدایش آن‌قدر بلند بود که اگر حوصله داشتی تمام جزئیات را می‌توانستی بفهمی. به خودم گفتم: «خوش به حالش ببین با چه لذتی از دوستش حرف می‌زنه. جداً که هنوز

توی ابرهاست. بذار بری توی زندگی. بذار بچه بیاد. می‌فهمی عشق و عاشقی یعنی چی! » یک لحظه دلم خواست اصلاً ازدواج نکرده بودم. «جداً چه عالمی داره مجردی.» همین که با لذت و بدون دلهره چایم را می‌خوردم فکر می کردم «چه‌قدر خوبه چند هفته‌یی تعطیلم و دانشکده نمی‌آم. چه‌قدر کار می‌شه کرد. مریمی توی این شش ماه دیگه به خدیجه عادت کرده. می‌شه بگم هر روز تا ظهر بیاد پیشش و من برم کتاب‌خونه کار کنم.» بعد یاد حرف محسن افتادم که چد هفته پیش وقتی مریم تب بالایی داشت حسابی هول کرده و گفته بود:

ــ تو که عاطفه‌ی مادری نداری چرا بچه‌دار شدی؟ نمی‌دونم بچه مهم‌تره یا این مدرک مسخره؟

ــ خودت می‌فهمی چی می گی؟ خب اگه درس هم نمی‌خوندم بالاخره سر کار که می‌رفتم، تازه اون‌موقع بچه باید هر روز می‌رفت مهد کودک.

محسن محلم نگذاشته بود و من حرص خورده بودم: «منو آدم حساب نمی کنه، اون‌قدر ارزش قائل نیست که حتا جروبحث کنه.» محسن درس مرا به‌هیچ‌وجه جدی نمی گرفت می گفت «همین که آدم از میکروبیولوژی بپره به جامعه‌شناسی معلومه کاملاً می‌دونه داره چی کار می کنه.» یک بار هم جلوی عفت و شوهرش خندید و گفت: «مرجان می‌خواد دکتراشو در تاریخ هنر در قرون وسطا بگیره چون خیلی به میکروبیولوژی نزدیکه مثل جامعه‌شناسی.»

فکر محسن احساس خوبم را از بین برد. از جا بلند شدم. دیگر سر حال نبودم. حالا همان دختری که با لذت از دوست پسرش حرف می‌زد داشت دوستش را متقاعد می کرد که آن شب با او به پارتی برود می گفت: «دوست حسین هم می‌آد. تازه با دوست دخترش به هم زده مطمئنم ازش خوشت می‌آد.»

از تلفن عمومی به خانه زنگ زدم. کسی گوشی را برنمی‌داشت، پس هنوز محسن برنگشته بود. به موبایلم زنگ زدم (آن‌موقع هنوز همان یه شماره را داشتیم که آقای فرخی به من هدیه داده بود. هر کدام از ما که جایی می‌رفت که دسترسی به تلفن ثابت نداشت موبایل را با خودش می‌برد) محسن گفت هنوز کرج است و احتمالاً دیروقت برمی‌گردد. جریان دعوت عزیز را که مطرح کردم گفت: «فکر کنم خودت بری بچه رو بیاری بهتره شب دیر برمی‌گردم». گوشی را که گذاشتم فکر کردم کاش به خواهرم زنگ بزنم شاید با هم بریم کمی بگردیم. وقتی مریم گفت متأسف است که نمی‌تواند. اصرار نکردم: «بعداً بهت زنگ می‌زنم.»

داشتم از در دانشکده بیرون می‌آمدم و توی کیفم دنبال سویچ می‌گشتم که کسی سلام کرد سرم را بلند کردم دکتر احمدی بود.

ـ سلام استاد حالتون چه‌طوره؟

ـ ممنون شما چه‌طورین؟

خندیدم و گفتم:

ـ آخرین امتحان رو دادم. ترم اول با تمام مشکلاتش بالاخره تموم شد.

دکتر احمدی لبخند زد و به من خیره شد. نگاهش مهربان، دوستانه و خودمانی بود. گفت:

ـ شما قول داده بودین بیاین خونه‌ی من واسه خوردن آش. ترم تموم شد و نیومدین.

خندیدم و برای این که نرفتنم را توجیه کنم گفتم:

ـ آخه شما هیچ وقت از من نپرسیدین آش دوست دارم یا نه؟

دکتر احمدی قاه‌قاه خندید. چند لحظه به من زل زد و با احتیاط گفت:

- می‌تونم ازتون دعوت کنم امروز با هم ناهار بخوریم؟
یک لحظه به فکر مریم افتادم و بلافاصله خیالم راحت شد. قیافه‌ی محسن که جلوی چشمم آمد لبخند زدم و گفتم.
- نمی‌خواین که آش بهم بدین؟

آن روز دکتر احمدی از خودش گفت، از خانواده‌اش، این‌که پدرش همیشه برایش الگو بوده. از مادرش گفت و سختی‌هایی که برای بزرگ کردن آن‌ها کشیده. از خواهر و برادرهایش گفت. از زندگی دانش‌جویی.

بادقت به حرف‌هایش گوش می‌کردم. هرچه بیش‌تر می‌گفت، من بیش‌تر احساس خستگی می‌کردم. وقتی از هم خداحافظی کردیم، از جمع‌بندی حرف‌هاش به نظرم آمد دکتر احمدی فقط در دانشکده و به عنوان یک استاد می‌تواند جالب باشد. خارج از مسائل علمی جذابیتی ندارد. وقتی از مسائل عادی زندگی‌اش می‌گفت، احساس می‌کردم پسربچه‌یی چهارده ـ پانزده ساله حرف می‌زند: «عجیبه، این آدم واقعاً یه‌بعدی بزرگ شده. فقط مطالعه، فقط درس. چه‌قدر حرفاش بچگانه بود. امروز که از مسائل عادی می‌گفت چه‌قدر متفاوت بود، چه‌قدر رشد نکرده!»

۶۰

از صبح این سومین بار بود که برای نیم ساعت می‌نشستم پای تلفن و شماره‌های خوابگاه مریم را می‌گرفتم. بالاخره کسی گوشی را برداشت. خداخدا می‌کردم تلفن‌چی به تلفن نزدیک اتاق مریم وصل کرده باشد و بالاخره کسی آن دوروبرها گوشی داخلی را بردارد.
بعد از چند دقیقه مریم با صدای گرمش گفت:
ـ الو!
ـ مریم جون کجایی دختر؟ می‌دونی امروز چند بار زنگ زدم؟
به یاد دوران دانش‌جویی خودم افتادم. وقتی مامان زنگ می‌زد. مریم خیلی آرام گفت:
ـ آره نبودم. صبح که با بچه‌ها رفته بودیم کوه. بعدازظهر هم تمرین داشتم، تازه رسیدم.
از تصور این‌که مریم تا ساعت نه شب بیرون باشد دلهره گرفتم اما چیزی نگفتم. بعد از احوال‌پرسی و صحبت‌های معمول گفتم:

ـ این چند روزه که تعطیلی کاش میومدی این‌جا.

ـ مرسی مرجان می‌دونی که تا امتحان فرصت زیادی ندارم باید روی درسام متمرکز بشم. راستی شنبه یادتون نره.

اصرار نکردم. مریم زیاد به ما سر نمی‌زد. می‌دانستم با محسن راحت نیست. آن ترم شش واحد بیش‌تر نداشت اما می گفت سرش خیلی شلوغ است. در کلاس‌های آماده گی کارشناسی ارشد ثبت نام کرده بود و اسفند امتحان داشت.

از همان ترم اول که وارد دانشگاه شده بود، می‌دانستم علاقه‌اش او را به دانشکده هنر می کشاند. در کلاس‌های مختلف شرکت می کرد. چند سالی بود گیتار می‌زند و با چند تایی از دوستانش گروهی تشکیل داده بودند و گاهی اوقات ما را برای اجراهایشان دعوت می کرد. حالا برای روز شنبه ما، عزیز و آقاجون و خاله‌ها و دایی‌ها را دعوت کرده بود. البته همه باید پول بلیط‌شان را کامل پرداخت می کردند. چند تایی هم داده بود که بین دوست و آشنا تقسیم کنم. درحالی که چشم‌های زیبایش از شادی و هیجان ناشی از احساس مفیدبودن برق می‌زد گفته بود: «با دوستام تصمیم گرفتیم هرچی گیرمون بیاد، البته بعد از کم کردن هزینه‌ها، واسه بچه‌های کار بدیم.» محسن اصلاً حوصله‌ی به قول خودش «این قرتی‌بازی‌ها» را نداشت. یک‌بار هم که با اصرار من بلند شد آمد با دیدن نحوه‌ی لباس‌پوشیدن خانم‌ها و برخورد راحت و دوستانه‌ی بچه‌های هنر و کلاً جو اروپایی مجلس گفت: «بله دیگه این هم از برکات دوران اصلاحات!» البته من هم خیلی از آن حال‌وهوا خوشم نمی‌آمد. احساس می کردم واقعاً بعضی‌ها نقش بازی می کنند و چیزهایی را زیر این طرز برخورد و رفتار و صحبت‌کردن پنهان می کنند. و الا چه لزومی داشت مرتب کلمات فارسی را فراموش کنی و به جایش هی انگلیسی استفاده کنی. انگار عده‌یی تعمداً می‌خواستند القا کنند که از جنس

دیگه‌یی هستند و به این محیط تعلق ندارند. اما من مطمئن بودم مریم آن‌طور نیست. واقعاً از سر علاقه کار هنری می‌کرد. اگرچه با معیارهای محسن بی‌حجاب بود اما کوچک‌ترین تلاشی برای خودنمایی نمی‌کرد. ذاتاً زیبا و جذاب بود. شخصیتش او را جذاب‌تر می‌کرد. محسن پشت سرش می‌گفت: «همچی از گروهشون حرف می‌زنه انگار همه‌ی دنیا می‌شناسن‌شون. حالا اگه چهار تا فامیل پول‌دار بلند نشن برن و الکی واسه‌شون کف نزن، هوا برشون نمی‌داره که بله هنرمندن!»

محسن نیامد و من با خیال راحت مریم را خانه گذاشتم و با عزیزجون که همیشه برای چنین برنامه‌هایی آماده بود و کلی هم بین دوست و آشنا و همسایه تبلیغ کرده بود رفتیم.

من همیشه از برخورد راحت مریم و دوستانش با پسرها لذت می‌بردم؛ خیلی دوستانه درعین‌حال محترمانه.

مریم اعتقاد مذهبی نداشت اگر چه نگاهش به زندگی بسیار معنوی بود. درعوض احساسات وطن‌پرستانه‌اش خیلی قوی بود. تاریخ ایران خصوصاً ایران قبل از اسلام را خوب می‌شناخت. اسلام را به عنوان بخشی از فرهنگ ایرانی پذیرفته بود اما خودش را درگیر فلسفه‌ی دین نمی‌کرد. درعین‌حال نگاه شعرای عارف را بسیار می‌پسندید.

بعد از تمام‌شدن برنامه، مریم من و عزیز را با آقای حکمی مسئول گروه که معلم موسیقی بود آشنا کرد. قبلاً با پسرش علی حکمی آشنا شده بودم که نوازنده‌ی پیانو بود و مریم گفته بود رشته‌اش ادبیات نمایشی‌ست. آقای حکمی ما را به کافی شاپ دعوت کرد. عزیز با آن جذابیتش از خواننده‌گان قبل از انقلاب می‌گفت و گاهی اوقات تکه‌های کوچکی از بعضی آهنگ‌ها را چاشنی صحبت‌هایش می‌کرد و همه را سرگرم کرده بود

آن شب احساس کردم رابطه‌ی مریم و علی عمیق‌تر از رابطه‌ی

کاری‌ست. صحبت‌هایشان خیلی دوستانه و خودمانی بود. برای اولین بار ذهنم را مشغول کرد.
چند روز بعد وقتی مریم را در خانه‌ی عزیز دیدم با احتیاط موضوع را به علی کشاندم. برخلاف انتظارم مریم خیلی راحت گفت: «چند سالی می‌شه من و علی هم‌دیگه رو می‌شناسیم. خب می‌دونی علی همیشه نسبت به پسرهای دیگه برام جذاب‌تر بوده. مشترکات زیادی داریم. در کنارش احساس خوبی دارم.» بعد لبخندی زد و ادامه داد: «راستش مرجان این اواخر علی زیاد از احساسش حرف می‌زنه به نظرم رابطه‌مون داره عاطفی می‌شه...» کمی مکث کرد. سرش را بلند کرد و در چشمانم خیره شد. «اگه در احساسم مطمئن بشم ممکنه با هم ازدواج کنیم.» از حرف‌هایش خوشم آمد و حس احترامم نسبت به او بیش‌تر شد. قبلاً همیشه خودم را به عنوان خواهر بزرگ در موقعیت برتری می‌دیدم و حالا متوجه می‌شدم مریم خیلی متعادل‌تر از من است و خیلی به خودش نزدیک‌تر. احساس می‌کردم می‌داند از زندگی چه می‌خواهد. اما از طرف دیگر وحشت کردم؛ بابا امکان نداشت اجازه دهد مریم با یک نمایش‌نامه‌نویس که پدرش هم معلم موسیقی بود ازدواج کند. اما بهتر دیدم در این مورد چیزی به مریم نگویم: «هنوز که خودش مطمئن نیست می‌خواد ازدواج کنه یا نه چه لزومی داره توی دلشو خالی کنم.»

۶۱

خرداد بود و هوا دیگر گرم شده بود. چند روزی بود محسن به مأموریت رفته بود. مریمی لج می‌کرد، غذا نمی‌خورد و مرتب بهانه‌ی او را می‌گرفت. آن روز هم کمی تب داشت. از ساعت شش صبح بیدار شده بود و بداخلاقی می‌کرد. داشتم آماده‌اش می‌کردم ببرم پارک کمی هوا بخورد که زنگ زدند. گوشی آیفون را برداشتم:
ـ بله؟
ـ منزل خانم محمدی؟
از خوش‌حالی قلبم فشرده شد، باورم نمی‌شد. در حالی که صدایم از هیجان می‌لرزید با احتیاط پرسیدم:
ـ شما؟
ـ یعنی نشناختی خانم؟
ـ وای خدای من! فریده بیا تو. طبقه‌ی دوم.
جلوی در منتظرش ماندم. قبل از این‌که وارد آپارتمان شود از همان کریدور بغلش کردم و حسابی بوسیدمش:
ـ خدای من! فریده این تویی؟ باورم نمیشه

فریده با صورت تپلش انگار در آن چند سال هیچ تغییری نکرده بود. همانطور قاه‌قاه می‌خندید و سرش را به عقب می‌برد. دسته‌گلی به طرفم گرفت:

ـ خانم تولدت مبارک!

ـ فریده جون خودت گلی.

مریمی سرش را از اتاقش بیرون آورده بود و با کنج‌کاوی به فریده نگاه می‌کرد. چشم فریده که به او افتاد با صدای زیر و کشیده گفت:

ـ وای خدای من! چه‌قدر نازه!

ـ فریده جون بهش توجه نکن بذار خودش بیاد و الا الم‌شنگه راه می‌اندازه. امروز زیاد سر حال نیست.

هنوز باورم نمی‌شد. با عجله شربتی ریختم و روبه‌رویش نشستم.

ـ بذار خوب نگات کنم، اصلاً عوض نشدی انگار نه انگار چهار سال گذشته. همون فریده‌ی خودمی. بدجنس چه‌قدر دلم برات تنگ شده بود.

فریده روسری‌اش را درآورد و تندتند و با صدا شربت را هم زد، قاشق را توی بشقاب انداخت و آن را سر کشید، درست مثل توی خوابگاه. یادم آمد که چه‌طور گاهی اوقات زرده‌ی خام تخم‌مرغ را با همین سروصدا توی لیوان هم می‌زد و شیر داغ رویش می‌ریخت و با لذت بالا می‌کشید. هر بار من صورتم را کج می‌کردم و می‌گفتم: «نفرت انگیزه!.» فریده غش‌غش می‌خندید: «یه بار بخور بعد بگو.»

فریده لیوان خالی را روی میز گذاشت و با آن لهجه‌ی شیرین جنوبی‌اش گفت:

ـ چته دختر، چرا گریه می‌کنی؟

با پشت دست اشکم را پاک کرد

ـ ولش کن! نمی‌دونی چه‌قدر از دیدنت خوش‌حالم.

ـ خب خانم تعریف کن ببینم. با بچه‌داری چه‌طوری؟ وای خدای من! این چه موشه!

ـ تو اول به من بگو چند روز دیگه تهران هستی؟ ببین، محسن نیست. می‌تونی پیشمون بمونی؟ وای نمی‌دونی چه‌قدر حرف دارم برات بزنم...

ـ صبر کن خانم تند نرو.

منتظر شدم ادامه دهد. فریده چند لحظه سکوت کرد و با شیطنت ادامه داد:

ـ خبر نداری. خونه‌مون چند خیابون اون‌طرف‌تره. اول عباس آباد

ـ خونه‌تون؟!

فریده قاه‌قاه خندید

ـ ای بابا من ازدواج کردم

از خوش‌حالی جیغ زدم:

ـ فریده؟.. دروغ می گی!

فریده دوباره زد زیر خنده...

ـ بدجنس! بی‌خبر؟! کِی؟

ـ پنج ماهی می‌شه.

ـ یعنی پنج ماهه این‌جایی حالا اومدی سراغ من؟

ـ نه بابا درسته پنج ماهه ازدواج کردیم اما من اوایل اردیبهشت کار انتقالی‌ام درست شد و تونستم دیگه بیام. قبلش هر چند هفته یه بار مجبور می‌شدم واسه‌ی چند روز مرخصی بگیرم.

ـ واقعاً که خیلی بی‌وفایی. می‌دونی چند بار خونه‌تون زنگ زدم. چند بار پیغام گذاشتم؟

ـ خب ببخش. باور کن همه‌چی یه‌دفعه جور شد. جشن که نگرفتیم بابا. خودمون بودیم. یه شام دادیم، همین. ولی باور کن

دلم خیلی می‌خواست ببینمت. همون هفته‌ی اول که اومدم به مادربزرگت زنگ زدم و آدرسو گرفتم. اما به جان خودت وقت نمی کردم سری بهت بزنم.

مریمی آمده بود توی بغلم نشسته بود و به فریده نگاه می کرد. فریده همین‌طور که حرف می‌زد بسته‌یی کادوشده جلوی مریم گرفت و گفت:

ـ این برای مریم جونه.

مریم خودش را به من فشرد. من بسته را برایش باز کردم. مریم عروسکی را که فریده برایش آورده بود گرفت، خوب نگاه کرد و بعد لبخند زد.

ـ حالا یه بوس می‌دی؟

مریمی توی بغل فریده جا خوش کرد و مشغول بازی با عروسک شد.

فریده برایم تعریف کرد که با یکی از دانش‌جوهای رشته‌ی کامپیوتر از گروه ریاضی ازدواج کرده. هر چه‌قدر گفت یادم نیامد کی. با آن نشانی‌ها چند تا دانش‌جو داشتیم.

ـ ای بابا چه‌طور یادت نیست؟ از بچه‌های قبل انقلاب فرهنگی بود، هم‌دوره‌یی سعیده.

ـ اون که با زری ازدواج کرد، می گفتن چهار پنج سال زندان بوده.

ـ نه بابا تو هوشنگ رو می گی، قدبلند و لاغر بود. اما مراد قدش متوسطه، با موهای فرفری. یادته اون ترم چهارشنبه‌ها بعدازظهر که با هم کلاس عمومی داشتیم پسرها توی محوطه جلوی گروه ریاضی همیشه فوتبال بازی می کردن؟ ما غر می‌زدیم که نمی‌شه رد شد. نیم ساعت که از کلاس می گذشت بالاخره دل از فوتبال می کندن. مراد بدوبدو، خیس عرق، می‌اومد ردیف جلوی ما می‌نشست تو اَه‌اَه می کردی؟ همیشه

جین می‌پوشید با پیرهن چهارخونه آبی طوسی، من می‌گفتم انگار این لباس رو به تنش دوختن؟

ــ نه فریده جون یادم نمی‌آد. من که مثل بعضی‌ها چهار سال زاغ سیاهش رو چوب نزدم که یادم باشه. حالا عکسی ازش توی کیفت نیست؟

ــ نه. خب، حالا می‌آی خونه‌مون می‌بینیش، یادت می‌آد.

از این که دوباره فریده را پیدا کرد بودم خیلی خوش‌حال بودم. آمدن فریده بهترین هدیه بود در روز تولدم. اگرچه خیلی با هم متفاوت بودیم اما من با او خیلی راحت بودم. تمام آن‌چه که حتا به مامان و عزیزجون نمی‌توانستم بگویم، رک‌وراست با او در میان می‌گذاشتم.

بعدازظهر عزیز و آقاجون هم آمدند. عزیز برایم کیک پخته بود. خندیدم و گفتم: «عزیز من که دیگه خوابگاهی نیستم چرا زحمت کشیدین؟» مریم هم که از صبح با فریده سرگرم بود با دیدن عزیز و آقاجون بیش‌تر سر حال شد. بهانه‌گرفتن از سرش افتاده بود و تبش قطع شده بود. عزیز برگه‌یی دستم داد و گفت: «امروز نادر زنگ زد خونه‌ی ما این شماره رو داد گفت اگه تونستی بهش زنگ بزن.»

شب که مریم خوابید به شماره‌یی که عزیز داده بود زنگ زدم. نادر گفت:

ــ از ظهر منتظر زنگت بودم.

ــ عزیز بعدازظهر شماره رو داد، ببخش مهمون داشتم.

ــ خواستم تولدت رو تبریک بگم.

ــ کاشکی می‌اومدی خونه.

ــ نمی‌خواستم مزاحم بشم.

ــ مزاحمت چیه نادرجون. ببینم این شماره‌ی کجاست؟

ــ این خونه‌ی یکی از دوستامه که دانشگاه آزاد درس می‌ده.

بهم گفت مدرس می‌خوان احتمالاً از ترم تابستون کارم رو شروع می‌کنم.

ـ یعنی مطبت رو توی اصفهان تعطیل می‌کنی؟

ـ نه می‌دم دست یکی از دوستام فعلاً که اجاره‌اش دربیاد. اگه کار رفتنم درست بشه احتمالاً می‌بندمش.

می‌دانستم نادر برای گذراندن یک دوره‌ی تکمیلی قصد داشت به خارج برود اما دقیقاً نمی‌دانستم به کجا:

ـ حالا کجا رو انتخاب کردی؟

ـ کانادا. تورنتو. اون‌جا، هم می‌تونم به‌راحتی کار کنم هم درس بخونم.

ـ می‌دونی کار مهشید و بابک هم درست شده؟ چند هفته دیگه می‌رن لندن.

ـ آره قبل از این که بیام، دیدمشون. مهشید خیلی خوش‌حال بود.

ـ هر دوشون ویزای دانش‌جویی گرفتن. هنوز نرفتن مامان دلتنگی می‌کنه.

ـ خب سه سال که بیش‌تر نیست.

ـ لابد فکر می‌کنی بعد از سه سال واسه‌شون فرش قرمز پهن می‌کنن که برگردن؟

ـ نه خب، می‌دونم احتمالاً به‌هرحال یا همون‌جا می‌مونن یا راهی کانادا و آمریکا می‌شن. خیلی از هم‌دوره‌یی‌های من رفتن.

ـ آره. امروز یکی از دوستان دوران دانش‌جویی‌ام این‌جا بود. شاید باور نکنی حدود ده تا از دوستان مشترکمون بعد از لیسانس رفتن.

ـ چرا. باور می‌کنم. همه‌جا همین‌طوره. فقط موضوع بچه‌های دانشکده‌ی علوم نیست.

ـ حالا تا نرفتی بیا پیشمون. می‌ری دیگه نمی‌بینمت.
ـ نه مزاحم نمی‌شم. فکر نکنم محسن زیاد خوشش بیاد.
ـ وا، این حرفا چیه؟ خوبه اصلاً هم‌دیگه رو ندیدن ها!
ـ اون چند روز که مریض بودی یادته؟ توی اصفهان. همون موقع احساس کردم.
ـ خب حالا تو خونه می‌گیری من می‌آم پیشت.
ـ اول ببین کسی دعوتت می‌کنه، بعد بیا.
ـ ای اصفهانی خسیس

نادر خندید من ادامه دادم:
ـ واقعاً خوش‌حالم که این‌جایی. صحبت کردن با تو دومین اتفاق خوب امروز بود.

گوشی را که گذاشتم خوش‌حال بودم. به خودم گفتم: «زندگی خیلی هم سخت نیست، مرجان خانم. ببین فریده سروسامان گرفت. باورت می‌شد فریده ازدواج کنه؟ دیدی روحیه‌اش چه‌قدر تغییر کرده بود. با چه حالتی از مراد حرف می‌زد. خدا رو چه دیدی شاید نادر هم بالاخره بتونه این‌جا به کسی دل ببنده و از این سردرگمی نجات پیدا کنه. حیف که کسی رو نمی‌شناسم بهش معرفی کنم... هی وایسا ببینم این دختر خانم سعیدی، همسایه پایینی، انگار پزشکی می‌خونه، آره! چه‌قدر هم خانومه. گفت کدوم دانشگاه‌ست؟ یادم نمی‌آد. شاید همون‌جایی باشه که نادر قراره درس بده! دختر قشنگی هم هست...»

۶۲

از در دانشکده که وارد شدم صدای دختری از نگهبانی به گوشم رسید که می‌گفت: «حالا می‌شه برم، به خدا امتحان دارم.» توی نگهبانی همیشه یکی دو نفر می‌نشستند، کارت بچه‌ها را می‌دیدند و رفت‌وآمدها را کنترل می‌کردند. هیچ‌وقت هم نمی‌فهمیدی بالاخره چه لباس و آرایشی مجاز است و چه مجاز نیست.

یکی از خواهرهای حراستی با بی‌خیالی گفت: «من کار ندارم با این وضع نمی‌تونی بری داخل. اگه بذارم بری واسه خودم مسئولیت داره.»

در صدایش نه تعصب بود نه بدجنسی. رک‌وراست می‌گفت: «وظیفه دارم جلوتو بگیرم.» بعضی‌وقت‌ها همین خواهرهای حراستی را می‌دیدی که توی بوفه و این‌طرف و آن‌طرف دانشکده با بچه‌های بدحجاب و اهل آرایش مشغول گپ‌زدن بودند. معمولاً از رژ لب و شماره و مارک رنگ مو و... سؤال می‌کردند.

کسی از پشت سر سلام کرد. برگشتم دکتر احمدی بود با

عجله گفتم:

ـ سلام از ماست استاد، حالتون چه‌طوره؟

ـ من خوبم. مرسی.

دکتر احمدی سکوت کرد و با حالتی هیجان‌زده به من خیره شد. چند ثانیه‌یی گذشت. نمی‌دانستم چه اتفاقی افتاده است. بالاخره با صدایی لرزان گفت:

ـ باید باهات صحبت کنم، می‌تونیم واسه ناهار بریم بیرون؟

از لحن غیررسمی او بیش‌تر متعجب شدم اما نشان دادم که متوجه چیزی نیستم. گفتم:

ـ خیلی خوش‌حال می‌شدم اما متأسفانه باید برم دنبال بچه. اگه اجازه بدین ساعت ۱۲ که کلاسم تموم می‌شه در دفترتون خدمت می‌رسم. خودم هم چند تا سؤال داشتم.

کلاسم که تمام شد به طرف دفتر دکتر احمدی رفتم. داخل که شدم گفت:

ـ لطفاً در رو پشت سرت قفل کن.

وقتی باتعجب به او نگاه کردم خیلی خودمانی گفت:

ـ خب واسه همین گفتم بریم یه جایی بشینیم که قبول نکردی، الان همین‌طور چپ‌وراست بچه‌ها می‌آن و نمی‌ذارن دو کلمه حرف بزنیم.

بعد خودش کلید را در قفلِ در چرخاند. من همین‌طور که کلاسورم را دودستی به سینه چسبانده بودم، پشت به در ایستادم. چشمم به سبد بزرگ و زیبایی از گل افتاد که گوشه‌ی میزش بود. دکتر احمدی پشت میزش نشست گفت: «چرا نمی‌شینی؟» نشستم. دکتر احمدی که لابد در اتاقش احساس بهتری داشت حالا به من خیره شده بود و لبخند کم‌رنگی روی لبانش بود. نمی‌خواستم نشان دهم که متوجه غیرعادی‌بودن رفتارش هستم. چند ثانیه‌یی در سکوت گذشت. با احساس گفت:

ـ خیلی دوست داشتم پنج‌شنبه تولدت رو تبریک بگم اما هر چه‌قدر منتظر شدم خبری ازت نشد.
سبد گل را کمی روی میز هول داد و ادامه داد:
ـ تولدت مبارک!
سرم داغ شد. قلبم شروع کرد به تپیدن. هرکس آن صحنه را می‌دید، فکر می‌کرد من و دکتر احمدی مدت‌هاست که رابطه‌ی عاطفی قوی داریم. حسابی غافل‌گیر شده بودم. چند لحظه گذشت تا بتوانم به خودم مسلط شوم:
ـ خیلی متشکرم استاد، چرا زحمت کشیدین...
با احساس رضایت لبخند می‌زد. معلوم بود همه‌چیز طبق خواستش پیش می‌رفت. احساس کردم باید رک‌وراست باشم. و الا معلوم نبود سوپرایز بعدی چه باشد. ادامه دادم:
ـ البته اگه اجازه بدین قبولش نکنم.
با تعجب پرسید:
ـ چرا؟
ـ خب...
«چرا خودش متوجه نیست؟ چرا باید یه همچی موضوع واضحی رو براش توضیح بدم».
ـ خب، اولاً چون رابطه‌ی ما فقط یک رابطه‌ی درسیه نه چیز بیش‌تر. اگه کسی منو با این سبد گل ببینه که دارم از اتاق شما بیرون می‌رم چه فکری می‌کنه؟ علاوه بر اون من یک زن متأهلم. نمی‌تونم که به همسرم بگم یکی از استادا این سبد قشنگ گل رو به مناسبت تولدم هدیه کرده.
دکتر احمدی که انگار از کره‌یی دیگر همین دیروز پایش را به این جامعه گذاشته بود باز هم اخم کرد و پرسید:
ـ آخه واسه چی؟
ـ خب... ببینین... مثلاً اگه یکی از خانم‌های همکار یا

دانش‌جوی همسرم به مناسبت تولدش یه سبد گل بهش هدیه می‌داد، من چی فکر می‌کردم؟
ـ نمی‌دونم. چی فکر می‌کردی؟
ـ فکر می‌کردم باید یه رابطه قوی عاطفی بین‌شون باشه.
دکتر احمدی با شیطنت در چشمانم خیره شد و آرام گفت:
ـ و اگه اون خانم بگه همسرت همونیه که از ۱۵ سالگی منتظرش بوده و حالا در سن ۳۷ سالگی پیداش کرده چی؟
صدای دکتر احمدی لرزید. معلوم بود حسابی هیجان‌زده است. رنگش کاملاً پریده بود. بعد از چند لحظه سکوت ادامه داد:
ـ اگه می‌گفت بعد از بیست سال انتظار پیداش کرده... توقع داشتی چی کار کنه؟
سرم را پایین انداختم و گفتم:
ـ توقع داشتم دست از خیال‌پردازی برداره و واقع‌بین باشه. موقعیت همسرم رو بسنجه، بهش احترام بذاره. حریم‌ها رو حفظ کنه و نخواد خودش رو تحمیل کنه.
جمله‌ی آخر را وقتی گفتم که سرم را بلند کرده بودم و نگاهمان به هم گره خورد. متأسف بودم که داشتم آن حرف‌ها را رک‌وراست به او می‌گفتم.
کسی در زد. کمی صبر کرد دوباره در زد. بعد دستگیره را چرخاند و وقتی متوجه شد در قفل است رفت. از جایم بلند شدم. دکتر احمدی گفت:
ـ می‌ترسی؟
از لحنش بدم آمد. به نظرم رسید برخلاف تصورم لیاقت احترام ندارد یا اصلاً متوجه چیزی نیست. سعی کردم نشان دهم کاملاً آرام هستم:
ـ چیزی واسه‌ی ترسیدن وجود نداره. قصد ندارم احساسات شوهرم رو جریحه‌دار کنم یا بهش دروغ بگم واسه چیزی که

وجود نداره.

دکتر احمدی که از حرفم حسابی تعجب کرده بود همین‌طور که از روی صندلی بلند می‌شد گفت:

ـ یعنی احساسات من از نظر تو بی‌ارزشه؟

من لبخند زدم و مؤدبانه گفتم:

ـ آقای دکتر، خواهش می کنم سعی کنین بفهمین. شما واسه‌ی من یه استاد خوبین و یک دوست. خیلی هم براتون ارزش قائلم. اجازه ندین نظرم تغییر کنه.

دکتر احمدی با چهره‌یی گرفته گفت:

ـ من به‌هیچ‌وجه قصد مزاحمت نداشتم.

ـ من هم هیچ شکی ندارم. اما فکر می کنم کمی غیرواقع‌بینانه به مسئله نگاه می کنین. چون مزاحمت فقط اون چیزی نیست که ما می‌فهمیم بلکه بیش‌تر اون چیزیه که عرف تعریف می کنه.

دکتر احمدی به طرف در رفت با حالتی رنجیده پوزخندی زد و گفت:

ـ می‌دونم این حرفا رو فقط از سر ترس می‌زنی خانم محترم! ازدواج فقط یک قرارداد اجتماعیه. نه چیز دیگه.

از اعتماد به نفسش حرصم گرفت:

ـ موضوع فقط همسرم نیست.

کنار در روبه‌رویش ایستادم و درحالی که سعی می کردم مؤدبانه لبخند بزنم ادامه دادم:

ـ اگه متأهل هم نبودم همین حرفا رو می‌زدم. خواهش می کنم نرنجین اما... شما به عنوان یک مرد برای من جذابیتی ندارین.

دکتر احمدی کمی سرخ شد. معلوم بود انتظار شنیدن این حرف را نداشت. برایم عجیب بود کسی بی آن‌که نظر تو را نسبت به خودش بپرسد یا لااقل بداند، این‌چنین بی گدار به آب بزنند.

درحالی که سعی می کرد عصبانیتش را کنترل کند لبخند زد و گفت:

ــ به‌هرحال ببخشین اگه مزاحمتون شدم.

معلوم بود احساساتش حسابی جریحه‌دار شده بود. از این که ضمیر جمع به کار برده بود خوشم آمد. دلم برایش سوخت و عمیقاً از آن سوءتفاهم متأسف شدم. مطمئن بودم از سر بی‌تجربگی دچار این اشتباه شده است. صمیمانه به او لبخند زدم، در چشمانش نگاه کردم و صادقانه به او گفتم:

ــ اصلاً صحبتش رو هم نکنین. فقط یه سوءتفاهم بودکه من مطمئنم روی رابطه‌ی ما کوچک‌ترین تأثیری نخوهد داشت. حالا با اجازه استاد.

از اتاقش بیرون رفتم و سعی کردم موضوع را تمام‌شده تلقی کنم.

۶۳

تیر ماه بود. روزهای آخر سال تحصیلی رو پشت سر می‌گذاشتیم. امتحاناتم تمام شده بود و فقط دو تا تحقیق مانده بود که تا آخر تیر وقت داشتم تحویل بدهم. احساس بچه‌مدرسه‌یی‌هایی را داشتم که به استقبال تعطیلات تابستان می‌روند. وقتی فریده گفت: «بریم باغ سپهسالار؟ می‌خوام یه جفت صندل بگیرم.» کلی خوش‌حال شدم.

پنج‌شنبه بود و محسن می‌توانست مراقب مریم باشد. مدت‌ها بود پایم را آن‌طرف‌ها نگذاشته بودم. میدان مخبرالدوله، کوچه‌ی برلن، باغ سپهسالار را به خاطر بافت سنتی و معماری و به خاطر اسامی‌شان دوست داشتم. فریده که از اول هم تپل بود حالا در ماه پنجم حاملگی به‌زور راه می‌رفت. سربه‌سرش می‌گذاشتم که:

ـــ حالا می‌ذاشتی یه چند ماهی طعم زندگی رو بچشی بعد حامله بشی.

ـــ چه می‌دونم، بابا! کاملاً اتفاقی بود.

ـــ سر پیری آدم شوور می‌کنه همینه دیگه. از هول حلیم زود

می‌افته توی دیگ!

ـ نه، راستش بدم هم نمی‌آد. من دیگه وقت زیادی نداشتم واسه‌ی بچه‌دارشدن!

ـ اوووه. حالا هم‌چی می‌گه انگار پنجاه سالشه! جمع کن ببینم!

آرام‌آرام از این مغازه به آن مغازه می‌رفتیم. من مثل همیشه تندتند حرف می‌زدم و فریده با صدای بلند می‌خندید. یک بسته پفک بزرگ را دوتایی خوردیم و حسابی تشنه شدیم. دو تا بطری نوشابه خنک که رویش به فارسی نوشته شده بود «اوریجینال» هم بالایش نوشیدیم. در یکی از مغازه‌ها چشمم افتاد به یک کوله‌پشتی چرمی که نتوانستم ازش بگذرم. هر چه‌قدر هم فریده گفت: «خجالت بکش تو دیگه مادری این مناسب سن تو نیست» به خرجم نرفت و خریدمش. آن روزها معمولاً فقط بچه هنری‌ها در خیابان کوله داشتند. توی دانشکده‌ی ما کار سبکی بود آن هم برای بچه‌های کارشناسی ارشد.

فریده وقتی بالاخره صندلش را خرید هوس گوجه سبز و لواشک کرد آن‌ها را هم خریدیم و سوار اتوبوس شدیم که دیرتر برسیم. خاطرات دانشکده را زنده می‌کردیم. پشت سر هم‌کلاسی‌ها و استادهای سخت‌گیر حرف می‌زدیم و تقلیدشان را درمی‌آوردیم و با صدای بلند قاه‌قاه می‌خندیدیم. انگار باز شده بودیم همان دانش‌جوهای جوان و سربه‌هوا. فریده از زندگی‌اش راضی بود. با لذت از شوهرش حرف می‌زد. او که زمان انقلاب حسابی اذیت شده بود، حالا مردی در زندگی‌اش بود که تمام آن دوران‌ها را شاید هم سخت‌تر تجربه کرده بود. فریده را حسابی می‌فهمید. پرسیدم:

ـ فریده خیلی دوستش داری؟

فریده که از ترشی گوجه سبز صورتش را کج‌وکوله کرده بود

و چشم چپش نیمه‌باز بود به طرفم برگشت و با دهن پر پرسید:
- کی؟
چیزی نگفتم. لبخند زدم و در چشمانش خیره شدم.
- ها، مرادو می‌گی؟
قاه‌قاه خندید. گوجه سبز را قورت داد و با احساس گفت:
- وای مرجان، نمی‌دونی چه‌قدر خوب و مهربونه!
- خب آره این از محسنات سر پیری شوور کردن دختراس. دودستی می‌چسبن به طرف... بدجنس چند وقته یه شام نیومدین پیشمون. ببین، هفته‌ی آینده تا من نرفتم مشهد بیاین. می‌گم چه‌طوره... بذار ببینم... یک‌شنبه شب خوبه؟
- حالا ببینم.
- خودتو لوس نکن! چی رو می‌خوای ببینی؟ یه شام دیگه.
- نه، ببینم مراد چی می‌گه.
- ای بابا توام!
- مرجان ناراحت نشو. توقع نداشته باش مراد و محسن هم همین رابطه رو داشته باشن که من و تو داریم. می‌فهمی؟ اصلاً راستش من فکر می‌کنم به ما دوتایی بیش‌تر خوش می‌گذره تا وقتی اون‌ها هم هستن.
نفس عمیقی کشیدم و چیزی نگفتم.
- ناراحتت کردم؟
- نه بابا، چی می‌گی!
- حالا من با مراد صحبت می‌کنم.
- نه نمی‌خواد اذیتش کنی. شاید محسن هم وقت نداشته باشه.
فقط مراد نبود که از معاشرت با محسن لذت نمی‌برد. بابک شوهر مهشید هم همین احساس را داشت. مریم و مهشید هم همین‌طور. وقتی رابطه‌ی مریم را با بابک می‌دیدم حسرت

می‌خوردم؛ انگار بابک برادر بزرگش بود. خیلی صمیمانه. اما با محسن این‌طور نبودند. اوایل فکر می‌کردم با گذشت زمان رابطه تغییر خواهد کرد. خصوصاً این‌که مریم تهران بود و می‌توانست بیش‌تر به ما سر بزند. هر بار که دعوتش می‌کردم طفره می‌رفت. یا اگر می‌آمد معذب بود. اما وقتی محسن نبود بی‌دعوت می‌آمد و حسابی بهش خوش می‌گذشت. اگرچه محسن به هیچ‌کس بی‌احترامی نمی‌کرد و به مهمان‌ها احترام می‌گذاشت، اما ترجیح می‌داد فقط با چند نفر از هم‌کارانش و یکی دو تا از اساتید و هم‌کلاسی‌های سابقش رفت‌وآمد داشته باشد یا با بزرگترهای فامیل مثل دایی‌اش. حتا تمایل نداشت که با عفت و شوهرش زیاد در ارتباط باشد. می‌گفت: «آدم با کسی می‌ره و می‌آد که یه چیزی داشته باشه.» هر بار دایی‌ها و خاله‌هام دعوت می‌کردند بهانه می‌آورد. حتا بیش‌تر اوقات من تنهایی به خانه‌ی عزیز و آقاجون می‌رفتم. همیشه باید بهانه می‌آوردم که «محسن با کار و تدریس گرفتاره» و آن بنده‌های خدا هم حرفی نداشتند.

کلید که در قفل در چرخید با صدای بلند گفتم: «سلام، من اومدم.»

محسن از اتاق بیرون آمد. انگشتش را روی بینی‌اش گذاشت یعنی این‌که بچه خوابه

ــ سلام، ناهارشو دادی؟

ــ سوپی که گفتی نخورد. درعوض قورمه‌سبزی رو با لذت خورد.

ــ شیطونک! فکر کنم دیگه باید رژیمش رو تغییر بدم. غذای خودمونو ترجیح می‌ده. خودت چی، ناهار خوردی؟

ــ نه هنوز.

ــ الان گرم می‌کنم با هم بخوریم. سالاد می‌خوری یا سبزی

دربیارم.
محسن که چشمش به کوله افتاد گفت:
ـ این مال کیه؟
ـ مال خودم.
ـ شوخی می‌کنی.
خندیدم و با لحنی کودکانه گفتم:
ـ نه. واسه چی؟ ببین چه خوشگله!
درش را باز کردم که داخلش را هم نشان بدهم. محسن پوست پفک و چیپس را که دید با حالتی متعجب گفت:
ـ یعنی تو و اون دوست چاقالوت توی خیابون راه رفتین و اینا رو خوردیم؟
به من خوش گذشته بود سر حال بودم. قیافه ترسیده‌یی به خودم گرفتم و با لحن کودکانه گفتم:
ـ آقا اجازه... بستنی و گوجه سبز و لواشک هم خوردیم.
محسن لبخند نزد. شوخی‌ام نگرفته بود. توی ذوقم خورد.
ـ من روز تعطیلم رو با بچه تلف کردم. می‌تونستم چهار صفحه بخونم یا دو کلمه بنویسم. که چی؟ که تو بری این آشغال رو بخری؟ نه، خودت بگو در شأن تو هست؟ مرجان، چرا نمی‌خوای بفهمی تو دیگه یه دختربچه نیستی، یا چه می‌دونم اون دختر دانش‌جویی که با بچه‌ها راه می‌افتاد می‌رفت کوه و این‌ور و اون‌ور. می‌فهمی؟ تو دیگه مادری. باید بشینی بچه‌ات رو تربیت کنی. اصلاً ببینم چرا اون روز که دختر همسایه‌ی بغلی می‌خواست چیپس بذاره دهن مریم اجازه ندادی؟ ها؟ اگه مادرش تو رو چیپس به دست می‌دید چی می‌گفت؟
دلم برای خودم سوخت. یه کوله خریده بودم. چیپس و پفک خورده بودم. این یعنی گناه؟ محسن روی صندلی آشپزخانه نشسته بود و با صدای زیر طوری که مریم را از خواب بیدار

نکند داشت نصیحتم می‌کرد!
ـ مرجان اگه واسه‌ی خودت ارزش قائل نیستی لااقل به فکر موقعیت من باش. می‌دونم درس و دانشکده واسه‌ی تو یه وسیله‌ی سرگرمیه. بهت امروز انرژی می‌ده، خوش می‌گذره، پس خوبه. اما من به زندگی جدی نگاه می‌کنم. می‌فهمی؟ من موقعیتم در جامعه، سر کار، توی دانشکده واسه‌ام مهمه. اگه یکی از هم‌کارا یا، چه می‌دونم، زناشون، یا یکی از دانش‌جوهام که تو رو می‌شناسن توی خیابون می‌دیدت با این کوله و پفک به دست. آخه تو چرا...

گریه‌ام گرفت. تحقیر شده بودم. از این‌که محسن داشت نصیحتم می‌کرد که چه کار باید می‌کردم احساس حماقت کردم. رفتم توی اتاق خواب، در را بستم، روی تخت دراز کشیدم و بالش را روی سرم گذاشتم. بغضم ترکید.

۶۴

با چند تا از بچه‌ها توی بوفه نشسته بودیـم که زری وارد شـد. مـرا که دید پوشـه‌یی از لای کلاسـورش بیـرون آورد بـه طرفـم گرفـت و گفت:
ـ کم پیدایی خانم!
ـ چی کار کنم دیگه، مثل بعضی‌ها از هفت دولت آزاد نیستم که بتونـم تـوی کتاب‌خونـه هـی خر بزنـم.
ـ نـه بابا! باور کـن بـه هیچی نمی‌رسـم. اصلاً از این تـرم راضی نیستـم. بگیـر، اینـو دکتر احمـدی داد. امـروز خیلی از کارت تعریـف کـرد، خصوصـاً از منابعـی کـه استفاده کـرده بـودی خیلی راضـی بـود. می‌دی یـه نگاهی بنـدازم... صـب کـن یـه چـای بگیـرم سرم درد می‌کنـه، شـماها می‌خوریـن بگیـرم؟
تا زری رفت چای بگیرد پوشه را باز کـردم. همان صفحه‌ی اول پاکتـی در بسته بـه پوشـه منگنـه شـده بـود. بچه‌ها سـر میـز مشغول صحبت بودند. پاکت را آرام داخـل کیفـم گذاشـتم. بقیـه‌ی پوشـه را هـم برانـداز کـردم. چیـز دیگری نبـود. زری کـه سـر میـز آمـد بـه بهانـه دست‌شـویی‌رفتن از جا بلنـد شـدم. تـوی توالـت نامـه را با عجله

باز کردم. نامه با این عبارت شروع میشد: «مرجان دل‌بندم!» قلبم تیر کشید. سرم داغ شد. این‌همه گستاخی! بعد از توصیفات آن‌چنانی از من، نوشته بود مهار احساسش فوق توان اوست و درضمن دلیلی برای کتمان این احساس زیبا نمی‌بیند. نوشته بود تمام عمر منتظر من بوده، چه‌طور می‌تواند بگذرد. «همه‌چیز به تو بستگی داره. من همه وجودم مال تو و فکر توست. تصمیم با توست. می‌تونیم رابطه رو کامل کنیم اگه تو بخواهی. ولی تو رو خدا بخواه!»

باورم نمی‌شد. نامه را دوباره خواندم. حس احترامی که نسبت به او داشتم به عنوان فردی باهوش و با سواد کاملاً مخدوش شده بود. حالا با خواندن این نوشته‌های خاص نوجوانان، احساس زده‌گی می‌کردم. برایم قابل‌پذیرش نبود انسانی در ظاهر چنین مؤدب، آرام و محجوب یک چنین جنبه‌ی وحشی و افسارگسیخته‌یی درونش پنهان باشد. نامه را ریزریز کردم و سیفون را کشیدم.

ذهنم حسابی مشغول شده بود. هیچ دلیلی نمی‌دیدم دکتر احمدی به خودش اجازه‌ی چنین برخوردی بدهد. به نظرم می‌رسید این آدم، برخلاف ظاهر متعادل و معقولش، یا باید مریض باشد یا کاملاً غریبه با روابط و الفبای زندگی اجتماعی. اما کسی که تمام عمرش یا درس خوانده یا درس داده، یعنی حداقل ۲۰ سال در محیط دانشگاهی به سر برده، چه‌طور می‌توانست از معیارهای این جامعه بی‌اطلاع باشد.

دلم می‌خواست نظر بچه‌ها را در موردش بدانم. هر جا صحبت دکتر احمدی می‌شد، گوش تیز می‌کردم و یا با احتیاط سؤالاتی می‌پرسیدم. همه از او به عنوان استادی باسواد و انسانی مؤدب و متین یاد می‌کردند. حتا بعضی‌ها به‌شوخی اما با حسرت می‌گفتند: «خوش به حال کسی که زنش بشه.»

خدا می‌داند اگر کسی متوجه حرف‌ها و نوشته‌های دکتر احمدی می‌شد. حتا اگر کسی فقط حدس می‌زد، در مورد من چه فکری می‌توانست بکند.

از گرفتن ترم تابستانی منصرف شدم. تصمیم گرفتم تا مهر به دانشکده سر نزنم. حتا فکر می‌کرم شاید بتوانم ترم بعد در دانشکده دیگری مهمان شوم یا اصلاً مرخصی بگیرم تا موضوع فراموش شود.

اما چند هفته بعد وقتی نامه‌ی عاشقانه دیگری از او رسید، و این بار در صندوق پستی خانه، متوجه شدم که باید کاری بکنم. وارد کافی شاپ که شدم عینکم را برداشتم. میزی دنج دور از پنجره انتخاب کرده بود. متوجه‌اش که شدم از جا بلند شد. به میز که رسیدم سلام کرد و دستش را به طرفم دراز کرد. جواب سلام را دادم. مجبور شد دستش را عقب بکشد. به‌آرامی روبه‌رویم نشست و با علاقه به من خیره شد. از دستش عصبانی بودم. دلم می‌خواست سرش داد بزنم: «چرا دست از سرم برنمی‌داری؟ چرا این‌قدر بی‌شعوری که نمی‌فهمی؟» هر آنچه که به زبان نیاوردم می‌دانستم در چشمانم می‌خواند. چند دقیقه‌یی در سکوت گذشت. از نگاه کردن به او طفره می‌رفتم اما سنگینی نگاهش را حس می‌کردم. خودم ازش خواسته بودم بیاید با هم حرف بزنیم. چند روز هم تمرین کرده بودم که تا او را دیدم همه‌ی عصبانیتم را روی سرش بریزم. حالا در شأن خودم نمی‌دیدم. سکوتش و نگرانی و احساس گناهی که در چشمانش بود مرا آرام کرد. بالاخره با احتیاط پرسید:

ـ چیزی می‌خوری؟

ـ نه. متشکرم.

معصومانه گفت:

ـ ولی بالاخره باید چیزی سفارش بدیم، مگه نه؟

از لحنش خوشم آمد به خودم گفتم: «شاید بشه باهاش حرف زد و متقاعدش کرد. شاید متوجه بشه.» به‌آرامی گفتم:
ـ یه نوشیدنی خنک، خیلی فرق نمی‌کنه.
دکتر احمدی منوی روی میز را باز کرد به فهرست نوشیدنی‌ها اشاره کرد و با خنده گفت:
ـ وای که ما ایرانی‌ها چه‌قدر عاشق اسامی عجیب غریبیم. نه؟ انواع و اقسام شیک و گلاسه و...
چیزی نگفتم. حوصله نداشتم. از دستش خسته بودم. دو تا آناناس گلاسه سفارش داد و کمی هم با پسر جوانی که سفارش را گرفت بر سر اشتباهات انگلیسی منو شوخی کرد و خندید.
پسر جوان که رفت با دو آرنجش به میز تکیه داد. صورتش را در دستانش گرفت کمی در همان حالت ماند. بعد نفس عمیقی کشید و گفت:
ـ بگو. می‌دونم می‌خوای کلی بهم غر بزنی. بگو. فکر می‌کنم آماده‌ام.
چند لحظه‌یی در سکوت گذشت.
ـ چرا نمی‌شد مثل دو تا دوست این‌جا نشست و غر زد به اسامی نوشیدنی‌ها و دو تا از همان‌ها رو نوشید و رفت؟ چرا؟
دکتر احمدی دوباره صورتش را در دستانش گرفت. بعد از مکثی کوتاه و نفسی بلند با صدای زیر گفت:
ـ فکر می‌کنی من با خودم کلنجار نمی‌رم؟ فکر می‌کنی واسه‌ی من ساده است تو باهام این‌طوری حرف می‌زنی؟ در تمام عمرم حتا برای یک‌بار رفتاری نکردم که یه خانم به خودش اجازه بده این‌طوری باهام صحبت کنه، فکر می‌کنی واسه‌ام تحقیرآمیز نیست؟ مرجان سعی کن منو بفهمی. من عاشقتم. اینو می‌فهمی؟ بذار رک‌وراست بهت بگم تو هر لحظه با منی. صبح که از خواب بیدار می‌شم اولین چیزی که یادم می‌آد تویی.

شب با فکر تو خوابم می‌بره. این یعنی عشق. چرا نمی‌خوای بفهمی؟ تو همون کسی هستی که تمام عمرم منتظرش بودم. چه‌طور می‌تونم ازت بگذرم؟
ـ پس کجاست اون دکتر احمدی مدافع حقوق زنان؟ اون حرف‌های قشنگ چرا در خودتون اثر نمی‌کنه؟
ـ این عین حق توئه. کی گفته ازدواج یعنی اسارت زن؟ کی گفته تو اگه متأهلی معنی‌اش اینه که درِ قلبت رو به روی همه‌ی زیبایی‌ها ببندی و فقط بشی مال همسرت. تو تا زمانی که زنده‌ای حق داری عاشق بشی، حق...
ـ باشه. مرسی که این‌قدر به فکر من هستین. خیلی متشکرم. اما همین‌جا صبر کنین. موضوع همینه؛ شما عاشق شدین نه من... متوجهین؟ من عاشق شما نیستم.
چند ثانیه‌یی در سکوت گذشت. انگار سعی داشت چیزی را بگوید که خلاف خواسته‌اش بود:
ـ چون تو به خودت فرصت ندادی. تو می‌ترسی. تو خودت رو زنی شوهردار می‌بینی که حق نداره به مرد دیگه‌یی فکر کنه. تو از این فکر وحشت‌زده می‌شی و به همین دلیل خودت رو نمی‌تونی رها کنی. اونچه که تو احتیاج داری رها کردن خودئه، بیرون‌اومدن از پیله‌ی نگاه سنتیه. اگه خودت رو رها کنی، اون‌وقته که منو می‌بینی و تمام مشترکاتی که با من داری.
ـ و اگه خودم رو رها کردم و مشترکاتی ندیدم اون‌وقت چی؟
ـ مشکل سر همین رها شدنه. اگه بتونی از اون عبور کنی، نگاهت به همه‌چی عوض می‌شه. تا اون مرحله رو تجربه نکنی، هر بحثی بی‌نتیجه است.
ـ آره با جمله‌ی آخرتون موافقم. ظاهراً هر بحثی بی‌نتیجه است. تمام اون چیزایی هم که در مورد ترس گفتین بی‌اساسه. من از چیزی نمی‌ترسم. تا زمانی که با همسرم زندگی می‌کنم

اخلاقاً وظیفه دارم بهش وفادار بمونم. اگر هم یه روزی عاشق بشم برای خودم و برای شریک زندگی‌ام اون‌قدر ارزش قائلم که اول ترکش کنم بعد وارد رابطه‌ی جدید بشم.

ـ واقعاً؟

ـ چی واقعاً؟

ـ یعنی اگه عاشق بشی واقعاً این کارو می کنی؟

ـ مسلمه! اما شرط اولش عشقه. نه رهاشدن به امید عاشق‌شدن.

ـ مطمئن باش تا رها نشی فرصت عاشقی پیدا نمی کنی.

پسر جوان نوشیدنی‌های ما را روی میز گذاشت. پشت یکی از میزها کنار دو جوان دیگر نشست.

ـ هرطور که دوست دارین قضاوت کنین. من ممکنه وقتی مقاله می‌نویسم برم سراغ نظریه‌پردازان اما افسار احساسم رو هیچ‌وقت به دست تئوری‌های آزمایش‌نشده یا آزمایش‌شده و شکست‌خورده نمی‌دم.

ـ مشکل همینه دیگه. موضوع اینه که ما نمی‌خوایم با زندگی، علمی برخورد کنیم. اگه نگاه سنتی به ازدواج شکست‌خورده چرا نباید دورش انداخت؟ چرا نباید این نگاه پوسیده رو تغییر داد؟

ـ به‌خوبی می‌تونین ببینین ما چه‌قدر با هم اختلاف داریم. حتا برای درکش به رهایی هم نیازی نیست. اما شما که دم از نگاه علمی می‌زنین، چرا نمی‌خواین بفهمین که برخوردتون با من خیلی هم عقب‌مونده و ابتداییه. نمی‌خواین لااقل یه‌ذره برای من به عنوان زن ارزش قائل باشین. چرا سعی می کنین خودتون رو به من تحمیل کنین؟ چرا مزاحم زندگی‌ام هستین؟ چرا تمام اون سخن‌رانی‌هایی که در حمایت از حقوق زنان و عقب‌مونده‌گی مردها می کنین یه ذره روی خودتون تأثیر نمی‌ذاره؟

ـ تو که دوباره داری حرف خودت رو می‌زنی. تو نمونه‌ی

بسیار روشن نگاه سنتی زن ایرانی به زندگی هستی. تو یک زن تحصیل کرده‌ی غیرمذهبی وقتی این‌چنین از روبه‌روشدن با خودت وحشت داری وای به حال زنان تحصیل‌نکرده در خانواده‌های سنتی که اتفاقاً مذهبی هم هستن.

ــ شما یا واقعاً متوجه نیستین یا فکر کردین مورد خوبی برای اثبات تئوری‌تون پیدا کردین. اما بذارین رک‌وپوست‌کنده بهتون بگم که این حرفای دهن‌پُرکن ممکنه واسه‌ی دخترهای ۱۷-۱۸ ساله که تازه پاشونو توی دانشگاه گذاشتن تازه‌گی داشته باشه اما من زنی هستم که هم تفاوت رهایی و عشق رو می‌دونم و هم این‌که تئوری‌های جوروا‌جور چه‌قدر در عمل کاربرد داره.

دکتر احمدی باز هم گفت و گفت. من حسرت می‌خورم به آن حضور ذهن و آن همه معلومات. اما چرا نمی‌خواست بفهمد که به عنوان مرد برایم کوچک‌ترین جذابیتی ندارد؟

آن روز مطمئن شدم که صحبت کردن با دکتر احمدی بی‌فایده است. به‌هیچ‌وجه قادر نبود یا نمی‌خواست حرف‌های مرا بفهمد. چه‌کار باید می‌کردم؟ آیا نرفتن به دانشکده مشکلی را حل می‌کرد؟ حالا نامه‌هایش به درِ خانه می‌آمد. اگر یکی از آن‌ها دست محسن می‌رسیدچه فکری می‌کرد؟

کاملاً مستأصل شده بودم. نمی‌دانستم چه کار کنم. باید با کسی حرف می‌زدم اما با چه کسی؟ «نادر»

فردای همان روز به نادر زنگ زدم. عصر همان روز مریم را به خانه‌ی عزیزجون بردم:

ــ عزیزجون، الهی قربونت برم یه ساعت دیگه می‌آم دنبالش.

ــ عجله نکن دخترجون. می‌برمش پارک هوا بخوره. شب هم واسه‌ی شام با محسن بیاین.

ــ قربونت عزیزجون نمی‌خواد زحمت بکشی. می‌دونی که محسن گرفتاره. وسط هفته جایی نمی‌ره.

با نادر کریم‌خان قرار گذاشته بودم که نزدیک خانه‌ی عزیز باشد. جریان را سریع برایش تعریف کردم. گفتم:
ـ نادر واقعاً نمی‌دونم چی کار کنم؟
ـ ای بابا! ترسیدم ببین حالا چی شده با این عجله می‌خوای منو ببینی.
ـ نادر اگه یکی از این نامه‌ها دست محسن برسه می‌دونی چی می‌شه؟
ـ چی می‌شه؟
ـ تو مردی، بهتر می‌تونی احساس محسن رو بفهمی. اگه واسه‌ی زن تو می‌اومد چی کار می‌کردی؟
ـ اگه زنم رو دوست داشتم و درکش می‌کردم، نامه رو پاره می‌کردم. همین!
ـ واقعاً؟
ـ آره به همین ساده‌گی. مرجان تو خیلی عوض شدی.
ـ منظورت چیه؟
ـ پس کو اون دختر مستقل و خودرأی؟ این همه ترس و نگرانی واسه‌ی چیه؟ یادت رفته این خودت بودی که انتخابش کردی؟ تو اونو...
ـ نادر بحث اصلاً این نیست. محسن هزار و یه جور گرفتاری داره. کار و تدریس و یه پروژه‌ی مهم که حسابی کلافه‌اش کرده. طبیعیه که نمی‌خوام از طرف من هم دردسری واسه‌اش درست بشه و ذهنش رو مشغول کنه.

نادر سرش را پایین انداخت و خودش را با لیوان نوشیدنی‌اش مشغول کرد.

ـ ببخش نمی‌خواستم دخالت کنم. اما حرفات رو قبول ندارم. در این مورد هم فکر می‌کنم با این توضیحاتی که تو گفتی، این آدم نیاز به درمان داره. به‌هرحال باید با یه متخصص حتماً

صحبت کنه. شاید هم مریض نباشه و فقط داره از شخصیت تو سوءاستفاده می کنه. جدی‌تر باهاش صحبت کن. بگو نامه‌ها رو می‌بری پیش رئیس دانشکده. شاید این روش تأثیر بذاره.
پیشنهادات نادر به نظرم غیر عملی می‌رسید. نه می‌توانستم این آقای استاد دانشگاه را متقاعد کنم با یک روان‌پزشک مشورت کند و نه در خودم آن توانایی را می‌دیدم که کسی را تهدید کنم.

۶۵

روز انتخاب واحد حسابی حالم گرفت. علاوه بر انگلیسی که مثل ترم پیش با دکتر احمدی بود، یکی از دروس اصلی را هم به او داده بودند. نمی‌دانستم چه‌کار کنم. اول تصمیم گرفتم آن ترم مرخصی تحصیلی بگیرم و اصلاً پایم را به دانشکده نگذارم اما وقتی دومین نامه‌ی عاشقانه‌ی دکتر احمدی با پیک درِ خانه آمد فهمیدم مرخصی گرفتن هم نمی‌تواند مشکل را حل کند. این بود که تصمیم گرفتم موضوع را با محسن در میان بگذارم.

اوایل مهر بود. آن روز محسن حسابی سرحال بود. از موقعیت جدیدش در محل کار می‌گفت. مثل همیشه از پروژه حرف می‌زد. که حالا به مهم‌ترین موضوع زندگی‌اش تبدیل شده بود. راست می‌رفت چپ می‌رفت از پروژه می‌گفت؛ از منابع مالی‌اش که سر به فلک می‌کشید، از آینده‌اش. هیچ‌وقت هم از جزئیاتش چیزی نمی‌گفت اما هرچه بود خواب و آرامش را از محسن گرفته بود.

آن شب وقتی دیدم محسن حسابی سرحال است، تصمیم گرفتم موضوع دکتر احمدی را برایش تعریف کنم تا اگر روزی یکی از

نامه‌های کذایی به دستش رسید شوکه نشود. همه‌چیز را صادقانه برایش تعریف کردم و اضافه کردم که این ترم می‌خوام مرخصی بگیرم.

محسن مدتی در سکوت خوب به من زل زد بعد با لحنی خشک و رسمی شروع کرد به سین‌جیم کردن.

سؤالاتش که تمام شد دیگر چیزی نگفت. اما آن شب نمی‌توانست بخوابد مرتب جابه‌جا می‌شد، غلت می‌زد. نیمه‌های شب گفت:

ـ مرجان بیداری؟

ـ آره.

ـ قسم بخور هرچی گفتی عین حقیقته؟

ـ قسم می‌خورم.

ـ و این که همه‌چی رو گفتی.

ـ همه‌چی رو گفتم.

ـ نه. به جون مریمی قسم بخور.

ـ به جون مریمی هرچی گفتم عین حقیقت بود. همه‌چی رو هم گفتم.

محسن چیزی نگفت. حدوداً یک هفته بعد یک شب سر شام پرسید:

ـ مگه کلاسات شروع نشده؟ چرا دانشکده نمی‌ری؟

گفتم که می‌خوام مرخصی بگیرم.

محسن با بی‌خیالی گفت:

ـ نه واسه چی؟ برو تا به‌موقع بتونی تمومش کنی.

سکوت مرا که دید اضافه کرد:

ـ اگه نگران اون استادی باید خیالت رو راحت کنم. دیگه دانشکده‌ی شما درس نمی‌ده.

با تعجب به محسن خیره شدم. اما محسن که گویی موضوع

ساده‌تر از این حرف‌هاست گفت:
ـ چیه؟ باور نمی‌کنی؟ منتقل شده یه جای دیگه.
موضوع از نظر محسن آن‌قدر ساده بود که حتا به خودش زحمت نمی‌داد در موردش بیش‌تر صحبت کند. من با لحنی گله‌مند گفتم:
ـ محسن؟
ـ ها؟
ـ می‌شه بگی جریان چیه من هم بفهمم.
ـ چه‌قدر سؤال می‌کنی؟ چرا فکر می‌کنی همه‌چی رو باید بفهمی؟ خیلی چیزها هست که بهتره اصلاً ندونی.
خندیدم و گفتم:
ـ ولی ببخشین ها! مگه تو رئیس دانشگاه آزادی که تصمیم بگیری...
محسن نگذاشت حرفم تمام شود. سرش را جلو آورد در چشمانم خیره شد و با لحنی جدی و صدایی زیر گفت:
ـ بهت یه چیزی می‌گم اما دیگه سؤال نکن... من فکر می‌کنم طرف نفوذی بوده. این رابطه هم برنامه‌ریزی‌شده بود.
سرش را عقب کشید و به خوردن ادامه داد. کاملاً گیج شده بودم. انگار داشتم یکی از فیلم‌های جیمز باند را دنبال می‌کردم. جاسوس، نفوذی.... بااحتیاط و درحالی که کلمات را می‌کشیدم گفتم:
ـ لابد می‌خوای بگی موضوع پروژه است و این حرفا دیگه.
ـ نمی‌خوام در این مورد دیگه چیزی بشنوم. فقط بدون خیلی باید مراقب باشی.
از حرف‌های محسن اصلاً سر درنمی‌آوردم. اگر کسی در آن لحظه می‌گفت شوهرت نه یک محقق و پژوهشگر بلکه افسر اطلاعاتی است بیش‌تر باور می‌کردم. لحن و کلماتی که محسن

انتخاب می‌کرد آن‌قدر غریبه بود که وحشت کردم.
ـ حالا واقعاً از دانشکده رفته؟ یعنی دیگه تدریس نداره؟
ـ گفتم که منتقل شده، رفته یه شهر دیگه.
از یک طرف بسیار خوش‌حال بودم که مجبور نیستم دوباره دکتر احمدی را ببینم، از طرف دیگر حرف‌های محسن مرا به فکر فرو برد. احساس می‌کردم دارم با یک غریبه زندگی می‌کنم.
محسن در خانه برنامه‌ی مشخصی داشت. از سر کار که برمی‌گشت کمی با مریم بازی می‌کرد. ضمن خوردن شام کمی با من صحبت می‌کرد که بعد از جریان دکتر احمدی بیش‌تر حالت سؤال و جواب داشت. من که همیشه دوست داشتم از کارهای دانشکده، از واحدها، از اتفاقاتی که سر کلاس‌ها می‌افتاد تعریف کنم حالا حرف‌هایم را می‌سنجیدم. اول فکر می‌کردم آیا این مطلب باعث سوءظنش خواهد شد یا نه.
محسن درس و دانشکده‌ی مرا جدی نمی‌گرفت. بارها گفته بود «این شده یه وسیله‌ی سرگرمی واسه‌ی تو که به قول خودت انرژی‌بخشه.» اگر هم مثلاً می‌گفتم: «نمراتم خوب شده. معدلم الف شده یا تحقیقم مورد تشویق قرار گرفته» محسن می‌خندید و می‌گفت: «آفرین پس توی دانشگاه آزاد از این خبرا هم هست و ما نمی‌دونستیم.»
دوران اصلاحات شروع شده بود. آزادی نسبی در جامعه برای خیلی‌ها خوش‌آیند بود. محسن از نقطه نظرات سیاسی‌اش معمولاً در خانه چیزی نمی‌گفت. من آن روزها با علاقه چند روزنامه‌ی اصلاح‌طلب را می‌خواندم و گاهی اوقات برای محسن مطلبی را که خوانده بودم تعریف می‌کردم. محسن با بی‌اعتنایی می‌گفت: «همه‌اش مزخرفه!»
معمولاً نظراتش را در مهمانی‌ها و ضمن صحبت‌کردن با

دوستان و هم‌کارانش می‌فهمیدم. یک شب در یک مهمانی، که چند نفر از هم‌کاران محسن جمع بودند، صحبت بر سر دولت خاتمی بود. محسن گفت با بسیاری از اقدامات خاتمی موافق نیست چرا که باعث هرج‌ومرج در جامعه شده است. من گفتم:
ــ من طرف‌دار پروپاقرصش نیستم اما به عنوان یک روحانی پیشرو و واقع‌بین براش ارزش قائلم.
ــ اون‌چه که تو می‌گی واقع‌بینی نیست. جلب احساسات یه مشت جوونه که نمی‌دونن از زندگی چی می‌خوان.
ــ خاتمی رئیس‌جمهور این کشوره و وظیفه داره به خواست اکثریت جامعه که همون اصلاحاته پای‌بند باشه. به قول روس‌ها هر جاده‌ی آسفالته، اول یه راه خاکی بوده که مردم سال‌ها ازش عبور کردن. یه روز بالاخره مسئولین همت به خرج می‌دن و آسفالتش می‌کنن. اما جاده رو مردم انتخاب می‌کنن. بر اساس نیازهاشون. به نظرم سیاست‌های دولت خاتمی منعکس‌کننده‌ی خواست همین مردمه.
وقتی به خانه برمی‌گشتیم محسن حسابی سرسنگین بود. گفت:
ــ تو جلوی اون‌ها با من جروبحث کردی. ندیدی چه‌طوری به هم نگاه می‌کردند و پوزخند می‌زدند. فردا واسه‌ام دست می‌گیرن.
اصلاً از حرف‌های محسن سر درنمی‌آوردم. باورم نمی‌شد ابراز عقیده در مورد وضعیت جامعه که آن‌روزها همه‌جا، از مهمانی گرفته تا مغازه و تاکسی و در هر روزنامه‌یی، مطرح بود کاری اشتباه باشد. آن هم برای من که ناسلامتی جامعه‌شناسی می‌خواندم. چه‌طور می‌توانستم صحبت نکنم؟
نمی‌فهمیدم چه‌طور ممکن است آدم زنش را نفهمد، با نقطه نظراتش این‌قدر غریبه باشد و درعین‌حال از دوست‌داشتن دم

بزنـند. مگـر می‌شـد جنبه‌هـای وجـود کسـی را از هـم جـدا کـرد، بخشـی را پسـندید و خواسـت. بخشـی را سـرکوب کـرد، مـورد انتقـاد قـرار داد یـا لااقـل نادیـده گرفـت.

ایـن نـوع دوست‌داشـتن برایـم قابـل‌درک نبـود. درعین‌حـال مـرا دچـار سـردرگمی و دوگانگـی می‌کـرد و اعتمادبه‌نفسـم را می‌گرفـت.

حق داشتم از سرانجام رابطه‌ی مریم و علی نگران باشم.

پاییز ۷۷ مریم بالاخره تصمیمش را گرفت و به پیشنهاد علی جواب مثبت داد و من دلم هُری پایین ریخت. اما باز هم به روی خودم نیاوردم. چند روزی که بابا و مامان به تهران آمده بودند مریم از من خواست در این مورد با بابا صحبت کنم. خودش و عزیز قبلاً با مامان صحبت کرده بودند. مامان اگرچه سعی می‌کرد نشان دهد او را می‌فهمد اما عمیقاً خوش‌حال بود که تصمیم نهایی با باباست و او مجبور نیست به مریم «نه» بگوید. می‌دانستم ثروت آقای فرخی و اسم‌ورسمش باعث شده بود بابا با ازدواج من و محسن موافقت کند. در مورد مهشید اگر چه پدر بابک ثروتی نداشت اما به عنوان دبیری خوش‌نام در اصفهان اسم‌ورسمی داشت و تعریف‌های عمه منیژه هم کار خودش را کرده بود. اما در مورد پدر علی نه از ثروت خبری بود و نه از اسم‌ورسم. آقای حکمی معلم موسیقی و هنوز، بعد از یک عمر زندگی، مستأجر بود. یعنی اصلاً در بند این مسائل نبود. خانم حکمی می‌گفت: «باور کنین اگه غذاشو آماده نکنی و جلوش

نذاری اصلاً یادش نمی‌آد باید غذا بخوره. موسیقی و ادبیات همه‌ی زندگیشه.»

خانم حکمی طراح لباس بود. مریم می‌گفت: «خرج زندگی‌شونو خانم حکمی می‌ده و الا آقای حکمی که درآمدی نداره. هر چند توی این سال‌ها علاقه و توجه جوان‌ها به موسیقی باعث شده وضع اساتید موسیقی کمی بهتر بشه اما علی می‌گه وقتی بچه بودیم بابا چند سالی خونه‌نشین شده بود و هیچ کاری نمی‌تونست پیدا کنه.»

بابا بادقت به حرف‌هایم گوش کرد و چند تا سؤال پرسید و بعد با عصبانیت گفت: «یعنی می‌گی مریم می‌خواد زن پسر یه مطرب یه‌لاقبا بشه؟ نه محاله اجازه بدم! اگه زیاد هم حرف بزنه بلندش می‌کنم می‌برمش اصفهان.»

مریم ته‌تغاری بود و بابا طبیعتاً علاقه خاصی به او داشت و همین علاقه باعث شده بود به او آزادی بیش‌تری بدهد. مریم از خیلی چیزها برخوردار بود که در مورد من ممنوع بود. بابا از تمرینات و کنسرت‌های مریم خبر داشت. حتا بارها به گروه کمک مالی کرده بود. یک بار هم بچه‌های گروه با هم به اصفهان رفته بودند بابا و مامان خیلی از آن‌ها پذیرایی کرده بودند. حالا بابا خودش را نمی‌بخشید: «تقصیر خودم بود. خیلی آزاد گذاشتمش. فکر می‌کردم قدروقیمت خودشو می‌دونه...»

هر چه‌قدر اصرار کردم بابا حتا اجازه نداد خانواده‌ی حکمی را برای یک بعدازظهر دعوت کنم تا با هم آشنا شوند. مامان هم به‌هیچ‌وجه حاضر نبود کمک کند. سکوت کرده بود. نه آره می‌گفت نه نه. محسن هم آشکارا از نظر بابا حمایت می‌کرد. این وسط عزیز بود که حسابی از علی خوشش آمده بود و طرف‌دار این وصلت بود که از نظر بابا حق هیچ‌گونه دخالتی نداشت و عزیز هم کسی نبود که خودش را جلوی او

کوچک کند. من هم که تنهایی حریف بابا نمی‌شدم.
از شبی که علی و مریم، من و عزیز را با آقای حکمی آشنا کرده بودند و من متوجه احساس آن دو به هم شده بودم حدوداً یک سالی می‌گذشت. در این مدت بارها علی را دیده بودم، وقتی محسن نبود با مریم دعوتش می‌کردم. چند باری هم دور از چشم محسن با آن‌ها و نادر به کوه رفته بودم. به نظرم پسر سالمی می‌رسید. مشترکات زیادی با مریم داشت. اگر چه مذهبی نبود اما به خاتمی و اصلاح‌طلب‌های مذهبی احترام می‌گذاشت و معتقد بود نگاهشان به دین منطقی‌ست. مطالعات وسیعی در زمینه‌های مختلف داشت. از ادبیات فارسی و جهان به‌خوبی اطلاع داشت. نویسنده‌های روسی را می‌شناخت که من هیچ‌وقت اسمشان را هم نشنیده بودم. درعین‌حال برخلاف بسیاری از تحصیل‌کرده‌های ایران بسیار خوش‌بین بود. مطالعاتش در زمینه‌ی تاریخ ایران و جهان به او دید وسیعی داده بود. ۲۰ ـ ۳۰ سال را مقطعی کوچک می‌دید. او هم مثل مریم عاشق ایران بود. و معتقد بود با روی کارآمدن دولت اصلاحات کشور به طرف درستی می‌رود و آرام انقلابی‌گری و تعصبات جای خود را به عقلانیت خواهد داد. می‌گفت باید تلاش کرد تا کسانی که بعد از انقلاب از ایران مهاجرت کردند بدبینی‌شان از بین برود و به کشور برگردند: «می‌دونی مرجان واسه‌ی نشون‌دادن ایران واقعی هنرمندها خیلی می‌تونن نقش داشته باشن. هم از طریق موسیقی، هم سینما و تئاتر هم جنبه‌های دیگه هنری»

از صحبت کردن با علی لذت می‌بردم. شخصیتی دوست‌داشتنی داشت اگرچه من با بابک هم راحت بودم اما رابطه‌ام با علی واقعاً دوستانه بود. عمیقاً برای او و مریم آرزوی خوش‌بختی می‌کردم. حالا می‌دیدم هر دو امیدشان به من است تا رضایت بابا را جلب کنم.

از علاقه و حس احترام بابا به نادر خبر داشتم. این بود که از او خواستم در این مورد با بابا صحبت کند. با عمه منیژه هم صحبت کردم گفت: «ببینم چه کاری از دستم برمی‌آد.»
اما کاری از کسی ساخته نبود. بابا پایش را در یک کفش کرده بود و حتا حاضر به دیدن و گفت‌وگو با آقای حکمی نبود چه برسد به موضوع خواستگاری.
تحمل دیدن قیافه‌ی افسرده‌ی مریم را نداشتم چه برسد به این‌که معصومانه اشک از چشمان زیبایش جاری شود. مظلومانه لبخند بزند و با بغض بگوید: «تو ناراحت من نباش درست می‌شه.»

۶۷

ترم آخر را می‌گذراندم و سرم حسابی شلوغ بود. بعد از تعطیلات نوروز ۷۸ دیگه مریمی سه سالش هم تمام شده بود و به مهد کودکش هم حسابی عادت کرده بود و از صبح می‌رفت تا ۵ بعدازظهر و من یا در دانشکده یا در کتاب‌خانه با کارهایم مشغول بودم. محسن از این وضع راضی نبود. خودم هم عذاب وجدان داشتم اما فکر می‌کردم فقط چند ماه بیش‌تر ادامه نخواهد داشت. مامان اوایل خرداد چند روزی به تهران آمد. وضع مرا که دید مریم را با خودش به اصفهان برد. می‌دانستم به بچه در اصفهان بیش‌تر خوش می‌گذرد.

روز جمعه بود. صبح زود بیدار شده بودم. جای خالی مریم حسابی حس می‌شد که پشت سرم راه بیفتد و از زمین و آسمان تعریف کند. هی سؤال پیچم کند. به خودم دلداری دادم که: «اون‌جا بیش‌تر بهش خوش می‌گذره.» نیاز به آرامش داشتم. تزم هنوز کامل نبود و من باید آن را هفته‌ی بعد تحویل می‌دادم. کار آن نتیجه‌یی را نمی‌داد که پیش‌بینی کرده بودم. از طرفی خوش‌حال بودم که این من نیستم که چیزی را به کار تحمیل

می‌کنم. گویی کار خودش راه خودش را می‌رفت. این خوب بود اما از طرفی برای رسیدن به نتیجه به عوامل دیگری نیاز بود که به زمان احتیاج داشت و به منابع. که نه منابع داشتم و نه وقت. نیاز به تمرکز داشتم.

حدود ساعت نُه به اصفهان زنگ زدم. با مریم صحبت کردم که بدش نمی‌آمد از غذاخوردن بچه‌گربه‌ها گرفته تا داستانی که دیشب مامان‌نسرین برایش خوانده بود با آب‌وتاب برایم تعریف کند. گفتم حالا بقیه‌اش را برای بابا تعریف کن.

محسن بعد از صحبت‌کردن با مریم، شروع کرد به بهانه‌گرفتن که:

ــ نباید بچه رو می‌فرستادی اصفهان.

ــ خب هوا به اون خوبی. خودت هم می‌بینی که چه‌قدر پیش بابا و مامان بهش داره خوش می گذره. از مهدرفتن که خیلی بهتره. اون هم توی این گرما.

ــ جالبه اگه مامانم می‌خواست ببرش مشهد قبول می کردی؟

ــ خودت می‌دونی مریم با خانم فرخی اون رابطه رو نداره که با مامانم داره. حوصله‌اش توی مشهد سر می‌ره.

محسن چیزی نگفت. من هم رفتم اتاق مریم که در غیابش حالا شده بود اتاق کار من. همه‌جا پر بود از کتاب و جزوه و یادداشت. حدوداً یک ساعت بعد بود که محسن آمد و بی‌مقدمه گفت:

ــ چند دقیقه به من توجه کن

بد موقعی آمده بود حسابی متمرکز بودم روی نوشتن.

ــ چی شده؟

ــ ببین توی این ریز مکالمات چند شماره هست که توی فهرستی که از دوستات دادی نیست.

سر جریان دکتر احمدی محسن گفته بود: «لازمه مدتی مراقب

تماسات باشی.» چند بار که به موبایل و به شماره‌ی خانه زنگ زدند و کسی صحبت نکرد، محسن گفت: «باید ریز مکالمات را از مخابرات بگیریم و همه‌ی تماس‌ها رو چک کنیم.» به‌این‌ترتیب محسن فهرستی داشت از تمام کسانی که ممکن بود به ما زنگ بزنند. اما از آن جریان ماه‌ها می‌گذشت. من نه دکتر احمدی را دیده بودم نه خبری ازش داشتم و نه نامه‌یی ازش به دستم می‌رسید. بعضی اوقات با خودم فکر می‌کردم شاید محسن راست گفته باشه و دکتر احمدی خطری بوده برای پروژه. بعضی وقت‌ها هم فکر می‌کردم تمام این جریان ساخته‌ی ذهن محسن بوده و توانسته از طریق دوستان و همکارانش که در دانشگاه آزاد نفوذ داشته‌اند زیرآب یک آدم بی‌چاره و رومانتیک را بزنند. «شاید حسابی ترسوندنش. اینه که طرف از ترس جونش عشق و عاشقی از سرش افتاده.»

ماه‌های اخیر اگرچه یکی دو بار گفته بودم «لزومی نمی‌بینم هر دوره ریز مکالمات بگیرم» اما از آنجایی که نمی‌خواستم محسن تصور کند من تلفن‌های خصوصی دارم، این کار را می‌کردم.

شاید اگر محسن در شرایط دیگری این سؤال را می‌پرسید آن‌قدر حالم گرفته نمی‌شد.

ـــ محسن خواهش می‌کنم بذارش برای یه وقت دیگه. سر فرصت نگاش می‌کنم.

محسن بی‌توجه به خواهش من گفت:

ـــ چند شماره هست که هم توی ریز مکالمات خونه هست هم توی موبایل تو.

نگاهی به شماره‌هایی که محسن با خودکار مشخص کرده بود انداختم. موبایل و خانه‌ی نادر جزو آن‌ها بود.

ـــ نمی‌دونم عزیزم. شاید مال بچه‌های دانشکده است. اجازه

بده سر فرصت...
محسن خودکار را از دستم گرفت و پرت کرد گوشه‌ی اتاق.
ــ مرده شور این درست رو ببرن. مگه ازت چی خواستم؟ فقط می‌خوام بگی این شماره‌ی کیه؟ چیز زیادیه؟ آره؟
محسن داشت داد می‌زد.
ــ آروم باش. همسایه‌ها می‌شنون، صداتو بیار پایین!
محسن صدایش را بلندتر کرد
ــ به جهنم! بذار بشنون. بذار همه بدونن من چی دارم می کشم.
ــ چرا دیوونه شدی؟ می گم صداتو بیار پایین!
محسن همان‌طور که بالای سرم ایستاده بود باشتاب چند برگه از نوشته‌هایم را برداشت و گفت:
ــ می گی یا اینا رو ریزریز کنم دلت خنک شه!؟
برای یک لحظه احساس کردم محسن دیوانه شده است. همین‌طور حرص می‌خورد و صدایش را بلندتر می کرد. از جایم بلند شدم به اتاق‌خواب رفتم و در را قفل کردم.
محسن با عصبانیت چند ضربه‌یی به در کوبید:
ــ باز کن. باز کن تا نشکوندمش.
فریاد زد:
ــ می گم باز کن!
بغض گلویم را می‌فشرد با صدایی لرزان گفتم:
ــ هر وقت آروم گرفتی و مثل آدم تونستی حرف بزنی باز می کنم.
بغضم ترکید. روی تخت نشستم. زانوهایم را بغل کردم. چشمم افتاد به تصویرم در آینه. از خودم خجالت کشیدم. آن وضع، آن سین‌جیم کردن‌ها در شأن من نبود. من برای این جروبحث‌ها این ظن و گمان‌ها ساخته نشد بودم. آن هم در شرایطی که از

خودم راضی بودم. چه خلافی از من سر زده بود؟ اصلاً محسن از من چه می‌خواست؟ باید به چه چیزی اعتراف می‌کردم؟ کدام جرم؟ کدام خیانت؟ کدام حرمت‌شکنی؟

«مرده شور این پروژه رو ببرن که دیوونه‌اش کرده. من که می‌دونم این تعصب یه مرد نسبت به زنش نیست. این نگرانی ازدست‌دادن موقعیت شغلیه که زندگی‌مونو کرده جهنم.»

محسن آرام گرفته بود و دیگر به در نمی‌کوبید. می‌دانستم صدای گریه‌ام را می‌شنود. از این‌که مریم در خانه نبود و می‌شد با صدای بلند گریه کرد خوش‌حال بودم. روزم خراب شده بود. حالم گرفته بود. تحقیر شده بودم و این گریه داشت.

یکی دو ساعت بعد از اتاق بیرون آمدم. محسن اتاق مریم را مرتب کرده بود. بوی برنج دم‌کرده توی خانه پیچیده بود. روی مبل نشسته بود و مطالعه می‌کرد.

گوشه‌ی مبل نشستم:

ـ می‌خوام باهات صحبت کنم.

محسن کتاب را کنار گذاشت بامهربانی و احساس گناه به من خیره شد. معلوم بود از کارش پشیمان است.

ـ محسن این اون چیزیه که من و تو شش سال پیش به خاطرش زندگی‌مونو شروع کردیم؟ آره؟

بغض گلویم را گرفت. صورتم خیس شد. محسن سرش را پایین انداخت.

ـ محسن تو عوض شدی. خیلی از اوقات نمی‌فهممت. از حرفات، از حرکاتت شوکه می‌شم. آخه مگه می‌شه آدم با کسی زندگی کنه که بهش اعتماد نداره؟ این چه رفتار تحقیرآمیزیه که تو با من داری؟ محسن من مادر بچه‌ات هستم!

ـ مگه من چیز زیادی ازت خواستم؟

از این‌که محسن اصلاً منظور مرا نفهمیده بود و دوباره حرف

خودش را می‌زد چشمانم گرد شد.
ـ محسن منظور من چیزی دیگه است. من هم آدمم. درست مثل تو. چرا فکر می‌کنی تو بیش‌تر از من می‌فهمی، برتری پس حق بازخواست داری؟ حق داری روابط منو زیر نظر داشته باشی؟ یا تو منو قبول داری و به من احترام می‌ذاری یا قبول نداری. در اون صورت اصلاً زندگی زناشویی دیگه معنی نمی‌ده. محسن این‌طوری نمی‌شه...
ـ تو متوجه مشکلات من نیستی. نمی‌خوای موقعیت منو درک کنی. مثل یه دختربچه فقط به فکر اسباب‌بازی‌های خودتی. چه می‌دونم دانشکده، برو و بیا با این دوست با اون دوست. پس کو وظایف همسری؟ آره بذار رک‌وراست بهت بگم. من هم احساس می‌کنم که تو باهام نیستی. منو نمی‌فهمی. نگران موقعیتم نیستی. نمی‌خواهی کمکم کنی.
ـ چون تو واسه من فقط محسنی. دکتر فرخی در دانشکده... و سازمان... بیرون از این خونه است. توی این خونه من شوهر می‌خوام، کسی که بتونم در کنارش احساس آرامش کنم، کسی که منو همین‌طور که هستم دوست داشته باشه، با همین خصوصیات. نخواد منو تغییر بده تا مقبول دوستان و خونواده‌ش باشم. محسن من دارم اعتمادبه‌نفسم رو از دست می‌دم. من به توانایی‌هام شک می‌کنم. همه فکر و ذکر تو شده این پروژه‌ی لعنتی. تو منو به خاطر موقعیت کاری عذاب می‌دی، می‌رنجونی...
ـ پس خودت چی؟ هی صحبت از این درس و اون استاد، هی حرف از معضلات اجتماعی و اخباری که این روزنامه‌های مزخرف می‌نویسن. همه‌ی خونه شده روزنامه. خوبه کمی به حرفای خودت گوش کنی ببینی جز موضوعات اجتماعی دیگه از چی حرف می‌زنی؟

ـــ آره تو راست می‌گی. حق با توئه شاید. من مسائل دانشکده رو زیاد می‌آرم توی خونه اما فراموش نکن سین‌جیم نمی‌کنم. بهت احترام می‌ذارم. خیلی چیزا رو قبول ندارم اما سعی نمی‌کنم تغییرت بدم. نمی‌پرسم با کی بودی با کی نبودی. اما تو چی؟ نمی‌فهمم آخه چرا تماس‌های منو کنترل می‌کنی. مگه من بچه‌ام؟ مگه خودم تشخیص نمی‌دم؟

ـــ تو نمی‌فهمی من نگرانتم. نگرانم به خاطر ساده‌گی‌ات ازت سوءاستفاده کنن. تو چرا متوجه نیستی دیگه اون دخترک آزاد نیستی که روزی توی دانشکده با هر کی می‌خواست می‌گفت و می‌خندید؟ تو یه همسری، خیلی چیزها می‌تونه به خاطر ساده‌گی تو لطمه بخوره.

ـــ آره مثلاً پروژه. مگه نه؟..هه! بعد می‌گی من مسائل دانشکده رو می‌آرم توی خونه...

ـــ مرجان این‌قدر با من کل کل نکن. من به عنوان مردت، به عنوان شوهرت حق دارم بدونم تو با کی در ارتباطی...

ـــ ببین محسن فرخی اون روزی که حاضر شدم زنت بشم متوجه تمام مسئولیت‌هاش بودم. توی این شش سال هم هیچ‌وقت کاری نکردم که تو به خودت اجازه بدی تحقیرم کنی و به شخصیت و قدرت تشخیصم توهین کنی. اگر هم توهینی از طرف تو شده به خاطر حفظ خونواده تحمل کردم. اگه حرف‌زدن با چند تا هم کلاسی و فامیل و دوست از نظر تو خیانته، آره من خیانت می‌کنم. حالا اون لیست رو بده تا بگم شماره مال کیه، اگه این‌طوری خیال تو از بابت پروژه راحت می‌شه.

۶۸

از ماشین که پیاده شدم به خودم غر زدم چرا آن کفش‌های پاشنه‌بلند را پوشیدم. می‌دانستم روی آن قلوه‌سنگ‌های کف کوچه تا برسم پدر پایم در خواهد آمد. محله‌یی قدیمی بود در جنوب تهران. دومین بار بود پا به آن‌جا می گذاشتم.

وقتی در مسکو بودم. چند بار از کاتیا، مادر رامان، خواسته بودم آدرسی از خانواده‌ی شوهرش در ایران به من بدهد. یک روز بالاخره همه‌ی نامه‌های قدیمی را که از شوهرش مانده بود روی میز ریخت و من آدرس خانه‌ی پدر رامان، یعنی ناصر شجاعی، را پیدا کردم.

تابستان ۷۴ وقتی به ایران برگشتم همان هفته‌ی اول یک روز آدرس را برداشتم به این محله آمدم. سر خیابان که پیاده می‌شدی بازارچه‌ی کوچک و قدیمی روبه‌رویت می‌دیدی با دو تا نانوایی و یک بقالی کاملاً سنتی، یک پلاستیک‌فروشی و چند تا مغازه‌ی کوچک و بزرگ دیگر. بعد کوچه‌ی سنگ‌فرش را تا انتها که می‌رفتی می‌پیچیدی دست چپ. کوچه باریک‌تر می‌شد و خانه‌ها قدیمی‌تر. تا ته کوچه که می‌رفتی باز می‌پیچیدی دست

چپ داخل کوچه‌یی تنگ‌تر که بیش‌تر از دو نفر نمی‌توانستند کنار هم راه بروند. عمر خانه‌های کوچه حداقل به ۱۵۰ سال می‌رسید. با دیوارهای کاه‌گلی و درهای چوبی موریانه‌خورده. ته کوچه دری بزرگ و چوبی بود که سردرش روی تکه‌یی برنجی با خط خوش ده‌ها سال پیش نوشته شده بود: «هو العزیز.»

بار اول نیم ساعت طول کشیده بود تا خانه را پیدا کنم. سه بار زنگ زدم تا بالاخره صدایی زنانه از دور گفت: «کیه.» گفتم «باز کنید». اما مطمئن بودم از آن دور صدایم را نشنیده است. صدا هی نزدیک‌تر می‌شد و می‌گفت: «کیه؟ اومدم.»

بالاخره در چوبی با سروصدا باز شد و دو پله پایین‌تر از سطح کوچه، دختری با کنج‌کاوی به من خیره شد.

ـ سلام! منزل آقای شجاعی این‌جاست؟

دختر که کاملاً متعجب به نظر می‌رسید، به‌آرامی و درحالی‌که کلمات را می‌کشید گفت:

ـ منزل... شجاعی؟.. بله... شما؟

از خوش‌حالی نزدیک بود بپرم صورت نازش را ببوسم:

ـ خدا رو شکر! فکر نمی‌کردم هنوز توی این محله باشن.

دختر که هنوز گیج بود، نمی‌دانست چه بگوید و من آرزو داشتم به داخل دعوتم کند، خصوصاً که بادی خنک از هشتی خانه بیرون می‌آمد و بوی کهنگی و نم را همراه با عطر سبزی خشک‌شده و بادنجان سرخ‌شده به مشامم می‌رساند. زنی از آن دور داد زد:

ـ پریسا کیه؟

دختر همان‌طور که به چشمانم زل زده بود، کمی سرش را به چپ کج کرد و داد زد:

ـ یه خانمی.

صدای کشیده‌شدن سریع دمپایی روی زمین شنیده شد. زنی

میان‌سال و نسبتاً چاق با چادرنمازی گُل گُلی خودش را به هشتی خانه رساند. سرش را بالا گرفت و گفت:
ـ بله
ـ سلام خانم. ببخشین این وقت روز مزاحمتون شدم.
ـ نه، خواهش می‌کنم. جانم.
برایم راحت نبود از آن بالا همه‌ی قضیه را تعریف کنم. کسی هم قصد نداشت مرا به داخل دعوت کند. من‌من کنان گفتم:
ـ منزل آقای شجاعی این‌جاست؟
زن چینی بین ابروهایش انداخت، چشمانش را کمی تنگ کرد و گفت:
ـ بله. امرتون؟
ـ خانم راستش قضیه مفصله، نمی‌دونم چه‌طور براتون تعریف کنم. شما آقای ناصر شجاعی رو می‌شناسین؟
زن برای چند لحظه فکر کرد. چین ابروانش صاف شد. چشمانش را گرد کرد و با حالتی آمیخته با ترس به من خیره شد. من ادامه دادم:
ـ ایشون مدتی روسیه بودن. حالا هم آلمان هستن. شما می‌شناسین شون؟
زن که ترس در صورتش کاملاً نمایان بود با صدایی که تحکم درش بود سریع پرسید:
ـ چه‌طور مگه؟
من لبخند زدم و گفتم:
ـ نه چیزی نیست، نگران نشین. من هفته‌ی پیش از مسکو اومدم. چند تا عکس آوردم از طرف پسرشون، رامان یعنی رامین، که می‌خواستم به مادربزرگش بدم. ایشون همین‌جا هستن؟
زن با حالتی مشکوک سرش را کج می‌کرد گفت:
ـ ما خیلی وقته از ناصر خبری نداریم. آدرس ما رو از کجا پیدا

کردین؟

نفس عمیقی کشیدم و گفتم:

ــ از روی نامه‌های ۳۰ سال پیش. بفرمایین این بسته برای مادربزرگ رامانه. اگه ممکنه بهشون بدین.

زن نگاهی به بسته کرد و اگرچه هنوز متعجب بود و شکاک اما ظاهراً کنج کاویش حسابی تحریک شده بود. لبخند کم‌رنگی زد. نگاهی به سراپایم انداخت، مطمئن شود به من می‌آید همین هفته‌ی پیش از خارج آمده باشم یا نه. کمی از جلوی در کنار رفت و گفت:

ــ بفرمایین داخل با خودشون صحبت کنین.

از دو پله پایین رفتم. هشتی کوچکی بود که با یک پله دیگر از حیاط اصلی جدا می‌شد. حیاطی قدیمی که چهار طرفش اتاق بود با سه باغچه‌ی بزرگ پُر از گل‌های لاله عباسی. حوضی بزرگ در وسط حیاط با آبی تمیز و هندوانه‌یی شناور در آن. ظاهراً آبش تازه عوض شده بود. آجرفرش حیاط نم داشت. معلوم بود تازه جارو شده است. باد خنکی به صورتم خورد که بوی بادنجان سرخ‌شده و برنج صاف‌شده می‌داد. زن از سمت راست حیاط جلو رفت و من پشت سرش. دو تا اتاق در آن سمت بود با درهای چوبی بزرگ. پنجره‌های زیرزمین با کاشی‌های کوچک آبی رنگ مشبک پوشیده شده بود و از لابه‌لایشان خنکی زیرزمین به دست عرق کرده‌ام می‌خورد. در اتاق اولی پیرزنی نشسته بود و سیگار می‌کشید. صدای گفت‌وگو به گوشش رسیده بود داد زد: «نسرین کیه؟»

نسرین جواب نداد. مرا به جلو دعوت کرد که ایوانی بود آجرفرش با ۴ـ۵ پله بالاتر از سطح حیاط. گوشه‌ی ایوان گربه‌یی خوابیده بود و دو بچه گربه‌ی ناز مشغول شیرخوردن بودند. روبه‌رو اتاقی بود بزرگ که ظاهراً اتاق نشیمن خانواده بود با میزی

کوچک در کنار پنجره که بساط سماور رویش بود. سمت چپ ایوان یک دری چوبی رنگ‌وورفته بود بدون شیشه. آن‌جا مهمان‌خانه بود با پنجره‌یی بزرگ و رنگی رو به حیاط مشجر و با تاقچه‌هایی بزرگ در طول هر دیوار. چند تاقچه هم در قسمت بالای دیوارها بود پر از وسائل قدیمی. نسرین مرا داخل اتاق نشاند و خارج شد. چند دقیقه بعد پریسا با سینی شربت آلبالو وارد شد. ۱۴ـ ۱۵ ساله به نظر می‌رسید. شربت را که برداشتم سینی به دست روی صندلی روبه‌رو نشست، به من خیره شد و لبخند زد.

ــ شما دختر نسرین خانم هستین؟

ــ بله.

ــ یعنی نوه حاج‌خانم؟

سرش را تکان داد و با لبخند گفت:

ــ بله.

ــ و نسرین خانم عروس خانم شجاعی هستن؟

ــ نه این‌جا خونه مادر مامانمه.

ــ آها یعنی خانم شجاعی مادر نسرین خانم می‌شن.

ــ آره.

ــ پس آقا ناصر دایی شماست.

دختر چند ثانیه سکوت کرد بعد سرش را به چپ و راست تکان داد و مؤدبانه گفت:

ــ ببخشین من نمی‌دونم.

معلوم بود ناصر در این خانواده از بقالی و نانوایی سر کوچه هم غریبه‌تر است. یک لحظه از آمدنم پشیمان شدم.

چند دقیقه بعد نسرین و مادرش وارد شدند. از جایم بلند شدم و سلام کردم. خانم شجاعی با صدایی محکم و خش‌دار جوابم را داد. قدکوتاه و نسبتاً چاق بود. روسری سیاه کوچکی به سر

داشت که حلقه‌های موهای سفیدش از زیر آن بیرون زده بود. روبه‌رویم نشست. رسمی احوال‌پرسی کرد و به پریسا گفت برو سیگار مادر رو وردار بیار. درحالی‌که کاملاً هیجان‌زده به نظر می‌رسید گفت:
ـ شما از ناصر خبر آوردین؟
ـ راستش خانم نه از خودشون از خونواده‌شون در مسکو.
سر پیرزن کمی لرزید. با صدایی بلند که شبیه داد بود گفت:
ـ ناصر خیلی وقته واسه‌ی من مرده. حالا توله‌هاش از جونم چی می‌خوان؟ اگه فکر کردن پدربزرگه مرده ارث‌ومیراثی گذاشته کور خوندن.
درحالی‌که سعی می‌کرد از ترکیدن بغضش جلوگیری کند، ادامه داد:
ـ پیرمرد تا مُرد چشمش به در بود شاید ناصر از در بیاد.
معلوم بود دل پری از پسرش داشت. نمی‌دانستم چه بگویم. زیر لب گفتم:
ـ خدا رحمتشون کنه.
نسرین دست روی بازوی مادرش گذاشت و گفت:
ـ مامان حرص نخور.
خانم شجاعی بینی‌اش را بالا کشید. سیگاری روشن کرد، دو سه تا پک عمیق زد و دودش را بیرون داد.
من با احتیاط گفتم:
ـ خانم شجاعی خیلی معذرت می‌خوام که مزاحمتون شدم. راستش الان دارم فکر می‌کنم اومدنم خیلی اشتباه بوده.
انتظار داشتم کسی چیزی بگوید ولی مادر و دختر به من زل زده و تعارفات معمول از یادشان رفته بود. منتظر بودند بدانند موضوع چیست.
از آشنایی‌ام با رامان شروع کردم و از آشنایی کاتیا با ناصر

این‌که چه‌طور ناصر وقتی رامان ۵ ساله بوده او و مادرش را رها کرده و رفته آلمان تا برای آزادی کشورش مبارزه کند.
ـ سرپرستی بچه با مادرش بوده که یه استاد دانشگاهه ؛ مادری فداکار و مهربون. رامان رو به‌خوبی تربیت کرده. این خانم راستش حتا از شوهرش هم توقع نداشته چه برسه به شما. رامان یه پسر خوب و باهوشه که داره فوق‌لیسانس می‌خونه بعد از پدرش تنها ایرانی که دیده منم. خودش رو اصلاً ایرانی حس نمی‌کنه. درواقع این فکر من و مادرش بود که شاید اگه رامان با خونواده‌ی پدری‌اش در ارتباط باشه ممکنه نظرش در مورد ایرانی‌ها تغییر کنه. این سوغاتی هم از طرف مادرشه. بفرمایین توی این پاکت هم چند تا عکس از رامانه و آدرس و شماره تلفنش...

خانم شجاعی بادقت گوش می‌داد اما به بسته دست نزد. حتا نگاهش هم نکرد.

چند لحظه در سکوت گذشت من گفتم:
ـ خب اگه اجازه بدین مرخص می‌شم.

خانم شجاعی چیزی نگفت. همین‌طور به سیگارش پک می‌زد. نسرین گفت:
ـ لطف کردین. زحمت کشیدین.

از در اتاق که بیرون می‌آمدم خانم شجاعی آرام گفت:
ـ به سلامت خانم.

توی حیاط نسرین گفت:
ـ ببخشین اگه برخورد مادرم کمی تند بود. ما سال‌هاست از ناصر خبری نداریم. نه نامه‌یی نه هیچی. چند ماه پیش پدرم فوت شد. تنها آرزوش این بود که پسر بزرگش رو قبل از مرگ ببینه.

نسرین بغضش ترکید.

ـ آرزو به دل رفت.
ـ ببخشین اگه ناراحتشون کردم. من واقعاً فکر می‌کردم این‌طوری بهتره.
نسرین دستش را روی بازویم گذاشت و گفت:
ـ نه. شما چه تقصیری دارین؟
شماره‌ی تلفن عزیز را روی کاغذی نوشتم و گفتم:
ـ من احتمالاً تا آخر تابستون ایران هستم. این شماره‌ی خونه‌ی مادربزرگم در تهرانه. یه وقت شاید...
چند ماه بعد برای تبریک کریسمس به کاتیا و رامان زنگ زدم، رامان گفت بسته‌یی از ایران به دستش رسیده است. درحالی‌که می‌خندید گفت:
ـ آجیلش خیلی خوش‌مزه بود اما نفهمیدیم توی نامه چی نوشته بود. لااقل اگه تایپ شده بود شاد چیزی دستگیرم می‌شد.
می‌دانستم رامان در کلاس‌های زبان فارسی مرکز فرهنگی سفارت ایران در مسکو ثبت نام کرده بود. به او پیشنهاد کردم:
ـ یه نامه براشون بنویس.
رامان گفت همین تصمیم را دارد.
و حالا حدوداً چهار سال از آن روزها می‌گذشت. رامان با مادرش و لنا که حالا همسرش بود برای دیدن خانواده‌ی پدری‌اش به ایران آمده بود. آن روز خانواده‌ی شجاعی در همان خانه‌ی قدیمی مهمانی بر پا کرده بودند. من و محسن هم دعوت داشتیم. طبق معمول محسن گرفتار بود و نتوانست بیاید.
سبد گل را در دست راستم گرفته بودم و با احتیاط روی سنگ‌فرش کوچه قدم برمی‌داشتم. مریم که از دیدن الاغی که چند بسته گچ و سیمان رویش بار کرده بودند هیجان‌زده شده بود دست چپم را هی می‌کشید و می‌گفت:

ـــ مامان ببین چه‌طوری داد می‌زنه، مامان... نگاش کن خب، ببین چه شکلیه.

با خودم فکر کردم «از این کوچه که ماشین رد نمی‌شه لابد مردم خونه‌کشی هم که دارن از الاغ استفاده می‌کنن. حالا رامان با دیدن این محله‌ی قدیمی و اون خونه چه‌قدر باید لذت برده باشه!»

۶۹

دکتـر روحانـی و خانمـش چنـد کوچـه بالاتـر از مـا زندگـی می‌کردنـد. خانه‌یـی قدیمـی و یک‌طبقـه داشـتند بـا حیاطـی بـزرگ و پُـر از گل و گیـاه. اولیـن بـار نـوروز ۷۶ بـود، همـان اوایـل کـه محسـن بـه ایـران برگشـته بـود، بـرای تبریـک سـال نـو بـه منزلـش رفتیـم.

ارتبـاط محسـن و دکتـر روحانـی بـه دوران لیسـانس‌اش برمی‌گشـت. دکتـر عمیقـاً هـوش و معلومـات محسـن را تحسـین می‌کـرد و از بحـث و گفت‌وگـوی علمـی بـا او لـذت می‌بـرد. محسـن احتـرام خاصـی بـرای او قائـل بـود و اگرچـه مـن از حرف‌هایشـان چیـزی نمی‌فهمیـدم امـا معلـوم بـود کـه محسـن زیـاد بـا دکتـر روحانـی مشـورت می‌کـرد.

خانـم دکتـر از دوری بچه‌هـا و نوه‌هـا کـه همگـی مقیـم آمریـکا بودنـد خیلـی بی‌تابـی می‌کـرد. مـن گفتـم:

ـ حالا خوبه امکانش هست هر سال بهشون سر بزنین.

ـ هـر دومـون گریـن کارت داریـم امـا دکتـر کـه از تهـران دل نمی‌کنـه، مجبـورم تنهایـی بـرم. فکـر می‌کنـی اون‌جـا مـی‌رم راحتـم؟ تمـام مـدت دلـم این‌جاسـت. نگرانشـم.

دکتر روحانی تحصیل کرده آلمان بود می‌گفت:

ــ خب از حق نمی‌شه گذشت حسابی کارکردن و حقشونه که ادعا داشته باشن. همین آلمان بعد از جنگ جهانی دوم مگه چی ازش مونده بود. با جدیت و پشتکار دوباره جای خودشونو در دنیا پیدا کردن. اما حساب احترام یه چیزه و حساب یکی‌شدن و زندگی کردن و حشرونشر یه چیز دیگه‌ست.

از ساده‌گی این زن و شوهر لذت می‌بردم. دکتر روحانی با آن زیرشلواری و قیچی باغبانی شبیه هر کسی بود الا یک پروفسور فیزیک. زندگی بی‌آلایشی داشت. عاشق فردوسی و حافظ بود. بعدازظهرها روی تخت چوبی کنار حوض می‌نشست و سه‌تار می‌زد. خانم دکتر با خنده می‌گفت: «جوون که بودیم واسه‌ام شعر هم می‌گفت.»

اگرچه من از بحث‌های علمی دکتر و محسن چیزی نمی‌فهمیدم اما نگاه مهربان، ساده‌گی و صداقت و علاقه‌اش به شعر و ادبیات و تاریخ مرا خیلی زود جذب کرد. مریم هم که حسابی دلشان را می‌برد. خانم دکتر برایش لباس می‌دوخت، اسباب‌بازی می‌بافت. مریم حسابی به آن‌ها عادت کرده بود. این اواخر خانم دکتر می‌گفت: «بذار باشه خودم بعداً می‌آرمش.» منزل دکتر روحانی از معدود جاهایی بود که محسن با علاقه می‌آمد. بعضی اوقات می‌گفت: «مرجان کاش یه چیزی واسه‌ی شام درست کنی بریم خونه‌ی دکتر.»

خانم دکتر زنی باهوش و فهمیده بود. دبیر بازنشسته بود، تقریباً هم‌سن‌وسال عزیز. برای من یک دوست واقعی بودو در خیلی از مسائل با او مشورت می‌کردم. یادم می‌آید اولین بار که محسن چند تا از هم‌کارانش را برای شام دعوت کرده بود. من می‌خواستم سنگ تمام بگذارم و از دو روز پیش گفته بودم خدیجه برای کمک بیاید. چند نوع پیش‌غذا، چهار نوع غذای اصلی و ۵ـ۶ نوع دسر باسلیقه درست کردم، همان‌طورکه مامان

از مهمان‌هـای غریبـه پذیرایـی می کـرد. تصـور می کـردم عده‌یـی دکتـر تحصیل کـرده خـارج از کشـور بـا خانم‌هایشـان می‌آینـد و بایـد همه‌چیز شیک باشـد. در چیـدن میز حداکثـر سـلیقه را بـه کار بـردم

وقتـی مهمان‌هـای محسـن سـر میز نشسـتند، هـم آن‌هـا معـذب بودنـد هـم خودمـان. خانم‌هایـی چـادری کـه از زیـر، مانتـو و مقنعـه‌ی مشـکی بـه تـن داشـتند و آقایانـی بـا ظاهـر بسیار سـاده، نامرتـب بـدون اتیکـت بـا لهجه‌هایـی غلیـظ و ادبیاتـی نه در شـأن یـک تحصیل کرده‌ی متخصـص. انـگار اصـرار داشـتند بـر این‌چنین‌بـودن تأ کیـد کننـد، اگـر چـه دلیلـش را نمی‌فهمیـدم. بـا انتخـاب اصلاح‌طلبـان جامعـه نشـان داده بـود کـه از انقلابی‌گـری و ترجیـح تدیـن بـر تخصـص خسـته اسـت امـا انـگار ایـن حضـرات دیـروز جبهه‌رفتـه و امـروز بـه برکـت سـهمیه‌ی رزمنـده‌گان و خانـواده‌ی شـهدا متخصص‌شـده، نمی‌خواسـتند ایـن را بفهمنـد.

در آن جمع خـودم را احمـق احسـاس می کـردم. از قیافـه‌ی گرفتـه محسـن، کـه سـعی می کـرد چشـمش بـه مـن نیفتـد، می‌توانسـتم حـدس بزنـم خجالت‌زده اسـت کـه آن‌هـا را در چنیـن موقعیتـی قـرار داده اسـت. خانم‌هـا ترجیـح می‌دادنـد در گوشـی بـا هـم پچ‌پـچ کننـد و علنـاً همـه دوسـت داشـتیم آن مهمانـی تحمیلـی هرچـه زودتـر بـه پایـان برسـد. آخـر شـب محسـن گفـت:

ـ چه لزومی داره آدم دیگرون رو تو چنین موقعیتی قرار بده؟

بغضـم را فـرو دادم و چیـزی نگفتـم. بـه یـاد خانـواده‌ام افتـادم. مامان دربـاره‌ی بابـا می گفـت:

ـ درسـته کـه زبون‌بـاز نیسـت امـا طـوری ازت تشـکر می کنـه کـه تمـوم خسـتگی از تنـت درمـی‌آد.

چنـد روز بعـد از مهمانـی در خانـه‌ی دکتـر روحانـی بـه خـودم کـه آمـدم همه‌چیـز را برایشـان تعریـف کـرده بـودم.

دکتر سر تکان داد و با لبخندی تلخ گفت:

ــ ناراحت نشو دخترم. این تنها مشکل تو نیست. نمی‌دونی در این سال‌ها ما از دستشون چی کشیدیم. از انقلابی‌گری زمان انقلاب بگیر که دانشگاه رو تبدیل کرده بودن به مسجد تا دوران جنگ که با تبلیغ و عوام‌فریبی این دانش‌جویان باهوش رو کشوندن توی جبهه‌ها و به کشتن دادن. بعد از جنگ هم حق بچه‌های مستعد رو هر سال می‌دادن به یه مشت رزمنده که استعداد هر چیزی داشتند الا درس‌خوندن. از حق نمی‌شه گذشت عده‌یی با هوش بودند اما بیش‌ترشون هیچ‌گونه آماده‌گی برای رشته‌های سختی که انتخاب می‌کردند، نداشتند. بعد از اون هم باز با تبعیض و گرفتن حق عده‌یی دانش‌جوی ممتاز این‌ها رو فرستادند مقاطع بالاتر و بورسیه‌های خارج... نمی‌دونم واقعاً مسئولین چی‌کار می‌کنن. با زور می‌شه آزادی رو محدود کرد و آدم‌ها رو به سکوت مجبور کرد اما با زور که نمی‌شه متخصص ساخت. این‌ها رو عادت دادن که همه‌چی راحت به دست می‌آد. وقتی سطح کلاس‌ها پایین اومد اساتید رو مجبور می‌کردن امتحاناتو راحت‌تر بگیرن تا این حضرات دروس را پاس کنن. بعد از اون، باز سهمیه برای فوق‌لیسانس، باز سهمیه برای دکترا. باز واسه‌ی سهمیه خارج از کشور. مثل بچه‌هایی که در تربیت‌شون کوتاهی کنی و هرچی خواستن در اختیارشون بذاری. تازه کلی هم ازشون تعریف کنی و به‌به و چه‌چه بگی، چون متعهدن، چون جبهه رفتن، چون ماها رو استادهای فسیل‌شده‌ی غرب‌زده می‌دونن...

خانم دکتر دست روی دست شوهرش گذاشت و با مهربانی گفت:

ــ حرص نخور دکتر، می‌دونی واسه‌ات سمه...

دلم برای دکتر روحانی سوخت. آرزو کردم ای کاش محسن هم مثل او فکر می‌کرد و علاوه بر درس و تخصص کمی هم

واقعیت‌های زندگی اجتماعی را می‌دید. به نظرم می‌آمد محسن همه‌چیز را می‌دید اما سعی می‌کرد خودش را با شرایط وفق دهد. وقتی می‌گفتم «واقعیت جامعه چیزی دیگه ست و تو نگاهت محدوده» می‌گفت: «من توی این کشور یه متخصص فیزیکم. به فکر کار خودم هستم. هرج‌ومرج بیرون نباید روی تمرکز من تأثیر بذاره. مردم امروز یه چیزی می‌گن و فردا درست برعکسش رو. یه متخصص باید مستقل از نظر عوام باشه.» احساس می‌کردم محسن برای مردم ارزش قائل نیست. انسان را به دو دسته‌ی متخصص و غیرمتخصص تقسیم می‌کرد. برای کار علمی و به بهانه‌ی هدف مشترک، حاضر بود چشمش را به روی جنبه‌های دیگر زندگی متخصصان ببندد.

گوشی را که از دست مریم گرفتم خانم دکتر روحانی هنوز داشت قربان‌صدقه‌اش می‌رفت:

ـ سلام خانم دکتر.

ـ سلام دخترم. خوبی؟

ـ ممنون شما چه‌طورین؟ آقای دکتر خوبن الحمدلله؟

ـ خوبیم. خدا رو شکر نفسی می‌آد. ببین دخترم زنگ زدم یه خبر خوب بهت بدم. انگار دکتر از طریق یکی از آشناهاش واسه‌ات کاری پیدا کرده. اگه وقت داری پاشو بیا جریانو خودش واسه‌ات تعریف کنه...

۷۰

مدرسه‌ی نسبتاً بزرگی بود که در رشته‌های ریاضی و فیزیک، علوم تجربی و علوم انسانی دانش‌آموز داشت. جز دبیرستان‌های غیرانتفاعی بود که سعی می کردند از دبیرانی استفاده کنند که حداقل مدرک کارشناسی ارشد داشته باشند یا از دبیران با تجربه و معروف شهر باشند. حالا برای بچه‌های سال دوم و سوم به معلم جامعه‌شناسی احتیاج داشتند.

رفتن سر کلاس نه به عنوان دانش‌جو بلکه به عنوان معلم تجربه‌ی جدیدی بود. اگرچه تدریس را بسیار دوست داشتم و در تمام دوران دانش‌جویی شاگرد خصوصی داشتم اما رفتن سر کلاسی با ۳۰ـ۴۰ دانش‌آموز، کنترل کلاس، جلب توجه عده‌یی نوجوان که معمولاً چون حال درس‌خواندن نداشتند سر از رشته‌ی علوم انسانی درآورده بودند، کار آسانی به نظر نمی‌رسید.

فضا با آن‌چه خود من در آن بزرگ شده بودم تفاوت بسیار داشت.

به‌ندرت کسی با علاقه به درس گوش می کرد. اولین چیزی که توجه آن‌ها را جلب کرد روش تدریس من بود که

به نظرشان غیرعادی می‌رسید. نحوی تدیس من که تازه از دانشگاه فارغ‌التحصیل شده بودم و تجربه‌ی تدریس در مدارس را نداشتم برایشان سنگین و غیرعادی بود. به غیر از یکی دو نفر بقیه‌ی بچه‌ها توقع داشتند من درس را بدهم جواب سؤالات آخر هر فصل کتاب را بگویم تا آن‌ها با خودکار علامت بزنند یا سؤالاتی از هر قسمت مطرح کنم جواب را بدهم و از همان‌ها امتحان بگیرم. بچه‌ها قدرت تجزیه‌وتحلیل نداشتند از آن‌جا که درس، جامعه‌شناسی بود خیلی اوقات بحث به مسائل روز کشیده می‌شد. اکثر بچه‌ها به سؤالاتم جواب‌های کلیشه‌یی می‌دادند. همان چیزی که در رایو و تلویزیون می‌شنیدند و اگر می‌پرسیدم «خودت چه فکر می‌کنی» آن‌وقت شروع می‌کردند به انتقادهای بی‌اساس و غیرمنطقی و تناقض‌گویی.

ماه‌های اول تمام تلاشم این بود که با آن‌ها داشتن نگاه علمی را تمرین کنم. بسیار مشکل بود به آن‌ها بفهمانی که برای بحث در رشته‌های علوم انسانی هم باید از اصول علمی، قواعد و ساختارها استفاده کرد و بحث کردنِ علمی باید به دور از نقطه نظرات شخصی، احساسات و تعصبات باشد. اگرچه به‌هیچ‌وجه نمی‌توانستم این را به آن‌ها یاد بدهم اما ناامید هم نمی‌شدم. درعوض بعد از چند ماه اگرچه درس‌دادن غیرعادی من آن‌ها را کلافه می‌کرد و مجبور می‌شدند مطالعه کنند اما از طرف دیگر بحث‌های اجتماعی برایشان جذاب بود. در کلاس من مطرح کردن هیچ موضوعی ممنوع نبود. بدون توهین همه حق داشتند نظرشان را بگویند و این برای آن‌ها نوعی تخلیه‌ی روانی بود که البته خیلی طول نکشید. در پایان ثلث نامه‌یی از مدیر مدرسه به دستم رسید که در آن نوشته شده بود در فلان تاریخ برای «روشن‌شدن پاره‌یی ابهامات» به او مراجعه کنم. در آن جلسه که با حضور مدیر، ناظم و مسئول پرورشی مدرسه تشکیل

شد، و برخلاف تصور من ساعت‌ها ادامه پیدا کرد و در واقع یه نوع بازجویی بود، خانم مدیر می‌گفت:
ـــ خانم محمدی شما ساختارشکنی می‌کنین و این باعث بی‌نظمی می‌شه. روش تدریس شما برای بچه‌ها ناآشناست. اولاً بچه‌ها گله می‌کنن که سطح بالا درس می‌دین، ازشون خیلی توقع دارین، تکلیف می‌دین که برن کتاب‌های غیردرسی بخونن، بیان سر کلاس کنفرانس بدن، مطلب بنویسن. این بچه‌ها وقت ندارن خود کتاب‌ها رو بخونن.
در جواب گفتم:
ـــ خانم من دلم می‌خواد شما یه نگاهی بندازین به این به اصطلاح مقالاتی که شما می‌گین. شما به رونویسی می‌گین مطلب نوشتن؟ این‌ها از روی کتاب‌ها رونویسی می‌کنن. بعضی‌ها حتا به ذهنشون نمی‌رسه که پاراگرافی که می‌نویسن خلاصه کنن. بعضی‌ها اون‌قدر بی‌توجه‌ان که بعضی جملات، حتا بعضی پاراگراف‌ها رو دوبار می‌نویسن. این‌ها بلد نیستن حتا ۵ دقیقه در مورد موضوعی که هفته‌ها قبل به عنوان تکلیف بهشون داده شده، صحبت کنن. من بهشون ایراد نمی‌گیرم، یادشون ندادن. اما نمی‌دونم چه اشکالی داره کسی پیدا شده وقت می‌ذاره و می‌خواد کمک‌شون کنه؟ من می‌دونم عده‌یی از این‌ها هیچ تمایلی به درس‌خوندن و هیچ انگیزه‌یی برای ادامه‌ی تحصیل ندارن اما اون‌هایی که قراره به دانشگاه برن و در یکی از رشته‌های علوم انسانی درس بخونن آیا نباید داشتن نگاه علمی و تحقیق و مطالعه رو از دبیرستان تمرین کنن؟
ـــ ببینین خانم محمدی ما این‌جا یه مدرسه‌ی غیرانتفاعی هستیم. بودجه‌ی ما از طرف والدین تأمین می‌شه. ما باید اون‌ها رو راضی نگه داریم. (می‌دانستم منظورش این است که نمرات بچه‌ها تا آن‌جا که ممکن است درخشان باشد) بنابراین ما باید

طوری با بچه‌ها کار کنیم که در امتحانات بهترین نمراتو بگیرن. مطالعه و تحقیق و بقیه‌ی مسائل وظیفه‌ی ما نیست. نباید وقت بچه‌ها رو تلف کرد. والدین از ما موفقیت تحصیلی می‌خوان نه قدرت تجزیه‌وتحلیل و نقد.

من سکوت کرده بودم و نمی‌دانستم چه جوابی بدهم. ناظم گفت:

ــ البته ساختارشکنی خانم محمدی فقط در روش تدریس ایشون نیست. مسائلی رو در کلاس مطرح می‌کنن که اصلاً در شأن یک معلم نیست.

بعد برگه‌یی را از پوشه‌یی که جلویش بود بیرون کشید و ادامه داد:

ــ ایشون گفتن توجه بیش‌تر به جنس مخالف و تمایل برای نزدیک‌شدن به اون‌ها از ویژه‌گی‌های دوران نوجوانیه و کاملاً طبیعیه که شما‌ها در این سن‌و‌سال می‌خواین در مورد پسرها بیش‌تر بدونین و باهاشون بیش‌تر در ارتباط باشین.

ناظم طوری به من نگاه کرد انگار من گفته‌ام کره‌ی زمین مسطح ست. من که ظاهراً خیلی پرت بودم و منتظر بودم شاید نقل‌قول مرا ادامه دهد و من متوجه شوم کجای حرفم اشتباه بوده گفتم:

ــ ببخشین متوجه نشدم یعنی شما می‌خواین بگین حرف من اشتباهه؟

ناظم صدایش را بلند کرد که:

ــ خانم شما طوری صحبت می‌کنین انگار این‌جا اروپاست. نخیر خانم، این‌جا یه کشور اسلامیه! می‌دونین اگه بچه‌ها این صحبت‌ها رو به والدین منتقل کنن یعنی چی؟ این حرفا برای آبروی مدرسه‌ی ما خطرناکه...

واقعاً از حرفش تعجب کردم:

ــ خانم ببخشین اما انگار شما اصلاً در این مدرسه تشریف ندارین. من که تازه وارد این مدرسه شدم و یه دبیرم به‌خوبی می‌تونم تشخیص بدم که چند درصد بچه‌های کلاسم حداقل یک دوست پسر دارن، اون‌وقت شما یعنی خبر ندارین و تصور می‌کنین این دخترهای معصوم از شنیدن کلمه‌ی پسر سرخ می‌شن؟ بعیده اگه ندونین بیش از نود درصد وقت آزادشون صرف صحبت‌کردن از پسرها می‌شه...

ــ خانم محمدی، وظیفه‌ی ما در مدرسه کنترل رفتار و اعمال بچه‌هاست هیچ‌کس حق نداره در این محیط عکس، فیلم یا لوازم آرایش بیاره. ما به خونواده‌ها کمک می‌کنیم تا دختراشونو با اصول اخلاقی اسلامی بزرگ کنن. توقع نداریم دبیر سر کلاس از این نوع مسائل مطرح کنه.

احساس می‌کردم اصلاً هم‌دیگر را نمی‌فهمیم. جو مدرسه به‌شدت جنسی بود می‌دانستم اصلی‌ترین موضوع گفت‌وگو برای بچه‌های کلاس‌های من پسرها بودند. مرتب یا از دوست‌پسرهای خودشان صحبت می‌کردند یا از دوست‌پسرهای دوستان و هم‌کلاسی‌هاشان. از طرف دیگر هر روز صبح، از اول وقت، چند دختر قدبلند سال آخری جلوی در مدرسه می‌ایستادند و کیف بچه‌ها را بازرسی می‌کردند تا از آوردن کتاب، نوار و سی دی موسیقی و فیلم یا لوازم آرایش به مدرسه جلوگیری کنند. هر روز چند نفری را می‌دیدی که دمِ درِ دفتر منتظرن یا دارن اشک می‌ریزند و قول می‌دهند که دیگر رژ نمی‌زنند «خانم تو رو خدا به خونه‌مون زنگ نزنین به خدا بابام اگه بفهمه منو می‌کشه...» و این صحنه‌ها هر روز تکرار می‌شد. اما دبیر حق نداشت از این موضوعات حرف بزند.

ماه‌های اول یکی از دخترهای باهوش کلاس دوم چند هفته‌یی غیبت داشت. وقتی برگشت احوالش را که پرسیدم. سرش را پایین

انداخت. اشک از چشمانش راه گرفت و مظلومانه گفت:
ـ خانم بابا مامانم می‌خواستن دیگه نذارن بیام مدرسه.
خیلی تعجب کردم. می‌دانستم تقریباً تمام دختران از خانواده‌های متوسط رو به بالا هستند. چه‌طور چنین چیزی ممکن بود. او را به کناری کشیدم و گفتم:
ـ نمی‌خوام ازت حرف بکشم اما اگه دوست داری در موردش صحبت کن.
با هم قرار گذاشتیم ساعتی که او ورزش داشت به بهانه‌ی دل‌درد سر کلاس نرود و من هم که کلاس نداشتم در مدرسه ماندم. دختری بود قدبلند، زیبا، آرام، مؤدب و باهوش که از همان جلسات اول متوجه‌اش شده بودم. تکالیفی که می‌دادم جدی می‌گرفت، سر کلاس به‌دقت گوش می‌داد، سؤالات خوبی هم می‌پرسید. طبیعتاً برایم مهم بود بدانم این دانش‌آموز خوب چه مشکلی دارد که اگر بتوانم کمکی بکنم.
ـ خانم بابا و مامانم حق دارن. اشکال از منه. اما به خدا خیلی سعی می‌کنم اما نمی‌شه، نمی‌تونم.
ـ چی شده ریحانه جون؟ اول تعریف کن
ـ خانم تو رو خدا در مورد من فکر بد نکنین من از اون دخترا نیستم.
ـ از کدوم دخترا؟ ببین اگه فکر می‌کنی ممکنه بتونم کمکت کنم واسه‌ام تعریف کن و اگه نمی‌خوای...
ـ نه خانم! راستش من از حرفای شما سر کلاس خیلی خوشم می‌آد. آرزو می‌کنم مامانم مثل شما فکر می‌کرد. خانم محمدی من... من... من با یه پسره دوستم.
ریحانه با وحشت به چشمانم خیره شد تا واکنش مرا ببیند.
ـ خب بعدش؟
ـ همین دیگه. ما هم‌دیگه رو خیلی دوست داریم خانم، من...

من... احساس می‌کنم اگه اون نباشه می‌میرم.
ریحانه تعریف کرد که از تابستان با پسر همسایه که پنجره‌ی اتاقش روبه‌روی اتاق اوست دوست شده و با هم تلفنی صحبت می‌کرده‌اند و در پارک و کافی شاپ و مرکز خرید نزدیک خانه قرار می‌گذاشته‌اند. پدر مادرش فهمیده بودند و برایش خط‌ونشان کشیده بودند.

ــ اما خانم دست خودم نیست. اگه یه روز صداشو نشنوم دیوونه می‌شم.

ــ دوستت چند سالشه؟

ــ یه سال از من بزرگ‌تره. سال سومه.

ــ خب خودتون چی فکر می‌کنین؟ چه برنامه‌یی دارین؟

ــ خانم او خیلی درس‌خونه. یعنی تا پارسال بود. همه فکر می‌کنن مهندسی شریف رو شاخشه. می‌خواستیم با هم باشیم به هم‌دیگه کمک کنیم دانشگاه قبول بشیم بعدش...

ــ بعدش با هم ازدواج کنین؟

ریحانه سرش را پایین انداخت و زیر لب گفت:

ــ بله خانم.

ــ خب پدر مادرتون چی می‌گن؟ همینو براشون گفتی؟

ــ نه خانم! اونا اصلاً نمی‌خوان یه کلمه هم در این مورد چیزی بشنون. می‌دونین ما توی یه مجتمع زندگی می‌کنیم که همه هم‌دیگه رو می‌شناسن. مامانم می‌گه اگه کسی بو ببره آبرومون می‌ره. چند هفته پیش طاقت نیاوردم، مامانم که نبود بهش زنگ زدم و توی مرکز خرید نزدیک خونه‌مون باهاش قرار گذاشتم. با خواهرم رفتم بیرون و به بهانه‌ی رفتن به دستشویی چند دقیقه‌یی جیم شدم اما خواهرم فهمید و جریانو برای مامانم تعریف کرد.

ــ خواهرت از تو کوچیک‌تره؟

ـ نه خانم سه سال از من بزرگ‌تره. چند ماه پیش نامزد کرد. خودش هم قبلاً با نامزدش دوست بود. خیلی از بچه‌های مجتمع می‌دونستن اما نمی‌دونم چرا نمی‌خواد منو بفهمه.

ـ خب بعدش چی شد؟ دعوات کردن؟

ـ آره خانم. خیلی ناجور. بابام وقتی شنید بهم سیلی زد. هیچ‌وقت یادم نمی‌آد دست روم بلند کرده باشه. بعد هم گفت «دیگه حق نداری پاتو از این خونه بذاری بیرون. حتا واسه مدرسه‌رفتن.» اما بالاخره با تماس‌های خانم مدیر و خانم ناظم و صحبت‌های مامانم نرم شد. ولی قسم خورد «اگه پرده‌ی اتاقت یه ذره کنار بره می‌کشمت. حق نداری گوشی تلفون رو برداری، حق نداری از خونه بیرون بری، حق نداری برای رفتن به مدرسه از سرویس استفاده کنی» صبح‌ها خودش می‌رسونَدم مامانم هم می‌آد دنبالم. خانم به خدا احساس می‌کنم یه کسی چنگ گذاشته گلوم داره خفه‌ام می‌کنه...

صدایش لرزید. سرش را پایین انداخت و با پشت دست اشک‌هایش را پاک کرد.

ـ می‌خوای با مادرت صحبت کنم؟

ـ نمی‌دونم خانم...

با مادر ریحانه در کافی شاپی نزدیک مدرسه قرار گذاشتم. واقعاً توقع نداشتم با چنین تیپی روبه‌رو شوم. با معیارهای جامعه بدحجاب بود و آرایش غلیظی داشت. گفت کارش فیلم‌برداری از جشن‌ها و عروسی‌هاست. بلافاصله کارت ویزیتی از کیفش درآورد و روی میز گذاشت. ریحانه گفته بود پدرش فروشگاه لوازم یدکی ماشین دارد «خانم، بابام توی بیزنس قطعات یدکی ماشینه.» می‌دانستم در خانه ماهواره دارند. گفته بود «نه خانم، بابام مذهبی نیست. اصلاً کاری به این کارا نداره. مامانم هرطوری بخواد لباس می‌پوشه جلوی غریبه‌ها هم حجاب نداره... بابام

معمولاً روزهای تعطیل می‌ره ویلای دوستاش. تازه بعضی وقتا مامانم حسابی دعوا راه می‌اندازه و قهر می‌کنه. آخه بهش مشکوکه.»

نمی‌توانستم بفهمم اگر پدر و مادری چنین محیط آزادی فراهم می‌آورند، چرا نمی‌خواهند متوجه عواقب آن باشند.

ــ خانم خودتون هم دارین تأکید می‌کنین که پسر خوبیه، درس‌خونه، از یه خونواده‌ی درست‌وحسابیه. خب اینا هم‌دیگه رو دوست دارن. شما خودتون می‌دونین توی این سن طبیعیه و بهتر از من می‌دونین اگه بچه‌ها رو به‌شدت کنترل کنین نتایج عکس داره. باعث افت تحصیلی می‌شه. همون‌طور که شما در مورد ریحانه متوجه شدین می‌تونه بهشون ضربه‌های شدیدتری هم بزنه.

مادر ریحانه گفت:

ــ خانم والله نمی‌دونم چی بگم. تابه‌حال مشکلی نداشته. هرچی خواسته زیر دستش بوده. پدره همه‌جور وسیله‌یی در اختیارشون گذاشته. خورد و خوراک و تفریح و مسافرت همه به‌جا. نمی‌دونم چرا ناسپاسی می‌کنه... خب پدرش هم حق داره...

ــ ببینین من یه پیشنهادی دارم. شما می‌گین پسره از یه خونواده‌ی خوب و تحصیل‌کرده‌ست. طبیعتاً اونا هم همین مشکلاتو با پسرشون دارن. چرا باهاشون صحبت نمی‌کنین؟ چه اشکالی داره با هم رفت‌وآمد خانوادگی داشته باشین. در فضای سالم به این دو اجازه بدین در کنار هم باشن، هم‌دیگه رو بینن. فرصت شناخت بیش‌تر هم‌دیگه رو داشته باشن. از کجا معلوم بعد از یه مدت نظرشون عوض نشه؟ این محدودیت‌ها فقط تمایل اون‌ها رو به هم بیش‌تر می‌کنه و یه احساس ساده رو می‌تونه در ذهنشون یه عشق آتشین جلوه بده و باعث بشه خدای نکرده

دست به کارهای غیرمنطقی...

مادر ریحانه ماسک خانم امروزی را کنار زد و با لحنی کاملاً بی‌ادبانه درحالی‌که صدایش همین‌طوری اوج می‌گرفت داد زد:

ـــ ای خراب بشه اون مدرسه‌یی که تو توش درس می‌دی! ای خاک تو سر من که بچه‌مو سپردم دست تو و امثال تو! غلط می‌کنی از این پیشنهادها به دختر من بدی. فکر کردی ما از اون خونواده‌هاییم... نخیر اشتباه گرفتی...

دختر و پسر میز بغلی لبخند می‌زدند. لابد داشتند فکر می‌کردند چه پیشنهاد وحشتناکی من به دختر این خانم می‌توانستم داده باشم!

ناظم با آن چشمان بی‌هوشش به من اخم کرده بود و حرف‌های کلیشه‌یی و خسته‌کننده می‌زد. به خودم گفتم: واقعاً هم یه هم‌چین ناظمی شایسته‌ی والدینی مثل پدر و مادر ریحانه‌ست.

مربی پرورشی که تا آن موقع ساکت بود گفت:

ـــ خانم محمدی شما در مورد حجاب هم حرف‌هایی زدین که با سیاست‌های ما در این مدرسه و کلاً با نظر اسلام اختلاف داره. شما گفتین «حجاب اسم نوع خاصی از لباس‌پوشیدن نیست و نسبیه، در محیط‌های مختلف می‌تونه تغییر کنه.» شما توقع دارین دخترهای ۱۴ ـ ۱۵ ساله از این حرف شما چه برداشتی بکنن؟

احساس عجیبی داشتم. اگر واقعاً والدین همان چیزهایی را می‌خواستند که مسئولین مدرسه به من می‌گفتند پس همه با هم تصمیم گرفته بودند چشمشان را روی واقعیت جامعه و روی دنیای واقعی بچه‌ها ببندند و همه با هم نقش احمقانه‌شان را ادامه دهند. طوری از دخترهای ۱۴ ـ ۱۵ ساله صحبت می‌کردند که گویی ۴ ـ ۵

ساله هستند. نمی‌دانستند در خلوت خودشان چه‌طور بزرگ‌ترها را مسخره می‌کنند، چه‌طور مشکلاتشان را مخفی می‌کنند و در مواقع نیاز چه‌طور مضطربانه برای فرار از سخت‌گیری‌های غیرمنطقی والدین، معصومیت‌شان قربانی می‌شد. در آن جلسه خیلی دلم می‌خواست به این مدافعان اخلاق اسلامی جریانی را که در همان مدرسه اوایل سال تحصیلی اتفاق افتاده بود یادآوری کنم که بدانند واقعیت زندگی بعضی از همین دخترک‌ها چه‌قدر با تصور خام مسئولین و والدین فاصله دارد: یکی از دخترهای سال چهارم از دوست پسرش حامله شده بود. موضوع را طبیعتاً از خانواده‌اش مخفی کرده بود. دوستانش پول توجیبی‌شان را روی هم گذاشته بودند و ترتیب سقط جنین را داده بودند. همه‌چیز به‌خوبی تمام شده بود. چند هفته بعد یکی از دخترها در یک دعوا همه‌چیز را لو داده بود. مسئولین مدرسه فهمیده بودند و باعجله دختر را از مدرسه اخراج کردند.

در انتهای جلسه خانم مدیر بی آن‌که به یاد بیاورد با یک دبیر صحبت می‌کند و نه دختربچه‌یی ترسیده گفت:

ــ به‌هرحال خانم محمدی من با شما قرار داد یک‌ساله دارم. راستش هیچ دلم نمی‌خواد وسط سال تحصیلی بگردم دنبال دبیر تازه. خواهش می‌کنم طوری کلاساتونو اداره کنین که ما دیگه مجبور نباشین برای شما کلاس توجیهی بذاریم.

وقتی فریده شنیده بود که برای تدریس در آن مدرسه غیرانتفاعی چه‌قدر حقوق می‌گیرم، گفته بود:

ــ برو خدا رو شکر کن. سرت رو هم بنداز پایین و کاری به این‌جور مسائل نداشته باش. مگه تو وکیل وصی بچه‌های مردمی؟ یادت نره که خیلی دارن بهت می‌دن! مگه جامعه‌شناسی درس‌دادن هم کاری داره؟

می‌دانستم تقریباً تمام دبیران مدرسه به ساز مدیر و خواسته‌هایش

می‌رقصنـد. بسـیار مراقـب رفتـار و روش تدریس‌شـان بودنـد و بنـا را بـر رضایـت دانش‌آمـوز و والدیـن می‌گذاشـتند.

۷۱

نگـران مریـم بـودم هـر چه‌قـدر سـعی می کـردم نمی‌توانسـتم بابـا را راضـی کنـم بـا ازدواج او و علـی موافقـت کنـد. ماه‌هـا بحـث و گفت‌وگـو و خواهـش و واسـطه کردن دیگـران بی‌نتیجـه مانـده بـود. تابسـتان مامـان گفـت:

ــ بابـا پیشـنهاد کـرده حـالا کـه امسـال مهشـید و بابـک نمـی‌آن ایـران مریمـو بفرسـتیم یـه مـدت بـره پیش‌شـون شـاید ایـن حال‌وهـوا از سـرش بیفتـه.

مریـم از پیشـنهاد مامـان خوش‌حـال شـد. چمدانـش را بسـت و شـش هفتـه بـه انگلیـس رفـت. امـا عاشـق‌تر برگشـت. وقتـی آرام‌آرام زمزمه‌هـای علـی بلنـد شـد کـه «می‌شـه قانونـاً اقـدام کـرد و بـدون اجـازه‌ی ولـی ازدواج کـرد» مـن تصمیـم گرفتـم بـه اصفهـان بـروم و هرطـوری شـده بابـا را راضـی کنـم. ایـن درسـت بعـد از مشـکلاتی بـود کـه مـن در مدرسـه داشـتم. احسـاس می کـردم بابـا هـم آدم بی‌منطقی‌سـت کـه نمی‌خواهـد واقعیـت را ببینـد. مریـم دانش‌جـوی سـال دوم کارشناسـی ارشـد بـود. دختـری باهـوش، فعـال، هنرمنـد و اجتماعـی. حـالا یـک سـال بـود بـه خاطـر نـگاه غلـط بابـا بـه موضـوع

خوش‌بختی داشت زجر می‌کشید. مریم حق داشت با کسی که دوست داشت ازدواج کند. همین را به بابا گفتم و اضافه کردم:
ـ دیگه بچه نیست که از شما بترسه. توی این یک سال هم خیلی سعی کرده منطقی برخورد کنه تا باعث رنجش شما نشه. اما من می‌بینم که دیگه نمی‌تونه. من این پسره و خونواده‌اش رو می‌شناسم و تضمینش می‌کنم.
بابا انتظار چنین برخوردی را نداشت. اول صدایش را بالا برد اما من کوتاه نیامدم و گفتم: «تا رضایت شما رو نگیرم از اصفهان نمی‌رم» بعد از چند روز جروبحث بابا با رنجش گفت:
ـ به جهنم! بذار هر غلطی که دلش می‌خواد بکنه. لیاقتش همین پسره‌ی مطربه. اما به روح آقا بزرگ اگه کوچک‌ترین کمکی بهش بکنم! نه از جشن عقد خبریه، نه هدیه، نه جهیزیه!
مامان با رنگ پریده در سکوت اشک می‌ریخت اما من خوش‌حال بودم. درواقع ذوق‌زده بودم. باید به بابا فرصت می‌دادم آرام شود.
مشکلات مریم و علی تازه شروع شد. اگر چه بالاخره بابا رضایت داده بود اما حالا مشکلات مالی اجازه‌ی ازدواج نمی‌داد. هرطوری حساب می‌کردند نمی‌توانستند هم هزینه‌ی زندگی را تأمین کنند، هم اجاره‌ی خانه با آن مبالغ سنگین پول پیش را بپردازند. پدر علی هم که خودش مستأجر بود و هیچ‌طوری نمی‌توانست کمکشان کند.
اگرچه از شور و عشقم به محسن خبری نبود اما حال‌وهوای خودم زمانی که عاشق محسن بودم چیزی نبود که فراموش کرده باشم و به‌خوبی مریم را درک می‌کردم و می‌خواستم هر طوری هست کمکش کنم.
تابستان سال قبل فریده و مراد به کمک خانواده مقداری پول

جمع و برای گرفتن وام حسابی در بانک مسکن باز کرده بودند. من که در جریان کارشان بودم به نظرم فکر عاقلانه‌یی رسید. اگرچه من در اصفهان و مشهد اسماً آپارتمان داشتم اما می‌دانستم اختیار هیچ‌کدام دست خودم نیست. نه بابا و نه آقای فرخی حاضر به فروش آن‌ها نبودند تا بتوانیم در تهران چیزی بخریم. این بود که تصمیم گرفتم من هم حسابی در بانک مسکن باز کنم. از طرف دیگر مادر محسن هر چند وقت یک بار یادم می‌آورد که هدیه‌هایی که سر عقد گرفته‌ام مشمول مالیات اسلامی می‌شود و باید هر سال سهمی را بابت زکات کنار بگذارم. با مامان مشورت کردم و از او خواستم مقداری از جواهراتی که در بانک گذاشته بود بفروشد تا بتوانم سه‌ونیم‌میلیون تومان تهیه کنم و در بانک مسکن بگذارم. مامان پول را فرستاد. از اصفهانی‌ها یاد گرفته بود که سرمایه بهتر است از خانواده خارج نشود. از این جیب برداشته توی آن جیب گذاشته بود.

فریده بعد از یک دوره‌ی شش ماهه به میزان سپرده‌یی که گذاشته بود وام گرفت و همان سالِ ۷۷ آپارتمان کوچکی خرید. به محسن پیشنهاد دادم ما هم همین کار را بکنیم. برگشت گفت: «تو انرژی‌ات زیاده یه سر داری هزار تا سودا. من نه وقتشو دارم نه حوصله شو. هر وقت خواستیم آپارتمان مشهد رو می‌فروشیم این‌جا خونه می‌خریم. اما فعلاً لزومی نمی‌بینم.» این طوری شد که پول ما یک سال در بانک مسکن ماند.

حالا مشکلات مالی مریم باعث شد من دوباره به یاد آن حساب بانکی بیفتم. سپرده‌ی من دو دوره در بانک مانده بود بنابراین دو برابر آن مبلغ به من وام تعلق می‌گرفت با فروش بخش دیگری از هدیه‌های ازدواج چندمیلیونی اضافه شد و مریم و علی توانستند آپارتمان کوچک تازه‌سازی در نزدیکی ما پیدا کنند.

بابا هنوز روی حرف خودش بود. حتا برای مراسم خواستگاری و

عقد اجازه نداد خانواده‌ی حکمی به اصفهان بروند. خواستگاری و جشن کوچک خانواده‌گی در خانه‌ی ما برگزار شد. البته مامان بی‌مهری بابا را جبران کرد و برای مریم با پول خودش جهیزیه‌ی نسبتاً مناسبی تهیه کرد. مامان بعدها این موضوع را بارها با خوش‌حالی تکرار می‌کرد:

ـ جریان خرید آپارتمان مرجانو با احتیاط برای بابا تعریف کردم. فکر می‌کردم از دستتون عصبانی بشه اما خندید و گفت: «می‌بینی نسرین، ناراحت بودم پسر ندارم. پدرسوخته‌ها می‌تونن گلیم خودشونو توی اون شهر بی‌دردوپیکر از آب بیرون بکشن. مثل یه مرد!»

۷۲

اختلاف نظر من و محسن در مورد تربیت بچه آرام‌آرام خودش را نشان می‌داد. من در رابطه با ظاهر و لباس‌پوشیدن مریم همان‌طوری عمل می‌کردم که مامان مرا بزرگ کرده بود؛ لباس‌های زیبا و پیراهن‌های رنگارنگ برایش می‌خریدم، موهایش را به‌زیبایی آرایش می‌کردم. وقتی به مریم می‌گفتم: «تو شاه‌زاده‌خانم منی و یه شاه‌زاده‌خانم همیشه مرتب و خوش‌اخلاقه»، محسن مریم را می‌بوسید و می‌گفت: «فرشته‌ی کوچولوی بابا.»

و به من می‌گفت:

ــ این‌طوری که تو تربیتش می‌کنی چهار روز دیگه این شاه‌زاده‌خانم نمی‌تونه حجابو قبول کنه.

ــ محسن خوبه که مثلاً بابا مامانش تحصیل‌کرده‌ان، ها! ما که نمی‌تونیم به‌زور یا به روش سنتی بچه رو مذهبی کنیم. بچه خودش باید با رغبت انتخاب کنه. اگه هم نخواست که تو نمی‌تونی مجبورش کنی، می‌تونی؟

ــ مجبورش نمی‌کنم اما طوری تربیتش می‌کنم که خودش

بپذیره.
زمانی که از جریانات مدرسه و مشکل ریحانه حسابی حالم گرفته بود یک روز به محسن گفتم:
ـ اگه مریم توی سن ۱۵ـ۱۶ سالگی دوست‌پسر داشته باشه تو چه برخوردی می‌کنی؟
محسن با اخم پرسید:
ـ مگه خودت توی اون سن دوست‌پسر داشتی؟
ـ من نداشتم چون اون موقع اصلاً نگاهم به زندگی طور دیگه‌یی بود. شاید دلیلش نوع خونواده‌ام بود؛ دوروبر من پر بود از پسر. ما بچه‌های فامیل با هم بزرگ می‌شدیم. وقتی به سن بلوغ می‌رسیدیم ما رو از هم جدا نمی‌کردن. نمی‌گفتن «پسرعمه و پسرخاله نامحرمه، پس باید ازش رو بگیری.» با هم غریبه نمی‌شدیم که حساسیت پیدا کنیم و بخوایم مخفیانه و دور از چشم پدر مادرها با پسرها دوست بشیم.
ـ اما معنی‌اش این نیست که نسبت به هم احساسی نداشتین.
ـ نه، واقعاً نداشتیم. به نظرم که همه مثل خواهر برادر بودیم. با یکی نزدیک‌تر بودیم با یکی...
ـ چرا داشتین. اگه نداشتین که نادر از تو خواستگاری نمی‌کرد، می‌کرد؟ پس نگو احساستون پاک و معصومانه بوده.
خواستم بگویم مگه دوست‌داشتن ناپاکه. اما ادامه ندادم.
محسن که سکوت مرا دید گفت:
ـ راستی حالا چی کار می‌کنه، خبری ازش داری؟
خیلی وقت بود سعی می‌کردم جواب‌هایی به محسن بدهم که دردسرزا نباشد، بنابراین نگفتم که مرتب برایم نامه می‌نویسد و در جریان همه‌ی کارهایش هستم. قیافه‌ی بی‌تفاوتی گرفتم و گفتم:
ـ عمه می‌گه اوضاع‌واحوالش روبه‌راهه. انگار داره یه دوره‌ی تخصصی می‌گذرونه.

آن روز فریده مرا برای ناهار دعوت کرده بود. یعنی وقتی لابه‌لای صحبت‌های معمول تلفنی شنیده بود که محسن آن پنج‌شنبه نیست گفته بود: «اِ چه خوب! مراد هم اضافه کار می‌ره. پاشو با مریم ناهار بیا این‌جا.»
یاد نمی‌آمد آخرین بار کی مراد را دیده بودم یا فریده محسن را دیده بود. دیگر عادت کرده بودیم دوستی ما ربطی به شوهرهایمان ندارد. درعوض مریم از بودن با فرهاد، پسر فریده، حسابی لذت می‌برد و احساس خانم‌بزرگی و مادری‌اش گل می‌کرد. او را سرگرم می‌کرد، مراقبش بود. با او بازی می‌کرد، سعی می‌کرد به او غذا بدهد و...
بعد از ناهار فریده سینی چای را روی زمین گذاشت و خودش هم ولو شد. او که از اول هم حسابی تپل بود حالا بعد از به دنیا‌آوردن فرهاد چاق‌تر شده بود و گرفتار انواع و اقسام کمردرد و پادرد.
وقتی با آه و ناله روی زمین نشست گفتم:
ـ فریده جون باید رژیم بگیری. خیلی تپل شدی. این دردها همه‌اش به خاطر وزنته که رفته بالا.
خندید و گفت:
ـ بابا دیگه پیر شدم. رژیم مال جووناست که می‌خوان خوشگل بمونن. می‌ترسن دوباره بچه‌دار بشن وزنشون بالا بره، از ریخت بیفتن. مثل بعضی‌ها!
ـ وا این حرفا چیه! رژیم‌گرفتن چه ربطی به خوشگلی داره؟ واسه‌ی سلامتی‌ات می‌گم.
فریده قندی در دهان گذاشت و چایش را هورت کشید:
ـ بخور تا سرد نشده.
چای‌خوردن فریده مرا یاد خوابگاه انداخت. دوران قشنگ

دانش‌جویی. چه آرزوهایی که نداشتیم!

فریده متوجه حالم شد. با صدای زیر که مریم متوجه نشود گفت:

ــ دیوونه واسه چی گریه می‌کنی؟

حرف فریده اشکم را سرازیر کرد:

ــ دلم خیلی گرفته فریده...

ــ آخه چرا، چیزی شده؟

ــ نه چیزی نشده. همین‌طوری... می‌دونی... بعضی وقتا فکر می‌کنم به‌دنیاآوردن مریم یه گناه بزرگ بوده.

ــ چرا مزخرف می‌گی؟

ــ مزخرف نمی‌گم یه واقعیته. هر چه‌قدر بزرگ‌تر می‌شه بیش‌تر وحشت می‌کنم... فریده، مریم چی می‌شه؟ چی می‌تونه بشه؟ توی چه شرایطی دارم بزرگ‌ش می‌کنم؟ محیط خونه مثل انبار باروت می‌مونه. هر دومون آسته می‌آیم آسته می‌ریم که منفجر نشه. من واسه‌ی محسن یه زن ایده‌آل نیستم. بین خونواده و دوست و هم‌کاراش مثل گاو پیشونی سفیدم. دارم می‌بینم محسن چه‌قدر سعی می‌کنه تحمل کنه. ما غریبه‌ایم، غریبه‌هایی که با زور عقل و منطق سعی می‌کنن خونواده رو حفظ کنن. فریده می‌دونی محسن چه‌قدر دلش می‌خواد پسر داشته باشه؟ فکرشو بکن از وقتی درسم تموم شده دیگه بهانه‌یی هم ندارم. خونواده‌ی فرخی، خونواده‌ی خودم، دوست و آشنا هر کی می‌رسه می‌گه: «حیفه مریم تنهاست» اما نمی‌خوام دوباره این اشتباه رو تکرار بکنم

ــ آخه چرا مرجان؟ تو فکر می‌کنی دیگران چه‌طور زندگی می‌کنن؟ نکنه خیال کردی همه‌ی زن و شوهرها هم‌دیگه رو می‌فهمن و عشق آن‌چنانی و برنامه‌ریزی و... نخیر خانم! از این خبرا نیست. تو سخت می‌گیری. می‌دونی، بعضی اوقات واقعاً

دلم واسه‌ی اون شوهر بی‌چاره‌ات می‌سوزه...

ــ راستش فریده خودم هم همین‌طور. اما چی کار می‌تونم بکنم؟ من نمی‌تونم مثل اون زن‌هایی باشم که تو می‌گی. واسه‌ی بچه‌دارشدن باید زندگی مشترک متعادل باشه. باید زن و شوهر در ظاهر و باطن هم‌دیگه رو تأیید کنن. فریده تو این مشکلو با مراد نداری، نمی‌فهمی من چی می‌گم. من و محسن آدم‌های متفاوتی هستیم. اختلاف نظرمون در بکن و نکن‌های مذهبی، فقط بخشی از اونه... حالا خودم هیچی؛ دو سه سال پیش می‌گفتم این ازدواج یه اشتباه بوده و دارم جریمه‌اش رو پس می‌دم، اما حالا احساس می‌کنم جریمه‌دادن و تنبیه‌شدن به خاطر این انتخاب غلط، فقط به خودم محدود نمی‌شه؛ بچه داره توی این شرایط بزرگ می‌شه. متوجهی چی می‌گم؟ قراره شبیه کی بشه؟ من یا باباش؟ حرف و نظر کدوم درسته؟ بابا یا مامان؟ خونواده‌ی بابا یا خونواده‌ی مامان؟ متوجهی چی می‌گم؟ این درد اصلی منه. اینه که می‌گم بچه‌دارشدن من یه گناه بوده ولی من که نمی‌تونم این حرفا رو واسه‌ی محسن بزنم و بگم چرا از دوباره بچه‌دارشدن فرار می‌کنم. اون که نمی‌فهمه.

فریده با چشمان مهربانش به من نگاه می‌کرد. انگار نمی‌دانست چه بگوید. نفس عمیقی کشید، دستش را روی دستم گذاشت و گفت:

ــ خیلی سخت می‌گیری مرجان... مگه فقط این تویی که توی زندگی با شوهرت، چه می‌دونم کمی اختلاف عقیده دارین؟ باور کن مشکلات شما نسبت به دیگران خنده داره. ببین مردم چه مشکلاتی دارن...

ــ می‌دونم فریده. می‌دونم الان می‌خوای بگی مردم نون شب ندارن و چه می‌دونم مریضی ناعلاج و اعتیاد و مشکلات اخلاقی... همه‌ی اینا رو می‌دونم و قبول دارم که از اون مصیبت‌ها

توی زندگی‌ام نیست. خدا رو شکر. اما فریده... هیچ دلیلی برای احساس خوش‌بختی نمی‌بینم. تو بگو چرا؟ نه، بهتره این‌طوری بپرسم: واسه چی باید احساس خوش‌بختی بکنم؟ من الان فقط از محسن حرف نمی‌زنم. توی دانشکده، توی مدرسه. همه‌جا فشار وارد می‌شه. انگار از صبح باید به صورتت نقاب بزنی و فیلم بازی کنی و به خودت زره ببندی که جلوی ضربه‌ها رو بگیره.

فریده با صدای خنده‌ی فرهاد به طرفش برگشت. همین‌طور که با لذت به او نگاه می‌کرد و از خوش‌حالی لبخند روی لبانش نشسته بود گفت:

ـــ نمی‌دونم. اما من احساس خوش‌بختی‌یی که خنده‌ی این شیطونک بهم می‌ده واسه‌ام کافیه و حاضر نیستم با تمام دنیا عوضش کنم.

از پاییز ۷۹ در یکی از واحدهای دانشگاه آزاد در جنوب تهران چند ساعت تدریس گرفته بودم. برای عفت که در همان واحد درس می‌داد از مشکلاتم در مدرسه غیرانتفاعی تعریف کرده بودم، گفته بود: «بیای توی جو دانشگاه مشکلاتت کم‌تر می‌شه.»

یک ترم می‌گذشت. از این که وقتم حسابی پر بود خیلی خوش‌حال بودم و طبیعتاً کارکردن با دانش‌جویان آسان‌تر بود تا عده‌یی نوجوان، اما چیزی عمیقاً ناراحتم می‌کرد.

آن روز داشتم از همین موضوع برای فریده درددل می‌کردم. به‌هیچ‌وجه نمی‌خواست به من حق دهد. می‌گفت:

ـــ خب، این مشکلات فقط مال تو نیست که، مشترکه. چرا نمی‌خوای باهاش کنار بیای. چرا این‌قدر ایده‌آلیستی؟ اصلاً نکنه هنوز فکر می‌کنی بیست سالته. نه بابا، از این خبرا نیست. باید تا حالا واقع‌بین شده باشی...

ـــ نمی‌دونم فریده جون. شاید اشکال از منه که اتفاقاً

واقعیت‌ها رو خوب می‌بینم... از این‌همه تضاد و تناقض گیج می‌شم؛ اون از وضعیت مدرسه، این از محیط دانشگاه. هیچ چیز سر جای خودش نیست. انگار مردم از این ستون تا اون ستون زندگی می‌کنن. انگار هیچ‌کس اصولی نگاه نمی‌کنه...
ـــ مرجان این واقعیت جامعه‌ی ماست. تو هم باید بپذیری و الا از پا درمی‌آی... شاید هم مشکل جای دیگه‌ست و تو داری سر مسائل اجتماعی خالی‌اش می‌کنی.
شاید حق با فریده بود و مشکل اصلی جای دیگر بود.

۷۳

نوروز ۸۰ به مشهد رفتیم. محسن که به تهران برگشت من و مریم هم به اصفهان رفتیم. خیلی خوش‌حال بودم. می‌خواستم خستگی هفته‌ی اول را از تن بیرون کنم. در خانواده‌ی فرخی غریبه بودم. باید مرتب مراقب حرکات و گفتار و لباس‌پوشیدن و... بودم. می‌دانستم در اصفهان به هر دوی ما خوش خواهد گذشت، خصوصاً که مهشید و بابک هم به ایران آمده بودند و با اصرار مهشید (که حالا چون دور شده بود طبیعتاً عزیزتر و احترامش بیش‌تر شده بود) بابا با آمدن مریم و علی به اصفهان موافقت کرده بود. از طرف دیگر نادر هم از تورنتو آمده بود.

از دیدن مهشید و بابک خیلی خوش‌حال شدم. مهشید از زندگی در لندن خیلی راضی بود، خصوصاً که بلافاصله بعد از گرفتن مدرک کارشناسی ارشد توانسته بود کار پیدا کند. بابک هم با درسش مشغول بود. هر دو آرام به نظر می‌رسیدند. ظاهر مهشید، لباس‌پوشیدن و آرایشش خیلی ساده شده بود. برخلاف تصور ما که فکر می‌کردیم حالا که رفته لندن، حتماً خیلی عوض شده و حالا با آخرین مدل مو و لباس و... برمی‌گردد.

از حرف‌هایش معلوم بود بیش‌تر از هر چیز جذب قانون‌مداری و نظم آن کشور شده است. بابک از مؤدب‌بودن انگلیسی‌ها و صبوری آن‌ها در برابر مهاجرین خیلی تعریف می‌کرد. گفتم:
ـ چه جالب! پس معلومه از این نظر نقطه‌ی مقابل روس‌ها هستن.
مامان پرسید:
ـ بابک‌خان معلومه خیلی خوشتون اومده. یعنی ممکنه مونده‌گار بشین؟
بابک گفت:
ـ والله نمی‌دونم. بستگی داره به این‌که بعد از تموم شدن دکترا کار مناسبی پیدا کنم یا نه. اما خب، اگه بتونی کار پیدا کنی و اقامت بگیری طبیعیه که انگلیس واسه‌ی زندگی کردن از ایران بهتره.
علی با تأسف سرش را تکان داد و گفت:
ـ اما بابک قرار نیست فقط به خودمون فکر کنیم که...
بابک پوزخند تلخی زد و گفت:
ـ می‌دونی علی، توی این چند روز که با هم بودیم بعضی اوقات آرزو می‌کنم به اندازه تو خوشبین بودم. بعضی اوقات هم، بذار راستشو بهت بگم، کمی نگرانت می‌شم... هیچ کسی از سر خوشی بلند نمی‌شه از خونه‌اش بره...
برای لحظاتی همه سکوت کردند. مریم به آرامی گفت:
ـ نمون بابک، برگرد خونه...
بابک به مریم لبخند زد و گفت:
ـ یه چیزی برامون بزن، مریم جون.
مریم گیتارش را آورد. تا آن شب نمی‌دانستم مریم صدای خوبی هم دارد. مریمی روی پای بابا جا خوش کرده بود و به علی و مریم زل زده بود. بعد از تمام‌شدن ترانه گفت:

ـــ مادرجون می‌گن اگه زن آواز بخونه خدا می‌بردش توی جهنم.
همه با تعجب به مریمی نگاه کردند. بغض گلویم را گرفت.
روزی که از مشهد آمده بودیم مهشید از مریمی پرسید:
ـ عزیزم چرا روسریتو درنمی‌آری؟
مریم که یک هفته هم‌صحبت خانم فرخی بود و کلی شیرین‌زبانی کرده بود، سوره‌ی حمد و چهارقل را بارها جلوی مهمان‌ها خوانده بود، آفرین و به‌به شنیده بود، هدیه گرفته بود و برای خودش کیف کرده بود، با تکان‌دادن سر و دست که دل آقای فرخی را می‌برد شروع کرد به بلبل‌زبانی که:
ـ آخه عموعلی و عموبابک نامحرمن.
مامان و مهشید با چشمان گرد شده و دهان باز به او نگاه کردند مهشید با تعجب پرسید:
ـ چی؟
مریمی که دید حسابی جلب توجه کرده ادامه داد:
ـ من نمی‌خوام برم جهنم. مادرجون می‌گن خدا زن‌های بی‌حجابو دوست نداره.
مهشید خم شد مریمی را بوسید و گفت:
ـ اما عزیزم خدا همه‌ی دخترهای کوچولو رو دوست داره چه با روسری و چه بی‌روسری. شما فرشته‌های روی زمین هستین.
مریم اخم کرد و گفت:
ـ اما مادرجون می‌گن خدا بی‌حجابا رو توی جهنم می‌سوزونه. من نمی‌خوام بسوزم.
مهشید که واقعاً نمی‌دانست چه بگوید او را بغل کرد از پشت سر مریم به من نگاه کرد و با تأسف سرش را تکان داد و آرام گفت:
ـ منظور مادربزرگ دخترهای کوچیک نبوده

مریمی خودش را عقب کشید و با نگرانی پرسید:

ـ پس یعنی شما و خاله مریم می‌رین جهنم؟

من که حوصله‌ام سر رفته بود گفتم:

ـ مریم می‌آی بریم به مرغ‌ها دون بدیم؟

مریمی منتظر جواب مهشید نشد با خوش‌حالی داد زد:

ـ آره بریم توی لونه‌شونو نگاه کنیم شاید تخم کرده باشن.

مریمی با آن روسری که محکم زیر گلو دو تا گره زده بود دوروبر مرغ‌ها می‌پلکید. از خوش‌حالی جیغ می‌زد و مرتب شیرین‌زبانی می‌کرد. چه‌قدر دوست‌داشتنی بود. فرشته‌یی کوچولو معصوم!

وقتی مشهد بودیم با محسن صحبت کردم تا از مادرش خواهش کند کم‌تر از بهشت و جهنم برای مریم حرف بزنند. در جواب گفت:

ـ سالی چند هفته که بیش‌تر نوه‌اش رو نمی‌بینه. بذار هر طوری که می‌خواد باهاش حرف بزنه.

اما من مشکل دیگری هم با مریم داشتم. محسن که از حرف‌زدن و تعریف‌های مریم لذت می‌برد او را به خبرچینی عادت داده بود و چون با علاقه به حرف‌هایش گوش می‌داد مریم سعی می‌کرد تمام جزئیات را به ذهن بسپارد تا در خانه حسابی خودشیرینی کند. خصوصاً وقتی به منزل یکی از فامیل‌های بابا یا مامان می‌رفتیم که مذهبی نبودند. مثلاً محسن می‌پرسید: «اِ چه جالب! پس خانوما گفتن لباس مامانت خیلی قشنگه... روسری‌اش چی؟ اِه آقاهه با همه دست داد با مامان چی؟»

مریم بعضی اوقات برای جلب توجه بیش‌تر، اغراق هم می‌کرد. با عصبانیت به محسن می‌گفتم: «با این کارهات بچه بالاخره یه خاله‌زنک از آب درمی‌آد.»

اما محسن به این موضوع اهمیت نمی‌داد. چند بار گفته بود: «چیه نگرانی بچه بهم بگه وقتی من نیستم تو چی کار می کنی؟»

واقعاً هم با بزرگ‌شدن مریم و زیادشدن دقت و تمایلش به حفظ تمام جزئیات، خودم را راحت احساس نمی کردم؛ حالا مجبور بودم به خاطر دخترم نقش بازی کنم و در برابر فامیل و دوست و آشنا مراقب رفتار، صحبت‌کردن و لباس‌پوشیدنم باشم. این باعث می‌شد گاهی اوقات از رفتار و صحبت‌کردنش عصبانی شوم و با او برخورد تندی داشته باشم. این بود که مریم به محسن نزدیک‌تر بود و با لذت از همه‌چیز برایش تعریف می کرد. این برای محسن خیلی خوش‌آیند بود.

به مامان گفتم:

ـ می‌رم عمه رو ببینم

ـ می‌ذاشتی مریم از خواب بیدار شه با خودت می‌بردیش، منیژه خوش‌حال می‌شد.

به تندی گفتم:

ـ مگه این دختر فضول منو نمی‌شناسی؟ همه‌ی حرفا رو ضبط می کنه در اولین فرصت به باباش گزارش می‌ده.

مامان با تعجب به من خیره شد و گفت:

ـ والله طوری حرف می‌زنی که انگار زن‌باباشی.

مامان راست می گفت بعضی اوقات فکر می کردم مریم دختر خودم نیست، آن‌قدر که به نظرم غریبه می‌رسید. اما اگر دو روز از من دور می‌شد آرام و قرار نداشتم. اگر مریض می‌شد حتا سرماخورده‌گی کوچک، همه‌ی برنامه‌هایم تعطیل می‌شد.

از دیدن نادر خوش‌حال شدم. به نظرم روحیه‌اش خیلی بهتر شده بود. سرحال‌تر به نظر می‌رسید.

ـ پس معلومه غربت خوش می گذره.

ـ واللـه اگـه سـرما رو بذاریــم کنـار، در کل همه‌چـی خوبـه. می‌دونـی تـوی کانـادا آدم خیلی احسـاس غریبه‌بـودن نمی‌کنـه. احساسـات ناسیونالیسـتی اونجـا معنـی نـداره.
ـ پس احتمالاً موندگار می‌شی؟
نادر نگاهی به عمه کرد.
ـ از مامان قول گرفتم امسال تابستون چنـد ماهی بیاد پیشـم. یه‌وقت دیـدی خوشـش اومـد و مونـده‌گار شـد.
بعـد از فـوت پـدر نـادر و نوشین، عمـه تمام زندگی‌اش خلاصـه شـد در رسیده‌گی بـه بچه‌هـای خـودش و شـاگردانش. قبولـی هـر کـدام از شـاگردانش در دانشـگاه، ازدواج و موفقیت‌شـان عمـه را واقعاً خوش‌حـال می‌کـرد و برعکـس از غـم آن‌هـا غمگیـن می‌شـد. بـا بازنشسته‌شـدن، ازدواج نوشـین و دورشـدن نـادر، عمـه خسـته و افسرده بـه نظـر می‌رسـید. انـواع و اقسـام بیماری‌هـا ظـرف چنـد سـال بـه سـراغش آمـده بـود. خیلی شکسـته شـده بـود. گفتـم:
ـ آره عمه، چرا که نه؟ شاید خوشتون اومد موندین.
عمه گفت:
ـ تـا ببینـم چـی می‌شـه. تابستون هـزار تـا گرفتـاری دارم. ببینـم وضع حمـل نوشـین چـی می‌شـه. بی‌بـی هـم کـه خـودت دیـدی ایـن اواخر خیلی شکسـته شـده. به روی خـودش نمی‌آره. نـادر که اومد چنـد روزی آوردمـش این‌جـا اما طاقـت نیاورد دوبـاره رفت خونـه‌ی خـودش گفت: «شـب عیـدی کار دارم.» بایـد یـه پـام اونجـا باشـه یـه پـام خونـه‌ی عزیزخانـم (منظـورش مادربـزرگ نـادر بـود) خودمـون هـم کـه دیگـه پیـر شـدیم و تق‌مـون دررفتـه... خـب ولـش کـن از خـودت بگـو. بـا تدریـس چـی کار می‌کنـی؟
ـ خوبه، عمه‌جون. خدا رو شکر همه‌چی خوبه.
عمه در چشمانم زل زد:
ـ نبینم غمگین باشی. می‌دونی چه‌قدر برام عزیزی.

سرم را پایین انداختم. بغضم را قورت دادم:
ــ نه عمه‌جون، باور کنین همه‌چی خوبه. خب یه کم به آدم فشار می‌آد با کار و بچه‌داری و... به کی فشار نمی‌آد؟
عمه از جا بلند شد. به طرف تلفن که می‌رفت گفت:
ــ می‌خوام درست‌حسابی واسه‌ام حرف بزنی. خیلی وقته ندیدمت. یه زنگ می‌زنم خونه‌تون به مامانت می‌گم... بی‌خود قیافه‌ات رو اون‌طوری نکن. بذار بچه یه روز دور از سخت‌گیری‌های مامان، با خاله‌هاش خوش بگذرونه.
از پیشنهاد عمه احساس آرامش کردم. دوست داشتم بنشینم و حسابی با نادر و عمه حرف بزنم.
به خودم که آمدم هوا تاریک شده بود. بااین‌حال دلم نمی‌خواست از خانه‌ی عمه بروم. چیز آرام‌بخشی در آن فضا بود.

۷۴

صبح اول وقت توی سالن انتظار نشسته بودم و منتظر بودم نوبتم شود. احساس عجیبی داشتم؛ ترس، دلهره، نگرانی شدید و احساس حماقت. حالت کودکی را داشتم که داشت کار احمقانه‌یی را از دیگران مخفی می کرد. به یاد آن دختر سال چهارم دبیرستان افتادم که حاملگی‌اش را از پدر مادرش مخفی کرده بود و به کمک دوستانش راه‌حلی پیدا کرده بود. حالا من هم خودم را همان‌طور ترسیده و احمق حس می کردم. حاملگی‌ام را از همه مخفی کرده بود و تنهایی بی آن‌که نظر محسن را بپرسم داشتم تصمیم می گرفتم که باید سقط شود. می‌دانستم کارم اشتباه است اما مطمئن بودم راه دیگری وجود ندارد. فقط می‌خواستم هرچه زودتر از آن وضع خلاص شوم.

دکتر حسینی پرسیده بود:

ـ توی مطب یا بیمارستان؟

با ترس گفته بودم:

ـ توی بیمارستان

ـ پس حواست باشه کسی نباید بفهمه. اگه کسی سؤال کرد

بگو حاملگی خارج از رحم بوده.
به هوش بودم. صداها را می‌شنیدم اما هنوز نمی‌توانستم چشمانم را باز کنم. صدایی زنانه گفت:
ـ حامله بوده، ها! می‌دونستی؟
دیگری جواب داد:
ـ اِ؟
تمام انرژی‌ام را جمع کردم و مثل رباط با صدایی کشیده گفتم:
ـ خارج از رحم...
راننده آژانس گفت:
ـ خانوم می‌تونی بیای پایین؟
من که تمام طول مسیر روی صندلی عقب خواب بودم گفتم:
ـ یعنی به این زودی رسیدیم؟
هر چه‌قدر تلاش کردم نتوانستم بنشینم.
ـ کمکت کنم خانوم؟
پلک‌هایم را کمی باز کردم. «خیلی جوونه.»
ـ نه مرسی خودم یه کاریش می‌کنم.
بین خواب و بیداری به‌سختی از پله‌ها بالا رفتم. درِ آپارتمان را باز کردم. چهاردست‌وپا خودم را به اتاق خواب رساندم و روی تخت افتادم.
محسن از آن دورها صدایم می‌زد. چشمانم را باز کردم. لبه‌ی تخت نشسته بود. هوا تاریک و روشن بود. نمی‌توانستم حدس بزنم چه وقت است. چند ثانیه‌یی گذشت تا همه‌چیز را به یاد بیاورم. قلبم لرزید.
ـ ساعت چنده؟
ـ پنج صبح.
ـ چه روزی؟

ـ مرجان تو حالت خوبه؟ بچه کجاست؟ تو چرا این‌طوری با لباس افتادی روی تخت؟
ـ امروز چهارشنبه‌ست؟
ـ آره. چه‌طور مگه؟
ـ هیچی فقط اگه اشتباه نکنم گفته بودی پنج شنبه برمی‌گردی؟
ـ خب کارهام زودتر تموم شد اشکالی داره؟ تو چته؟
ـ هیچی. دیروز یه کم حالم بد بود. بچه رو گذاشتم خونه‌ی مریم.
برای آن که اضطرابم را مخفی کنم گفتم:
ـ می‌خوای واسه‌ات صبحونه درست کنم؟
ـ نه. حالت چرا بد شده بود؟
ـ نمی‌دونم فکر کنم مسموم شدم.
برای اولین بار در طول زندگی مشترک به‌شدت از محسن می‌ترسیدم. امیدوار بودم سؤالی نکند که تو تله بیفتم. باید هرچه زودتر از خانه می‌رفتم. می‌خواستم از جا بلند شوم اما شدیداً ضعف داشتم. محسن گفت:
ـ واسه چی می‌خوای بلند شی بگیر بخواب.
بهانه‌یی نداشتم. محسن می‌دانست که چهارشنبه‌ها صبح کلاس ندارم. چشمانم را بستم. باید بهانه‌یی پیدا می‌کردم تا بتوانم از خانه بیرون بروم و ماشین را از پارکینگ بیمارستان بردارم...
با صدای تلفن از خواب پریدم.
ـ الو!
ـ سلام مرجان.
ـ سلام مریم جون.
ـ خواب بودی؟ ببخش بیدارت کردم.
ـ ساعت چنده؟

ــ هشت و نیمه.

ــ وای مریم جون، تو رو خدا ببخش. باور کن می‌خواستم قبل از هشت بیام بچه رو ببرم.

ــ نگران نباش. زنگ زدم بگم گذاشتمش مهد. خاله قربونش بره حالا اگه بود می‌گفت: «مهد نه، پیش دبستانی!»

ــ قربونت مریم جون واقعاً ازت ممنونم.

ــ نه بابا این حرفا چیه؟

خوش‌حال بودم که محسن خانه نبود. هنوز احساس گیجی داشتم و خودم را به‌شدت افسرده احساس می‌کردم به خودم دلداری دارم که این وضع روحی موقت است و بعد از چند روز همه‌چیز را فراموش می‌کنم. قهوه‌یی درست کردم. دوش گرفتم و آماده شدم بروم ماشین را از پارکینگ بیمارستان بیاورم. یادم آمد باید داروهایم را بگیرم. «دکتر حتماً آنتی‌بیوتیک داده». درِ کیفم را باز کردم اما از نسخه و برگه‌هایی که دیروز در بیمارستان داده بودند خبری نبود. تعجب کردم. یادم نمی‌آمد بعد از برگشت به خانه آن‌ها را بیرون آورده باشم. بااین‌حال اتاق‌خواب و آشپزخانه را هم گشتم، توی هال هم نبود. فکر کردم شاید در بیمارستان جا گذاشته باشم یا توی تاکسی. «حتا اگه نسخه رو توی تاکسی گم کرده باشم اشکالی نداره به دکتر زنگ می‌زنم و می‌پرسم چه داروهایی باید مصرف کنم».

داشتم از خانه بیرون می‌رفتم که کلید در قفل در چرخید و محسن وارد شد.

تعجب کردم پرسیدم:

ــ سر کار نرفتی؟

به طرفم برگشت. چهره‌اش به سیاهی می‌زد. جوابی نداد. نفس نفس می‌زد با اضطراب پرسیدم:

ــ چیزی شده؟

سکوت. از یخچال بطری آب را درآوردم لیوانی آب کردم. محسن پشت میز آشپزخانه نشسته بود. با نگرانی باز پرسیدم:
ـ چیزی شده؟
سکوت.
ـ جریان پروژه‌ست؟
لیوان آب را جلویش نگه داشته بودم. محلم نگذاشت با تحکم گفت:
ـ بشین.
نشستم.
ـ دیروز کجا بودی؟
ـ دیروز؟ هیچ‌جا... خونه... صبح که بهت گفتم...
ـ صبح گفتی حالت بد بوده...
ـ درست نمی‌دونم انگار مسموم شده بودم.
ـ خب چرا نرفتی دکتر؟
ـ دکتر واسه چی؟ می‌بینی که الان خوبم.

قلبم تاپ‌تاپ می‌زد احساس می‌کردم در بد مخمصه‌یی افتاده‌ام. مغزم کار نمی‌کرد. پشت سر هم دروغ می‌گفتم. ناگهان کشیده‌یی محکم توی صورتم خورد. تعادلم را از دست دادم. از روی صندلی پرت شدم. سرم خورد به درِ شیشه‌یی فر. چند ثانیه‌یی طول کشید بفهمم چه اتفاقی افتاده. «یعنی محسن به من سیلی زد؟!»

محسن داد زد:
ـ پس اینا چیه؟ پس تو دیروز بیمارستان دی چه گهی می‌خوردی؟ دکتر حسینی جراح زنان و زایمان کیه؟
نعره کشید:
ـ حرف می‌زنی یا نه زنیکه...
آشپزخانه دور سرم می‌چرخید با چشمان بسته هنوز همان‌جا

روی کف آشپزخانه افتاده بودم. محسن با یک حرکت سریع از جا بلند شد. صندلی از پشتش ولو شد. یقه‌ی مانتوم را چنگ زد از جا بلندم کرد و روی صندلی کوبید:
ـ حرف می‌زنی یا نه؟
ـ رفته بودم واسه سقط جنین.
ـ اینو خودم می‌دونم. می‌خوام بدونم جریان چی بوده؟
ـ همین که شنیدی. رفته بودم واسه سقط.
ـ چرا؟
ـ چون نمی‌خواستمش.
ـ مگه فقط مال تو بود؟ ها، حرف بزن... مگه پدر نداشت؟ چرا نمی‌خواستی من بفهمم؟ ها؟ د حرف بزن...
ـ چون می‌دونستم اجازه نمی‌دی.
محسن با دندان‌های به‌هم‌قفل‌شده درحالی‌که از حرص می‌لرزید داد زد:
ـ دروغ می‌گی، داری مث سگ دروغ می‌گی... راستشو بگو. چرا سقطش کردی؟
گیج بودم. سمت چپ صورتم می‌سوخت. پشت سرم به شدت درد می‌کرد. اما هنوز نمی‌خواستم باور نمی‌کردم که محسن روی من دست بلند کرده است.
محسن با مشت محکم روی میز کوبید. لیوان برگشت. آب پخش شد. محسن لیوان را برداشت و به دیوار روبه‌رو کوبید و نعره زد:
ـ بگو از کی حامله شده بودی که تا چند روز رفتم مأموریت با عجله رفتی سقطش کنی؟
خشکم زد. باوحشت به او خیره شدم. محسن از جا بلند شد. انگار خودش هم انتظار چنین حرفی نداشت. سرش را بین دو دست گرفته بود، روی زانو خم می‌شد و قد راست می‌کرد.

از شدت عصبانیت مثل حیوانی وحشی به خود می‌پیچید. نفس عمیقی کشید، دوباره با شتاب نشست و شمرده گفت:

ــ من از همه‌ی کارات خبر دارم. من از همه تلفن‌هات باخبرم. از نامه‌هایی که از خارج برات می‌آد. فکر نکن گذاشتمت به حال خودت که هر غلطی می‌خوای بکنی. گفتم راستشو بگو... فکر کردی من از اون مردام که بذارم زنم هر گهی دلش خواست بخوره؟ نه از این خبرا نیست. آدمت می کنم. دیگه تموم شد. هرچه تا حالا به سرم آوردی بسمه...

مکث کرد. مثل بازجوها در چشمانم زل زده بود. نفس‌نفس می‌زد. ادامه داد:

ــ عید توی اصفهان کجا می‌رفتی؟ با کی بودی که نمی‌خواستی بچه مزاحمتون باشه؟ حرف بزن... چرا لال شدی؟ همون موقع شد؟ آره... نتونستی جلوی خودتو بگیری؟ خواستی از من انتقام بگیری؟ ها؟ چرا خفه‌خون گرفتی؟ فکر کردی یادم رفته قبل از این که من حتا ازت خواستگاری کرده باشم خونه‌ی آقاجونت دعوتم کردی؟ یادته چه‌طور لباس پوشیده بودی؟ می‌خوای بدونی؟ مثل یه فاحشه... یادته می گفتی خودتو زن من می‌دونی؟ ما هنوز عقد نکرده بودیم... حالا لابد فکر می کنی همه‌چی راحت تره. فکر کردی من خرم و حالیم نیست... جواب منو بده. چرا توی اصفهان رفته بودی خونه عمه‌ات مریمو نبرده بودی؟

هیچ‌وقت محسن را چنین ندیده بودم. باورم نمی‌شد در وجودش چنین حیوان وحشی، بددهن و ابتدایی وجود داشته و در تمام آن ۸ سال از من مخفی بوده است. برای اولین بار به تمام معنا احساس کردم این مرد را نمی‌شناسم و هیچ‌وقت ندیده‌ام. تنها چیزی که عذابم می‌داد این بود که در چنین شرایط تحقیرآمیزی گیر افتاده بودم. و تنها به یک چیز فکر می کردم:

از دست این حیوان وحشی، این مرد بددهن ابتدایی رها شوم.

محسن همین‌طور حرص می‌خورد، دهانش را باز و بسته می‌کرد و روی میز می‌کوبید.

من آن دور دورها بودم، گیج و منگ؛ انگار توحش محسن بندی را کشید و دانه‌های مروارید را در هوا پخش کرد هر کدام در جایی به زمین نشست، غلتید و گم شد. نمی‌دانستم چه‌کار کنم. گیج بودم. گردنبند دیگر نبود. نمی‌دانستم ازدست‌دادن‌اش لذت‌بخش است یا حسرت‌آور...

چشمانم را باز کردم بانفرت در چشمان این حیوان وحشی خیره شدم و آهسته گفتم:

ــ برای آخرین بار بهت می‌گم، سقطش کردم چون نمی‌خواستم از تو دیگه بچه‌دار بشم. در این دو هفته عذاب وجدان داشت داغونم می‌کرد اما حالا می‌بینم حق داشتم همچی تصمیمی بگیرم، محسن فرخی. تو که می‌گی از همه‌چی خبر داری پس دیگه این وحشی بازی چیه؟ شاید فکر می‌کنی با هوارکشیدن، حرف زشت‌زدن و تحقیر در من حس احترام ایجاد می‌کنی؟

بعدها که به رفتار محسن فکر می‌کردم به نظرم می‌رسید این عقده، این فریاد خیلی وقت در گلویش گیر کرده بود و مدت‌ها بود دنبال بهانه‌یی می‌گشت تا بیرونش بریزد.

محسن حسابی گردوخاک کرد و لابد فکر می‌کرد از آن به بعد همه‌چیز توی خانه طبق خواست او خواهد بود. خیلی دلم می‌خواست باور کنم این تصمیم خودش نبوده و کسانی این راه احمقانه را به او پیشنهاد کرده بودند. و الا یک مرد، آن هم مردی باهوش مثل محسن، باید ظرف هشت سال زندگی مشترک آن‌قدر روی زنش شناخت پیدا می‌کرد که بداند این روش جواب می‌دهد یا نه؟

طبیعتاً بعد از آن وحشی‌گری با هم قهر کردیم و جالب این‌جا بود که محسن بیش‌تر از من طلب‌کار به نظر می‌رسید. اما این بار فرق می‌کرد. موضوع تنها بر سر این نبود که محسن روی من دست بلند کرده بود، بلکه قوری عتیقه و بست‌خورده بی‌بی از روی رف افتاده بود و ریزریز شده بود. دیگر هیچ شکسته‌بندزنی نمی‌توانست آن تکه‌ها را به هم بچسباند.

۷۵

شـدیداً نیـاز داشـتم بـا کسـی درددل کنـم. امـا بـا کـی؟ مطمئـن بـودم خیلی‌هـا بیـن دوسـت و آشـنا و فامیـل مـا را زوجـی کامـلاً خوش‌بخـت می‌داننـد. بارهـا مامـان گفتـه بـود: «خـدا رو شـکر اون‌موقع کـه محسـن از مسـکو برگشـت دیوونگـی نکـردی و رفتی سـر خونـه زندگـی‌ات. واقعـاً کـه شـوهر همه‌چـی تمومـه... حـالا بگذریـم کـه یـه کـم خشـکه و خیلـی اهـل بیـا بـرو نیسـت، چـه عیبـی داره. اهـل رفیق‌بـازی بـود خـوب بـود؟» واکنـش خانـواده‌ام قابل‌پیش‌بینـی بـود. می‌دانسـتم همـه شـوکه می‌شـدند اگـر می‌گفتـم حتـا حاضـرم از مریـم جـدا شـوم.

اتفاقـاً بیش‌تـر بـه خاطـر مریـم بـود کـه فکـر می‌کـردم باید از محسـن جـدا شـوم. احسـاس می‌کـردم هـر چه‌قـدر بزرگ‌تـر شـود شـکاف بیـن مـن و محسـن عمیق‌تـر و آشـکارتر خواهـد شـد. بایـد تـا مریـم هنـوز شـاهد شکسته‌شـدن حرمت‌هـا نبـود از هـم جـدا می‌شـدیم.

آن روز موبایلـم چنـد بـار زنـگ زد و قطـع شـد تـا بالاخـره صـدای گـرم نـادر را تشـخیص دادم. خانـه بـودم از او خواسـتم بـه شـماره‌ی خانـه زنـگ بزنـد. واقعـاً هیچ‌وقـت تـا آن حـد از شـنیدن صدایـش

خوش‌حال نشده بودم. نادر هیجان و بغض صدایم را که متوجه شد با نگرانی شروع کرد به پرسیدن احوال تک‌تک اعضای خانواده.

ــ مرجان بگو چی شده؟ کسی مریضه؟ نگنه خدای نکردی کسی... بی‌بی خوبه؟ بابات حالش چه‌طوره؟...

ــ نه نادر جون. به خدا همه خوبن. ببخش نگرانت کردم. نه فقط من یه کمی دلم گرفته بود...

ــ چیزی شده؟

ــ ...

ــ مرجان؟ صدامو داری؟

ــ آره دارم گوش می‌دم.

ــ گوش نده، حرف بزن... بگو چی شده.

می‌خواستم بگویم چیزی نیست و طبق معمول موضوع را با شوخی عوض کنم اما نمی‌دانم چرا دلم خواست همه‌چیز را برایش تعریف کنم. شاید چون دور بود. شاید چون نمی‌دیدمش. انگار دلم می‌خواست همه‌چیز را تعریف کنم، گوشی را بگذارم و نفس راحتی بکشم. شاید چون نادر این مرحله را گذرانده بود می‌توانست مرا درک کند. با صدایی لرزان گفتم:

ــ نادر... می‌دونی... چه‌طوری بگم... می‌خوام... صبر کن یه دیقه الان می گم... من... من دارم از محسن جدا می‌شم. (از شنیدن صدای خودم وحشت کردم. اولین بار بود که این جمله را از زبان خودم می‌شنیدم. سکوتی طولانی برقرار شد که به من آرامش می‌داد و من چه‌قدر به این آرامش احتیاج داشتم) یادته اون سال... توی اصفهان. مریم هنوز خیلی کوچولو بود، با هم برده بودیمش پارک. بهت گفتم حالم خوب نیست؟ همون موقع می‌دونستم که باید ازش جدا بشم. دلیل هم داشتم. موضوعی پیش اومده بود که اصل زندگی مونو برده بود زیر سؤال.

نمی‌خواستم دیگه باهاش زندگی کنم. یعنی احساس می‌کردم نمی‌تونم... اما وقتی از مسکو برگشت متقاعدم کرد که واسه‌ی خاطر مریم باید خونواده رو حفظ کنیم. اما نادر، حالا دقیقاً به خاطر بچه باید از محسن جدا بشم... می‌دونی... عشق، درک متقابل و احترام اون فاکتورهایی هستن که واسه‌ی بچه‌دار شدن باید بین یه زوج وجود داشته باشه. به‌زور عقل و منطق نمی‌شه کنار هم زندگی کرد. به‌زور بایدها و نبایدها یه محیط مصنوعی و مسموم ساخته می‌شه که قبل از همه، بچه رو از پا درمی‌آره... قبول داری؟

خوش‌حال بودم که داشتم حرف‌های دلم را می‌زدم، حتا اگر نادر قبول نداشت. در میان نفسی عمیق که بیش‌تر شبیه آه بود گفت:

ـــ یعنی محسن قبول می‌کنه مریمو بهت بده؟

ـــ معلومه که نه. موضوع همینه. من به جایی رسیدم که احساس می‌کنم جدا زندگی کردن از مریم بهتر از این زندگیه.

ـــ مرجان، به‌هرحال... چی بگم... والله خودت بهتر می‌دونی... اما می‌دونی طلاق واسه‌ی بچه‌ها یعنی چی... خصوصاً اون‌جا، توی ایران... موضوع خیلی فرق می‌کنه با یه جایی مثل کانادا...

ـــ می‌دونم نادر، اما بزرگ‌شدن در یه شرایط متناقض چی؟ من نمی‌تونم جلوی دخترم خودم باشم، طبق اعتقادم حرف بزنم. حرف دلمو، طبق سلیقه‌ام و اون‌طوری که می‌خوام لباس بپوشم. باید مرتب نقش بازی کنم. مگه این درسته؟ این که بچه رو با دورویی بزرگ کنم، به‌ش یاد بدم خودش نباشه، به خاطر حفظ خونواده یا هر چیز دیگه‌یی تبدیل بشه به آدم دیگه‌یی، فیلم بازی کنه. آیا این درسته؟

می‌دانستم قضاوت کردن برای نادر ساده نیست. چه می‌توانست

بگوید. اصلاً مگر کسی به جز من و محسن می‌توانست در آن شرایط نقشی داشته باشد یا کاری بکند؟ مرتب سکوت می‌کرد. لابد حس می‌کرد که نیاز دارم به حرف‌زدن تا شنیدن.
ـ حالا... یعنی واقعاً واسه‌ی طلاق اقدام کردی؟
نمی‌خوام طلاق بگیرم. یعنی محسن به این راحتی‌ها اهل طلاق‌دادن نیست و اصلاً طلاق‌و می‌خوام چی‌کار؟ من می‌خوام از محسن جدا زندگی کنم. جای دوری هم نمی‌رم. چند کوچه اون‌طرف‌تر. همون آپارتمانی که مریم و علی الان توشان. می‌رم اون‌جا که از بچه دور نباشم. بتونه هر روز بیاد پیشم تا کم‌کم عادت کنه.
ـ فکر می‌کنی محسن به این راحتی‌ها بپذیره؟ با اون اعتقادات؟
ـ نه، می‌دونم خیلی سخته. اما چاره‌ی دیگه‌یی ندارم. باید هر کاری به ذهنم می‌رسه بکنم که به محسن فشار نیاد و الا روی مریم تأثیر می‌ذاره. می‌دونم زمان می‌خواد. خصوصاً توی این جامعه که زن و شوهرها بعد از جدایی تبدیل می‌شن به دشمن، زمان لازمه که محسن بفهمه نمی‌خوام چیزی رو خراب کنم، نمی‌خوام اذیتش کنم. می‌دونم خیلی سخته که اعتمادش جلب بشه.
حال خودم را درست درک نمی‌کردم. به میزانی که افسرده و ناراحت بودم خودم را پر از انرژی هم حس می‌کردم. نگرانی اصلی‌ام این بود که مریم رفتن مرا بپذیرد. نمی‌خواستم با حرف‌های قلنبه گیجش کنم. سعی کردم تا آن‌جا که ممکن است موضوع را به ساده‌ترین و خلاصه‌ترین شکل ممکن براش توضیح بدهم.
وقتی مریم و علی جایی در همان نزدیکی‌ها پیدا کردند و رفتند مریم را به آن‌جا بردم و گفتم:

- مریمی باید با هم برم کمی خرید کنیم.
- واسه چی؟
- من می‌خوام یه مدت بیام این‌جا زندگی کنم. یک اتاقشو فعلاً آماده می‌کنیم.
- واسه چی می‌خوای بیای این‌جا؟ یعنی بدون من و بابا؟
- یه کم خسته‌ام. به جای این که برم اصفهان پیش باباجون و مامان‌جون می‌آم این‌جا. این‌طوری تو هم هر روز می‌تونی بیای پیشم.
- می‌خوای از بابا طلاق بگیری؟
- نه، این حرفا چیه؟ اصلاً. فقط می‌خوام یه مدت تنها باشم.
- پس من چی؟
- تو می‌تونی هر وقت دلت خواست بیای پیشم. قرار نیست چیزی تغییر کنه. فقط من چند کوچه اون‌طرف‌ترم. همین.
- پس شبا چی؟
- شب‌ها هم می‌تونی بیای این‌جا.
- پس تو فقط از دست بابا خسته شدی؟ نه از دست من؟
- آره گلم.
- یعنی دیگه دوستش نداری؟ پس می‌خوای ازش طلاق بگیری مثل مامان بهنام...
- نه عزیزم گفتم که نمی‌خوام ازش طلاق بگیرم. فقط یه مدت می‌خوام تنها باشم. مثل وقتی تو حالت از چیزی می‌گیره می‌ری توی اتاقت و درو می‌بندی.
- یعنی تو هم می‌خوای بیای این جا گریه کنی.
- نه عزیزم گریه نمی‌کنم. واسه چی گریه کنم، وقتی گل‌دختری مثل تو دارم؟ حالا بگو ببینم کمک می‌کنی واسه‌ی این‌جا وسیله بخریم. یه تخت خوشگل، پرده، وای که چه‌قدر وسیله لازم دارم.

حدوداً یک ماه و نیم بعد یک روز مریم را از مهد (به قول خودش پیش دبستانی) آوردم. یادداشتی که از قبل برای محسن نوشته بودم به در یخچال زدم و از خانه بیرون رفتم: «یادته توی مسکو که بودیم واسه‌ات یادداشت‌های عاشقانه می‌چسبوندم روبروی در آسانسور؟ چه‌قدر بچه بودم!

خیلی وقته دیگه چیزی برات ننوشتم؛ جز یادداشت‌های کوتاه که هر روز میلیون‌ها انسان برای هم‌دیگه می‌نویسن و هیچ کدوم هم در ذهن نمی‌مونه. درعوض این یکی برای همیشه یادمون می‌مونه.

از آخر به اول شروع می‌کنم؛ سقط بدون اطلاع تو یه اشتباه بود اما اگه می‌گفتم، اگه از جریان با خبر می‌شدی امروز نمی‌تونستم به عنوان خودم، نه همسر محسن فرخی، این یادداشتو برات بنویسم. پس خوش‌حالم که اون حماقتو کردم.

محسن، می‌دونم با من موافقی که ما برای هم‌دیگه همسر مناسبی نبوده ایم. منتها من واقعیت خودم و تو رو پذیرفته ام اما تو خودتو حقیقی و منو انحرافی می‌بینی و تمام این سال‌ها، مستقیم و غیرمستقیم القا می‌کردی که انحراف من باید اصلاح بشه. یعنی تو یه معیاری داری که همه رو بر اساس اون می‌سنجیدی.

محسن من در تمام این مدت فقط یه چیز از تو می‌خواستم این که بذاری خودم باشم. تمام اختلاف ما، از این‌جا شروع می‌شد. اما تو خودآگاه و ناخودآگاه خودتو برتر از من احساس می‌کردی. خودت رو اصل می‌دونستی، باهوش‌تر، بااراده‌تر، هدفمندتر و این وِیژه‌گی‌ها، تو رو صاحب حقوق بیش‌تر می‌کرد. دنیای من، علایقم، درس‌خوندن، افکار و نظرات و کارم به نظر تو بازیچه بود تو در برابر خونواده‌ات، دوستان و هم کارات از داشتن چنین همسری خجالت می‌کشیدی. چون وصله‌ی ناجوری بود روی اون عبای گران بهاء. مگه نه؟

تمام این اختلافات باعث می‌شد عشقی که روزی باعث شد ما در کنار هم قرار بگیریم ضعیف و ضعیف‌تر بشه. من متوجه همه‌ی این‌ها بودم و همون‌طور که وقتی از مسکو برگشتی بهت گفتم، می‌دونستم که دیگر عاشقت نیستم و می‌دونستم فقط به خاطر خوش‌بخت‌شدن بچه‌مون بود که از احساس خوش‌بختی و داشتن زندگی عاشقانه می‌گذرم.

اما امروز که بیش از چهار سال از اون تصمیم می‌گذره می‌بینم که کاملاً در اشتباه بودم؛ کسی که خودش احساس خوش‌بختی نمی‌کنه چه‌طور می‌تونه باعث خوش‌بختی فرد دیگه‌یی بشه؟ چه‌طور مریم در کنار پدر مادری که فشارِ بایدها اون‌ها رو در کنار هم نگه داشته، می‌تونه خوش‌بخت بشه؟

من حتا دیگه در کنار مریم احساس راحتی نمی‌کردم، نمی‌تونستم اون‌طور که می‌خوام برخورد کنم، لباس بپوشم، آرایش کنم. نمی‌تونستم خودم باشم؛ چون نگران بودم به تو خبر بده و جروبحث شروع بشه. این یعنی ریا، این یعنی دروغ. معنی‌اش اینه که من بچه رو با دروغ، دورویی و نقش بازی‌کردن داشتم بزرگ می‌کردم. که چی بشه؟ چه نتیجه‌یی از این زندگی خونواده‌گی به دست می‌اومد؟ جز این که از صبح تا شب ناخودآگاه به او یادآوری می‌کردم که در رابطه با دیگران خودت نباش، نقش بازی کن.

آیا این همون چیزی بود که من برای دخترم می‌خواستم؟ مسلماً نه. پس چه باید می‌کردم؟

آدم‌ها با عقاید، اعتقادات و سلایق متفاوت محترم‌ان و صاحب حق. هیچ‌کس حق نداره دیگری رو مجبور کنه به عقیده و سلیقه‌ی خودش. نقش بازی‌کردن و ریا و دورویی کثیف و نفرت‌انگیزه. چه باید کرد تا تعادلت رو در زندگی از دست ندی و موضوع مهمی مثل حاملگی رو از همسرت مخفی نکنی؟

خیلی وقته احساس می کنم نه تنها من در رابطه با مریم بلکه بابا و مامان در تربیت ما اشکالات اساسی داشته‌اند.

ما دور از واقعیت زندگی اجتماعی بزرگ شدیم، در محیط بسته و امن خونواده، با بچه‌های فامیل. محیطی که از واقعیت‌های جامعه خیلی فاصله داشت. بعد که وارد اجتماع شدیم آماده گی برخورد با خیلی از واقعیت‌ها رو نداشتیم و امروز تحمل بسیاری از اونا برامون دردناکه. این اشتباهه. باید بچه ها رو با واقعیت‌های زندگی آن‌طور که هست آشنا کرد. نباید سپر بود در برابرشون، نباید محیط مصنوعی براشون ایجاد کرد. اگه اشکالی در جامعه هست باید در برابرش ایستاد، باهاش مبارزه کرد و اگه امکان نداره، پس بذار بچه باهاش آشنا بشه.

می‌دونم الان داری به حرف‌هام پوزخند می‌زنی، مثل همیشه، و اینا را بازی پوچ و بی‌ارزش با کلمات می‌دونی.

تا این‌جا هرچه گفتم برات تکراری بود و بارها شنیده بودی اما اون چه می‌خوام الان بگم اینه که: دیگه احساس نمی کنم مریم اون نقطه ضعفیه که منو زمین گیر می کرد. مریم باید شنا کردن رو در دریای زندگی یاد بگیره. تا الان ما نقش بازی می کردیم که ضربه نخوره. اما من فکر می کنم بچه‌یی که به ضربه‌های آروم و حساب‌شده عادت نکنه، در آینده نمی‌تونه روی پای خودش وایسه. من می‌خوام آماده‌اش کنم برای پذیرش درد. می خوام یاد بگیره که صداقت دردناک از دروغ مخفی بهتره. بفهمه که مامان هم به اندازه‌ی بابا حق داره. متوجه بشه که مامان و بابا خیلی با هم فرق دارن اما هر دوشون حق دارن. بفهمه که می‌شه جدا از هم زندگی کرد اما هم‌آهنگ بود...

آره درست خوندی؛ من دیگه به این خونه برنمی گردم. اما قرار نیست جای دوری برم. همین چند کوچه پایین‌ترم.

خونه‌یی که سال گذشته واسه‌ی خواهرم خریدم و هیچ فکرش

رو هم نمی‌کردم روزی مجبور بشم خودم ازش استفاده کنم.

من از تو هیچی نمی‌خوام الا این که منطقی برخورد کنی و منصف باشی. می‌دونم مریم مال توست. من هم سعی می‌کنم خودم رو با این قانون وفق بدم. می‌دونم که حق طلاق هم تنها حق توست. با این هم کنار می‌آم. چون هیچ تمایلی ندارم در این جامعه مطلقه باشم. من طلاق نمی‌خوام. همان‌طوری که بچه رو هم نمی‌خوام. چون می‌دونم اون موجود وحشی خفته درون تو، که چند هفته پیش طغیان کرد، اگه اراده کنه، حداکثر سوءاستفاده رو از این حقوق خواهد کرد و پناه‌بردن من به مراجع قانونی یعنی روانداختن به مردانی که نه تنها حرف منو به‌هیچ‌وجه نمی‌فهمن بلکه حتا حقوق تو را پایمال‌شده می‌دونن.

پیشنهاد من اینه که مریم احساس کنه علاقه‌ی من و تو و احساس مسئولیتمون و مراقبتمون نسبت بهش کم نشده. تنها شرایط زندگی‌مون فرق کرده. همان‌طور که قبلاً هر دوی ما سعی می‌کردیم هم‌دیگه رو تأیید کنیم همینو ادامه بدیم اما دروغ نگیم. باید بفهمه حس احترام ما نسبت به هم خدشه‌دار نشده اگر چه دیگه اون‌قدر هم‌دیگه رو دوست نداریم که با هم زندگی کنیم. اون‌چه که مهمه، اینه که این دوست‌نداشتن، کوچک‌ترین ربطی به اون نداره و تنها به بابا و مامان برمی‌گرده.

می‌دونم این توقع زیادیه. می‌دونم الان آماده نیستی منو بفهمی. اما من خودم رو برای هر نوع هزینه‌یی آماده کردم و یک‌جانبه به این پیشنهاد پای‌بندم. با بچه هم صحبت کردم و تا حدودی در جریانه. اما من احساس می‌کنم کمی گیجه و درست نمی‌دونه قراره چه اتفاقی بیفته.

خواهش می‌کنم سعی کن لااقل برای یک‌بار هم که شده منو اون‌طور که هستم ببینی و به خواسته‌ام (دور بودن از تو)

احترام بذاری. فکر می کنم بهتره هر نوع گفت‌وگو و صحبت رو بذاریم برای وقتی که هر رو آروم شدیم.

درضمن مریم و علی همین نزدیکی‌ها خونه گرفتن. آدرس و شماره تلفونشون روی درِ یخچاله.

برنامه‌ی من هیچ تغییری نکرده. می‌تونم مثل روزهای قبل مریم رو ببرم و برگردونم. به‌هرحال تصمیم با توست هر طور که تو بخوای.

مرجان»

چند شب بعد وقتی زنگ زدم تا با مریم قبل از خواب صحبت کنم محسن خودش گوشی را برداشت. طبیعتاً آماده گی صحبت کردن با او را نداشتم بعد از مکثی کوتاه گفتم:

ـ سلام.

ـ سلام.

نمی‌دانستم باید احوالش را بپرسم یا نه.چند لحظه‌یی در سکوت گذشت.

ـ خب، راستش توقع نداشتم صداتو بشنوم... فکر می کردم مریم گوشی رو برداره.

محسن به‌سرعت اما درحالی که سعی می کرد آرام باشد گفت:

ـ مریم نیست. مشهده.

یکی از حدس‌هایم این بود که مریم را به مشهد بفرستد. بدتر از آن، این بود از خانم فرخی بخواهد که به تهران بیاید در آن صورت مریم غیرعادی‌بودن شرایط را بیش‌تر حس می کرد. به‌آرامی گفتم:

ـ کار خوبی کردی. به‌هرحال با این گرما و آلوده گی هوا، اون‌جا بهش بیش‌تر خوش می گذره... فقط اگه اشکالی نداره می‌خواستم بپرسم... منظورم اینه که وقتی به مریم زنگ می‌زنم

اگه خانم و آقای فرخی ازم سؤالی بپرسن...
ـ مرجان ما باید این مسخره‌بازی‌ها رو بذاریم کنار و با هم صحبت کنیم.
ـ خب... راستش من این‌طور فکر نمی‌کنم. باید یه مدت بگذره باورمون بشه این وضع واقعیه. اون‌وقت در آرامش می‌شه صحبت کرد.
ـ تو نمی‌تونی با بچه این بازی رو بکنی. تو می‌دونی داری چی‌کار می‌کنی؟.. معلومه که نه... پس احساس مسئولیتت به عنوان یه مادر...
ـ ببین محسن من نمی‌خوام وارد این بحث بشم چون هنوز زوده. من و تو چند سال پیش، یه بار از جدایی حرف زدیم اون‌موقع تو آماده بودی، به شرط این که مریم طبق قانون با تو باشه. خب من حرفی ندارم... باشه.
ـ من طلاقت نمی‌دم.
ـ من از طلاق حرف نزدم. فقط می‌خوام جدا باشیم.
ـ با کلمات بازی نکن. معنی‌اش یکیه.
ـ واسه‌ی من یکی نیست. من نمی‌خوام تغییری در زندگی‌ام بدم. فقط نمی‌خوام دیگه با تو زیر یه سقف باشم. همین.
صحبت با محسن به همان یک‌بار خلاصه نشد. بارهاوبارها تلفنی و حضوری حرف زدیم. عفت، مریم، مامان و بابا بارها با من صحبت کردند. آقای فرخی چندین بار تلفن زد. فریادهای خانم فرخی را از آن طرف گوشی تحمل می‌کردم اما سکوتم را نمی‌شکستم.
طبیعتاً همه شوکه شده بودند. من تا آن‌موقع به جز یک سری مسائل پیش پا افتاده هیچ‌وقت از مشکلات و از احساسم نسبت به محسن به طور جدی حرفی نزده بودم. حالا همه تصور می‌کردند که این اولین اختلاف جدی بین ما است و به‌زودی

همه چیز به حالت عادی برمی‌گردد.
خلاصه‌ی صحبت‌ها یک جمله بیش‌تر نبود: «به آینده‌ی مریم فکر کن.» هیچ‌کس نمی‌خواست بفهمد من دیگر کوچک‌ترین علاقه‌یی به محسن نداشتم و نمی‌توانستم و نمی‌خواستم با او زندگی کنم. آیا باید خودم و سلامت روانی‌ام را فدا می‌کردم چون بچه داشتم؟
فریده که تا شنید، قهر کرد. حتا حاضر نبود صدایم را بشنود. وقتی تلفن می‌کردم، گوشی را می‌گذاشت.
تنها مهشید و نادر بودند که به موضوع منطقی نگاه می‌کردند و با حرف‌هایشان به من آرامش، انرژی و اعتمادبه‌نفس می‌دادند.
به تلفن‌های نادر عادت کرده بودم. تنها کسی بود که برایش از همه‌ی مشکلاتم، حتا خصوصی‌ترین آن‌ها می‌توانستم حرف بزنم. و این به من آرامش می‌داد.
می‌دانستم باید صبور باشم. می‌دانستم عصبانیت و لجبازی نتیجه‌یی نخواهد داشت جز آن‌که شرایط را بدتر کند.
مریم در گرمای مرداد از مشهد برگشت. محسن چند روزی او را به شمال برد و بعد دوباره به مهد کودک فرستاد. پیشنهاد مرا برای بردن مریم به اصفهان رد کرد. حتا برنامه‌اش را طوری تنظیم می‌کرد تا خودش او را از مهد برگرداند. گفته بودم:
ـ نگران نباش من می‌تونم برم دنبالش.
گفته بود:
ـ هردومون باید به نبودنت عادت کنیم.
ـ ولی به نظرم لزومی نداره به خودت فشار بیاری واقعاً واسه من سخت نیست.
محسن نمی‌خواست صداقت مرا باور کند. نمی‌توانست بفهمد که واقعاً می‌خواستم کمک کنم تا شرایط از آن‌چه که بود سخت‌تر نشود. فکر می‌کرد زرنگی می‌کنم، در کمین نشسته‌ام

تا در اولین فرصت مریم را به چنگ بیاورم.
نادر می‌گفت: «باید اعتماد محسن جلب بشه. نترسونش. باید خیلی صبور باشی.»
فکر کردم اگر چند هفته‌یی از تهران دور شوم بهتر است. تلفنی به محسن گفتم:
ـ راست میگی؛ واقعاً مریم باید به نبودن من عادت کنه. چه‌طوره یه مدت برم اصفهان؟
ـ چرا از من سؤال می‌کنی تو که دیگه واسه خودت مستقلی.
ـ سؤال نکردم. دارم باهات مشورت می‌کنم. درسته که با هم زندگی نمی‌کنیم اما دوستی‌مون که سر جاشه.
مسلماً دورشدن از مریم و رفتن به اصفهان بدون او برایم بسیار سخت بود. حضور من بدون مریم برای بابا و مامان هم غیرعادی بود. تصمیم‌ام را قهر از خانه از سر خستگی تلقی می‌کردند. بابا می‌گفت:
ـ هی درس، هی کار؟ نمی‌فهمم شماها چرا این‌طوری شدین؟ از مادرت بپرس توی سن‌وسال تو چه‌قدر سرگرمی و خوشی داشت. تو اسمشو بذار الکی خوشی. از این زندگی خشک و جدی که تو واسه‌ی خودت درست کردی والله هزار بار بهتر بود. خودتونو بیرون خونه خسته می‌کنین بعد توقع دارین توی خونه که می‌آین یکی نازتونو بکشه. نمی‌دونم چرا دوره‌زمونه عوض شده؟
در مدتی که آن‌جا بودم سعی کردم تا آن‌جا که ممکن بود و رابطه‌ام با مامان و بابا اجازه می‌داد از مشکلاتم با محسن تعریف کنم. باید در جریان قرار می‌گرفتند. نیاز داشتم حمایتم کنند. مامان می‌گفت:
ـ می‌فهمم. تو جوونی. با اون تعصباتی که اون داره، با اون کاری که دور از تو، توی مسکو کرده... مسلمه که بهت توهین

شده... همه رو می‌فهمم اما مریم چی؟

بعد از آن روز کذایی که محسن دست روی من بلند کرده بود و آن حرف‌های وحشتناک را زده بود، حالا حق خودم به داشتن زندگی زناشویی عادی و حفظ حرمتم به عنوان یک انسان، به اندازه‌ی حق مریم به داشتن خانواده‌یی گرم و صمیمی برایم مطرح شده بود. می‌دانستم بعد از آن جریان حتا اگر خودم را مجبور می‌کردم، نمی‌توانستم با محسن زندگی کنم. در مدت چند ماهی که از جدایی‌مان می‌گذشت، حتا برای یک لحظه از تصمیمم پشیمان نشده نبودم و این نشان می‌داد که واقعاً به محسن علاقه‌یی ندارم. فکرش باعث می‌شد دلهره بگیرم. بنابراین به جای دلسوزی برای بچه، تمام سعی‌ام را می‌کردم تا راه‌حلی پیدا کنم و امکان ضربه‌خوردن مریم را به حداقل برسانم. می‌دانستم راهی سخت و طاقت‌فرسا پیش رو دارم. «اما نه به سختی زندگی کردن با مردی که دیگه دوستش نداری».

۷۶

بیش از یک سال طول کشید تا حساسیت‌های محسن به تدریج کم شود و به وضعیت جدید عادت کند. دورانی که هر روزش در مبارزه برای آرام کردن محسن و تحمل دوری از مریم گذشت! فراموش نمی‌کنم اوایل پاییز ۸۰ وقتی مریم آنفلانزا گرفت و بلافاصله آبله مرغان. طبیعتاً به مراقبت خاص احتیاج داشت. بارها تلفنی از محسن خواستم اجازه دهد مریم را به خانه‌ی خودم ببرم. موافقت نمی‌کرد بالاخره گفت: « از مامان خواهش کردم یه مدت بیاد تهران. فعلاً قراره این بتول خانوم روزها بیاد پیشش». محسن که بعد از چند روز مرخصی به سر کار برگشت برای اولین بار به در خانه رفتم. کلید که انداختم متوجه شدم قفل در آپارتمان عوض شده است. در زدم. بتول خانم باز نکرد. می‌دانستم از چشمی مرا شناخته. پایین آمدم و زنگ آیفون را زدم. جواب نداد. از جلوی در کنار رفتم و شماره‌ی خانه را گرفتم. گوشی را برداشت.

ــ بتول خانم، خواهش می‌کنم درو باز کن بذار بیام تو... منظور آقای دکتر غریبه‌ها بوده، نه من. تو خودت مادری،

مادربزرگی. آخه چه‌طور می‌تونی این‌قدر سنگ‌دل باشی؟...
بتول خانم با خجالت جواب داد:
ــ خانم‌دکتر، روم سیاس. والله آقای دکتر در حق من خیلی بزرگی می کنه. خدا عمرش بده! نمی‌تونم نمکدون بشکنم. به خود خدا قسم خورده اگه شما رو راه بدم بهم بهتون دزدی بزنه پدرمو دربیاره. گفته توی خونه همه‌جا چیز هست... این که فیلم آدمو می گیره...اگه پاتونو بذارین... شما رو به خدا خانم‌دکتر منو از نون‌خوردن ننداز. بذار خودش که اومد تشریف بیار.
«باشه محسن فرخی، حالا که این‌طوره، پس بچرخ تا بچرخیم. اما به روش من. می‌خوای گریه‌ی منو دربیاری؟ کور خوندی! می‌خوای ازت خواهش کنم که بیام بچه‌ام رو ببینم تا واسه‌ام شرط‌وشروط بذاری؟ منو هنوز نشناختی! می‌خوای گوشی رو بردارم و با دادوبی‌داد عقده‌مو سرت خالی کنم، ضعف نشون بدم؟ اشتباه می کنی! پشتت به حداقل هزاروچهارصد تاریخ مردسالاری گرمه؟ زنا رو نشناختی! حالا می‌بینی برنده‌ی این بازی کیه آقای دکتر! حالا می‌بینی!... آروم باش مرجان. یادت نره از نظر طبیعی تو به عنوان زن از اون قوی‌تری. اونه که به تو نیاز داره... تمام این کارها فقط واسه اینه که بهت احتیاج داره، از سر ضعفه! آخه چرا نمی‌فهمه که نمی‌تونه از بچه نگه‌داری کنه؟ نمی‌ذاره من به بچه‌ی مریضم برسم بعد می‌ره از یه زن دیگه می‌خواد که بیاد مراقبش باشه...»
آن چند هفته بیماری، خاطرات بسیار تلخی از دوران دوری از مریم برایم به جا گذاشت. بعد از آن هر وقت در برابر محسن کم می‌آوردم، هر وقت عصبی می‌شدم، به خودم می گفتم: «بعد از اون تجربه حتا اگه بخوای حق نداری کوتاه بیای، حق نداری اشتباه کنی، حق نداری موفق نشی»

وقتی محسن بالاخره باور کرد که در تصمیمم جدی هستم، و وقتی توانست به من اعتماد کند که قصد ندارم با زرنگی مریم را از او بگیرم، رفتارش تا حدودی منطقی شد.

طوری با مریم صحبت می‌کردم که اگر محسن با زرنگی او را سین‌جیم کند، متوجه شود که نه تنها بچه را علیه او تحریک نمی‌کنم بلکه برعکس، حس احترام به پدر را بیش‌تر از قبل در او رشد می‌دهم. به نظرم می‌رسید همین باعث می‌شد اعتمادش به من بیش‌تر شود.

تنها بعد از یک سال، بالاخره اجازه داد مریم شب در خانه‌ی من بماند یا بعضی تعطیلات با من باشد.

من سعی می‌کردم دقیقاً طبق خواست او رفتار کنم. بچه را به موقع برمی‌گرداندم تا اعتمادش سلب نشود. به محسن حق می‌دادم. در دنیای او جایی برای «این اداواصول‌ها» نبود. درکش می‌کردم و صادقانه تلاش می‌کردم سختی ناشی از نبودنم را در خانه کم‌تر حس کند. تا مشکلاتم برای دیدن مریم کم شود.

اگر چه مریم بدش نمی‌آمد گاهی اوقات از شرایط جدید سوءاستفاده کند اما به او اجازه نمی‌دادم: «بابا گفته ساعت ۵ برگرد، پس برمی‌گردی، اگه و آخه هم نداره. تو که می‌دونی خوش‌قولی چه‌قدر واسه بابا مهمه.»

از پاییز ۸۱ مریم به مدرسه رفت و طبیعتاً وقتش با درس و مشق و کلاس‌های اضافه مثل نقاشی و انگلیسی و ژیمناستیک حسابی پر شد. محسن نمی‌توانست از کار و تدریس و مأموریت‌ها بزند و او را از این کلاس به آن کلاس ببرد. من وقت بیش‌تری داشتم.

حالا مریم هفته‌یی چند شب با من شام می‌خورد. وقتی غذایی درست می‌کردم که می‌دانستم محسن دوست دارد برایش می‌فرستادم. اگر چه بتول خانم هفته‌یی دو سه روز می‌آمد به کارهای خانه می‌رسید و برایشان غذا هم درست می‌کرد.

به محسن گفته بودم: «خیلی پررویی می‌خواد؛ پراید تو هنوز زیر پای منه به روی خودم هم نمی‌آرم.»

محسن گفته بود: «خب اگه این‌طوره که تمام وسائل خونه هم، جهیزیه‌ی توئه.»

راست می‌گفت وقتی خانه را ترک کردم، چیز خاصی با خودم برنداشتم. فکر می‌کردم رفتنم، به‌خودی‌خود، تغییر بزرگی خواهد بود. «بذار لااقل ظاهر خونه تغییر نکنه». درضمن دوست نداشتم در تنهایی چشمم به هر تکه از وسائل که بیفتد خاطره‌یی برایم زنده کند و مرا به گذشته ببرد.

وقتی محسن اجازه داد مریم به خانه‌ی من رفت‌وآمد کند، یکی از دو اتاق خواب را با سلیقه‌ی خودش آماده کردیم. مریم آن‌قدر هیجان‌زده و خوش‌حال بود که من حتا احساس می‌کردم آن را از اتاق خودش بیش‌تر دوست دارد.

از همان زمانی که مطمئن شدم دیگر نمی‌خواهم با محسن زندگی کنم، می‌دانستم مهم‌ترین و مشکل‌ترین بخش این تصمیم، ازدواج مجدد محسن خواهد بود. می‌دانستم محسن نمی‌تواند برای مدتی طولانی در این وضع بماند. نگران بودم به خاطر شرایط سخت ناشی از جدایی و اصرار خانم فرخی و دیگران تن به ازدواج ناموفقی بدهد.

من تمام سعی‌ام را می‌کردم تا اثرات منفی رفتنم بر زندگی محسن و مریم به حداقل برسد. تا قبل از ازدواج محسن نقش من در حفظ این آرامش کلیدی بود، اما مطمئن بودم در صورتی که محسن ازدواج ناموفقی بکند تمام رشته‌هایم پنبه می‌شود و مریم به‌شدت ضربه می‌خورد. در آن صورت همه، از جمله مریم، تمام سنگینی بارمسئولیت این خرابی را روی دوش من خواهند انداخت. این چیزی نبود که من توانایی تحملش را داشته باشم. آن‌قدر جامعه‌شناسی بلد بودم که بفهمم در جامعه‌ی من

همه‌چیز به خوب و بد تقسیم می‌شود. آدم‌ها یا خوب هستند یا بد. یا برنده یا بازنده. و فقط برنده‌ها حق زندگی دارند. می‌دانستم اگر در این تصمیم شکست بخورم خانواده، دوست و آشنا و هم‌کار و غریبه مرا برای خودم دوباره تعریف خواهند کرد. تعریفی غیر منصافه، که جای چون‌وچرا و تغییر نخواهد داشت. می‌دانستم خواهند گفت: «دیدی بهت می‌گفتیم.» «چه‌قدر بهت گفتیم نکن.» «چه‌قدر نصیحتت کردیم که این کارها آخر عاقبت نداره. سرتو بنداز پایین و زندگیت رو بکن.» «آخه والله خوشی‌هوارت بود و الا مگه آدم از یه مرد دیگه چی می‌تونه بخواد.» می‌دیدم شجاعت شکست خوردن را ندارم؛ یا باید پیروز می‌شدم یا باید جامعه را ترک می‌کردم. من هم که طاقت دوری از مریم را نداشتم. بنابراین مجبور بودم به هر قیمتی که شده موفق شوم.

برای اولین بار در زندگی به چشم خریدار به خانم‌های دور و برم نگاه می‌کردم. با معیارهای محسن به‌خوبی آشنا بودم. اگر موردی توجه‌ام را جلب می‌کرد سر صحبت را باز می‌کردم.

اوایل ترم دوم سال ۸۰ بود. ماه‌ها از جدایی من از محسن می‌گذشت. سعی می‌کردم به زندگی جدید عادت کنم. اما کار ساده‌یی نبود. وضعیت بد روحی بر ظاهرم تأثیر زیادی گذشته بود. هرکس که مرا بعد از چند ماه می‌دید باتعجب می‌پرسید: چرا این‌قدر لاغر شدی؟ چرا پوستت این‌طور شده؟ حتماً برو واسه‌ی یه چک آپ... اما هم‌کاران از علت این تغییر کوچک‌ترین اطلاعی نداشتند. عفت هم که در همان واحد، درس می‌داد مایل نبود کسی بفهمد که زن برادر او از شوهرش جدا شده.

آن روز در اتاق اساتید یک خانم جوان چادری نشسته بود. نگاهی به هم‌دیگر کردیم. ناخودآگاه هر دو لبخند زدیم. شباهت

عجیبی به هم داشتیم. گفتم:
ـ ما خواهر نیستیم؟
لبخند ملیحی زد و گفت:
ـ شاید باشیم.
دستم را به طرفش دراز کردم.
ـ مرجان محمدی هستم.
ـ سارا حسینی. خوش‌بختم.
ـ پس خواهر نیستیم. اما ظاهراً هم‌کاریم.
ـ بله من تازه اومدم این‌جا.
ـ چی درس می‌دین؟
ـ والله قراره دو تا واحد درس بدم: حقوق بین الملل اسلامی و مبانی اندیشه‌های سیاسی در سلام.
ـ چه جالب! پس شما باید یه پل بزنین بین گذشته و حال! حقوق خوندین؟
ـ کارشناسی ارشد علوم اسلامی خوندم اما لیسانسم زبان انگلیسیه. شما چی؟
ـ من این ترم مبانی جامعه شناسی دارم.
سه سال از من کوچک‌تر بود. تازه کارشناسی ارشد را تمام کرده بود. می‌گفت قبلاً در دبیرستان درس می‌داده. بعدها فهمیدم که از خانواده‌یی اصیل و مذهبی است. پدرش بازاری سرشناسی بود.
سارا اگرچه کاملاً محجبه بود اما نگاه بازی به زندگی داشت. باهوش و واقع‌بین بود. شخصیت آرامی داشت. با تعریفی عارفانه از دین.
دو روز در هفته با هم کلاس داشتیم. خانه‌اش در میرداماد بود. روزهای پنج شنبه در مسیر برگشت او را می‌رساندم همین رفت‌وآمدها باعث شده بود به هم بیش‌تر نزدیک شویم. اما از

زندگی خصوصی همدیگر چیز زیادی نمی‌دانستیم.
چند ماهی از آشنایی ما می‌گذشت. آن روز سارا خیلی گرفته و ناراحت به نظر می‌رسید در مسیر برگشت علتش را که پرسیدم گفت:
ـ جدیداً کسی اومده... واسه خواسگاری. بابام خیلی اصرار داره.
ـ اِ... مبارکه! حالا این آقای خوش‌شانس، خوش‌سلیقه کی هست؟
ـ بازاریه. خونواده‌ی سرشناسی هستن. بابام با پدرش از جوونی دوستن.
ـ خب؟
سارا جوابی نداد. ادامه دادم: آها خب شاید چون خودت تدریس می‌کنی احتمال می‌دی مشترکات زیادی با یه بازاری نمی‌تونی داشته باشی.
ـ آره، اما راستش این تنها دلیلش نیست.
سارا بی‌حوصله بود. مطمئن نبودم تمایلی به صحبت کردن در این مورد داشته باشد. چند دقیقه بعد ادامه داد: «دانشجو که بودم ازدواج کردم. علی استادم بود.» آهی کشید: «از سر علاقه زنش شدم. خونواده‌ام مخالف بودن. البته نه فقط به خاطر مسائل مالی، نه... زمان جنگ شیمیایی شده بود... فرصت زیادی واسه زندگی نداشت...» پوزخندی زد و ادامه داد: «من اصرار داشتم زنش بشم. او نمی‌خواست ازدواج کنه... اون‌قدر دوستش داشتم که... عاشقش بودم و زندگی بدون او... برام اصلاً قابل تصور نبود...» بغضش را قورت داد با صدایی خفه و لرزان ادامه داد: «اما اشتباه می‌کردم... آدم پوست‌کلفت‌تر از این حرفاست... اون رفت و من...»
صدا در گلویش شکست. با دو دست صورتش را پوشاند. با

صدای بلند زد زیر گریه...

نفس عمیقی کشید با دستمال اشک‌هایش را پاک کرد و با صدایی که سعی می کرد عادی باشد گفت:

ــ واقعاً معذرت می‌خوام مرجان. ببخشید. ناراحتت کردم.

ــ نه بابا، چی می گی! خوب کردی گفتی. حرف‌زدن آدمو سبک می کنه.... خدا رحمتش کنه... خیلی وقته؟

ــ سه سال پیش.

با خودم حساب کردم: «یعنی دختر بی‌چاره از ۲۴ سالگی بیوه شده.»

ــ اون‌قدر برام سخت بود که فکر می کنم اگه اعتقاداتم نبود خودکشی می کردم... اما خب... با کار و درس سر خودمو گرم کردم... سر سالش تازه رفته بود که کارشناسی ارشد قبول شدم...

ــ یادگاری واسه‌ات نذاشت؟

ــ نمی‌تونست... به خاطر همون بیماری‌اش.

به خودم گفتم: «طفلک هنوز با خاطرات شوهر مرحومش زندگی می کنه معلومه صحبت خواستگار که بشه به هم می‌ریز.». آهی کشیدم و گفتم:

ــ حالا می‌فهمم چرا امروز این‌طوری حالت گرفته‌ست. باید خیلی سخت باشه بعد از یه هم‌چین عشقی از آدم انتظار داشته باشن دوباره به کسی دل ببنده... اما خب لابد خونواده‌ات هم حق دارن. فکر می کنن شاید یه رابطه‌ی جدید بتونه روحیه‌ات رو بهتر بکنه، ها؟ نه، منظورم این نیست که جای اونو بگیره. این که غیرممکنه.

ــ آره، اما موضوع فقط خونواده‌ام نیست... علی قبل از رفتن سه تا قول ازم گرفت: واسه‌اش سیاه نپوشم، درسمو ادامه بدم و... حتماً مادر بشم.

۷۷

باید مریم را برای ازدواج دوباره محسن آماده می‌کردم. خیلی نگران بودم خانم فرخی دست بالا بزنند خصوصاً که از لابه‌لای تعریف‌های مریم معلوم بود مادر بزرگش سعی می‌کرد او را برای ازدواج مجدد محسن آماده کند. از یک طرف خوش‌حال بودم، چون این تأیید همان چیزی بود که من برای مریم لازم می‌دیدم. اما از طرف دیگر می‌ترسیدم محسن باعجله و نسنجیده با دخالت مادرش تن به ازدواج ناموفقی بدهد. خبر داشتم عفت هم چند تا از دوستانش را به محسن معرفی کرده بود. یکی از آن‌ها در همان واحد خودمان تدریس می‌کرد.

جمعه بود. مریم که از خواب بیدار شد پرسیدم:

ــ بابا کی قراره بیاد دنبالت؟

ــ فکر کنم گفت ۶ می‌آد.

ــ باید ازش خواهش کنم زودتر بیاد چون من قراره برم بیمارستان یکی از دوستامو بینم.

ــ مریضه؟

ــ نه، یه نی‌نی خوشگل به دنیا آورده. یه دختر کوچولو.

ـ اِ چه خوب! می‌شه من هم بیام ببینمش؟

ـ عزیزم. بچه‌ها رو توی بیمارستان که راه نمی‌دن.

ـ ماما، کاش تو هم می‌تونستی واسه‌ی من یه خواهر کوچولو بیاری.

ـ آره. من هم دلم می‌خواست. اما من و بابا که دیگه با هم زندگی نمی کنیم.

مریم ساکت شد. برای این که موضوع عوض نشود گفتم:

ـ خب درعوض بابات دوباره که ازدواج کنه. تو صاحب یه خواهر کوچولو می‌شی.

مریم نگاه تندی به من کرد و گفت:

ـ نه، بابا این کارو نمی کنه.

با بی اعتنایی گفتم:

ـ چرا که نه، عزیزم. این که خیلی خوبه تو خواهر داشته باشی باهاش بازی کنی.

مریم این بار داد زد:

ـ گفتم نه، من نمی‌خوام زن‌بابا داشته باشم!

ـ نه، یه شاه‌زاده‌خانم به این خوشگلی که داد نمی‌زنه.

ادامه ندادم. برای بار اول کافی بود. چند روز بعد وقتی او را به کلاس زبان می‌بردم. سر صحبت را باز کردم.

ـ راستی برات گفتم نی‌نی دوستم چه ناز بود؟

ـ نه، بگو مامان، برام تعریف کن.

ـ وااای نمی‌دونی چه با مزه بود! دست و پاهای کوچولو. چشای این‌قدی. وااای دهنشو باید می‌دیدی! ممه‌ی ماماشو آآآآروم آآآآروم می‌مکید. بعد خسته می‌شد همین‌طوری خوابش می‌برد.

مریم از ته دل می‌خندید و از من می‌خواست جزئیات بیش‌تری برایش تعریف کنم.

به این ترتیب پای رها کوچولو دختر زری از هم‌دوره‌یی‌های زمان دانش‌جویی به صحبت‌های من و مریم باز شد. رها البته شش ماه پیش از آن به دنیا آمده بود و حالا حسابی شیرین و دوست‌داشتنی شده بود. چندتایی از عکس‌هایش را از زری قرض گرفتم و به مریم نشان دادم. حالا علاقه‌ی مریم بیش‌تر شده بود و آرزو داشت او هم یک رها کوچولو داشته باشد.

چند بار با اصرار ازم خواسته بود او را به دیدن رها ببرم.

زری سربسته از شرایطم اطلاع داشت. گفته بودم: «به‌هرحال دیر یا زود محسن ازدواج می‌کنه، می‌خوام مریمو آماده کنم که تصور بدی از زن بابا نداشته باشه».

زری اگر چه روش مرا عملی نمی‌دید و می‌گفت: «این کارا فایده ای نداره» ولی وقتی اصرار مرا دید حاضر شد برای چند دقیقه بازی نقش یک نامادری خوب را بازی کند. نقشه را خوب مرور کردیم و طبق قرارمان، من مریم را به خانه‌اش بردم. زری خیلی گرم مریم را پذیرفت و گفت:

ــ می‌دونی من هم یه دختر دارم درست هم‌سن‌وسال تو؟ الان مدرسه‌اس. اسمش سحره. بیا این هم عکسشه.

زری عکسی از سحر دختر برادرش به مریم نشان داد و من طبق نقشه‌ی قبلی با بی‌اعتنایی پرسیدم:

ــ راستی جالبه چرا اسم بچه‌ها رو این طور انتخاب کردین؟ سحر و رها. شبیه هم نیستن.

ــ آخه اسم مامان سحر سپیده‌ست.

ــ مامانش؟!

زری خندید و همین‌طور که پشت به مریم ایستاده بود و نشان می‌داد اصلاً حواسش به او نیست گفت:

ــ آره هیچ‌وقت بهت نگفته بودم. بین خودمون بمونه. تو رو خدا به کسی نگی، ها. سحر واقعاً دختر من نیست. شوهرم قبل

از من یه بار ازدواج کرده بود.
ـ چه جالب! نمی‌دونستم... باید خیلی سخت باشه، نه؟
ـ چی؟
ـ خب این که مادر دختری باشی که مال خودت نیست.
ـ من که مادرش نیستم. سحر خودش مادر داره. مرتب هم می‌بینش. ما با هم دوستیم.
ـ خب این نظر توئه. شاید سحر یه طور دیگه‌یی فکر می‌کنه.
ـ نه، اون هم همین‌طور فکر می‌کنه. مرجان این حرفا چیه؟ اون زن‌باباهای بدجنس مال قصه‌هاست. زندگی واقعی یه چیز دیگه‌ست.
ـ بهت می‌گه مامان؟
ـ نه واسه چی بگه؟ خودش مامان داره. خیلی هم دوستش داره. به من می‌گه زری‌جون.
رها حسابی برای مریم شیرین‌کاری می‌کرد و می‌خندید. مریم همین‌طور که دست‌های رها را در دست داشت گفت:
ـ خوش به حال سحر. رها مث یه عروسک می‌مونه.
زری به عقب برگشت و نشان داد که غافل‌گیر شده است:
ـ وا مریم جون تو این‌جایی؟ من فکرکردم توی اتاقی.
مریم با کنج‌کاوی به او نگاه کرد تا علت نگرانی زری را بفهمد.
ـ مریم جون میشه خواهش کنم این راز بین خودمون بمونه؟ اگه یه روز سحر رو دیدی خواهش می‌کنم بهش نگو که من این حرفا رو زدم، باشه؟ آخه من اونو درست مثل رها دوست دارم. نمی‌خوام ناراحت بشه
زری واقعاً نقشش را عالی بازی کرده بود.
بعد از آن روز من و مریم گاهی اوقات به موضوع سحر برمی‌گشتیم. خصوصاً که او هر چند وقت یک بار عکس

جدیدی از رها می‌دید: با دو تا دندان کوچولو، چهاردست‌وپا درحال‌راه‌رفتن، نشسته، سوار روروَک و...

از زری خواهش کرده بودم چند عکس قشنگ و شاد از سحر و رها بگیرد. مریم با دیدن عکس‌ها دوست داشت در مورد سحر صحبت کند.

۷۸

حالا که من و سارا از گذشته‌ی هم‌دیگر خبر داشتیم انگار احساس نزدیکی بیش‌تری می کردیم. روابط‌مان از محدوده‌ی کار در دانشکده بیش‌تر شده بود. خوش‌سلیقگی‌اش را در انتخاب لباس می‌پسندیدم چند بار با هم به مراکز خرید نزدیک خانه‌شان رفتیم. مریم را هم با خودم می‌بردم. بعد از خرید به اصرار مریم معمولاً به یک کافی شاپ یا فست فوت سری می زدیم.

یک بار برای مراسم ختم انعام به خانه دعوتم کردم. اگر چه اهل این‌جور برنامه‌ها نبودم اما با مریم رفتم. چند بار هم من برای ناهار به خانه دعوتش کرده بودم.

اعتراف می کنم که از همان روز اول آشنایی با سارا به نظرم رسید که او می‌تواند مورد مناسبی برای محسن باشد. هر چه زمان می گذشت و شناختم بیش‌تر می‌شد این احتمال هم در ذهنم قوت می گرفت. بعد از ۸ سال زندگی با محسن حدس می‌زدم که اگر در کنار زنی با ویژه گی‌های سارا قرار بگیرد به همسری بسیار متعادل تبدیل می‌شود. سارا آرام، بی‌عقده

و منطقی بود. درعین‌حال بسیار مذهبی. احساس می‌کردم می‌توانست برای مریم هم دوست خوبی باشد. (نمی‌خواستم کلمه نامادری را به ذهنم راه بدهم)

اما مشکل این جا بود که هنوز آماده‌گی پذیرش مرد دیگری را نداشت. از صحبت‌هایش معلوم می‌شد که موافقتش با رفت‌وآمد خواستگاران فقط به خاطر قولی بود که به شوهر مرحومش داده بود. «به‌فرض که حاضر بشه با محسن ازدواج کنه، اگه بخوادش فقط واسه این‌که به وصیت شوهرش عمل کنه و مادر بشه، در اون صورت زندگی محسن که تغییر نمی‌کنه؛ باز می‌شه همون آش‌وکاسه‌یی که با من داشت. حالا گیرم به یه شکل دیگه. چه فرقی می‌کنه؟ تازه واسه مریم می‌شه قوزبالاقوز»

اما از طرفی رفتار و طرز صحبت سارا با مریم به نظرم خیلی متعادل می‌رسید. «شاید چون چند تا خواهرزاده و برادرزاده داره، بلده چه‌طور با بچه‌ها رفتار کنه یا این‌که واقعاً دوست داره مادر بشه. اگه بتونه به مرد دیگه‌یی دل ببنده تأثیر اون ضربه‌ی عاطفی آروم‌آروم کم می‌شه». خیلی دلم می‌خواست فرصتی پیش می‌آمد تا سارا و مریم بیش‌تر و به‌تنهایی، باهم‌بودن را تجربه کنند.

اوایل تابستان ۸۲ بود. یک روز در مسیر برگشت از دانشکده سارا از من خواست تا او را در خیابان وصال پیاده کنم. گفت:

ـ می خوام برم کانون زبان.

ـ کانون؟ واسه چی؟

ـ ثبت‌نام کردم واسه‌ی کلاس فرانسه. فکر کردم از خونه‌نشستن توی تابستون بهتره.

کلمه‌ی تعطیلات تابستان و کلاس زبان در ذهنم جرقه‌یی زد «چرا تا حالا به ذهنم نرسیده بود؟» پرسیدم:

ـ تو که تدریس خصوصی انگلیسی هم داری، یعنی فرصت می‌کنی؟

ـ آره بابا، تازه کلی هم وقت اضافی دارم. این روزا یه ترجمه‌ی جدید شروع کردم. تموم شد می‌دم بخونیش از اون داستانایی که تو خوشت می‌آد.

با لحن مخصوصی گفتم: «پس کلی وقت اضافه داری!» سارا به طرفم برگشت. ادامه دادم: «فکر کنم یه شاگرد جدید واسه‌ات سراغ دارم.»

مریم از اوایل خرداد که مدرسه تعطیل شده بود نق می‌زد که حوصله‌اش سر می‌رود. کلاس شنا و نقاشی می‌رفت. سه روز هم انگلیسی داشت اما باز هم نق می‌زد. مطمئن بودم از کلاس خصوصی زبان استقبال کند خصوصاً که رابطه‌ی دوستانه‌یی با سارا داشت و تا می‌دیدش «ساراجون ساراجون» دورش را می‌گرفت. بنابراین بهانه‌ی خوبی بود. فکرش را کردم: «اگه هفته‌یی حداقل دو ساعت با هم تنها باشن خیلی خوبه. با تعریفای مریم می‌تونم شناخت بهتری از سارا به دست بیارم... از اون طرف هم با شیرین‌زبانی‌هاش آروم‌آروم پای این خانم معلمو می‌کشونه به صحبت‌هاش با محسن و این همون چیزیه که مرجان خانم ما بهش احتیاج داریم... و لابد این شیطونک کلی هم از من و محسن واسه‌ی سارا جونش تعریف می‌کنه این‌طوری سارا هم آروم‌آروم و بدون این که اصلاً بفهمه متوجه محسن می‌شه... و اگه ما یه‌کم زرنگی بکنیم و یکی از این دو ساعتو بندازیم روز جمعه چی؟.. اون وقت به محسن می‌گم ۶ روز هفته من می‌برم و میارمش روز جمعه هم تو کمک کن... تا این‌جا نقشه‌مون معرکه است. حالا اگه علاوه بر این دو ساعت من به بهانه‌ی تعطیلی تابستون برنامه‌های دیگه‌یی هم بذارم معنی‌اش اینه که... معنی‌اش اینه که تو دیوونه‌ای دختر!»

تلفنی جریان را برای محسن تعریف کردم.
ـ خانوم خیلی خوبیه. عفت هم می‌شناسش. لهجه‌اش انگلیسیه. همون چیزی که تو روش تأکید داری. می‌خوام باهاش هفته‌یی دو بار قرار بذارم. دوشنبه و جمعه صبح. نظرت چیه؟
ـ مریم هم یه چیزایی برام گفت. انگار می‌شناسش. ازش تعریف می‌کرد.
ـ آره، گفتم که از همکارامه. چند بار اومده خونه. مریم می‌شناسش.
ـ خب پس چرا مریم می‌گه باید بره خونه‌اش. اگه تو رو می‌شناسه پس بیاد همونجا بهش درس بده.
ـ آخه این خانوم خونه‌ی شاگرداش نمی‌ره. بعدش هم نه که تابستونه، شاگرداش بیش‌تر شدن. این دو روز یعنی دوشنبه و جمعه ۹ تا ۱۰ واسه مریم خوبه این‌طوری برنامه‌ی کلاس شنای روزهای زوجش هم سرجاشه. برنامه‌های بعدازظهرش هم تغییر نمی‌کنه. من با اون خانوم صحبت کردم هر دو روزش ۱۰ به بعد کلاس داره. اگه من ازش خواهش کنم بیاد خونه یا وقت دیگه‌یی مریم بره، بعضی از کلاساشو باید ول کنه.

البته می‌دانستم که سارا چند تا شاگرد بیش‌تر نداشت. خودم به بهانه‌ی سبک‌بودن ترافیک متقاعدش کرده بودم که یک روز از کلاس‌های مریم صبح جمعه باشد.

۷۹

تابستان ۸۴ بود. چند روزی می‌شد به اصفهان آمده بودم. به مامان گفته بودم از گرمای تهران فرار کردم اما خودم می‌دانستم آمدنم علت دیگری داشت.

تمام این بازی را خودم کارگردانی کرده بودم، به تمام هدف‌هایی که می‌خواستم رسیده بودم؛ من و محسن خیلی دوستانه جدایی‌مان را رسمی کرده بودیم. دیگر کوچک‌ترین مشکلی برای دیدن مریم و بودن با او نداشتم. حالا این محسن بود که گاهی اوقات از من خواهش می‌کرد مریم برای چند روز و حتا بیش‌تر پیش من بماند. مریم به‌راحتی با من به مسافرت می‌آمد.

اما این اواخر حس عجیبی داشتم. از خودم می‌پرسیدم: «حالا که همه‌چی به خوبی و خوشی تموم شده چرا خوش‌حال نیستم؟ چرا وقتی محسن و سارا و مریم رو از دور خوش‌بخت و راضی می‌بینم انگار حسودی‌ام می‌شه؟ حالا که سارا روزهای آخر بارداری رو می‌گذرونه و مریم واسه‌ی به‌دنیااومدن بچه لحظه‌شماری می‌کنه، چرا از تهران فرار کردم؟» جوابی نداشتم.

به خودم می‌گفتم: «این خستگی چند سال مبارزه‌ست. زمان بگذره آروم می‌شی.»

آن روز عمه و بی‌بی ناهار مهمان ما بودند. بوی خورش بادنجان و لوبیاپلو در خانه پیچیده بود. خودم را با درست کردن سالاد سرگرم کرده بودم. از صبح دلم شور می‌زد.

بی‌بی سر جانماز نشسته بود تسبیح‌به‌دست صلوات می‌فرستاد و حواسش به مامان بود که چند تکه از وسائل جدیدی که برای سیسمونی مهشید گرفته بود، دور خودش پهن کرده بود تا به آن‌ها نشان دهد. عمه پرسید:

ـ ایشالله کی میان؟

ـ این پنج‌شنبه محمد کوچولو می‌شه دو ماهش. مهشید می‌گفت دکتر دیگه اجازه‌ی پرواز داده. اگه بلیط گیرشون بیاد شاید آخر هفته‌ی آینده.

بی‌بی گفت:

ـ به سلامتی ایشالله. خدا نگه‌دارشون باشه. ایشالله به‌زودی سیسمونی مریم جونو ببینیم.

مامان گفت:

ـ علی و مریم می‌گن فعلاً زوده. راس هم می‌گن. بذار تا ونگ‌ونگ بچه نیست واسه‌ی خودشون یه کم زندگی کنن.

موبایلم زنگ زد. باعجله بلند شدم و گوشی را از روی میز برداشتم. شماره‌ی محسن بود.

ـ الو

صدای مریم بود که از خوش‌حالی در گوشم داد می‌زد:

ـ مامان، مامان نی‌نی به دنیا اومد. مامان، نمی‌دونی چه‌قدر نااااازه! مامان... الو مامان صدامو می‌شنوی؟

زانوهایم سست شد. روی مبل نشستم. احساس عجیبی بود. نمی‌توانستم حال خودم را درست بفهمم. چیزی شبیه خستگی

شدید بعد از یک کار سخت و طاقت‌فرسا؟ غم ازدست‌دادن چیزی با ارزش؟
ـ آره، عزیزم. بگو.
ـ الان دارم از پشت شیشه می‌بینمش. نمی‌دونی چه‌قدر کوچولوئه. مامان باید ببینیش! من و بابا سارا جونو آوردیم بیمارستان. صبح خیلی زود. وای، مامان! نمی‌دونی انگشتاش حتا از اون عروسک بزرگه‌یی که پدرجون بهم عیدی دادن، کوچولوتره... مامان زودتر بیا، باشه؟ باید خودت ببینیش...
گرمای اشک را روی گونه‌ام حس می‌کردم. مامان دستش را روی دستم گذاشت و به‌آرامی فشرد. چشمم به عمه افتاد که با نگرانی و اضطراب به طرف بی بی برگشت که حالا دست از تسبیح گرداندن کشیده بود و به دهان من چشم دوخته بود.
نمی‌خواستم ضعیف باشم. نمی‌خواستم کسی دل به حالم بسوزاند. نباید این احساس لعنتی بر من مسلط می‌شد. به بی‌بی لبخندی زدم و با علامت سر نشان دادم که همه‌چیز خوب است. بغضم را قورت دادم. با صدایی که سعی می‌کردم شاد باشد پرسیدم:
ـ سارا جون حالش چه‌طوره؟ عزیزم.
ـ تازه آوردنش. هنوز خوابه. نمی‌ذارن بریم پیشش.
ـ حتماً از طرف من ببوسش، باشه؟ (می‌ترسیدم بغض در گلویم بترکد و مریم متوجه شود) نگفتی نی نی چیه، مامان‌جون!
ـ نگفتم؟ یه داداش کوچولو!
به خودم گفتم: «پس محسن فرخی، بالاخره به آرزوت رسیدی.» مریم همین‌طور باهیجان چیزهایی تعریف می‌کرد که گوش نمی‌دادم.
ـ ... باشه الان دیگه تمومش می‌کنم. مامان، این خانم پرستارا می‌گن ما دیگه باید بریم.

ـ باشه مریم‌جون. از طرف من خیلی به بابا تبریک بگو، خودم بعداً بهش زنگ می‌زنم. می‌بوسمت. عزیزم.
قطع کردم. به پشتی مبل تکیه دادم. نفس عمیقی کشیدم که در سکوت اتاق صدایش پیچید. «باید قوی باشم.». نفسم را بیرون دادم. لبخندی زدم و گفتم:
ـ خب، بالاخره محسن به آرزوش رسید.
کسی چیزی نگفت. بی‌بی صلوات‌فرستادن را از سر گرفت. فضای سنگینی بود. بعد از سی چهل صلوات، بی‌توجه به بقیه، انگار با خودش حرف می‌زد، زیر لب آرام گفت:
ـ خدا ایشالله همه رو عاقبت‌به‌خیر کنه.
عمه آهی کشید و گفت:
ـ آره والله... بی‌بی‌جون التماس دعا. تو رو خدا همه رو دعا کن. انشالله همه عاقبت‌به‌خیر بشن.
بی‌بی زمزمه کرد:
ـ ایشالله.
عمه با لحنی مخصوص با احتیاط و شمرده ادامه داد:
ـ نسرین‌جون گفته بودم نادر هم امسال تابستون می‌آد؟
مامان با صدایی غمگین با حواس پرتی جواب داد:
ـ ها؟.. آره... آره منیژه‌جون گفته بودی. ایشاالله به سلامتی.
عمه این بار با صدایی که سعی می‌کرد محکم باشد رو به من گفت:
ـ مرجان، تو می‌دونستی؟
با سر جواب دادم که یعنی بله.
عمه با نگاهی که در آن دلهره و اضطراب موج می‌زد و با صدایی که از بغض می‌لرزید ادامه داد:
ـ و لابد، عمه جون.. می‌دونی به چه امیدی؟..
بی‌بی دست از صلوات‌فرستادن کشید، دستانش را آرام پایین

آورد. مامان که پشت به من روی زمین نشسته بود بی آن‌که به طرفم برگردد به‌آهستگی سرش را بلند کرد و به روبه‌رو خیره شد. همین‌طور که سرم را به پشتی مبل تکیه داده بودم چشمانم را بستم. آخرین قطرات اشک روی گونه‌ام چکید. زیر لب گفتم:
ــ آره عمه جون، می‌دونم.
صدای لرزان عمه در گلو شکست:
ــ خدایا شکرت...
مامان با عجله از جا بلند شد و هیجان زده گفت:
ــ برم یه سر بزنم به غذا، ته نگیره.
و سریع از اتاق خارج شد.
صدای گرم بی‌بی توی گوشم پیچید:
ــ بلند شم دو رکعت نماز بخونم واسه سلامتی همه‌ی جوونا. خدایا شکرت.

درباره نویسنده

مـژگان صمـدی دارای کارشناسـی ارشـد در زمینـه‌ی نقـد ادبـی از دانشـکده‌ی ادبیـات گورکـی مسـکو اسـت.
وی در حـال حاضـر در دانشـگاه منچسـتر بـه تدریـس زبـان و فرهنـگ فارسـی مشـغول اسـت.

آثـار ترجمـه شـده از زبـان روسـی کـه در ابـران منتشـر شـده‌اند عبارتنـد از:

والنتینا ۱۳۹۰ نشر مرکز
قضیه ی متران پاژ ۱۳۸۹ نشر مرکز
پسر بزرگ ۱۳۹۰ نشر مرکز
سال های سرگردانی ۱۳۹۲ نشر گلمهر
اُتّیپِل (زمان آب شدن یخ ها) ۱۳۹۲ نشر کلاغ
آقای پوتین کیست ۱۳۸۰نشر دیگر

Let Me Be myself
©Mozhgan Samadi 2014

Mozhgan Samadi is hereby identified as author of this work in accordance with Section 77 of the Copyright, Design and Patents Act 1988

Cover: Kourosh Beigpour
Layout: H&S Media

ISBN: 978-1780833811

All rights reserved. No part of this publication may be reproduced, stored in a retrieval system, or transmitted, in any form or by any means, electronic, mechanical, photocopying, recording or otherwise, without the prior permission of the pulishers.

This book is sold subject to the condition that it shall not, by way or trade or otherwise, be lent, resold, hired out or otherwise circulated without the publisher's prior consent in any form of binding or cover other than that in which it is published and without a similar condition including his condition being imposed on the subsequent purchaser.

Let Me Be Myself

Novel

Mozhgan Samadi

2014

Made in the USA
Lexington, KY
17 January 2015